Joseph Alois Schumpeter
创新、企业家精神、企业战略和创造性毁灭
创新驱动发展时代，我们需要重读熊彼特！

熊彼特经济学 全集

[美] 熊彼特 著

李慧泉 刘霈 译

台海出版社

图书在版编目（CIP）数据

熊彼特经济学 / (美) 熊彼特著；李慧泉，刘霈译.
-- 北京：台海出版社，2018.5（2021.10重印）

ISBN 978-7-5168-1850-3

Ⅰ.①熊… Ⅱ.①熊… ②李… ③刘… Ⅲ.①经济学
Ⅳ.①F0

中国版本图书馆CIP数据核字（2018）第085767号

熊彼特经济学

著　　者：	［美］熊彼特	译　　者：	李慧泉　刘　霈
责任编辑：	刘　峰	装帧设计：	仙　境
版式设计：	阎万霞	责任印制：	蔡　旭

出版发行：台海出版社

地　　址：北京市东城区景山东街20号　邮政编码：100009

电　　话：010－64041652（发行，邮购）

传　　真：010－84045799（总编室）

网　　址：www.taimeng.org.cn/thcbs/default.htm

E － mail：thcbs@126.com

经　　销：全国各地新华书店

印　　刷：北京柯蓝博泰印务有限公司

本书如有破损、缺页、装订错误，请与本社联系调换

开　　本：710×960　1/16

字　　数：641千字　　　　　　印　　张：38

版　　次：2018年10月第1版　　印　　次：2021年10月第3次印刷

书　　号：ISBN 978-7-5168-1850-3

定　　价：98.00元

出版说明

　　本书为熊彼特的著作合集，包括《经济发展理论》《从马克思到凯恩斯的十大经济学家》《资本主义、社会主义和民主》三部经典学术名著。熊彼特被誉为"创新经济学之父"，他的经济思想对于现代创新理论的发展有重要的影响，系统研读熊彼特的重要著作，更有助于我们理解其治学思路与理论价值。也正是基于研究与教学的目的，我们翻译出版了本书，供读者参考之用。译本基本保留了作品原貌，并附加了大量译注，便于读者阅读理解。值得一提的是，由于时代所限，作者的观点具有一定的局限性，读者在阅读时应取其精华去其糟粕，用书中的知识财富来丰富自己的头脑。

21世纪属于熊彼特——浅谈熊彼特创新经济学

熊彼特是美籍奥地利经济学家，当代西方经济学主要代表人物之一，他还是少数几个名字被后世用以命名一个学派（新熊彼特主义经济学派）的伟大经济学家。熊彼特出生于1883年，顺便说一下，另一位经济学家凯恩斯也在同年出生，而伟大的革命导师马克思则在这一年逝世。

在熊彼特的人生经历中，他一方面继承了近代资产阶级经济学大师庞巴维克、瓦尔拉、马歇尔等人的理论，其学说在当代资产阶级经济学界占有重要席位；另一方面熊彼特又与早期社会党人有过密切的关系，这让他的学说和主张带有较为浓重的社会主义色彩。而熊彼特自己也认可这一说法，他在一篇文章中说，自己曾"花了40年对社会主义这个主题进行大量的思考、观察和研究"。那么，他得出的结论是什么呢？**熊彼特以创新理论为基础，将经济学和社会学结合起来，研究社会制度形态问题，提出了资本主义不会永远存在下去，社会主义行得通，资本主义可以自动过渡到社会主义的观点**，即"社会主义社会将不可避免地从同样不可避免的资本主义社会的土崩瓦解中出现"。

《经济发展理论》一书中，熊彼特用创新理论解释资本主义的本质及其发生、发展和灭亡。他认为，创新是把生产要素和生产条件的新组合引入生产体系，创新包括新财富的创造、新生产方法的采用、新市场的开辟、新资源的开发和新产业组织的形成。而企业家的职能就是创新，而经济发展就是整个资本主义社会不断实现新组合。创新通过扩散，刺激大规模投资，引起高涨，只要投资机会消失，经济转入衰退，从而创新产生资本主义生产的经济周期。经济进步会让资本主义自动进入社会主义。他的学说随着科学技术进步在当前受到了更多学者的重视。"创造性破坏"的技术革新所导致的贫富差距无法通过凯恩斯主义的政策缩小。贫富差距使得有效需求不足的问题不断加剧。结果每一次衰退，都需要更大规模的刺激政策以填补总需求缺口。而这非但不能消除资本主义这一内在的不稳定性，反而将加速这一进程。技术创新是资本主义的发展之源。企业家精神驱动着技术创新，不断淘汰旧有的生产模式，并由此带来经济增长的周期性波动。然而，资本主义的发展终将引发社会对企业家精神的排斥，从而导致资本主义最终的崩溃和社会主义的兴起。

尽管历史未必同熊彼特当初所描绘的路径完全吻合，但过去数十年西方国家的兴起、繁荣与衰退，印证了技术创新是如何驱动着资本主义发展，又将如何带着资本主义走向毁灭的。

20世纪30年代，凯恩斯与熊彼特展开了一场激烈的论战。凯恩斯认为经济增长来自于持续的资本和人力投入，而熊彼特认为经济增长来自破坏性创新。最终结果是"短期立竿见影"的凯恩斯赢得了世界性声誉。直到"投资拉动增长"遭遇发展瓶颈时，人们发现破解经济困局的"药方"，只能是着眼于长远的创新，熊彼特才是"我们时代的预言家"！

在美国等国家还在留恋凯恩斯式的短期经济刺激时，我们应该率先拥抱熊彼特，让创新成为引领发展的第一动力。这也是中国经济形势的需要。中国经济高速增长的30多年，主要是政府主导和投资驱动，通过不断增加资本和劳动的投入换取经济的增长。但是由于"边际生产率递减"规律的作用，经济增长放缓是不可避免的。这个时候，政府就要引导企业家或创业者把资源从失去活力的旧产业中，转移到新生的更富生产力的生产项目里，将生产要素重新组合，推动经济长期健康发展。

因此，我们很有必要重读熊彼特，从这位创新鼻祖的著作中吸收营养，取其精华，洋为中用！

而当我们熊彼特的著作时，就会发现熊彼特具有的惊人的时代洞察力：从经济增长到结构性改革、从经济转型到宏观调控、从企业创新到企业家精神——他为世界性经济衰退开出了治标治本的"药方"：

1.破坏性创新。所谓"破坏性创新"，我们拆解来看，一边是"破坏"原有技术和产业，一边是产生新技术和新产业，它包括技术创新、组织创新、渐进创新、根本创新、模仿创新与原始创新等。以颠覆性的方式，把原材料和力量组合起来，包括生产新商品或者用新方法生产老商品；通过开辟原料供应中心来源或产品的新销路；通过改组工业结构等手段来改良或彻底改革生产模式、将旧有产业搭配新技术升级、低端市场和零消费市场颠覆性创新等，其理论逻辑是：企业家——实现新组合（创新）——经济发展。

简而言之，破坏性创新就是用新技术、新业态、新模式来改造提升传统行业，解决产生过剩和重复建设问题。

2.创新群。熊彼特最早提出了创新群概念，创新群可以被看作是国家创新系统，它可能是一定地域的企业、高校、研究机构、专业科技服务机构等要素的组合，主要着眼于产业发展和由产业发展带动的需求和市场，创新群是创新驱动型经济中作为国家竞争力的有力武器！

3.经济周期循环论。熊彼特认为，当经济周期从景气循环到谷底的同时，也是某些企业家被淘汰出局而另一些企业家必须要"创新"以求生存的时候。因此，每一次萧条都包孕着新技术革新的可能。从上述文字中可见，与凯恩斯不同，熊彼特的商业周期理论主要从技术创新的视角解释了经济波动和商业周期的发生。他认为，市场经济本身具有繁荣和萧条的周期性特征，而生产技术的革新和生产方法的变革在其中起着至高无上的作用。

熊彼特和凯恩斯100周年诞辰之际，德鲁克在《福布斯》杂志发表了一篇题为《现代预言家：是熊彼特还是凯恩斯？》的文章，指出"在某种方式上，凯恩斯和熊彼特重演了西方历史上最著名哲学家的对抗——才华横溢、精明机智、锋芒毕露的诡辩者巴门尼德，与动作迟缓、面貌丑陋，但却富有智慧的苏格拉底之间的柏拉图式的论辩。在两次大战期间，没人比凯恩斯更有才气，更精明，熊彼特则表现得平淡无奇——但他有智慧。聪明赢得一时，而智慧天长地久。"

凯恩斯属于20世纪，而21世纪属于熊彼特！

目录 |

第三卷 资本主义、社会主义和民主

第一卷

经济发展理论

第一章

给定环境制约下的经济生活的循环流转[1]

　　社会的发展过程实际上是不可分割的整体。如果把它比作巨大的洪流，那社会的研究者就是人为地从中抽象提取出经济的概念，并把一类事物称为经济。这样的事实本身就包括了一种抽象的概念，即关于经济的概念。任何一个事实都绝不仅仅或纯粹是经济的，它总会包含其他方面的内容，而且这些内容往往是更为重要的。然而我们也有权利谈论科学方面的关于经济的一些事实；同样，我们也有权利书写一部文学史，尽管一个民族的文学和它所生存的环境中的其他要素都存在着不可分割的联系。

　　社会现实是人类行为的结果，而经济事实是经济行为的结果。据此，我们可以将经济行为定义为人们以取得物品为目的所采取的行为。在这个意义上，我们可以研究行为的经济动机，或是研究经济在社会生活中的影响力等。但是，由于我们所关注的点仅仅是通过交换或生产来获得物品的经济行为，所以我们应该将经济行为的概念限定在这种获取物品的行为上，而把其他比较广阔的研究领域归属于经济动机和经济影响力这两个概念。

　　经济研究的领域首先应该限定在经济行为这个概念上。必须指出的是，每个人都有经济行为，或多或少而已；每个人都必须是"经济主体"或依附于某个经济主体。随着社会群体中成员之间的分工越来越细致，我们就可以把人们分为两类：一类是直接经济行为者，他们的主要活动是经济行为或商业活动；而另一类是间接经济行为者，他们的经济行为在社会生活中居于次要地位，以至于被其他方面所掩盖。这种情况下，经济行为被特殊的团体活动所代表，尽管社会的其他成员也必定会发生经济方面的行为。这个特殊群体的活动构成了经济生活，这样我们所说的经济事实也不再是一个抽象的概念，尽管经济生活在某种程度上和我们普通人的日常生活表现同样具有非常密切的关系。

1　这个题目是参考菲利波维奇使用的表述方式而选定的。参阅他的《概论》，第Ⅱ编，绪论部分。

　　接下来，我们要谈一下经济发展。首先说明并阐述经济发展的规律是本书的目的所在。在转向我们的论点之前，本章中我们应该给自己提供一些必要的原则，熟悉一些概念，这些可能在我们以后的分析中会用到。其次，我们还需要给自己提供掌握过去已有的经济理论的工具。从方法论意义上来说，我完全摒弃了在书中撰写评论这一做法。关于这些，我只是想让大家注意到本章虽是经济理论这一大的主题中的一部分，但是这并不要求读者真正具有论证这些知识的能力。再次，由于我们的论证较少需要理论上的知识，因此我会尽可能用简单的词语而非专业的术语来给大家提供学习的机会。关于这些，大家可以参考我的另一本书[1]。

　　当我们探讨经济现象的一般表现形式一致性或理解它们的关键点时，我们希望此时它们是"未知"的，是需要进行调查、探索的事物；然后，我们想要深入探索它们，把它们变成"已知"的，这和其他任何一门科学处理它们的研究客体是一样的。当我们成功发现这两种现象之间明确的因果关系时，如果其中的"原因"不是经济现象，那么我们的问题就解决了。我们这样是完成了经济学家在这样的研究中所能做的事情，其他的就应该交给对应的学科来解决。反之，如果其中的"原因"本质上是属于经济现象的，我们必须继续探索，以求解释这些现象，直到能够对这些现象进行非经济领域的解释为止。这种研究路径对一般的理论研究和具体的个案研究来说都是适用的。举个例子，如果我们能论证说地租差别是由于土地的质量不同造成的，经济学解释就到此为止；再比如，如果我能追踪到某种特定的价格运动是由于政府的商业管制造成的，那作为一个经济学家我已经做到了极致，因为政府进行商业管制的目的不是为了通过交换或生产立即获得货物，因此超出了纯粹经济事实这一概念的范畴。我们总是把经济数据和非经济数据联系起来作为因果关系的一般形式来进行描述，而这无疑是可行的。每个具有实践经验的人都知道，经济自身具有独特的逻辑性，需要我们有意识地准确地进行表达。为了做到这些，同时为了简便起见，我们以一个孤立的社区作为样本考虑；在这个孤立的社区中，我们可以看到在复杂的环境中一样可以看到的事物的本质，这也是本书的主旨。

　　我们需要勾勒出心中所想象的经济机制的主要特征。为此，我们可以假设存在一个商业上具有组织的国家，其中私人财产、劳动分工和自由竞争占主导地位。

　　如果一个人从来没有看过或听过上述这样的国家，那么当他发现一个农民生

1　《理论政治经济学的本质和主要内容》。

产谷物是为了满足一个遥远城市的面包消费需求时，他不禁要问：这个农民怎么会知道城市的消费者想要面包，并且恰好是那么多呢？而当他了解到这个农民根本不知道谷物被运往哪里，被谁消费掉时，他一定会大吃一惊。此外，他可能还会观察到，谷物必须经过一些人的手才能给到最后的消费者，但是除了最后卖面包的人，其他人都不知道最终的消费者是谁；甚至这些卖面包的人在知道这个购买面包的具体消费者之前，他们也是一般的生产者或者购买者。农民很容易回答摆在他面前的这个问题，即长期的经验[1]，部分是继承于他人的。前人告诉他为了达到最大利益应该生产多少谷物；经验也告诉他要考虑需求的大小和强度。他尽量维持这个产量，只有在外界环境发生重大变化时才会逐渐调整产量。

在进行其他作物的核算时，农民依旧是采用这种方式，他们在很大程度上受到习惯习俗的影响，而不是像大企业家一样进行完全准确地核算。在一定的限度内，他能知道他必须购买的物品的价格；他知道自己必须付出的劳动的多少（不论他是根据纯粹的经济学原理来衡量他的劳动量，还是用不同于别人的眼光衡量他在自己土地上的劳动量）；他知道耕作的方法，这些都是从他历年的经验中得到的。经验还告诉他：所有卖给他东西的人也都知道他的需求大小和强度。所有经济节奏中最引人注目的是经济周期[2]的循环流动，经济周期的运动相对来说是比较快的，并且每个周期整体运行的步骤都是基本相似的，因此经济交换的运行机制是非常精确的。经济周期支配着个人的活动，农民必须生存，要么直接依靠前一个经济周期生产的产品，要么依靠这期生产的产品获得的收入。此外，经济周期还使得他必须卷入社会和经济关系的网络中，这是他无法轻易摆脱的。这些关系也给他带来了一定的生产方法和生产资料。所有这一切把他紧紧束缚在既定的人生轨道中。这种经济的力量对我们来说也具有非常重要的意义，需要我们仔细去研究。此时，必须要说明的是，接下来的分析中，我们都假定每个人在每个经济周期都是依靠前一个经济周期生产出来的产品为生的，只要生产延伸到过去，或者只要一个生产要素的产品持续不断地流动，那就是可能的。这也是为了使我们的阐述尽量简化。

现在我们可以把上面所说的农民的例子进行归纳并推广。假定所有人都出售他们的产品，他们既是生产者也是消费者，而他们消费自己生产的产品时，他们

1　参阅维塞尔所著的《自然价值》，维塞尔在这本书中首次提出了这一点，并阐明了其意义。

2　经济周期，是指经济运行中周期性出现的经济扩张与经济紧缩交替更迭、循环往复的一种现象，一个经济周期可以大致分为衰退、谷底、扩张和顶峰四个阶段。——译者注

的角色又变为了顾客，他的私人的消费数量也是由市场价格决定的，这就意味着他可以通过减少对自己生产的产品的消费来间接增加对其他产品的消费；相反，由于私人消费自己生产的产品数量也是由市场价格决定的，这就是说，私人消费自己的产品实际上也是体现在市场中的。就这一点来说，商人和农民所处的位置是一样的——在同一时刻为了他们自己的生产和消费，既是买家，又是卖家。当然，对工人也可以同样看待，他们所提供的生产服务可以和市场上其他种类产品列为同一类别。现在，既然每一个商人——从他自己来看——根据他自己的经验来生产产品并寻找买家，这一点和农民是一样的，扩大一点说，每个人都是一样的。排除掉由于各种原因可能出现的一些干扰因素的影响，所有的产品都必须被卖掉，因为它们确实是根据经验得知的市场消费量而生产出来的。

关于这一点，我们进一步进行说明。屠户能出售多少肉取决于他的消费者，比如裁缝要购买多少肉，购买价格是多少，但是这又取决于后者的营业收入；而裁缝的收入又取决于他的顾客（如鞋匠）的需求量和购买能力，而鞋匠的购买力又取决于他所为之生产的人的需求量和购买力；如此循环，直到我们找到那个收入取决于将自己的货物售卖给屠户的消费者。这种数量关系上的相互连接和联系，在经济体系的构成之中，是随处可见的，不论人们选择从哪个方向进行这种体系的研究。从研究点向上开始进行研究也好，向下开始进行研究也罢，在经过了若干步之后，最终会回到研究的起始点。这种分析不会自然而然地停止，也不会由于出现了一个偶然因素而走向歧途，因为我们的研究要素更多的是在决定其他要素，而不是由其他要素来决定的。

如果想要让整体框架更完整，或许我们不应该用惯性思维来表示消费行为。举例来说，我们每个人都认为自己是面包的消费者，而不是土地、服务、钢铁等产品的消费者。但是，如果我们把每个人都看作是这些东西的消费者，也仍然能够清楚看到个人生产的物品在经济循环流动体系中的运行方式[1]。现在，每种商品的每个单位，都不是按照相同的循环路径到达相同的消费者手里的，也就是说它们不总是像排在它们前面的物品在前一个经济周期所经历的生产过程那样，经过同样的循环路径到达同样的消费者手里。但是我们可以假定，在不改变实质性内容的前提下，这样的循环流动是会不断发生的。我们可以想象，生产力这个永不衰竭的资源年复一年被重复使用，就是为了让生产的产品和前期一样，到达同

---

1 参阅A.马歇尔的《原理》第VI编，以及他的演说《老一代和新一代经济学家》，对他来讲，这个概念具有相同的作用。

样的消费者手里。如果这样的事情发生，那物品循环流动过程的结果就都是相同的。因此，经济体系中，一种需求总对应着一种供给，而且，在这个体系中，不是只有一种商品，还有许多互补品，这些互补品就是人们所拥有的其他物品，人们会根据以往的交换经验和条件，用它们来交换其他的物品。根据所有的商品都能找到与之对应的市场这一事实，当所有物品的出售者又以购买者的身份出现，并且他们用各种交换手段获得充足的物品以维持他们在下一个经济周期的消费和生产时，经济生活的一个循环流动就结束了，反之亦然。

由此可见，生活中各个家庭或生产者都是根据以往经验给定的数据和同样由经验确定的生产方式来进行生产的，但这并不意味着在他们的经济活动中就不可能发生一些变化。经验给定的数据可能会发生变化，人们一旦注意到了，就会根据这种新的变化了的数据来进行生产活动。但是人们会尽可能地遵从已经习惯的生产方式和方法，只有在外界环境发生较大变化时才会有所改变。因此经济系统不会由于它自身的创新精神而随意变化，而是在任何时候都和先前的状态相联系，这就是"威泽尔的继续性原则"[1]。

如果经济系统真的不会"自行"改变，那么，我们简单地假定它总是倾向于维持原状的，我们并没有忽视任何影响我们的研究的要素，我们这样做也只是想用理想的精确性来表达一个事实而已。如果我们描述一个彻底没有变化的制度，这确实是一种抽象式的假设，然而其目的只是为了表述实际发生的事情的本质，我们将暂时这样做，这样做和传统的理论并不相悖，至多只是习惯的说法有些不同，而后者却不能表述清楚我们的论点[2]。

通过另一个途径，可以得出相同的结论。一个社会在一个经济周期内生产和销售的一切产品的总和，可以称为社会产品。为了我们的研究目的，不必更加深入地去钻研这个概念的意义[3]。社会产品本身并不是作为"社会产品"而存在的。它并不是系统活动自觉向往的结果，就像经济制度本身也不是一种按照统一计划运行的"经济"一样。然而这是一种有益的抽象思考。我们可以想象：在经济周期快结束时，所有个人生产的产品在某个地方凑成了一大堆，然后根据某种原则

1　最近在关于货币价值的著作《社会政策协会论文》（1909年的会议报告）中有所阐述。

2　参阅《理论政治经济学的本质和主要内容》第Ⅱ章。

3　这一点要特别参阅亚当·斯密和A.马歇尔的著作。这个概念几乎和经济学一样古老，众所周知，它有一段丰富的历史，因此在使用它时一定要非常谨慎。对于有关的概念还可以参阅费希尔的著作《资本与收入》；A.瓦格纳的《奠定基础》以及庇古的《优惠关税和保护关税》，在此书中，庇古大量运用了"国民总利得"这个概念。此外还可以参阅他的《福利经济学》。

对其进行分配。因为这个假设不包含对事实的重大改变，因而是可以通过的。然后我们可以说，每一个人都对这个巨大的社会资源作了一种贡献，后来又从这个社会资源中得到一些东西。对每一种贡献，在制度的某一处有着与之相应的另一个人的请求权；每一个人的份额都在某个地方随时准备着。由于所有的人均从经验得知，为了得到他们所需要的东西，他们必须贡献多少（考虑到每一份额包含一定贡献这个条件）；这个制度的循环流转就结束了，所有的贡献和份额必须互相抵消，不论根据什么原则去进行分配。至此为止我们所做的假设是：所有的相关数量都是由经验给定的。

用我们大家都熟悉的方法，可以进一步提炼我们的分析架构，使我们对经济系统的运转规律有更加深入的认识。我们假定所有的这些过去的经验都烟消云散了，所有与需求和生产相关的数量都必须被重新确定[1]，这同样的一群人，他们仍然具有相同的文化、口味、技术知识，对消费品和生产品有着相同的最初存量[2]，但是没过去经验的帮助，他们必须通过自觉的理性努力，寻找到能将自身经济利益最大化的办法。我们并不就此以为人们在真实的经济生活中有能力做出这种努力[3]。我们只是想要以此说明经济行为的理性，而不考虑现实中观察到的家庭和厂商的真实心理反应[4]；我们也不想勾勒经济发展史的轮廓，我们想要分析的，不是经济过程是如何历史地发展到我们实际所观察到的情况的，而是在任何给定的发展阶段，它的经济运行机制或组织是如何运转的。

要详细阐述上面这些分析，就需要用到我们现在大都熟悉的一些概念。经济活动可以有任何的动机，甚至精神方面的，但是经济活动的意义在于满足人们的需求。因此，我们从需求这一事实中得到的概念和命题非常重要，其中最重要的是效用的概念以及由它衍生出来的边际效用[5]，或者用一个更现代化的词语——

1　这个方法是里昂·瓦尔拉斯使用的方法。

2　正如每一个J.B.克拉克的读者所知的那样，我们必须严格看待这些存量：不是按照它们的自然形态——例如多少张犁，多少双靴子等——而是作为累积的生产力，可以在任何时候没有损失、没有摩擦地转变成需要的任何特定的商品。

3　因此，时常对纯粹理论提出的反对意见不免是一种误解：说它假定享乐主义的动机和完全理性的行为是经济生活中实际发挥作用的唯一力量。

4　当然，稍后还要引用心理学，来说明实际行为与合理图画的偏离。在以后各章中我们主要讨论的是这样的偏离：习惯的力量和非享乐主义的动机。

5　边际效用指在一定时间内消费者增加一个单位商品或服务所带来的新增效用，也就是总效用的增量。在经济学中，效用是指商品满足人的欲望的能力，或者说，效用是指消费者在消费商品时所感受到的满足程度。——译者注

"选择系数"[1]。我们继续提出一些原理，即资源在各种可能的需求范围内的分配、互补品与竞争品等，由此我们可以推演出一些概念：交换比率、价格以及古老的经验——"供求法则"[2]。最后我们得到关于价值体系及其均衡条件的初步思想[3]。

生产，一方面是由所用原材料的物质属性和自然进程决定的。这也是属于经济活动的，因为如约翰·雷在其编著的《资本社会学理论》[4]中所言，经济活动只是观察自然过程并对其进行充分加工利用的结果，社会物质领域有多少事实与经济方面相关是难以尽述的。人们已经熟知的理论类型在具体的经济事件中可能具有很重要的作用，也可能没有任何意义，比如物质收益递减规律[5]这一理论。某一事实对于人们经济福利的重要性和它对于经济理论的解释的重要性没有必然联系。但是，像庞巴维克[6]的例子所表明的那样，我们也可能在任何时候把新的生产技术引入我们的生产中。社会组织和我们所谈论的经济组织不属于同一类，但是作为处于经济理论领域之外的"社会组织"，如果它仅是指作为技术事实的"数据"这一点，那它和技术事实是处于相同的地位的[7]。

而在另一方面，我们可以对生产的核心进行更为深入的探讨而不是仅仅局限于它的物质和社会两个方面，这是每一个生产行为的具体目的。一个经济人在进行生产时除了知道生产什么之外，还清楚地知道生产方法和生产的数量。显然，在给定方法和客观需要的框架内，没有论据能够证明必须生产"什么"和"为什么"进行这样的生产。这样的生产目的只能是创造有用的东西、创造消费品。在一个没有交换的经济系统内，只存在关于消费效用的问题，因为在这种情况下，每个人生产物品都只是为了直接满足自己的消费需要。这种情况下，个人对产品生产需要的性质和强度，在实际可行的范围内，对生产起着决定性的作用。给定

1　选择系数，是指不同个体在同一种环境条件下被淘汰掉的百分率。——译者注

2　供求法则，在完全竞争的市场条件下，需求与供给会自然地逐步趋于平衡状态，此时社会上各种商品的供给量和需求量相等，标志着社会资源达到最优配置。——译者注

3　这里请读者参阅边际效用理论及其后继者的全部文献。

4　这部著作具有强大的洞察力和创见，值得现代学者去阅读。

5　收益递减规律，是指人类的经济活动都是通过投入得到产出，当投入增加时产出虽然也能增加，但是最后必定会达到收益递减的状态，即产出的增加赶不上投入的增加。换句话讲，从投入得到产出的活动，其效率最后必然是递减的。——译者注

6　他关于收益随着生产周期的增加而增加的规律，在我看来，似乎是把时间要素成功地引入到了生产方程中。

7　由于这一点，还由于其他原因，约翰·穆勒关于生产和分配的明显区分，在我看来，是不能令人满意的。

的外部条件和个人需求显然是经济过程的两个决定性因素，它们之间互相配合，共同决定了经济的结果。生产跟随着需求，可以说生产被需求拉着走。就交换经济的情况来说，在其具有的细节真实有效的前提下，情况也是一样的。

生产的第二个"方面"决定了它一开始就是一个经济问题。它必须同生产中的纯技术问题区分开来。它们之间存在一种微妙的对立，这种对立我们可以经常从经济生活中看到，这就是企业中作为个体的技术经理和商业经理之间的对立。我们经常看到生产过程中一方建议改变，而另一方却总是拒绝。比如，工程师会推荐一种新的生产方式，而商业方面的领导会以该方式不能增加效益为由拒绝采用。工程师和商人都可以表达他们自己的观点：他们的目的是恰当有效地管理企业，而他们的判断来自于对这种恰当性的认知。抛开误解和对知识、事实的不了解等因素，他们之间在判断上存在的差别就仅仅来自于他们对恰当性的不同理解。当商人提到"恰当性"时，他的意思是很清楚的，他就是指商业利益，我们可以这样表述他的观点：某种生产方式所需要的资源，如果用在其他地方，会产生更大的利益。商业领导人认为在一个非交换的经济中，生产过程的改变不会增加需求的满足，相反，还会减少这种满足。如果这是真的，技术人员的观点又是什么呢？他所想到的适当性又是怎样的呢？如果全部生产的唯一目的是需要的满足，那把资源用在有损于满足需要的生产方法上确实不具有任何的经济意义。只要商业领导人的异议在客观上是站得住脚的，那他不听从工程师的意见就是正确的。在此，我们不考虑由于技术使得生产工具日臻完美而带来的半艺术性的满足。实际上，在现实生活中，我们可以观察到当技术和经济效益相冲突的时候，技术因素会做出让步。但是，这并不否认技术存在的独立性、重要性以及工程师观点中的合理性成分。因为，尽管在实际经济生活中，经济目的支配着技术的运用，但弄清楚生产技术的内在逻辑性而不考虑实际应用中的障碍，还是很有意义的。这一点我们可以举例说明，假设蒸汽机的所有部件都符合经济的适当性，而且也被充分地利用，如果给蒸汽机更多的燃料，让有经验的人去操作它，并进行技术改造来提高它的工作性能，让它在工作中发挥更大的作用，但却不能带来经济效益的话，那这样做就没有任何意义；也就是说，如果为了提高蒸汽机的性能所增加的燃料、人力资本、技术改进以及原材料的成本大于它所能产生的经济效益时，这样做就不具有任何经济意义；但是如果反考虑在现有的条件下，如何让蒸汽机更有效率地运转；在现有的知识条件下，能够对蒸汽机进行何种程度的改进等，这样做还是很有意义的。因为当所有这些条件都准备就绪时，一旦这些技术变得有利可图，它们就可以立即被付诸实践。不仅如此，对于每次技术的改进都做认真思考，使得放弃那些技术并不是由于对现实条件的无知而是对经济原理的深思熟虑，这样做也是非常有益的。总之，在给定的历史阶段所使用的各项生产技术和方法不但包含经济的内容，而且也包括物质的内容。物质方面的内容具有其自身的问题和逻辑性，要把这些想清楚——首先不去考虑经济效益方面的因素以及最终起决定性作用的因素——而是纯粹根据技术的意图。如果经济因素在其中不具有任何决定作用的话，将这些新的技术运用到实际中就是技术意义的生产。

归根到底，目前就是"权宜之计"决定着技术的生产和经济的生产，两者之间的差别在于这种权宜之计的性质不同。两者相同的是，不同角度的思考方式首先向我们展示了技术的生产和经济的生产之间的一个基本对比，然后又指明了一个同样的区别。从技术上和经济上考虑，生产其实没有"创造"出任何物质意义上的新东西。在这两种情况下，它都仅能影响或控制事物和生产过程——或者说"力量"。为了方便后面的论证，我们现在需要提出一个新的概念——"组合"，它包括"利用"和"影响"，涵盖许多对物品不同的使用方法和处理方法；包括物体位置的改变，以及物理的、化学的和其他的生产过程。所涉及的这些方面无非是改变我们的需求现状，改变事物和力量之间相互作用的关系，把某些事物组合起来而把另一些事物拆开来。从技术上和经济上考虑，生产意味着在我们力所能及的范围内，把事物和力量组合起来，并对它们施加影响和控制。每种生产方法都意味着这样一种特定的组合。不同的生产方法只有通过组合方式的不同来进行区别，也就是说，要么根据它们所组合的客体，要么根据它们之间的数量关系。对我们来说，每一个具体的生产方法都是这种组合的具体体现。这个概念可以延伸到交通运输领域等。总之，从广义上来说，"组合"可以被运用到任何生产中。每一个企业，甚至整个经济系统的生产条件，我们都可以称为"组合"。这个概念在我们的分析中具有很重要的作用。

但是在现实中，经济和技术的组合并不是一致的，前者考虑的是现实中存在的需求和手段，后者考虑的是生产的基本方法。技术生产的目的确实是由经济系统决定的；技术只为人们需要的物品研究生产方法。经济现实并不一定会把生产方法贯彻执行到符合它们自身的逻辑性并在技术上至臻至善，而是执行屈从于经济性的方法。任何没有考虑经济条件的方法都会被修改，这说明经济的逻辑胜过技术的逻辑。因此，我们在现实生活中，看到围绕我们的是有缺陷的绳索而不是钢缆，是有缺陷的耕畜而不是比赛的良驹，是最原始的手工劳动而不是完美的机器等。经济上的最优和技术上的完善并不相悖，然而它们在实际中却经常背道而驰，这不是因为我们无知和懒惰，而是由于技术上低劣的方法可能仍然是最适合给定经济条件的方法。

"生产系数"代表在一单位产品中各种生产要素的数量关系，因此它是生产组合最基本的特征。在这一点上，经济因素和技术因素是相互对立的。经济利益为主的观点不仅需要在两种不同的生产方法之间做出选择，还需要在给定的生产方法的前提下，去考虑生产系数的影响，因为在某种程度上个别生产方法需要用到的生产资料是可以互相替代的，也就是说，一种生产资料的短缺可以通过另一种生产资料的增加来代替，但是这不会改变既有的生产方法。比如，蒸汽机的例子中，可以通过增加手工劳动的人数来弥补蒸汽动力的减少，反之亦然[1]。

通过用生产力组合的概念，我们对生产过程的特征进行了界定和描述，这种组合的结果就是生产出产品。我们现在必须准确地界定哪些要素要被组合到一起：通常来说，各种可能的物体类型和"驱动力"都可以以不同形式组合到一起。他们的大部分是由已经生产出来的产品组成的，只有很少一部分是自然形成的。当然，从物理属性的意义来说，很多"自然驱动力"实际上也扮演着产成品的角色，比如电流。它们部分包括物质方面的东西，部分包括非物质方面的东西。此外，人们把一种物品解释为产成品还是生产资料，这常常是人们如何进行解释的问题。比如，劳动力，它既可以被看作被工人消费的产成品，也可以被看作原始的生产工具。通常来说，一种物品属于这种分类还是属于那种分类取决于个人的出发点或立场，因此，同一个物品对一个人来说可能是消费品，但对另一人来说可能是生产资料。同样，一件给定物品的特征通常取决于它被指定的用途。在理论文献，尤其是早期的理论文献中，到处可以看到关于这些问题的讨论，在此我们只是指出这一点，让读者自己去参考。而接下来我们将讨论更为重要的问题。

人们通常根据物品与最终消费行为的距离依次将它们分类[2]。按照这样的原理，消费品排在第一位，直接生产消费品的物品组合排在第二位，其他的以此类推，逐渐到更高或更远的位次。必须牢记的一点是只有在消费者手中并准备用来作为消费品的物品才能排在第一位。以面包师烘烤出来的面包为例，严格来说，

1　卡弗在《财富的分配》中，对于文中所说的那种"变动"已经做了清楚的解释。

2　参考K.门格尔的著作《国民经济学原理》和庞巴维克的《资本利息的实证理论》。

它只有和送面包的工人劳动组合到一起时才能被列为第一位。而位次较低的物品，如果不是自然界赋予的，那它总是由位次较高的物品组合而产生的。尽管这种排队组合可以用其他的标准进行表示，但为了我们的研究目的，我们最好还是把一个物品归类到它曾经出现过的最高位次上。比如，劳动就是处于最高位次的物品，虽然它出现在产品生产的各个阶段，但是它在所有生产的最初阶段就会出现在生产中。在连续的生产或要素组合过程中，每种物品通过和其他属于较高位次或较低位次的物品的组合就被加工成为消费品；通过借助其他与之相搭配的产品，它最终到了消费者手中，这如同一条河流，借助汇合到其中的条条小溪，冲破岩石等的层层阻拦，最终变为主流。

我们必须考虑这样一个事实，那就是我们会看到按照物品由低到高的位次顺序，物品会越来越失去自己的特性，即只做一种用途而不做其他用途的那些明确的特性品质。物品所处的位次越高，它们就越会失去自身特有的属性，即只用于特殊目的的功效；它们的潜在用途越广泛，对生产就越具有普遍性的意义。我们继续沿着物品生产次序的逻辑系统往上走，会不断碰到各种物品，它们的种类越来越不容易被辨别，属性也就变得越来越多，越来越广，它们关于自身内容方面的概念变得越来越空洞，但是它们所代表的范畴变得越来越大，它们的家族体系也变得越来越单薄。这可以简单地说明我们所选择的立场离最终的消费品越远，处于第一位次物品的数量就越来越多，它们是由处于较高位次的相同物品组成的。当任何一种物品全部或部分地由相类似的生产资料组合而成的时，我们就说它们在生产中是相关联的。因此，我们可以说物品之间的生产关系是随着它们所处位次的提高而联系更加紧密的。

如果我们沿着物品的层级关系上溯，就会发现我们的目的所在，即生产的最终55论证[1]。所有其他物品都"包含"其中至少一种要素，大部分物品两者都包括。我们可以把所有的物品分解为"劳动和土地"，在这种意义上，我们可以把所有的物品看作是劳动和土地所提供服务的组合体。但是，消费品却是其中非常特殊的一类，因为它们具有直接被消费的特征。而其他的物品都是"生产出来的生产资料"，一方面它们只是"劳动和土地"这两种原始生产资料的体现，另一方面它们又是"潜在的"消费品，或者是潜在消费品的一部分。目前为止我们找

1　O.埃菲尔兹特别强调了这一点。古典经济学片面地强调了劳动的重要性，这一点和他们所得到的某些结论具有紧密的联系，而实际上，只有庞巴维克一人在这一点上得到了一致性。埃菲尔兹对劳动和土地的强调，也是一项重要的贡献。

不到任何的理由，显然以后我们也不会找到任何的理由来揭示为什么我们把它们看作独立的生产要素[1]。我们"把它们分解为劳动和土地"，我们同样可以分解消费品，或者按照相反的做法，把原始生产要素看成潜在的消费品。这两种观点，都只适合于生产出来的产品，因为它们没有独立的存在形态。

现在的问题上升为：劳动和土地这两种生产要素彼此之间具有什么样的关系？是其中一个比另一个重要，还是它们的作用根本不同？我们不能从哲学、物理或其他角度来进行回答，而只能从经济学的角度进行解读。需要注意的是，对这个问题的回答在经济学领域的范畴内应该是有效的，但它不具有普遍的意义，它只有在某个理论体系特定的构造范畴内才是有效和具有意义的。比如，重农主义[2]对第一个问题的回答是肯定的，他们看重土地的重要性——这样的回答本身是完全正确的，因为他们的回答主要是想说明他们的观点，即劳动不能够创造任何新的具有物质属性的物品，我们无法反驳这个观点本身，我们可以探讨的是在经济学领域内这一概念具有多大的作用，取得了多大的成果的问题。同意重农主义的这一个观点，并不妨碍我们对他们的进一步论证持反对意见。亚当·斯密[3]对土地与劳动之间的关系也进行了肯定的回答，但是他支持劳动。这种论点本身也没有错误，甚至把这个观点作为研究的出发点也是恰当的。它表达了这样的一个事实：对土地的利用不需要我们做出任何其他物品的牺牲，如果我们想从土地这个生产要素中获得物品，我们也可以接受这个观点。亚当·斯密认为来自自然的生产力都可以看作是自由获取的，但是放在整个经济体系中来看，这并不符合社会的现实情况，因为现实中土地都是被地主们占有的。显然他认为在没有土地私有权的社会里，劳动力就是在进行经济效益核算时的唯一要素。他的出发点本身可能是站得住脚的，但这种观点现在看来是不正确的。大多数古典经济学家都把劳

1　生产要素，是经济学中的一个基本范畴。现代西方经济学认为生产要素包括劳动力、土地、资本、企业家才能四种，随着科技的发展和知识产权制度的建立，技术、信息也作为相对独立的要素投入生产。这些生产要素进行市场交换，形成各种各样的生产要素价格及其体系。——译者注

2　重农学派是十八世纪50～70年代的法国资产阶级古典政治经济学学派。重农学派以自然秩序为最高信条，视农业为财富的唯一来源和社会一切收入的基础，认为保障财产权利和个人经济自由是社会繁荣的必要因素。——译者注

3　亚当·斯密，英国第一个著名的经济学家，也是西方最杰出的经济学家。他的《国富论》是现代经济学的奠基之作。斯密也因此声名显赫，成为西方经济学的奠基人。——译者注

动要素放在第一位，尤其是李嘉图[1]。他们之所以这么做，是因为他们通过地租理论[2]已经排除了土地及其价值的决定因素。如果地租理论本身能够站得住脚，那我们也一定对这个概念感到满意。即使像约翰·雷这样的独立思考的人也对他接受了的地租理论这个概念满意。当然，这里还有关于我们所提的问题的第三种回答，即一些经济学家否定地回答了我们的问题。我们的观点是和他们一样的。在我们看来，劳动和土地这两种生产要素在生产中都是不可或缺的，它们之间是平等的。

对第二个问题又可以有不同的回答，而且这个回答和第一个问题的回答是不相关的，没有任何联系的。例如，埃菲尔兹认为劳动起主动作用，而土地起被动的作用。他为什么这么认为？理由是很明显的。他认为劳动在生产中代表主动性的因素，而土地则是展现劳动成果的客体，这一观点是无可非议的，但是他的这一制度性的安排并没有给我们带来新的关于劳动和土地关系的知识。在技术生产的层面上，他的这一观点并不可取，对我们阐述观点也起不了太大的作用。我们只关心个人在对经济的思考和行为中，这两种原始生产要素所起的作用大小，在这种关系中，这两者所起的作用是一样的。劳动和土地一样是被节约使用并根据经济原则对其价值进行判断的，也就是说这两种要素在经济上的考虑是一样的，而且除此之外，它们均不涉及别的方面的考虑。既然在原始生产要素方面除了土地和劳动，没有其他要素与我们的研究目的是相关的，那我们就应该把这两种要素放在同等的位置来看待。在这种解释上，我们同意其他的边际效用理论家的观点。

尽管我们对生产要素——土地没有更多的理论阐述，但对于另一个生产要素——劳动，我们却应该仔细认真地进行研究。我们暂且不讨论生产劳动和非生产劳动、直接用于生产的劳动和间接用于生产的劳动之间的区别，也不考虑与之类似的脑力劳动和体力劳动、熟练的劳动和不熟练的劳动之间的区别，而是对其他两种劳动的区别进行评论，它们非常重要，因为我们可以从对它们之间的区别的评论开始得出对我们的研究至关重要的一些观察结果。它们就是领导的劳动和

---

1 大卫·李嘉图（1772—1823年），英国资产阶级古典政治经济学的主要代表之一，1817年发表《政治经济学及赋税原理》，建立起了以劳动价值论为基础，以分配论为中心的理论体系。他继承了斯密理论中的科学因素，坚持商品价值由生产中所耗费的劳动决定的原理。他提出决定价值的劳动是社会必要劳动，决定商品价值的不仅有活劳动，还有投在生产资料中的劳动。——译者注

2 古典经济学的地租理论。李嘉图认为：土地的占有产生地租，地租是为使用土地而付给土地所有者的产品，是由劳动创造的。地租是由农业经营者从利润中扣除并付给土地所有者的部分。——译者注

被领导的劳动以及独立的劳动和工资劳动之间的区别。首先，区分领导的劳动和被领导的劳动是一个具有根本性的问题。这里有两个主要特点，第一，领导的劳动在生产组织结构的等级中处于较高的位次，它对一般"执行的"劳动进行领导和监督，正是这一职能似乎把它从其他类别的劳动中独立了出来。由于执行的劳动与土地的各种用途一致，从经济的观点看，它们所起的作用是绝对相同的，但领导的劳动与执行的劳动以及土地的作用相比，它明显处于支配和主导的地位。因此，它似乎形成了第三种生产要素。将领导的劳动与被领导的劳动区分开来的另一个特征就是它本身的性质：领导的劳动具有创造性，它能够为自己订立生产的目标。对于独立劳动和工资劳动之间的区别，我们同样可以追溯到领导的劳动和被领导的劳动之间的区别。独立的劳动由于具有领导的劳动的职能，因此它具有一些特性，而在其他方面，它和工资劳动没有任何区别。因此，我们可以得出这样的结论：如果一个独立的个人独立进行生产，并做一些执行的工作，那么可以把他分为两个个体，一个是领导者，一个是普通的工人。

很容易看出，监督管理职能本身处于较高位次等级的特点，并不构成实质性的经济区别。在工厂组织中，仅仅根据一个工人的位次在另一个工人之上，即一个工人处于领导和监督地位这一情况，并不能使工人的劳动在本质上变成不同性质的东西。从这种意义上来说，即使"领导者"不动一根手指，没有直接对生产做出贡献，他仍然在执行普通意义上所说的劳动，确切地说，好像一个看守者一样。"领导者"自身具有的其他要素在生产中起到更大的作用，那就是他决定生产的方向、方法和数量。即使人们上述所说的处于较高位次的管理者在经济上没有多大的重要性——也许更多的是社会学上的重要性——但人们能够看到管理者的决策职能与其他劳动在本质上具有不同的特征。

但是我们可以看到任何工作都会出现做出决策的必要性。例如，一个修鞋匠的徒弟，不论事情大小，如果他自己不做出某些决定，不独立地解决一些问题，那他就无法做好修鞋这件事。虽然"做什么"和"怎么做"是师傅教过他的，但是这并不意味着他自己不具有某种必要的独立性。当一个电力公司的工人到一个家庭去修理照明系统时，他仍然必须自己决定"做什么"和"怎么做"的问题。一个代理商可能不得不参与到商品价格的制定这方面的决策中，因为价格制定关系到他能够获得的利润空间——而在这一过程中他既不是"领导者"也不是"独立的劳动者"。一家企业的领导或独立的所有者肯定要做出大量的决定和决策，但是"做什么"和"怎么做"也是有人教给他的。他首先知道怎么去做：他已经掌握了生产中的技术问题以及与生产有关的全部经济数据，还有其他很多需要做决定的事情，不过这种决定和修鞋匠的徒弟所做的决定只是在程度上存在区别而已。至于"做什么"的问题是需求本身已经决定好的。他没有设定具体的目标，而是由周围的环境驱动他按照一定的方式去做。当然给定的经济数据可能会发生变化，这取决于他的决策能力，即他如何快速、成功地对这种变化做出反应。不过，对任何的工作做决策都是这样的，他不能根据事情当期的表象做决定，而是需要根据他已经学习掌握的事物的某些特征来做生产决定，尤其是根据他的顾客直接表现出来的需求趋势做决定。他不断地屈从于这些趋势，并对它们进行分析，因此只有不是很重要的要素才是他所不知道的。从这种考虑出发，我们就可以认为只要人们在他自己的经济行为中根据已知的外界环境来做决定——这也是经济学以及我们在这里所研究的——那么他们究竟是领导者还是被别人领导就变得不再重要了。前者的行为和后者的行为都服从相同的规则，而建立这种规则，并表明表面上偶然的东西实际上是被严格定义的，这是经济理论研究的根本任务，也是我们这里所要研究的。

　　一般来说，生产资料和生产过程中没有真正的领导者，或者可以说真正的领导者是消费者。那些领导工商企业的管理者只是在执行根据需求和供给已经规定了的生产，而他们所用的生产资料和生产方法也是已经给定的。个人只有作为消费者并表达了对某种物品的需求时才能对生产产生影响。从这种意义上来说，不仅是工商业企业的领导参与了生产的管理，其实每个人都参与了生产管理，尤其是从最狭隘的意义上来说的那些从事生产的工人。除此之外，个人对企业的领导没有任何意义。过去支配经济系统的数据是人们所熟悉的，如果这些数据不变，那经济系统就会按照同样的方式运转下去。人们对数据可能发生的变化并不熟悉，但从生产的原则来说，人们会尽可能地适应并追随这些变化。他不会自发地改变任何的东西，他只是改变那些外界条件已经按照它们自己的规则改变的东西，他消除经济数据和他自己的经济行为之间的不一致，这种不一致的出现是由于给定的经济条件已经发生改变，而人们仍然按照以前的生产方式来进行生产而产生的。任何个人都可以采取与我们假设的观点不一样的方式安排生产，但是只要生产的改变是来源于外界的客观压力，那么经济系统中就不存在任何的创新。如果个人采取不同的行动，那么我们就可以看到实质上不同的现象。但在这里，我们只关注经济事实所固有的内在逻辑。

　　根据我们的假定，也可以这样说：劳动的数量是由给定的环境决定的。这里我们要附加一个问题，这个问题是以前留下没有解决的，那就是任何时候都存在的劳动供给量的大小。显然，一定数量的人做多少工作不是一开始就明确确定的。如果我们暂且假定，雇佣个体劳动的最佳数量是已知的，这样就为雇佣规定了尺度，界定了严格的范围和数量，在这个尺度上的每个点，每种具体雇佣劳动的预期效用就可以和它的非效用进行对比。来自于日常生活的众多声音提醒我们，提供给我们面包的劳动是一项任务比较重的工作，人们只有在不得已的情况下才会从事这项工作，如果有其他的选择，那人们会丢弃这份工作而从事其他方面的工作。这里明确显示了将要完成的工作量。在每一个工作日的开始，这种对工作的比较自然是有利于促进人们努力完成工作的。但是，随着人们在工作中需要获得的满足越来越多，工作的动力就会下降得越来越多，同时，它所比较的产生非效用的劳动的数量就会越来越多。因此，对工作的比较变得越来越不利于工作的继续，直到对每个工人来说，他的劳动所增加的效用与所增加的非效用达到平衡，这种不利影响才会停止。当然，这两种效用的对比产生的驱动力是因人而异、因国而异的。在这些不同的差异中，有一个根本性的要素可以说明工人和国家历史的形成，但是这不会影响理论原则的本质[1]。

因此，劳动和土地只是生产力量。衡量任何质量已知的劳动数量都是困难的，但是这是可以办到的，如同在实际中，不管事情有多么复杂，我们都可以给土地的服务规定某种可以衡量的物质上的标准。如果只有一种生产要素，比如我们假设一种质量的劳动能够生产出所有的物品——如果我们假定从自然界获得的都是免费的原材料，那么我们的假设（劳动能够生产所有的物品）就是可以成立的，而这样就不会产生任何的经济问题——或者土地和劳动两个生产的要素彼此独立工作，它们都能够独自生产出有区别的物品，从事生产的人就需要为他的经济计划制定相应的衡量标准。例如，如果某种价值确定的消费品的生产需要3个单位的劳动，而另一种和它价值相同的消费品需要2个单位的劳动，那么他就可以决定他的生产行为了。但是在现实中，情况并非如此。实际上，生产中的各个要素要互相配合，共同起作用。现在，我们假定生产1件价值确定的物品需要3个单位的劳动和2个单位的土地，但是2个单位的劳动和3个单位的土地一样能够生产同样价值的物品，那生产者该选择哪种生产方法？显然，此时要有评价标准来对这些生产组合进行比较，而我们就需要这样的共同的标准。我们可以把这个问

1　详尽说明，请参阅《理论政治经济学的本质和主要内容》第 I 和第 II 编。这一原则显然仅对努力的一定成果有效，这是一个明确的结论，比如每小时的实际工资。

题称为"配第的问题"[1]。

这个问题的解决方法给我提供了一个理论——"归属理论"。生产者想要衡量的是他的生产资料数量的相对重要性。他需要一个标准并借助它来管理他的经济行为，他也需要一些指标，他可以按照这些指标来安排生产。总之，他需要一个价值的衡量标准。但是他只是对他直接消费的物品才会有标准，因为只有这些消费品才能够立即满足他的需求，他对这些商品的需求强度是衡量这些物品对他的重要性的基础。对于他储存的劳动和土地的服务，是缺乏这样的标准的，我们也可以说，对于他生产出来的生产资料，同样也没有这样的统一标准来进行衡量。

显然，这些其他的物品也有它们自身的重要性，因为它们同样是为满足直接需要服务的。它们对需要的满足做出了贡献，因为它们对消费品的生产具有直接的作用。它们的价值来源于这些消费品，而这些消费品的价值也会投射到它们身上。即价值"回归"到这些其他的生产资料身上，而它们依据这些"回归的价值"，在经济结构中占有自己的位置。对储存的生产资料的总价值或两个原始生产要素中的一个的总价值进行确切数量的衡量和表达被证明在特定的时候是可行的，因为它们的总价值通常是无限大的。然而，对实际的生产者或经济理论来说，知道这个总价值是没有必要的。这不是放弃每一个生产可能性的问题，也不是放弃生产存在性的问题，而只是把某种数量的生产资料划归到这一目的或那一目的的问题。例如，一个孤立的个人如果没有两种原始生产要素中的任何一个是没法进行生产的，他也就不能对任何一个生产要素的价值进行准确的衡量和表达。在这种程度上讲，穆勒关于劳动和土地的服务是不确定的、不可衡量的观点[2]是正确的。但是，他说在具体的生产实例中，人们不能分清产品中的"自然"因素和劳动，这种观点是错误的。的确，从物质上来说，这两种要素是不可分割的，就经济生产的目的来说，这种划分也是不必要的。经济生产中，每个人都清楚地知道什么是必要的，也就是说，人们满足的增加是由于生产资料的增加。但是，在这里我们不对"归属理论"做过多的研究和探讨[3]。

---

1 威廉·配第（1623—1687年），英国古典政治经济学创始人，最先提出了劳动决定价值的基本原理。他的《政治算术》提到了这一问题。——译者注

2 参见阿什利编的《原理》，第26页。

3 参见K.门格尔、维塞尔以及庞巴维克，他们最先对这个问题进行研究。也可以参考《理论政治经济学的本质和主要内容》第Ⅱ编，还有我刊登在《政治经济学、社会政策和管理杂志》（1909年）上的《归属问题评论》。我们不涉及由边际生产理论产生的更为复杂的问题，因此没有必要谈目前更加准确的形式。

与消费品的使用价值[1]不同，生产物品的价值是"收益价值"，或者可以说，是生产力价值。与消费品的边际效用[2]相对应，后者便是边际生产效用，或者用一个常用的术语：边际生产率[3]。劳动或者土地的单位价值的重要性是由它们的边际生产率决定的，它也可以这样定义：一单位给定存量的劳动或土地所能生产出来的最重要的产品的价值。这个价值表明了每一个具体劳动的服务或土地的服务在社会总产品的价值中所占的份额，因此可以明确地把土地的服务或劳动的服务称为"产品"。对于不完全熟悉价值理论的人来说，这些简短的说明是不能表达它们的全部意义的。请读者参阅J.B.克拉克[4]的《财富的分配》一书，书中克拉克准确阐述了这一理论的意义[5]。在这里，我想强调，从纯粹经济论述的目的来说，克拉克的描述是对"劳动产品"这一概念唯一精确的阐述。我们仅在这个意义上使用这个词。也是在这个意义上，我们认为在交换经济中，劳动和土地的价格，即工资和地租，是由它们的边际生产率决定的。因此，在自由竞争的经济中，劳动者和地主得到了他们各自的生产资料或者产品。我们在这里稍微提及一下这个在现代经济理论中几乎没有任何争议的论题，在以后的阐述中这个论题会变得更加明白。

下面的观点对我们来说也是很重要的。在实际中，人们之所以能够那么容易地利用他的生产资料的价值，是因为这些生产资料所生产的消费品是他所熟知的。由于前者的价值依赖于后者的价值，所以，生产的消费品过于单一时，生产资料必须改变。为了调查研究生产资料价值的本质，我们希望能够忽略给定经验的影响，并允许其他未生产过的消费品的存在，我们也必须从这一点出发，即个人还不清楚应该如何对生产资料使用的可能性加以选择。因此，他首先会把生产资料用在生产那些对于他来说最迫切需要的产品上，然后他会用来生产那些排在其后迫切性不断降低的产品。此外，他每做一个生产的决策都必须考虑，有哪些

1　使用价值是一切商品都具有的共同属性之一。任何物品要想成为商品都必须具有可供人类使用的价值；反之，毫无使用价值的物品是不会成为商品的。使用价值是物品的自然属性。——译者注

2　边际效用，指在一定时间内消费者增加一个单位商品或服务所带来的新增效用，也就是总效用的增量。在经济学中，效用是指商品满足人的欲望的能力，或者说，效用是指消费者在消费商品时所感受到的满足程度。——译者注

3　边际生产率，是指在各种产业中每多增加一单位的生产要素（如劳工、资本等）所能增加的生产量。当边际生产率过低或接近零时，表示该产业的发展规模已经接近饱和，人力物力应转投向其他的产业。当生产要素中只有一个是可变的（如：资本）则边际生产率就是边际产量。——译者注

4　约翰·贝茨·克拉克（1847—1938年），美国经济学家，美国经济协会创始人、协会第三任会长。出边际生产力概念与生产耗竭理论、并研究出根植于边际效用的需求理论。——译者注

5　由于对边际概念的不同理解，造成了许多误解。关于这一点，请参阅埃奇沃思的论文《分配理论》，刊登于《经济学季刊》（1904年），尤其是他对霍布森反对克拉克的观点的答复。

需要是由于生产了当时来说比较迫切需要的物品而未得到满足的。只有当更迫切的需要不会由于他的决策而变得不可能满足时，他的每一步的生产选择才是经济的。只要还没做出生产选择，那生产资料的价值就是不确定的。每种经过深思熟虑的生产资料生产的可能性，都会有每一增量的特定价值与之相对应。至于生产出来的产品中究竟有哪些价值与特定的增量具有确定的联系，这只有在人们做出了生产选择并经受了经验的考验之后才能显现出来。一个给定的需要在比它更迫切的需要得到满足之前是不会得到满足的，这一基本的条件将导致这样的结果，即所有的生产资料必须按照它们不同的使用可能进行分组，从而使得每一个物品的边际效用相等。在这种制度安排下，个人将根据给定的条件和自身的观点找出最有利的生产安排。如果他这么做了，那他就可以说，他已经尽其所能地充分利用了这些环境。他将努力实现生产资料的最合理的生产安排，改变每一个已经考虑过的或所执行的生产安排，直到达到最佳的生产安排。如果没有现成的经验可以借鉴，那他必须自己摸索，一步一步去实现这种生产安排。如果可以从先前的经济周期中获得这些生产安排的经验，他就会试着遵循同样的生产路径。如果这种经验所表达的条件已经发生变化，那他就会适应新的生产条件，并调整他的生产行为和评价以使得它们适应新的条件。

在所有的情况下，每种物品都有确定的生产使用方法，因此它们对需求的满足也是确定的，这样反应物品增量的效用指数就能够表达人们的这种确定的满足，它能够表明物品的每次增量在个人生产经济中的地位。如果出现一种新的生产可能性，就必须根据这个价值去重新考虑生产安排。但是，如果我们返回到人们已经做出的并产生这种效用指数的"选择行为"，我们就会发现，每种生产安排中，是另一种效用而不是这种已经确定的效用在起决定作用。如果我已经把某种物品按照3种生产安排可能性进行了分类，当第四种生产可能性出现的时候，我将会根据已经在前3种生产可能性中实现的满足去考虑它。然而，就这3种生产可能性的划分来说，这种效用指数是不起决定作用的，因为这种效用指数是在对3种生产可能性做出划分之后出现的。但是，对每一种物品都有一个确定的效用范围，它反映了这种物品所有用途的效用，并提供给该物品一个确定的边际效用。生产资料也是如此，就像我们前面所说的，通过它的"产品"，或者根据维塞尔[1]的表述，通过它的"生产贡献"。

---

1 弗里德里希·冯·维塞尔（1851—1926年） 奥地利经济学家、社会学家、奥地利学派主要代表人物之一。维塞尔继承和发展了门格尔的主观价值论。——译者注

由于所有的生产都涉及在各种互相竞争的生产可能性之间做出选择，并且，这种选择往往意味着放弃生产其他物品的安排，那么产品的总价值就绝不是一种净收益，而只是在减去可以生产出来的其他产品价值后的剩余。后者的价值代表被选定生产的产品的反向价值，同时衡量被选定生产的产品的满足程度。在这里，我们要提出成本要素的概念。成本是一种价值现象。对生产者来说，生产某种物品所花费的成本就是一种消费品，它本来是可以用相同的生产资料获得的，但是由于生产安排导致这些消费品不能被生产出来。因此，对劳动这种生产资料来说，它的使用包含着一种牺牲，其他生产资料和劳动是一样的。对劳动的支出，还有一种条件必须得到满足，就是每一次劳动的支出所产生的效用都应该至少能够弥补由于劳动的支出而产生的反效用。然而，有一种事实是不能改变的，即：在这一条件范围内，个人选择劳动的支出，与选择其他生产资料的支出是完全一样的。

因此，没有得到满足的需要并不是不重要的，它们带给人们的影响随处都可以看到，每一个生产决策都必须和它做斗争，而且生产者沿着给定的方向把生产推进得越远，这种斗争就变得越困难；也就是说，一个具体的需求得到的满足越多，和它处于同一水平的需求得到满足的欲望就越小，因此，通过进一步生产获得的满足的增加量是逐渐减少的。此外，与这个方向的生产相联系的牺牲同时也在增加。这种产品所需要的生产资料必须从越来越重要的需求类别中抽离出来。从一种方向的生产中获得的价值变得越来越小，最终它就会消失。当这种情况发生时，这种具体的生产就结束了。因此，在这里，我们可以说生产中存在收益递减的规律，这种规律和物质产品递减的规律具有完全不同的意义，我们命题的正确与否和这种规律也是毫不相关的[1]。显然，最终起作用的其实是成本递增的经济规律。即将做出的投资的价值最终会上升很多，而通过生产获得的效用的增加最终会消失，即使这种投资的物质数量不断降低，这种效用最终还是会消失。如果后者变为现实，很显然，此时每个人的需求满足的条件虽然都处于很高的水平，但是本质的现象不会因此而变得不同。

生产者对生产中的成本要素的考虑，只不过是在考虑使用其他生产方式来生产产品的可能性。这种考虑对每种生产方式构成了制约，而且被每个生产者所遵

---

1 这种与物质递减规律的背离，是我们摆脱古典经济学家体系迈出的具有决定意义的一步。这一点可以参阅我的论文《分配理论中的地租原理》，载于《年鉴》，施穆勒编（1906和1907年）。也可以参阅考怀茨的《收益递减》，载于《社会科学简明词典》。

循。但在实际中，习惯使得这种考虑变成一句简单的描述，使每个人都可以使用它，而不必要每一次都对它进行重构思考。生产者在实际生产中利用它，如果必要就对它进行调整以适应不断改变的环境；它也不自觉地描述了需求和现有的生产方法之间的关系，而生产者的生产条件和经济视野都可以在它这里得到反映。

成本作为其他潜在生产资料的价值表现形式构成了社会资产负债表的负债项目，这是成本现象的最深刻含义。生产者的物品的价值必须和这个表现形式区分开。因为根据我们的假设，成本代表生产出来的产品总价值的更高形式，但是根据上面的描述，在生产边际上，两者的数量是相等的，因为成本会上升到等于产品的边际效用的高度。此时，我们通常称为经济均衡，也是生产处于最有效率的位置的表现。只要能够维持生产给定的最优数据，这种经济均衡就会出现在每一期的生产中。

这里有一个非常值得注意的问题。通过上面的论述可以得到两个结论：首先，每种产品最后一单位的增量，将在除了成本之外得不到任何效用的情况下生产出来。这个道理不难理解。其次，在生产中不能得到超出生产物品的价值的剩余价值。生产只能实现在经济计划中可以预见到的价值，而这个价值是预先潜存于生产资料的价值之中的。在这个意义上，不仅从上述提到的物质的意义上来说，生产不"创造"任何的价值，而且在生产的过程之中，也不会产生价值的增值。在完成生产之前，个人对未来需求的满足取决于对必要生产资料的占有，这如同之后个人对需求的满足取决于对产品的拥有一样。个人将尽力避免前者的损失，就像力图避免后者的损失一样，而放弃前者也和放弃后者一样，是为了得到相同的补偿。

现在，"归责"过程必须重新回到生产的根本要素上来，即劳动和土地的服务。这种过程不能停止在任何已经被生产出来的生产资料上，因为如果这样，同样的争论就会出现的每种生产资料身上。因此，直到现在，没有任何产品能够表明它的价值会超过其中所包含的劳动的服务和土地的服务价值。如同我们前面把生产出来的生产资料分解为劳动和土地一样，现在我们可以看到，在价值评价过程中，这些生产资料只是短暂物品，只是暂时的项目。

因此，在交换的经济中，在自由竞争的条件下，所有产品的价格必须等于在产品中体现出来的劳动和自然服务的价格。因为这个价格就是生产出来的产品所得到的价格，而对于一整套必要的生产资料而言，这一价格应该是预先可以得知的，因为依存于生产资料的劳动和自然服务的价格与依存于产品的劳动和自然服务的价格是一样多的。每个生产者必须把他的全部收入转让给为他供应生产资料的人，而这些人又是另外一些产品的生产者，他也必须把他的收入转让出去，直到最后整个产品的原始总价格回到劳动和自然服务的供应者手里。我们随后将讨论这个问题。

这里我们遇到成本的第二个概念，即交换经济的成本。商人把他必须支付给其他人以获得商品或生产资料的总货币数目看作是他的成本，也就是他的生产费用。接下来我们把他个人努力的货币价值也纳入成本之中，以完成他的成本核算[1]。这样成本从本质上来说就是劳动和自然服务的总价格之和，而且这些总价值必须等于从产品中获得的收入。因此，从这种意义上来说，生产在源源不断地进行，但是它实质上不会产生任何的利润。经济系统在最完美的条件下应该是不会产生利润的，这是一种奇谈怪论。如果我们还记得我们论述的意义，那这种怪论就会消失，至少会部分地消失。我们的论断并不意味着如果经济系统处于完美的均衡状态，它的生产就不会有结果，而只是意味着它生产的结果会完全流向原始生产要素。正如价值是贫穷与否的象征一样，利润也是不完美的象征。但是，怪论仍然部分地存在着。很显然，生产者按照一般的规则进行生产所获得的东西，比付给他们劳动的工资和付给他们可能拥有的土地的地租要多。从超过成本的利润这一点来说，难道就没有一个普遍的净利润率么？竞争可能会冲掉一个行业特殊的剩余利润，但是它不会消灭所有生产部门共同的利润。暂且假定生产者可以获得这种利润，那么相应地他们必须对他们所拥有的生产资料进行价值评估。那么，这些生产资料或者是原始的生产资料，即个人的努力或者自然要素，这样我们就回到我们研究的出发点；又或者是被生产出来的生产资料，这种情况下，它们就被赋予更高的评价，也就是说，体现在其中的劳动和土地的服务必然得到比其他服务更高的评价。然而，这是不可能的，因为劳动者和地主能够与它们先前已经投入的劳动和土地的数量进行有效的竞争。因此，净利润是不存在的，因为即使整个生产过程在许多独立的企业中被分割开来，那原始生产服务的价值和价格也总会把产品的价值和价格吸收包含进去。我不想让读者对这个问题感到厌倦，因此把原本该在此处分析的一部分内容放到后面。

---

1 正如西格进行的恰如其分的描述，个人劳动服务是"实际的支出"；参阅他的《经济学导论》，第55页。每一个精打细算的商人目前都把他自己的土地地租归为他的费用支出。

这一点不像某些读者看到的那样，同古典经济学[1]有如此的对立。价值的成本理论，尤其是李嘉图的劳动理论，都强烈地表明了相同的结论，某些教义倾向，比如，把所有收入，甚至利息都称为工资的这种趋势，都是由这些理论来解释的。如果在古典时期这些理论没有被清楚地表达出来[2]，首先这是因为古典经济学家承认他们自己理论的推论不是很严格，其次是因为我们的理论显得与事实过于相悖。庞巴维克确实是第一个清楚表达这个观点的人，即如果生产过程是在完美状态下进行的，那产品的所有价值原则上必须根据劳动和土地的价值进行划分。当然，这要求整个的经济系统完全准确地适应生产，所有的价值必须与数据相适应；还要求所有的经济计划都和谐地运转，没有任何事情干扰它们的执行。然而，庞巴维克也指出，两种情况会反复破坏产品的价值和生产资料价值之间的均衡。第一种情况是摩擦。由于无数的原因，经济机体的运转并非十分迅速。错误、灾害、懒惰等，以众所周知的方式，持续不断地造成损失，但这种损失也是利润的源泉[3]。

在我们转到庞巴维克提到的第二种情况之前，我们先插几句关于两个极为重要的因素的阐述。第一个要素是风险。可以区分为两种：生产技术失败的风险（我们甚至可以把由于上帝的行为造成的损失包括进去）和商业风险。只要这些风险是可以被预知的，它们就会对经济计划具有直接的作用。商人们要么把风险的准备金包括在他们的成本核算中；要么准备一笔资金来防备一定的风险；要么会考虑并均衡生产的各个部门之间的风险，其办法是避开风险更高的部门的生产，直到这些风险比较高的部门生产的产品价格的增长能够带来某种补偿[4]。这些均衡风险的生产基本上不会产生利润。一个采取各种方式（如修大坝、机器保险等）防范风险的生产者，在保护他的生产成果时具有一定的优势，但是同时他也支出了相应的成本。风险准备金对生产者来说不是利润的来源，但是对保险公司来说，这构成了他们中间利润的一部分，保险公司主要是把各种风险的准备金汇总，以此来应对随时可能发生的意外。较大的风险补偿在表面上看是较大的收

1　古典经济学，凯恩斯理论出现以前的经济思想主流学派，由亚当·斯密开创。主要追随者包括大卫·李嘉图、托马斯·马尔萨斯和约翰·穆勒。一般说来，该学派相信经济规律，特别如个人利益、竞争等决定着价格和要素报酬，并且相信价格体系是配置资源的最有效的方法。——译者注

2　比如洛茨就是这样的，虽然他以极其微弱的形式回避这种直觉；参阅他的《社会科学简明辞典》。在斯密的书中可以看到非常朴实的表述。

3　参阅庞巴维克的注解，《资本利息的实证理论》第4版，第219～316页。

4　参见埃默里，在我的引文《美国的新经济理论》中，载施穆勒的《年鉴》（1910年）和费希尔的《资本与收入》。

益，但是它还要乘上一个概率系数，这样它的真实价值被再次降低，而正是这减少了剩余的数额。任何消费这种剩余的人在事情的发展过程中都会为此付出代价。因此，经常赋予风险要素独立的角色，以及与它相联系的独立的收益，都是没有任何意义的。当然，如果风险是不可预知的，或者在经济计划中是不考虑在内的，那事情就变得不同了。此时，风险一方面是暂时损失的源泉，另一方面又是暂时收益的来源。

在这里我想阐述的第二个因素是这些收益和风险的主要源泉。它们的数据是自发变化的，而个人是习惯于考虑这些数据的。这些变化创造出了新的情况，而且重新适应新情况是需要时间的。在适应发生之前，经济系统中会发生成本与收入的大量积极的或消极的不一致，这说明适应总是存在一定的困难。这些适应变化的知识在很多时候不是那么容易就可以获取的。从知识得出结论也要走出很大的一步，因为在没有准确经验的条件下，这个过程总会遇到很多的障碍。相对于以前，所有产品的生产都完全适应变化了的环境和数据，这是不可能的，尤其是对于生产耐用消费品的生产者来说。在物品被完全磨损之前它必须经历的时间内，不可避免地会发生条件的改变，这就发生了李嘉图在他书中的第一章第四部分所指出的物品价值决定的特性。它们的收益与它们的成本完全没有联系，而这是必须接受的现实；它们的价值发生了改变，但是这没有改变与之相适应的供应。因此，某种程度上，它们变成一种特殊的收益，这种收益可能高于或低于这种产品中所包含的劳动的服务和土地的服务的总价格。这些现象会出现在商人的眼中，就如同自然事物出现在他们的眼中一样。像马歇尔[1]一样，我们称之为准地租[2]。

然而，庞巴维克还提到了第二种情况，这种情况可能改变"归责"的过程，也可能会阻碍产品的一部分价值在劳动和自然的服务中得到体现。正如人们所知，任何生产中都包含着时间的流逝[3]，除了那种维持生命的原始劳动的瞬间生

1　阿尔弗雷德·马歇尔（1842—1924年），近代英国最著名的经济学家，新古典学派的创始人。他于1890年发表的《经济学原理》，被看作是与斯密《国富论》、李嘉图《赋税原理》齐名的划时代的著作，其供给与需求的概念，以及对个人效用观念的强调，构成了现代经济学的基础。——译者注

2　准地租又称准租，是指在短时间内因使用固定资本而产生的超额利润。因准地租是租用固定性耐久生产设备（如建筑物、大型设备机器等），付给占有者租赁费（租金），其实质亦系超额利润，类似地租，故称准地租。——译者注

3　在经济生活中，对于时间的因素，庞巴维克是最具权威的。其次是W.S.杰文斯和约翰·雷。费希尔在《利息率》一书中有关于"时间偏好"这一特殊因素的详细研究。还可以参阅A.马歇尔对时间因素的阐述。

产。由于时间的流逝，生产资料不仅仅是潜在的消费品，而且它还通过新的本质的特征和消费品区分开来，即时间的距离把它们和消费品区分开。生产资料是未来的消费品，所以它们的价值比消费品低。它们的价值也不会耗尽产品的价值。

这里我们触及一个非常微妙的问题。但是由于它对本书论述的重要性是有限的，因此我们在这里只问我们自己一个问题。在一个经济体制正常的生产进程中，生产过程年复一年地遵循同样的规律，所有的经济数据都是相同的，那么同产品相比，我们对生产资料是否存在系统性的低估呢？这个问题可以分为两个问题：不考虑客观的和个人的风险系数，在一个经济系统中，满足未来需求的价值是否系统地、一般地低于满足现在同等需求的价值？在这样的经济系统中，除了时间流逝本身对价值的影响，在时间进程中所发生的事情是如何建立这种价值评价上的差别的？

对第一问题肯定的回答听起来似乎很有道理。当场给予某些礼物肯定比许诺将来会给礼物更受欢迎[1]。然而，这不是我们这里所要讲的问题，而是对收入有规律流动的一种评价。如果可能，让我们想象一下下面的情况。某人拥有了一笔终身年金。在他的余生中，他需要这笔年金的种类和购买力[2]保持绝对不变。这笔年金数目很大而且十分安全稳定，这使得他没必要为了防备紧急情况和可能面临的损失而去创立一份基金。他知道他自己不用承担照顾别人的义务，也不会产生此类突发的欲望。他没有必要以现在的利率将储蓄用于投资——因为如果我们假定有这种情况，我们就应该首先要考虑利息因素，从而会危险地陷入循环推理的情况。现在，处于这种经济状态的人，在选择年金的未来分期支付还是时间上与现在较接近的支付时，他会不会更看重后者呢？当然不会，因为如果他这样做了，也就是说他放弃未来的分期支付而换取对他补偿较小的现在的支付，他就会发现他最后得到的满足要小于他应该得到的。他的行为会导致他的财产损失，这种行为是不经济的。然而这种行为在现实中还是会发生，就像其他方面违反经济理性规则的行为常常发生一样。但是这种现象的发生并不是这些规则本身的一个

1　但是可以顺便说一下，即使这一事实也不非常清楚和简单；正相反，其中的道理需要进行分析，下面就会做出简略的分析。

2　购买力是人们支付货币购买商品或劳务的能力，或者说在一定时期内用于购买商品的货币总额。它是消费者能够对公司施压降低其产品及服务价格的能力，同时也反映该时期全社会市场容量的大小。一切不通过货币结算的实物收支和不是用来购买商品和劳务的货币支出，如归还借款、交纳税金、党费、工会会费等，均不属于社会商品购买力范围。——译者注

要素[1]。当然，我们在现实中所遇到的大多数例外并不是由于违反这些规则所造成的，而是我们的假设与实际情况不符造成的。但是，我们会发现自己很容易对当前的满足感做明显的过高估计，特别是儿童和未开化人群，那么此时摆在我们面前的就是要解决经济问题和现实中人们经济观点之间不一致的问题：儿童和未开化人群只知道瞬间的生产。未来的需求对他们来说很小、很渺茫；他们根本不会看到这些未来的需求。因此，他们经受不住需要广阔的视野才能做出决策的考验。这是很明显的。但是他们通常不需要做出这种决策。对于掌握了需求和满足的手段双重经济节奏的人，在特殊的场合或许会嘲笑这个结论，即任何倾向一方的替换都意味着满足感的缺失，但是他在原则上不能否定这个结论。

我们的第二个问题是怎样的？难道生产过程不能够以一种与我们经典的假设不一致的方式进行么？难道货物的持续流动不能有时微弱些，有时强烈些么？尤其是一个需要更多时间、更多产的生产方法影响了当前货物的价值，从而使得时间构成了物品循环流动的一个因素，难道这不是事实么？我们对这个问题的否定回答很容易被误解，而只有在未来人们才能明白它的全部含义。我并不否认经济生活中时间要素的重要性，但只是需要从不同的方面去看待它。引入更有效率的生产需要耗费更多的时间，时间要素如何影响生产过程，这是两个完全不同的问题。我们不是谈论引入新生产过程的问题，而是谈论已经处于正常工作状态的由给定的生产过程所构成的循环流动的问题。在这里，任何更有效的生产方法，如同其他有效的生产方法一样，不管生产时期的长短，它都会立即取得相应的成果。一种生产方法之所以被称为"有效的"，是因为在相同的时间内，使用相同数量的生产要素进行生产时，这种方法能够比其他的生产方法生产出更多的产品。给定必要数量的劳动和自然要素，这种有效的生产方法就会无限次的重复进行，而不必进行其他的生产选择，而它们提供的产品也会源源不断。即使产品不是源源不断地提供，那也不会产生低估未来产品的倾向。理由很简单，如果生产过程定期地生产出产品，也不会存在对产品的等待，因为消费行为能够使自己适应生产，在单位时间内按照相同的速度持续进行，因此就不会有低估未来的产品的动机[2]。如果持有现在的物品能保证我们在未来可以得到更多的商品，那我对

　　1　费希尔教授，作为在世的对未来满足低估这一要素进行论述的最杰出的学者，把我的反对观点充分地表达了出来。他引用"缺乏耐心"一词来表述这个意思。如同错误一样，非理性的缺乏耐心无疑也是存在的。但它不是事物正常发展过程中的要素。

　　2　谷物在刚刚收获之后，肯定比将来的价格更便宜。不过，这种事实可以用储存成本、实际存在的利息以及其他情况来解释这个事实，所有的这些对我们的原则都不会改变。

现在物品的评价可能会比未来物品的评价要高。当我有充足的理由确信物品会源源不断地流入，而且我的行为已经适应了这种情况，我就不再对现在的商品给予更高的评价，而是对现在和未来做出相同的评价，因而未来"更多的"物品将不再依赖于对现在物品的拥有。我们也可以把前面持有年金的人的例子扩展应用到这种情况。假设他每月可以领取1 000美元，但现在情况不同了，他被许诺在放弃按月领取后，可以在年终一次性获得20 000美元。直到第一年的分期付款到期为止，时间因素可能使他感到不是很愉快，但是从收到20 000美元的付款之后，他就会感到情况得到了改善，而且他的改善来自于新增加的每年8 000美元的支付，而不是来自于之前每年可以获取的12 000美元的一部分。

同样的论证也适用于节制要素[1]、等待的必要性等。在这里我推荐读者参阅庞巴维克的观点。对我们来说，只需要精确地表达我们的观点。我们不能简单地否认这种低估未来产品现象的存在，这种现象的本质比它表象要复杂得多，而且值得注意的是，这种现象的本质和外在表现还没有得到透彻的分析。在这里，我们还必须把创造生产工具的过程和它被创造出来后提供给人们在生产中使用的过程区分开来。不管节制要素在创造生产工具的过程中起到什么样的作用——我们不得不反复提到这一点，首先会出现在下一章关于储蓄的讨论中——等待的必要性肯定不会出现在重复的生产过程中。人们不需要"等待"经常性的收益，因为人们在需要它的时候就会很自然地得到它。在物品正常的循环流动中，人们不必定期地抵挡瞬间生产的诱惑，因为如果人们屈服于瞬间生产，那么他的生产经营就会变得更坏。因此，这里就不会发生有收入来源而不去消费的节制问题，因为根据我们的假定，除了劳动和土地之外，没有其他的收入来源。如果节制因素在最初创造生产工具的时候是必要的，那么它就必须在以后的正规产出中得到补偿，这难道是节制因素在正常的循环流动中不能起作用的原因么？首先，在我们的调查过程中，节制要素在必要的生产要素中只起到次要的作用。具体来说，新的生产方法的引入从整体上说并不需要有预先的货物积累；其次，如同庞巴维克曾表述过的[2]，在这种情况下把节制看作成本的一个独立要素实际上是把同样的项目重

---

1 主要的作者是西尼尔以及庞巴维克，后者在他的《资本利息的历史及其批判》中有论述；最近还有美国的作者麦克维恩。也可参阅《帕尔格雷夫辞典》中"节制"一条及其所列举的文献。关于这一因素常常被忽视，卡塞尔的《利息的性质和必要性》是其代表作。我们的观点接近维塞尔的《自然价值》和约翰·B.克拉克的《财富的分配》。还可以参阅《理论政治经济学的本质和主要内容》。

2 费希尔对这个题目的表述（《利息率》，第43～51页）被认为是没有说服力的，因为他把时间贴现看作一个基本的事实，而它的存在是非常显然的。

复计算了两次。不论等待的性质是什么，它都不是我们在这里所要考虑的经济过程的一个要素，因为一旦物品的循环流动过程建立起来，那么在成本花费、生产努力和需要的满足之间就不会存在有任何的缺口。按照克拉克教授的结论性表述，这两者是同时发生的，而且发生的过程是一种自然的行为[1]。

归属理论说明了所有单个物品的价值。这里只补充一点，即物品的单个价值并不是孤立的，而是互为条件的。这种规则唯一的例外是存在这样的情况，就是不仅一种商品是不能由另一种来代替的，这种商品的生产资料也是无可取代的，甚至这些生产资料也不能用其他的方法生产出来。这种情况是可以想象的，比如由大自然直接提供的消费品就可能会发生这样的情况，但是这也是一个可以忽略的例外。所有其他物品的数量和价值都处于一种严格的相互关系中，这种相关关系表现在互补、交换使用的可能性以及互相替代的关系等方面。即使两种物品只有一个共同的生产要素，它们的价值仍然是具有联系的，因为两种物品的数量和价值取决于这一个要素在生产过程中的分配合作，由于这个要素是这两种物品所共有的，因此生产中也将遵循边际效用相等的规则。几乎没有必要指出由劳动这个生产要素所引起的生产关系，实际上使得所有物品都具有相互关系。每种物品的数量和价值的确定都受其他所有物品价值的影响，只有在考虑所有其他物品的价值之后，才能对这种物品的价值和数量做出完全的解释。因此，我们可以说，对每个人来说，每种物品的价值构成了他的价值体系，其中各个要素是相互依存的。

这个价值体系表现出了个人全部的经济关系，包括他的生活、观点、生产方法、需求以及他的经济组合等。个人绝不会同时意识到这个价值体系中的所有部分；相反，任何时候，这个体系中的大部分都会在个人的意识范围之外。此外，当他进行经济行为的决策时，他并没有关注这个价值体系中所表达出来的所有经济事实，而只是关注手头现有的某些指标。日常生活中他根据一般的习俗和经验进行生产，他对每种物品的使用都是从它们的价值开始的，而这些物品的价值也是经验告诉他的，但是这种经验的结构和本质是由这个价值体系给定的。这些价值，经过了它们之间的互相调整，是通过个人年复一年的生产得以实现的。因此，我们提到的这种价值体系表现出了显著的稳定性。每个经济周期都存在这样的趋势，即它重新回到以前的轨道上，并再一次实现了相同的价值。即使这种经久不变的特性被打断，一些持续的特性也会保存下来，因为即使外界条件发生了

---

1 克拉克确实把这种"同步性"归因于资本的作用。接下来可以看到，我们并不赞同他的观点。我重申：在利润和损失的加速影响和阻挠下，支出和收益彼此是自动同步发生的。

变化，也不是要做某种全新的事情，而只是要使以前做过的事适应新的条件。对每一个新的经济周期来说，已经建立起来的价值体系和给定的生产要素组合都是新的起点，也可以说是对下一步生产的一个有利的预测。

而对个人的经济行为来说，这种稳定性是不可缺少的。实际上，在大多数情况下，人们不能从事那种为创造新的经验所必需的脑力劳动。我们同样可以看到，在现实中，过去各个时期的物品数量和价值决定着随后各时期物品数量和价值，但凭这一点还不能说明这种稳定性。显著的事实是这些生产的规则经受住了经验的考验，每个人都认为他们不可能比这些规则所教导的做得更好了。我们对价值体系的分析，如同是研究经验这座大山的地质学，它向我们表明，人们的需求和视野给定的情况下，物品的数量和价值实际上可以解释为周围环境条件给定情况下的合理结果。

因此，个人生产行为的经验不是偶然的，而是有它合理的基础。在一定条件下，有一种经济行为能够在现有的生产方法和满足个人需求的最好的生产方式之间建立均衡。我们所描述的价值体系和经济均衡的位置是相适应的，这种经济均衡的构成部分是不能改变的（如果所有的数据保持不变），否则，个人体验就会持续变差。因此，只要问题是使他自己适应条件，并服从于经济制度的客观需要，而不是去改变它们，那么对于个人来说，就只有一个并且是唯一的行为方式可以采用[1]，只要给定的条件不变，这个行为的结果就不会出现任何变化。

对于竞争和垄断情况下的交换和价格的一般理论，在此我们假定读者对此都是熟悉的。我们就会注意到这样一种情况，即普遍存在的交换可能性将自然而然地改变每个人的价值体系。根据基本的原理，资源的各个单位是在各种可能用途之间进行分配的，这是为了获得相同的边际满足，这种基本原理当然会一直起作用。在交换经济中，我们可以这样简要表述这个基本原理：对所有家庭来说，价格必须与消费品的边际效用成比例；对所有生产厂商来说，价格必须与产品的边际生产率成比例。但是一个新的现象表明了这样的事实：实际中，产品不再按照它们所具有并提供给生产者的"使用价值"来定价，而是根据生产者最终能够从

1　这种情况只有在自由竞争和寡头垄断（这两个词是从技术意义上说的）的情况下才被普遍接受。但是这对我们的目的来说足够了。后来已经证明，古诺的主张（即使在"垄断竞争"领域，也存在这样的确定性的事实）是没有错的。

这些产品身上获得的效用来定价[1]。每个人对他的产品的评价尺度以及对于他可能拥有的生产资料的评价尺度，是由通过交换或购买获得的物品的评价尺度构成的，而购买是通过出售生产资料的服务获得的收入实现的。完成这些交换或购买行为的最有效的途径是根据经验进行，每一种商品或生产服务都是根据经验来进行估值的。

在交换经济的每个时期，我们可以观察到无数的交换行为，交换的全体构成了经济生活循环流动的外部形态。交换规律向我们展示了给定的条件下，循环流动是怎样进行的（即经济生活的循环流动是如何的）。交换规律教给我们为什么在条件不变的情况下，这种循环流动也不会产生变化，它还教给我们这种循环流动为什么会发生以及如何适应变化的环境。在假定条件保持不变的情况下，每一个连续的时期，同一种类、同等数量的消费品和生产品将被消费和生产出来，这是因为存在这样的事实，即实际中人们是根据反复证明的经验来安排生产和消费的，理论上，我们就认为在给定的条件下，人们是根据现有的生产方法的最佳组合的常识来安排生产和消费这样的行动的。但是，连续的生产时期之外还有另外一种联系，因为每一时期都会使用前一时期为它准备的物品，而且每一时期也会生产物品供下一时期使用。为了简化分析，我们现在将假定这样的情况来对事实进行分析阐述，即每一时期只消费前一时期生产的物品，只生产下一时期将被消费的产品。这种将两个经济周期相互衔接起来的办法不会改变任何实质性的东西，而且很容易让我们看清经济周期之间的关系。根据这个假定，每一种消费品不多不少都需要两个经济周期才能完成。

在这种简化的经济过程的每个周期，也必须要进行交换，现在我们将对交换进行分类。第一，我们把那种仅仅为了将所得的东西再转出去的交换排除在外。理论表明这种交换必然大量存在于每一个贸易经济中，然而在这里，我们对这种纯粹技术性的交易不感兴趣[2]。第二，在每种贸易经济中，都会发生劳动和土地的服务对消费品的交换。毫无疑问，这种交换体现了经济系统中物品流动的大部分，并且连接了物品的来源和出口（生产和消费）。但是，工人和地主出售他们的生产性服务是为了消化已经在手中的消费品，他们出售的这种服务只有在每个

1　这就是奥地利人过去所谓的"主观交换价值"。熟悉过去五十年里理论讨论历史的读者，会如同反对奥地利理论的人一样，认为试图用"效用"来解释价格的任何论辩中，都包含着循环推理，也会想起这种现象如何引起了对其所包含的循环推理的控告。

2　参阅《理论政治经济学的本质和主要内容》第二篇。

时期的期末才能生产产品。进一步说，即使他们出售的服务有一些是为了生产生产者需要的物品，那他们出售生产性服务也是为了消费品。在每一时期，有一些劳动和土地的服务是没有体现到本期即将使用的生产资料中的，那么它们就用来交换上一时期已经生产出来的消费品。这种说法与事实可能有些出入，但这只是为了让说明简单些，它并不影响原则性的问题，在此我们选择忽略它。在本次交换之前，谁拥有劳动和土地的服务是很清楚的，但是谁是交易的另一方呢？交换行为发生之前，用来交换这些服务的消费品是在谁的手里呢？答案很简单，是在这一时期需要劳动和土地的服务的人，也就是那些希望通过增加更多的劳动和土地的服务把前一时期生产出来的生产资料变成消费品的人，或者是那些想生产新的生产资料的人。为了简化，我们假定，这两类人在每一时期都做相同的事情，也就是继续生产消费品或生产资料——这是符合贸易经济中的劳动分工原则的。于是我们可以说，在上一时期生产消费品的这些个人，在本期提供了一些消费品给工人和地主，以换取他们在下一时期新的消费品生产中需要的服务；在上一时期生产生产资料的这些人，为了在本期继续生产，他们将提供这些生产资料来换取生产消费品的人生产出来的消费品，他们得到所需要的这些消费品就能获取新的生产性服务以继续进行生产。

因此，工人和地主总是把他们的服务只用来交换当期的消费品，不管这些服务是直接还是间接体现在消费品的生产中。对他们来说，没有必要把劳动和土地的服务用来交换未来的物品，或交换对未来消费品的承诺，或申请对当期消费品的提前"预支"。这仅是简单的交换行为，而不是信用交易。在这一过程中时间要素不起作用。而所有的产品也仅仅都是产品，不包含其他的含义。

对单个的厂商来说，究竟是生产生产资料还是生产消费品，是完全不相关的事。不论生产生产资料还是生产消费品，这两种情况下，产品都是当即并按照价值得到支付的。个人不需要关心当期之外的事情，即使他总是在为下一期工作。他只是服从需求的指示，而同时经济过程的机制也会认为他在为未来提供产品。就其本人来说，他不必关心他的产品进一步的情况，如果要他对产品负责到底，那么他也许根本就不可能开始这一生产过程。消费品也只是产品而不是其他的任何东西，它除了销售给消费者之外不会发生其他的事情；它们也不会在任何人的手中形成"基金"来维持劳动者的生产等；它们更不会为进一步的生产提供直接或间接的服务。因此，关于这些物品存货积累的问题是不存在的。这种机制一旦经过调整，就会自行维持自身的运转。这种机制是如何形成的呢？这是另外一个问题。它是如何发展的，又是如何起作用的，这是两个不同的问题。

我们还可以进一步推论：经济生活的任何地方，即使是交换经济中，生产出来的生产资料也只是短暂的物品。我们在任何地方都找不到它们的库存所发挥的作用，似乎它们是以其本身在完成所有的生产职能。对于生产资料来说，除了为它们所包含的劳动和土地的服务所支付的工资和利息，任何国民总报酬都不来源于它们；没有任何净收入的要素最终会附着在它们身上；没有任何独立的需求是由它们产生的。相反，每一时期，所有手头的消费品的价值都归因于本期所使用的劳动和土地的服务；因此，所有的收入都是以工资或自然要素的租金的形式体现的[1]。据此我们可以得到这样的结论：劳动和土地为一方，消费品为另外一方，它们之间的交换过程不仅为经济生活的流动提供了主要的方向，而且在我们的假设下，这种交换也是唯一的方向。劳动和土地分享了全部的国民报酬，而且手头只有为满足他们有效的需求所必需的一定数量的消费品，除此之外没有更多。这符合经济学中的最后一对数据：需求及其满足的方法。这也是我们一直在讨论的一部分经济现实的真实写照。它已经被理论弄得残缺不全了，还人为创造了大量的虚构和臆想的问题——除了得到补偿的劳动和土地的服务之外，还包括什么是"基金"的问题。

因此，交换经济通过下面的方式向我们展现了它的组织形式。现在，单个企业是作为为了满足他人的需求而进行生产的个体出现在我们面前的，一个国家全部的产出是在这些单个的企业中进行首次"分配"的。对这些企业来说，它们除了具有把生产中的两个原始要素结合起来生产之外，就没有其他的职能了，而这种职能在每个时期都是机械性地自动完成的，并不需要诸如监管及类似的其他人为因素。因此，如果我们假设土地的服务掌握在私人手里，那么，撇开垄断者不提，除了从事某种劳动的人或者除了将土地的服务提供给生产安排的人之外，就没有任何人对产品有任何要求权了。在这些条件下，经济系统就不存在其他的阶层，尤其是没有这样的阶层，即他们的特征是拥有生产出来的生产资料或者消费品。我们已经看到，认为某处存在物品库存积累的观点是错误的。这主要是由这样的事实引起的，即很多生产出来的生产资料是要经过一系列的经济周期才被生产出来的。但是，这并不是基本的要素，如果我们这些生产资料的使用被限定在一个经济周期中，也不会在实质上改变什么。消费品存量的说法没有任何的依据；相反，消费品通常只掌握在零售商和消费者手中，它们的数量也只是满足当

1　分配理论的第一条基本原理就存在于这个表述中。

前的需要。我们看到了物品的持续流动以及经济过程的不断移动，但是我们没有发现其组成部分要么是不变的，要么是可以稳定替代的那种存量。对于一家厂商来说，它生产消费品还是生产资料，其实没有任何的区别。在两种生产情况下，在完全自由竞争的情况下，它都是以相同的方式处理产品，根据它提供的土地和劳动的服务的价值获得相应的支付，除此之外，没有其他东西。如果我们称呼一个企业的经理或者所有者为"企业家"，那他就是一个既没有所得也不会有损失的企业家[1]，没有特殊的职能，也没有特殊的收入。如果拥有生产出来的生产资料的人被称作"企业家"，那么他也只能是生产者，与其他的生产者没有什么区别，也同其他人一样，出售产品的价格不能低于成本，而成本是由工资和地租的总额确定的。

因此，从这个解释的观点出发，我们看到了不断更新的物品流[2]。只有在某个瞬间似乎存在某些个别物品的存量及与其相似的东西；而且，人们实际上只能在抽象的意义上谈论"存量"[3]，这种抽象的意义是指经济系统中一定种类和数量的物品只能通过一定地区范围内的生产和交换的机制来进行。这种意义上所说的"存量"就好比是河床，而不是流经它的河水。水流是从劳动力和土地这种流动的源泉中得到补充的，在每一个经济周期它都流入我们称为收入的水库中，这些收入将在此转变为需求的满足。对此我们不做深入的解释，只做简单的评述，这需要我们接受一个特定的收入概念，即费特（Fetter）的概念，把不是经常消费的物品从这个概念的范围内排除出去。从某种意义上来说，循环流动到此结束；但是，从另一种意义上来说，它又没有结束，因为消费引起重复消费的欲望，而这种欲望又推动新的经济行为产生。在此请读者原谅我们，因为我们应该谈到准地租，但是没有谈。更严重的是，我们也没有谈到储蓄，这一点是可以解释的，因为在任何情况下，在保持不变的经济系统中储蓄是起不到很大的作用的。

对每个人来说，一种商品的每单位数量的交换价值，取决于他能用该商品所获得的，并且确实打算用该商品来获得的所交换的物品的价值。由于他是否用该物品来进行交换是不确定的，因此，这种交换价值会随着当时个人所想象的交

1　这是瓦尔拉的用语。然而，事实上，在他的均衡体系中，把利息作为收入而存在。

2　严格区分"基金"和"流动"并使得这种区分具有意义，这是 S.纽克姆博的一本没受人们重视的书《政治经济学原理》的功劳之一。在现代文献中，这种观点被费舍尔所特别强调。没有哪本书比纽克姆博的书中对货币的循环流动描述得更清晰了。

3　存量是指某一指定的时点上，过去生产与积累起来的产品、货物、储备、资产负债的结存数量。——译者注

换可能性而波动，而且如果个人改变他需求的方向，那这种交换价值就会发生改变。但是，当一种商品在交换中找到它的最佳用途时，交换价值就会保持在这个最佳用途所确定的水平上，而且是唯一确定的水平，如果经济条件保持不变的话。显然，从这个意义上来说，任何同一种商品的单位交换价值对不同的个人来说都是不同的，这种差别不但是因为这两种原因（第一，个人的嗜好不同；第二，他们的整体经济情况不同），而且还由于与这些经济事实都没有关系的第三种原因，即个人所交换的商品是不同的[1]。但是在市场上被交换的任意两种物品之间的数量关系，或者它们的倒数，即每种物品的价格都是相同的，不管他是富裕还是贫穷——这和我们前面所说的一样。每种物品的价格和其他所有物品的价格是具有联系的，如果我们把它们的价格用一个共同的标准来表示时[2]，这一点将变得十分清楚。

现在让我们引入价格的标准和交换的媒介，并选择黄金作为"货币商品"的角色。鉴于我们的研究目的，对于人们已熟悉的交换理论我们讲得很少，但是我们必须对货币理论进行深入的探讨。在这里，我们仅限于论述以后对我们的分析具有重要作用的论点，即使对这些论点，也只是在以后必要的时候，在我们限定的范围内才进行论述。因此，我们将把在本书中不会再出现的问题暂时放在一边，如金银复本位制[3]的问题和货币的国际价值问题等。有些理论，它们的价值存在于以后我们没有机会去讨论的那些方面，我们会毫不犹豫地用那些比较简单的，或为人们所知道的理论去代替它，即使这些理论在其他的方面还有很多不完善之处，但只要对我们有用就足够了[4]。

经验告诉我们，每个人都会对他的货币存量[5]进行价值评估。在市场上，所有这些个人的价值评估将导致每单位货币和其他物品的数量之间建立一种确定的交换关系，这和我们前面说的其他物品的情况是一样的。在给定的条件下，通过个

1　我的意思是：由于嗜好和总体经济情况的不同，即使对于其他人也同样用来交换的相同的物品，每个人对这些物品的价值认同也是不一样的。况且，每个人都会交换不同的物品。

2　参见《理论政治经济学的本质和主要内容》第二章。

3　金银复本位制是本位制的一种，曾在18～19世纪被英、美、法等国长期采用。在这种制度之下，黄金与白银同时作为本位币的制作材料，金币与银币都具有无限法偿的能力，都可以自由铸造、流通、输出与输入。金币和银币可以自由兑换。这一制度的出现弥补了黄金产量不能满足市场需求的问题。——译者注

4　读者可以从"社会产品和计量单位"一文，了解我关于货币和它的价值的思想的主要特征。在那里所使用的货币是一个完全不同的概念。

5　所谓货币存量，即货币供应量，是指社会中在某一定点上存在的货币数值。在不兑现信用货币流通条件下，通常包括以下两个部分：非银行部门所持有的中央银行的负债凭证，简称现金（通货），非银行部门所持有的商业银行的负债凭证，简称存款货币。——译者注

人之间以及物品各种可能使用性之间的竞争，如同其他的商品一样，货币也具有很多确定的"价格"。货币的这些价格——这个表达已经完全由前面的论述定义了，后面我们还会常常用到——如同其他的价格一样，是由个人的价值评估决定的。但是，这些个人的价值评估又是建立在什么基础之上的呢？关于这个问题，我们需要做比其他物品价值评估更复杂一点的解释，其他物品的价值评估是以个人通过消费这种物品所得到的需求满足为基础的。我们根据维塞尔的论述回答这个问题[1]：物质商品的使用价值当然会为货币获得与其他物品的交换关系确定历史的基础，但是，对每个人来说，货币的价值和它在市场上的价格可能，实际上也会偏离这个基础。作为货币的黄金所具有的个人边际效用和价格，都不能偏离它作为商品的个人边际效用和市场价格，这是很明显的。因此如果发生了偏离，就会出现通过把艺术品铸成金币或把金币融化的方法来消除这种偏离和差异的连续不断的趋势。这种判断是正确的，不过不能证明什么。因为如果同一种商品在两种不同的用途上以相同的价格出售，我们不能简单地说一种用途决定了价格，另外一种用途只是简单地服从这个价格。相反，显然是两种用途共同形成了商品的价值尺度，如果其中一种用途不存在了，那么它的价格也会变得不同。货币商品就是这样的一种情况。货币就具有两种不同的使用可能，如果这两种用途之间可以互相转换，那么这两种用途的边际效用和价格必须相等，因此，货币的价值绝不能仅仅从艺术角度进行解释。如果我们假定货币商品的所有存量是铸币，这确实也是可能的，那么前面的论述就变得非常清晰了。即使此时货币仍然具有价值和价格，但是前面的解释很显然就站不住脚了。一方面停止铸币，一方面禁止融化铸币，这同样给我们提供了经验上的例子，以说明货币价值的独立的特征。

因此，对于货币来说，它的货币价值理论上完全可以与它的物质价值分开来。当然，物质价值是其货币价值的历史源泉。但是，我们在解释货币价值的具体实例时，原则上我们可以忽略它的物质价值，这如同在考虑一条河流的下游的某些方面时，我们可以忽略从其源头流过来的水量一样。我们可以想象，人们是根据他所拥有物品的一定比例，或者更准确地说，是根据这些物品的价格来获得一定数量的交换媒介，这种媒介是没有使用价值的，而且每一经济时期所有物品都必须换成这种交换媒介，然后这种媒介只是作为交换媒介被确定价值。根据假

1　《社会政策协会文集》，1909年大会报告。关于这一点，参阅米塞斯《货币与流通手段的理论》第二版；如果读者怀疑上述论点含有循环推理，也可以看一看米塞斯的书。作者希望表明：他现在并不认为引进货币要素这一方式令人满意，即使仅限于本章的目的。

定，它的价值只能是一种交换价值[1]。就像我们之前所说的所有商品都是为市场而生产的一样，每个人都是根据能用这种媒介获得的商品的价值来对这种交换媒介进行估值的。因此，每个人对他的货币的估值都将是不同的。即使每个人都用货币来对其他的商品进行估值，即使这些估值在数量上是相等的，但是这些估值对不同的个体而言仍然也会具有不同的意义。的确，在市场上，每种商品只有一种货币价格，而且在任何时候也只能有一个货币价格，所有人根据这些价格计算物品的价值，在这一点上，他们具有相同的立场。但这只是表面现象，尽管对所有的人来说，价格是相等的，但对每个人来说，这些价格具有不同的含义：它们代表每个人可以获得的商品的不同数额。

那么，个人的货币交换价值是如何形成的呢？在此，我们将把货币理论和我们前面所论述的经济过程的流动结合起来进行分析。根据我们的假定，我们能够看到，个人的交换价值必须一直追溯到生产者生产的物品。我们说过，生产者生产的物品只是暂时性的项目，并且在交换经济中，它们包含价格的各种独立形式。我们还说过，收入不会流向在任何时候都拥有生产资料的人。因此，这里没有机会形成个人独立的货币交换价值。就像在经济过程中，在我们的假设下，商人生产出来的生产资料所计算的货币价值也只是一个暂时性的项目。这些商人不是根据个人的交换价值对货币进行估值，因为他们通过它得不到任何他们想要的消费品，而只是把它转让出去。因此，在这里我们找不到货币的个人交换价值的决定因素。相反，反映这些交易的交换价值一定起源于其他某些地方。人们只是单独根据一个人能用货币所得到的消费品的价值来对自己的货币存量估值。因此，货币收入与真实收入之间的交换是一个关键点，也是经济过程中个人交换价值以及货币价格形成的地方。现在，我们就很容易得出结论了：对每一个人来说，货币的交换价值取决于这个人用他的收入所能得到的消费品的使用价值。在一个时期，用商品表示的总有效需求就成为这个经济过程中可得到的收入单位的价值尺度。因此，在给定条件下，对每个人来说，他的货币存量都有一个确定的价值尺度和确切的边际效用[2]。在经济系统里，这一货币存量的绝对数量是互不相关的。原则上，一个较小数额的存量可以和较大数额的存量提供相同的服务。如

1　货币将因为它的交换只能被定价。很显然，这与生产工具的只能很相似。如果像许多意大利人一样，人们只是把货币当成"最好的工具"，情况就会更加清楚。

2　给定了市场的交换技术和支付习惯。关于这一点，参见马歇尔的《货币、信用和商业》或凯恩斯的《货币改革小议》，还可以参阅施莱辛格的《货币经济和信用经济理论》。

果我们假定现存的货币数量是不变的，那以后的每年中，人们对货币的需求将是相同的，货币的价值也将是相同的。货币在经济系统中也会被分配，当所有消费品全部被人们消费，劳动和土地的服务都能得到支付，就会出现这样一种情况，即可以形成一个统一的货币价格。以劳动和土地的服务为一方，以消费品为另一方的交换被分成两部分：劳动和土地的服务等生产资源与货币之间的交换以及货币和消费品之间的交换。由于货币的价值和价格一方面必须等于消费品的价值和价格，另一方面必须等于劳动和土地的服务的价值和价格[1]，因此我们的理论框架的主体系没有因为插入了中间环节而改变，货币只是在扮演技术工具的角色，而没有增加新的东西。用通俗的说法来表述，我们可以说，货币到目前为止只是代表了经济事物的外在形式，对货币的抽象概念没有任何实质性的改变。

乍一看，货币好像是关于物品不同数量的一般规则[2]，或者我们可以说它是"一般购买力"。一般而言，每个人都把货币看作获得商品的手段；如果他出卖劳动或土地的服务，那么他不是为了得到特定的商品，而是为了一般意义上的商品。然而，如果我们再进一步仔细观察，就会发现事情具有截然不同的一面。对个人来说，他是按照用货币所能实际购买到的商品的价值来评价他的货币收入的，而不是根据其他的方法。如果所有的购买者突然改变他们收入的支出方向，那么显然，货币的价格以及个人交换价值无疑也会发生改变。然而，通常来说，这种事情是不会发生的。一般而言，一个明确的支出计划若被认为是最优的而被坚持下来，那么它不会很快就变。这就是为什么在实际中每个人通常都能用固定的货币价值和价格进行计算，而他只需要逐步调整它们以适应新的变化的条件。因此，我们可以用先前我们所说的关于其他物品的话来阐述货币，即就现有购买力的每一部分来说，经济系统中的某个部分已经存在着对它的需求、对它的物品供应；货币的大部分，就像生产资料和消费品的大部分一样，年复一年地走着相同的路。在这里我们可以说，如果我们假定每个经济周期，每块货币都经历着完全相同的路线，那我们也没有改变任何实质性的东西。这种真实收入和货币收入

1　为了简单起见，我再次重申，在这里我们只考虑一个独立的经济系统，因为包含国际关系将使得分析复杂化，而不会有什么实质上的帮助。同样，我们所考虑的经济系统中，所有个人都用货币计量物品价值，而且彼此之间相互联系。

2　这个概念最早是伯克雷提出的。以后就一直存在，J.S.穆勒最近把它传播开来。在现代德文文献中，这主要存在于本迪克森那里，这种概念与数量理论、生产成本理论或"均衡"理论之间是没有矛盾的。

之间的关系也决定着货币价值的变化[1]。

至此，我们只是把货币当作流通媒介。我们所观察到的只是用于使大量商品定期流通的那些货币量的价值是如何决定的。显然，由于众所周知的原因，每个经济系统中还存在着一定数量的不流通的货币，而它们的价值的决定还没有得到说明。迄今为止，我们还没学到这样的货币发挥作用的方式，即它迫使个人必须积累超过他支付目前的购买所需要的货币数额。这一点我们随后再论述。我们已经解释了一定数量货币价值的流动和决定因素，而这些货币与我们所描述的主要交换行为是对应的，对这些我们应该感到满足。不管怎样，在这里我们所考虑的正常的循环流动中，不需要为了其他的目的而持有更多的货币存量。

我们也忽略了另一个要素。购买力不仅可以用来执行消费品与劳动和土地的服务之间的交换，还被用来转移土地财产本身的所有权，此外，购买力本身也可以被转移。我们可以很轻易地考虑到这些要素，但是它们对我们具有本质上不同的意义，而这些要素也是我们可以在当前的框架内进行分析的。我们只能简略地指出，在我们描述的这种不断重复发生的经济过程中，没有容纳这些要素的余地。购买力本身的转移，不是这一过程的必要因素，可以说，它实际上是按照自己的方式在流转，在本质上是不要任何一种信用交易的。我们已经指出，对劳工和地主没有预先的支付，而他们的生产资料也只是从他们那里买来的。这一点并没有因货币的介入而改变，对货币的提前支付如同对消费品或生产资料的提前支付一样，都是不必要的。我们没必要排除这样的情况：人们从其他人那里获得购买力，同时把自己的原始生产力转移一部分作为对其他人的回报，其中转移土地就是一个代表性的例子。借钱消费也是这样的一个例子，它没有附加任何特别的利息。同样，劳动和土地的转移也属于这种情况，下面我们将要讲到这点。因此，我们可以这样说，货币在循环流动中只是充当了促进商品流通的角色，并没有起到其他作用。

我们还可以补充一句：由于同样的原因，我们没有谈到信用工具。当然，不仅交换过程的一部分，甚至交换过程的全部都可以用这种信用媒介来解决，我们甚至可以想象，流通交换过程中只有票据，而没有实际的金属货币，这是很有意义的现象。这告诉我们：货币具有商品价值，提倡这种原始必要性并不意味着具体的货币商品在实际中必须进行流通。要使货币同其他物品的价值具有固定的关系，除非它应该和具有确定价值的某种东西具有联系，此外其他都不是必需的。因此，经济过程在没有金属货币的参与的情况下仍然是可以运转

1　参阅维塞尔的书。

的。提供劳动和土地的服务的人能收到另一张具有确定货币数额的票据，然后用这张票据购买必需的消费品，为的是在下期能收到同样货币数额的票据（如果我们坚持认为货币定期经历相同的交换路径这一概念）。假定票据能够顺利流通并被普遍接受，那么这种交换媒介就可以完全履行货币的角色，正因如此，人们对它的估值和对金属货币的估值是一样的，它也会在商品交换中按照同一"价格"进行流通。此时，对这种交换媒介就会有需求，而在我们前面的假设下，也总会有相应的供应与之对应。但是，根据我们前面的分析，金属货币单位的价格只是对消费品和生产资料价格的反应，那么我们就可以说我们所假定的票据交换的价格也是起到相同的作用。因此，这些票据将以它们的名义价格进行流通，或者换一种说法，按照它们的票面流通价值流通，而不存在允许打折的动机。这些论证相对先前的分析，以更实际的方式告诉我们，在我们的假设条件下，经济系统中不会出现任何的利息，因此，我们这里所描述的经济事物的逻辑不能解释利息现象。

除了这一点，我们没有任何理由在这里继续深入分析信用支付手段。如果信用工具只是用来代替已经存在的金属货币，那么它们的使用本身就不会产生任何新的现象。如果具体的交换行为年复一年地采用信用工具这一支付手段进行，那么信用工具所起到的作用和相应数量的金属货币所起的作用是一样的。由于这样的原因，也由于信用要素以后将变得对我们非常重要，同时还由于我们非常想要把信用和我们所描述的货币进行深入的对比，所以我们假定：目前为止，我们所说的货币流通仅仅包括金属货币[1]，而且，为更简便起见，仅仅指黄金。为了将两者进行区分，我们一般所理解的货币就只是指金属货币。信用工具不是仅仅简单地替代先前存在的货币数量，我们把它连同金属货币都包括在支付手段这个概念中。我们将在之后的章节讨论"信用支付手段"是否是货币这个问题[2]。

与物品流通相对应的是货币的流通，货币流通的方向和商品流通的方向是相反的，而且由于存在黄金不会增加或者不会发生单方面变化的假设，货币流通

1　在这样的经济系统中，"金属货币"的数量不仅和确定的价格水平相对应，而且还和一定的货币流通速度对应。如果所有的收入都是按年支付，那么显然，这就需要大量的货币，这比按周进行支付需要的货币要多，否则物品的价格就需要低一些。我们假定流通速度是不变的，因为我们非常同意维塞尔的观点：流通速度的改变，如同信用支付工具的改变一样，都不是价格水平变化的独立原因，而价格水平的变化是由于——从我们的观点出发，最好说"目前来说是由于"——商品的运动引起的。也可以参阅奥佩蒂的"货币理论"，德尔·韦尔奥的"货币理论"，载《经济学家杂志》（1909年）。

2　关于"购买力"的概念，可以参阅达文波特的《价值与分配》等其他文献。

就只是物品流通的反映。这样我们就结束了对循环流动的描述。如同非交换经济一样，整个交换经济具有与它相同的持续性，以及在相同的假设下相同的不变性——持续性和不变性不仅指整个经济过程，还有价值。谈到社会价值，那确实是对事实的一种歪曲。心理的价值必须存在于意识之中，因此如果这个词具有意义，那么心理的价值必须在本质上是个人自然而发的。我们这里所说的价值的含义不是从整个经济系统的观点出发的，而是从个人的角度出发的。社会事实，如同在所有的评价中一样，也处在同个人价值相关联而非各自独立的环境中。如同社会关系的总和构成了社会一样，经济关系的总和构成了经济系统。除了社会价值，还有社会价值体系以及个人价值的社会系统。这些价值之间的联系同个人在经济中各种价值之间的联系是类似的。它们之间通过交换关系彼此影响，因此它们影响着其他的个人价值，也受这些个人价值的影响[1]。在这个社会价值体系中，一个国家所有的生活条件，尤其是所有的"组合"都被反映出来。社会价值体系的沉淀就是价格体系，它也是价格体系意义上的一个单位。价格的确不表示对物品社会价值的一种估计，价格也不是一个确定价值的直接表现，而是在群体评估的作用之下，对社会价值与确定价值之间互相作用的结果的反应。

1　它们之间一般存在着相互依存的关系。关于这一点可以参阅《本质》第Ⅱ篇，那里有详细的说明。

第二章
经济发展的基本现象

I

社会过程，理性地说明了我们的生活和思想[1]，引导我们避免形而上学地看待社会发展，并让我们充分认识到对社会发展进行经验处理的可能性；但是社会过程在处理本身认识的时候很不完美，因此我们对待社会过程要慎重，在用文字表示这个概念时要更小心，文字之间的各种联系可能会导致我们误入歧途，走向与我们论证毫不相关的方向。与形而上学的先入之见紧密联系的——更确切地说，它是产生于形而上学的根源并成为先入之见，如果我们忽略这一点，那我们就是在做实证科学的工作——即使它本身不是形而上学的先入之见，是对历史"意义"的各种探索。认为一个国家、一种文化，甚至整个人类，一定会表现出一种一致的、直线式的发展的假设也同样是一种先验的东西。甚至像罗雪尔[2]这样具有务实精神的人也会做出这种假设，无数才华横溢的哲学家和历史理论家，从维科[3]到兰普雷希特，过去和现在都认为这样的假设是理所当然的。以达尔文的进化论思想为中心的各种进化思想——这只是一种简单的类比——以及那些把动机和意志行为看成不仅仅是社会过程的反应的那种心理学上的偏见，都属于这一类。但是，进化论思想在我们的研究领域受到怀疑，尤其是对历史学家和人类

1　这里使用的是马克斯·韦伯的含义。读者可以看出，这里"理性的"和"经验的"含义是这同源的东西，如果不是同一事物的话。它们都是不同于"先验的"一词，而且意思相反，"先验的"暗含着超出"理性"和"事实"的范围，超出科学的领域。就某些人来说，使用"理性的"一词已经成为一种习惯，这很类似于我们使用"先验的"一词的含义。所以这里提醒读者，不要产生不必要的误解。

2　威廉·罗雪尔是19世纪德国历史学派的创始人，他否认古典学派关于经济发展存在着普遍规律的观点，他赞成贸易保护，认为政治经济学不是一门独立的科学，而是"一门论述一个国家的经济发展诸规律的科学。"他称政治经济学为"国民经济的解剖学和生理学"，把自己的研究方法称为"历史的方法"。——译者注

3　维科是18世纪意大利著名政治哲学家、修辞学家、历史学家和法理学家。他为古老风俗辩护，批判了现代理性主义，并以巨著《新科学》闻名于世。——译者注

学家来说。围绕"进化"思想，现在除了有不科学的和超科学的神秘主义的批评以外，还加上了认为它浅薄的批评。根据"进化"一词所起的作用做出的仓促判断，说明我们的很多人都已经失去了耐心。

我们必须摒弃这些东西，接着有两个事实仍然摆在我们的面前：一是历史变化的事实。由于历史的变化，社会条件在历史时代中成为历史的"个体"。这种变化既不构成循环的过程，也不形成围绕一个中心摆动的运动。这两种情况与另外一个事实限定了社会发展的概念，这个事实就是：当我们不能根据以往的情况成功地对事物给定的历史状态进行充分说明时，这就说明确实有一个没有解决、又不能不解决的问题存在。这一点同样适用于个体的例子，例如，我们能够理解1919年德国的国内政治问题是由于前一次战争的影响。经济发展至今不过是经济史的研究对象，而经济史也只是历史通史的一部分，把它与其他的部分区分开来是为了进行分析。由于经济方面对其他事物的基本依赖，单独根据以往的经济情况解释经济变化是不可能的。因为一个国家的经济状况并不仅决定于以前的经济情况，而是决定于这个国家全部的历史状况。这样一来，由此产生的解释和分析上的困难大大减少了，因为有构成历史经济解释的基础，这些在实际中是如此的，而在原则上则并非如此。如果不强求对这种观点表示支持或者反对，那么我们就可以说经济世界是相对独立的，因为它在一国人民的生活中占据了很大比重，并且形成或决定了其余生活的大部分。因此，经济史本身显然不同于军事史，这是毫无疑问的。此外，关于这一点，还必须加入另一个事实，这一事实有助于对社会过程任何一部分进行单独描述。社会生活的每个部分都好像居住着不同特征的人们。一般来说，受外界支配的因素一般不会直接影响社会进程的任何一个部分，这如同炸弹爆炸一样，它"影响"的正好是在它爆炸的屋子里的所有东西，当然也包括与其相邻的人家；即使一个事件就像我们所说的炸弹爆炸那个比喻所表明的那样发生，它的影响也只是发生在一定的范围及关心这件事的人们身上。因此，就像人们总是把反宗教改革对意大利和西班牙绘画的影响描述成艺术史一样，对经济过程的描述也始终应该归于经济史，即使影响事件的真正原因很大程度上是非经济的。

经济部门又可以通过各种不同种类的观点和方法去研究，比如，人们可以根据处理这些观点和方法的广度去研究——或者我们也可以这样说，人们可以根据它们所暗含理论的普遍程度去研究。从对13世纪尼德阿尔泰寺院的经济生活的本质说明，到桑巴特[1]对西欧经济生活发展的说明，其中贯穿着一条连续的、逻辑上统一的路线。桑巴特的这种说明是理论，而且是我们此刻想要说的经济发展理论，但需要说明的是，它不是本书第一章所讲的那种经济理论，第一章的经济理论是自李嘉图时代以来人们所理解的"经济理论"。诚然，后者意义上的经济理论如同桑巴特的理论一样，在理论上也起到了作用，但它的这种作用完全是一种次要的作用。也就是说，由于历史事实之间的联系是非常复杂的，因此有必要引入超出常人分析能力的解释方法，这种方法就采取由分析工具提供的形式。然而，如果问题只是要使发展或发展的历史结果变得更加容易理解这么简单，或者只是为了找出使结果具有特征或决定一个问题的要素，那么传统意义上的经济理论对此几乎就没有什么贡献了[2]。

---

1 桑巴特（Werner Sombart，1863—1941年），德国社会学家、经济学家。早年倾向于马克思主义，后受到韦伯和历史主义的影响。他认为，社会学不是一门包罗万象的学科，而是一门有明确内容和特殊方法的独立学科，其任务在于提出有关精神领域的社会联系的理论。——译者注

2 如果经济学家关于这个话题有疑问，这只是因为他们没有把自己限制在经济理论的范畴内，而且他们只是以个别的事件，例如美国黄金的出现等，学习了历史社会学或对经济未来做了一些假设。劳动分工、土地私有权的起源、对自然不断增长的控制、经济自由以及法律安全，这些共同组成亚当·斯密的"经济社会"的最重要因素。他们显然是和事件经济过程的社会结构相联系的，而不是与经济进程的内在自发性相联系的。人们也可以把这看成是李嘉图的发展理论，而且它体现了思想路线，这个路线为他赢得了"悲观主义"的称号，也就是"假设性的预测"，由于人口的不断增长伴随着土地资源的不断消耗（根据他的意思，这只能被生产中的技术改进短暂打断），最终将出现一种静止状态——这要与现代理论中理想暂时静止的均衡状态区分开来——在这种状态中，经济情况将以地租的极大增加为特征，这与我们上面所理解的发展理论完全不同，与我们在本书中所理解的更是两回事。穆迪更加仔细地分析了思想路线，在色彩和语调的分布上也有所不同。但是，实质上，他书中的内容"社会进步对生产和分配的影响"，也是阐述了相同的东西。即使这个题目表明了有多少"进步"被认为是非经济的，被认为是来源于只对生产和分配"发生影响"的数据中所反映的一些东西，尤其是在"生产艺术"的范畴内他对进步的处理是"静态"的。按照传统的看法，进步只是碰巧发生的事情，对于它的影响我们必须进行调查，然而对于它本身如何产生，这就不是我们要讨论的了。因此，这些被忽略的东西正是本书要研究的主题，或者说是本书的基石。

J.B.克拉克（《经济理论要义》）的可贵之处是他区分了"静态学"和"动态学"，看到了静态均衡中动态因素的干扰，尽管他把自己限制在这一点上，就像穆勒看到了动态学的意义。这与我们的观点是相同的，但是从我们的观点出发，最根本的任务是调查这种干扰的作用，分析随后出现的新的均衡。我们首先还是应该解释这些干扰出现的原因的理论，因为它对我们来说不仅仅是干扰，基本的经济现象也依赖于这些干扰的出现。尤其是他所列举的干扰出现的两个原因（资本和人口的增加），对他来说，仅仅是干扰的原因，对我们来说，也是一样，而不管他们作为"改变的要素"对本文刚提到的另外问题有多大的重要性。对以后的正文中会出现的第三种因素（消费者偏好方向的改变）也是如此。但是对于其他两个因素（技术和生产组织的改变）需要进行特别的分析，并在理论的角度产生与干扰不相同的一些事情。不承认这一点，是在经济理论中我们不满意的最重要的原因。就是这个不重要的源泉，形成了一种新的经济过程的概念，这个新的概念克服了一系列本质的困难，并验证了我们在文中对这个新问题的表述，这些是我们将要看到的。对这个问题的新表述与马克思的更为接近。因为根据他的观点，存在一种内部的经济发展，而无需经济生活适应变化的数据。不过，我的结构只包含了他研究范围的一小部分。

在这里我们且不管这种意义上的发展理论。我们既没有指出历史演进因素——无论是个别事件，比如16世纪在欧洲生产的美国黄金的出现；还是"更一般"的情况，比如经济人在精神方面、在文明世界的范围内、在社会组织中、在政治群星中以及在生产技术等方面发生的变化——也没有描述这些因素对个别情况或群组情况产生的影响[1]。相反，在本书第一章已经向读者对经济发展理论的本质做了充分说明，现在只不过是为了自身的目的在进行改进，即在这种经济理论的基础上进行创建。如果这么做是为了让这种理论比过去能更好地对其他种类的发展理论提供服务，那么这两种方法是基于不同水平的事实就确定是存在的。

我们的问题如下所述。第一章的理论从"循环流动"的视角描述了经济生活，这种流动是一年年按照相同的路线运行的，这与血液在生物有机体内的循环是相似的。现在，这种流动和它的路线发生了变化，我们在此也要放弃与生物体血液循环相类似的比喻。因为虽然生物体的血液循环在其成长和衰退过程中也会发生变化，但是它们的变化是循序渐进的，也就是说，人们所能选择的比任何一个可以分配的数量都要小的幅度都在变化，但是不管这个幅度有多小，它总是处在相同的结构之内。经济生活也会经历这样的变化，但是它也会经历其他不是循序渐进的、改变了传统结构本身的较大变化。尽管这些变化是纯经济的，对它们的解释也显然是纯粹经济理论的任务，但是这种变化不能通过循环流动的分析方法进行理解。现在，由这些变化而衍生出来的一系列变化和现象就是我们的调查对象。但是我们不会问这样的问题：哪一些变化使得现代经济系统成为现在这个样子？这些变化的条件是什么？我们只能做理论上的追问：这些变化是怎么发生的？它们又将产生怎样的经济现象？

对同一件事情，如果仔细进行分析，可以做出不同的说明。第一章的理论从经济系统的趋向来看，是走向一个均衡的观点并以此解释了经济生活，这种趋向给我们提供了决定价格和物品数量的工具，而且可以把它描述成任何时候对现有环境条件的适应。与循环流动的条件相比，它只是意味着我们把经济系统的几个过程看作是走向均衡位置的趋势的部分现象，而非年复一年发生"相同"的事情，但这些过程不一定会走向相同的均衡位置。经济系统中理想的均衡状态所处

1　因此，本书第一版发行后出现的最让人烦恼的误解之一就是，这种发展理论忽略了所有历史因素的变化，除了企业家的个人特征。很明显我的意思被误解了。书中没有涉及具体的变化因素，但涉及这些变化因素起作用的方法以及变化机制。"企业家"只是这种变化机制的承担者。在这里我们也没有过多考虑那些解释经济或组织的变化、经济习惯等变化的因素。这是另外一种问题，尽管这些对待的方法存在着相互冲突，但是如果不把它们分开，不给它们自行发展的权利，那就意味着它们将破坏掉所有的成果。

的位置，从来没有被达到过，却不断被"追逐"（当然并不是有意识的），这是因为这个均衡位置是不断变化的，而经济事实和环境也是在不断变化的。而在这些不断改变的事实和环境面前，理论也不是完全没有用武之地的。理论被构建以使得它有能力来解决这些变化所带来的结果；为了这个目的还配置了特殊的工具（比如称为"准地租"这样的工具）。如果变化的数据是非社会的（自然条件的），或者是非经济社会的（比如战争的影响，商业、社会或经济政策的变化），或者是消费者偏好[1]的，那么就不需要对理论工具进行根本的检测修正。这些理论工具只有在经济生活本身间歇性地更新自身的数据时才会失效——这里的论点和前面的论点是相互联系的。铁路建设可以作为这样的一个例子。连续的变化，通过无数的小步骤来不断调整，最后使得一家小零售商成为一家大百货公司，这属于"静态"分析[2]的范畴。但是，"静态"分析无法对传统行为方式中非连续性变化的结果进行预测，也不能解释生产性革命的发生以及伴随生产性革命产生的一系列现象。它只能在变化发生后调整到新的均衡位置。我们所研究的问题正是这种"革命性"的变化，即在狭隘和真正意义上的经济发展的问题。我们抛开传统理论而强调这个问题的原因，与其说是经济变化（尤其是在资本主义时期）确实就是如此发生的而不是通过适应不断变化的环境发生的，还不如说是由于这些变化本身就是富有成效的[3]。

因此，我们所指的"发展"只是经济生活的这些变化，它们不是由外部强加到经济生活中的，而是产生于经济生活本身，并由其内部原因引起的。如果经济领域本身不发生这种变化，并且我们所称的经济发展实际上只是基于这样的事实建立起来的：即经济数据在变化，而经济则不断调整自己使自己适应这种变化，那么我们可以说，这不是经济发展。因此，我们的意思是，经济发展不是可以从经济方面解释的现象，经济在其本身并没有发展，而是被它周围世界的变化拖着

1　消费者偏好是指消费者对商品或商品组合的喜好程度。消费者根据自己的意愿对可供消费的商品或商品组合进行排序，这种排序反映了消费者个人的需要、兴趣和嗜好。某种商品的需求量与消费者对该商品的偏好程度正相关：如果其他因素不变，对某种商品的偏好程度越高，消费者对该商品的需求量就越多。——译者注

2　静态分析法是根据既定的外生变量值求得内生变量的分析方法，是对已发生的经济活动成果，进行综合性的对比分析的一种分析方法。简单地说，就是抽象了时间因素和具体变动的过程，静止孤立地考察某些经济现象。它一般用于分析经济现象的均衡状态以及有关经济变量达到均衡状态所需要的条件。——译者注

3　资本、信用、企业家利润、资本利息和危机（或经济周期）就是这种富有成效的变化所显现出来的结果。但是包括这些，并不限于这些。对专门的理论家，我会列出如下这些难题：收益递增问题、供求曲线之间多个交点的问题、时间要素问题等，这些问题即使对马歇尔的分析来说，也是没能克服的。

走，因此，经济发展的原因，必须在经济理论所描述的事实之外寻找。

如果经济增长仅仅是由于人口和财富的增长引起的，那么这也不能叫作发展过程。因为它本质上没有产生新的经济现象，而是与自然界其他数据的变化一样，只是一种适应的过程。因为我们想要把我们的研究重点转移到其他的现象，所以我们把这种增长看作是数据的变化[1]。

每一个具体的发展过程都依存于之前的发展。而为了把事情的本质看得清楚些，我们将把这一点抽象掉，并允许发展从一种没有过发展的位置上产生。每一个发展过程都为接下来的发展过程创造条件，因此，接下来的发展过程的形式就被改变了，如果发展的每个具体阶段不得不首先创造自己的发展条件，那么事情就将变得与预期有所不同。然而，如果我们想要找到事情的根源，我们可以不把我们所要解释的要素数据包括在我们的解释事实之中。但是，如果我们不这么做，我们将会造成事实与理论之间明显的不符，这将会给读者带来很大的阅读困难。

在对本质性的东西进行阐述说明以及防范误解方面，我认为进一步对"静态"和"动态"这两个词以及它们数不清的含义进行特别的解释是没有必要的。我们所说的发展是一种独特的现象，它完全不同于我们在循环流动或均衡趋势中所观察到的现象。发展是在流转渠道中和对均衡的干扰中出现的自发性的、持续不断的变化，它永远改变并替代了先前存在的均衡状态，我们的发展理论只是对这种现象以及与之相伴随的过程的描述[2]。

II

循环流动通道中的这些自发的、简短的变化以及对均衡中心的这些干扰，出现在工业和商业生活的领域内，而没有出现在消费者对最终产品需求的领域。消费者的偏好出现了自发的、间断性的变化，这种数据的突然变化是商人必须应对

---

1 我们之所以这么做，是因为这些变化每年都很小，并不妨碍"静态"方法的运用。然而，在我们看来，这些变化的出现通常是发展的一个条件。但是尽管他们经常使发展变得可能，但是他们并不从他们自身内部来创造这种发展。

2 在本书的第一版中，我把它称为"动态学"。但在这里最好避免用这种表述，因为它的各种不同意思所带来的各种关系很容易把我们引入歧途。因此，最好简单表达我们的意思：经济生活的变化，部分是由于数据的变化，经济生活倾向于使自己适应变化的数据。但这不是唯一类型的经济变化；还有一种不依赖于外部数据影响的变化，它来自于经济系统内部，而且这种变化是很多重要的经济现象产生的原因，因此建立一种关于它的理论是非常值得的，而且，为了这个目的必须把它和其他所有的变化的要素隔离开。作者要求加上另一个更加准确的定义，这也是他习惯用的：我们想要考察的是那种产生于系统内部的变化，即它取代了它自己的均衡点以致新的变化无法通过许多无限小的步骤达到这个均衡。不管你把多少辆邮车连续排成一排，也不会因此而获得一条铁路。

的问题，因而，这不是他自身的生产行为逐渐适应的问题，也不是其他行为自身的问题，而是动机和机会的问题。因此，这种情况除了提供了自然数据的改变之外并没有提供其他任何的问题，也没有要求任何新的处理方法。因此，我们需要忽略可能在实际中存在的消费者需求的任何自发性，并假定消费者的偏好是"给定的"。事实上，需求的自发性一般是很小的，这就是为什么我们很容易做出上面的假设。当然，我们必须从需要的满足出发，因为它们是所有生产的终点，而且任何时候给定的经济情况都必须从这点出发去理解。然而，经济系统中的创新并不是按照下面的规则发生的，即首先消费者中出现了新的自发性的需求，然后生产工具在这样的压力下开始进行革新。我们不能否认这种联系的存在；但是，通常是生产者作为规则的制定者引起经济的变化的，消费者在必要的时候受到了生产者的启发，他们好像被教授去需求新的东西，或与他们已经惯用的存在差别的东西。因此，尽管可以允许甚至是必须把消费者的需求看作是循环流动理论中一个独立的、基本的驱动力，但是，我们在分析变化时，必须采取不同的态度来对对待它。

生产意味着把我们所掌握的原材料和生产要素结合起来（参阅第一章）。生产其他的东西，或用不同的方法生产相同的东西，意味着用不同的方法去组合这些原材料和生产要素。只要"新的组合"能通过小的步骤不断调整，从旧组合中及时产生，那么它肯定就有变化，也许是增长，但这不是一种新的现象，也不是我们所说的发展。如果不是这样的情况，而且新组合是间断出现的，那么以发展为特征的现象就出现了。为了说明的方便，以后当我们说到生产方式的新组合时，我们指的是后面的这种情况。那么我们所说的发展就被定义为执行新的组合。

发展这个概念包括下面的五种情况：（1）引入一种新的产品——也就是消费者还不熟悉的产品——或者一种具有新特征的产品；（2）引入一种新的生产方法，这种生产方法是有关的制造部门还没有通过经验检验的，而且这种方法不需要建立在科学新发现的基础上，这种方法也可以是在商业上对商品的新的处理方法；（3）新的市场的开放。新的市场就是一个国家的某一个生产制造部门之前没有进入的市场，不论这个市场之前是否存在；（4）征服或控制原材料或半制成品的新的供给来源，不论这种来源已经存在还是首次被创造出来；（5）任何一种工业实行新的组织，比如，制造一种垄断地位（如通过"托拉斯化"[1]），或打破一种垄断地位。

现在，有两件事情对于执行新组合而出现的现象以及理解这个过程中所涉及的问题非常重要。第一，这种情况可能会发生，那就是新组合不一定应该由被新组合所代替的执行原来的生活或商业活动的人继续执行。相反，新的组合，作为一个规则，通常体现在一个新的企业中，这些新的企业通常不是产生于旧的企业，而是在老企业的周边和老企业同时进行生产；我们继续用我们上面选择的例子进行说明，即通常不是马车的所有者建造铁路的。这个事实不仅对我们想要描述的过程的非连续性特征进行了特别说明，而且它还创造了除上面所提到的那种非连续性之外的另一种非连续性，而且，它对事件过程的重要特征也进行了解释。尤其是在竞争经济中，新组合意味着对旧组合竞争性的消灭，一方面它解释了个人和家庭在经济和社会上的上升和下降过程，这种过程是组织形式所特有的；另一方面它解释了商业周期的一系列其他现象，如个人财富的形成机制等。在非交换经济中，比如，社会主义经济中，新组合会经常与旧组合同时出现。不过，同时出现这一事实的经济后果在某种程度上会消失，而这一事实的社会后果将会完全消失。如果竞争性的经济被强大组合的增长所打破（事实上这种情况在所有的国家都在日益增多），那么它将变得越来越接近现实生活，新组合的实现也必然在越来越大的程度上变成同一经济体内部的某部分。这样形成的差异足够大，以致它成为资本主义社会历史中两个时代的分界线。

第二，我们必须注意一项基本的原则，无论何时都不能假定新组合的执行是通过使用恰好未被使用的生产资料来进行的。在现实生活中，这是经常会发生的事情。社会上总有失业的工人、未被卖出的原材料、未被利用的生产能力等。这些因素为新组合的出现提供了一个有益的环境、有利的条件，甚至是一种刺激因素，而新组合的出现只是部分地与这些要素具有联系。大量的失业通常是非经济事件造成的结果，比如世界大战，比如我们正好在研究的发展。在这两种情况中，失业的出现起不到任何根本作用，同样地，也不会发生在我们前面所说的非常均衡的循环流动中。每年正常的增长也不会碰到这种情况，因为首先这种增长

1　托拉斯直译为商业信托（business trust，原意为托管财产所有权），垄断组织的高级形式之一，是指在同一商品领域中，通过生产企业间的收购、合并以及托管等等形式，由控股公司在此基础上设立一巨大企业来包容所有相关企业来达到企业一体化目的的垄断形式。通过这种形式，托拉斯企业的内部企业可以对市场进行独占，并且通过制定企业内部统一价格等等手段来使企业在市场中居于主导地位，实现利润的最大化。——译者注

很小，其次这种增长在循环流动中会被相应的生产扩张所吸收，如果我们承认这种增长，我们必须考虑把相应的生产扩张同步调整到这个增长速度[1]。通常，新组合必须从某些旧的组合中提取必要的生产资料——由于我们在上面已经提到的原因，我们应该假定新组合会经常这样做，这是为了使我们所坚持认为的新组合的轮廓线更加突出。因此，新组合的实施仅仅意味着对经济系统中现有生产资料供应的不同利用——这提供了我们所说的发展的第二个定义。关于发展的纯粹经济理论的基本原理隐含在资本形成的传统信条中，这通常要涉及储蓄以及归因于储蓄的每年增长缓慢的投资额。在这一点上，这个主张没有什么错误，但是它忽略了更重要更本质的东西。国家对生产资料和储蓄的缓慢的、连续的、不断增长的供应，是解释经济历史过程的一个重要因素，但是这个重要的因素在另一个事实的比较下顿然失色。这个事实即发展就是利用不同的方法使用现有的资源以及使用现有的资源创新，而不管这些资源是增加还是减少。不同的使用方法，而不是储蓄和可用劳动力数量的增加，改变了过去50年经济世界的面貌。尤其是人口的增加，这也是储蓄能够形成的来源，在很大程度上通过对现存生产工具采用不同的生产方法使得发展成为可能。

下一步我们要论证的是非常明显的：控制生产工具对于实施新的组合是必要的。对于在循环流动体系中运转的企业来说，获取生产手段是一个独特的问题。因为他们已经获得了这种生产资料，或者当前他们可以通过在第一章我们所描述的前期生产收入来获取这种生产资料。在这里，收入和支出之间是没有根本的缺口的，两者完美对接，如同生产资料的供给和产品的需求必须是对应的一样。一旦启动，这种机制将自动运转。而且，这个问题并不存在于非交换的经济中，即使新的组合在非交换经济中被执行；领导机构，比如社会主义经济中的经济部门，就处于能够将社会的生产资源分配给新的用途使用的位置。在某种情况下，新的使用方法可能需要社会成员承担暂时的牺牲、贫困，也可能需要他们更加努力；它可能会首先解决困难问题，比如应该从哪个旧的组合里把必需的生产资料提取出来；但是，获得已经不在政府经济部门控制之下的生产资料，这是没有任何疑问的。然后，如果执行新组合的人有必要的生产工具，或者他们能够与拥有这些生产工具的人进行交换来获得这种必要的生产资料，那么在执行新组合时，这种问题也不会出现在竞争性经济中。这并不是拥有财产本身的特权，而是拥有

1　整体上讲，说人口缓慢增长是由经济环境的可能性决定的，比说人口增长过大而不适于经济环境的趋势从而成为变化的一个独立原因，更要正确。

可支配的财产的权利，也就是说，要么可以直接用来执行新的组合，要么可以用来交换新组合所必需的物品和服务[1]。相反的情况——这才是人们从根本上关心的事情，因此这才是常规——财富的所有者，即使它是最大的组合，如果他想要执行新的组合，也必须求助于信用，因为这个新组合不像已经建立起来的企业那样可以从前期生产所得的收益中获得资金支持。提供信用，是我们所称的"资本家"这一类人的职能。很显然，这是资本主义社会为了驱动经济系统进入新的轨道，为了使它的生产工具服务于新的目的所采用的特有的方法——这种方法足够重要，以致成为这个社会的特色。这种方法与非交换经济中采用的方法形成鲜明的对比，非交换经济仅仅依靠领导机构行使命令和权利来分配新组合所需的生产资料。

对信用的重要性的强调在任何一本教科书里都能找到。如果没有信用，现代工业的结构就不能建立，信用在一定程度上使得个人独立于继承的财产，它还能让经济生活中有才智的人"通过负债，走向成功"，即使是最保守的正统理论家也不能否认这些。信用和创新执行之间建立的联系也是密不可分的，它们之间的联系我们稍后会讨论。不论从推理来说，还是从历史事实来看，有一点是很清楚的，即信用新组合的出现具有首要的必要性，正因为如此，信用能够强行进入循环流通过程中，一方面是因为信用是我们现有旧公司在初创时所必需的；另一方面是因为信用机制一旦建立，就有充足的理由取代原来的组合[2]。第一，推理上看：如第一章所说，借入对于在习惯的轨道内运行的正常循环流动过程来说，并不是必要的因素，但如果没有它，我们不能理解循环流动过程的本质现象。另外，执行新的组合时，无论从实际中还是理论上来看，"信贷"作为一种特别的行为都是必需的。第二，历史地看：那些为了工业的目的而进行借入和贷出的人，在历史上出现得并不早。资本主义前期的贷款人不是为了商业的目的，而是为了其他目的提供资金。我们都知道这样一类企业家，他认为向别人借钱是一种有损其社会地位的行为，因此他们会回避银行和汇票[3]。在所有国家，资本主义的信用体系都是产生并繁荣于为新组合提供资金，尽管在不同国家采用不同的形式

1　个人也可以通过储蓄获得这种特权。在手工业型的经济中，这一要素可能被更多地强调。制造业者的"储备基金"可以认为是发展。

2　其中最重要的是生产利息的出现，就像我们将在本书后文中所看到的。只要利息出现在系统中的某个地方，它就会扩展到整个系统。

3　汇票，是由出票人签发的，要求付款人在见票时或在一定期限内，向收款人或持票人无条件支付一定款项的票据。汇票是国际结算中使用最广泛的一种信用工具。——译者注

（德国联合股票银行的起源就具有这种特色）。第三，我们会说接受信用的形式是"货币或货币的替代物"，这也是没有任何障碍的。当然，我们绝不是说，人们可用硬币、票据或者银行存款来进行生产，而且我们也没有否认劳动的服务、原材料和生产工具是生产所必需的，我们所谈的只是获取这些生产资料的一种方法。

但是，正如我们已经暗示过的，在这里的某个方面，我们的理论同传统的观点发生了分歧。在生产方法的存在上，传统理论发现了一个问题，即生产方法对于新的生产过程，甚至对于任何的生产过程都是必需的，因此，这种生产方法的积累就变成一种特殊的职能或服务。但是我们不承认这个问题的存在，因为在我们看来，这个结论是由错误的分析产生的。生产方法不存在于循环流动的过程中，因为后者是以一定数量的生产资料为前提的。但是，生产方法在执行新的组合时也是不存在的[1]，因为执行新的组合所需的生产方法是从已经存在的循环流动过程中提取出来的，而不管这些所需的生产方法是已经以所需要的形式在那里存在，还是先要利用已经存在的其他生产资料把它生产出来。对我们来说，真正关心的应该是另外一个问题：把生产方法（已经运用于某处的）从循环流动的过程中提取出来，并运用到新的组合中。这是由信用来完成的，那些想要执行新组合的人为了得到所需的生产资料，可以比那些市场循环流动中的生产者出更高的价格。尽管这个过程的意义和目的在于把物品从它的原有用途转到新的用途，但是如果我们不能忽略其中本质性的东西，那就只是从物品的属性上对它进行描述。这些事情是发生在货币和信用范畴内的，正是依靠它们，才能对资本主义经济组织形式进行解释，与其他的类型做对比。

最后，我们沿着这个方向再进一步分析假设：如果人们手中没有钱购买执行新组合所需的生产资料，那么这些钱从哪里来呢？传统的回答很简单：从社会储蓄的年增长额加上每年可能变为自由处置的那部分资源中获得。在战争之前，第一种，即社会储蓄的数量和后者的数量之和的确是非常重要的——在欧洲和北美，这部分数额可能占总的私人收入的五分之一——但是，每年可能变为自由处置的那部分资源的数量很难统计，而且社会储蓄的数量和自由处置的资源的数量之和不能从数量上揭开传统回答的虚伪性。同时，我们当前也很难得到在执行新

---

1 当然，生产方法不是从天而降的。只要它们不是自然或者非经济因素赋予的，在我们的意义上来说，它们就是由某个时期发展的波浪产生的，从而体现在循环流动的过程中。但是发展的每个波浪和每一个新的组合又是由已经存在于循环流动过程中的生产方法的供应产生的——这就像母鸡和鸡蛋的产生过程一样。

组合时所包括的全部工商业范围内有代表性的数据。但是，我们甚至可以不从总的"储蓄"开始进行分析，因为它的数量大小只能通过以前发展的结果来说明。从严格的意义上来说，我们目前所说的储蓄的大部分都不是来自于节省，也就是说，大部分都不是来自于放弃了个人收入中用于消费的一部分，而是来自于基金，这些基金本身就是成功创新的结果，在这些基金中，我们能够发现企业家的利润。在循环流动的经济过程中，一方面没有丰富的资源可以用来储蓄，另一方面本质上也很少有刺激因素来促进储蓄。我们所知的储蓄的唯一巨大的收入也许就是垄断收益和大地主的地租收入。而且，唯一的刺激也许就是为未来可能会出现的灾难以及为老年做准备等这样的非理性的动机。参与发展的盈利机会这种最重要的刺激因素在此也是不存在的。人们想要实现新的组合可以通过自由购买力这样的巨大"蓄水池"，但是，在这样的经济系统中，不存在这样的"蓄水池"，因此，人们只能通过他自己的储蓄来满足，而这只是特例。所有的货币都会流动，都固定在了已经确定的并建立起来的流动轨道上。

尽管传统方式对我们的回答不存在明显的荒谬之处，但是值得我们注意的是，还有另外一种为了执行新组合的目的而获得货币的方法，这种方法不同于前面我们所说的，它不是以前期发展所累积结果的存在为前提的。因此，在严格逻辑意义上，这种方法可以被认为是获得执行新组合所需的货币的唯一方法，这种方法就是银行对购买力的创造。银行采取的是非物质化的方法，发行银行票据[1]而不完全依靠从流通中提取的硬币就是一个明显的例子，不过，银行存款也是这样的一个例子，因为它增加了可支付的货币总额。或者我们还可以想到银行承兑，因为它们在整个贸易中是作为支付手段的，这和货币的职能是一样的。这不是转移已经存在于个人手中的财富购买力的问题，而是从无到有创造购买力的问题——即使创造新购买力的信用合同有有价证券[2]做担保，有价证券本身也不是流通媒介，这还是从无到有——这个新创造的购买力是被添加到已经存在的流通循环的过程中来的。这也是新组合通常获得资金供给的来源，而且如果前期发展的结果在任何时候都不存在的话，新组合也总是可以从这里获得资金的供给。

这种信用支付方式，也就是为了获得执行新组合所需的生产资料，这种支付

1　银行票据指由银行签发或由银行承担付款义务的票据。主要包括银行本票、银行汇票。——译者注

2　有价证券，是指标有票面金额，证明持有人有权按期取得一定收入并可自由转让和买卖的所有权或债权凭证。有价证券是虚拟资本的一种形式，它本身没价值，但有价格。有价证券按其所表明的财产权利的不同性质，可分为三类：商品证券、货币证券及资本证券。——译者注

方式通过授予信用的方式被创造出来，就像贸易中现金所发挥的作用一样，部分是直接起到支付这种作用的，部分是由于它们可以随时转化成能够进行小额支付的现金或者支付给非银行业阶层——尤其是支付给工薪阶层。借助于这些支付手段，执行新组合的人能够获得他们所需的存量生产资料，或者使那些他们购买生产性服务的人，可以直接进入市场购买他们自己所需的消费品。在这种关系中，如果没有某种意义的信用支付，那就意味着有些人只能等待以货物形式表现的他的服务的等价物，他自己只能得到一个请求权，因此完成一个特殊的职能；甚至也没有这种意义上的支付，即某些人不得不为劳工和土地所有者积累生活资料或者生产资料，所有这些支付只能从生产的最后结果中得到。在经济上，这样的事实是真实的，即这些支付手段（如果它们是为了新的目的而被创造出来的）与循环流通过程中的货币或其他支付手段具有本质的不同。后者可以被想象为：一方面是对已经完成的生产以及由于这种生产而造成的社会产品的增加的一种证明，另一方面是对社会产品的一种订购或索取权。上面所说的为了新目的而被创造出来的支付手段不具备第一个特征。但是这种支付手段也是订单，通过这种支付手段人们可以立即用来购买消费品，但这不是前期产品的证明。要了解国民总的所得，通常是以前期的生产性服务或者前期卖出的产品为条件的。在这种信用支付方式的例子中，这种条件没有得到实现，只有新的组合能够成功完成，它才能得到实现。因此，这种信用将同时影响着价格水平。

因此，与其说银行家主要是商品"购买力"的中间人，倒不如说他们是这种商品的生产者。然而，由于所有的储备基金和储蓄通常都流向他们，不论自由购买力是已经存在还是被创造出来，自由购买力的需求也都会集中在他们那里，因此，他们要么代替了私人资本家，要么已经成为私人资本家的代理人，他们已经使自己成了典型的资本家。他们处于想要实现新组合的人和拥有生产资料的所有者之间。本质上来说，在没有中央权力机构直接支配社会过程的时候，他们就代表了一种发展的现象。他们使执行新的组合成为可能，并以社会的名义授权人们去实现这种组合。一句话，他们主宰着交换经济。

III

现在讲到了我们的分析所要用到的第三个要素，即"生产资料的新组合"和信用。尽管所有的三个要素才能组成一个整体，但是第三个要素可以被描述为经济发展的基本现象。新组合的执行，我们称为"企业"；某些人的职能就是执行这些新组合，我们称为"企业家"。这个概念与传统的定义相比，既广泛，又狭小。说它广泛，是因为：一方面，我们所称的企业家不仅指那些交换经济中的"独立"商人，也包括了执行我们上面所说的概念（生产资料的新组合和信用）的职能的所有人，即使他们是公司的"独立"雇员，比如经理、董事会成员等，但他们仍然是我们所说的"企业家"。或者即使他们执行企业家职能的真正权利具有其他的基础，比如对一家企业大部分股权的控制，是他们仍然是我们所说的"企业家"。因此，执行新组合的人组成了企业家群体，群体中的企业家个人不一定就应该永久地和一家厂商具有联系，比如，很多"金融家""发起人"等，他们就符合上面的情况，没有永久地和一家厂商具有联系，他们仍然是我们所说的企业家。而我们的定义比传统的企业家定义要狭窄，因为我们的定义并不包括所有的公司领导、经理或工业家，他们也许只是在经营一家已经建立起来的企业，我们的定义只包括执行我们上面所说的职能的人们。不过，我认为上面的定义更准确地表达了传统理论真正想要表达的意思。首先，在区分"企业家"和"资本家"这两个概念的基本观点上，我们的定义和传统的定义是一致的——不管"资本家"是被看作货币的所有者、货币请求权的所有者还是物质产品的所有者。这个区别在今天以及相当长的时间内是共有的常识了。其次，我们的定义解决了普通股股东到底是不是企业家这样的问题，也排除了企业家是风险承担者这样的概念[1]。此外，对企业家特征的一般描述，如"创新精神""权威"或者"远见"，与我们想要表达的方向是一致的。在常规的循环流动过程中，是不可能存在这些品质的，而且如果把这些品质与常规事务本身出现的变化严格区分的话，那么这些在企业家职能中定义的特征将被自动转移到循环流动的常规过程之中。最后，有一些定义是我们可以简单地接受的，尤其是大家熟知的J.B.萨伊[2]的

---

1 显然，风险总是落在生产资料的所有者或者未购买生产资料而支付货币资本的人头上，因此，绝不会落到企业家这样的人身上。一个股东可能是企业家，甚至也许就是因为掌控着一家企业的控制权，所以他才有权利如同一个企业家那样行动。然而，持有普通股股票的人，绝不是企业家，而只是资本家，他们要考虑承担的风险以及利润的分配。有充足的理由不把他们看作企业家，这可以由下面的事实说明：第一，一般的股票持有人没有能力影响一家企业的经营管理；第二，每个人都承认贷款合同存在的情况下，参与利润分配才是常见的事。比如：希腊——罗马的海运利益。这种解释肯定比其他的解释更加接近现实生活，后者具有一个错误的法律结构的领导——这只能从历史的角度进行解释——把职能归于普通股股东，而他几乎没有想过去执行这种职能。

2 让-巴蒂斯特·萨伊（Jean-Baptiste Say，1767—1832年），法国资产阶级经济学的创始人之一，西欧庸俗经济学的主要奠基人。1803年出版的《政治经济学概论》是其代表作品，在此书中萨伊否定生产过剩的存在，提出了著名的"供给能够创造其本身的需求"的观点，即所谓的"萨伊定律"（Say's Law）。——译者注

定义：企业家的职能是把生产要素组合到一起。因为只有当生产要素是第一次被重新组合到一起的时候才能称之为特殊的行为——如果在经营企业的过程中把要素组合到一起，那这就只是一项常规的工作了——这个定义与我们的定义是一致的。马塔亚（德国经济学家）在《企业家利润》中定义企业家是获得利润的人，我们只需加上第一章的结论，即在循环流动过程中是没有利润产生的，这是为了避免把我们的定义追溯到距离我们比较远的时期[1]。我们的观点与传统理论是不矛盾的，可以用这句话来表明："企业家既不获利，也不承担损失"，这也是由瓦尔拉斯[2]经过严格的推导得出的结论，但这也凝聚了其他学者的研究成果。对于企业家来说，在循环流动的生产过程之中，他既不获利也不亏损，也就是说，他在这个过程中没有什么特殊的职能，几乎是不存在的；但是代替他的是厂商的领导或者企业经理，他们的类型是不同的，我们最好也不要以同样的看法和头衔去看待和称呼他们。

认为一种制度或者一种类型的有关历史起源的知识能够直接向我们表明它们的社会的或经济的本质，这种看法是一种偏见。这种知识通常引导我们去理解它，但它自身不能产生一个关于它自己的理论。一种更严重的错误观念是这样的，即它认为一种类型的"原始"形式，事实上也是"更简单"或"更具起源性"的形式，也就是说它们比后来的这些形式能够更纯粹、更简单地表明事物的本质。然而，事实通常是与之相反的，除了其他的原因之外，还因为不断增长的专业化分工可能使职能和性质表现得更加鲜明，而在原始条件下，这些是与其他的职能和分工混在一起的，非常难以辨认。我们的例子也是这种情况。一个原始游牧民族的首领，他身上的企业家要素是很难和他身上的其他要素分开的。由于同样的原因，很多经济学家，比如年轻时的穆勒，都不能把企业家和资本家进行区分，因为一百年前的制造商既是企业家，又是资本家。当然，随着经济的发展，两者之间的差异就不断产生，就像英国的土地所有制促进了农民与地主的区分，然而，在欧洲大陆，这种区分仍然被偶尔忽略，特别是一个农民在自己的土地上进行耕种的事实，这种情况更难以区分。早期的企业家，不仅是资本家，还经常是——就像现在，在小企业里，他仍然是——他自己的技术专家，只要他没

---

1 根据企业家利润，而不是根据创造企业家利润的行为职能来定义企业家，显然不是明智之举。不过，我们还有反对它的一个理由：我们会发现，如同劳动者创造的边际产品不会归于工人一样，企业家创造的企业家利润也不"必然"是落在企业家手中的。

2 瓦尔拉斯（Leon Walras, 1834—1910年），法国经济学家，洛桑学派创始人，边际效用学派的开创者之一。其著作《纯粹政治经济学纲要》是最早用数学方法对一般经济均衡进行全面分析的著作之一。——译者注

有聘请相应的专家。同样，他还经常是他自己买卖商品的代理人、他自己的办公室的领导、他自己的经理，有时，他甚至还是自己的律师，来处理当前的一些事物，尽管通常他会雇佣律师。因此，工作中他会全部或部分地扮演上面我们所说的这些角色。执行新的组合，不再是一种职业，而是战略决策的制定和执行，然而正是他的这种职能而不是他的日常工作，使他具有了军事领导者的特征。因此，企业家的基本职能总是和他的企业活动结合到一起的，而且这些活动比企业家最本质的职能要显眼。因此，马歇尔对企业家的定义，只是从最广泛的意义上把企业家的职能定义为"管理"，这种定义自然对我们有吸引力。但是我们不接受这个定义，因为它没有表达出我们想要表达的重点，也没有明确区分出企业家的活动与其他活动的唯一要点。

然而有些活动类型——事情的发展逐渐产生了这些活动类型——用特别纯粹的方式展现了企业家的职能。"发起人"就属于这种情况，但是还需要一些限定条件。我们暂且忽略与这一类型的人有关的社会地位和道德方面的联系，而把他作为接收佣金而在开办新企业过程中从事资金融通等工作的人。虽然，在这种情况下，他既不是企业的创造者，也不是这个过程的推动力量，然而他在企业创立过程中有点像"职业企业家"。"工业领袖[1]"这样的现代类型的人与我们这里所说的意思具有很密切的适应性，特别是人们从下面的两个方面看到他的存在。一方面，他具有20世纪威尼斯商业企业家的特征，另一方面他如同乡村的当权者，把他的农业、牲畜贸易、农村酿酒厂、一个旅馆和一个商店结合在一起。不管他是属于哪种类型的企业家，只有当他实际地"执行新的组合"时，他才是一个企业家；而一旦他建立自己的企业，并和其他人一样，安定下来经营自己的企业时，他就失去了作为企业家的特征。当然，这只是一条规则，因此，任何一个人在他几十年的经济活动生涯中，很难总是作为一个企业家。很多工商业者很少或从来没有一个时刻是一个企业家，哪怕是最微小的意义上的企业家。

由于企业家不是一个职业，通常也不是一种持久的状态，因此从技术的层面上讲，企业家不能成为一个社会阶层，比如成为地主、资本家或工人这样的阶级。当然，对于成功的企业家以及他的家庭来说，企业家的职能将引导他们走向某种阶级位置。企业家的职能也能够在社会历史的某个时代印上他们的标志，形成一种生活状态、道德体系和审美价值，但它本身并不表示一个社会阶层，也不

1　参阅威登菲尔德在《现代企业人物》里的精彩描述。尽管它刊登在斯穆勒的年鉴（1910年）中，但是在这本书发行之前，我并不知道这篇文章。

是以某种阶级地位为前提的。它可能获得的阶层地位也不是一种企业家的位置，而是以拥有土地或者资本家为特征的，而这些特征是根据企业的收入如何使用来决定的。对金钱财富和个人品质的继承，都可以使不止一代的人保持这种地位，并使得后代更容易经营企业，不过企业家的职能本身是不能继承的，这一点已经由制造业家族的历史证明了[1]。

但是，现在产生了一个决定性的问题：为什么执行新组合是一个特殊的过程，是一种特殊的"职能"目标呢？每个人都在尽自己最大的努力从事经济生产。当然，他自己的目的从来没有得到完美的实现，但是最终，他的行为是由他经济活动的结果对他的影响而决定的，以适应不会突然发生变化的环境。从某种意义上来说，一个企业不可能达到绝对的完善，但是，如果考虑到它周围的世界、社会条件、时代知识以及每个个体或组织的视野这些因素，一个企业在某个时候可能就接近于相对的完善。周围的世界不断地提供新的可能，尤其是新的发现不断被增加到现有的知识宝库中。为什么人们不能像利用已有的可能性那样利用这些新出现的可能性呢？为什么人们不能根据他所了解的市场情况，用养猪代替养牛，或者如果他认为新的作物更加具有优势，就选择种植这种新的作物呢？有哪种特殊的新现象或问题是不能在已经建立起来的循环流动过程中产生，而是可以在新出现的可能性中产生呢？

每个人能够在已经习惯的循环流动中迅速且合理地采取行动，是因为他对自己所处的市场位置和生产的产品有把握，而其他所有人也都根据这种已经习惯的循环流动调整自己的生产行为，同时，这些人也希望这个人采取和他们相同的行动，然而，当他面对新的任务时，就不能简单地这么做了。虽然在这些已经习惯的方法和途径中，他自己的能力和经验足够了，但是当他面对创新的任务时，就需要指引了。他在自己熟悉的循环流动中是顺着流向游的，但是他想要改变这些循环流动的渠道，他就是逆着流向在游。之前对他来说是帮助的力量现在变成了阻力，之前熟悉的资料现在变成了未知的。在超出了这些习惯的循环流动的范围之后，许多人就无法再向前迈进，而其他人也只能用全新的方式去开展工作。那种认为行动是合理的和及时的假设在所有的情况下都是一种虚构。但是，如果有足够的时间让人们了解这种逻辑的话，这种假设就可以变得非常接近于现实。在这些事情发生的地方以及在它发生的限度内，人们完全可以满足于这种虚构的

---

1 关于企业家职能的本质，还可以和我在《企业家》的文章进行比较说明，载《社会科学简明辞典》。

设想，并在它的基础上建立理论。那么下面这些想法就都是不真实的：习惯、惯例、非经济的思维方式会在不同阶级、不同时代、不同文化的个人之间产生非常大的差异，例如，"股票经济学"对现在的农民和中世纪的手工匠都是不适用的。相反，相同的理论图景[1]在它的最广泛的意义上是适合不同文化下的人们的，不管这些人的智慧和经济理性程度如何，我们可以说，农民卖出他的小牛如同股票经纪人出售股票的行为一样的精明和利己。但是这样的情况是在无数的先例经过了几十年甚至千百年，消除了不适应的行为之后才被认识到的。

在这些限制之外，我们的虚构就失去了它接近现实的可能性[2]。传统理论所做的就是紧紧抓住它不放，这样做其实就是在掩盖一种实质的东西，而且还忽略了一个事实：与我们从现实中假设的偏差相比，这些偏差在理论上是很重要的，没有这些偏差的存在，就无法对一些现象做出解释。

因此，在描述循环流动的过程时，人们必须把生产资料的组合（生产函数）[3]当作数据，就像自然的可能性，只允许在边际上做很小的改动[4]，这就如同每个人可以调整自己使自己适应周围经济环境的变化，而不需要实质上偏离已经熟悉的生产线路很远。

因此，执行新的组合是一种特殊的职能，是一类人的特权，这类人的数量比所有具有执行新组合的"客观"可能人群要少得多。因此，我们认为企业家是

1　相同的理论图景，明显不是相同的社会学的、文化等的图景。

2　这种情况究竟有多大的可能性，可以从这些国家的经济生活中看得更清楚。在我们的文明范围内，从这些个人的经济生活中看，19世纪的发展还没有把这些人包括到发展的潮流中，比如，中欧农民的经济生活。这些农民在进行"计算"，他们不缺乏"经济的思维方式"。但是他不能跨出常规一步；几个世纪以来，他的经济生活都没有发生变化，除了可能通过外部力量的推动。为什么会出现这样的情况？因为新的生产方法的选择不仅仅是理性经济行为概念中的一个要素，也不是理所当然的事情，而是一个需要特殊的解释的独特过程。

3　所谓的生产函数，是指企业或组织甚至整个社会，在既定的工程技术条件下，给定投入与所能得到的最大产出之间的关系。它表示在既定技术条件下，生产要素的数量与某种组合和它所能得出的最大产量之间的依存关系。——译者注

4　像之前提到的，小的干扰可能会通过累积变得很大。关键点在于如果是商人制造了这些干扰，就不会改变他的习惯路线和做法。不过，通常情况下，都是比较小的干扰，大的干扰是例外情况。反对意见认为大干扰和小干扰原则上是没有区别的，这种说法是没有效力的。因为这种说法本身就是错误的，它是以忽视无限小方法的原则为基础的，这一原则的实质是，人们在某些情况下，可以判断"小的数量"，但是不能判断"大的数量"。但是，对这种大小比较感到生气的读者，如果他愿意，可以用适应性和自发性之间的比较来代替。我个人并不希望这么做，因为后者的表述比前者更容易产生误解，而且需要做很长的解释。

一种特殊的类型[1]，他的行为是一种特殊的问题，是大量重要现象的推动力。因此，可以用三组互相对立的观点来阐述我们的立场。第一，两种真实过程的对立：一方面是循环流动或围绕均衡的趋势，另一方面是经济运行渠道的变化或来自经济系统内部的经济数据的突然变化。第二，两种理论工具的对立：静态的和

1　首先，这是一个行为和人的类型的问题，由于这种行为只有在非常不平等的方法和程度上以及对相对少的人才是可行的，因此这些行为构成了这些人的突出的特征。由于第一版对此的说明被谴责为扩大和误解了这种行为的独特性，并且忽略了这种行为对每个商人来说都是或多或少开放的事实；还因为后来的一篇文章（《经济生活的波浪式运动》，载《社会科学档案》）的阐述中由于引入了一种中间类型（"半静态"的商人）也受到了指责，因此我们提出下面的陈述。这里所说的行为有两个方面的特殊性：第一，由于它受到一些完全不同的事情的指导并且确实在做和其他行为不同的事情，在这种联系中，人们确实可以把它与后者都包括在一个更高的统一体中，但这改变不了这样的事实：这两者之间存在理论上的相对差异，而且传统方法只对两者中的一个进行了充分的描述；第二，这里所说的行为不仅在目标上与其他行为不同，它以"创新"作为独特的目的，而且两者的前提条件的类型也是不同的。

现在，这些能力和其他的能力一样被假定分配在同质的人群中，也就是说，它们的分配曲线有一个最大的纵坐标，两边的偏离越大，情况也就变得越少。同样，我们健康的人如果想唱，那他都可以唱歌。在这个同质的人群中，可能有一半的人唱歌能力能够达到平均水平，四分之一的人唱歌能力在逐渐降低，同时，我们假定，四分之一的人唱歌能力在平均水平之上；在这四分之一的人群中，通过不断地提升唱歌能力和不断地减少拥有这个能力的人，我们最后才遇到卡鲁索这样的人。只有这四分之一的人唱歌能力才能打动我们，也只有在极端的情况下，唱歌能力才成为个人的特征标志。尽管实际上所有人都能唱歌，但歌唱能力仍然是少数人的显著特征和天赋，确切地说，它不构成一种类型，因为这个特征——不像我们的——总体上对个人的性格的影响来说相对较小。

让我们对上面的例子进行运用：同样，我们假定四分之一的人缺乏首创精神，在需要创新精神的私人生活和职业生活中，这些人只起到了很小的作用。这类人中，我们可以看到有很多优秀的职员，他们忠于职守，具有专业知识，一丝不苟。然后，就是那"一般""正常"的人。这些人证明了自己可以很好地完成一些事情，即使这些事情已经处于正常的渠道之中，它们也不能被"派遣"出去，而是要被"决定"和"执行"。实际中，所有的商人都属于这类人，否则他们也不会达到他们的位置；大多数商人代表着一种选择——个人的或遗传方面的。当一个纺织业制造商走向羊毛拍卖场的时候，他并不是走上了"新"路。但是那里的情况绝不是相同的，商人的成功很大程度上依赖于购买羊毛的技巧和主动性。纺织工业和重工业相比，至今没有表现出托拉斯化，这种事实的出现可以被部分解释，那就是聪明的制造商拒绝放弃他们在购买羊毛时在技术方面的有利条件。从这里，我们最后到了最高的四分之一的人中间，这一类人具有超乎常人的才智和意志。这一类型的人不但有各种职业的人（商人、制造家、金融家等），而且具有强烈程度连续变化的"创新性"。在我们的论证中，每种强度"创新性"的类型均会出现。很多人能够在不曾被人走过的地方开辟出一条安全的航道；很多人在沿着别人走过的路前进；还有很多人随着大流在动，不过他们是在大流的前锋。因此，每一种类和时代的伟大政治领袖也属于一种类型，但他们不是独一无二的，而只是处于金字塔的顶端，从他们这里出发，就会有连续不断的差异，一直到平均水平，从平均水平又可以降到一般水平之下。然而，不仅"领导"是一种特殊的职能，而且领导者也有他的特殊性，从而区别于其他人——因此，在我们的例子中就没有必要问："这种类型是从哪里开始的？"然后回答："这根本不是一种类型"。

动态的[1]。第三，两种行为方式的对立，我们可以据此刻画出两类人物：经理和企业家。因此，在理论意义上，生产的"最好方法"被认为是"通过经验验证并且已经为人们所熟悉的方法中的最有效最有利的方法"。但是它并不意味着是当时"可能的"方法中"最好的"方法。如果人们不做这种区分，那么这个概念就没有任何意义了，而我们的解释想要解决的这些问题就还仍然没有解决。

现在，让我们对前面讨论的行为和类型的特征特点精确地进行表述。生活中最小的行为也凝聚着一种巨大的精神上的努力。如果每个小学生想要通过自己的行动去完成他所知道的以及他所使用的东西的创造，那他必须是一个精神上的巨人。同样，如果每个人在任何情况下都想要创造指导他每天行为的所有新规则，那他就必须是一个智慧和意志上的巨人。这一点不仅对经历了成千上万年才形成的个人和社会生活的决策和行为是真实适用的，而且对较短时期和更具特殊性本质的产品来说也是真实的，而这些产品构成了从事职业化任务的特殊工具。根据这一点，这些产品的完成应该包含着最大的努力，可是通常它不需要个人做特殊的努力；这些应该非常困难的事情实际上是非常简单的。当然，给人们安排任务、保持纪律等这些事情还是必需的；但是，这些是很简单的事情，任何一个普通的个人都能够学习并完成。在人们所熟悉的规则范围之内，甚至是必须指挥别人的职能，也不过是像其他人从事的工作一样的"工作"，也可以与看管机器的工作进行相似的对比。所有人都知道而且有能力以自己习惯的方式去完成他们日

---

1 有人对本书的第一版提出反对意见，认为书中有时定义"静态的"为一种理论结构，有时定义为对经济生活真实状况的刻画。我相信现在的说明也不会给这些意见提供依据。"静态的"理论并没有认为存在一个静止的经济；它同样要对待经济数据的变化。因此，它本身的观点认为静态理论和静态的现实之间没有必然的联系。只有当人们在不变的经济中用最简单的结论阐述时间的经济过程的本质形式时，这个假设才能成为理论。数千年以来，很多地方的几个世纪的历史进程中，静止的经济是一个无可争辩的事实；此外还有一个事实，即桑巴特所强调的，在每个萧条时期都有一种趋向于静止状态的趋势。因此我们很容易理解，这种历史事实与理论的结构是如何发生联系并引导人们产生混淆的。现在作者不用"静态"和"动态"两个词表达上面所说的含义了，这两个词在上面只不过是对"循环流动理论"和"发展理论"的简述。还有一点：理论中用两种方法来解释可能会有一定的困难。如果要表明经济系统中的所有要素在均衡系统中是如何互相影响的，那这种均衡系统首先就应该假定不存在，而它将在我们眼前建立起来。这并不意味着它的形成就自然地得到了解释。这仅仅是通过思想上的分析，使得均衡的存在和发生作用在逻辑意义上变得清晰，而且在这个分析中，个人的经验和习惯被假定为已经存在的。但是这些生产性的组合是如何产生的，还没有得到解释。另外，如果要研究调查两个相接近的均衡位置，有时可以采取庇古在《福利经济学》中所说的方法，把第一位的"最好"的生产组合与第二位"最好"的生产组合进行对比。比较的结果虽然不一定，但是可能意味着这两种组合不仅在数量上有细微的差异，而且在技术和商业架构上也有差异。这里没有对第二种组合的产生及其相关的问题进行调查，而只是对已经存在的组合的运行和结果进行了调查。即使这种做法是合理的，但是这种处理方式忽略了我们的问题。如果这个结论说它包含了对这个问题（没有对第二种组合的产生及其相关的问题的调查这样的问题）的解决，这也是不对的。

常的工作；"领导者"也有他们的行动路线和例行工作，而他的领导职能只是纠正那些偏离正常行为轨道的行为。

　　所有的知识和习惯一旦被获得，就会在我们的心里根深蒂固，如同铁路的路基根植于地面。这些知识和习惯不需要不断地更新和有意识地再建，而是深藏于潜意识的底层，它通常可以通过遗传、教育、培养和环境的压力被传递下去，而这个传递的过程几乎是毫无阻力的。我们所想、所感觉和所做的每件事情经常是自动发生的，而我们的意识使得我们在生活中不觉得这些发生的事情是负担。然而，这种存在于种族和个人中的大量的驱动经济的力量还无法强大到使我们的日常生活变成很轻的负担，同时，它也没强大到阻止日常生活的这些需求继续消耗平均的能力。但是它已经足够强大到可以满足普通的需要。这对我们日常经济生活也是适用的。从这一点我们可以得出结论：对经济生活来说，在日常规则之外的每一步都是很困难的，它需要包含新的要素。这种要素构成了领导这一现象。

　　上面所说的困难可能集中体现在下面的三个方面。第一，在这些已经习惯的规则运行渠道之外，人们没有做决策所依据的运行数据和规则，而这些数据和规则在已经习惯的规则运行渠道之内通常是被他们精确地知道的。当然，他可以根据他的经验进行预测和估计。但是，很多事情仍然是不确定的，还有一些事情是在比较广的范围之内才是确定的，更有一些事情也许只能依靠"猜测"。特别是，人们想要改变和创造的周围经济的数据，都是如此。现在，在某种程度上，他必须有意识地计划他的行为到每一个具体的细节。这样做将比习惯的行动具有更多的有意识的合理性，而习惯的行动根本不需要反映这种合理性；但是他有意识的计划与习惯的行动相比，不仅在某种程度上会犯更大的错误，而且容易犯其他类型的错误。已经做过的事情与我们所看到和经历的事情具有一样的现实性；而新的计划只是来自我们想象的虚构。执行一个新的计划和根据习惯去行动是两件不同的事情，就如同一个是建造一条公路，一个是沿着公路行走。

　　如果人们脑海中能够记住这一点：彻底调查计划中的企业产生的正面影响和负面影响是不可能的，那就会更加清楚这是一件完全不同的事情。如果我们具有无限多的时间和方法，即使我们在理论上可以确定那些正面影响和负面影响，但它们在实际中也必然是处于未知的状态。经济生活中的行动，即使没有制定出想要做的事情的全部细节，也必须要采取行动，就像军事命令，即使可能获得的数据不在自己的掌握之中，那也必须出于战略的考虑去行动。在这里，每一件事情的成功都依赖于直觉（即用在事后被证明是正确的某种方式预测事情的能力）和抓住事情本质的能力（即即使不能说出做事的依据，但是照常可以摒弃非实质的事实的能力）。充分的准备工作、专业知识、思想理解的广度以及逻辑分析的才能，在某种环境之下，可能成为失败的根源。但是，我们对自然和社会的学习理解越准确，对事实的控制就越完善；对事物进行迅速的和可信的范围（利用时间和逐渐增加的合理性）的计算越大，那这种职能的重要性就越低。因此，企业家这一类型的人所起的作用就必然会减少，就如同今日的军事指挥家的重要性已经降低了一样。不过，每一种类型的人最本质的那部分是和他的职能联系在一起的。

上面所说的第一点是关于任务方面的，而这第二点是关于工商业者自身精神方面的。做一件新的事情与做一件熟悉的并经经验验证的事情相比，不仅在客观上个人觉得比较艰苦，而且个人也会觉得不愿意接受这种新的事情，即使客观上的艰苦不存在。这种情况在所有的领域都是相同的。科学史对这种情况提供了一个强大的证明，那就是：我们会发现自己接受一个新的科学观点或方法是非常困难的。即使旧的理论已经变得不适应，而更加适合的创新本身也没有表现出任何的困难，但是我们的思想还是会不断回到旧有的习惯轨道中。固有的思维习惯以及它们节省精力的作用是建立在这样的事实基础上的，即它们已经下意识地并自动地产生结果，它们是与批评和个人事实的矛盾相对立的。正因为如此，当它们失去作用时，就会变成一种障碍。在经济世界也是这种情况。在想要创新的人心里，习惯的驱动力在上升，处于萌芽状态的计划遭到反对。此时，就有必要产生一种新的和另一种意志上的努力，以便扭转日常领域、范围、时间内的工作和牵挂，去构思和制定新的组合，并使自己相信这种组合具有现实的可能性而不仅仅是白日梦。这种精神上的自由和构想是以每天出现的大量剩余的或者说现实满足不了的需求为前提条件的，它是一种特殊的并且在本质上稀有的东西。

第三点是社会环境对想要创新的人的反应，或者叫反作用。这种反作用可能首先通过社会环境从法律或政治上的障碍来表现自己。不过，我们暂且不考虑这点，社会团体中任何一个成员偏离常规的行为都会受到谴责，尽管这种谴责根据社会团体是否习惯于这种行为而在程度上有所不同。即使在穿着或礼貌这样的事情上，与社会习惯相背离的行为也会引起反对，在更严重的事情上当然还会受到更强烈的反对。这种反对在文化的最初阶段要比其他阶段更强烈。甚至只是对背离行为的惊讶，或者只是仅仅注意到这种行为，都会对想要创新的人造成压力，而谴责可能带来一系列引人注意的结果和影响。它甚至会引来社会的排斥，最终导致实际的阻碍或直接的攻击。不论逐渐的分化削弱了这种反对的事实——尤其这种分化削弱的最重要的原因也正是我们想要解释的发展——还是作用于个人的社会反对反而变成了一种刺激，都不能在原则上改变反对意见的重大压力。克服这种反对意见是不存在于常规生活进程中的一种特殊的任务，也是需要一种特殊行动的任务。在经济事务中，这种反对首先表现在受到创新威胁的团队中，然后表现为寻找必需的合作者的困难，最后表现为赢得消费者认同的困难。尽管一个迅猛发展的时期已经使我们习惯于这些创新的出现和执行，但这些要素在今天仍在起作用，但我们最好还是把它们放到资本主义的初期进行研究。不过，这些要素很明显的在那里存在，以致就我们的目的来说，对它们进行描述就是浪费时间。

领导作为一种特殊的职能，它的出现是由于很多原因引起的，与仅仅等级上的差别相比，领导这种职能存在于每个社会个人之中，不论是最大的还是最小的，它的出现也通常是和社会个体联系在一起的。上面的事实创造了这样一种界限，即超过了这个界限，人们都不能依靠自身来执行职能，而需要从少数人那里得到帮助。如果社会生活在各个方面都和天文世界一样，具有相对不变性，或者说如果具有可变性，这种可变性也不受人类行为的影响，或者说如果最终受到人类行为的影响，但这种行为对每个人都是公平的，也不是每个人都可以做到的，那世界上就不会有这种区别于日常工作的特殊的领导职能。

只有新的可能性出现的地方，需要领导的特殊问题才会产生，领袖类型的人物也才会出现。这就是为什么在诺尔曼人的征服年代，领导职能表现得如此明显，而在斯拉夫人几个世纪以来在普利皮亚特流域不变的、相对受到保护的生活中，领导职能表现得非常微弱。以上我们讲到的三个观点，对职能的本质以及构成领导类型的生产或行为进行了特征描述。"寻找"或"创造"新的可能性并不是他的职能的一部分。这些可能性被各种类型的人积累起来，并在那里存在着。通常，它们只存在于文学作家的讨论中，而在其他场合，人们虽然确切地知道它的存在，但并没有想要去做什么。举一个政治生活中的例子，我们不难看到，在路易十六时期，法国的社会和政治状况本来是可以得到改善，从而避免统治的崩溃的。事实上，很多人都看到了这一点，但是没有任何人处于可以改变这一点的位置。领导者的职能就在于去"做这些事"，如果不去做，可能性就会消失。不管是短暂的领导，还是长久的领导，这一点对所有的领导类型都是适用的。前面的例子就是一个证明。在一个偶然的紧急事件中应该做什么，从规则上来看是很简单的。大部分或全部的人们都能看到这一点，但是需要有人站出来，领导组织大家。甚至通过榜样来领导，就像艺术领导或科学领导，这种领导不仅包括找到或创造新的事物，还在于通过它给社会团体留下深刻的印象，从而使得社会团体追随他。因此，领导者完成他的职能更多的是靠意志而不是靠才智，更多的是靠"权威""个人威望"等，而不是靠初始的思想。

经济上的领导必须区别于"发明"。只要发明还没有被应用到实际中，那么它在经济上就不起任何作用。而执行改善的措施并使之有效却是一项与发明这项改善完全不同的任务，而且这项任务需要完全不同类型的才能。如同企业家可能是资本家一样，尽管企业家也可能是发明家，但他们是发明家不是由于他们职能的本质，而是一种偶然，反之亦然。另外，创新是企业家的职能，执行创新这种企业家的职能不需要任何的发明。因此，和很多作家一样强调发明这种要素是不恰当的，而且可能会造成很多的误导。

企业家式的领导，与经济上的其他类型的领导是有区别的，比如我们期望在原始部落或共产主义社会看到的就是其他类型的领导，企业家式的领导当然具有自己的特色，它没有其他领导所具有的那种魅力。它的特征在于完成一项非常特殊的任务，这种任务只有在非常特殊的情况下才会引起公众的注意和想象。至于领导的成功，与其说是由于企业家的敏锐和充沛的精力，不如说是由于某种程度的精细，这种精细能够让他抓住稍纵即逝的机会，除此之外，再没有别的了。当然，"个人威望"不是不重要。资本主义企业家的个人品质没必要，一般也不会完全符合我们大多数人对于"领导"是个什么样子的看法，因此，要认识到他属于社会学所说的哪一类领袖确实有些困难。他"领导"生产方式进入新的轨道，但是不是通过说服人们相信执行他的计划的必要性，也不是通过用政治领导者的方式创造人们对他的领导地位的信任——他唯一要说服或打动的人，是未来可能会给他提供资金的银行家——而是购买生产工具或者服务，然后按照他认为合适的方式对这些工具和服务进行组合使用。他还从另外的意义上施加影响和领导，即吸引其他的生产者跟随他并运用他所用的生产方式。但是，由于这些追随他的人是他的竞争者，他们会减少并消耗掉他的利润，这种情况看起来好像是这种领导地位违背了自己的意愿。最后，他提供一种服务，而对这种服务进行充分的了解需要具有专家的知识。公众理解这样的事情，不如理解政治家成功的演讲或将军在战场上的胜利这样容易，同时还不承认自己看上去好像是在为自己的利益而行动这样的事实，因此就加大了公众理解的难度。因此，我们将明白，在这样的例子中，我们观察不到任何企业家生产中任何价值的出现，而这些价值却是让其他类型的领导引以为豪的。另外，还要加上作为个人的企业家和作为群体的企业家所具有的不稳定性这样的事实，以及当他经济上的成功提高了他的社会地位时，他没有任何的文化传统和态度去追随依靠，而是像一个暴发户一样受到人们的嘲笑这样的事实，我们应该明白，为什么这类人从来不受欢迎，为什么即使是科学评论文章也只是对他进行简单的描述[1]。

现在我们试图用在科学中以及实际生活中经常运用的方法来对我们所勾勒出的企业家进行描述，通过分析他生产行为的特征动机来理解他们的行为。我们这样的尝试一定会受到对经济学家"侵入"到"心理学"领域的反对，这已经通过很多作家的描述变得众所周知了。因此，在这里我们不能讨论关于心理学和经济学之间的关系这个重大的问题。我们只是要指出，那些在原则上反对在经济学的讨论中掺入心理学思考的人在这里可以忽略此处我们将要说的话，当然，读者也不必担心因此与下面的章节失去上下联系。

在循环流动理论中，一个事实使考察动机的重要性被大大地减弱，这个事实就是均衡系统中的等式可以被解释为不包含任何的心理要素和数值，正如帕累托[2]和巴尼的分析说表明的。这就是为什么即使是不完美的心理学对结果的干预也比人们所预想的要少的原因。即使在缺乏理性动机的情况下，也会有理性的行为。但是，一旦我们真正想要深入研究动机时，就会发现这个问题不是那么简单了。在给定了社会环境和习惯的情况下，人们每天要做的很多事情，对他们来说，主要是从执行社会或者神的指令职责的角度考虑的，很少是出于自觉的理性去做的，也很少是出于利己主义和享乐主义去做的，即使有也是很少一点，而且可以很有把握地说，这一点也是最近才发展起来的。然而，只要我们把自己局限在不断重复的经济行为这个范围之内，只要我们发现这样定义的动机随着时间推移会有很大的变化，我们就能够把它和需求以及满足需求的欲望联系起来。除此之外，还有下面的条件能够让我们把这些要素联系起来：正是社会形成了我们所观察到的特殊欲望；当人们决定他的行动过程时，通常要考虑到一些群体，比如家庭或比家庭大一些或小一些的群体；行动并不是立即跟随着欲望，只是或多或少对它产生响应，这种响应也是不完全的；尽管个人的选择范围在方式和方法上具

---

1 如同本书的第一版的很多读者所想象的一样，我们对企业家这类人的作用的分析不包括任何的"美化"。我们坚持认为企业家具有和其他的人，比如强盗，相区别的经济职能。但是我们没有把每一个企业家当作天才或人类的救世主，我们也不想对他在社会组织中起到的比较优势的作用和为什么他的作用不能其他更便宜或更有效的方式来完成这样的问题进行评论。

2 维弗雷多·帕累托（Vilfredo Pareto，1848—1923年），意大利经济学家、社会学家，洛桑学派的主要代表之一。——译者注

有很大的不同，但它总是受到社会习惯或习俗等的影响：在循环流动中，每个人都会根据环境调整自己的行为，尽其所能地满足某种给定的需求（他自己的或别人的需求），这仍然具有很广泛的正确性。在所有情况下，经济行为的意义就是对需求的满足，也就是说，如果没有需求，就不会有经济行为。在循环流动的例子中，我们可以把需求的满足看作是正常的动机。

有一种领导者不是我们要说的类型。在某种程度上，他可能称得上是最理性、最以自我为中心的人。正如我们已经看到的，执行新的计划比经营已经建立起来的企业需要更多的自觉的理性，因为新计划必须在被执行之前就制订出来，而经营已经建立起来的企业大部分是例行事务。典型的企业家比其他类型的企业家更加以自我为中心，因为他比其他类型的企业家依靠的传统和关系要少，而且不论从理论上来说还是从历史上来说，他的特殊任务在于打破旧的传统和联系，建立新的联系和传统。尽管这主要适用于他的经济行为，但也可以扩展到道德、文化和社会的结果。企业家类型出现的时期也产生了功利主义，这也不是偶然的事情。

不过，企业家的行为和动机是"理性的"，除了上述之外没有其他的含义，而且他的动机没有享乐主义的含义。如果我们把行为的享乐主义动机定义为满足个人需要的愿望，那么我们就可以让"需求"包括某种程度的冲动，就像我们可以把自我主义定义为包含其他利己主义价值观一样，这样的定义是基于这样的事实，即利己主义也具有自我满足方面的某种意义。但这种做法也会使我们的定义陷入循环往复的状态。如果我们要赋予这种定义一定的意义，我们必须把它限定在能够用消费品满足的需求上面，同时限定在能够期望从它得到某种类型的满足上面。那么，如果我们所定义的这一类人是出于满足他自己的需要而行动，这就不再是真实的事情了。

因此，除非我们假定我们所说的这一类型的人被享乐主义所驱使，否则在商业领导人的例子中，戈森定律[1]会使他们的进一步的努力停止下来。然而，经验

---

1 戈森定律是以德国经济学家戈森命名的边际效用价值，其内容就是欲望与享受的相互关系及变化规律。是现代"效用论"的基础。定律的要点有3个：（1）人类为满足欲望和享乐，需不断增加消费次数，而享乐因随消费的增加而递减，享乐为零时，消费就应停止，如再增加，则成为负数，使享乐变为痛苦。即"欲望强度或享乐递减定律"，亦称"戈森第一定律"。（2）假如有人在几种享乐之间有选择自由而无充分享受的时间，则不论这几种享乐起初的绝对量如何不同，要取得最大的享乐总量，必须在他们之间依次消费其享乐量（个量）最大者，直到各种欲望之数量（个量）彼此相等为止，这就是"享乐均等定律"。（3）在原有欲望已被满足的情况下，要取得更多的享乐量，只有发现新享乐或扩充旧享乐。——译者注

告诉我们，企业家一般只是在他们的力量已经用尽并感到不能再胜任他们所做的工作时才会从这个舞台上退出。这看起来似乎与理性人的假设相矛盾：他把可能的结果和无效的努力进行平衡对比，然后他会选择一个平衡点，超过了这个平衡点，他将不愿意再继续前进。但是，在我们的例子中，努力没有被看作是停止前进的理由，它似乎根本不具有什么分量。企业家类型的人的活动显然是享乐主义的障碍，享乐主义者所享受的商品通常是用超过一定数量的收入购买到的，因为他们的"消费"是以休闲为前提条件的。因此，从享乐主义的视角来看，我们所观察到的这些类型的个人都不是理性的。

当然，这不能证明享乐主义的动机是不存在的，它只是指向了另外一种非享乐主义特征的心理学，尤其是当我们看到享乐主义所具有的与众不同的特点时，这种与众不同在我们所说的这一类型的人身上是很明显的，而且也不难理解。

首先，在每个人的心里都存在着梦想和意愿来建立自己的私人王国或王朝，虽然这种情况通常不是必需的。现代世界中，人们实际上并不容易找到这样的地方、获得这样的地位，但是对现代的人来说，取得工业或商业上的成功仍然是他们可能达到中世纪那种封建贵族领主地位的捷径。对于那些没有其他机会获得这种地位的人来说，这种诱惑力非常大。对权利和独立性的追求不会因为它们两者都是幻想而有丝毫的损失。更进一步地分析，我们可以发现这群人的动机种类繁多，从精神上的野心到趋炎附势，但这些是不需要我们细谈的。我们只要指出一点就够了，那就是这种动机虽然与消费者的动机最为接近，但是与消费者的动机并不完全一致。

其次，还有一种征服的意志：战斗的冲动只是为了证明自己要胜过其他人，也就是成功的过程或成功本身。从这方面看，经济行为与体育运动很相似——比如财富上的竞赛和拳击比赛。财富竞争的结果是次要因素，成功的指标和胜利的象征才是有价值的，炫耀财富往往成为大笔开支的原因，而不是他们本身对于消费品的需要。同时我们还可以从更细微的地方看出差别，比如，社会野心，应该被归类为第一类动机，也就是说它只是为了证明自己胜过其他人，而不是为了成功的结果。因此，我们又面对一种与上面所定义的"需求的满足"有根本区别的动机，或者换个词语——"享乐主义的适应"。

最后，还存在着创造的快乐、完成计划的快乐或者只是展示某人的能力和智慧的快乐。它与无处不在的动机相似，是作为一种独立的行为因素存在于我们的经济生活中。我们所说的这种类型的人寻找困难，为了改变而改变，以冒险为乐趣。这种动机在三者中，是最突出的反享乐主义的。

只有第一类动机是促使企业家活动起作用的必要因素，这种活动的结果产生了私人财产，而其他的两类动机则不是。金钱上的收益确实是对成功的最好表达，特别是对相对的成功而言，而且对于为了成功奋斗的人而言，除了获取金钱上的收益之外，还有额外的好处，那就是它是一个客观的过程，在很大程度上独立于其他人的意见。这样和那样的特点都是伴随着"渴望财富"的社会机制产生的，这使得其他要素很难代替它作为工业发展的动力所起的作用，即使我们排除它在创造一笔随时可用于投资的基金中的重要性，它的作用依然难以替代。尽管如此，第二类和第三类企业家的动机在原则上的确可以被其他的社会安排所关联到，这种社会安排不包括从经济创新中获得的私人收益。至于还能提供什么样的激励，怎样使这些激励工作得像"资本主义"所做的一样好，都超出了本书所要讨论的范围。这些问题被社会改革家忽略了，同时也被财政上的激进主义者所忽视，但是它们不是不能被解决，而是要通过对企业家活动的心理学进行详尽的观察才可以被回答。

第三章

信贷与资本

信贷的性质与作用[1]

经济发展的本质在于对现存的劳动力和土地的服务进行不同的使用，这个基本概念使我们得出这样的结论，即新组合的实行，是通过把土地和劳动力的服务从它们之前的使用方式中提取出来而实现的。在每种经济形态中，领导者没有直接处置劳动和土地的服务的权利，这引导我们得出两个观点：首先，货币承担着一种基本的职能；其次，其他的支付手段也承担着这种职能。因此，支付手段这个过程不仅仅是商品循环过程的体现，然而很多理论家总是尽最大的努力，甚至用不耐烦的态度以及道德和理智上的愤怒来使我们确信这个观点，即与"支付手段这个过程不仅仅是商品的循环过程的体现"相反的观点。

从经济学成为一门科学开始，就一直在与那些坚持认为"货币现象是完全正确的"普遍错误的观点做斗争，这也是经济学的贡献之一。如果有人说货币只是为了让商品流通更便利的媒介，没有重要的现象与货币相联系，那这种观点无疑是错误的。如果有人试图以这种说法来反对我们的观点，那我们就可以用我们的论据进行反驳，那就是，在我们的例子中，经济系统中生产力的不同利用方式只有通过改变人们的相对购买力才能实现。我们已经看到，在原则上，要让工人

1　下面所陈述的内容基本没有任何的改动，并且从对汉恩（A.Hahn）著的《银行信贷国民经济学》一书的研究中获得了宝贵的经验和改进。特别向读者推荐他这本富有原创性且值得称赞的著作，这本书从根本上提高了我们对这些问题的认识。兰沃斯·泰勒的《信贷体系》一书也具有相同的益处。对战后现象和繁荣萧条时期银行信贷分别起的角色的讨论已经消除了我们所要说的那些矛盾的现象。今天，每一个商业周期循环理论都在考虑繁荣时期"额外信贷"的事实和思考由凯恩斯提出的是否可以从货币方面的影响来缓解经济周期的问题。这并不意味着我的观点被接受，但它可以向我的观点引导。参考我的论文《信贷控制》，载德文《社会科学与社会政策文献》（1925年）。最近，罗伯茨在其《银行政策与价格水平》一书中，也得到了相类似的结果（参阅1926年6月《经济学杂志》中庇古的文章）。

把劳动、地主把土地借给别人使用是不可能的。同样，企业家也不能借到已经生产出来的生产资料，因为在经济的循环流动中，没有可被企业家使用的闲置的存货。如果某个地方或其他地方恰好存在企业家所需的生产资料，那他当然可以购买；但是，这也需要他有购买力。企业家不能把这些生产资料借过来，因为它们生产出来就是为了满足某种需求，而持有生产资料的人不能也不会先把这些生产资料借给企业家然后等着企业家归还，即使一段时间后企业家确实可以归还，他也不愿承受任何的风险。如果有人这么做了，那么会出现两笔交易，一笔是购买，一笔是延期的信用支付，这两者不仅是同一个经济过程的两个不同的部分，而且是两个不同的经济过程，我们在后面将会看到，它们中的每一个都依附着不同的经济现象。最后，企业家也不能给工人和地主"预付"[1]消费品，因为他根本还没有这些消费品。如果他购买消费品，那他也需要有相应的购买力。我们不能忘记一点，这始终是一个从物品的循环流动中把商品抽离出来的问题。消费品的信贷是这样的，已经生产出来的生产资料的信贷也是如此。所以我们正在研究的这些并不神秘或奇怪。

没有任何东西实质上是"能"取决于货币，这是一个很清楚的事实。实际上，购买力只是关键过程的一个工具，这是不容置疑的。另外，也不会有人反对这一观点，因为每个人都会承认货币在数量或分配上的变化是属于类似的现象，且会产生深远的影响。但是目前为止，这种观察还比较边缘化，不过这种比较还是具有指导性的。商品领域的变化在这里是没有必要的，前期引起的商品的变化可以作为它的解释原因。任何情况下，物品的变化都是被动的。然而，如同大家所知道的，商品的种类和数量在很大程度上受到这些变化的影响。

我们所讨论的第二个观点看起来也不是那么危险的。从最终的分析来说，它也是以事实为基础的，这个事实不仅是可以论证的甚至是很明显的，而且仍然是被人们所普遍接受的。从支付手段的外在形式看，它是由经济系统创造的，它表现为对货币的索取权，但是这种索取权与对其他物品的索取权具有本质上的不同，其不同就是这种索取权与货币有相同的服务功能，至少暂时是相同的，因此在一定情况下这种索取权可以代替货币[2]。这一点不仅在有关货币和银行的文献

1　自从魁奈的时代以来，这种不真实的概念所强加的理论结构就不攻自破了。这个理论太重要了，人们甚至可以称这种理论为"预付经济学"。

2　尽管通常不能把对物品的索取权和物品本身等同起来——如同不能把谷穗和谷粒等同一样——但是情况还是有点不同。尽管我不能骑在对一匹马的索取权的身上，但在一定条件下，我可以像处理货币本身一样来处理对货币的索取权，也就是购买。

中得到承认，而且在更狭义的意义上也可以得到理论的承认。这可以在教科书中看到。在这里，我们不对这些教科书中的内容做任何的补充，只是想增加一点分析。所讨论的问题中，与我们所认可的事实关系最多的是货币的概念和价值等问题。当数量理论为货币的价值建立起公式的时候，批评家们首先就抓住了其他的支付手段来进行反驳。众所周知，诸如这些支付手段，尤其是银行信贷[1]是否是货币这样的老问题已经由许多优秀的作者做了很详细确定的回答，可以说有关这方面的讨论也已经很多。而据我所知，我们所关心的问题已经被无可争议地认可了，甚至那些对支付手段是否是货币这样的问题做出否定回答的作者，也承认了我们对问题的回答。支付手段是如何并以何种方式影响货币的价值，对于这样的问题，人们也做了或多或少的解释。

这意味着承认这样创造的流通媒介不仅代表等量的金属货币，而且它们的实际数量非常大，不可能立即全部兑换它们；而且，由于这些支付手段比较方便，它们不仅会替代之前已经在流通的货币，而且会不断地被创造出来并与已经存在的大量的货币并存。还有一点对我们的论述并不是很重要，但我们仍然要对这一点进行说明，即支付手段产生于银行。银行产生支付手段也是它的基本职能，我们发现这与通行的概念是一致的。银行对货币的创造使自己承担了义务，这一论断是由亚当·斯密以及其他更早的作者提出来的，今天已经成为常识；我急于补充的是，不论人们认为"货币的创造"这种表达在理论上是否正确，这对我们的目的来说都是一样的。我们的推论是完全独立于任何货币理论的。

最后，不容置疑的是，这些流通媒介在提供信用的过程中被创造出来，如果我们忽略掉为了避免运输金属货币而产生这种手段的情况，那么这种流通媒介几乎就是为了提供信贷的目的而被创造出来的。根据费特的观点（《经济学原理》，462页），银行是"收入主要靠出借支付的承诺而获取的企业"。

至此，我们所说的没有任何的争议性，甚至也没有任何的意见分歧的可能性。人们不能责备我，说我违背了比如李嘉图的"银行业务"不能增加一个国家的财富等类似的观点，人们也不能说我犯了罪，诸如银行家所说的"滥发钞票空头投机"的罪名[2]。更进一步，谁也无法否认这样的事实：很多国家，四分之三

1　银行信贷是银行将自己筹集的资金暂时借给企事业单位使用，在约定时间内收回并收取一定利息的经济活动。——译者注

2　参阅J.S.穆勒的著作，任何一个经济学家都会认为李嘉图的观点不是很正确，即使他在这个问题上是非常保守的。例如，J.L.劳福林的著作《货币原理》中说："信贷不能增加资本（生产工具），但可以使资本活起来，使资本更有效率，因此会导致产品的增加。"我们的观点很多都与之类似。

的银行存款都是信用[1]。作为一种规则，工商业者要首先成为银行的债务人，才能变成银行的债权人，他首先"借"的资金实际上是他即将要"存入"的；更不用说，从更严格的意义上来说，只有极少一部分的交易是不用货币来完成的。因此，对于这些问题，我们不做更深一步的探讨。在这里做一些对所有人来说都是新鲜的，但可以在任何一本基础课本中都找得到的结论是没有任何意义的。所有的信用形式，从银行纸币到银行信贷，本质上来说都是相同的东西，在所有的这些形式中，信贷增加了支付手段，这是无可争议的事实[2]。

至此，只有一点是具有争议的。这些流通媒介，如果没有法定货币或物品做基础，是不会凭空被创造出来的。我对工商业者或理论学家所说的生产者的汇票就是这些流通媒介的典型例子，对于这样的说法我相信自己没有说错。生产者在完成他的生产并把产品销售出去之后，就给他的客户开出汇票，以便立即把他的要求权转化为"货币"。于是，这些产品就起到了提货单的作用。即使这些汇票没有现成的货币来支持，但仍然有这些现存的商品作为基础，因此，从某种意义上来说，它仍然是以现存的"购买力"为基础的。上面所提到的存款，显然在很大程度上也是这种商业票据的贴现形成的。似乎可以把提供信贷或把信贷工具放入商业渠道之中看作是正常的情况，而把其他的情况看作是不正常的情况[3]。但是，即使正常的商品交易没有任何问题，也通常要有相关的附属抵押品，因此我们所说的信用"创造"只不过是对现有的资产进行整合利用的问题，在这一点上，我们重新回到传统的概念上。在这样的情况下，似乎传统的概念是胜利的，因为流通媒介如果没有依靠的基础就不会存在，货币也可以从流通过程中抽离出来，从而让所有的交易重新回到物物交换，也就是回到纯粹的商品范畴的过程。

1　只有少数的银行家会在他们的定期报告中声明他们的存款中有多少是真正的存款。上面的估计是根据英国的报告做出的，这些报告间接表明的情况很可能得到了大家的公认。但是，在德国情况不是如此，在德国，银行业务中通常不把贷款计入客户的信用支付之中。不过，这个理论的本质不是在于信用和贷款数量上的不同。更严格地说，如汗恩所强调的，所有的银行存款都是建立在信用基础上的，只有以"银行收进的金额"为基础的信贷，才是一种特殊方式的信贷，它才不能增加存款人的购买力。

2　当然，总是有很多的理论学家用世俗的观点，对"银行中巨额的资金"感到惊讶不已。更让人不解的是，很多金融学家有时也会持有相同的观点。例如，克莱尔的《货币市场初识》一书，就没有接受这样的观点，把可用于提供信贷的巨额的资金定义为"其他人的钱"，虽然这种说法部分是正确的，但也只是在比喻的意义上来说。

3　我一开始就忽略了这一点，即经济系统中正常的商业活动是用信用支付手段进行结算的，生产者从客户那里收到票据或其他类似的信用工具，并立即用它来购买生产资料。因此，从任何的意义上来说，这和信用的提供没有任何的关系，而且从根本上说，它和用金属货币进行的现金交易没有什么区别。这种情况我们在前文已经提到了，在这不再重复。

这种解释也说明了为什么人们通常会认为"货币的创造"仅仅是技术的问题，它对经济生活的一般理论没有更深的含义，而只要用一个章节说一下银行经营方面的内容就可以了。

我们不完全赞同上述的观点。目前需要强调的就是那些被实践证明是"异常"的事物只是流通媒介的创造，这种流通媒介只是伪装成正常商品交易的过程，仅此而已。除此之外，金融票据不能被视为"异常"的，它们不是由给新组合融资的信用产生的，但它们经常起着与之相同的作用。在这种情况下，担保附属品不可能是现存的产品，而是其他的东西，从原则上来说，它的重要性不在于组成担保附属品的资产不是因为信贷的提供而被"组织"起来的，这不是担保附属品的本质特征。相反，我们必须区分两种情况：第一，企业家可能拥有某种可以在银行进行抵押的抵押品[1]。这种情况肯定可以使企业家在实际中很容易获得信贷。但是，从这件事情最纯粹的形式来看，这种情况不属于信贷最实质的内容。分析和经验都告诉我们，企业家的职能和对财富的拥有不是联系在一起的，尽管对偶然的事情来说，对财富的拥有可以构成一种现实的优势。但是，如果不存在这种财富与现实优势之间的利益关系，我们的观点也是经得住挑战的，因此，把信贷看成"金属货币资产"，并不是对这类事情的充分表述。第二，企业家用来抵押的商品可能是他用借来的购买力得到的。这种情况下，先出现信贷，然后才有担保附属品，不管两者之间的距离有多短，但至少在原则上是这样的。此时，把现存的资产放入流通中的观点所得到的支持甚至比第一种还要少。相反，这正好清楚地表明，购买力被创造出来时是没有新的物品与之对应的，这种事情发生在第一种情况下。

因此可以说，在现实生活中，如果所有的信贷都是具有担保的，那么信贷的总量肯定大于这些有担保的信贷量。信贷结构不仅超过了现存的黄金基础，也超过了现在的商品基础。这样的事实是很难被否认的，只能怀疑它在理论上的重要性。但是，对我们来说，区分正常的信贷和异常的信贷是重要的。正常的信贷创造对社会收益的要求权，它代表并可以被认为是对提供的服务和前期已存在的物品进行交付的证明。那种被传统观点认为异常的信贷也创造了对社会产品的要

1　此外，如果抵押品是土地、股份等不能流通的东西，或是在市场上不能用于交换商品的东西，那么此时创造的货币对商品领域和价格的影响就和没有担保的发行货币所起的作用没有什么区别。这一点常被人们忽视。从政府以土地为"依据"，发行不兑换的货币的情况就可以发现类似的问题。一些支付手段以某种类型的抵押品作为支付基础，这只不过是消除了如果不这么做就存在的风险，但却没有改变这样的事实，即没有与新的需求相对应的新产品的供给相对应的新产品。

求权，但是，由于缺少过去生产性的服务，这种信贷只能被认为是未来即将生产出来的产品和服务的证明。这样，这两者之间出现了本质的差异，不论是从它们的性质来看，还是从它们的效果来看。这两者作为支付手段，都是为了相同的目的，而且它们在外在形式上也没有差别。但是，其中一种支付手段对社会产品具有相应的贡献，而另一支付手段没有相应的贡献，至少对社会产品是没有相应的贡献的，尽管这种缺陷经常由其他的事情进行弥补。

这些介绍性评论的不足希望不会引起误解，下面我们就要进入本章的主题。第一，我们要证明一个初看起来有点奇怪的说法，那就是，在原则上只有企业家才是需要信贷的，或者我们可以证明这一说法的一个推论，那就是信贷是为工业发展服务的，这个推论就没有那么奇怪了。已经证明的是，企业家是非常需要信贷的，也就是暂时转移购买力给他，为了使他能创新，进行生产，从而成为企业家。在物品的循环流动中，生产者是通过销售他前期生产的物品来获得购买力的，因此，这种购买力不是自动地流向企业家的。如果企业家没有购买力，那他必须借入，如果他具有购买力，那也是前期发展的结果。如果他不能获得购买力，那他就不能成为企业家。我们所说的这些没有虚构的成分，而只是将大家都已经知道的事实进行了概括。只有首先成为债务人，他才能成为企业家。他成为债务人是发展过程的逻辑形成的结果，或者换一种说法，他成为债务人是情况的必然要求，不是什么异常的事情，也不是可以用特殊的环境来解释的偶然事件。他首先需要的就是信贷。在他需要任何商品之前，他首先需要购买力。资本主义社会中，他是典型的债务人[1]。

现在我们必须用反面的证据来完成我们的论证，也就是证明上面所说的企业家负债的情况和其他类型的人是不同的，其他任何人不会因为他的经济职能的本质而成为债务人。当然，现实中，借或贷还具有很多其他的动机。但是，关键的问题是信贷的提供看起来并不是经济过程的一个本质要素。消费信贷就是属于这种情况。先忽略消费信贷的重要性是有限的这样一个事实，我们要说明的是，消费信贷并不是构成产业生活的基本形式和必要条件的要素，也不是任何个人的经济本质的一部分，更不是任何生活过程本质的一部分。也就是说，人们不一定要

1　在更深层次的意义上，企业家仍然是债务人，我们在这应该重点强调这一点；在企业家对社会的循环流动的生产做出任何贡献之前，他先从社会的循环流动中获得商品，在原则上这个过程是不断的。在这种意义上来说，他是社会的债务人，他没有要求权的商品被转移到他手中，在其他情况下，他还具有对社会国民收入分配的要求权。

承担消费性债务，也不一定为了自身消费的目的而去借债。因此，消费信贷这种现象对我们来说没有更多的意义，不管它的实际作用有多大，我们都把它从我们的考虑中除去。这不包括抽象过程，我们承认它是事实，不过我们对此没有特别需要说明的。一家企业也许因为遭受灾难而深陷困境，为了维持生存，企业产生了信贷的需求，对于这种情况我们也是不予考虑的。我们把这些例子包含于"消费性——生产性信贷"的概念中，某种意义上来说，它们不是经济过程本质的一部分，在这里，我们不再予以讨论，因为它们对我们来说没有更多的意义。

每一种以"创新"为目的的信贷都是提供给企业家的，而且构成了经济发展的一个要素，那么唯一留下来的需要我们考虑的，就是在循环流动的过程中提供给商业运营的信贷。如果我们能够在"非主要"的意义上来解释这种信贷，那么我们的证明就完成了。那如何来完成证明呢？

从第一章我们可以看出，在当期所接受的信贷并不是循环流动过程本质的一部分[1]：根据我们的定义，生产者完成了他的生产之后，应该要立即出售他的产品，并利用所得开始他新一轮的生产。不过，情况并不总是如此。生产者有可能在他交货给客户之前就想开始下一轮的生产了。但关键是，如果生产是以营业收入提供资金的，那么我们要能够在循环流动的过程中体现生产者下一轮的生产过程，同时不能忽略任何其他具有实质性的东西。在已经建立起来的企业的日常业务中，信贷具有实际的重要性是由于发展，这种发展能够使暂时闲置的资金得到运用。因此，每一个工商业者都会尽快地利用所得到的款项，然后借来他需要的购买力。如果没有发展，那么进行交易所必需的资金就不得不实际地保存在分散的厂商和个人手里，在这些资金不被这些单独的厂商和个人所需要的时候，它们就会被闲置在那里。正是发展改变了这样的状况，它把那种由于从来没有借贷而产生的自豪感给消灭了。当所有的企业，不论是新的还是老的，都被拉进信贷循环这种状态中时，由于其中所包含的风险很小，银行家甚至比这些企业家更喜欢进行信贷。很多银行，尤其是"储蓄型"的银行，几乎都会这么做，并把它们自己或多或少限制在这种"流通"的信贷中。这种现象只不过是发展的结果。

这种阐述，不会把我们置于与人们所想象的流行观点相对立的位置[2]。相反，

1　希望读者不要把这种信贷和为了维持企业"运转"提供给企业家的相同数额的信贷，尤其是为了支付当前的工资而需要的信贷相混淆。

2　而且，实际情况更加证明了这一点。在过去，实际上只有消费信贷。只存在为建立企业而提供的信贷，循环流动的过程不是依靠它而进行的。流通信贷只有到了现代才具有当前的重要性。既然现代的工厂与中世纪的手工作坊在经济上没有什么差别，那么我们就可以下这样的结论：现代工厂本质上也不需要有任何的信贷。

我们的观点与通常的观点是完全一致的，我们认为，如果想要深刻理解循环流动的经济过程，那么我们可以把信贷暂时忽略。只是因为流行的理论和我们采取的是相同的观点，而且和我们同样认为，当前商品交易信贷的支付与我们理解事物的本质没有什么联系，所以流行的理论在对经济过程的主要特征进行描述时，可以忽略这个因素的影响。也是由于这个原因，流通的理论才可以把它的视角限定在商品的范畴之内。在商品的世界里，当然也可以找到类似信贷交易这样的过程，不过对此我们已经有所理解。不论如何，流行的理论和我们的观点都认为在这一点上，创造新的购买力没有什么必要性，在其他任何时候，都没有这种必要性，而这个事实再一次向我们表明了流行的理论是静态的。

这种流通信贷如同消费信贷一样，可以从我们的分析中略去。从上面的知识中，可以知道，流通信贷只是在循环流动的过程中为了方便交易，它是一种技术上的权宜之计，当然，由于上面所述的一些原因（是一种对经济过程没有深远影响的权宜之计），通过发展，这种流通信贷可能变得有所不同，我们才可以得到下面的结论。为了对这种流通信贷和那种具有根本性的作用（没有它就不能对经济过程进行完整理解的信贷）进行鲜明的对比，我们假定，在循环流动中，所有的交换都受到金属货币的影响，这些金属货币的数量是给定的，并且只存在一次，而且它的流通速度也是一定的。显然，在不包含发展的经济的整个循环过程中，也可能会包含信用支付手段。然而，由于这些信用支付手段在作为现存的物品和过去的服务的"证明"方面具有和金属货币同样的作用，因此，这种信用支付手段和金属货币之间没有什么本质的区别，我们利用这样的方式进行解释只是为了表明，在信贷现象中的本质要素不可能存在于循环流通过程中的流通信贷中。

通过这么做，我们既证明了我们的观点，也精确规定了其中的含义。原则上来说，只有企业家才会需要信贷；信用对工业发展起着根本性的作用，思考这种作用对理解整个经济过程是非常重要的。此外，从第二章的论述中，我们能够立即看到与该论点相关的另一论点，即在领导者对生产资料也不具备直接处置权的情况下，原则上来说，没有信贷，发展是不可能的。

我们所说的信贷，其根本作用在于能使企业家把他所需要的生产者的物品从这些物品前期的使用中抽离出来，对它们按照需求进行利用，从而使经济系统进入新的发展轨道。我们的第二个论点可以表述如下：只要信贷不是以过去企业的经营成果为依据，或者不是以过去的发展所创造的购买力的储藏为依据，它就只能包括特别的信用支付手段，它既没有严格意义上所说的货币的支持，也没有已经存在的物品的支持。这种信用的确可以用除产品之外的其他资产，也就是企业家拥有的其他类型的财富做担保。但是，这首先是不必要的，其次它没有创造新的物品的供给，也不会改变经济过程的本质，这种本质包括为产品创造一种新的需求。这里，无须对这个论题做进一步的证明，它只是第二章结论的延伸。它告诉了我们借出和信用支付手段之间的关系，并引导我们认识到信贷现象的本质。

由于这种对经济过程具有根本作用的信贷只能通过这种新创造的支付手段进行支付（假如没有前期发展的结果）；而从反面来看，只有在这种情况下，这种新创造的信用支付手段才不仅仅在技术上起作用，在这种情况下，提供信贷就包括购买力，而这种新创造出来的购买力只有把信贷提供给企业家才是具有作用的，也只为了这个目的才是必需的。这是我们不能用金属货币代替信用支付手段，同时不能损害其他理论架构的真实性的唯一情况。由于没有任何物品是以金属货币的绝对数量为依存条件的，因此我们假定任何时候都具有一定数量的金属货币存在；但我们不能假定，金属货币的增长正好出现在合适的时间和地点。因此，如果我们从贷款和信用工具的创造中排除掉信用交易和信用工具不起任何作用的情况，忽略前期的发展，那么，贷款和信用工具的创造这两者必然会一致。

在这个意义上，我们用下面的方式定义信贷现象的核心：信贷在本质上是购买力的创造，它是为了把创造的购买力转移给企业家，而不是简单转移现存的购买力。购买力的创造以在私有财产和劳动分工的经济系统中实现发展所采用的方法为特征。通过信贷，企业家在还没有获得商品索取权的时候，就可以取得这些社会商品。信贷是以一种虚拟的索取权暂时取代了这些索取权本身。在这种意义上，提供信贷这种运行方式就像给经济系统提供命令，使得经济系统适应企业家的目的；也像给企业家需求的商品提供命令：这意味着把生产要素委托给企业家。只有这样，才能在完美均衡的经济循环流动中实现经济的发展。这种职能构成了现代信贷结构的主要基石。

但是，在正常的经济的循环流动中，提供信贷不是必要的，不但因为产品和所需的生产资料之间不一定存在距离，还因为可以假定生产者所购买的全部生产物品都是用现金进行交易的，或者一般的购买者都是通过出售前期生产出来的具有相同价值的物品来购买所需的生产物品。尽管如此，在执行新组合的时候，肯定会出现一个需要填充的缺口。贷款者的职能就是填补这个缺口，他通过把创造出来的购买力交给企业家支配来履行这个职能。这样，提供生产物品的人就不需要再"等待"，而企业家也不需要将商品或现金预付给生产者。由此缺口被弥补，否则，即使在私有财产盛行的交换经济中，这样的缺口如果不能被弥补，那发展即便不停滞，也会非常困难。贷款者的这个职能是任何人都不能否认的。意见的分歧只存在于对这个弥补缺口的"桥梁"性质的认识。我相信，我们的观点和其他的观点相比，是最接近现实的。

循环流动的过程是我们研究的出发点，它以同样的方式年复一年地生产出同样的产品。对每一个供给，在经济系统中总有相应的需求与之对应；同样，对于每一个需求，都有相应的供给与之对应。所有的商品都按照既定的价格进行买卖，这些价格波动很小，因此每一个单位的货币可以被看作在每个经济周期都以相同的方式进行的循环。任何时候都可用的一定数量的购买力可以购买到一定数量的原始性生产服务，按照这样的顺序，购买力转移到这些原始性生产服务的人手里，然后这些人再次用它们购买消费品。对这些原始性生产服务的主体本身来说，尤其是对土地而言，这里没有市场，在正常的循环流动的过程中对他们来说也不会存在价格[1]。

如果我们忽略货币单位的材料价值，那购买力实际上就不具有任何的含义，而只代表现存的商品。购买力的总量不能告诉我们任何事情，但总量中家庭和公司所占有的份额具有很重要的意义。如果信用支付手段，也就是我们所说的购买力，被创造出来并交给企业家进行支配，那企业家就会处于其他生产者的前列，并且他的购买力与前期已经存在的购买力总量并存。显然这没有增加经济系统中已经存在的生产性服务的数量，但是可能会出现"新的需求"，这将导致生产性服务价格的提高。进而会引发从原有的用途中"撤出商品"的现象，关于这一点，前面已经进行了说明[2]。这一过程起到了压缩现有购买力的作用[3]。某种意义

1　参考前文的解释，就可以明白为什么我没有提及用劳动和土地的服务所生产出来的生产资料，尽管购买力不仅购买劳动和土地的服务，也会购买这些生产出来的生产资料。

2　我和斯皮托夫在这一点上具有分歧。他发表在《施穆勒年鉴》（1909年）的三篇文章：《资本市场和货币市场的外部秩序》《资本、货币和商品世界的关系》和《货币缺乏及其对商品世界的影响》（这三篇文章也曾经以《货币、货币和商品世界的关系》为书名单独出版过），这三篇文章的主要成就在于对这个问题进行了探讨。在很多方面，这三篇文章预见了本章所说的问题，也曾明确强调过"创造新的货币替代物"的可能性。但是，存在一个"不能克服的经济限制，在现有的商品供应的情况下。只有人为的措施能够把这些闲置的商品放入流通中，它们才会起作用。"如果超过这个限度，价格就会涨。这一点是正确的，也是值得我们关注的一点。当然，我们同意货币的收紧不能通过创造新的购买力来消除，或者说只有在货币的收紧是对货币问题的恐慌时，才可能通过创造新的购买力来进行消除。

3　首先，市场中前期生产者购买其他生产者的物品的购买力会被压缩，然后对消费品具有需求的人没有从企业家的需求所引起的货币收入的增加中分享到任何的利益。这可以解释繁荣时期价格的上涨。如果我没有弄错的话，是冯·米塞斯把这个过程概括为"强迫储蓄"。

上来说，没有任何商品，甚至没有任何新的商品会与这种新创造出来的购买力相对应。只有以先前已经存在的购买力作为代价，才能有这种新创造出来的购买力的容身之地。

以上解释了购买力的创造是以怎样的方式起作用的。读者可以看出其中没有任何非逻辑或神秘的东西[1]。信用工具的外在形式是毫不相关的，这从没有保证的银行券来进行说明最清楚不过了。但是，那种不能代替现存的货币，并且不是建立在已经生产出来的商品基础上的票据，如果它们在实际中也在参与流通，那么它们和这些无担保的银行券就具有相同的特征。当然，这里说的不是指企业家用它来偿付其对贷款人债务的票据，或者仅仅用它来进行贴现，而是指被用来对物品进行支付的票据。信用工具的其他所有形式，甚至银行账面上的简单信贷，也可以从相同的角度来进行考虑。如同容器中先前已经存在的气体的分子所占的空间会由于额外气流进入这个容器产生的挤压而缩小一样，新的购买力进入经济系统时，也会压缩旧的已经存在的购买力。当必要的价格变动结束时，任何给定商品都可以按照和旧的购买力进行交易的相同的条件来和新的购买力单位进行交换，不过现在的购买力单位比之前存在购买力单位要小，而且购买力在每个个人的分配上也发生了变化。

这可以被称为信用膨胀[2]。但是这种信用膨胀和以消费为目的的信用膨胀在本质上来说是不同的。在消费信用膨胀的情况下，新的购买力与旧的购买力并存，价格上涨，物品被抽离出来，信贷获得者或从信贷获得者偿还贷款获得收入的人从消费信用膨胀的过程中受益。然后，这种过程会停止：抽离出来的物品被消费掉，创造出来的支付手段仍然在流通，信贷必须不断地更新，价格会持续上涨。此时可能会用正常的收入流，比如税收的增加，来偿还贷款。但这里有一个新的特殊的方式（通货紧缩[3]）能够以人们所熟知的方式重新构建货币体系的健康，除了它，没有其他的方式能够让货币体系回到以前的状态。

然而，在我们的例子中，这种过程依然会向前发展。企业家不仅一定会依

1　也可以参阅A.汗恩写的《信贷》一文，载《政治学袖珍辞典》。

2　指银行信用提供的货币量超过商品流通中货币需要量而产生通货膨胀的一种经济现象。通常是由于金融机构放款的增长速度超过经济增长速度，企业贷款不能如期归还以致影响资金回笼，以及国家财政赤字需以银行透支来弥补等原因造成。——译者注

3　通货紧缩（deflation）：当市场上流通货币减少，人民的货币所得减少，购买力下降，影响物价之下跌，造成通货紧缩。长期的货币紧缩会抑制投资与生产，导致失业率升高及经济衰退。对于其概念的理解，仍然存在争议。——译者注

法偿还银行家货币，而且在经济上，他还会把生产出来的产品归还到商品的储存地，商品的数量会与他所借的生产资料的价值相等；或者，像我们已经表述的那样，他最终会履行能够借此从社会产品流动中获得产品的条件。在我们的概念中，当企业家完成了其经营活动之后，就会处于这样的时期：在这个时期的终点，他的产品已经在市场上，他所用的生产性物品已经全部用完，如果所有的事情都是按照预期发生，那么他就会以他生产出来的这些物品增加社会的流转物品，他生产出来的这些物品的价格会高于他所获得的信贷额，也会高于他直接和间接用到的产品的总价格。因此，货币和商品流转之间不仅达到了均衡，还有结余，信用膨胀不仅得到了消除，还存有余，对价格的影响不仅得到了弥补，也存有余，因此，可以说，在这种情况下，根本不存在信用膨胀——倒不如说信用紧缩——只不过购买力和与其相适应的商品不同时出现，这样就暂时造成了膨胀的假象。

进一步说，企业家现在可以偿还他欠银行的债务（贷款额加上利息），在这之后，企业家仍然会保留有一定的信贷余额（等于企业家的利润），这是从循环流动过程的购买力基金中抽取出来的。只有利润和利息还仍然保留在循环流动的过程之中，而初始的银行贷款已经不存在了，所以紧缩政策本身造成的影响，在新的更大的企业没有继续被资金支持的情况下，会比刚才说的要严重得多。在实际中有两个原因可以阻止新创造的购买力迅速消失：首先，大多数企业不会在一个经济周期就结束生产，而在大多数情况下，这些企业要持续经营很多年。事情的本质没有因此而改变，但是新创造的购买力将会在流通中存在很长时间，信贷票据到了规定的"偿还"日期往往采取"延期"的方式。在这种情况下，从经济上来说没有信贷偿还，而是对企业的偿债能力进行定期的检查。经济上来说，这种情况应该被称为"申请审核"，而不是"申请支付"，无论应该偿还的是银行票据还是个人贷款。其次，如果一家生产周期长的企业是利用短期信贷融资的，那每一个企业家和每个银行都会以明显的理由尽快把这种短期的信贷变成更长久一些的信贷，在个人情况下，如果可以完全越过短期信贷这个阶段，那借贷双方都会把这看成是取得了一项成就。实际上，这和用已经存在的购买力来代替新创造出来的购买力是大体上一致的。在已经进行了充分的发展并积累了购买力储备的情况下，通常是而且的确是分两个步骤进行的。我们的理论已经说明了购买力储备的原因，这些原因和我们的理论并不冲突。

第一，发行股票或债券，并将它们的发行数额计入企业的贷方，这就意味着银行资源实际上仍然在对企业进行资金支持。然后这些债券和股票被卖掉，并由购买者用现存的购买力或储备基金或存款来逐步地进行支付，当然通常不是立即进行支付，而只是在往来账上记录认购者的名字。这样，股票和债券就被社会的储蓄吸收了。信用工具的赎回就是这样完成的，并被现存的货币所替代。但这不是企业家对其贷款的最后偿还，他们还是要用商品进行偿还的。即使在这种情况下，商品的偿还也会出现得稍微晚一点。

第二，还有另外的一个事实在阻止新的购买力的立即消失。只有在最后取得胜利，信用工具才可能会消失，而且这一趋势是自发的。即使信用工具不会消失，那它对个人或社会的经济也不会有什么干扰，因为商品已经生产出来并与新的购买力保持平衡，而且它是新购买力的唯一真正重要的"保证"，这恰好是消费信贷的情况下所没有的。生产过程借助信贷展期的帮助周而复始地进行，尽管这些进行周而复始生产的企业已经不是我们通常意义所说的"新企业"了。因此，信用工具不仅对价格没有进一步深入的影响，甚至失去了它们之前产生的影响。的确，这是银行信贷进入循环流动的生产过程所用的最重要的方式，直到这种信贷在循环流动过程中的作用得到确立，才有必要为了认清信贷的本源并不在循环流动的过程中进行努力的分析，如果情况不是这样，那么公认的理论不仅是错误的——任何情况下都是如此——而且是不容宽恕和不可理解的。

如果提供信贷的可能性不受现存的流动资源数量的限制，这种流动资源的数量是独立于以提供信贷为目的而创造的，也不受现存物品数量（限制的或总量）的限制，那么这种提供信贷的可能性受什么限制呢？

从实际来说，我们假定有一个自由金本位标准，也就是可以根据需求从银行兑换黄金，必须以法定价格购买黄金，黄金可以自由出口。我们还假定有一个以发行钞票的中央银行为中心的银行体系，但除此之外没有其他阻碍银行业务发展的障碍和条款——比如，对中央银行没有钞票发行准备金之类的规定，对其他银行也没有存款准备金之类的规定。我们的这些假定是一种主要的情况，对它的假定可以很容易地应用到其他的情况中。那么，每一次新的购买力的创造都会出现在相应数量的商品出现之前，这样就会产生一种趋势，即这样会把包含金币在内的黄金的价值抬高到单位货币的价值之上。这将导致流通中的黄金数量的减少，因为银行会要求将支付手段兑换成黄金，首先会要求银行券兑换成黄金，然后其他直接或间接的支付手段都会要求进行兑换，这些现象发生的意义、目的和原因都与我们所描述的有所不同。如果银行系统的偿付能力不具有危险性，那么银行用一定的方式发放的信贷所引起的通胀只是暂时的，而且始终保持比较温和的强度。但是，只有在新创造的购买力所对应的商品在合适的时机进入市场的时候，银行发放信贷所引起的通胀才只是暂时的；如果生产失败，这些商品不能进入到市场中，或者由于生产周期太长，这些商品只能在较长时间之后才能进入到市场中，那银行家会利用从循环流动的过程中抽取出的购买力进行干预，比如用别人的存款进行干预。因此，有必要维持一定的准备金，它对中央银行和其他银行起着制动作用。和银行的这种情况相对立的一种情况是：所有提供的信贷在日常的交易中都会转化为很小的数额，而为了进行交易，必须把它们兑换成硬币或小面额的政府货币，至少在大多数国家情况是如此的，这种小面额的政府货币是不能通过银行创造出来的。最后，信贷的膨胀必然首先引起黄金的外流——因此会带来无力偿还的风险。但是也有可能所有国家的银行同时进行信贷扩张，而有时实际情况确实如此。因此，即使我们不能在假设的情况下对创造购买力的限度如同商品生产的限度那样准确地进行表述，即使这种限度会根据人们的心理状态及一国法律等方面而发生变化，我们也还可以说，任何时候都存在这样一种限度，而且也能够说明是什么环境在正常地维持这些限度。它的存在既不排除我们所说的购买力的创造，也不改变它的重要性。不过，尽管这个限度是一个比较确定的量度，但是信贷量在任何时候都具有一定的弹性。

以上的分析比较粗浅地回答了我们所提的基本问题，就像把金本位制[1]下汇率的确定这样的问题粗浅地回答为它必然处于黄金输送点之间一样。然而，就像我们看待金本位制下汇率问题的本质一样，如果我们忽略其中的黄金机制而去关注"商品输送点"，就能够看到汇率问题的本质。同样的道理，如果我们考虑的是一个纸币本位[2]的国家，或者是一个只有银行支付手段的国家，那我们对购买力的创造虽然是具有弹性的，但是也是确定的，这样的一个事实就有了基本的解释。由于国家之间的贸易没有什么根本上新的东西，我们把对这种情况的分析留给读者去做。于是，我们可以说创造购买力的限度是由下面的条件产生的：给新企业提供的信贷膨胀应该只是暂时的，或者说根本不应该存在像物价水平持续上涨那

1　金本位制就是以黄金为本位币的货币制度。在金本位制下，或每单位的货币价值等同于若干重量的黄金（即货币含金量）；当不同国家使用金本位时，国家之间的汇率由它们各自货币的含金量之比——金平价（Gold Parity）来决定。——译者注

2　纸币本位制，亦称"自由本位制"。以国家发行的纸币作为本位货币的一种货币制度。由于发行纸币是国家的特权，在中央银行国有化之后，国家便委托中央银行发行纸币。中央银行发行纸币的方式是通过信贷程序进行的，所以纸币实际上是一种信用货币。——译者注

样的信贷膨胀。正常的维持这些限度的制动器是这样的事实，即面对企业家对银行信贷的迫切追求，任何其他的行动都会导致银行的损失。如果企业家不能够生产出至少与贷款额和利息的价值相等的商品，银行的损失就会经常发生。只有企业家成功生产了这些产品，银行的经营才是成功的——然而也只有此时才不会出现我们前面所说的通货膨胀[1]，也不会越过我们上面所说的限度。在各自情况下决定可能创造的购买力数量的规则就是来源于我们上面所说的情况。

只有在另外一种情况下，银行才会引发通货膨胀，并随意决定价格水平。这种情况就是：银行解除以黄金作为偿付手段的义务，暂停了兑换国家货币的职责。也只有在这种情况下，银行引发通货膨胀和随意决定价格水平才不仅没有损失，反而还有收益，也就是说，如果银行通过进一步创造新的流通媒介，使不佳的偿还状况转好，或使消费因信贷的提供真正得到满足，它就会把新的信用支付手段注入循环流动的过程。通常，没有任何一家企业能独立做到这一点。因为尽管它创造的新的信用支付手段不会对价格水平有显著的影响，但不佳的偿债能力没有得到改善，而消费信贷，也会由于银行的债务人不能在期限内用他的收入偿还债务而变得糟糕。但如果所有的银行一起行动，就可能会实现。在我们的假设下，这些银行可以一起继续发放新的信贷，并据此来影响价格，并使前面所说的不良的消费信贷变得良好。在某种程度上，在我们的这些条件之外，这种情况也可能会发生，这也是实际中为什么需要专门的法律限制和安全阀门的主要原因。

上面所分析的最后一点的确是不言自明的。正像国家在某种情况下不需要任何限制就可以印发钞票一样，如果国家把印发钞票的权利交给银行，让银行按照自己的利益和目的去做，那么银行也可以在没有任何限制的情况下印发钞票，而且常识也不会阻止银行这样做。但是，这与我们所讨论的问题没有关系，也就是说，我们所讨论的问题是在现存的价格水平下为了执行可以获利的新组合而提供信贷和创造购买力[2]——因此，一般意义上来说，这与创造企业家购买力的意义、本质和来源没什么关系。我反复强调这一点，是因为关于银行创造流通媒介的无限权力这个论点，在经过反复的引用之后，不仅失去了证实的必要性，而且也脱

1　通货膨胀（Inflation）指在纸币流通条件下，因货币供给大于货币实际需求，也即现实购买力大于产出供给，导致货币贬值，而引起的一段时间内物价持续而普遍地上涨现象。纸币、含金量低的铸币、信用货币，过度发行都会导致通胀。——译者注

2　我们的理论曾被解释为，信贷的创造通过提高价格使新的生产组合得以执行并获利，否则不会获利。这种解释并不是我们的本意。

离了这一论点的主旨[1]，结果变成了受攻击的对象，变成了拒绝接受新的信贷理论的借口。

资　本

现在是我们对一个早就等待着被证明，并且所有的工商业者都熟悉的论点发表意见的时候了。在一个经济组织形式中，如果新的生产所必需的物品是通过新创造的购买力的干预使这些物品从原来循环系统中的位置抽离出来，那么这种经济组织形式就是资本主义经济；而在另外一种经济组织形式中，新的生产所必需的物品是通过一种命令的权力或有关方面的协议来获得的，那么这种经济组织形式就是非资本主义的。资本，无非是一种杠杆，通过它企业家就可以控制他所需要的具体的物品；资本，不过是把生产要素转用于新的用途的一种手段，或者是引向一个新的生产方向的手段。这是资本的唯一职能，通过这个职能，资本在经济组织中的地位就被完全表现出来了。

资本既然是一种杠杆，那么这种杠杆是什么？控制的手段是什么呢？它肯定不包括任何确定的商品种类，也不是由现存的物品供应的一部分组成。通常人们认为，我们会在生产中碰到资本，而且资本在生产过程中以一种方式或其他的方式发挥作用。因此，在我们所说的执行新组合的生产过程之中，我们一定可以在某个地方看到资本在起着作用。现在，从企业家的视角看，假设他所需要的物品都处于相同的地位。他所需要的自然力、人力、机器、原材料都处于同一位置，都具有相同的意义，并且无法把其中的一种需要从另外的需要中区别出来。当然，这并不是说这些物品之间没有任何相关的区别。相反，这些物品之间肯定有差别，即使这些物品的重要性过去是，现在仍然是被理论家所高估。但有一点是很清楚的，那就是企业家对这些种类的物品所采取的行动都是相同的：无论是工具，还是劳动或土地，他都是用货币购买这些物品，购买所需的货币他都是计算过的，或者他是需要对这些货币支付利息的。还有一点是不重要的，那就是企业家是像刚开始创业时那样仅仅购买土地和劳动，还是他也会获得已经存在的中间产品，而不是自己生产它们。最后，如果他获得消费品，那么情况也不会有根本性的不同。尽管如此，似乎消费品是最有要求权的，最应该被重点强调的，尤其

1　参阅汗恩写的另一篇非常好的文章《信贷》。与他的表述相反，我认为正确的表述应该是：尽管新的购买力的数量没有受到现实商品的支持，但是在未来商品的支持和限制下，新的购买力的数量还是可能被创造出来的。另外，我所说的现实商品是用现在的价格来计算的。

是如果人们接受这样的理论，即从比较狭窄的意义上来说，企业家"预付"消费品给生产工具的所有者。在这样的例子中，消费品与其他的物品是不同的；消费品扮演着特殊的角色，这也正是我们赋予资本的作用。由此可以看出，企业家用生产性服务来交换消费品。因此，我们不得不说资本包含着消费品——这种可能性已经被我们的论述解决了。

除了上面的论述之外，没有任何的理由对企业家购买的所有物品进行某种类型的区分了，也没有任何的理由把这些物品的任何一类包含在资本之中。把资本定义为包含所有的物品，这种定义是每个经济组织共有的，不能作为资本主义经济组织所特有的特征，这是没有争议的。此外，如果一个商人被问起他的资本是由什么组成的，他会列举出这些物品中的任何一种类型，这也是不正确的。如果说起他的工厂，他会把工厂所占的土地也包括在内，如果他想要回答得更加完整，那他也不会忘记他的流动资本，这些流动资本是直接或间接购买劳动力的。

然而，一个企业的资本也不是所有服务于企业目的的产品的综合。因为资本面对的是商品的世界。资本用来购买商品——"资本被投资于商品"——但这个事实意味着资本的职能和利用它购买到的商品的职能是不同的。商品的职能包括利用它自身的技术特性来服务于相应的生产目的。资本的职能在于为企业家获取他想要在生产中利用的工具和手段。在交换经济中，资本作为第三种要素，处于资本家和商品的世界之间，它为这两者之间的沟通架起了桥梁。它不直接参与生产，它本身也不是"工作对象"；相反，它承担着一项在技术性的生产活动开始之前必须完成的任务。

企业家在考虑购买具体的物品之前，必须拥有资本。在某个时期，当企业家已经拥有了必要的资本，但是还没有生产商品时，此时我们就能比在之前的分析中更清楚地看到资本并不是与具体的物品相同的某种东西，而是一种独立的要素。资本的唯一目的，也就是企业家需要资本的唯一原因——我们求助于客观事实——是把资本作为购买生产性物品的一种基金。进一步说，只要这种购买活动还没有进行，那资本就绝对和任何确定的物品没有任何联系。当然，资本还是会存在——谁能否认这点呢？——但是资本的特征品质就是它不会作为某类具体的物品，也不能在技术上当作物品来使用，而是作为在技术的意义上提供生产所必须的物品的一种手段。但是当用资本来进行的购买完成之后，企业家的资本是否就包括具体的物品——购买到的各种土地和工具，即仍然是由这些具体的物品构成了资本呢？如果有人对魁奈[1]说："当你走过一些农场和工厂后……你就会看见一些房屋、牲畜、农业种子、原材料、家具以及各种各样的工具。"——从我们的观点看，在此之上，还应该加上：土地和劳动的服务以及消费品——这些难道还不能证明购买完成之后的情况么？此时，资本已经完成了我们所总结的它的职能。我们假定，如果必需的生产资料和劳动的服务已经用资本买来，那企业家就不拥有对资本的处置权了。他为了生产资料已经把资本用完了，资本也已经被包括进了收入中。按照传统的观点，他的资本现在是由他购买到的这些物品组成的。这种理解的前提其实是它忽略了在获取物品过程中资本所发挥的作用，而以一个不真实的假说取代之，即企业家所需要的物品是借来的。如果人们没有这样理解，并且如果按照事实来区分生产资料和用来购买生产资料的基金，那么毫无疑问，这些基金就是人们习惯上称为资本的东西，也是我们理解中资本主义现象的标志的东西。如果这种理解是正确的，那么就进一步更加清楚地知道企业家已经不再拥有这个基金，因为他已经用这个基金来进行了支付，而基金的一部分落到了生产资料的出售者手中，这与面包师出售面包所获得收入相比，本质上没有什么区别。几乎时刻都能碰到把购买来的生产资料说成是"资本"的说法，这种说法与另一种关于资本"体现于商品之中"的说法是类似的，这两种说法什么都解释不了，更不能说明任何问题。如果说煤"体现于"铁轨中，因为在某种意义上可以认为是煤的使用导致了铁轨的产生，那么在这样的意义上，认为资本"体现于商品之中"的说法就是正确的。但这样一来，那不就是说资本家用资本进行了支付之后，仍然拥有资本吗？由于煤不能再从铁轨中抽离出来，难道资本家也不能把资本从他的"投资中""抽离"出来吗？我相信这些问题可以得到满意的回答，那就是：不，企业家已经支出了他的资本。作为对支出资本的回报，他得到了物品，这些物品不能再作为资本使用，也就是不能作为可以用来购买其他物品的基金，而只能用于技术方面的生产。但是，如果企业家改变了他的想法，而希望把这些物品转手，那通常会有愿意购买这些物品的其他人——于是，企业家就可以获得多于或者少于以前资本数量的资本。根据这个观点，他的生产资料不仅可以作为生活资料使用，还能间接作为资本——只要企业家能用它们首先获得购买力，然后再获得其他的生产资料——如果企业家笼统地称这些生产资料为资本，那是正确的。实际上，这些生产资料是在他完成生产之前，如果还需要

1　弗朗斯瓦·魁奈（Francois Quesnay，1694—1774年），资产阶级古典政治经济学奠基人之一，法国重农学派的创始人和重要代表。为他用抽象的图式提出了它对经济体系的分析，从而说明生产和消费过程中的商品流通。——译者注

购买力的情况下，他能支配的用来购买生产力的唯一来源。我们将会为这种解释提供其他的理由。现在第二个问题也有了答复：企业家可以通过出售他的产成品来重新获得资本。当然他获得的资本与原来的资本相比，不论从形式上还是数量上来说，可能都是不一样的。"抽离他的资本"这种形象的表述虽然只是一种比拟，但是也是有合理的意义的。这与我们的解释并不矛盾。

如果资本既不是由某种确定的商品构成，也不是由普遍的商品构成，那么资本究竟是什么呢？此时，答案是非常明显的：资本是一笔购买力基金。只有作为购买力的基金，资本才能履行它的基本职能，这种职能是资本在实际中必须具有的，也是能够体现资本概念在理论中的用处的。资本不能仅靠列举的商品的种类来代替。

问题现在上升为这种购买力基金到底是由什么构成的。这个问题看起来非常简单。我的购买力基金是由什么组成的呢？为什么它是由货币以及其他可以用货币计量的资产组成的呢？对这个问题的回答可以把我们带到门格尔[1]关于资本的概念中。当然，我很多次都称其为"我的资本"。此外，把资本作为一种"基金"而不是收入的"流"也是没有任何困难的，所以我们在这里向欧文·费希尔[2]的方向又前进了一步。我们可以再次这样说，运用这笔资金我可以创造一家企业，或者把它借给某个企业家。

这个观点初看起来似乎很令人满意，但不幸的是它并非十分全面。如果说我仅凭这笔资金就能步入企业家的行列，那这是不正确的。如果我能得到一张可以用来支付的票据，那么我也可以用它来购买相同数额的生产品。人们此时也许会说我只是因此而承担了一项债务，而没有增加我的资本。人们甚至还会说用这张票据"购买"的物品只不过是借给我的。现在让我们仔细研究一下这个问题。如果我的生产成功了，那么我就能用钱或等价的东西来补偿这张票据，这些用来偿还的钱或等值的东西不是来自于我的资本，而是来自于我产品的收益。这样，我就增加了我的资本，如果有人不同意这样的说法，我还可以说我获得了与增加的资本等额的服务的增加，这种服务不会增加未来可能导致我的资本减少的负债。可能还会有人反对，认为如果我没有必须要偿还的债务，那么我的资本本来就应

1　卡尔·门格尔（Carl Menger, 1840—1921年），奥地利著名经济学家。19世纪70年代那场开启了新古典经济学序幕的"边际革命"的三大发起者之一，经济科学中的奥地利学派当之无愧的开山鼻祖。——译者注

2　欧文·费希尔（Irving Fisher, 1867—1947年），美国经济学家。费希尔认为，可以通过挑选商品编制指数，然后让黄金价值与指数的物价水平反向变化，使美元的购买力维持稳定。同时，他提议银行必须维持与账户存款等额的资金储备，即"100%货币体制"计划。他后来利用统计学的研究改进了商品价格指数。——译者注

该要增加。但是，这些债务是用收益来进行偿还的，如果这些收益毫发无损地全部归我所有，那么这是否会导致我的资本增加也是未知的。如果我用这个所得去购买消费品，那么这种情况和把它描述成资本一部分的情况是完全相反的。如果说资本的职能仅仅在于保证资本家对生产品的控制的说法是正确的，那么我们就不能回避通过创造票据使我的资产增加这个结论。如果读者还记得之前的论述，那么把这些论述和后面的这些论述结合起来，就会发现我们的结论会失去很多似是而非的表象。我没有通过创造票据而变得更加富有，这是正确的。然而，"财富"一词可能会使我们考虑这个问题的另外一面。

但是，仅凭货币形式，就把我们所谓非货币形态的财富冠以资本的性质，这是不正确的。如果一个人拥有某种商品，那么他不可能通过直接交换的方式得到他所需要的生活品。相反，这个人总是不得不把他所拥有的物品卖掉，然后把出售所得的收入当作资本，用这些收入再去获取他所需要的生活品。实际上，我们所考虑的概念也认识到了这一点，因为它强调了任何人所拥有的物品的货币价值。如果某人把自己所拥有的商品看作资本，很容易可以看出这只是简略形象的表述方法。这种说法对于已经购买到的生产资料也是适用的。

目前为止，我们的定义与门格尔以及其他相关的概念相比，一方面要宽泛些，一方面又狭窄些。只有支付手段才是资本，不仅包括"货币"，还包括其他普遍意义的流通媒介，不论这些媒介属于什么类型；然而，并不是所有的支付手段都是资本，只有能够完成我们所说的那些独特职能的支付手段才是资本。

这种限定取决于事物的本质。如果支付手段不是为企业家获得生产品提供服务，并为这个目的把生产品从它之前的用途中抽离出来，那么这种支付手段就不是资本。在一个没有发展的经济系统中，是没有"资本"的；或者换一种表述方式，资本没有完成它独特的职能，它就不是独立的要素。或者再用其他的表述方式，一般购买力的各种形式仅仅是交换媒介，是为执行通常的交换而形成的技术手段，在这里，它们并不构成资本，这就是它们在循环流通的体系中所起的全部作用，除了这种作为技术手段的技术性的作用之外，它们根本起不到任何的作用，因此忽略它们不会影响对事物的根本了解。然而，在执行新组合的过程中，货币和它的替代品变成了一种基本的要素，我们称它们为资本。因此，根据我们的观点，资本是一个发展的概念，在循环流动的过程中，没有与资本相对应的东西。这一概念体现了经济过程的一个方面，只有发展的事实才让我们认识到了这个方面。我们之所以把读者的注意力吸引到这个论述上面，是因为它对理解我们这里谈到的观点很有帮助。如果一个人在谈到资本时指的是这个词在实际生活中的含义，那么他对经济过程或事情的某些方面考虑得就不是很充分，也就是对企业家活动的可能性，对生产手段控制的可能性考虑不是很充分。对资本的很多概念来说，这些方面是具有共性的，为了解释这些概念，人们进行了种种的努力，在我看来，这就表明了这一概念具有"千变万化"的特征。由此看来，没有任何东西因为其内在的特征而绝对地是资本，那些被指定为资本的东西，仅仅是因为它满足了某些特定的条件，或者只是从特定的观点来看的。

因此，我们把资本定义为任何时刻都能够转移给资本家使用的支付手段的总金额。当从均衡状态的循环流动的经济中开始发展时，根据我们的论述，资本总量中只有很少一部分是由货币构成的；相反，它应该会包括新的为发展而创造的支付手段。如果发展在运转中，或者资本主义的发展与其他非资本主义的过渡在形式上结合在一起，发展将从积累的流动资源的供应开始。但是在严格的理论中，发展并不是这样的。甚至在实际中，真正重要的一些东西在首次实施时就被其他的作用复制出来，这通常也是不可能做到的。

资本是交换经济的一个要素。从资本的方面来看交换经济的一个过程，就是把生产工具转移给企业家。因此，在我们所理解的意义上，确实只有私人资本没有"社会"资本。支付手段只有在私人手里才能发挥他们作为资本的作用。因此，谈论社会资本是没有任何意义的。不过，私人资本的数量还告诉我们一些事情：它为企业家提供了可用于支配的购买力基金的数量，以及把生产资料从它们之前的用途中抽离出来的力量大小。尽管在共产主义经济中也不存在社会资本，但社会资本也不是没有任何意义的[1]。当人们谈论社会资本时，他们考虑的是一个国家商品储存量的大部分，而只有真实资本的概念才能引导出社会资本的概念。

货币市场

我们还要继续前进一步。资本既不是生产资料的全部，也不是其中的一部分——无论生产资料是原始的，还是生产出来的。资本也不是消费品的存量，它是一种特殊的要素。资本必定存在一个市场，就如同理论上来说，消费品和生产品都存在有相应的市场。如同理论上的消费品市场和生产品市场这两个市场一样，在实际中必定有类似的东西对应着这个资本市场。在第一章中我们看到，存

---

1 如果用每个时刻可以获得的生产品的数量来衡量每单位资本，那这种说法更是正确的。如果有人这么做了，他可以称之为"真实的"资本——但这只是在比喻性的含义上来说的。

在着劳动和土地的服务以及消费品的市场，在市场中，所有循环流动的经济中所必需的任何东西都具备，而生产出来的生产资料属于暂时的项目，所以没有独立的市场。发展把资本这种新的要素引入到经济过程中，这里必定存在第三种市场，也就是资本市场，这个市场会发生一些有趣的事情。

这个市场的确是存在的：现实生活直接向我们展示了这个市场，比展示土地和劳动的服务以及消费品市场要直接得多。这个市场比其他的两个市场要更加集中，组织得更加好，也更容易观察。这就是商人们所称的货币市场，报纸每天在这个标题下报道着这个市场的情况。从我们的观点来看，这个名字不能完全让人满意：因为它平时交易的不仅是货币，因此，有时我们会部分地支持并加入反对这个概念的经济学家的行列。但是，我们接受这样的名字。在任何情况下，资本市场和实际中所描述的货币市场的现象是一样的，再没有其他任何的资本市场了[1]。如果要对货币市场理论写提纲式的概要，那将是一项具有吸引力且很有益处的工作。但是，目前还没有这样的著作[2]。收集并检验那些在实际中决定人们的决策和在特殊情况下帮助人们进行判断的经验规律的理论意义，是特别有趣且有益的事情。这些规律的大部分都被严格地规范化，并引导着每一位撰写关于货币市场文章的专家。尽管对这些实际规律的学习能够引导人们更深入地理解现代经济生活，但是这些对经济进行预测的实际规律，至今还是严重地偏离了理论。我们不能在此对这个问题进行研究。我们只会说于我们的目的而言是必需的东西，这一点无需过多的语言表示。

在没有增长的经济中，就不会有货币市场。如果货币市场高度组织化，并且它的交易是通过信用支付手段来完成的，那么它就会有一个中央结算机构，也就是经济系统的票据交换所或登记中心。经济系统中发生的所有事情都会在这些机构的交易中反映出来，例如，工资和税收的定期支付，搬运货物和休假等产生的需求。但这些只是会计核算上的事情。而现在，如果具有增长，这些功能将会得到充分发挥。另外，由于增长，那些经常处于闲置的购买力就会得到利用。最后，正如我们所强调的那样，由于增长，银行信贷才能渗入到循环流动过程的交易中。所以，在实践中，正是这些构成了货币市场职能的基本要素，并成为货币市场有机体的一部分。所以一方面循环流动过程中的需要被加入到企业家在货币

1　对于斯皮托夫的观点，赞同最多的是他把资本市场看作长期购买力的市场，把货币市场看作获取短期贷款的市场，并对这两个市场进行了区分。但是，购买力在这两个市场都是商品。

2　参阅汗恩的《货币市场理论》，刊登在《社会科学和社会政策文献》杂志（1923年），德文。

市场中的需求中，另一方面循环流动过程中的货币增加了货币市场中的货币供应量。因此，在货币市场中我们能够感受到循环流动经济过程的变化脉动，税收到期，或在收获季节，我们就能看到购买力的需求在增加。而过了这些时期，购买力的供应就会增加。但是这不能阻止我们对在货币市场中属于循环流动的经济过程中的交易和其他的交易进行区分。只有增长才是根本，而循环流动过程中的交易出现在货币市场中只是经济增长的结果。所以那些把两者结合到一起的相互作用，并不能改变这样的事实，即这两者在实际中，在任何情况下都可以进行区分，在货币市场中，总是可以说出哪些是属于循环流动过程的，哪些是属于经济增长的。

事情的核心在于新企业的信贷需求。但是我们必须记住，为了使我们的说明简单扼要，国际关系对经济的影响和非经济因素的干扰都被我们忽略了，而国际关系是每个经济系统都具有的，非经济因素的干扰也是每个经济系统必须要面对的。所以国家收支平衡、贵金属贸易等现象，我们都没有涉及。在这些条件下，货币市场只会发生一件根本性的事情，其他所有事情都是从属于它的：在需求一方出现了企业家，供给一方出现了购买力的生产者和交易者，比如银行家，生产者和交易者都有他们各自的代理人和中间人。他们之间所发生的事情只是用现在的购买力来交换未来的购买力。双方每天对价格的争论，决定了新组合的命运。在这种价格的争论中，未来的价值系统首先以实际的、可触摸的形式出现，并且与给定的经济系统的条件相适应。如果认为新企业想要的是长期信贷，而短期信贷的价格与这些新的企业没有关系，这种想法是错误的。相反，在每一时刻，整个经济形式对短期信贷的价格是最清楚的。企业家没有必要把他在整个生产时期所需要的贷款全部都借来，而是随着需要来进行贷款，并且常常是每天都会进行贷款。此外，投机者经常用这些短期信贷来购买股票，尤其是新企业的股票，这些短期信贷今天可能能办成，明天可能会被拒绝。我们可以通过每天的观察来查明工业所需的信贷是如何被提出来的，也能弄清楚银行又是怎样有时支持和鼓励这种信贷，有时又对这种信贷需求进行抑制的。尽管在其他的市场中，需求和供应表现出某种程度的稳定性，即使在经济增长中也是如此，但是在信贷过程中，每天都会发生令人惊奇的比较大的波动。我们将用货币市场的特殊职能来对此进行解释。经济系统中所有对未来的计划和展望都会对货币市场产生影响，这些影响的条件包括国民经济的所有条件，所有政治的、经济的和自然的事件等。几乎没有什么新闻不会影响着新组合的执行、货币市场的形式以及企业家的意见和目的。未来的价值体系必须适应每一种新的情况。当然，这不仅受到购买力价格变动的影响，也会受到个人行动的影响，或者受到其他方面的影响。但是没有必要对这个人们都知道的细节进行进一步的探讨。

货币市场是也总是资本主义体系的指挥部，命令从这里下达到每一个部门，而这里所争论和决定的问题实质上关系着未来进一步的发展。各种对信贷的需求都到达这个市场；所有种类的经济项目首先会彼此发生关系，并为各自的实现进行着相互竞争；各种购买力和资金余额都会流到这里出售。这会产生一系列的套利行为和间接牟利的行为，这些行为很可能会掩盖根本性的事物。不过，我相信这些不会给我们的概念带来矛盾。

因此，货币或资本市场的主要职能是通过信贷交易的方式为发展筹措资金。经济增长创造了这个市场，并滋养着这个市场。在经济增长的过程中，货币市场被赋予第三种职能：它是收入来源的市场。我们将在以后讨论信贷的价格和长期或短期收益来源的关系。这种收益来源的出售代表着获取资本的一种方法，而它们的购买则代表了一种利用资本的方式，因此，很难把收益的来源从货币市场中分离出去，这是很清楚的事实。土地交易也属于这种情况，只不过由于技术的原因，使土地交易在实际上看不属于货币市场交易的一部分；但是货币市场和土地市场之间并不缺少必要的因果关系。

第四章

企业家利润[1]

前三章为接下来各章的分析奠定了基础。作为前三章研究的首次成果，我们现在可以对企业家的利润进行分析解释了，为了使本章的分析简单易懂，我宁愿把本来应该属于本章的一些非常难懂的讨论放在下一章，在那里，所有的复杂纠结的问题可以作为整体加以讨论。

企业家利润是超过成本的剩余。从企业家的角度来看，它是企业中收入与支出的差额，正如很多经济学家告诉我们的一样。这个定义虽然下得比较肤浅，但是足以作为我们讨论的起点。按照我们的理解，所谓的"支出"就是指企业家在生产中必须进行的直接或间接的支付。在此基础上，还必须加上企业家的劳动所应该得到的工资、企业家所拥有的土地的租金以及风险的保险金。另外，我也没有坚持认为资本的利息应该排除在这些成本之外。实际上，资本的利息应该包括在成本之内，无论这种利息的支付是以明显的方式，还是以工资的形式支付给企业家（如果资本是属于企业家自身），或者以土地租金的方式支付给企业家。这种看待资本利息的方式目前来说是足够的，特别是很多理论学家也是把资本的利息与工资和租金归于同一类。在本章，读者可以自行选择一种方式进行理解，或者按照我们的解释，忽略资本中利息的存在，或者按照任何一种利息理论来理解，承认它的存在，把这种利息作为收入的第三种"静态"分支，将它包括进企业的成本里。我们在这里的讨论不涉及这种利息收入的性质与起源。

根据上面的定义，关于是否存在超出成本的支出这一个问题是值得怀疑的。因此，我们的首要任务就是证明存在剩余。我们的解决办法可以简单表述如下：在循环流动的经济过程中，企业的总收入——不包括垄断收入——会足够大，以

1　最重要的利润理论可以用下面的这些词语来进行概述：摩擦理论、工资理论、风险理论、差额地租理论。在《本质》一书第三章我对这些理论进行了探讨，在这里不再对它们进行评论。关于利润的学说史，可以看皮尔斯托夫和玛塔亚的书。同时，在这里还要提到与我的理论很接近的克拉克的理论，参阅他的《经济理论基础》。

致可以和支出相抵消。在这种情况下，生产者既没有获得利润也没有遭受损失，他们的收入可以用"管理的工资"这个词来进行充分的特征表述。如果有"发展"，就必须要执行新的生产组合，这些新组合比旧组合具有优势，所以在这种情况下，新组合的总收入一定会大于它的总成本。

为了纪念第一个探讨我们正在讨论的问题的研究者劳德代尔[1]，我以生产过程的改进为起点，并用那个历时已久的动力织布机的例子，由于庞巴维克[2]对这个例子做了深入细致的分析，因此值得在经济领域继续引用它。如果说现代经济生活中绝大多数领导者的成就不属于这一类，那也可以说还有很多是属于这一类的，尤其是18、19世纪的新时代显示了人们朝着这一方向而进行的努力。在这个时代，我们确实能够发现生产改进的过程中有几个可以加以区分的要素，这些要素甚至比现在结合得更加紧密。比如像发明织布机的阿克赖特[3]一类的人，他们不仅发明了新东西，同时还能够把他们的发明用于实践之中。而他们当时并没有现代信贷体系可以利用。因此，我希望我已经为读者描述得足够多，从而可以用分析工具的最纯粹的形式来分析问题，而不需要做进一步的解释与重复。

事情按下面的方式在进展：一个经济系统中，如果纺织工业只用手工劳动来进行生产，就会存在建立新的利用动力织布机的企业的可能性，如果一个人看到了这种可能性，并觉得能够克服创建新企业过程中遇到的种种数不清的困难，然后他下定决心去做这件事情，那么他首先需要的就是购买力。他从银行借钱并以此来建立他的企业。无论是他自己来制造这些动力织布机，还是他让别的厂商按照他制定的规格来生产这些织布机并由他自己使用，这都完全无关紧要。假设一个工人使用织布机所能生产的数量是手工工人生产数量的6倍，那么显然，只要满足下面的三个条件，这家企业就能获得超过成本的剩余，即收入与成本之间的差额：第一，当新的供应出现的时候[4]，这种产品的价格不能下降，或者即使下降，也不能下降到这样的水平，即现在能够生产较大量产品的工人所带来的收益还不如以往使用手工劳动的工人所带来的收益；第二，动力织布机每天的成本要低于由于使用它而裁减的五个工人的工资，或者要低于可能的产品下跌的数额，

1　《对公共财富的性质与起源的探究》。当然，他的研究是以解释利息为目的的，这与我们的不同。

2　参阅庞巴维克的《资本与利息》，第7章，第3节。

3　理查德·阿克赖特（Richard Arkwright，1732—1792年）：英国棉纺工业的发明家和企业家，现代工厂体制的创立人。——译者注

4　为了保证我们对这一过程的总的概念的一致性并符合实际情况，在这里我们需要撇开劳德代尔的例子。

或者小于收入与一名工人的工资额之差；第三，第三个条件是对前面两个条件的补充。前面的两个条件包括照看织布机的工人的工资以及为获得织布机而支付的工资和地租。我们假定这些工资和地租的情况与企业家想出使用织布机之前的情况是相同的。如果他的需求较少，这种情况是完全可能的[1]。但如果他的需求不够小，那么劳动和土地服务的价格就会由于出现了新的需求而上升。其他的纺织企业刚开始会继续进行生产，这个企业所必要的生产资料也不会直接被削减，但是对整个纺织工业来说，这些生产资料一般是会被削减的，因为这些生产资料的价格上涨了。因此，企业家应该预算并估计到，在他出现之后，市场上生产品的价格会上涨，在他的估算中不仅要包括之前的工资和地租，还必须加上一个适当的数额，为此要减去的项目里就多了第三项。只有考虑了工资、地租和这个第三项的变化，而后收入超过支出时，企业家才能实现超过成本的剩余。

实际上，这三个条件已经被实现过无数次。这证实了超过成本的剩余存在的可能性[2]。但是，这三个条件不是总能够实现的，当企业家预见到这三个条件不能实现时，新企业就不会被建立了；如果企业家不能预见到这种情况，那么新企业就不会有剩余，甚至还会有赔本的风险。然而，如果条件都满足了，这个剩余实际上就是净利润。因为与原先的生产方法相比，利用同等的劳动和土地的服务，织布机能够生产出更多的物质产品；不过，在生产品和产品的价格保持不变的情况下，用原先的方法仍然能够继续进行生产而不会发生损失。更进一步地说，我们认为企业家只要付出代价，就可以获得织布机——我们忽略织布机取得专利的可能性，因为不考虑这个问题，将会使我们探讨的问题更加容易理解。这样，收入与支出之间就产生了差额，这种收入是由处于均衡的价格决定的，这个均衡的价格就是原来只使用手工劳动时的价格，也就是成本价格，而对支出而言，由于动力织布机所带来的每单位产品的支出会比其他企业要小。收入与支出的这个差额不会由于我们所说的企业家的出现而带来的供求方面价格的变化而消失。这一点是很清楚的，我们不需要对此做更严格的说明。

现在，我们来到本场戏剧的第二幕。使用新技术这样的魔法被识破了，新的企业由于诱人的利润而不断出现。整个行业的全面重新组合开始了，伴随而来的

---

1 这应该是完全自由竞争条件下的情况，关于这种情况必须满足下面的条件：没有一个厂商足够强大，以致它可以通过自己的供求行为影响价格。

2 必须注意，这种表达是对尚未被解释的现象真实性的求助和要求，也不是和很多生产力理论的代表著作中对利息事实的描述一样。对于其他观点，我们将在后面进一步论证。

是：产量增加，竞争加剧，生产技术落后的企业被淘汰，工人有可能被解雇等。这个过程，我们将在以后进行仔细的研究。在此，我们只对一件事情感兴趣，那就是这个行业重组过程的结果必然会导致一个新的均衡状态的产生，此时，成本规律又开始起作用，产品价格又等于体现在织布机中的劳动和土地的地租和工资，同时还应该加上为了使用织布机生产出新的产品而必须与织布机进行工作配合的劳动和土地的服务应该支付的工资和地租。在达到这个均衡状态之前，刺激人们生产越来越多产品的激励因素就不会消失，同时，在由于供给的增加而使产品的价格下降之前，这种激励因素也不会消失。

随着生产的继续，企业家以及他的追随者的剩余就会消失[1]，当然，不是立即消失，而是在一个或长或短的递减的时间段内逐渐消失[2]。不过，剩余还是实现了，在一定的条件下，这个剩余构成了一笔暂时的数额确定的净收益。现在的问题是，这个剩余落到了谁的手里了呢？显然，这个剩余是落到了把织布机引入到循环流动的经济过程中去的人手里了，而不是落到发明织布机的人手里，也不是落到织布机的制造者或使用者手里。那些按照订单生产织布机的人只能得到他们的成本价格，那些按照说明书使用织布机的人，首先需要花费很大的代价购买它，因而几乎得不到任何利润。利润将属于那些成功把织布机引入产业的人们，不管他们是否制造并使用织布机，也不管他们是否只是生产或者只是使用它们，这都无关紧要。在我们的例子中，首要的问题是使用，但这也不是问题的实质。通过建立新的企业，织布机才得以进入到产业中，不管创建新企业的目的是为了生产织布机还是使用织布机，还是两者都有。那么，我们所讨论的企业家为创建新企业做了什么贡献呢？只有他们的意志和行动：由于他们要么从其他人那里，要么从自己这里购买商品，因此他们不是以具体的商品作为贡献的；也不是以所拥有的用来购买织布机的购买力来做出贡献的，因为他们的购买力是从别人那里借来的，或者如果我们考虑他前期所获得的收入，那么购买力就是从自己这里借来的。那么，他们究竟做了什么呢？他们没有积累任何种类的物品，也没有创造任何原始的生产资料，而只是用与别人不同的、更恰当的、更有利的方式来使用现存的生产资料。他们是企业家，"实现了新的组合"。而他们的利润，也就是声誉，对此没有承担什么相应的义务，这就是企业家利润。

就像把织布机引入生产是把机器引入生产这种普遍性的事件中的一个特殊

1　参阅前面所说的庞巴维克的著作，第174页。

2　不过，为了使说明简单化，我们一般把这个过程限制在一个经济周期内。

案例一样，把机器引入生产也是最广泛意义上的生产过程的各种变化中的一个特殊案例，生产过程变革的目的是用更少的成本生产单位产品，从而在产品现有的价格和其新的成本之间形成一个差额。企业组织中的很多创新以及商业组合中的所有创新都可以归入这种情况。之前我们的论述适用于所有的情况。把织布机引入生产代表的是，把规模很大的制造企业引入一个原先没有这种企业的经济系统中。大企业与小企业相比，可以做出更恰当的生产安排，更好地利用生产要素；并且，还可以选择一个更加有利的地点。但是，引入大规模的企业也存在困难。从我们的假设出发，所有必要的条件都是不足的——工人，训练有素的职员，必要的市场条件。新企业的创立受到来自于社会和政治因素的无数的阻力的抵制。而不为人知的新机构本身，也需要具有特殊才能的人来创建。但是在这种情况下，如果有人能够具备取得成功的所有才能和资质，并能够获得必要的贷款，那么就能将更便宜的单位产品投放到市场上去；如果实现了我们所说的三个条件，他就能把取得的利润占为己有。但同时，他也为其他人树立了良好的榜样，照亮了道路，成为别人可以模仿的典范。起初是个别的人，之后是成群的人能够并且愿意模仿他。这样，再一次的改组过程就会发生，这次改组必定会造成这样的结果：当新的企业形式成为循环流转的一部分时，超过成本的剩余就会消失。但在此之前，一直可以获得利润。重申一次：这些人只不过是更加有效地利用了现有的商品，他们使新的组合得以实现，他们就是我们所说的企业家，他们的所得就是企业家利润。

商业组合方面的案例，我们可以选取这样的例子，即为了得到某种生产资料或原材料，选择一种新的更便宜的供应渠道。这个供应渠道之前并不存在于经济系统中，这个新的供应渠道的起源没有任何直接和间接的联系存在——比如，如果这个来源是在国外，那么就既不存在轮船之间的往来，也不存在与国外的通讯人员进行通讯。因此，进行这样的创新是很危险的，大部分的生产者是不可能做到的。但是，如果有人建立了一个企业来运用这样的新渠道，而且发展得很好，那么他生产出来的单位产品就具有更低的成本，然而在他生产的初始阶段，这些产品的价格是保持不变的，所以他能够获得利润。同样，除了意志和行动，他没有做出任何的贡献，他除了对现存的要素进行重新组合之外，没有做任何的事情。他同样也是企业家，他获得的利润就是企业家利润。企业家利润和企业家的职能会在随后到来的竞争的漩涡中消失。它就是属于选择新的贸易途径的一个案例。

与简单的改进生产过程相类似的例子，是用服务于相同或相似目的的生产品或消费品，代替另一种生产品或消费品，此时这些用于代替的生产品或消费品会更加便宜一些。具体的例子如下：在18世纪最后的25年里，存在着用棉花部分地代替羊毛的情况，还存在着用替代品进行所有的生产的情况。这些情况应该和刚才提到的情况采取完全一样的方式来对待。它们之间的区别只是程度上的不同，因为这种新产品肯定不会带来与之前生产的产品相同的价格。至于其他的方面，我们的论述也是完全适用的。同样，下面的这些情况也是无关紧要的：不论有关的个人是自己生产这些新的生产品或消费品，还是根据具体情况只是对这些生产品或消费品进行使用或处理，还是为了对这些生产品或消费品进行使用或处理而把它们从可能的现实的用途中抽离出来。同样，在这里，这些人也不会贡献商品和购买力，他们只是执行了新的组合而获得了相关的利润。因此，我们认为他们是企业家。同样，这些利润也不会持续很长时间。

创造一种能够充分地满足现存的需求和之前已经满足了的需求的新产品，与我们之前说的情况是有些不同的。生产被改进的乐器就是这样的一个例子。在这种情况下，获取利润的可能性取决于这样的事实，即这个较好的产品所卖的价格要超过其成本，这种新产品的成本在大多数情况下是比较高的。对于这种情况的存在，人们很容易理解。此外，把我们前面所论述的三个条件用到这种情况也是没有困难的，这可以留给读者自己去研究。如果更好的乐器被引进并生产出来，而且剩余是存在的，那么这个产业新的重组的趋向就会开始，这种重组最终将使成本规律重新起作用。因此，这里同样也存在着现存要素的新组合、企业家行为和企业家利润，尽管它们也不是永久存在的。修建铁路和开凿运河的例子代表了另外一种情况。铁路的修建和运河的开凿，一方面满足了某些需求，另一方面又降低了产品的单位成本，这两个方面和需求的极大增长是作为组合同时发生的。

寻找新的市场以图销售一种该市场所不熟悉也没有生产过的产品，是企业家利润的一个丰富来源，在更早时期，它曾经是一个非常持久的来源。原始时期的贸易利润就属于这一类，把玻璃珠卖给黑人部落就属于这样的一个例子。这种情况的本质是，购买者把这些新的产品视为自然或巨匠的杰作，并依此对这些新的产品的价值进行定价，所以这些新的产品的价格不是由生产成本决定的。因此，这些产品就能够以高于成本的价格出售，这些成本包括为了进行这项商业冒险，克服无数困难而产生的支出。最初，只有少数人能看到这种新的企业并经营它。当然，这也是一项企业家行为，执行了新的组合；同时产生了属于企业家的利润，当然，这种利润迟早是要消失的。现在，一种适当的组织会很快产生，但是贩卖玻璃珠子的买卖很快就不再产生利润了。

同时，上面的论述也包括生产一种全新的商品这样的情况。这种商品一开始必须强加给消费者，甚至可能是白给。随后，就会出现一系列的障碍。但是，当这些困难被克服，消费者喜欢上了这种商品之后，就会出现这样的情况：此时，商品价格的确定仅仅以直接的估值为基础，而不需要过多地考虑成本，这里所说的成本，基本上也是由之前必需的劳动和土地服务的价格构成的。因此，剩余会出现在成功的生产者手里，这些人所做出的贡献也只不过是意志与行动，他们只是执行现存生产要素的新组合，但他们同样是企业家，同时这里也会出现企业家利润。当新的商品成为循环流动过程的一部分，并且当它的价格与成本建立起正常的关系的时候，这些企业家的利润就又会消失。

这些例子向我们表明了作为执行新组合的结果的利润的性质，还向我们表明应该怎样去思考这个过程——从根本来说，就是利用现存的生产物品以新的生产方式进行生产。企业家并不是依靠储蓄来获取他需要的生产手段，他也不会在开始进行生产之前积累任何的商品。进一步讲，如果一家企业不是迅速地以一种确定的形式建立起来，而是慢慢地发展起来的，那么情况就和人们想象的没有什么不同。如果企业家的力气不是在一个项目上耗尽，而是继续进行同样的生产，那么他将继续进行新的变革，根据我们的定义，这些新的变革总会产生出新的企业，而他进行变革所需的工具，是从他过去的利润中抽离出来的。于是，过程就显得与众不同了，但是它们的本质是一样的。

如果一家新的企业与生产者之前的生产是具有联系的，是由生产者在相同的行业创造出来的，那么情况也是一样的。这不是常规情况，多数情况下，新企业是由新任务创建的，而老企业就变得不重要了。但是，即使在循环流动中，每年都会执行重复生产的人变成了企业家，这个过程的本质也不会发生任何的变化。事实是，在这种情况下，企业家本人已经有了全部或部分必需的生产资料，或者他已经能够用其企业现有的资源购买生产资料了，这不会改变他作为企业家的职能。当然，我们的概念不会在每一个细节方面都会与事实相适应。这个新的企业仍然会与其他的企业同时存在，这些其他的企业刚开始还会以传统的方式进行生产经营，而这个新的企业不一定会增加对生产资料的需求，也不一定会供应新的产品。不过，我们这样描述我们的场景，只是因为实际中更重要的情况需要这样的安排，还因为它们能够向我们表明事实的原理，特别是关于新企业未必从老企业中直接产生这样的事实。企业家从来都不是风险承担者。在我们的例子中，这是很清楚的。如果新组合的执行失败，那么贷款给企业家的债权人就会遭受很大的损失。但是，如果企业家是用以前的利润来提供资金支持，或者他所用的生产资料是属于他的"静态的"的企业的，那么他只是以资本家或物品的所有者的身份承担风险，而不是以企业家的身份承担风险。任何情况下，承担风险都不是企业家职能的一个基本要素。即使他可能冒损失名声的风险，但经营失败造成的直接的经济责任从来也不会由他来承担。

现在可以做一个概括的说明，我们这里所讨论的利润是一种经济现象的主要因素，这种经济现象是能够由生产促进者的利润描述出来的。不管这个生产促进者的利润还能包括什么，它的基础都是在一个新的企业中收入超过生产成本的剩余。正如我们看到的一样，这个生产促进者可能的确是最符合企业家类型的一类人，因为他们严格地把自己限制于执行新组合这种企业家的职能之中。如果在创办企业的过程中，每一件事情都进展得很顺利、很完善并且都很具有远见，那么所产生的利润就会留在创办者的手中。实践中会有很大的不同，但这样分析仍然是能够揭示事情的原理的。当然，这种分析只适用于真正的生产促进者，而不适用于那些有时会从事企业创建这种技术性工作的代理人，他们获得的是工资性的报酬。最后，创建公司过程中所创立的各种新事物，在多数情况下，不会随着企业的完善达到很完善的程度。相反，它们的领导者却经常继续从事建立新企业的工作，因此他们会继续发挥作为生产促进者的作用，因此，无论他们在公司中原来的职位是什么，他们都是企业家。如果我们假定公司一旦建立，就会继续下去，那么生产促进者就是唯一从事企业家活动的人。我们假定生产资料的价格由债券代替[1]，与企业有关的持续利润来源的资本化收益由股票来代替，生产促进者的股份被归到他们自己的名下。这些生产促进者的股票不会生产持续的收益，而只会给他带来暂时的剩余，这些剩余在新的企业融入经济系统之前就存在了，随后，这些股份就会变得没有价值了。只有在此时，利润才会以最纯粹的方式体现出来。

我们现在必须把利润的图表勾勒出来。为此，我们要问这样的问题：在非资本主义形式的社会里，与这种想象相对应的情况是如何的呢？简单的交换经济，它是一种存在产品交换而不存在"资本主义方法"的经济系统，它没有给我们提出任何新的需要解决的问题。在这种简单的交换经济中，必然存在某种不同的支

1　严格来说，这些构成实物投资的生产资料的价值与它们能够仍然起作用的生产方式相适应，而与新的生产方式无关，即使在实践中，它们的价格在多数情况下也要按照这个价值来进行支付。

配生产资料的处置方式，对于交换经济的这种情况，可以用我们下面将要说明的情况来处理。而在其他方面，对待的方式和在资本主义系统中的方式是一样的。因此，为了避免重复，我们将仅讨论简单的非交换经济。

在这里，有两种类型的组织形式需要考虑。第一种是独立的庄园，在这里大多数的生产工具属于庄园主，所有的人都顺从于他。第二种是独立的共产主义社会，在这里一个中央结构在处理所有物质产品和劳动的服务，并对它们做出价值判断。在最开始，我们同等看待这两种情况。在这两种情况下，一些个人对生产资料具有绝对的控制权，他们既不期望在生产中与别人进行合作，也不期望从其他的经济单位赚取利润。此时，不存在物品的价格，而只存在物品的价值。因此，当我们把我们分析的重点转向非交换经济时，我们就开始了作为利润根源的价值现象的探索。

我们知道，在这两种情况下，也存在一个循环流动的生产过程，其中，成本定理在严格地起着作用，这里所说的成本定理指的是产品的价值和生产资料的价值是相等的。同样，这里也存在经济发展，按照我们的定义，指的是对现有商品进行新的生产组合。人们可能认为对商品存量的积累在这里是很必要的，而且会形成一种特殊的职能。这种观点有一部分是正确的；的确，对商品的积累不总是但常常是执行新组合的一个步骤。但它从来不构成一种特殊的职能，因为特殊的职能是需要加上特殊的价值现象的。商品不同的使用方法取决于这两个经济系统中各自的领导者或领导机构。这些商品不同的使用方法所期望的结果是直接达到，还是通过间接地收集存货的方式达到，是完全不重要的。其中参与的个人是否赞同新的目标并愿意承担收集存货这样的工作，也是不重要的。领导者为了这些工作不会有任何牺牲，而且只要权利掌握在他们的手中，他们也就不会关心下属为了做这些工作所做出的牺牲。如果由于执行了具有深远影响的计划从而减少了领导者的下属当前不必要的，但是有可能的消费，那么这些下属会反对这个计划的执行[1]。他们的反对可能使这些生产计划不能执行。但是，如果忽略他们反对的这种情况，那么领导者的下属们对将要发生的事情就不会产生任何直接的经济影响，特别是对于压缩消费、积累存货等活动，他们并不是自愿这样去做的。因

1　因为他们只看到当前的损失，而未来的收益可能只具有非常小的实现的可能性，以致这种收益可能都不会存在。这一点适用于所有我们能够认识到的文明阶段，哪怕是我们对其只有一点认识的文明阶段。纵观历史，就发展问题而言，驱动力这种因素从来没有消失过，我们这里所说的发展是以数量巨大的人群之间的相互合作为前提的。很多情况下，牺牲不是强加给人们的。

此，我们对发展过程进行勾勒时，不应该包括那些应该被插入到我们的分析过程的特殊职能。如果领导者向下属承诺让他们将获得一笔额外的补偿收入，这样做也只不过是像一位将军向他的士兵承诺他们将得到某种特殊的报酬，这只是为了让人们更加服从命令的一种赠予，而不是我们所分析的发展过程本质的一部分，它也不能形成特殊的、纯经济的某种类型。因此，"庄园主"和共产主义经济的领导者之间的区别，只是一种程度很小的区别。根据共产主义社会的观点，社会发展所带来的利益的增长应该属于全体社会所有，而庄园主的眼里却只有他们自己的利益，这两者之间的区别并不构成任何本质上的不同。

从上面的分析我们还可以看出，时间要素在这里不能起到任何独立的影响。当然，领导者不仅要把他们已经深思熟虑的组合的结果，与同时期内运用之前的生产方法和同样的生产要素所得到的结果进行比较，还要和运用相同的生产方法，在其他可以替换的新的组合方式下可能产生的结果进行比较。如果后者需要更少的时间，那么他就需要考虑这些能够节省时间的生产组合可能产生的结果，以此来估计这些相互竞争的各种使用方法的相对重要性。因此，时间要素必将出现在非交换经济中，而在资本主义社会，时间要素的影响是由利息来表现的，这一点我们将在后面的分析中看到。在这里，时间因素是不起任何作用的，这一点是很明显的。例如，时间因素不会把必要的等待或未来较小的需求欲望变成特殊的要素。人们不愿意等待，只是因为在等待的时间里，人们可以去做其他的事情。未来的需求满足变小是因为人们的享受在未来实现得越晚，按照"能够在其他地方实现这种享受"的原则来说，人们现在的满足需求应该打的折扣就越大。

一个社会的领导者，不论他的地位如何，他都把一定数量的生产资料从它们之前的用途中抽离出来，并把它们用于实现一种新的生产组合，例如生产一种新产品或用更好的方法生产一种已经存在的产品。在后一种情况，领导者是从制造相同产品的工业分支中抽离出必要的生产资料，还是允许现在的厂商继续以习惯的生产方式进行生产，并同时与新的生产方法一起来进行生产，而这些生产利用的生产资料是从完全不同的工业分支中抽离出来的，无论采取前一种方法还是采取后一种方法，这都是不重要的。新产品的价值要高于用原来的生产方式以同样数量的生产资料所生产的产品的价值——不管在这样的社会中，价值是如何形成的。新产品的归属过程是如何的呢？当新的组合被执行，产品已经生产出来，它们的价值就已经被确定了。那些参与要素的价值是如何形成的呢？最好的决策时机还是选择决定执行新组合的时刻，并假定所有的事情都是根据决策来进行的。

第一，生产者必须对所有的价值进行评比：新产品的价值，必须和在正常的循环流动的经济中用同样的生产资料所生产出来的产品的价值进行比较。显然，为了对新组合的优势进行评估，这种对比是必要的，如果没有这样的对比，那么后面的任何行动都是不可能的。我们所研究的问题的核心在于：用同样的生产资料生产出来的两种产品的价值，哪一个将被归属到所使用的生产资料的价值？这一点很清楚：当执行新组合的决策制定之前，只有与旧的使用方式所适应的价值。如果实现把执行新组合的剩余价值归属于生产资料，那执行新组合就不再具有优势，也失去了对生产资料的两种用途所产生的价值进行必要的比较的基础，那这样就没有任何的意义了。但是，如果执行新组合的决策实施了，情况会是怎样的呢？根据门格尔的学说[1]，满足了更大需求的价值应该归属于生产资料，就像在循环流动的经济过程中，它们实现了更高的价值；因此，如果所有的事情都完美地运行，那新产品的所有价值将被反映在所使用的生产资料中吗？

我们的回答是否定的，我甚至坚持认为，此时，劳动和土地服务的价值应该根据它们原来的价值进行估计，有如下两个理由：第一，原来的价值是人们已经习惯了的价值。长期的经验决定了这些价值，在人们的意识中，这些价值是已经确定了的。它们只有经历较长时间的经验的压力才会有所改变。它们的价值是高度稳定的，尤其是因为土地和劳动服务本身没有变化，所以它们的价值就更加稳定。新产品的价值与它们的价值是完全相反的，新产品的价值是独立于现有的价值体系之外的，这和资本主义系统中新产品的价格是一样的。新产品的价值和老的价值是没有相关性的，它们之间是相互独立的。任何产品的价值只能根据它的其他的使用方法所产生的价值来进行估计，而不是根据它被实际使用的方法所产生的价值来进行估计[2]，只有产品的这种价值才是我们所说的迄今最流行的价值，这种价值是依赖于具体的生产资料的。如果它们不存在了，它们将被其他使用方法所生产出来的其他单位产品的价值所替代。如果这两种价值同时存在，那任何一单位商品的价值都不能高于另一单位同样产品的价值。新组合所使用的劳动和土地的服务与其他不同的生产方法所使用的劳动和土地的服务是同质的——如果它们不是同质的，那么就会出现价值差异，但是我们也可以在不影响原则的情况下很容易地阐明其中的原因——这样，前者和后者之间就没有价值差异了。

1　参阅维塞尔的《自然价值》，第70页。
2　我并不是对这种说法持完全赞同的意见；参阅《本质》第二章，以及《关于归属问题的评论》，载《政治经济学、社会政策与管理杂志》（1909年）。

在最极端的情况下，如果经济系统中所有的生产力都投入到新组合的服务中，它们也必须按照流行的价值来进行投资，即使新组合失败，这些生产力的价值还是可以实现的。如果生产力被完全赔光了，那么它们损失的数量也要以流行的价值来进行评估。因此，在非交换经济中，新组合的成功执行也会带来剩余价值，这不是仅在资本主义制度下才有的。事实上，价值的剩余在某种意义上就是一定的价值，而不仅仅是相对于之前状态的一种满足的剩余，生产资料对这种价值的剩余没有要求它们归属的权利。我们还可以说，发展中的剩余价值[1]不仅是私人的现象，还是一种社会现象，它与我们前面所说的资本主义企业家的利润在各个方面都是相同的。

第二，用另一种方法可以得到相同的结果。领导者的企业家活动，确实是实现新组合的一个必要的条件，它也可能被当作一种生产资料。我通常不会把企业家的活动看作一种生产资料，因为这两者之间具有很多的不同，而我对这些不同更加感兴趣。但是，在这里，这种思考方法对我们的分析具有很大的帮助。因此，在这里，我们暂且把领导者的作用看作第三种原始的生产要素。很显然新产品价值的一部分必须归于它的名下。但是，是多少价值归于它的名下呢？领导者和生产资料同样都是必需的，新产品的全部剩余价值的大小取决于两者之间的合作。这不需要进一步的论证，而且与我们之前的论述并不矛盾。所有价值分类的合适数量仅仅取决于竞争的驱动力，不管对商品还是个人来说都是如此。由于第二种竞争并不存在于非交换经济中，而且，在非交换经济中，对于什么是利润、什么不是利润这两个问题之间的区分，并不像在交换经济中那么重要（我们很快就能看到这一点），因此它的价值就不像交换经济中那样清楚。尽管如此，在大多数情况下，我们还是能够说明有多少价值是应该归属于企业家职能的。正如我们已经讨论过的，很多情况下，生产资料是可以被代替的，但是领导者是不可以被代替的。因此，应该把进行生产资料替代的情况下所损失的那部分价值归属于生产资料，而把余下的部分归属于企业家职能。新产品的价值，减去在没有领导职能时所实现的价值，剩下的就是归属于领导者职能的价值。因此，在这里剩余是与对价值归属的特殊要求权相对应的，任何情况下，都不能夸大来源于生产资料的这些要求权。

然而，这里也决不能忘记，如果我们总是就流行的价值谈论生产资料的归属问题，是一种不正确的做法。由于把生产资料从它们原来的用途中抽离，那么这

1　这种剩余，只有从私人经济的观点来看，才是利润和资本的剩余，才能被马克思称为剩余价值。

些生产资料的边际价值确实是提高了。在资本主义系统中，我们可以观察到相同的现象。在资本主义系统中，由于企业家的需求而造成的生产资料价格的上涨，恰好符合价值评估的整个过程。因此，我们的表述方法应该做相应的修改，但不能做根本性的改动，也不能把这种价值的上涨与发展所带来的生产资料归属价值的上涨相混淆。

没有任何人能够否认，上面的价值评估过程是不真实的，也不能说在非交换经济中，利润作为一种特殊的价值尺度没有任何的意义。在非交换经济中，人们也应该知道正在做什么，这种新的组合能够带来什么样的好处以及所带来的这些好处应该归因于什么。然而，人们可能会说，在非交换经济中，利润作为一种分配范畴是没有任何意义的。从某种意义上，这是想法是对的。在封建式的非交换经济中，地主确实可以根据自己的需要自由支配产品数量，也可以自由地处置所有的收益——他可以给工人们高于或低于他们的边际生产率的报酬。在共产主义式的非交换经济中，利润完全归于全体人民——至少理论上是这样的。这与我们的论述无关，但是我们是否可以据此推断，尤其是对共产主义类型来说，利润被纳入工资中，现实中的价值理论被推倒，而工资包含了全部的产品的价值？答案是否定的，我们必须区分收益的经济本质以及人们对它的处置。收益的经济本质是以生产性的服务为基础的。在这种意义上，我们把工资称为归属于劳动的服务的那部分。在交换经济的自由竞争下，这部分收益落到劳动者手里，但这仅仅是因为自由竞争的原则是根据边际重要性来分配报酬的。在资本主义系统中，正好是这种工资鼓励人们努力工作。如果这种努力是通过其他的方式来进行激励的——比如通过社会责任或强制作用——那么工人获得的收入可能更少；工人的工资是由劳动者的边际生产率决定的，他的边际生产率小，那他的报酬就应该变少，少的这部分报酬可以看作是对经济工作的扣除。这个扣除的部分也是工资，与支付给工人们的工资性质是一样的。在共产主义社会，领导者是不能得到利润的。但我们不能据此就认为发展是不可能的。相反，在这样的组织中，人们可能会具有不同的想法，他们不再对利润提出要求，就像一位政治家或将军不会把胜利全部或部分归功于他们自己一样。但是，利润仍然是利润。不能把利润看作是劳动者的工资，把庞巴维克关于利息的经典表述应用到这上面来会使问题更加明确[1]。同样，他的阐述也适用于地租，土地的生产性贡献的价值和本质，应该和特

---

1 《资本实证论》最后一章。

定人们所获得的收入区别开来[1]。

利润应该被指定为哪些工人的工资呢？对这个问题的回答，我们可以构想两种答案，第一种答案可以这样说：工人工资的一部分是由于他们从事生产新产品的工作。现在这种情况是不可能的，因为如果这样的话，根据我们的假设，这部分工人的工资应该比其他的同伴要高。然而，他们的同伴的工作不会比他们的工作少，劳动质量也不比他们的差，因此，如果我们接受这种可能性，我们就会与基本的经济原理相冲突，即同种类型商品的不同部分应该具有不同的价值。这种说法的公正性我们暂且不说，但是它确实能够产生一些具有优先权的工人。这种生产的安排是可能的，但是这些具有优先权的工人所得到的剩余是不属于工资的范畴的。

另外一种答案可以构想为：我们称之为利润的价值，以及与这些价值相对应的一定数量的产品仅仅是构成国民经济的一部分，这些价值应该平均分配给在经济周期内做出贡献的所有劳动服务——假定这种劳动服务是同质的，或者可以把这些价值以一种可以被识别的方式来进行差异化的分摊。在这种情况下，没有从事生产新产品的工人所得到的将比他们付出的劳动要多。然而，这种工资比所创造的产品价值高是没有经济学上的意义的。因此很容易可以看出，在这种情况下，工人并不是以经济学上的工资来获得他们应得的份额的，他们获得的工资的一部分是不具有经济学意义的。这种情况是可能的，其他的情况也是可能的。社会必然像分配其他的收益一样，以某种方式来处理这些"利润"中的某些部分。社会也必然会按照有利于工人的方式来分配利润，因为没有其他的人比工人更有资格来分享这些利润。社会在处理这些利润时，可能按照很多不同的原则来处理，比如，可以根据需求的程度来进行利润的分配，或者为了促进总的发展目标而不进行任何的分配。不过，这些分配丝毫不会改变经济类型中的任何东西。在正常的循环流动的生产中，工人们就像土地一样，不可能直接或间接获得多于他们所生产的经济产品的收入，因为多于这些经济产品的收入是不存在的。如果我们的案例中存在这样的情况，这只是因为很多其他的生产代理人没有得到他们自己所生产的产品。如果我们把"剥削"这个模糊的概念定义为：某种产品必要的生产代理人，或者这些产品的所有者所得的收益少于他们在经济学意义上生产出来的产品时，就是剥削。所以我们可以说，工人所得到的额外的收入，是通过剥削了领导者而变得有这种可能的。如果我们把剥削这种表述限定在某些人力服务

1　参阅《理论政治经济学的本质和主要内容》第三章。

被剥夺其产品的情况中——目的是为了避免把剥削的概念应用到土地中，考虑到共产主义社会没有地主这个角色，把剥削的概念用到土地中是不符合实际情况的——我们仍然可以说，在这样的分配中出现了对领导者的剥削。当然，我们做出这样的判断，是不希望超越任何道德范畴的。

从经济学的意义上来说，即使把全部的利润都分配给工人，那这些利润也不会全部成为工资。在共产主义社会，清楚认识到这一点是非常重要的，而且把利润和工资区分开来也是非常重要的。要对共产主义社会中的生活，以及对具体问题的决策进行一般意义上的了解，显然都依赖于对这个问题的认识。我们所有的分析都能表明，这些现象是独立于具体的经济组织形式之外的。因此这里存在一条普遍的真理：利润作为一种特殊的、独立的价值现象，与经济系统中领导者的职能具有本质性的联系。如果发展不需要任何的方向指导和驱动力支撑，那么利润确实是存在的；利润是工资和资金的一部分，它不是一种独特的现象。只要利润的归属情况不是这样，只要一种社会制度中大多数的人们，哪怕在很微小的程度上，与我们所了解的所有国家的人们具有很小的相似之处，那么我们就不能把全部的收入都归于劳动和土地的服务，即使在非常完美的情况下，甚至没有任何摩擦和不考虑时间因素的经济过程中，情况也是如此[1]。

然而在非交换经济中，利润也不是永久存在的。一种必要的变化会出现，它的出现能够使利润消失。执行了一种新组合，它所产生的结果是真实存在的，所有关于这种新组合的怀疑就会消失，因为执行新的组合所带来的好处，以及获得这些好处的方式都是显而易见的。这时，新组合的执行只是需要一个经理或者一个监工，而不需要领导者的创新能力。这些经理或监工所要做的必要的事情就是重复之前已经做过的事，以得到与之前相同的利益，做到这些是不需要领导者的。即使仍然需要克服摩擦带来的阻力，事情在本质上已经变得不同了，而且能够更加容易做到。对所有的社会成员来说，利益已经变成现实，新产品也总是能

1　当前，经常听到这样的争论：企业家不生产任何的东西，组织生产所有的东西；没有任何人的产品是属于他自己的，所有的产品都是属于社会整体的。这种说法的存在是以下面的事实为基础的，即每个人都是他自己所继承的、关于他本身的社会环境的产物，如果条件不存在，这个人就不会生产出任何的东西。但是在理论领域，我们不能根据上述论点解决任何的问题，因为理论领域关注的不是人们是如何被塑造的，而是关注已经被塑造的人们以及已经成形的社会问题。关于个人的创新是否具有一种职能的问题，即使是上述观点的代表人物也会做出肯定的回答。此外，对于发展这种次要的现象，这些解释也是比较准确和恰当的。除此之外，这种解释只是以一种流行的先验知识为基础，即只有体力劳动才是具有生产力的，发展的所有要素都是很和谐的一起合作，发展的每个阶段都是依赖于前一阶段的发展。然而这些都是发展已经启动之后产生的结果，不能解释任何的东西。我们所有研究的问题就是这些发展机制的原理。

够及时地分配到他们的手中，这种事情还会继续发生在他们的眼前的；他们不需要像我们第一章所描述的那样，为了生产这些产品而需要牺牲或进行必要的等待。经济系统不会再往前发展，而只是为了确保已经存在的商品的流通能够正常继续进行下去。这些都是我们可以想到的。

于是，新的生产过程会被不断重复。此时，企业家活动就不再是必需的了。如果我们继续把企业家的活动看作第三种生产要素，那么我们可以说，这种要素在刚刚执行新组合的生产时是必需的，但是当人们已经熟悉了这种新组合的生产，并在重复进行着这种生产时，这种要素就消失了。同时，与这种要素相关联的对价值的索取权也逐渐没有了，而属于劳动和土地服务的价值将增长，直到这些要素的价值包括了所有产品的价值。这时，只有劳动和土地的服务是必需的，它们可以创造出产品，这些产品的价值也是属于这两种要素的。首先，产品的价值归属于已经在给定的生产中实际使用的劳动和土地的服务，但是后来，根据人们都已经熟悉的普遍原则，这些产品的价值就平均地归属于所有的劳动和土地的服务。之前已经使用的劳动和土地的服务的价值将首先增加，然后会扩散到所有其他的劳动和土地的服务上。

因此，所有的劳动和土地的服务的价值将相应地增加。然而，这种价值的增长与实施新组合带来的价值增长是有区别的，这种区别不仅表现在程度上，而且表现在种类上。这种增长并不表示劳动和土地的服务的价值规模的增长，而只是它们的边际效用的增长，这是因为这样的事实，即由于把这些生产资料从它们之前已经流行的用途中撤离出来，生产就不能像以前一样进行，因此只有提高这些生产资料利用的强度才能使需要得到满足。在其他情况下，会出现差异很大的情形，即新产品的价值进入到生产资料的价值规模中。这可能会提高生产资料的边际效用；但这也会提高这些生产资料的总效用，当所考虑的生产资料的数量比较大时，这些边际效用和总效用的差别就会具有实际的重要性。因此，生产资料的价值表明了这样的一个事实，即新的满足感的增长需要依靠这些生产手段，而且也只能依靠它们；劳动和土地所生产的产品会增加。此时，劳动和土地的价值将不再是之前的循环流动体系中所具有的价值，而是它们在新的循环流动体系中实现的价值。在劳动和土地的价值进行转换的时候，把高于它们重置价值的价值归属于它们，是没有任何意义的，因为此时它们的重置价值已经包括这种新的使用方式的价值了。社会产品价值的增长能够使生产资料的价值也随之增长，这种新的价值会替代旧的、人们已经习惯的价值，这种以新的边际生产力为基础的新的价值最终也会成为人们习惯的价值。这样，产品价值与生产资料价值之间的关系将会被重新构建。在这种新的体系中，这两种价值之间的关系也会像前一阶段一样，没有任何的差异。假设一切事情都在理想状态，那么如果共产主义社会把这种产品看作是对劳动和土地的永久收入，并把这些收入在它的社会成员之间进行分配以用作消费，这将是十分合理的[1]。

非交换经济中利润的消失过程，与资本主义制度中利润的消失过程，是非常相似的。但是资本主义制度中，这种利润消失过程的另外一部分，也就是因竞争公司的出现而导致的新产品价格的下降，在非交换经济中是不存在的。当然，非交换经济中，这种新产品也必须被纳入到循环流动的体系中，新产品的价值也必然与所有其他产品的价值具有某种联系。理论上，我们仍然可以把循环流动中创新的执行和创新执行所体现的过程进行区分。但是，这两者是否同时发生具有很大的区别，这也是很容易可以看出的。在非交换经济中，能够证实这种剩余是归属于企业家活动的，这就足以解决我们所研究的问题。在资本主义系统中，这些剩余只有借助于市场机制才能到达企业家手中，而且只有借助于市场机制，这些剩余才能再次被剥夺掉。因此，除了这个单纯的价值问题，还有一个更深入的问题，那就是利润是如何落到企业家手中的。我们可以说，资本主义系统中的市场机制创造了很多在非交换经济中所不存在的现象。

尽管如上述所说，在所有的经济组织形式中，不仅利润的最内在的经济本质是相同的，而且消除利润过程的内在本质也是相同的。在所有情况下，那些阻碍整个产品价值归属于劳动和土地的服务的障碍，或者可以说，那些使劳动和土地的服务的价格与产品的价格不在同一水平的障碍，最终是要被消除的。居于统治地位的原则是：如果经济过程不受阻碍的话，首先它不允许个别产品有价值剩余，其次它总是强制生产资料的价值上升到与产品价值相同的水平。这个原则在非交换经济中也是有效的，而在资本主义系统中，这些原则是通过自由竞争来实现的。在资本主义系统中，生产资料的价格必须处于自由竞争的状态，这种竞争会使产品的价格完全耗尽。如果情况不是如此，那么产品的价格必然会相应地下降。如果在这些环境下，利润还存在，这只是因为如果没有企业家的帮助，从一种没有任何剩余的状态过渡到另一个没有剩余的状态是不可能发生的。如果这样的事情一定要发生，除了借助于企业家的帮助，还需要另外一个资本主义制度下的必要条件，即企业家的利润不会由于竞争的出现而立即被消除。

---

1 资本主义制度也在以它自己的方式在处理。

　　利润依附于生产资料，就像诗人为了完成他部分的手稿所需要做出的努力。此时，由于生产还没有完成，因此利润的任何部分不能被归属于生产资料，而且拥有和使用这些生产资料也不是企业家职能的内容。总之，正如我们所看到的，利润不会因为企业家对原始的生产资料采用了新的使用方法而使价值持续增加。让我们考虑奴隶经济的情况，土地和工人是属于企业家的，企业家为了执行新组合而把他们购买过来。人们可能会说，奴隶制度下的这种情况和迄今流行的雇用情况是相同的，都要支付给土地和劳动力价格，而利润是土地和劳动力的服务从现在到永久所创造的超过产品价格的部分。但是，这种想法是不正确的，有两个原因：第一，新产品所带来的收入会达到一个新的高度，而竞争会把这种收入给拉下来，因此这种情况并不能确立利润要素；第二，持续的剩余量——只要它不是准地租——在经济的意义上，只是劳动工资的增长和地租的增加，当然这里所说的劳动工资属于"劳动力的所有者"，而不属于工人。此时，奴隶和土地对它们的所有者来说，具有更高的价值，但是如果忽略掉偶然的或者暂时的利润，奴隶和土地的所有者也只是作为它们的所有人而变为永久的富人，而不是作为一个企业家变得更富有。即使在新的生产组合中第一次出现自然生产要素，比如一条小溪成为水力因素，这个问题也不会有任何的不同之处，并不是水力产生了利润，水力不断产生的是我们所说的租金。

　　在上面我们所说的第一个例子中，利润的一部分变成了地租。因此，我们所考虑的利润数量的经济性质就发生了变化。我们假定一位农场主一开始种植的是甘蔗，后来他又改种了棉花，直到前不久棉花还是比现在更为赚钱的。种植棉花是一种新的组合，这位农场主由此成为企业家并赚得了利润。此时的地租与种甘蔗时的地租在数量上是相适应的。按照实际发生的情况，我们应该假定竞争迟早会使收入下降。然而，如果剩余仍然存在，这又该如何解释呢？这在经济上又意味着什么呢？忽略摩擦因素，产生这种结果，要么是因为这片土地特别适合种棉花，要么是因为由于土地新的使用方式而使得地租上涨——原则上来说，通常是这两个因素共同起作用的结果。这立刻表现出总收入中增长部分的特点，即它总是作为土地的地租。如果这个农场主继续种植棉花，那么他作为企业家的职能就会消失，此时全部的收入就都归于原始的生产要素了。

　　利润与垄断收益之间的关系，我们再就这个问题谈几句。由于在新产品开始出现时，企业家是没有竞争者的，新产品价格是根据垄断价格的原则在一定限度内确定的。因此，在资本主义经济内，利润就包含一种垄断因素。我们假定新组合包括建立一种永久的垄断，也许想要建立一种完全不用担心外界竞争的托拉斯。这样，利润显然可以被看作是永久的垄断收入，而垄断收入也就是利润了。然而，这里存在着两种不同的经济现象。执行垄断性组织的行为是一种企业家行为，它的"产品"体现在利润中。一旦它开始这种运行，这种情况下企业就能持续地获得剩余，然而以后，这些剩余必然归属于这种垄断地位所依靠的自然或社会的驱动力——它已经变成一种垄断收入。在实际中，创建一家企业所获得的利润和持续性的收入是有区别的，前者是垄断价值，后者只是垄断条件下所获得的收入。

在本书的范围之内，这些讨论不再继续深入下去，或者我们可以说这些讨论已经足够多了。但是，即使我必须责备自己对此进行了太多烦琐的议论而使读者有些厌倦，我仍然还要责备自己没有把所有的论点都阐述清楚，也没有排除几个可能会产生误解的论点。因此在我们结束这部分的讨论之前，还有几点意见要谈。

企业家利润不是一种类似于一个企业永久性因素所产生的差别优势的收入一样的租金，它也不是资本的回报，不管人们怎么定义资本。所以，没有理由去谈论这个现实中根本不存在的利润平均化趋势的问题：因为只有把利息和利润混在一起才能解释为什么很多作者对这种利润平均化趋势问题展开争论[1]，尽管我们能够在同一地点、同一时间和同一行业中观察到非常不同的利润。我们最后想强调，利润也不是工资，尽管利润等同于工资这种类推能够很吸引人。利润也不是一种简单的剩余；利润是企业家对生产所做贡献的相应的价值表达，在某种程度上，它和工资是工人进行"生产"的价值表达是一样的。利润和工资一样，不是剥削。然而，尽管工资是按照劳动的边际生产率来决定的，利润对于下面的规则而言仍然是一种明显的例外：利润问题基于这样的事实，即成本原则和边际生产率原理似乎是把利润问题排除在外的。"边际企业家"所得到的，相对于其他企业家的成功而言，完全没有任何的关系。而工资的每一次增加都会扩散到所有的工资上；作为一名成功的企业家，这种收益刚开始是他一个人独自占有的。工资是价格中的一个要素，而利润则不是；支付工资是生产中的制动过程之一，而利润则不是。古典经济学家认为地租不能被纳入到产品的价格中，对于利润不是价格中的一个要素这个问题，我们更应该认为是正确的。如果我们把收入的规律性的重复出现看作收入的一个基本特征，那么，工资就是收入的一个永久分支，

---

1 其他人，比如雷克西斯，也对利率的一致性提出质疑。这个问题也是马克思曾经也觉得很困难的问题，而如果接受我们的结论，这个问题就不存在了。

利润就不是收入的一个分支。企业家的职能一旦完成，利润就从企业家的手中溜走了。利润依附于新事物的创造，依附于未来价值系统的实现，它既是发展的产物，也是发展的牺牲品[1]。

没有发展就没有利润，没有利润也没有发展。对于资本主义经济系统，还必须进一步增加一点：没有利润，也不会有财富的积累。至少不会出现我们现在所看到的社会的伟大现象——这当然是发展和利润产生的结果。如果我们狭义概念上所理解的地租和储蓄的资本化这些要素不会起很大的作用；如果我们把很多个人由于受到发展的影响和抓住发展的机会而获得的意外财富也忽略掉——这些意外财富是暂时的，但是如果它们不被消费掉，也可能会导致财富的增加。那么忽略掉这些意外的财富之后，财富积累最重要的来源仍然是存在的，这些来源可以产生更多的财富。从某种意义上来说，未被消费的利润并不是储蓄，因为它没有对习惯了的生活标准产生影响。所以我们可以说是企业家的行动创造了大部分的财富。在我看来，现实更加能够让人们相信财富积累的来源是利润。

虽然在第一章中，我让读者自由地把资本的利息视为除了工资、租金之外的另一种生产性开支，但我在分析调查这些问题时，却好像把超过工资和地租的剩余全都归于企业家。事实上，企业家仍然要为资本支付利息。可能我不会由于起初把一笔资金指为利润，然后又把它指为利息而受到责备，但在后面将会对这一点进行充分的阐述。

在循环流动的系统中，收入的度量可以清晰地确定，但是，利润的多少并不是如此。特别地，利润不像循环流动系统中各成本的要素那样能够确切度量，不能把利润精准地度量成"所需企业家活动的数量"。这种数量在理论上是可以确定的，但在实际中是不存在的。在给定的时间内所获得的利润总量，可能远远大于实际起作用的企业家活动量，个别企业家实现的利润和这种利润总量是一样的。这种总量总是被高估[2]，也必须记住，不同比例大小的个人成就也有它的作用，因为获得这种个人成就的可能性起着很强大的刺激作用，这种作用比正常能够得到的利润量乘以概率系数的乘积所表示的激励作用还要大。对于那些还没有实现这些成就的企业家而言，这种前景也属于一种有吸引力的"报酬"。不过，

1　这种表述如何符合现实，又是如何清楚地表达一种无偏见的观点的，可以看亚当·斯密的结论——任何实事求是的人都会做出这样的判断，事实在日常生活中也是这样做的——他认为生产的新的分支比旧的分支能够获得更多的利润。

2　参阅《印花税、财富和纳税能力》，第103页。

在很多场合，较小的利润量，尤其是较小的利润总量，将和这种激励产生同样的结果，这一点是非常清楚的。同样清楚的一点，就是服务的质量和个人成功之间的关系比在专业性的劳动力市场中的关系要微弱得多。这一点不仅对于税收理论是非常重要的——从增加生产资料供应的角度来说，即使这一因素的重要性在实际中仅限于考虑"资本积累"的需要——而且这一点还说明了为什么企业家能够被相对容易地"剥夺"利润，以及为什么"领薪水"的企业家（比如起到企业家作用的工厂经理），能够满足于远低于利润总量的报酬。生活越是合理化、同等化、民主化，个人与具体的个人（尤其是家庭）以及具体事务（比如具体的工厂或祖传的宅院）之间的关系就越是短暂，此时我们在第二章列举的很多动机就会失去它们的重要性，而企业家也会逐渐丧失他们对利润的把握[1]。这个过程与发展的日益"自动化"是同时进行的，而发展的日益"自动化"这种过程也有逐渐削弱企业家职能重要性的趋势。

企业家职能不仅是推动经济系统组织继续前进的车轮，也是推动包括社会上层阶级在内的各要素不断变化的车轮。成功企业家的社会地位会上升，同时他的家人从企业家的成功中也获得了地位提升，这种提升不是直接依赖于他们的个人行为的。这代表了资本主义世界中人们的社会地位上升的最重要的因素。因为这种进程是靠竞争性地摧毁旧企业来推动的，相应地也会有一个衰落、丧失社会地位、消亡的过程。这种衰落、丧失社会地位、消亡的命运也在威胁着那些权利正在衰退的企业家，或者威胁着那些继承了企业家的财富却没有继承企业家的能力的后代。这不仅因为竞争性的机制不允许存在永久的剩余价值而使得个人的利润枯竭，另外，通过追求利润的刺激（这种刺激是竞争机制的驱动力）也可以消灭个人的利润；还因为在正常情况下，企业家的成功是体现在他对企业的所有权上的，这个企业通常由企业家的继承人继续管理，很快这些企业就成为普通的企业，直到被新的企业家所代替，事情的发展通常都是这样的。美国有一句谚语：三代之内，兴而复衰。情况的确是如此[2]。例外的情况是很少的，快速衰落的情况倒是很多的，这些情况足以覆盖那些例外的情况。因为有很多的企业家、企业家的亲戚、企业家的继承者继续管理，而公众舆论以及社会斗争的舆论很容易忽略这些事实。这些逃离社会竞争的继承者们组成了一个"富人"阶层。事实上，

1　参阅我的文章《今后社会主义的可能性》，载《社会科学文献》，1921年。

2　我们对这个基本现象只做过很少的调查。可以参阅查普曼和马奎斯写的《工资收入等级招募新雇员》，载《皇家统计学会杂志》，1912年。

社会上层的情况就像是旅馆，里面住满了人，但是这些住的人是永远在变化的。这些变化的人种包括来自社会下层的人，这些人的数量是很多的，甚至多到我们都不愿意接受的程度。于是，另外一个更深层次的问题出现了，只有解决这个问题，我们才能更深入地了解资本主义竞争制度以及资本主义社会结构的实质。

第五章
资本的利息

　　考虑成熟之后，我第二次提到利息理论，这本书的第一版中我已经提出了利息理论，本章中，除了对一些词语做了不重要的修改外，内容基本没有变动。对于所有引起我注意的反对意见，我唯一的答复就是请参阅第一章原文。这些异议使得我没有对本部分的内容进行缩减，而如果没有这些异议，我原本是乐意缩短原文的。因为，在我看来，本部分内容是原来的版本中最冗长、最难以理解，从而会损害论点的简明和说服力的部分，但是它们预见到了这些重要的反对意见，从而这部分就被保留下来，起初它们是没有这项权利的。

　　原先的论点能够清楚地表明，我并不否认利息是现代经济中的正常要素——如果否认，那的确是非常荒谬的——相反，我试图解释它，我几乎不能理解那种说我否认利息的观点。利息是现在购买力相对于未来购买力的一种溢价，这种溢价是由几个因素引起的，很多因素是没有问题的。消费信贷中的利息就是这样的一个例子。任何处在意想不到的困境中的个人（比如大火烧了一家工厂），或者期待未来收入增长的个人（例如假设一名学生是其体弱多病但非常富有的姑妈的继承人），他们对当前100马克产品的估值会高于未来100马克产品的估值，这是不需要任何解释的，这种情况下存在利息，这也是非常显然的。政府信贷要求的各种类型属于这种情况。在没有任何发展的情况下，在循环流动的系统中也会存在利息，这种情况显然也是存在的。但是，这些利息并不构成需要解释的重大社会现象，它是由生产性贷款的利息构成的。在资本主义制度中，这种利息不仅存在于新企业中，而是可以到处发现的。我们只是想表明生产性利息的本源在于利润，从本质上来说，这种利息是利润的派生物，就像我把收入看作"利息方面"一样，这种利息驱动人们在整个经济系统中，成功地执行新组合的生产从而促进了利润的产生，这种驱动力也能够扩散到旧企业的领域中，不过如果这里没有发展的话，利息就不是一个必要的要素。这就是我的阐述所要表达的含义："静态的"经济中是没有任何生产性利息的——这当然是我们分析资本主义制度和运行的基础。以上这些分析，难道不是不言而喻的吗？就像商业形式决定了利息的变动一样，没有人能够否认我们上面的这些分析——通常，商业形式指的是在忽略非经济力量的影响下，当前发展的速度——因此在货币市场中，创新所需要的货币构成了工业所需的主要要素。从这一点我们认识到货币这个主要的真实的要素也是最基本的理论要素，这也是取得了很大的进步。只有通过创新这个根本的理论要素，其他的需求对货币来源起作用，但这些其他的需求通常指的是不断循环重复运行中被考验的旧企业的需求。这些其他的需求通常根本不必进入货币市场，因为有这些其他需求的旧企业从生产中获得的当前收入就可以支持它们获得足够的资金。从这一点可以推导出其他的结论——利息是依附于货币的，而不是依附于商品的。

我关心的是事实，而不是我的理论的独创性。特别是我希望我的理论尽可能多地建立在庞巴维克理论的基础之上——不管庞巴维克是如何坚决地拒绝所有交流的。根据他的观点，处于第一位的问题应该是购买力的问题，即使他立即把这种购买力的分析转到分析当前商品的溢价上。事实上，在庞巴维克把利息看作是对当前购买力的价值溢价的三条著名理由中，我只反对其中的一个：利息是对未来享受的"贴现"。庞巴维克要求我们接受这一点，而没有对此做任何解释。另外，我把他所称的需求和满足手段之间的变化关系的原因，作为我的理论的一个公式。第三条理由"迂回的生产方式"是什么意思呢？如果庞巴维克严格地坚持他所认为的"采用迂回的生产方式"并遵循这种说法所包含的含义，那么这就会成为一种企业家的行为——也就是从属于我所说的执行新组合的众多概念中的一个。但是，他没有这样做；我相信借助于他自己的分析就能够表明：通过简单的重复执行，是不会产生净收入的——这种简单的执行指的是在循环流动系统中已经实施并包括在内的生产方式。我们的解释很快可以为大家展现出一个完全不同的场景。不过，我们的分析始终是符合庞巴维克的价值理论的，而且不会引发庞巴维克的反对[1]。

---

1 这一点必须进行多一些的强调，以为在这个狭窄的专家圈子之外，对庞巴维克所做贡献的关键部分还没有被充分吸收。但是我假定大家对他的理论已经有所了解。下面的所有分析都和他的理论有关系，如果有人仍然认为利息是显然存在的，并没有看到这个问题的关键要素，那么他就会发现下面的分析是不必要的、多余的，很多是难以理解的，甚至是错误的。然而，在庞巴维克的著作中，读者可以发现几乎所有的文献都是必须的。对庞巴维克著作做一个一般性的了解是必要的。最后，我在重复一次我不想重复的话：参阅《本质》一书，第三章。

1. 正如经验告诉我们的，资本的利息是永久性的净收入，它流向一些确定的个人类型。它从哪里来？为什么这样？首先的问题是商品流的来源：为了使商品能够流动，首先必须存在能产生商品的价值[1]。其次的问题是这些价值成为这些特殊个人的战利品的原因：商品世界中这个价值流的原因问题。最后，还存在一个最困难的问题，资本利息的核心问题：这种商品流动是如何永久发生的？利息是如何成为人们能够用于消费而不用损害他们的经济地位的净收入的？

利息的存在成为一个问题，是因为我们知道在正常的循环流动中，所有产品的价值都应该归属于原始的生产要素，也就是归属于劳动和土地服务；因此，从生产中获得的收入应该在工人和土地所有者之间进行分配，所以除了工资和地租之外，不可能有任何永久的净收入。一方面有竞争，另一方面有归属问题，这必然会消灭收入超过支出的剩余部分，消灭任何除产品中体现的劳动和土地服务的价值之外的产品价值。原始性生产资料的价值必然紧紧依附于产品的价值，而且这两种价值之间不能存在哪怕一点的差距[2]。但是，利息的存在是一种事实，那么问题究竟出现在哪里呢？

摆脱这种两难境地是很困难的，比利润例子中相对容易的类比问题要更难解决，因为在利润问题中，只是暂时性利润的问题，而不是永久性的，涉及商品流的问题，因此我们不会遇到利润与竞争和归属的冲突问题，而竞争和归属问题是最基本的、毫无疑问的事实；相反，我们可以得出这样的结论：劳动和土地的服务是收入的唯一来源，它们的净收入是不会减少到零的。面对这种两难境地，我们可以采取两种不同的方法。

第一，承认利息的存在。那么，利息似乎必然被解释为工资或者地租的一种，而由于被解释为地租是不可行的，因此那就只有被解释为工资：作为对工资收入的掠夺（剥削理论），作为资本家劳动的工资（字面意义上的劳动价值论），或者作为体现在生产工具和原材料中的劳动的工资（例如，詹姆斯·穆勒和麦卡洛克的理念）。这三种解释方法都曾经被人尝试过。对于庞巴维克的批评，我只想把对企业家的分析加入进来，尤其是企业家与生产资料的分离，这就让前面两个因之演变而来的观点失去了立足的依据。

第二，可以否认引导产生这种两难境地的理论结论。这里我们要么扩大成本的项目，也就是继续坚持认为工资和地租不足以支付全部必需的生产资料，要么

---

1 参阅庞巴维克，第一章，第142页。庞巴维克的表述方法已经受到他心中已经明确的利息理论的影响。

2 参阅庞巴维克，第一章，第230页。

在归属机制和竞争中寻找一种制动力，这种制动力能够永久地阻止劳动和土地服务的价值达到它们所生产的产品的价值的高度，这样就有了永久性的价值剩余[1]。下面我对这两种可能性进行分析。

扩大成本的项目在某种意义上，不仅意味着利息代表着企业会计分录中的支出，这是不言自明的，还有更多的含义，即在最狭隘、最特殊的意义上，把利息作为一种成本要素，这种成本要素在第一章就已经进行了阐述。这就相当于构成了第三种原始生产要素，它能产生利息就像劳动可以获得工资一样。如果这一点成立，那么我们所说的三个问题：来源问题、基本问题和利息的永久存在问题，显然都将能够得到解答，同时也可以避免这种两难境地。节俭可能是第三种要素。如果它真的是独立生产服务要素，那么我们所有的要求都会毫无争议地实现，而且，永久性净收入的存在和来源，以及这种净收入归属于特定的个人的问题，都将毫无争议地得到解释。唯一需要证明的就是现实中，利息确实是需要这种要素的。但不幸的是，这种解释不是很令人满意，因为这种独立的要素是不存在的，在此也没有必要对这种要素做进一步的讨论了。

已经生产出来的生产资料可能构成独立于节俭之外的第三种生产要素。通过它们，可以找到另一种论证的途径。毫无疑问，这些生产出来的生产资料是具有生产性影响的。很清楚，调查者一眼就能够注意到产品的价值与劳动和土地的服务的价值相等这一个根本性的命题，直到今天，这个命题仍然是能够让人们感到惊奇的，同时，经验告诉我们，即使是专家也很难从这个命题的错误的研究思路中脱离出来。这种命题也没有解释永久性净收入。当然，生产出来的生产资料有能力服务于商品的生产过程。通过这些生产资料，更多的商品被生产出来，而这些生产出来的商品价值比没有用这些生产资料生产出来的商品价值要高[2]。但是，这种更高的价值也会导致这些生产工具具有更高的价值，有趣的是，这又重新导致所使用的劳动和土地的服务的价值更高。没有一种剩余价值的要素是能够永久性地附属于这些中间的生产资料的。因为，一方面，应当归属于这些生产资料价值的产品价值和生产资料本身的价值不会永久性地存在差距。不论一台机器能够多生产多少产品，日益加剧的竞争总是会压低这些产品的价格，直到产品的价格和生产资料的价值彼此相等；另一方面，不论机器能比手工多生产出多少产品，一旦采用机器进行生产，它不会持续地节约劳动力，因此它也不能持续地产生新

1　参阅庞巴维克第一章的结束语，606页。

2　参阅庞巴维克，第一章，132页，生产出来的生产资料的物质和价值生产率的概念。

的利润。由于采用新机器而产生的额外收入是非常引人注目的，"使用者"为机器准备支付的所有金额，都必须交给工人和土地所有者。一般来说，机器是无法产生能增加到产品本身上去的价值的，产品增加的价值只是暂时地与机器具有联系，就像前面所讨论的那样。这种情况就像一件装有银行票据的上衣，对其所有者来说确实具有相应的比较高的价值，但是这件上衣比较高的价值只是从外界获得的，并不是自己创造的。同样，机器对于相应的产品来说，也具有自己的价值，但是它只是通过机器被创造出来之前已经存在的劳动和土地的服务来获得价值的[1]，因此机器的价值应该归属于劳动和土地的服务。商品流流向机器，但这些商品流也通过机器流走了。在这一点上，机器并没有形成消费的一个蓄水池。机器的所有者所得到的收入不会永久性地大于支出，无论是用价值来衡量，还是用价格的会计核算来衡量。机器本身也是产品，因此，如同消费品一样，它的价值也被引入一个蓄水池，从这里不会产生任何利息的流动。

因此，基于第一章和第四章的论点，以及参考庞巴维克的观点，我们可以说，上面的论述没有为解决两难的问题找到任何的办法，而且也不存在用于利息支付的价值源泉。只有在商品"自动"增长的情况下，才会发生困难——例如，谷物的种子或者用于繁殖的牲畜。难道这些种子或牲畜不能使它们的所有者确信未来将会得到更多的谷物或牲畜吗？而且，难道这些增加的谷物或牲畜的价值比原来的谷物或牲畜的价值更高么？对这些事情熟悉的人们都能确信这些就是存在价值增加的证据。但是，谷物种子和用于繁殖的牲畜不会"自动"增加；相反，必须把人们所熟知的支出项目从他们的"收入"中扣减。然而，即使做了扣减，剩余的部分也不代表任何的价值增加——因为庄稼和牲畜依赖于谷种和繁殖的牲畜，后者的价值必须根据前者的价值来确定。如果谷种和繁殖的牲畜被卖掉了，那么（假设不存在任何的替代物）在扣减掉发生的成本和对风险因素的补偿之后，这些庄稼和牲畜的价值将以它们的价格充分体现出来。它们的价值等于归属于它们的产品的价格。谷物和牲畜将在以后的生产中被重复使用，直到对它们的使用将不再产生任何的利润，而此时它们的价格恰好能够支付必需的费用，即工资和地租。它们的产品的边际效用，也就是归属于它们的产品的份额，将趋近于零。

---

1 对于机器来说，它生产出来的产品的价值归属于它；对于生产机器所必需的劳动和土地的服务来说，机器的价值又属于劳动和土地的服务。因此，这些服务就是这些最终产品的价值，一旦这些服务变成机器，机器就会代替这些服务的位置。从这种意义上，我们可以说，机器"接受"了生产性服务的价值。希望这没有让读者对我的观点（价值来自于成本）产生误解。

2. 在这里，我们现阶段所讨论的情况应描述为：我们不能解释产品的价值和生产资料的价值之间的差额，但是这种差额确实是存在的。我们必须尝试用其他的方法来解释它。当然，这样的说法看起来是不正确的，或者说是不明智的，因为这样的说法已经把自己局限于一种成见之中。相反，我否认这种永久性差额的基本存在。我们面对的只有一个尚未分析的、宁可被怀疑的事实——我相信事实能够教给我们真理——资本产生利息的结果，应该用完全不同的方式解释，而不应该用一种独立的事实来解释。个人对生产资料的估值可能低于它们的价值，因为它们在生产资料转化为产品的过程中必须支付利息，但是它们不是一定支付利息的，因为他们对生产资料的估值是低于他们对产品的估值的。这一点是非常重要的。这里，我只想把注意力放在这样的事实上，即我的全部论点所面对的困难在利息这个例子中是非常大的——这个困难就是把很多事情看作复杂组合中的要素。我们面对的困难除了一些基本的原理之外，还有就是，我们已习惯简单地接受一系列未被分析的事实，而不是更深入地分析事物的本质。一旦形成上面所说的这些习惯，我们对事物做进一步深入的分析就会更加不乐意了；我们总是倾向于把这些事实看作反对意见。节俭就是这样的一个事实，认为资本的价值就是收入价值的资本化是另外的一个事实。由于人们在表述这种主张时，总是建立在他们的经验之上的，而经验并不能提供足够有力的反驳意见。尽管如此，我们仍然保留"差额"的概念。

现在，我们需要提出几点必要的评论，来精确地阐述计算过程。迄今为止，我们总是谈到归属的过程，从产品价值的落脚点追溯到劳动和产品的服务。现在看来，归属问题可以从另外一个角度进行分析，这种角度也许能够把价值流引导至更远的地方，即引导至劳动力和土地的服务中。由于在交换经济中，人们不可能意识到劳动力的价值，如果这种说法是真实的，那么同样的道理也是适用于土地的。我们应该将讨论限定于土地的范畴。关于劳动力，我们只需再强调一次，如果我们把劳动力看作维持劳动者及其家属生活的生产资料，那么劳动力的问题只是一个特殊的问题。在只考虑土地问题的范畴内，人们首先可能会把土地的服务看成土地的产品，并把土地的产品看成真正的原始生产资料，并且认为生产资料的价值应该归属于土地。这种想法在逻辑上是错误的[1]。因为土地不是一种独立

---

[1] 参阅庞巴维克的《法权与国民经济商品学观点的关系》。他对"使用"利息理论的观察同样适用于我们的例子。同时，我发现我可以把这种使用利息理论的基本思想排除在我的考虑范畴之外，因为我没有什么补充的论点可以添加到庞巴维克的论证中。

的商品，它不能与自己的服务相分离，它只是这些服务的总和。因此，在这样的例子中，我们最好不要谈归属问题，因为归属问题包括商品的价值不断地向更高层级的转移。如果归属问题就这样进行下去，那么就不会存在价值的剩余，任何的价值都会找到自己的来源。然而，在土地价值的决定中，还需要考虑其他的因素，也就是某些要素的特定价值所派生出来的价值，这些要素在经济上也"构成了"土地的价值，这些要素的价值是由归属过程决定的。因此我们在这里，最好称这种归属过程为计算过程。

对于每一种商品，不管是消费品还是生产品，都要区分这两个过程。只有这些商品的服务才具有价值，这些确定的价值要么直接由需求的规模决定，要么间接由这种归属过程决定[1]。从这两种过程中一定能够得到商品的价值。尽管已经生产出来的产品的归属过程非常简单，通过迟早要发生的再生产过程的必要性，这种归属过程就变成固定的、众人皆知的规则了。对于土地的归属过程，情况就变得更加复杂了，因为土地本身包含了无限可能的一系列的用途，这些土地能够再生产它们自身，而且原则上来说，这种再生产的过程不需要成本[2]。这样，问题就产生了，为了说明这个问题，我们必须开始下面的讨论：难道土地的价值不能无限大吗？在土地价值无限大的过程中，通过计算，作为净收入的租金就能消失么？我将用不同于庞巴维克的方式回答这个问题[3]。

第一，即使土地的价值无限大，我仍然会将租金看作净收入。因为这样，收入的源泉就不会由于消费而枯竭，商品流不断地回到土地所有者的手中这种情况也可以得到解释。把净收入进行简单的相加，永远不会使其失去作为净收入的特征。只有归属过程，而不是计算过程，才能把净收入消灭。第二，在真实的生活中，土地的价值是不可能无限大的。不过，不能因为我的概念导致出现了这个无限大的价值而责备于我。并不是我的概念错了，而是资本化理论流行的基本思想错了，这种资本化的思想就是产生收入的财产的价值不是仅仅对适当比例折扣的收入进行加总得到的。相反，这种价值的确定是非常特殊的、复杂

---

1 严格来说，这种表述方法只适用于非交换经济的情况。在交换经济中，生产资料的价值不会被当作间接的使用价值。尽管如此，生产资料作为潜在商品的概念，仍然能够为商品价值的形成提供基本原理。一个表述更加准确的方法，得到的结果也是相同的。

2 土地的服务进行再生产的过程与一群牛的增加情况是不同的，因为人们能够用一种方式来增加牛的数量，即一头牲畜的价值最后能够降低到等于它在劳动和土地上所花费的成本。在每个经济周期，土地的服务只能以相同的数量自动进行自我再生产。土地的服务不是不能增加，而是它们的增加需要花费成本。

3 参阅《资本和利息》，第二卷。

的问题，我们将在本章对这个问题进行学习。对这个价值进行评估，和对任何事物的评估是一样的，都需要看看研究的具体目的。这里没有严格的相加规则，因为价值量通常是不能简单相加的。在正常的循环流动的过程中，根本不需要知道土地价值。但机器则不同：每一个产品都必须有确定的总价值，因为这对于决定这些产品的再生产问题是非常必要的。而且，相加规则在这里也是适用的。竞争加强了这条规则的适用性。如果机器能够以低于它所生产的产品的价格得到，就会产生利润，这必然会使对这种机器的需求和价格增加；如果这台机器所花费的成本大于使用这台机器所产生的收益，就会导致出现亏损，这会降低对这种机器的需求，并导致价格的下降。另外，土地不是在正常的循环流动过程中被卖出的，被卖出的只是土地的用途。因此，在经济生产计划中，只有土地的使用价值而不是土地的价值构成了生产中的要素。这些正常的循环流动过程不能教给我们任何土地价值确定的方法。只有发展才能创造土地的价值；发展"资本化"了地租，使土地"流动起来"。在没有发展的经济系统里，土地价值根本不会作为一般的经济现象而存在。现实能够确定这一点的存在，因为能够意识到土地价值的唯一场合，就是出卖土地的时候。实际上，经济舞台中这种现象几乎是不会发生的，这里的经济舞台指的是经济事实最接近循环流动这个概念的阶段。土地的交易市场是一个发展的现象，只有从发展中我们才能对此进行理解，也只有从发展中我们才能找到解决这个问题的钥匙。到目前为止，我们对这个问题仍然一无所知。直到现在，我们可以说，我们的概念没有把土地的价值引导至具有无限的价值，而是引导至没有价值，也就是说，土地的服务的价值与其他任何的价值是没有关系的，因而它是纯收入。如果有人反对，认为即使如此，还是会出现出售土地的激励因素，那么我们只有说，这些激励因素必然是偶然发生的，而且个人的情况，比如贫穷、浪费、非经济目的等，必然起决定作用。因此，在这样的几个情况相互结合的情况下，就不会出现任何的反对意见了。

无论这种附加的规则在什么地方产生无限的价值，我们都可以像谈论工资一样，对这些纯收入进行讨论。因为我们唯一关心的是流向个人的永久性的商品流，而且这些个人不需要再把这些商品流转给别人。产生无限的价值这种结果的计算过程，没有把这种永久流向个人的、不需要个人再转让出去的商品排除在外，反而，这个计算过程正好是这种商品流存在的象征。事实上，这是理解我们将要分析的利息理论的关键要素。

3. 还有第二种方法可以避免"利息的两难境地"。超过劳动和土地服务的价值的永久性剩余是如何成为可能的，这个问题可以通过讨论劳动和土地服务的制动因素来回答。如果这种制动因素确实存在，那么这种永久性剩余价值的可能性无疑就是可以证明的，产生这种剩余价值的环境可以归结为——至少从"私人的"观点来看——最充分意义上的价值生产率。价值生产率——或者体现它的商品——能够产生净收入。在每个经济过程中，都会产生独特的、独立的价值剩余。在真正的意义上，利息就是一种成本要素；利息的存在是由于成本与价值，或者成本与产品的价格之间的差额；利息是超过成本的真实剩余。

当某种产品被垄断时，交换经济中就会发生上面所说的这种情况——原始生产要素的垄断不能够引起我们的兴趣，因为从一开始讨论，我们就很清楚，利息是不能建立在这些原始生产要素之上的。垄断地位所起的作用就像一种制动因素，它给垄断者带来了永久性的净收入。我们同样拥有权力把垄断收入看作是净收入，我们也可以基于同样的理由把地租看作净收入。在这种情况下，附加规则将产生一种无限的结果，但这不会剥夺收入作为一种净收入的特征。然而，为什么垄断价值——比如，永久性的专利——不是无限的，这个问题并不能引起我们的兴趣，这个问题的答案我们会在后面说明。最后，垄断价值的决定是一个特殊的问题，在解决这个问题时，我们不能忘记，在正常的循环流转中，没有任何形成这种价值的动力，因此收益不应与任何数量的其他价值存在联系。尽管所有的事情是这样的，但垄断者绝不会说："我从不赚取利润，因为我已经把极高的价值归属于我的垄断。"这一点是毫无疑问的。

在讨论劳德代尔的利息理论时，庞巴维克也同样评论过这种情况，即机器的垄断节省了劳动力，从而产生了利润。他强调，这种机器不能产生利润，或者只能产生很小的利润，但是它能够吸引人们去购买或租用它，这是与机器的用途分不开的。这一点是肯定的。然而，利润无疑是与它的生产联系在一起的，而且会很长久，就像专利一样。人们可能会认为对垄断者来说，垄断地位如同一种生产要素。当谈到这种准生产要素的服务时，如同其他要素的服务一样，归属问题就会产生。机器并不是产生剩余价值的来源，它的生产资料也不是剩余价值的来源，但是垄断使得通过机器或它的生产资料获得剩余价值成为可能。如果我们把机器的生产者和使用者看作是同一个人，情况也不会有所改变。

因此，这种纯收入是特殊的。如果利息也是这种纯收入，那么问题就好办了，我们的三个问题也能够得到满意的解答。剩余价值来源的存在可以用垄断理论来解释；把收入分配给垄断者也是具有一定的理由的。最后，归属或者竞争把收益给消除的事实也将会得到解释。但是，这种垄断地位不是经常会发生的，也不是大量会出现的，这使得人们不能充分接受上面的解释。另外，如果没有垄断地位，利息也是会存在的[1]。

人们可能会谈论到另外一种情况，即如果对未来产品的估值在系统上、原则上要少于现在的产品，那就会存在落后于产品的价值的劳动和土地服务的价值，这种落后是永久的、经常的。读者已经知道这种情况在这里是不能被接受的，但是我们有必要再次谈到这种情况。在所有的情况中，收入的永久性的来源是产生于永久性的——至少从"私人的"观点来看——生产性服务，这种情况将包含价值本身的运动这个不同的问题。之前的解释集中于某种生产性服务价值的确定，然而，在这里，这种解释一方面要集中于确定劳动和土地服务的价值，另一方面在于确定消费品的价值。从一个比垄断这种情况更狭窄、更真实的意义上说，存在产品的价值高于生产资料价值的剩余。"超过成本的剩余"表明一种净收入以及超过生产出来的生产资料的"资本价值"的剩余。因此，这从实际上证明了收益既不会消失，也不会被计算过程所吸收。因为未来产品的全部价值是不能归属和计算的，如果要对这些生产资料的价值进行确定和归属，那么此时它们表现出来的就不是它们的真实价值，而是比较小的价值量。这种永久性的商品流的可能性毫无疑问被证明了，不管我们在现实的生活中所观察到的这些商品流到底是不是利息。我们的第一个问题可以这样回答：能够产生利息的价值来源是存在的。第二个问题，即为什么这些商品流能够流向这些特殊的人们，看起来不是非常难以回答了。第三个问题，即为什么这种收益不会消失，这是当前利息问题中最棘手的问题，这个问题将会成为多余的。既然价值剩余能够用非归属的原因去解释，那再问它为什么没有用归属方法就没有意义了。

如果时间的流逝对价值具有首要的影响，并且现实向我们表明了时间的影响只是尚未分析的事实，这个事实又基本上依赖于利息的存在，但利息又要由其他的理由来解释，这种论证的路线本身是非常令人满意的，尽管从我的观点来看，这种论证会给我们带来很多与经济过程的实际进程不符的冲突。从逻辑上来看，这种论证不会遭到反对，但是时间的流逝并不具有独立的首要影响。即使在时间的过程中，很多商品的价值增长了，这也不能证明任何问题。这个事实非常的突

1　然而，还是有人沿着这个方面做了很多研究方面的努力：参阅奥托·康拉德的《工资与地租》。所有以这种方法解释利息的理论，都不是详尽的理论。

出，而这个事实在有关文献的论题中也产生过一定的作用，因此我们可以对此进行一些分析。

价值增长有两种方式。第一，一种实际的或潜在商品的服务可能在时间流逝的过程中自动改变，这种商品的价值也会增加。森林和窖藏的酒就是经常被举的例子。这些情况下，会发生什么事情呢？森林和酒的价值随着自然的过程增加，这种自然的过程是需要时间的。然而，它们只是在物质上变得价值更高了；在经济上，这种更高的价值已经存在于树的幼苗以及刚储存的酒中了，因为这种价值是依附于它们的。这些新的树木和酒，从我们已经熟悉的事实的角度来看，与适合砍伐的老树以及陈酒具有完全相同的价值。由于树木和酒在它们变得非常成熟之前就能够卖给消费者，那么这些树木和酒的所有者就会问自己，两种选择中，哪一种能够在每个经济周期产生更大的收益：是现在就卖掉，然后开始新的生产，还是等待它们更加成熟之后再卖。他们会选择能够产生更大收益的方法，为此，他们会对比树和酒的价值与刚开始投入其中的必需的劳动和土地服务的价值，事实上，情况并非如此。因为随着树和酒接近成熟，它们的价值是不断增加的。但是，由于从根本上来说，这个价值增加的过程要面对原材料和个人的风险，尤其是个人的生活中的风险，而且再加上利息的存在这个事实。因此在这些条件下，这些事实使得时间构成了成本的一个要素。如果没有这些要素，就不会有价值的增加。如果人们决定摒弃刚开始的想法，而决定延长森林和酒的成熟期，这只是因为人们发现这样做是更有利的。于是，就会出现一种新的利用森林和酒的方法，在决定采用这种新方法的时候，必然能带来价值的增长。然而，由于时间作为一种首要的、独立的现象，并不能产生真正的、持续的价值增长。

第二，经常会发生这样的情况，即某种商品的服务在物质上与以前是一样的，但是这种商品的价值随着时间的流逝增加了。这只能归因于新需求的出现，而且这是一种发展的现象，很容易能够看到人们是如何对待这种情况的。如果没有预见到需求的增加，但是获得了赢利，这些赢利并不构成永久性的价值的增加。相反，如果预见到需求的增加，那么从一开始就会把这种赢利归属于相关的商品，因此，之后就不会存在价值的增加了。如果在现实中出现了这种情况，我们将用一种方式来解释它，这种方式和物质方面的质量改善的情况是一样的。

4. 我们花费了很大的心思和想法来引导我们自己摆脱利息的两难境地，但是却产生了消极的结果。因此，我们发现我们重又回到了已经反复讨论过的剩余价值的问题上来，而且我们可以明确地把这种剩余价值看作净剩余，也就是，产品的价值超过体现在产品中的生产性商品的价值的剩余。剩余价值的存在是由于某种特殊的环境，这种环境把产品的价值提高到均衡价值之上，这种均衡价值是在循环流动过程中这些产品所具有的价值。这种作为净收益和商品流来源的剩余的特征，实际上和对未来的商品进行系统低估的情形是一样的。

环境能够提高产品的价值，使其高于它的生产资料的价值，从而借助于生产资料的价值，能够获得利润，这种环境在没有发展的经济中也是可以发生的。差错和意外之财、无意识的偏离预期的结果、困境以及偶然的富足的财富——这些以及其他很多的环境都可以产生剩余，但是这种实际价值对正常价值的偏离，以及同时所使用的生产资料的价值，都是无关紧要的。我们更感兴趣、更加关注的是那些由于发展而存在的剩余价值。我们把这些剩余价值分成两个主要的组别。一组包括那些由于执行发展而带来的必要的剩余价值，从某种意义上来说，发展包括了创造这些剩余价值，而且这些剩余价值可以用新的、更有利的、生产者生产出来的产品的运用来解释。这些剩余价值以前是根据其他较为不利的使用决定的。第二组包括那些建立在发展基础上的剩余价值，这些剩余价值也就是根据发展所带来的某些产品需求的增加而产生的，这些需求的增加或者是实际的，或者是预期的。

再次重复，这些所有的剩余价值——正如庞巴维克也会承认的——在任何可以想象的意义上都是真实的剩余，不用担心由于计算而带来的风险，也不用担心由于成本项目而产生的两难境地。以任何名义流向个人的商品流，除了工资、地租和垄断收入之外，都必须直接或间接地源自剩余价值。然而，让我们回忆一下已经推导出来的命题，那就是，竞争机制和一般估值规则的作用都倾向于一种趋势，即消灭任何超过成本的剩余。例如，如果一家企业突然地、意想不到地需要某种类型的机器，那么这种机器的价值就会上升，这种机器的拥有者肯定会获得部分或全部的剩余价值。但是如果这种新的需求被预见到了，那么可以想象，一定已经有很多的机器被生产出来了，此时这些生产者是相互竞争着供应这些机器的。此时，要么不会实现任何特殊的利润，要么，如果生产没有相应地扩大，那剩余将被归属于自然的、原始的生产要素，并以大家都知道的规则转移到它们的所有者手里。即使对机器的新的需求没有被预料到，经济系统最终也会根据这种需求进行调整，因此就不会存在任何与机器具有联系的永久性的剩余价值。

5. 现在我们可以明确地表达我们关于利息理论的五个命题，这些命题都自动来源于第一个基本的结论，即利息是一种价值现象，从价格方面来说，利息也是一种要素——我们与每一个科学的利息理论在这一点上都是一致的——这一点将由第六个命题来完成论证。

第一，利息本质上是来源于剩余价值的。在正常的经济生活过程中是没有剩余的，因此利息就不会产生。当然，这仅适用于我们在最狭隘的意义上所说的生产性利息，不包括"消费性的生产利息"[1]。由于利息只是工资和利息这种实体的寄生虫，因此，利息与这些剩余价值是没有直接关系的。但是，资本主义阶层赖以生存的大量的、有规则的商品流，在每个经济周期中的生产收益都能流向这些商品——这只能来自于我们所说的剩余价值。这几点将在以后进行更详细的论证。此外，还有一种不属于这种类型的剩余价值，也就是垄断收入。因此，我们的论题假设这些典型的利息来源不是来自于垄断收入。这一点如同我们前面所说的一样，是非常清楚的。因此，没有发展，在上面提到的这些限定条件下，就不会有利息；利息是发展在经济价值海洋中掀起的巨大海浪的一部分。我们的论证依赖于一种反向的证据，即循环流动的过程中价值的确定排除了利息这种现象。而首先，这一反向的证据依赖于人们对决定价值过程的直接认识；其次，依赖于站不住脚的各种试图建立决定性差异的尝试，即试图在没有发展的经济中，建立产品价值与生产资料价值的差异。我们也有正面的证据能够证明这种价值的差异在发展中的确存在。在下面的讨论过程中，这个命题就会失去它的很多奇怪之处了。然而，在这里我们必须强调，这个命题并没有像它看起来可能的那样远离我们对现实无偏见的对待，因为工业的发展是利息这种收入形式的主要来源[2]。

第二，如同我们已经看到的，发展所产生的剩余价值可以分成两种类别——企业家利润和那些代表"发展的结果"的价值。很清楚，利息不能把自己附属于后者。我们能够轻松地下结论，是因为创造这种类型剩余的过程是非常清楚的，我们能够立即看出其中有什么，没有什么。我们来举一个商人的例子，由于他在村庄里建立了一些工厂，因此他在一段时间内能够得到比均衡收入要多的收益，这样他就能得到确定的利润。这种利润本身不是利息，因为它不是永久性的，而且它可以通过竞争被消除掉。但是，利息也不是从这些利润中流出的——假定商人只是站在他的商店里，并向顾客收取更高的价格，也就是说，他为了得到这些利

1　例如：一家工厂由于事故被毁坏了，如果它通过贷款的方式来进行重建，那么这种贷款所产生的利息就是我们所说的"消费性生产利息"。

2　利息的规则性能够支持这种先入为主的偏见时，必须从"静态的"方面来解释这种偏见。但我们会对利息的这种规则性进行解释说明。

润，除了这些，他什么都没有做——这些利润不会再发生任何的事情：商人把这些利润放入口袋，并随心所欲地使用它们。整个过程没有为利息这种现象留下任何的空间。因此。利息必然来源于企业家利润。当然，这只是通过间接方式得到的结论，与其他支持这个命题的事实相比，这种结论只占有第二重要的位置。发展，以某种方式，把一部分的利润转移到资本家手里。利息实际上是对利润的一种征税。

第三，全部利润，甚至是部分利润，也不可能直接地、立即地成为利息，因为这些利润只是暂时的。以此为类比，我们就能立即明白，利息是不附属于任何的具体种类的商品的。所有依附于具体商品的剩余价值必定是暂时的，即使这种剩余在经济系统中随着发展不断地增加——以致我们只有通过深入的分析才能认清这种剩余价值的暂时性——这些剩余价值也不能立即形成一种永久性的收入。由于利息是暂时的，因此利息不能仅仅被理解成从具体商品中而来的剩余价值。尽管利息来自于确定种类的剩余价值，但是没有一种剩余价值本身就是利息。

这三个命题表明，利息这种重大的社会现象，是发展的产物[1]。利息来自于利润，但是它不依附于具体的商品，这些都是我们的利息理论的根据。承认这些理论，就意味着终止了一种反复找寻的尝试，即在具体商品中寻找与利息相对应的价值要素[2]。因此，我们可以把中心工作集中于狭小的范围内来研究利息问题。

6. 现在我们应该把注意力集中到重要的问题上来了。这个主要问题的解决是处理利息问题的最重要的一点，这个主要问题是：这种持久性的利息流，是如何从暂时的、不断变化的利润中抽离，而总是流向资本中去的？这个问题体现了我们至今研究所得的结果，而且也独立于我们继续研究的方向。如果这个问题能够得到满意的回答，那么利息问题就得到了解决，而且这种解决方法满足了庞巴维克的分析中所证明的必不可少的所有要求——不论这种方法在其他方面还有什么缺陷——这种方法不会遭到先前理论的强烈反对。

我们继续讨论第四个命题，除了剥削理论之外，这个命题与其他通常的理论是完全不同的，而且它也受到了最有资格的权威理论的反对：在共产主义社会或

1　参阅《本质》，第三篇，第三章。

2　从这一点，可以得出两个实际的结果：第一，所谓的原始交易性利息不是利息。只要它不是垄断利润或工资，它就一定是企业家利润——这些也是暂时的。第二，地租不是利息。地租是部分购买力，在循环流动的系统中，它不包含任何利息要素。出租房屋的净收入只是地租和"监督"工资。利息要素是如何在发展中进入到地租中的，这一点将从我们的论证中看出来。资本中已经存在的利息使得时间成为一种成本要素，这一事实是非常重要的。

者非交换经济中，不会存在作为独立价值现象的利息。显然，没有人愿意支付利息。但是，交换经济中，仍然存在产生利息的价值现象。这种价值现象作为一种特殊的价值现象、一种经济数量，甚至是一种概念，利息在这里也是不存在的；这里的价值现象依赖于交换经济这种组织形式。下面我们将对这个问题进行更为准确的阐述。在完全共产主义的组织中，也不会产生工资和地租的支付。但是劳动和土地服务仍是存在的，它们具有价值，而且它们的价值在经济计划中是一个基本的要素。这些对利息都是没有用的。在共产主义经济中，根本不存在进行利息支付的代理人，因此，也就不存在与收入的利息形式相对应的净收益。利息的确是一种经济范畴——但它不是由非经济的驱动力直接创造的——而只是在非交换经济中产生的。

为什么在共产主义社会没有利息，但是在交换经济中就存在利息呢？这个难题引出了我们的第五个命题，即能够从利润中抽取出永久性的商品流的吸引工具的自然性质。当然，资本家和生产具有很多的联系。从技术上来说，无论在什么经济组织形式中，生产过程通常都是相同的过程。它总是需要物品，除此之外，没有任何东西。因此，从生产过程来说，任何组织形式都是没有差别的。但是在其他的地方是有差别的。在一个交换经济中，企业家与他生产的产品的关系，与非交换经济中的中央结构与其生产的产品的关系，在本质上是不同的。非交换经济中的中央机构能够直接得到或处理这些生产品，但企业家只能通过雇佣或购买才能得到它们。

如果企业家有权利支配他的新生产计划所需的生产品，那么仍然存在企业家利润，但是企业家不会把利润的任何部分作为利息支付出去。企业家也没有任何的动力把利润的一部分作为他们所花费"资本"的利息。相反，他们获得的超过成本以上的全部收入都属于他们的"利润"，而不是别的。因为，其他人具有支配企业家必需的生产品的权利，企业家必须请求资本家来帮助他们移开挡住他们道路的障碍，即生产资料的私有制或者自由处置个人服务的权利。在循环流动的体系中，是不需要这种帮助的，因为已经在进行生产的厂商原则上能够用前期的收入来提供当前的生产所需要的资金，这样，生产所产生的收入是不需要任何资本主义机构的干预就能够流到企业家手中的。因此，在循环流动的构图中，没有任何东西是模糊的。如果假定进行生产所需要的生产资料是由前期的产品构成的，但在新组合的执行中，企业家是没有任何的产品来获得这些必需的生产资料的，那么此时，资本的职能就体现出来了。无论在共产主义社会，还是处于"静态的"非共产主义社会，都不可能存在任何相当于资本的东西，这是很显然的事实。

7. 我想把读者的注意力引导至这样的事实，即我们关于利润问题的概念所包含的内容与我们通常的概念是不同的。尽管这两者之间的不同是很明显的，但是我们还是有必要对这一点做进一步的阐述说明。

为了这个目的，我们从贷款的利息与资本中的"原始"利息之间的区别开始谈起。这个区别可以追溯到我们对利息本质问题做的初始调查，并且它已经成为利息理论的基石之一。对利息问题的思考是从消费贷款的利息开始的。从这种消费贷款的利息开始研究利息是符合事物的本质的，因为这种利息是收入的一个独立的分支，具有很多明显的独特的特征。从概念上掌握收入的一个分支，这种收入的分支也是能够从外部特征区别出来的，同时，这种收入的分支比必须先从其他要素的混合中识别出来的收入的分支要容易一些——因此，在英格兰，地租首先被清楚地识别出来，而且地租不仅在英格兰存在，还按照常规进行单独支付。不过，消费性信贷的利息也是研究的起点，因为这种利息在远古和中世纪是最重要的、众所周知的。生产性贷款的利息也是存在的，但是在古典时期，这种利息只在不进行哲学探讨的领域起作用，而在探讨哲学的世界，人们只是匆匆地观察经济事物，并只关注他们的领域内观察到的利息。同样，后来出现的资本主义经济要素，也只熟悉它自身世界中的循环，这个世界中不会思考，也不会写作。教堂的神父、精通宗教法规的人、依赖教会的哲学家以及亚里士多德[1]——所有这些人都只考虑了消费性贷款的利息，这种利息在他们这些人的视野范围之内是非常引人注意的，而且是以一种令人不快的方式引起人们的注意的。他们鄙视榨取穷人血汗钱的人、毫无顾忌进行剥削的人以及挥霍无度的人，从他们对高利贷者给别人带来压力的反应来看，他们对索取利息的行为是反对的，这样，各种利息的禁令就可以得到解释了。

随着资本主义经济力量的增长，另一种概念从对商业生活的观察中逐渐形成。生产性贷款的利息是由后来的研究者发现的，这种说法有点夸大其词。但是，实际上，对这一点进行强调，就如同一种发现。我们立刻就能明白，旧的概念忽视了这种现象的一部分，这一部分是如今最重要的一部分，同时，我们也能明白，债务人绝不会由于借款而变得更加贫穷。这削弱了对利息采取敌对态度的根本理由，并且在科学上前进了一步。整个英国关于利息的文献，直到亚当·斯

---

1 亚里士多德（前384—前322年），古希腊斯吉塔拉人，世界古代史上最伟大的哲学家、科学家和教育家之一。——译者注

密时期，都充满着这种思想，即贷款经常能够使借款者获得利润。处于弱势地位的借款人，在理论家看来，变成了强势的借款人；处于可怜地位的憔悴可怜的人群和没有想法的土地所有者，现在变成了另一种类型：企业家——虽然没有给整个概念清楚而明确地下定义，但这足够清晰了。这些是我们在这里对理论进行阐述时所用的观点。

生产性利息，对这些理论家来说，仍然是贷款的利息。企业家利润被看作是它们的来源。但是，我们不能就此认为企业家的利润仅仅是利息，就如同工资的来源是总收入，但是我们不能认为所有生产的收入都是工资。如果要对这些作家关于利息的理论的不足之处提出一些值得肯定的地方，那就是他们至少没有把利息和利润混淆，或者他们没有在特征上把利息和利润等同起来。相反，正如休谟[1]所观察到的[2]，他们也注意到了利润和利息之间的区别，但是他们没有看到利润只不过是某些人自有资本的利息。他们用来解释利润的方式，根本不适用于说明贷款利息，而只能用于解释作为贷款利息来源的另一种利润[3]。所有这些作家都把利息追溯到商业利润，以此作为利润的来源，但是他们没有说明商业利润是利息的唯一来源，虽然这种利润的确是利息的主要来源。即使"利润"出现在"资本利润"这个词语中，利息也不能解释他们的这种"利润"。他们没有解决利息问题。但是，如果说他们仅仅把派生形式的贷款利息追溯到原始的、真实的利息，而没有对这种原始的、真实的利息进行解释，这种说法也是不正确的。他们只是没有证明为什么拥有资本的贷款者能够处于索取利润份额的位置，为什么这些贷款者的喜好总是能够决定资本市场。更进一步说，洞察利息现象所依赖的解决方法的中心问题，当然在于商业利润；但是，这并不是因为商业利润本身是真实的利息，而是因为商业利润的存在是支付生产性利息的先决条件。最后，企业家当然是整个事情的进展中最重要的人；不过，这并不是因为他是真正的、原始的、典型的利息接受者，而是因为他是典型的利息支付者。

在谈到亚当·斯密时，我们仍然可以觉察到某种观点的轨迹，根据这个观点，利润和利息是不能简单地相重合的。只有李嘉图及其追随者认为利润和利息

---

1 休谟（David Hume，1711—1776年）18世纪英国哲学家，历史学家，经济学家。他被视为是苏格兰启蒙运动以及西方哲学历史中最重要的人物之一，其哲学是近代欧洲哲学史上第一个不可知论的哲学体系。——译者注

2 也可以用配第、漯河和斯图亚特的论证。

3 这解释只看一眼洛克的理论所产生的不一致，正如庞巴维克所强调的那样。（参考《资本与利息》，第二版，第一篇，第52页）。

是两个简单的同义词。直到后来，理论家才注意到商业利润中的唯一问题就是利息问题；直到后来，企业家为何能够获得利润的问题才成为利息问题；也是直到后来，英国作家所写的"利润"被解释为"资本的利润"或"原始利息"时，他们所要表达的意思才能被正确地理解。这些英国的作家所要表达的绝不是仅仅用自有资本的利息毫无损害地代替借入资本的契约利息，而是代表了一种新的主张，即企业家的利润在本质上是资本的利息。下面的事实一定有助于解释这个问题，而这个问题从我们的观点看来明显是偏离正确路径的。

首先，这个问题的陈述是非常明显易懂的。契约性的农业地租只是"原始"现象的一个结果，也就是可以"归属于"土地产品的一部分。从地主的角度来看，农业的净收入只是地租本身，而地租只是"归属于"土地的部分产品本身。契约工资只是劳动的经济生产率的结果；从工人的角度来看，契约工资仅是生产的净收益。为什么利息的情况就不是这样了呢？如果没有特殊的原因，利息的情况应该与工资的情况是一样的。与契约利息相对应的是原始利息。与地主的典型收入相同，这种原始利息对于企业家来说，也是一种典型的收入，这个结论看起来是非常自然的，几乎是不言而喻的。实际上，企业家是允许自有资本获得利息的——这是一个不可争辩的事实。

产品价值超过它们的成本的剩余，产生于资本家之手，是一种基本的现象，这种现象也是利息所赖以存在的。仅仅看到这个问题，并希望所有的问题都随着这个问题的解决而得到解决，这难道不值得惊奇么？经济学家刚刚使他们自己摆脱了重商主义的肤浅，并开始习惯关注隐藏在货币背后的具体商品。他们强调，资本是由具体的商品组成的，他们倾向于把这种资本看作一种特殊的生产要素。一旦形成这个观点，就会直接导致把利息看作库存商品价格的一个要素，从而人们会把这种利息与企业家通过这些库存商品得到的利润等同起来。由于利息来自于利润，并且代表利润的一部分，因此，利润，或者利润中的一部分都会不自觉地成为利息。当利息与企业家生产中所使用的具体商品联系在一起时，利润或利润的一部分与利息之间的这种转变是自动发生的。工资不是与利润一样能够变成利息的，因为利息是由这些工资进行支付的，这种反映超过了人们的想象。

对企业家职能令人不满意的分析，曾经有力地支持了上面的观点，使其具有普遍性。把企业家与资本家混为一体，或许不是十分正确的做法。但是，在任何情况下，人们首先是从这样的观察开始的，即企业家是借助库存商品这种意义上的资本的帮助获得利润的，同时，人们对这种观察进行了强调，其实这种观察的结果不值得人们进行这些强调。人们能够从资本的使用中看到企业家的特殊职能，并把企业家与工人区分开来——只是很自然的。原则上，企业家被看作是资本的雇佣者、生产品的使用者，就像资本家被看作是某种物品的提供者是一样的。上面这些问题的论述能够很容易表达出来。但是对于贷款利息，这种论述必然更加准确、具有更加深远的意义。

这显然曾经对利息问题产生过重大的影响。之所以存在贷款利息，是因为存在原始利息，并且这种原始利息又产生于企业家的手中。因此，利息问题的解决都集中于企业家身上。这导致了很多的假象。很多人尝试用类似于剥削理论和劳动理论的理论来解释利息，这种解释第一次成为可能。因为只有把利息与企业家联系在一起，那种用来解释利息的观点才会产生，即用企业家的劳动服务，或者包含在产品中的劳动，或者企业家与工人之间的价格斗争来对利息进行解释。其他的尝试，比如所有的生产力理论，尽管对利息的解释没有成为可能，但由于它们对利息问题的阐述，这些尝试也具有非常明显的作用。这些阐述方法不可能形成一种有影响力的关于企业家和资本家的理论；同时，这些阐述使对特殊的企业家利润的识别变得困难，因而这些阐述一开始就毁掉了它们对利息的解释。但是，这种解释的最坏结果是它产生了一种经济永续运动的问题。

经验告诉我们，利息是一种永久性的收入，它来源于企业家。因此可以说，一种永久性的收入产生于企业家的手中。于是，传统利息理论所面对的问题是：利息从哪里来？一个世纪以来，理论家们一直在探讨这个无法解释，同时，也确实是毫无意义的问题。

我们的观点完全不同。如果传统理论把契约性利息与企业家的利润联系起来，那么这种理论只是把利息问题追溯到它所认为的最基本的情况，而且，完成这些之后，还要去做这个任务的主要部分。如果我们成功地把利息与企业家的利润联系起来，那么我们就能解决所有的问题，因为企业家的利润本身来说并不是利息的另外一种情况，它与利息是不同的，这一点我们已经解释过了。"贷款存在利息是由于存在商业利润"，这个表述对当前流行的理论来说，只有作为对利息问题更加准确的表述才是具有价值的；但对我们来说，这种表述已经具有解释性的价值了。但是，问题又来了：商业利润是从哪里来的呢？这个问题要求流行理论要解决其主要问题，但是对我们来说，这个问题已经解决了。我们剩下的问题只是：利息是如何从企业家利润中产生的？

为此，有必要把读者的注意力吸引到我们对利息问题的不同的、狭义的表述上来，因为反对意见认为我们除了把利息引导至商业利润中之外，没有做任何事情。这种反对意见是比较令人烦恼的，因为把利息变成商业利润是理论已经论证的了。大家都看到我们在反复强调那些读者自己也许很容易就能说清楚的事情，也足以证明我们的烦恼。现在，我们将对我们利息理论中的第六个命题，也是最后一个命题进行说明。

8.构成利息基础的剩余，是一种价值剩余，只能以价值形式表现。因此，在交换经济中，这种价值表现只能通过比较两种货币总量才能表现出来。这一点是显而易见的，也是毫无争议的。特别是，商品数量的比较对价值剩余的存在不具有任何的说服力。在这种关系中，无论提到多少数量的产品，它只是作为价值符号出现的。实际上，价值表现以及利息都是用货币形式来代表的。任何情况下，我们都应该承认这样的事实，但是我们可以用不同的方式去解释。我们或许可以得到这样的结论，即利息以货币形式出现只是依赖于必须的价值标准，而与利息的本质和自然属性没有任何的关系。这就是流行的观点。根据这个观点，货币只是表现价值的一种形式，而利息却不同，它产生于某种类型的物品中，并作为这些物品本身的剩余存在。我们对企业家利润也是持这种观点。价值的衡量对于表述企业家利润也是必要的，用货币来对这种价值进行衡量也是权宜之计。但尽管如此，企业家利润的本质与货币是没有任何联系的。

试图尽可能快地使利息问题脱离货币要素，而把对利息的解释带入到价值和收益产生的范畴内，也就是带入到物品的生产领域范畴内，这毫无疑问是很有吸引力的尝试。但是，我们不能因此而回避问题。在任何的情况下，与货币利息相对应的是购买力的升水，也就是购买某种物品的溢价。从技术的意义来说，生产所需要的是物品而不是货币，这是一个事实。但是如果我们只是从技术重要性的层面据此就得出货币只是起中间联系作用的结论，并用货币所购买的物品来代替货币，进而在最后的分析中用这些物品来代替利息的支付，那么我们的分析就是站不住脚的。或者可以更准确地说：我们的确可以从货币基础进入到商品的世界，这需要一步或者几步的距离。但是，这条路会由于商品的溢价不能持久而终止——于是，我们就能立即发现这条路是错误的，因为利息最本质的特点是它的持久性。因此，不可能通过分析具体物品的溢价或升水来揭开货币的面纱。如果有人想这么做，那就相当于穿透真空[1]。

因此，我们的分析不能离开利息的货币基础。这构成了一种间接的证据，即

1　这里我们不对"消费品的库存"和"劳动和土地服务所积累的库存"最进一步深入的分析和探讨。

货币形式重要性的第二种解释就是利息是以货币形式出现在我们面前的，也就是说，货币形式不是外壳，而是核心。显然，仅有这样的证据，还不足以使我们能做进一步的推导。但是，这与我们前面对信用和资本的论证是相符合的，通过这种匹配性，我们也能够理解购买力在这里所起的作用。因此，我们在这里可以陈述我们的第六个命题：利息是购买力价格的一个要素，而购买力被认为是控制生产品的一种手段。

这个命题当然不会赋予购买力任何的生产性角色。尽管在货币市场中存在利息随着货币供求的变化而波动这样的事实，但很多人仍然拒绝承认这样的事实，但是，这样的事实无疑支持了我们的解释[1]。还必须增加另外一点。当下雨时，人们就会被淋湿，企业家的情况与之类似，即如果其他条件不变，当信用工具增加时，利息就会下降。现实中，如果政府印刷纸币，并把这些纸币借给企业家，难道利息不会下降么？难道政府不会因此而得到利息么？难道利息和汇率以及黄金运动之间的关系还不足以说明这些么？正是这些每天都在进行的极具深度与广度的观察，支持着我们的论述。

然而，只有少数具有影响的理论家把这些事实引入到对利息现象的探讨中。希奇维克提出了一种解释，我和庞巴维克都认为他提出的这种理论实际上是一种节约理论。但在引用资料的来源，即讨论利息的那一章之前，他在关于货币价值的那一章里谈到了利息，他把利息视为一种货币的价值，并把利息与货币联系起来，同时在他的陈述中，还指出了购买力的创造对利息的影响，他说："……我们必须考虑，很大程度上，银行家能够制造出他借出的货币……同时，一般来说，他能够以低于资本利息率的价格卖出这种商品。"这个论述包含几种观点，但我们对此并不感到满意。此外，他的分析中没有提出任何基础来用于分析利息的产生过程。他也没有对利息理论做出进一步的结论。但是，他的分析还是朝着我们的方向前进了一步，他显然参考了麦克劳德的分析。达文波特在这个课题上面更加前进了一步，但他的分析也没有得出任何的结果。他的分析非常好，而且如果继续进行的话，他能够找到最后的结论，但是他没有继续做出分析。流行理论完全忽略了货币要素——这种理论把利息问题作为一个技术问题留给了金融作家。这种对待利息问题的态度是相当普遍的，因此它必然建立在某些真理成分之

---

1 马歇尔对贸易萧条委员会的评论。在讨论货币数量和物品价格之间的关系时，他说，一谈到货币的增长，"我认为它会立即影响隆巴顿大街，而且倾向于使人们借更多的钱；它将使存款和信贷膨胀，并使人们增加投机……"。说这些话的人是不会轻易拒绝承认我们的解释的（谁又能否认这样的解释呢）。

上，而且无论如何，这都是需要解释的。

对于试图否认利息率与货币数量之间的统计关系的尝试，我们没有什么好说的。R.乔治·勒维曾经比较过利息与黄金的生产，结果他没有发现它们之间存在重要的相关关系。暂且忽略他所用的统计方法存在缺陷这样的事实，也不能证明货币数量和利息率没有任何相关性这样的结论。首先，不能期待存在精确的时间相关性。其次，黄金的供给，甚至是银行，也不是简单地根据其所授予的信用量的比例来确定的——只有贷出的信用才对利息率具有意义。最后，所有黄金的生产并不是流向企业家的。

即使欧文·费舍尔进行了归纳性的反驳，（《利息率》第319页以及以后各页）这也不影响我们的论证。年平均的数据绝不能提供任何与我们的观察相对立的证据，这种观察是对日常的货币交易细节的密切关注。同时，他比较了每单位货币的流通量与利息率，但是这种比较和命题是没有任何关系的。

当然，18世纪的经济学家有各种理由强调利息最终还是要付给商品的。他们不仅同重商主义进行斗争，还和商人及哲学家犯的各种错误做斗争，通过这种斗争，他们实际上建立了价值真理，并揭露了一系列的普遍谬误。劳、洛克、孟德斯鸠[1]以及其他人无疑错误地认为利息率仅仅依赖于货币量；亚当·斯密则正确地指出[2]，货币量的增加将引起价格的提高，并且，在较高水平上，收入与之前起作用的资本之间的相同关系也会逐步建立。甚至，流通中货币的增加所带来的直接影响就是提高利息率，而不是降低利息率。对增长的预期一定会带来这样的结果[3]，而且在任何情况下，价格的上涨都会刺激对信贷的需求。尽管这种论述解释在某种程度上证实了为什么我们最高的权威反对"货币"利息论，但是它与我们的命题没有任何的关系。

我们也可以从"与货币解释相对立"的观点中发现真理的其他要素[4]。商人和

1　孟德斯鸠，法国伟大的启蒙思想家、法学家。孟德斯鸠不仅是18世纪法国启蒙时代的著名思想家，也是近代欧洲国家比较早的系统研究古代东方社会与法律文化的学者之一。他的著述虽然不多，但其影响却相当广泛，尤其是《论法的精神》这部集大成的著作，奠定了近代西方政治与法律理论发展的基础，也在很大程度上影响了欧洲人对东方政治与法律文化的看法。——译者注

2　参阅《国富论》，第二篇第四章，亚当·斯密对此进行了简短而又意义深远的论证。

3　参阅费舍尔的《利息率》，第78页。

4　例如，对利息与货币数量之间相关关系的蔑视可以表述如下：如果存在过多的货币，那么货币的价值会下降——因而，支付给这些价值较低的货币的利息就越少。当然，这里不存在赎回特征。我在文中对这种解释没有进行讨论，当我相信，这种解释由于回避了货币与利息的关系而曾经对经济学家起了很大的打击作用。

金融作家往往以一种错误的方式强调贴现政策以及货币体系的重要性。政府影响利息率这一事实不能够证明利息是购买力的价格，而只是能够证明这样的事实，即政府控制价格的事实能够证明一般价格可以由政府行为来解释。无疑，利息率受到对通货关注程度的影响，但是这种事实的理论意义本身并不重要。这是市场之外的动机影响价格的一种情况。那种认为一个国家的利息能够通过货币系统和贴现政策保持低于其他国家的水平，从而促进经济发展的观点，只不过是一种未经科学论证的偏见。货币市场的组织，和劳动力市场一样，是有能力进行改进的，但是在这个根本过程中，任何东西都不会因此而改变。

9. 我们的问题现在可以归结为一个简单的问题：当前购买力超过未来购买力的额外费用，其出现的条件是什么？如果我借出一定数量的购买力单位，我在未来的某天可以收回比这些借出的购买力更大的数目，为什么会发生这样的情况？

显然，这是一个市场现象。我们所说的市场是货币市场。我们所要调查的是价格决定的过程。每一个个体贷款交易都是真实的交换。起初，这看起来很奇怪，因为商品竟然与其自身在进行交换。但是，自从庞巴维克对这一点进行论证以后[1]，就没有必要对这一点的细节进行详细论述了：当前与未来之间的交换，并不是相同事物之间的交换，因而是没有任何意义的；当前与未来之间的交换，只是像某地的事物与另外一个地方的事物之间的交换。如同一个地方的购买力能够与另一个地方的购买力进行交换一样，现在的购买力可以与未来的购买力进行交换。赊购交易与外汇套利之间的对比是很明显的，这一点可以留给读者去注意。

如果我们成功地证明了，一定的条件下——让我们暂且以发展的情况说明——在货币市场上，按照常规，当前的购买力价值必然超过未来的购买力，那么我们也从理论上解释了商品流向购买力所有者手中的这种永久性流动的可能性。资本家能够得到在各方面看起来都好像产生于循环流动中的永久性收入，尽管这种收入的来源不是永久性的，并且是发展的结果。任何的归属或计算都不能改变作为净收益的商品流的特征。

我们现在可以直接说明一笔永续年金的总价值有多高。它应该是一笔总数，即应该等于一笔年金的总数，如果以利息为目的把这个永续年金借出去，那么应该获得与一笔年金相等的利息。因为如果利息较低，出借者就会竞相购买年金，如果利息比较高，潜在购买者将会以这个较高的利息进行放款，而不是购买这些年金。这是已经预先假定一个利息率的"资本化"的真正规则。根据这一点，我

1　参阅《资本》第二卷。

们再次强调：对永久性收入的估值不能脱离它们作为净收入的特征。

如果我们解决了现在购买力的升水问题，我们就回答了利息理论所包含的三个问题。流向资本家手里的永久性商品流，不会流向其他的任何人，而且在流动过程中也不会被扣减，找到这个过程的证据，就能够解决所有的问题，并且能够解释这样的事实，即这种流动也代表了一种收益，即净收入。我们现在将进入到这一论证过程，并逐步完成我们对利息的多个问题的解释说明。

10. 即使在循环流动的体系中，也会存在并产生这样的现象，即人们乐意去借款，即使借款的条件是未来要偿还比他们所借到的数额要大的欠款。不论出于什么动机——暂时的贫穷、未来收入增加的预期、薄弱的意志或远见——具有这些动机的人们能够根据未来的购买力来对他们当前的购买力进行估值，这决定了他们当前的购买力需求曲线。另外，只要人们能够得到一笔溢价，总有人愿意满足这种贷款需求。这笔溢价能够补偿他们借出这笔款项所带来的麻烦，而这笔款项本来是为特定的目的准备的。因此，我们也可以构建供给曲线，这个价格——已经决定的溢价——在市场中是如何出现的，对这样的细节进行说明几乎是不必要的。

但是，这一类的交易通常不具有任何的重要性，而且，它们不是经营活动中的必要因素。只要对借款者来说，对当前购买力的控制意味着将带来更多的未来购买力，那么借和贷就成为日常工业和商业的正常规则的一部分，利息也在经济上和社会上获得了它实际上已经具有的重要性。由于商业利润的预期是对当前购买力的总价值进行估值的关键，所以我们暂时把那些甚至在没有发展的情况下也能产生利息的其他因素放在一边。

在循环流动的体系以及处于均衡的市场中，人们不可能用给定量的货币得到更大数目的货币。不管我怎样利用100货币单位价值的资源（包括管理），在众所周知以及习惯的范畴内，我只能刚好得到一百单位货币的收入。不管我把这100单位的货币用于哪一种现存的可能的生产中，我从该产品中也总是只能得到一百单位的货币，不会更多——甚至，可能更少。这种结果也反映了均衡位置的特征，代表了生产驱动力的"最佳"组合——给定的条件下，从最广泛的意义上来说。在这种意义上，货币单位的价值必然等于其账面价值，因为我们假定所有的套利交易已经实现，并排除了这种情况。如果我用这100单位的货币购买了劳动和土地的服务，并用它们来执行最有吸引力的生产，我就能发现，生产出来的产品在市场上刚好可以得到100单位的货币。正是由于这些最具吸引力的生产可能性，生产资料的价值和价格才得以建立，这种最具吸引力的生产也决定了购买力的价值。

只有在发展的过程中，事情才变得不同。在这种情况下，如果我用100单位的货币购买了执行新组合所必需的生产资料，并成功地把新的生产品以较高的价值投入到市场，我才能获得较高的收益。由于生产资料的价值不是由这个新的使用方法决定的，而是根据之前的使用方法决定。在这里，拥有一笔货币是能够获取更多货币的手段。因此，人们通常认为现在的一笔钱比未来的一笔钱要更加具有价值。现在一定数量的货币——也可以说潜在的更多的货币——将有一笔价值升水，这将导致价格的升水。在这里，可以发现对利息的解释。在发展过程中，提供和取得信用已经成为经济过程的必要的部分。这些现象被描述为"资本的相对稀缺性""资本的供应落后于资本的需求"。在发展中，社会的商品流变得越来越宽，越来越丰富，利息此时才显得很突出，并使我们受到它的影响，以至于必须经过长时间分析才能察觉到利息并不是在人们经济活动的任何地方都会出现的。

11. 让我们更加仔细地研究利息的形成过程。经过上面的论述，意味着我们应该仔细检查决定购买力价格的方法。为此，我们要把自己严格限定在我们认为是基本情况的研究中，这种研究在以前的章节已经出现过，即企业家与资本家之间的交易情况。我们将在后面探讨利息现象的最重要的细节。

在我们当前的假设下，只有那些对当前购买力的估值比未来购买力要高的人才是企业家。只有企业家才支持当前的货币，并承受这些货币在市场的运动，只有企业家才是能够把货币的价格提高到它们的票面价值之上的需求的承担者。

处于供给一方的资本家面对的是处于需求方的企业家。让我们从这样的假设开始，即执行新组合所必需的支付手段一定要从循环流动的体系中抽离出来，并且不存在信用支付手段的创造。此外，由于我们考虑的是不受到之前的发展结果影响的经济体，因此这里不存在大量的闲置购买力的储存。所以，资本家是这样的人，即在一定的条件下，通过限制自己在生产或消费中的开支，而把一定数额的资金从它们习惯的用途中抽离出来并转移给企业家，让企业家使用。我们还假定，经济系统中的货币数量不会以其他的方式增加，比如发现金矿。

企业家与货币所有者之间的交易将会发展并进行下去。我们已经为所有的交换个体指定了确定的需求和供给曲线。企业家的需求是由借助于一定数量货币的帮助所能获得的利润决定的，他是通过开拓围绕在他面前的各种生产可能性获得利润的。我们假定这些需求曲线是连续的，如同其他商品的一样，尽管一笔小的贷款，比如一笔较少单位的货币，对企业家来说所起到的作用很小，也尽管在那些重要的可能形成创新的某些点，个人的需求曲线实际上是不连续的。超过了一个特定的点，也就是超过了执行企业家所想到的所有生产计划所必需的金额，企业家对货币的需求就会急剧下降，也许会下降到零。然而，考虑整个经济过程，也就是考虑众多的企业家时，这种绝对的情况就会失去它的重要性。因此，我们应该想象企业家有能力确定能够从每单位货币中得到的企业家利润的数量，这种利润数量是从零到实际目的中出现的最大数额之间的任何数字，如同每个人能够对任何商品的连续单位确定一定数量的价值一样。

正如第一章所解释的那样，任何普通个人对其在每个经济周期内所拥有的货币存量的评估依赖于每一单位货币的主观交换价值。这个规律对超过人们已经习惯的这个普通货币存量的增量货币也是有效的。由此，产生了每个人都具有的确定的效用曲线，另外，加上众所周知的原理，能够得到货币市场确定的潜在供给曲线[1]。现在，我们必须对企业家与潜在货币供应者之间的"价格斗争"进行描述。

我们假设这里的货币市场，可以被看作与证券交易所是类似的，有人通过不断的尝试对购买力提出了一定的价格，我们把这个假设作为研究的出发点。在我们这样的假设下，购买力的价格一定非常高，因为借出资金者必然严重地打乱所有他私人的以及商业的安排。假定，现在购买力的价格用未来购买力来表示的价格是140元，期限为1年。在存在40%溢价的条件下，只有那些有希望至少得到40%，或更确切地说，得到超过40%的企业家利润的企业家，才会产生一定的有效需求；其他人则不会。假定存在一定数量的这种能够产生有效需求的企业家。根据"有一点优势就进行交换比不进行任何交换要好"的原则[2]，这些企业家已经准备好支付利息来获得一定数量的购买力。在市场的另一边，同样存在着借方，在当前的这种利率下，他甚至不愿意进行交换。让我们再次假定一定数量的人们认为这种补偿足够多，他们会考虑的问题是应该借出多少资金。对一定数量的资金来说，40%是一种充足的补偿；对每个人来说，都存在一种限度，超过这个限度，他在当前经济周期内所牺牲的效用数量一定会超过下一周期所增加的效用数量。但是，贷款实际上一定会足够大到一定的数量，此时再增加一点数量的贷款都会带来不利的剩余，因为如果贷款额小于这个足够的数量，继续以这个利率借出货币单位

---

1 详细细节，请参阅《本质》第二篇。在这里，我们不会对价格理论作详细的说明。

2 参阅庞巴维克的《资本》，第二卷。

就会得到有利的剩余，根据一般性的原则，没有人会不进行货币借出这种行为。

因此，供给和需求是在这种"试探性"的价格中决定的。如果它们之间的数量相等，那么在我们的例子中，这个价格就是40%的利息率。然而，如果企业家在这个利息率价格上所需要的货币比供给的货币多，企业家之间就会互相竞争抬高价钱，这样某些企业家就会被淘汰，新的借出资金者也会出现，直到资金的供求达到均衡。如果企业家在这个利息率价格下所需要的货币比供给的货币少，那么资金出借者之间就会互相竞争压低利息率，这样某些资金借出者就会被淘汰，新的企业家也会出现，直到资金的供求达到均衡。因此，货币市场和其他的情况是一样的，交换中的竞争会建立一种确定的购买力价格。由于双方对现值的估价要高于对未来货币的估价——对企业家来说，是由于现在的货币意味着未来更多的货币，对资金借出者来说，是由于在我们的假定下，现在的货币使他能够有序地安排自己的经济活动过程，而未来的货币仅仅增加了他的收入——货币的价格也总是会高于它的票面价值。

我们对这一点所讨论的结果可以用边际理论来表示，这和其他任何价格决定过程的情况是一样的。一方面，利息等于"最后一名企业家"的利润，这个企业家从执行他的生产计划中所获得的利润恰好够支付利息。如果我们对企业家排序——考虑了风险中的变化要素——根据企业家期望获得利润的大小，那么企业家的"借款能力"在排序中是逐渐下降的，如果我们假定这个排序是连续的，那么必然有至少一名企业家，他所获得利润恰好等于需要支出的利息，这个企业家正好处于能获得较大利润的企业家与被排除在货币市场交易之外的人之间，这些人之所以被排除在货币市场之外，是由于他们所获得的利润小于他们需要支付的利息。实际上，这个"最后的"或"边际的"企业家也是可以获取较小的剩余的，但是也存在这样的企业家，即对他们来说，这个剩余太小了，小到他们对购买力的需求是按照实际流行的利息而不是较高的利息产生的，利息率任何的微小变化都会导致他的购买力需求的消失。这些企业家所处的位置与理论上的边际企业家是对应的。因而，我们可以这样说，任何情况下，利息必然等于实际中实现的最微小的企业家利润。这样的表述使我们又接近通常的解释了。

另一方面，利息也必须等于最后一名资本家或边际资本家对其货币的估值。边际资本家的概念，与得到边际企业家概念所用的方法是相同的。很容易可以看出，根据这样的观点，利息必然等于最后一名资金出借者的估价，更深入地说，最后一名自己出借者的估值也必然等于最后一名企业家的估值。这个结果是如何发展的，也是很明显的事情——这在经济学文献中是经常做的。只有一点还需要被提及。最后一名资金出借者对其货币的估值，依赖于他对习惯的经济生活过程的重视程度；可以这样表达，贷款包含一种牺牲，对边际资本家来说，贷款就是一种"边际的牺牲"，这相当于利息收入所引起的收入增加的估值。因而，利息等于最大的或边际的牺牲，这种牺牲是在给定利息率的情况下，为了满足现有的货币需求而做出的。至此，我们接近节制理论的表述方法了。

12. 如果工业的发展实际上是依靠循环流动体系中的资源来获得资金支持的，那么利息就是以这种方式决定的。但是，我们也注意到，新创造出来的购买力，也就是信用支付工具，也是需要支付利息的。这又把我们带回到本书第二章和第三章所发展的结果，现在是介绍它们的时机了。我们能够看到，在资本主义社会，工业的发展在原则上是可以通过信用支付工具的执行来实现的，我们现在接受这个观点。我们再一次记住：实际中存在的货币的巨大蓄水池是发展的结果产生的，因此，首先不必要考虑这种巨大的货币蓄水池。

这种要素的引入，改变了我们之前对现实的描述，但是它的主要特征还是没有被改变的。我们对货币市场需求方面所进行的论述暂时不会改变。现在的需求像以前一样是来自于企业家，而且是以同样的方式出现的。只有供应的一方需要有较大的改变。现在供应建立在另一种基础之上；出现了一种新的购买力来源，它具有不同的本质属性，这种购买力在循环流动的系统中是不存在的。现在，供给也来自不同的人，来自不同定义的"资本家"，为了与我们之前的论述保持一致，我们把这种"资本家"称为"银行家"。此时，作为利息起源的交换在企业家与银行家之间发生了，根据我们的解释，这种交换具有现代社会中所有有关货币方面的交换的典型特征。

因此，如果我们给出支配信用支付手段的条件，我们就把握了利息现象的基本情况。我们已经知道，这种供给是依靠什么力量来进行调节的：首先要考虑到企业家失败的可能性，其次要考虑到信用支付工具可能的贬值。我们可以把第一种要素从我们的分析中剔除。为了这个目的，我们只需考虑加上从经验中得知的风险，并且认为这种风险包括在"贷款的票面价值"中。从经验中，我们知道这意味着1%的贷款收不回来，那么我们可以这样说：如果银行家实际上从不是坏账的所有债权中获得了额外的大约1.01%的利息，那么我们可以说，此时银行家收到的资金数额与他所借出的资金数额大小是一样的。当然这里也忽略了作为银行家职业能力的工资。供给的大小将只由第二种要素决定，也就是新创造的购买力与现有购买力之间的价值差额，所要考虑的也只是要避免这种价值差额。我们必须表明，价值和价格决定的过程也作用于新产生的购买力，并产生了一定的溢价。

根据我们前面所论述的情况，出现负的利息也不是完全不可能的事情。这种负利息可能产生在这样的情况中，即如果建立新企业所需要的货币量小于人们所提供的货币量，这些提供货币的人认为哪怕暂时提供给这些新建立企业的人使用，也是"能够给他们带来帮助的"。不过，我们排除了这样的情况：银行家收回的钱要少于他借出去的钱，此时他就遭受了损失；由于银行家不能完全偿还所有的债务，他就不得不弥补这些损失。因此，在这种情况下，利息不可能降到零。而且，在一般情况下，利息应该高于零，因为企业家对购买力的需求与对普通商品的需求，在一个重要的方面是不同的。在循环流动的系统中，需求总是由实际的商品供给来满足，否则这种需求就不是"有效的"。然而，企业家对购买力的需求，与企业家对这些具体商品的需求相比，是不受实际商品的供给这个条件限制的。

相反，它只受另一个不太严格的条件限制，那就是企业家以后要具有偿还贷款和利息的能力。即使不存在利息，企业家通过贷款的帮助能够获得利润的时候，他也会对信贷产生需求——否则，他就没有进行生产的经济刺激——我们也可以说，企业家的需求受制于这样的条件，或者说在这样的条件下才是有效的，那就是他能够利用贷款获得利润。这又牵扯到供给与需求。不管经济情况如何，这个经济体所具有的创新的可能数目是无限的，这一点在第二章已经进行了解释。即使是最富裕的经济体也不可能绝对的完美，我们总是能够对其进行改进，但是，追求这种改进的过程总是受到给定条件的限制。每一步改进都能展现新的预期，都能使经济系统远离绝对的完美这种表面现象。因此，利润产生的可能性，以及由此产生的"潜在的需求"，是没有一个确定的限度的。所造成的结果就是利息为零的需求总是大于供给的，而供给总是有限的。

然而，获取利润的可能性，如果没有企业家人格的支持，将是无力的、不现实的。目前为止，我们只知道，在经济生活中，产生利润的创新是"可能的"；我们甚至不知道，这些创新是否总是由一些具体的个人开始进行，并达到这样的情况，即利息为零时，对购买力的需求总是大于其供给的。我们还需要进一步深入研究。一些事实能够告诉我们一些事情，即不存在发展的经济系统可能是存在的，这样的事实就告诉我们，有能力并且愿意进行这些创新的人可能是不存在的。由此，我们也可以说，这种人存在的数量是非常少的，以致购买力的供给不能被这些人的需求所吸收而不是供给不能满足所有的需求。如果没有对购买力的需求，或者只有微不足道的需求，那就根本不会存在购买力的创造，信用支付手段的供给也会完全消失[1]。但是，只要存在企业家对信用的需求，那么利息为零时，这种需求就不会小于供给。因为一个企业家的出现会促进其他企业家的出现。第六章，我们将表明，创新所面对的障碍会随着社会越来越习惯这种创新的出现而变得越来越小，尤其是，创建新企业时面对的技术困难会由于与国外市场的联系、信用形式等而变得越来越小，因为这种创新一旦确立，追赶着前人的后人将会受益。因此，已经成功创立新企业的人数越多，作为一个企业家所面对的困难就越少。经验告诉我们，这个领域的成功，如同其他领域的成功一样，在他们创建企业的过程中会吸引越来越多的追随者，因此就会有越来越多的人执行新组合。对资本的需求本身也会产生新的需求。因此，在货币市场上，存在一个有限的有效供给，与之相对应，也存在没有确定限度的有效需求。

这必然会把利率提高到零之上。只要存在大于零的利息，很多企业家就会被淘汰，随着利息的增大，被淘汰的企业家数量也在增加。尽管利润的可能性实际上是无限的，但是它们在数量方面是不同的，大部分的利润是非常小的。利息的存在再次增加了供应，这不是绝对固定的，但是利息必定并且继续存在下去。价格的斗争是在货币市场开始的，我们在这里对此不再进行阐述，在经济系统中所有要素的影响下，必然会建立购买力的确定价格，其中必然包括利息。

13. 我们现在必须把我们已经排除在外的经验事实与关于利息的基本原则联系起立。首先，与新创造的购买力相比，我们必须列举出已经存在的购买力的所有来源，购买力实际上填充了巨大的货币市场的蓄水池；其次，我们必须表明，利息是如何从其狭小的基础扩展到整个交换经济的，以及利息是如何渗透的，以致它好像是整个经济系统的。因此，利息所占据的空间比人们根据我们的理论所预期的要多。只有当这两个方向的利息问题的所有领域都能被我们的观点所解释的时候，我们才可以说我们的问题已经解决了。

第一个任务没有什么困难。正如我们前面所说的，发展的每个具体阶段都是对于前一阶段的继承。购买力的蓄水池可能已经通过某些要素形成了，这些要素是前资本主义交换经济所创造的，因此，经济系统中总会存在数量或多或少的

1　为了避免误解，特别提醒读者注意，在循环流动的系统中，借助于信用支付手段的帮助，进行交易也是可能的，这种交易可以在没有利息并且以票面价值来进行。但是，如果要刺激产生更多的信用支付手段，就必须存在利息。

购买力，这些购买力可以由新创立的企业暂时或在一段时间之内支配。此外，当资本主义的发展在运行中时，就会有不断增加的购买力流向货币市场。我们将这些购买力流分为三个不同支流。第一，目前为止，企业家利润的大部分是这样使用的，即利润会被用来"投资"。无论企业家将这些利润投资于自己的事业，还是让这些利润出现在市场中，在原则上都是不重要的。第二，如果企业家退休或者他们的继承人退出当前的企业活动导致企业的清算，那么就会使一笔或大或小的款项成为自由流动的，而同时，不一定总有其他款项被冻结。第三也是最后一点，那些由发展带给其他人而没有带给企业家的利润是建立在"发展的反应"基础上的，并在某种程度上会直接或间接地进入货币市场。需要我们注意的是，这个过程是附属的，不仅是由于从一种意思上来说这笔资金来源于发展，还可以从另外的意义上来说，即存在利息这一事实，这笔钱可以得到利息的可能性就把这种购买力吸引到货币市场上来了。获取利息是购买力的所有者提供购买力的唯一动机——如果没有利息，那么购买力就会被储存起来，或者用来购买物品了。

另一个要素的情况与之类似。我们知道，没有发展的经济系统中储蓄的重要性相对来说是比较小的，而通常意义上所说的现代社会的储蓄规模大小，只不过是那些来自于发展的利润总和，这些利润从来没有成为一种收入要素。现在，从现实的意义来说，储蓄也许不具有足够大的重要性，甚至在发展的经济系统中，这种重要性从产业需求的角度来说也不具有决定性的作用，但是，一种新型的储蓄类型——确实是"真实的"储蓄——出现了，这种储蓄在没有发展的系统中是不存在的。一个人通过借出一笔资金就能得到永久性的收入这样的事实成为储蓄的新动机。由于储蓄额的自动增加会导致它的边际效用下降，所以我们可以想象，此时储蓄额会比没有利息时的储蓄额要少。然而，大多数情况下，利息的存在，开拓了一种使用储蓄的货币的新方法，会导致储蓄活动的大幅度增加——当然，这并不意味着利息的每一次增加都必然引起储蓄的增加。由此可见，实际中观察到的利息，其中部分是由现存的利息引起的；在这里，还有一种现象，即"附属的购买力流量"进入货币市场。

供应货币市场的第三种来源是那些长期或者短期闲置的货币，如果借出这些货币能够获得利息，那么这些货币也会被借出。这种货币包括能够用于支配的企业资本等。银行聚集这些资本并用高度发达的技术使得每单位货币都能为购买力供应的增加做出贡献，即使这些货币是为即将发生的支出准备的。还有另外的一个事实也属于这种情况。我们知道，信用支付手段的本质以及对它的存在的解释并不是为了节约金属货币。当然，信用支付手段所需要的金属货币数量，比单独运用金属货币执行相同的交易所需要使用的金属货币数量要少。但是，这些交易也只有借助于信用支付工具的帮助才会出现，如果没有信用支付工具，对那些同时已经发展起来的货币需求而言，就不会有任何货币的"节约"。现在，我们必须认识到，除了由增长所引起的信用支付工具，那些以前可能由金属货币完成的交易可以通过银行创造的信用来进行，银行是处于迫切增加能够生息的购买力的数量的压力下来创造这些信用的。也就是说，信用支付工具可以由银行的经营技术创造出来，因此，由这个来源产生的可支配货币的数量会进一步增加。

所有这些要素都增加了货币市场的供给，也使得利息处于比较低的水平，这种利息水平在没有这些要素的情况下是不可能这样低的。如果增长不能持续地创造新的生产可能性，这种利息很快就会降低为零。一旦增长停滞，银行家就不知道如何处置这些可以支配的资金，而且会对货币的价格是否包含了资本本身、风险溢价以及劳动的补偿这样的问题持怀疑态度。尤其是在富裕国家的货币市场中，购买力的创造这一要素并不是很重要，而且容易形成这样的印象，即银行家只不过是借款人与贷款人之间的中介，这一认识无论是在经济理论界，还是在金融实践中，都是非常重要的。从这个观点来看，信用支付工具只是这样的一个步骤，即用企业家所需的具体物品，或那些转移必需的生产资料给企业家的人所需的具体物品，来代替出借人的货币。

这里还需要注意，在某些情况下，人们要求和支付利息，只是因为有可能要求和支付利息，正如庞巴维克曾经强调过的一样。银行余额的情况就是一个例子。没有人想以这样的方式把他的购买力转移到银行来进行投资。相反，由于货币希望能够提供购买力给企业或个人使用，因此货币被储存起来。即使需要为此付出代价，这种行为还是会发生。但是，在大多数国家，存款者实际所获得的是利息的一种份额，这种利息是银行家利用该笔资金得到的。一旦这种情况成为平常的事情，人们就不会倾向于把钱存到一家不支付利息的银行。这里，存款者不需要做任何事情就能获得利息。现在，这种现象深入到所有的经济生活中。不论购买力的目的是什么，每一份小的购买力都能够获得利息，这实际上使购买力形成了一个溢价。这样，利息就强行进入了那些本身与执行新组合没有任何关系的人们的经营事务中。每一单位的购买力都必须与那些尝试把它们吸引到货币市场中的潮流做斗争。此外，很明显，不论人们以何种理由需要这种信贷、贷款交易和政府贷款等——这些所有的事情都将与这个基本现象联系起来。

14. 利息现象以这样的方式逐渐扩展到整个经济系统，因而，它给观察者展现了一个广阔的前景，这种前景比人们从利息内部本质所进行的猜想要广阔。因此，在这种意义上来说，时间本身变成了成本的一个要素，这一点我们已经指出。流行的学说把这种随之发生的现象作为基本的事实，解释了——同时也证明了——流行学说与我们的解释之间的差别。但是，我们仍然还要继续进行论述，即解释这样的事实：利息最终变成了除工资之外的所有收入的表达形式。

如同我们说专利或者其他任何的商品都能获得垄断收入一样，实际上我们也可以说土地能够产生利息。我们甚至可以说，非永久性的收入也能产生利息；例如，一笔用于投机的资金，甚至是用于投机的商品，也能够产生利息。这难道不与我们的论述相矛盾么？这表明了对物品的拥有可以获得利息，这与我们的解释相比，难道不是一种完全不同类型的解释么？

这种表达收入的方法，在美国的经济学家中，已经产生了明确的成果。这种推动力来自于克拉克教授。他把来自于具体生产资料的收益称为租金；把生产力的持久的经济基金的结果所产生的相同的收益——他把这种持久的经济基金称作"资本"——称为利息。因此，在这里，利息仅仅只是作为收益的特殊方面，而不是国民经济收入流中的一个独立部分。费特教授用不同的方法更有力地发展了相同的观点。但是，在这里，我们最感兴趣的是费舍尔教授在他的著作《利息率》中所表达的理论。费舍尔教授用人们低估了未来需求的满足来解释利息现象这个事实；最近[1]他这样表述他的理论："利息是一种缺乏耐心而在市场中具体化的比率"。相应地，他把利息与各个时期脱离最终消费品的所有商品联系起来。由于所有的消费品所得到的收入都可以"资本化"，所以它们可以用利息这种形式来表示，利息不是收入流的一部分，而是收入流的全部：工资是人力资本的利息，地租是土地形式的资本的利息，所有其他收入是生产出来的资本的利息。每一种收入都是根据某个贴现比率得到的价值产品，这种贴现比率是根据低估未来需求满足的比率来确定的。我们不能接受这样的理论，因为我们甚至不能认识到这个理论中的基本要素的存在，这是很清楚的事实。同样清楚的还有，对费舍尔来说，这种要素成为经济生活中的中心要素，这必将能够用来解释几乎所有的经济现象。

在这里，我们需要考虑的基本原则会在下面论述，这个基本原则也能够引导我们理解以利息形式体现的收入这种普遍的实际情况。根据我们的论述，具体的

1　科学院，《科学评论》（1911年）。

商品从来不是资本。但是，任何拥有具体商品的人，在一个充分发展的经济系统中，都能够通过出售这些商品获得资本。从这个意义上来说，具体的商品也许可以被称为"潜在的资本"；至少从所有者的角度来说，这些商品是潜在的资本，因为所有者可以用这些商品交换资本。但是，这里要考虑两种特殊的情况，那就是土地和垄断地位[1]，这里有两个原因。第一，如果我们忽略奴隶制，那么人们是不可能出卖掉自己的劳动力的，这是很清楚的。但是，在这个意义上，也就不存在流行的观点所宣称的消费品库存以及生产出来的生产资料——因此，原则上，我们应该回到土地和垄断上来。第二，只有土地和垄断地位能够直接产生持久的收入。既然资本也可以产生持久的收入，那么它的所有者就不会用它来交换不能产生净收入的产品——除非给他一个折扣，使他能够用换来的商品在当前的经济周期中实现利润，并且能够再次投入他的资本；但是在这种情况下，商品出售者就会遭受损失，因此，他只会在非正常的条件下才会做出这样的决定，尤其是处境困难的时候才会出售商品。这一点我们将在下面进行说明。

如果存在增长，"自然要素"的所有者和垄断者就有充分的理由，来对比他们的收入与资本的收入，这种资本的收入是通过卖出他们的自然产品或根据他们的垄断地位获得的，而这种卖出产品的行为可能对他们来说是有利的。资本家也有理由对比他们从租金中获得的利息收入和利用他们的资本获得的永久性垄断收入。这种收入来源的价格会有多高呢？只要资本家从获取财富的观点出发，那么就没有一个资本家会使土地价格的估值高于这样的一笔钱，即这笔钱能够产生的利息等于土地能够产生的地租。同样的道理，没有一个资本家会使土地价格的估值低于这个这笔钱。如果一块土地价格的估值高了——忽略那些明显的次级要素——那么它是没有市场的：没有资本家会购买它。如果对这块土地价格的估值低了，那么竞争就会在这些资本家中产生，并提高这块土地的价格。没有处于困境的土地所有者不会倾向于为了得到比他的土地能够产生的纯租金还少的利息而放弃他的土地。但是，土地所有者也不可能以更高的价格出售他的土地，因为立即会有大量的土地供应给愿意出这个价格的资本家。这样，永久收入来源的"资本价值"就被确定下来。那些能够引起多付或者少付一点的众所周知的环境，多数情况下，并不影响这个基本原理。

对资本化问题的这种解决方法，其核心和基本的要素是购买力的利息。所有

1　虽然我用这种表达方法，我并不是说一个基本的事实，即垄断地位不是"商品"，这一点很容易能够看出。

永久收入来源的收益都是与这种购买力的利息相比较，并且是以它为依据的——由于利息的存在，它的价格是由竞争机制决定的，所以把潜在的资本回报假设为真实的利息，不会产生任何的错误。因此，在现实中，每种永久性的收入都是与利息具有联系的；但是，这只是外在的，这种收入的大小在多大程度上与利息具有联系，是由利息的水平决定的。实际上，这种永久性的收入不是利息，而只是简化的表示方法。如果利息的本质能够通过"时间贴现"这种表述被正确的描述，那么这种永久性的收入就不直接依赖于利息。

我们的结果还可以扩展到非永久性净收入，例如准地租。在自由竞争的环境下，一笔暂时的净收入将按照这样的价格交易，即如果交易结束时把相当于上面所说的价格的货币进行投资以获取利息，那么其所积累的利息额应该等于净收益停止时的累积利息之和，这些利息是通过把所有的净收入都借出去产生的。在这里，实际上，购买者的资本被认为是产生利息的——并且与永久性的收入具有相同的权利——尽管购买者不再拥有他的资本，并且从一个资本家变成获取租金收入的人。如果一座高炉不能产生永久性的收入——也可能是垄断性的收入——或者暂时性的净收益，而且这种高炉还是一种循环流动中的经营活动，那么当我们抽掉应该忽略的租金，这种经营活动就是没有利润的，此时，这座高炉的所有者能够从中获得多少钱呢？现在，没有一个资本家愿意把他的资本"投资"于这样的一种经营活动中。交易一旦发生，这样的活动带给他的收入不仅要能够在工厂清算时收回本金，而且在工厂经营期间，还必须获得一笔与他把这笔投资于其他的活动所能得到的利息相当的净收益。因此，如果购买者没有其他的打算而只是想从循环流动的系统中获取收益，也就是说他不打算在新的生产组合中运用高炉，那么高炉必然会以低于其成本的价格被卖掉。出售者必定要下定决心遭受损失，因为只有这样，买方才能获取一笔相当于利息的利润，这里的利息是购买者的购买资金可能获得的。

在这些情况中，商人的表述和解释都不是正确的。但是，在所有这些情况下，这些不正确的表述和解释没有任何实际上的结果，同时对于商人为什么要利用这种不充分的解释也是非常清楚的。在现代经济系统中，利息率是居于统治地位的要素，也是整个经济情况的晴雨表，所以，实际上，在每个经济行动中都有必要考虑利息率，因此，利息率进入了每一项经济考虑之中。它导致了一种理论学家所观察到的现象，即从某个方面来说，经济系统中的所有收入都是趋于相等的。

15.在日常生活中人们常常会谈到具体商品的利息，这种简单的表述当然会把人们引向歧途。但现在，我想说明，这种理论上的错误也可能给实际工作带来错误，因为理论上的错误常常把利息的概念扩展到它的真实基础之外。

在永久性收入的情况中，也就是在租金和永久性垄断收入的情况中，采用收入的"利息方面"这样的观点是无害的，其他的情况不能采用这样的观点。为了表明这一点，我们沿用前面说的高炉的例子。在我们的假设下，高炉的购买者在高炉的使用期间获得的收入足以补偿他的购买资金以及由此产生的利息——我们假设他把这些作为收入花掉。现在，如果所有的经济条件是不变的，那么当高炉毁掉时，他可以再建另一座高炉[1]，当然，他新建的高炉与原来是一样的，所用的成本与原来的高炉也是一样的。但是，如果新建高炉的成本高于原来的成本，那么购买者必须在他的折旧基金的基础上增加一项资金来补偿重置费用。自此之后，高炉就不会给他带来任何的净收益。现在，如果高炉的购买者清楚地观察到这些条件，那么他就不会重新建造高炉，而是把收回的资金投入到其他的行业中。如果他没有观察到这些条件，而让自己被利息的表面所欺骗，那么他就是一个失败者，尽管和他一样的卖方已经遭受了损失，也尽管当时他作为买方深信不疑地认为自己做了一笔合算的买卖。初看起来，这种情况会让人有些迷惑，但是我不会对此做出另外的补充解释，因为适当关注这种事情的读者对这个问题会很清楚的。实际中，这种情况也不少，这些情况都是人们把永久性利息收入与并不产生这些收入的商品联系起来的结果。当然，其他的错误也会导致这种失败。不过，这种失望在某种有利的环境中也可能不会变成现实。但是，我相信，每个人都能在自身的实践经验中找到充足的证据来验证上述情况。

如果净收益实际上存在，但不是永久性的，比如一家企业仍然能够分期产生少量的企业家利润，或者产生暂时的垄断性收入，或者准地租，那么这种情况与上面的情况也是类似的。然而，如果有人把这些东西作为生息的，那么只要他能够意识到这些收入暂时性的特征，这种观点就是没有什么危害。但是，一旦人们把这些收入解释为利息，那么很明显是把它们看作了永久性的尝试；的确，有时这种表述已经是一种错误的表征。然后，人们当然会产生不愉快的惊讶。这种利息有一种递减的趋势，甚至可能突然终止。处于这些事件中的商人常常抱怨生意不好做，甚至争取要实行关税保护、政府援助等，或者考虑把自己作为特殊灾害的受害者，或者有更充分的理由认为自己是新竞争机制的受害者。这些情况是经

1　读者将会很容易发现，如果我们假定购买者希望继续使用高炉，而不让高炉毁掉，也不再进行重建，而是通过维修使得高炉能够被持久使用，那么在这种情况下，我们的论点也不会发生改变。

常发生的，它们明显证明了我们的解释。然而，显然它们又回到基本的错误上来了，这种基本的错误在实际中将导致错误的行动和更痛苦的失望，在理论上将导致那些我们批判的利息解释的产生。

常常听到这样的说法，即某人的生意"获利"30%。当然，这不仅仅是利息。在多数情况下，是因为没有把企业家的活动作为一项支出来考虑，从而也没有把支付给企业家活动的报酬包括在成本之内，才会得出上述的结论。如果不是这种解释，那么收益就不是永久性的。商业实践完全验证了我们解释的这个结论。什么商业能够永久性地"产生利息"呢？商人们通常没有认识到收益的这种暂时性的特征，而且对收益的不断减少做了很多不同的假设，这是一个事实。购买者通常会被能够维持收益的期望所诱惑——他至多认识到前期所有者的经验可能跟这些收益的大小有关。于是，他自动运用利息公式来代替这种正确的计算方法。如果他严格这么做，也就是他把收益按照当前的利息率进行"资本化"，那么失败就会随之而来。每一个企业的收益在一段时间之后就会消失；任何一家企业，如果它保持不变，那么它很快就会失去它存在的意义。

个人的工业企业只是工资和地租的永久性来源，而不是其他收入的永久性来源。那些在日常实践中经常忽略这一点，并遭受上面所说的这些不愉快的个人就是典型的股票持有者。或许有这样的反对意见，即认为一个股东完全不用定期的更换投资项目而能够获得永久性的净收益，这样的事实与我们的利息理论是相悖的。根据我们的观点，资本家首先必须把他的资本借给企业家，过一段时间后，当这个企业家不能支付利息时，再把资本借给另外一个企业家。由于我们把股东的特征定义为仅仅是货币的提供者，因此股东能够从同一个企业获得一份永久性收入，那么这个反对观点看起来是很有力度的。但是，准确来说，股东的例子——以及每一个把自己的命运与一家企业联系起来的资金出借者——表明了我们的解释是非常接近现实的。这个"事实"是非常令人怀疑的，公司能够永久存在下去，并支付永久性的股息吗？当然，这种事实有，但是这种事实只在两种情况下存在。第一，有些工业部门，比如铁路，即使没有永久性的垄断，但是在相当长的一段时期内还是能够保证垄断权的。这里，股东能够收到垄断性的收入。第二，有这样一些类型的企业，它们按照其本质和计划不断地创造新的事物，它们实际上是新企业形式的连续形态，而不是别的。这些企业的目标和领导者是经常变化的，所以这些企业的本质就是考虑让那些有能力的人经常处于领导者的地位。新的利润总是会出现，如果股东失去了他的收益，这实际上不是必然的，而只是因为出现了能够由个别情况解释的不幸。但是，忽略这两种情况，也就是说，如果企业只是经营一种确定的业务，而没有处于垄断地位，那么企业至多能够获得的是能够作为永久性收入的自然要素的租金，而没有其他的了。实际上，竞争并不是立即起作用的，因而企业能够在相当长的一段时期内保持剩余，实践有力地证实了这一点。没有任何的一个工业企业能够提供一笔永久性的收入给它的股东来使其满足；相反，它很快会陷入类似于干涸的泉水一样的困境。因此，资本的偿还总是隐藏在股息之中，尽管机器的磨损等事件总是被谨慎地计入折旧账户中。实际中摊销到成本中的数量往往比磨损得要多，企业家总是希望尽快地摊销掉全部的资本，这是非常恰当的事实。因为，当到了收益与成本正好相等的时期，这种企业就不具有任何的价值了。因此，不可能从同一家企业的利息中获取持久的收入，不相信这一点且不按照这一点行事的人，只有在遭受了损失后才能明白其中的道理。所以，股东获取股利这样的事实与我们的解释并不是相冲突的——而是正好相反。

16. 这个理论在多大程度上能够成为与利息有关的统计数据的分析和调查的有效工具，还有待观察。这种解释似乎把货币、信用和银行业等方面的事实与纯理论更紧密地结合起来。作者希望把一些工作的研究成果写成专著，并能够在不久的将来出版，其中会包括下面的这些问题：黄金储备与利息的关系、货币体系对利息的影响、不同国家利息率的差异以及外汇与利息之间的关系等。

我们的论证也应该能够解释利率随着时间的变动趋势和规律。主要还是基于类似的事实，我们才能期望我们基本思想得以证实。如果经济生活中的利息——通常称为"生产性利息"——的根源在企业家的利润，那么两者的联系和变动应该更加紧密。事实上，短期内的波动是这样的。对于长期内两者之间的关系，我们仍然可以观察普遍流行的新组合与利息的某些关系，但是其中需要考虑很多的要素，而且一旦超过我们所说的一定的期限，比如说10年，那么要证明这段时间内"其他事情"保持完善不变这样的情况就变得非常复杂。因为在这段时间内，我们不仅要考虑政府借债、资本转移以及一般价格水平的变动，而且还要考虑更为棘手的问题，这里不可能对此进行讨论。

在我们的理论中，没有任何的论据支持这样的一种旧的观点——这种观点对自古典经济学以来的很多人来说已经成为一种教条——这种旧观点认为利息从长期来看必定表现出下降的趋势。这种观点给人留下强烈印象的原因主要是它考虑了风险要素，这种风险要素对中世纪的利率进行了解释；而真实的利率并没有表现出这种长期趋势，利息的历史恰恰证实了我们的解释，而不是否认了我们的解释。

这些分析和说明已经足够多了。不管我们的论证有多么不完善，也不管我们的论证需要多么精确的表述和多大的修改，我相信，读者都将能够找到其中的某些要素，以此来理解经济现象中迄今为止最难理解的那部分。我只需要补充一句话：我希望解释利息现象，而不是证实利息现象。从对取得的成就进行奖励的意义上来说，利息不同于作为发展的直接结果的利润。相反，不如说利息是一种经济发展的制动因素——在交换经济中，是一种必要的制动——是一种"企业家利润的税收"。当然，尽管人们把谴责和赞同同时包含在了我们这门科学的任务中，这也不足以让我们谴责利息。面对谴责性的审判，我们能够肯定这个"经济系统的监督官"的重要职能，我们也可以得出结论：利息只是从企业家那里拿走一些本该属于企业家的东西，而不是从其他阶层中拿走这些东西——忽略消费信贷和"生产性消费性信贷"的情况。然而，这一事实，连同利息现象并不是经济组织中的必要要素这一事实，将会导致社会条件对利息问题的更多反对性评判。因此，在这里，我们要表明利息只是执行新组合这种特殊方法的结果，这是非常重要的，而且这种特殊方法比竞争性经济系统中的其他基本制度更容易改变。

第六章

商业周期

初步评论

下面要说的是危机理论，更准确地说是周期性的商业波动理论，它还没有一个令人满意的与其主题相关的陈述，这不像已经说明了的企业家职能理论、信贷理论、资本、货币市场、利润和利息等问题那样。一个令人满意的理论，在今天更需要对大量增加的资料进行综合处理，对建立在不同的商业条件以及它们之间相互关系基础上的数量巨大的个别理论进行阐述和制定。我的工作在这个方向上只是未完成的作品；我所允诺的详细研究还没有完成[1]，而且根据我的工作计划，这种情况还要持续一段时间。尽管如此，我还是要再次提及本章，不仅是因为这一章在对危机的调查中具有自己的地位，还因为我认定它是正确的；不仅是因为我相信这一章包含对本书关于这个话题的贡献，还因为这种贡献说明了事物的本质。因此，在这一章，我愿意接受相关的批评。

通过对我所注意到的各种反对意见的研究，我确信了自己的信念。这里我只提两种意见。第一，有批评意见认为我的理论只不过是一种"危机的心理"。这种反对意见是由一位最有才能的权威人士，也是我最尊重的人提出来的。为了让读者清楚看到这种反对意见的真实含义，我必须更加鲜明地阐述它的真实内容。"危机的心理"意味着某种十分确定的含义，它不同于"价值的心理"，比如它意味着我们要坚信那些商业世界中令人害怕的悲喜剧之间的相互交替，这种情景

1　关于这个主题，我在《政治经济学、社会政策和管理杂志》（1910年）发表过，还在《社会科学与社会政策档案》（1914年）发表过《经济生活的波动》。直到今天，我关于危机的理论主要引用于这篇文章。我在1914年哈佛大学的一次演讲也详细说明了这篇论文，当时在表述和事实依据方面没有任何改变。此外，还有一篇文章《信用控制》，它主要涉及的是其他事情；还有载于《经济—统计通讯杂志》（1925年）上的文章《银行政策》，这篇文章也只是初步涉及了这个问题。1925年，我在罗特达姆的一次演讲中详细论述了这个问题。最后，可以参阅载于《经济学杂志》（1928年）中的《商业周期解说》一文中关于这个问题的简短说明。

是我们注意到的，也是在过去的每一个经济危机时期中已经被注意到的。作为危机的理论，它意味着建立在几种情况基础上的科学解释，这几种情况分别为：同时发生的以及相应发生的现象（恐慌、悲观主义等）、之前对股票走势的看涨的趋势以及促销热潮等。这种理论是很空洞的，解释不了任何问题，但是，这不是我的观点所在。我不只讨论外在行为，在我对经济事件的论述中也可以找到心理因素。我解释经济周期波动的现象——不管现在是否发生——仅仅是运用一串自动运行的客观因果关系来解释的，即通过论述新企业的出现对已经存在的企业所处的条件及环境的影响来解释的，这一连串的因果关系所产生的事实已经在第二章进行了解释。

第二个反对意见由罗伊提出，他认为我的理论没有解释危机的周期性[1]。对此，我认为周期性可能意味着两种含义。首先，存在这样简单的事实，即每一次繁荣之后伴随着萧条，每一次萧条之后又伴随着繁荣。但是，我的理论对这种现象进行了解释。其次，周期的实际长度。但是，没有任何一个理论能够从数字上说明周期的实际长度这个问题，因为这显然依赖于每种具体情况的具体数据。不过，我的理论对此给出了一般性的回答：在新企业的产品到达市场之前的一段时间内，必然是以繁荣结束，以萧条开始。当吸收创新的过程结束时，一种新的繁荣会战胜萧条。

但是罗伊的质疑还具有其他的一些含义，这些含义被埃米尔·莱德尔明确地表示了出来[2]。他认为我的论证是"不令人满意的，因为我的论证没有试图解释为什么企业家是周期性出现的、企业家在什么条件下可以出现以及如果条件对企业家有利，那么企业家是否会不断地出现，其原因又是什么"。有人可能坚持认为，我对企业家成群出现以及由此引起的结果与现象（即这种结果和现象是形成繁荣时期的唯一原因）的解释是不能令人信服的。但是，如果说我没有努力对这些现象进行解释——我的所有论证的目的都是为了对此进行解释——在我看来就是站不住脚的。企业家能够出现的条件——忽略竞争经济中的一般的经济和社会条件——在第二章已经进行了说明，企业家出现的条件也可以用可能性的出现来进行简略的、不完全的表达，这种表达从私人经济的角度来说，是非常有利的——这种企业家出现的条件必须得以实现；由于个人条件的限制以及外部环境

---

1 参阅纪念布伦塔诺的文集第二篇，第351页。

2 参阅他的著作《周期性变动和危机》，载《社会经济学大纲》第四卷，第一部分，第368页。

的影响，这种有限的可能性是必需的[1]。再加上一种经济情况，它能够相当可靠地被计算出来。如果人们坚持我们关于企业家概念的假设，那么企业家在这些条件下为什么会出现就不是很难的问题了，这好比人们看到机会出现在面前时，就会立刻伸手抓住是一样的。

现在，为了更加清晰地展现这些观点，我准备把我的理论与迄今为止在这个领域做了最充分努力的斯皮托夫的理论进行对比[2]，这是不带有任何的批评意图的——我的理论很难在彻底性和完整性方面与他的理论进行对比。根据朱格拉的观点，商业周期的波浪式波动才是需要解释的基本问题，而不是危机，这个观点对我的理论与斯皮托夫的理论都是适用的。我们同意这样的观点——这个观点是我建立的，不仅出现在这一章中，还出现在第二章中——这种变动的情况是资本主义时期经济发展所采取的形式。因此，我们也同意这样的观点，即充分发展的资本主义在历史上只能追溯到这种不断变动的情况首次发生的时期（根据斯皮托夫的观点，英国充分发展的资本主义可以追溯到1821年，而德国是从19世纪40年代开始的）。进一步，我们赞同这样的说法，即钢铁的消费量是反映经济状况的最好指标；也就是说，斯皮托夫发现并计算出来的这个指标——我在这个方面没有做任何的努力——从我的理论的观点出发，我也认为这个指标是正确的。我同意这个因果关系首先开始于用资本来购买所需的生产资料，而繁荣则首先在工业企业（工厂、矿山、船舶、铁路等）的生产中实现。最后，我们同意这样的观点，即繁荣的产生是因为"更多的资本被投资"，更多的资本被用于新的企业，接着这个资本的冲击会延伸到原材料、劳动力和设备等市场中。从这个意义上来说，我们同样也可以理解资本，只有一个例外的情况，那就是在我的论述中购买力的创造起着根本性的作用，而这是没有出现在斯皮托夫的论述中的。至此，我应该只需要补充一点，即资本的投入不是随着时间均匀分布的，而是会间隔性地大批出现。这是一个极为基本的事实，为此我提出了斯皮托夫不曾提出的一种解释。我接受斯皮托夫关于标准周期的概念。

我们之间的不同在于对那种结束繁荣，带来萧条的环境的解释。对斯皮托夫来说，这种环境，一方面，对现存的资本来说，是一种资本产品的过度生产，另一方面，对有效需求来说，也是一种资本产品的过度生产。作为对实际发生的事实

1　前文中的新阐述也澄清了罗伊的反对意见，他的反对观点是用"半静态"商人的概念来描述的。

2　参阅他近期的论述，首先是载于《政治科学袖珍辞典》中的《危机》一文，其次是他在《汉堡经济通讯》（1926年）第一册中的论述，以及他在伯恩大学所做的演讲《现代经济变动考察》。

的描述，我也可以接受这样的观点。但是，斯皮托夫的观点只是停留在这一点上，而我的理论则试图让人们理解是什么环境引导那些工厂设备、建筑材料的生产者周期性地生产出比当时的市场所能吸收的数量更多的产品，在解释这些事情时，我的理论所采用的方式可以在本章找到，也可以概括如下。关于第二章中已经确认的情况，即新企业通常不是在旧企业基础上产生的，而是另外产生的，新企业产生会竞争性地消灭掉老企业，因此，新企业的出现对旧企业和已经建立起来的经济情况的影响，就是要改变条件，这个条件是适应这个特殊的过程所必需的。通过更详细的讨论，我们之间的区别将会进一步缩小。

把我的旧的阐述精缩，并使其变得无懈可击，这是不可能的。尽管如此，为了让这些基本的观点展现得更加清晰，我还是对它做了一定的压缩。基于同样的原因，我将对论述的步骤进行编号。

1. 我们的问题是：我们所描述的整个发展过程会不间断地持续下去吗？这个过程与一棵树逐渐成长的过程是相似的吗？根据经验可以得出否定的回答。经济系统不是连续地、平稳地向前运动的，这是一个基本事实。逆向运动、挫折等多种不同的运动方式的出现阻碍了发展的道路；在经济价值系统中，也存在干扰发展的因素。为什么会发生这样的情况？在这里，我们遇到了新的问题。

如果从发展的平稳直线中出现的经济系统的偏离很小，那么，它们几乎就不能构成理论学家所特别关注的问题。在一个没有发展的经济中，个人可能会遇到对他来说非常严重的不幸或者损失，但是这也不足以构成任何理由使理论对这种现象进行深入研究。同样，那些可能破坏整个国家经济发展的事情如果是很稀少的，并且被当作是偶然事件的话，那么是不需要对这些事情做全面的调查的。但是，我们这里所说的反向运动和反馈是经常发生的，这种经常性使得我们一考虑到这些问题，类似于必需的一些周期性就表现出来了。实际上，如果不是从逻辑上对这种现象进行抽象，是不可能看出什么问题的。

进一步说，如果克服一种挫折之后，早期的发展又从它被中断的地方再次开始，若出现了这种情况，那么这种挫折的意义从原则上来说就不是很重要。即使我们没有解释这些干扰事件本身，或者从这些干扰事件中抽离出来，那么我们也可能会说我们考虑了发展的所有基本事实。然而，情况并非如此。逆向运动不仅阻碍了发展，还结束了发展；很多的价格被消灭掉；经济系统中处于领导地位的人的基本条件和前提被改变了。经济系统在重新开始发展之前，必须振奋精神，恢复精力；其价值系统也需要重构。然后，再次开始的发展是一个新的过程，而不仅仅是旧过程的继续。经验告诉我们，这种过程或多或少都会朝着与前期过程相同的方向运动，但是这个"计划"的连续性被打断了[1]。新的发展过程产生于不同的条件下，部分来源于不同人们的行为；很多旧的希望和价值被埋葬了，产生了新的事物。经验上来说，这些存在于挫折之间的所有局部发展的主线，与总体发展的轮廓是吻合的，但是理论上来说，我们不能仅仅考虑整个发展的轮廓。企业家不能跨越挫折这个阶段，然后把他们的计划带入到下一个发展阶段实施，因为这种做法脱离了现实，找不到任何科学依据。

现在，我们必须调查这样一类现象，这种现象与其他的发展现象相比，显然处于对立的位置，而且特别突出。首先，存在下面的可能性。第一，危机可能是也可能不是一种完全相同的现象。我们从经验得知的、被描述为危机的发展中的特殊的崩溃现象，对人们来说具有相同的形式，是一种相同的现象。然而，这种危机的同一性不会持续很久。相反，这种同一性只是存在于危机对经济系统和个人影响的相似性上，而且存在于这样的事实基础上，即一些事情在很多的危机中总是习惯性出现。但是，这些影响和事件，是与经济生活中的内部与外部的多种形式的干扰同时出现的，并不足以证明危机总是具有相同的现象。实际上，不同种类和原因的危机是可以进行区分的。没有任何事情能够证明我们可以事先假设危机之间的共同点比我们开始时所说的要素之间的共同点要多，也就是说，危机是所有的事件，这些事件使之前的经济发展过程停止。

第二，不管经济现象是同质的还是异质的，危机不一定有能力对纯粹的经济情况进行解释。当然，危机本身属于经济范畴，这是毋庸置疑的。但是，这绝不是说危机是属于经济系统的本质，或者从危机必然产生于经济要素本身这个意义上来说，也绝不能说危机属于这样的一种经济系统。相反，危机的真正来源很有可能存在于经济范畴之外，即危机是外界事物作用于经济领域产生干扰的结果。危机发生的频率，甚至人们通常所说的危机的规律性，都不是定论，因为这些干扰因素在实际生活中会经常发生，这是很容易想象的事实。危机仅仅是这样的一个过程，即经济生活对新条件的适应。

对于第一点，我们可以谈到这样的一种情况。如果我们把危机认为是我们在任何地方所碰到的大的干扰，那么除了干扰这个事实之外，就不会存在任何具有一般属性的事实了。目前来说，也可以从这种广泛的意义上来构想危机。经济过程可以被分为三种不同的类型：循环流动的过程、发展的过程、阻碍没有干扰的

1　当然，托拉斯过程越发展，这种情况越少。

发展的过程。这种分类绝没有脱离现实。只有进行更详细的分析才能表明其中的一种经济过程类型是否从属于另外两个经济过程类型的某一类。

危机的历史已经证明了干扰的普遍特征并不存在。这种干扰可以在每个经济实体所有可以想象到的地方爆发，甚至在不同的地方以不同的方式爆发。它们有时出现在需求方，有时出现在供给方；出现在供给方时，有时出现在技术性生产过程中，有时出现在市场中或信贷关系中；出现在需求方时，有时是通过需求方向的变化体现的（例如时尚风格的变化），有时是通过消费者购买力的变化体现的。各种种类的工业企业所受的干扰不是相同的，但是第一个工业企业受到的干扰是最多的，第二个次之。有时，危机是以信用系统的崩溃为特征的，尤其是对资本家的影响，有时工人或土地所有者遭受的危机最多。企业家也是通过不同的方式受到危机影响的。

由此看来，试图在危机所表现的形式中找到共同要素看起来是很有前景的研究。实际上，正是这种共同要素导致了一种流行的、科学的信念，认为危机总是一个，并且是同一个现象。然而，这只是通过外部的肤浅性所获得的外在特征，除了作为发展中的一种干扰要素之外，对所有的危机来说，这种外在特征既不是共同的，也不是本质上的。比如，恐慌这种要素，就是很明显的。它是早期危机的一种显著特征。但是也存在有恐慌但是没有危机这种情况。更进一步说，也存在没有真正恐慌的危机。恐慌的强度在任何情况下，与危机的重要性都不具有必然的联系。最后，恐慌更多的是危机爆发后的结果，而不是危机爆发的原因。这对"投资热潮""生产过剩"[1]等情况也是适用的。一旦危机爆发并改变了整个经济情况，那么大量的投机交易看起来是没有任何意义的，而且每一种生产出来的产品的数量通常都是过剩的，尽管危机爆发之前，这两种情况和当时的经济情况是完全相适应的。类似地，个别因素的崩溃、生产的各个部门之间适当性关系的缺失、生产与消费的不一致以及其他要素，都是危机造成的结果而不是引起危机的原因。从这个意义上来说，没有任何令人满意的关于危机的标准，这一点可以由下面的事实表明，即尽管在对危机这个主题的描述性文献中出现了一定数量的重复发生的危机，但是，除此之外，危机的个别细节之间不是互相符合的。

其次，我们转入另一个问题，是否所有的危机都是纯粹的经济现象，即是否所有的危机以及它们的形成原因和结果，都能够从对经济系统的学习所得到的解释要素中去了解。很清楚，情况并不总是如此，也不一定必然如此。例如，战

1　我这样说，并不是指详尽的生产过剩理论，而只是关于这种要素的一种流行的说法。

争的爆发可能构成足够大的干扰，因而形成我们所说的危机，这种情况我们应该立即承认。当然，这绝不是规律。比如，19世纪的战争，并没有立即导致危机。不过，这样的情况是可以想象到的。我们假设存在这样的一个岛国，它与其他的国家具有很积极的贸易往来，而且它的经济系统是处于我们所说的充分发展的状态，假设这个国家被军队切断了与外界的联系，这样它的进口和出口就会被阻碍，价格和价值系统就会被粉碎，债务不能保持，信用的链条被切断——所有这些都是可以被想象到的，所有这些实际上都已经发生，并标志着一种危机。而且，由于引发这场危机的因素是战争，而战争是经济系统之外的要素，因此这种危机不能单纯从经济学的角度来进行解释。这种经济实体之外的因素在经济范畴内所起的作用导致了危机，同时也解释了危机。因此，这些外界要素经常被用来解释危机[1]。一个重要的例子就是不好的收成，这显然很容易引发危机，而且它已经成为危机的一般理论的基础，这是众所周知的。

从纯粹理论的角度，环境因素必须被看作外界干扰原因，因而在原则上这种环境因素就是偶然的，虽然环境没有像战争或气象条件一样那么明显地作用于经济系统。举个例子，保护关税政策突然废除可能会引发危机。这种商业措施当然是一种经济事件。但是我们不能精确判断它的形式；我们只能调查它的作用。从经济生活规律的角度来看，它只是一种外界的影响。因此，从我们所理解的意义上来说，它就不是一种纯粹的经济现象。由于它们不是这种纯粹的经济想象，因此从纯粹经济视角出发，一般来说我们通常说不出任何有关它们起因的事情。对我们来说，它们一定被认为是不幸的偶然事件。

现在产生的问题是：在我们所理解的意义上，是否存在纯粹的经济危机？是否存在没有我们刚才所举的这些例子中的外部冲击所产生的危机？事实上，这些观点是可以被想象到的，而且实际上已经接受了危机总是外界环境作用的结果这样的观点。毫无疑问，这种观点貌似有理。如果这种观点是正确的，那么就不会存在真实的危机经济理论，我们将做不了任何的事情，除了仅仅证明这些事实，或者至多试着对危机的外在原因进行分类。

在回答我们的问题之前，我们必须摆脱一种特殊类型的危机。如果一个国家的工业是靠另一个国家进行资金支持的，如果繁荣围绕着后面的这个国家，那么提供资金给后者所获得的利润比迄今为止把资金提供给前者所获得的利润要多，那么

1　不仅在世界大战爆发时，类似危机的现象这种情况，而且战后所有的国家危机都是属于这种情况。此外，这些危机的本质，并没有像"稳定危机"或"紧缩危机"所表述的那样，被详尽地描述出来。

就会存在把资金从前者的投资中抽离出来的趋势。如果这种情况的发生非常迅速而且轻率，那么就会在第一个国家引起危机，这是很清楚的。这个例子表明了一个地区的经济因素可能导致另一个地区的危机。这种现象是很常见的，而且一般来说能够被认识到。显然，这种情况不仅会发生在不同的国家之间，而且还会在一个国家的不同地区之间发生，一定的环境下，这种情况还会在同一经济范围内不同的工业部门之间发生。一旦一个地区发生了危机，通常会牵连到其他的地方。现在，问题是，这种危机是属于我们正在寻找的那种纯粹经济因素的吗？答案是否定的。对给定的经济系统来说，其他地区的经济条件只是数据，并且在解释这种危机现象时，只能起到非经济要素的作用。对于正在考察的经济系统，这些其他地区的经济条件只是一种偶然事件，如果尝试在其他地区发生的这种危机中找到一般性的规律，那么将是没有收获的。

最后，在摒弃掉危机的所有外界原因之后，我们发现还存在其他的具有纯粹经济特征的原因，也就是说，这些原因是产生于经济系统内部的，但是，这并不代表提出一种新的理论问题。用我们之前经常用的表述，每种新的组合都被暴露在明显导致失败的危险之中。尽管工业的所有分支犯致命性错误的情况非常少，但这种错误还是会发生，如果存在问题的工业非常重要，那么危机的很多特征可能是产生于它们的。但是，这种类型的事件仅仅是一种比较小的灾害或意外，其所出现的每种情况都可以被单独解释，而且，从经济过程所必需的要素或因素的结果这个意义上来说，这种类型的事件不是经济过程所固有的。

如果我们考虑导致这种干扰的一系列可能的原因，那么下面的这些情况就是值得怀疑的：如果我们把所有的这些项目进行抽离，那么是否还会留下任何的东西？如果由于外部或内部的偶然事件以及任何重要事情的差错导致了危机的发生，那么我们是否就会更好地谈论导致危机发生的原因而非讨论危机本身？历史与这种理论并不是矛盾的。因为几乎所有的历史事件都存在很多的"偶然事件"，因此对造成危机的更普遍和更基本的原因进行搜集的必要性就没有我们想象得那么明显，另外，这些偶然事件可能会为实际发生的危机负责，而这是没有任何明显的荒唐之处的。尽管我们可以对这些问题进行决定，但是历史上很多重大危机的个别背景，还有在每一个具体的例子中通过具体观察所得出的解释要比一般理论重要得多——假定这种一般理论是可能存在的——因此只能期望这些一般理论在实际例子中的诊断和补救措施能够具有更重要的贡献。如果商人们几乎总是试图用手中掌握的一些特殊的环境来解释任何的危机，那么他们也不是完全错误的。"经验主义者"对试图在没有任何基础的条件下构建一般理论持对抗的态度，也不是完全错误的——尽管它不是这种情况中所谓的对抗，但它是这两种完全不同的任务之间的一个明显的区别。

这种决定性的发现，解决了我们的问题，同时把我们的问题转移到略有不同的环境下，确立了这一事实，即在所有的情况下，存在着一种危机，这种危机自资本主义产生以来就渗透进了经济生活[1]；不论怎么说，即使这种危机不是必要的事实，那么它也是有规律的，这种危机是繁荣与衰退交替时期的波浪式运动的要素。这种危机的现象产生于可能用于解释各种衰退或崩溃的、大量形形色色的、不同质的事实基础。经济生活的这些巨大突变正是我们首先要解释的。一旦我们掌握了这个问题，为了进行理论分析，我们不仅要替这种理论进行辩护，还不得不假定：经济生活所揭示的所有其他的干扰——外部的和内部的——都是不存在的，这样做是为了从理论观点的角度把这个最有意义的问题独立出来。但是，我们必须不能忘记：我们这样做并不是由于我们所抛弃的那些情况不是不重要的；如果我们的理论局限在我们所讨论问题的狭小限度内，那么这种理论分析必定变得与其他建立在广阔视角范围内的理论分析的努力不对称，这种理论分析的努力是为了给全面理解事情实际发生的过程提供一种工具。

现在，问题可以表述如下：为什么我们所说的经济发展不能像树木的生长一样均匀地进行，而是跳跃式前进？为什么它表现出这样上升和下降的特征？

2. 回答太简短，也不具有足够的准确性：这完全是因为新的组合不是像人们根据一般性概率原则所期望的那样，在时间上是均匀分布的——如果新组合在时间上是均匀分布的，那么人们就可以选择等间隔的时间，在每一个间隔的时间内实施新组合——但是，新组合是以不连续的方式成群或者成组出现的。

这个答案现在要被（a）解释，这种成群出现的方式也要被（b）解释，根据这些答案，还要分析这些事实的结果以及它们所产生的因果关系的过程（本章的3.）。第三点包含一种新的问题，理论如果找不到解决这种新问题的办法就是不完整的。尽管我们接受朱格拉的表述："衰退的唯一原因是繁荣"——这意味着衰退只不过是经济系统对繁荣的一种反应，或者一种对繁荣带到系统中的条件的适应，因此，对衰退的解释也根源于对繁荣的解释——然而，繁荣走向衰退本身就是一种独立的方式，在这一点上读者很容易能够看出我的观点和斯皮托夫的观点之间的区别。人们也会立即看出我们的论证已经回答了这个问题——没有任何

1　这个发现以及对这个结果的全面性认识归功于朱格拉。

的困难，也没有借助于任何新的事实或者理论工具。

（a）如果我们所说的新企业是相互独立出现的，那么就不会有任何的繁荣和衰退，也就没有那些特殊的、可区分的、明显的、按规律发生的现象。因为一般情况下，它们的出现是连续的；它们将按照时间均匀地分布，而且在循环流动的系统中，受它们的影响而发生的变化相对来说是非常小的，因此这种干扰只具有局部的重要性，而且对整个的经济系统来说很容易被克服。这样就不会有我们所考虑的循环流动中的干扰，因此也不会有增长的干扰。值得注意的是，这对所有的危机理论而言都是适用的，这些危机理论都把这种要素看作是危机产生的原因；如果不能解释为什么整个原因不能以这样的方式发挥作用，从而使结果是连续的而且容易被吸纳，那么不论这个现象是什么情况，它都是不容易被理解的[1]。

即使这样，也存在好的时期与坏的时期。黄金或其他的通货膨胀仍然会加速经济的增长，通胀紧缩会阻碍经济的增长；政治和社会事件以及经济立法仍将会发挥它们的作用。例如，像世界大战这样的事件，由于战争的需要对经济系统的调整、战后必要的清理、对所有经济关系的干扰、它的破坏性以及社会的动乱、它对重要市场的破坏、对所有数据的修改，所有这些事件都已经告诉人们什么是危机和衰退，即使人们对它们还不了解。但是，这些不是我们所要考虑和讨论的繁荣和衰退类型。这样的事件是不具有规律性的，而且它们也不是必然产生于经济系统本身的，而是必须通过特殊的外在原因来解释，我们对这些已经进行了充分的强调。一种有利的环境尤其应该被记住，这种环境促进并部分地解释了繁荣，也就是每一个衰退时期所创造的状态。众所周知，一般来说总存在大量的失业者、库存累积的原材料、机器、建筑物等，这些物品以低于生产成本的价格待售，通常作为一种规则，还存在不正常的低利率。的确，这些事实在对这些现象的每一次调查中起到了一定的作用，正如斯皮托夫和米切尔的例子所说的那样。但是，如果我们希望避免从繁荣中衍生出衰退，从衰退中衍生出繁荣，那么我们就不能用这些现象的结果来解释这种现象。因此，在这里，我们只是讨论一个事情的原理的问题——而不是详尽地阐述在繁荣或危机时期具体起作用的那些情况（不好的收成[2]、战争谣言等）——我们将完全忽略这些情况。

---

1 对此，我的意思是，我们这一部分的论证必须被每一种危机理论所接受。即使从反对意见的角度来说，也不存在任何能够准确解释这种情况的论述。

2 例如，好的收成能够促进并延长繁荣，或者减缓并缩短衰退。它们对解释个别的情况通常是非常重要的：穆尔对此做过很多的论证。但是他的论证与我们这里所说的因果关系绝不是等同的；它们只能通过着这种因果关系起作用。

　　三种情况增强了新企业成群出现的影响，而它们却不是这些影响出现的真正原因。第一，第二章我们的论述中，允许出现这样的期望——经验也证实了这种期望——大量的新组合不是从原来的老厂商中产生的，也不会立即替代这些老厂商，而是与老厂商并排出现的，并与这些老厂商进行竞争。从我们的理论角度出发，这既不是一种新的要素，也不是一种独立的要素；这对繁荣和衰退的出现也不是关键性的，尽管这些现象在解释波浪式运动的生产方面具有很重要的作用。

　　第二，企业家需求的大批出现，意味着整个商业领域购买力的巨大增加。这开始了第二次的繁荣，它将延伸到整个经济系统，是普遍繁荣这种现象的工具——只有用这种方式才能充分地了解它，用其他的方式对它进行解释都不能令人满意。因为新的购买力大量地从企业家的手中转移到生产资料所有者的手中，转移到产品的生产者手中用来进行"再生产性消费"，转移到工人的手里，然后渗入每一个经济环节，所以最后，所有现存的消费品都以不断增长的价格出售。零售商增加了订单，生产者扩大了生产，为了这些目的，很多之前不受欢迎的而且已经被抛弃的生产资料又被重新投入到生产中。因此，仅仅由于这些原因，任何地方的生产和贸易暂时性地产生了利润，这和在通货膨胀时期产生利润是一样的，比如，用纸币来支持战争的开支和这种情况就是一样的，可以获得暂时的利润。很多事物浮动在这些所谓的"次级波浪"上，这些波浪没有任何来自于真实驱动力的新的或直接的冲击，但是投机性预期却具有一种因果意义上的重要性。最后，这种繁荣迹象的征兆以人们所熟悉的方式成为繁荣的一个要素。对于整个商业指数理论和对商业情况的理解，这当然是非常重要的。然而，就我们的研究目的而言，只有主要的波浪和次要的波浪之间的区别是关键的，而且，次要的波浪可以追溯到前面的主要的波浪，这是应该足够引起我们的注意的。根据建立在我们的原则基础上的经过详细推导得出的一种理论，在周期性运动所观察到的所有事物都将找到它自己确定的位置。但是在前面的论述中，不可能公平地对待这些事情，从而会产生远离现实的一种印象，而这在实际上是没有任何意义的[1]。

　　第三，从我们的论证中可以得出，错误在繁荣的开始以及在衰退的过程中，必定起着相当重要的作用。事实上，很多危机理论都在以一种方式或另外的方式

　　1　在其他的危机理论中起着原因作用的各种情况，在我们的理论框架中都能找到它们的位置，如果读者能够深入思考这个问题，那么就会很容易看到这样的情况。当然，在本书中，我们对周期的解释总是会招致一种反对意见，这类似于前文中对发展理论的那些反对意见，也就是说，它片面地、夸张地强调了很多元素中的一个元素。这种反对意见混淆了两种问题，即对周期的性质与机制的解释及循环中的个别具体要素的理论。

利用这个要素。但是，错误不会在超过所需要的程度上正常地发生；生产只是建立在少数明智的人对事实进行或多或少的调查基础上的。尽管失误或者错误的计算可能在一定的程度上对个别的商业经营造成很大的危害，在特殊的例子中，可能对整个的工业造成比较大的危害，但是这不足以构成对整个经济系统的危害。这种一般性的错误是如何形成的？这种一般性的错误又是如何影响整个经济系统的？如何解释这个一般性的错误只是引起衰退的一个独立原因而不仅仅是衰退的结果？一旦有其他的原因，那么这些其他的原因产生的衰退自然会打乱之前很多非常合理的计划，并且使原先很容易改正的错误变得非常危险。最初的错误需要一种特殊的解释，如果没有这种特殊的解释，那么什么东西都将变得不能被解释，我们的分析提供了这种解释。如果一个周期的繁荣的特征不只是增加企业活动，而是执行新的和从未尝试的组合，那么就像第二章所提到的，过失此时起到了一种特殊的角色作用，这种作用与在循环流动的系统中过失所起到的作用在本质上是不同的，这是非常清楚的。然而，这里找不到任何的"错误理论"。相反，为了避免产生这种印象，我们应该把这个要素分离开来进行研究。它的确能够支持和加强"错误理论"，但却不是造成这一理论的必要原因。即使没有人做过从他自己的角度来说他自己认为是"错误"的事情，即使这里不存在技术的或商业的"错误"或"投机热潮"，即使每个人都具有远大的眼光这样的天赋，但是仍然会存在周期性的运动——尽管是以一种温和的方式进行运动。如同我们将要看到的一样，繁荣必然创造的客观条件唯一地解释了事情的本质[1]。

（b）为什么企业家不是连续出现的，也就是说，为什么企业家是在每一个适当的间隔内成群地出现？这是因为一个或多个企业家的出现促进了其他企业家的出现，而这些企业家的出现又促进了更多的企业家的出现，这样企业家的数量就是以递增的形式出现的。

第一，这意味着，根据第二章所解释的理由，新组合的执行是非常困难的，而且只有具有一定品质的人才有能力执行这种新组合，通过设想一个较早时期的例子，或者设想一种经济状态，它类似于没有发展的经济阶段的情况，才能够较清楚地看待这个问题。只有很少的人具有这些领导者的品质，也只有很少的处于

1　当然，这不是意味着错误这个要素的实际重要性被否决了，也不意味着通常所称的投机热、欺骗等的实际重要性也被否决了——生产过剩也属于这种类型。我们只是认为所有这些事情都是部分地互为因果关系，甚至如果情况不是这样，这种现象的本质也不能从这些要素中进行理解。

这种情况的人能够沿着这个方向获得成功，这种情况指的是经济还没进入繁荣的状况。然而，如果有一个或一些企业家取得了成功，那么很多的困难就会消失。其他的人可能跟随这些成功的先驱者，就像他们在成功的激励下是一样的。通过不断地克服第二章的分析中所说的那些障碍，这些其他人的成功再一次使得困难变小，因此有更多的人跟随他们进行生产，直到最后，这种创新成为人人都熟悉的，并且成为人们自由选择去接受的事情。

第二，由于我们所看到的企业家品质和其他的品质是一样的，是按照过失法则在同种类的群体内分布的，所以在这方面，满足递减标准的个体数目是不断增加的。在这里，是不考虑特殊情况的——例如，黑人人口中出现少部分的欧洲人——随着任务难度的不断减轻，越来越多的人能够并且即将成为企业家，因此企业家成功之后出现的是更大数量的企业家，但这些企业家的品质是逐渐降低的。这就是实际中的情况，我们只是对这些情况出现的证据加以解释。在工业中，仍然会存在竞争以及大量独立的个人，我们首先看到的是创新的单独出现——其在企业中被势不可挡地创造出来——然后，我们看到的是现存的企业如何快速地把握这种创新，开始是少量的企业，然后会不断出现新的企业。我们对这种与消除企业家利润的过程相联系的现象已经进行了清楚的说明。在这里，我们从另一个角度再次对这种情况进行论述[1]。

第三，这解释了企业家的成群出现，并且达到了消除企业家利润的地步，这些首先发生在出现先驱者或者说创业者的工业部门中。现实情况也揭露了每一个正常的繁荣都开始于一个或者几个工业部门（铁路建设、电力、化学工业等），而且繁荣产生的工业部门的创新形成了繁荣的特征。但是，这些先驱者不仅在他们首次出现的工业部门为其他人消除了障碍，而且，由于这些障碍的自然属性，这些先驱者也为其他的部门扫除了障碍。很多的事情可以被后来的追随者复制；这些例子对这些追随者也是适用的；很多成就也是直接为其他部门服务的，例如，国外市场的开放，暂且不论紧接着会出现的第二重要的情况，即价格的上升等。因此，第一批领导者在他们直接行动的范围之外也具有影响力，从而企业家团体将进一步增加，经济系统将更迅速、更彻底地注重技术的和商业的重组过程，这比其他的情况都更加迅速和彻底，而这些技术的和商业的重组过程构成了繁荣时期的意义。

第四，发展的过程越被人们所熟悉，并且变成对一切有关方面的计算问题，

---

1 因为企业家利润的消除——大多数已经预见到——不是我们危机理论的某个原因。

那么随着时间的推进，障碍就会变得越微弱，唤起创新所需要的"领导者才能"就越少。因此，企业家的成群出现就变得越来越不显著，周期运动也变得越来越温和。我们所解释的这个结果很显然也被事实所确认了，这一点是很清楚的。经济生活的日益托拉斯化在相同的方向起着作用，这种作用使得创新所带来的具有普遍性的有利条件延迟到了衰退时期，尤其是建筑行业。即使在今天，这些托拉斯与销售和金融需求的大规模联合仍然依赖于市场状况，而这个市场状况在很大程度上取决于竞争。美国铁路的政策就是这样的一个例子。然而，只要这个要素起作用，它就能证实我们的解释。

第五，新组合的成群出现，很容易并且必然解释了繁荣时期的基本特征。它解释了为什么不断增加的资本投资是即将到来的繁荣的首要征兆，为什么生产生产资料的工业首先展示了超乎寻常的激励作用，尤其是，为什么铁的消费会增加。它能够解释大量购买力的出现[1]，从而解释繁荣时期价格上升的特征，这些现象仅仅靠增加的需求或成本来单独进行解释是不可能的。进一步，它解释了失业率的下降、工资的上升[2]、利率的上升、货运的增加、对银行收支和储备的日益缩减等，并且，它还解释了次级波动的释放——使得繁荣在整个经济系统传播。

3. 企业家成群的出现是繁荣的唯一原因，它对经济系统的影响，与在一定的时间之内企业家均匀连续的出现对经济系统的影响在本质上是不同的，只要这种成群出现不像后者一样连续且难以察觉，而是一种跳跃式地对经济的干扰，一种对经济有着不同重要性的干扰就可以了。企业家连续出现所引起的干扰可以被连续吸收，而企业家的成群出现则必需一种特殊的、可识别的吸收过程，这个过程可以吸收新的事物，使得经济系统适应这种新出现的事物，这是一种清理的过程，或者说，是一种达到新的静止状态的途径。这个过程是周期性衰退的本质，从我们的观点来定义，这个过程也是经济系统围绕新的均衡位置所进行的斗争，即经济系统适应因繁荣的干扰而改变的环境的过程。

这个事情的本质不在于这样的事实，即仅仅关心自己企业的计划的单个企业家，完全不考虑其他企业家成群地跟随他们，从而会导致失败。从个别企业的角度看，这个行为是正确的，但其产生的结果却可能因与这个行为相似的很多其他

1　不论购买力的创造这个要素在我们的解释中多么重要，我们的理论仍然不属于那些在货币和信贷系统中寻找周期原因的理论，这几乎是不必强调的。然而，我们并不否认周期性的波动会受到信贷政策的影响，甚至是阻碍——一般意义上来说，这种类型的经济发展也受到它们的影响。

2　原则上，租金也必须上升。但是，由于土地是以长期租约的形式出租出去的，地租就不能上升，此外，也有很多情况阻碍这种收入分支的迅速上升。

行为的普遍影响而被消除。当我们解释了生产者是如何在他们寻求最大利润的过程中建立一种机制的时候，即在经济系统中趋向于消除整个系统剩余价值的运动机制，我们就能够认识到上面所说的这个例子的最重要的意义了。类似地，上面所说的很多相似的其他行为的普遍影响也可能引起错误，这种错误对个人来说可能是正确的，这个要素在很多的危机中实际上都起着作用，尽管个别企业家之后会有成群的追随者出现是可以预知的，但是对其规模和发展速度的估计常常是错误的。然而，由繁荣引起的干扰的本质，并不在于这样的事实，即它常常扰乱企业家的计算[1]，而是在下面的三种情况。

第一，新的企业家对生产资料的需求，是建立在新的购买力基础上的——繁荣时期，著名的"生产资料之争"——提高了生产资料的价格。实际上，这个趋势被这样的事实所削弱，即至少某些企业与旧企业并不是并行存在的，而是产生于旧企业，另外，旧企业也不仅仅是进行生产而不获得任何的利润的，它们仍然可以获得一部分的准地租收入。然而，如果我们假设：所有的创新都体现在新建立的企业中，所需的资金都要通过新创造的购买力来支持的，并且创新都严格地属于循环流动的经济系统且经营没有利润的企业的旁边，这些企业由于成本的增加而开始亏本生产，那么在这样的假设基础上，我们就能够对这种经营的本质做最好的说明。现实与我们的这个假设相矛盾的情况，比人们所想象的可能要少。实际上，盘旋在繁荣时期的氛围隐藏了这样的事实，即在繁荣开始后不久，只要这种繁荣还表现为需求的增加，尽管当产品的价格上升时这种需求在上升之后又会减少，但是对很多生产者来说，这种繁荣意味着不幸。这种不幸是以下过程的一种形式，即生产资料从旧企业中撤离出来，并用于新的目的，就像第二章所说的那样。

第二，新产品在不久之后或者几年之后就会进入市场，并与老产品进行竞争；对之前创造的购买力的商品补充——理论上来说，这种商品能够抵销这种新创造的购买力并有结余——进入了循环流转的系统中。然后，这一过程的结果被我们前面所提到的原因缓和了，进一步，由于很多投资距离产品的完成还有很远的距离这样的事实，这种商品的补充过程是逐渐出现的。但是，这并没有涉及过程的本质。繁荣开始时，旧企业的生产成本开始上升，随后，它们的收入会减少，这种现象首先出现在与创新进行竞争的旧企业中，然后扩散到所有的旧企业，只要消费的需求变化有利于创新，这种过程就会继续进行。暂且不说创新所

---

[1]　也不在于这样的事实，即生产普遍扩张的结果被证明是错误的。

带来的盈利可能性，这些旧企业进行亏本生产受到了准地租这种作用的缓冲，这种准地租只是短期有效的。正因为这些旧的企业大多数基础雄厚，尤其是值得受到信贷的支持，所以，即使进行亏本生产，这些旧企业也不会立即崩溃。它们的部分破产会影响新企业的成功。企业的破产被这样的事实所缓和，即繁荣刚开始从来都不是具有普及性的，而是集中于一个工业的某一个或几个部门，不会干扰其他的领域，而随后只是会以不同的次要的方式影响其他的领域，这个事实是很符合我们的解释框架的。由于企业家是大批出现的，所以他们的产品也会大批出现，而且由于企业家并不是做不同的事情，而是做相似的事情，因此他们的产品几乎是同时出现在市场中的。在新产品出现之前市场所必须经历的平均时间[1]——当然，尽管实际上是依赖于很多其他的要素——从根本上解释了繁荣时期的时间跨度。新产品的出现引起了价格的下降[2]，这种价格的下降结束了繁荣，可能导致危机，可能导致衰退，所有其他情况会相继出现。

第三，新企业出现的结果导致了信贷的紧缩，因为企业家处于需要还清所欠债务的位置，他们也具有充分的积极性；同时，由于没有其他借款方干涉企业家的这种位置，这导致了新创造的购买力的消失，当这种购买力的供应品出现时，这种供应品就能以循环流动的方式重复地进行生产。这个论点需要仔细的论证。首先，这种紧缩必须和其他的两种类型区分开。新产品的出现必然导致紧缩，即使在企业家偿还债务的时候，支付工具没有完全消失，但是，由于新产品的总的价格水平显然比债务的总和要大，因此这些价格不仅与繁荣时期的价格水平相对立，而且理论上，也与前面的衰退时期的价格水平相对立。这种情况和债务的清偿应该具有相同的效果，只是程度上可能会小一些；但是我们现在考虑的是债务减少的影响。紧缩也会发生在已经存在的或银行界预期的衰退时期，因为银行会主动努力去限制它们的信贷。这个因素实际上是非常重要的，经常会引起真正的危机；但是，这只是附属品，在这个过程中也不具有内在的本质属性。在这里，我们也不考虑这种因素，尽管我们不否认它的存在，也不否认它的重要性，而只是考虑它主要的因果作用[3]。其次，进一步，我们的公式包含了两种抽象概念，它们将清晰地表现事情的本质，但是它们排除了重大的实际作用的缓冲影响。它忽

---

1 这个平均时间首先是从技术方面决定的，然后被其他的产品跟随主导产品的速度所决定。

2 这种价格的下降实际上通常被很多的环境推迟出现。然而，事情的根本状况可能由于这种价格的下降的推迟而得到加强，而不是被消除。被这种推迟所唯一消除的事情是作为周期性特征的物价指数的可用性。

3 主要的因果作用，是因为银行所发起的信贷控制是限制事情进一步发展的"原因"，否则这将是无法预料的。

略了这样的事实，即新产品通常只包含生产它们时所进行的投资的折旧额的很少部分，因此，当新企业准备进行生产时，在繁荣时期的总支出中，只有一部分，通常只有很少的一部分是以销售的形式出现在市场中的。因此，新创造的购买力只是逐渐地从循环流动的系统中转移出来，部分的购买力只是在繁荣后期把更多的信贷寻求者带入到货币市场中才从循环流动的系统中转移出来的。在紧缩的过程中，通过储蓄对新购买力的吸收不会改变任何的东西——但是，很多国家、地区和农业抵押银行一旦插手干预不断减少的企业需求，这种情况就是不同的了。除了企业家债务的逐渐消失，还必须记住，在现代经济系统中，利息已经渗透到循环流动的过程中，信贷甚至可能永久存在于这种循环中，只要有生产的产品年复一年地与这种信贷相对应——这是进一步缓和这个过程的第二个要素。但是，由于所有的这些要素，通货紧缩的趋势仍然是起作用的，并且成功的企业家清偿了其所欠的债务——因此，当繁荣已经进入到很完善的状态，仅是通货紧缩以一种非常温和的形式出现，也必定会自动循环客观情况的逻辑而出现。这个理论会导致这样一种结论，即在发展的过程中，"长期的"物价水平必定下跌，事实上，19世纪的物价历史已经对此做了证明。有两个时期没有被革命性的货币制度的变动所干扰，那就是从拿破仑战争[1]到加利福尼亚金矿的发现[2]，以及1873—1895年，这两个时期实际上展现了我们期望从我们的理论中所得到的特征，也就是，每一个周期的低潮都比前一期的低潮要深，消除了周期性波动的价格曲线是向下倾斜的。

最后，还必须解释为什么其他寻求信贷的企业家不总是处于清偿他们所欠债务这样的位置。这里有两个原因，实际上还可以其他的原因，这些其他的原因被描述为其他要素的结果，这些要素的结果我们可以称为外界产生的基本的，或偶然的影响，在我们所说的这个意义上，这些基本要素的结果也是次要的、非本质的或者说是附属的原因。第一，在出现繁荣的工业的成功激励下，会出现很多的企业，这些企业在充分发挥它们的作用的时候，将生产大量的产品，通过产品价格的下降和成本的上升——即使我们所说的这些企业的生产服从所谓的收益递减规律，这种价格的下降和成本的上升还是会出现——将消除企业家的利润，然

1　拿破仑战争（1799—1815年），拿破仑执政（1799—1804年）和拿破仑一世帝国（1804—1814，1815年）时期，法国资产阶级为了在欧洲建立法国的政治和经济霸权，同英国争夺贸易和殖民地的领先地位，以及兼并新的领土而进行的战争。——译者注

2　1848年初，当整个环太平洋地区还处于前资本主义的不同发展阶段时，在太平洋彼岸的加利福尼亚发现了金矿，并由此而引起了震动世界的"淘金狂"。——译者注

后朝着这个生产方向继续前进的动力就会耗尽。实际上，即使在竞争的社会，利润的消除也只是近似的，而且这个过程既不排除某些利润的存在，也不排除损失的立即出现。对其他产业中企业家出现的限制，以及对发展的次级波所创造的现象的限制就可以进行类似的对比。当达到了这种限制，这种繁荣的冲击力就耗尽了。第二个原因解释了为什么一个新的繁荣不会伴随而来：因为企业家群体的行为同时也改变了经济系统的运行数据，打破了经济系统的均衡，然后在经济系统中开始了一种不规则的运动，我们把这个过程想象为围绕着新的均衡位置做斗争的一种运动。一般意义上来说，尤其是对新企业的生产计划来说，这使得我们不能进行精确的计算。实际上，只有后一种要素——繁荣的创造中所具有的不确定的特征——常常是可以被观察到的，而首次提到的那个限制大部分都表现在个别方面。然而，它们两者的区别是模糊的，第一，被很多个人所预料的作为结果的现象弄得模糊不清。很多个体比其他的个体更快地感觉到紧张，比如银行，或者很多个体比其他的个体更快地感觉到成本及其他要素的价格上涨，比如在很多旧企业就是如此，然后这些个体会做出相应的反应——在很多情况下，这种反应比较迟，但是当这些个体开始进行相应的反应的时候，他们的确是非常恐惧的，尤其是那些较弱的个体。第二，它们被偶然发生的事件而搞得含糊不清，这些事情总是会发生的，但是这些事情是从繁荣所创造的不确定性中获得它们的重要性的，这种重要性是它们之前所不具有的。这就解释了有实际经验的人为什么在每次的危机中都认为他能碰到这些偶然事件，比如，不受欢迎的政治谣言就是一个例子。第三，它们被来自外界的干涉行动搞得模糊不清，中央银行对经济的有意识的调节是干涉行为中最重要的一种。

4. 如果读者思考我们所说的这些内容，并根据实际的资料或者任何危机理论的论点和商业周期理论的论点来对这些内容进行检验，那么他就会明白繁荣是如何从自身创造一种客观的状态，这种状态忽略了所有附带的和偶然的因素，并能结束繁荣，引起新的危机，且必然能产生衰退，因此会导致相对稳定的暂时位置和没有发展的状态。我们可以称这种衰退为再吸收和清理的"正常"过程；以危机的爆发为特征的一些事件的过程——恐慌、信贷系统的崩溃、破产的扩散以及它的深远影响——我们把这些事件称为"清理的异常过程"。为了对某些观点进行完善和重复，我们现在对这个过程有一点要进行说明，但是只针对正常的过程而言，因为不正常的过程不能表现任何根本性的问题。

我们所说的这些直接导致了对衰退时期的主要特征和次要特征的理解，现在这种特征看起来成了一种因果联系的组成部分。繁荣本身必然导致很多的企业经营出现亏损，引起价格的下降，另外，通过信用的紧缩还会引起通货紧缩——这些都是在事件的发生过程中伴随而来的次要的现象。进一步说，资本投资[1]和企业家活动的减少，以及生产生产资料的工厂的停滞，斯皮托夫指数（钢铁消费）以及类似指数的下降，比如美国钢铁公司未完成的订单，都可以得到解释。随着对生产资料需求的减少，利率——如果不考虑风险系数——以及就业量也会下降。随着货币收入的减少，这种减少可以从原因上追溯到通货紧缩，即使它还会由于破产等原因又增加，但是最后对所有商品的需求还是下降了，这个过程就是这样渗透到整个经济系统的。衰退就这样完成了。

但是，有两个因素会阻止上面所说的这些特征在一定的时间内按照它们在因果关系中的位置顺序出现。第一是由于这样的事实，即这些特征能在不同的程度上被个人的行为所预期。这尤其会发生在专业性的投机起很大作用的市场中。因此，股票市场在一个真正的拐点到来之前，有时已经表现出投机性的初期危机，于是，这些危机会被克服，并为更进一步的运动创造空间，这属于相同的繁荣时期（1873年和1907年）。但是，还有一些其他的情况更加重要。实际上，产品价格的上涨常常预示着成本的增加，然而，这种成本的增加又是产品价格上涨的原因，所以在这里，出现了类似的情况。只要在繁荣到达其外部顶点之前，考虑到这个过程的逻辑性，那么在这个意义上，刚才所说的投资减少、企业家活动的相应减少，以及生产生产资料的工厂的停滞，都可能会出现；但是，这些情况不一定就应该必须如此。相反，如果这些征兆在繁荣结束之前有规律性地出现，那是因为它们受到能够相对准确地预测将要发生的事情的要素的影响。第二，各种情况的影响将导致在事情的实际过程中，次要因素常常比主要的因素更加突出。例如，出借资金方的忧虑，会在利率上升的过程中表现出来，然而只有在衰退的晚期，这种忧虑才会发生作用。对劳动力需求的减少应该是这种改变的一个早期特征，但是就像工资在繁荣时期不会立即上涨一样，工资和就业数量通常也不会像人们所预料的那样迅速下降，因为作为一般性的规律，总会存在失业的工人，人们在了解这些工资和就业数量的增减情况时也总存在一系列的障碍。所以企业总会尽最大的努力防止价格的下降，尤其是在没有完全"自由"竞争的行业中——

1　现在讨论的现象，应该与债务清理而引起的信用紧缩所包含的投资减少区别开来。这里所说的是出于另外的新的目的而进行的投资。对发行的股票和债券的统计，实际上是一种很好的商业指数，主要反映了第三种要素，当然不是唯一反映，这第三种要素就是通过储蓄加强银行的信贷。

实际上这种竞争根本不存在——当银行给这些企业提供信贷支持时，它能够为暂时的成功提供支持，所以最高的价格水平通常要在转折点之后出现。确立所有这些事情是进行危机调查的首要任务。但是，在这里，不需要做进一步的说明，就已经足够说明这样的事实，即所有这些都不会改变事情的本质，我上面提到的在其他领域发生的类似事情，会支持反对价格理论。

在萧条时期，事情的过程会体现出一种不确定性和无规则性的景象，对这种不确定性和无规则性，我们是从寻找新的平衡的角度来进行解释的，或者是从适应已经相对迅速变化的一般情况来进行解释的。这种不确定性和无规则性很容易让人理解。对不同企业来说，通常的数据也是不同的。然而，对这种数据变化的程度和本质的了解只能从经验中获得。这样，就有了新的竞争者。老顾客和经销商没有出现；必然出现的对新经济事实的正确态度；不可估计的事件——对信贷不可预料的拒绝——在任何时候都可能出现。"纯工商业者"面对的是常规之外的、他不习惯的问题，在面对这些问题时，他会出现错误，而这些错误又会成为产生问题的一个重要的次要原因。投机是更进一步的原因，投机者所遇到的不幸以及他预见到的价格进一步下降的事实，两者共同作用能够使人们所熟悉的各种要素之间互相作用，从而增加数量。没有任何的结果是可以清楚地看到的；而那些与危机没有任何关系的弱点也可能会出现在任何地方。企业收缩或扩张最终会证明哪种方式是正确的反应类型，而企业的收缩或扩张不可能在当时成为某个问题值得信任的理由。情况的复杂性和不清晰性将真正成为实际事件中的重要因素，而在我看来，这种复杂性和不清晰性是理论毫无根据的用来解释衰退的原因。

数据和价值的不确定性、明显会出现的不规则和不可估计的损失，形成了衰退时期的独特氛围。那些组成股票交易思想的投机要素，在繁荣时期的商业方面和社会方面都是非常引人注意的，在衰退时期，这些投机要素尤其会受到影响。对很多人来说，尤其是对投机阶层和部分地依赖于奢侈品需求的奢侈品生产者来说，情况比它们所表现出来的要糟糕——对他们来说，这些所有的事情似乎已经走到了尽头。主观上来说，转折点似乎出现在生产者面前，尤其是，如果生产者拒绝接受不可避免的价格下降，这种价格的下降就像迄今为止发生的生产过剩以及由此产生的衰退一样。已经生产出来的产品没有办法销售出去，更严重的是那些即将要生产出来的产品，把这些产品按照成本价出售会导致人们所熟知的货币紧缩现象，甚至可能导致无力支付或企业的破产，而这些现象是每一种商业周期理论都必须进行解释的。我们的理论对此也要进行解释，正如读者所看到的那样，但是，我们的理论没有把这种典型的事实作为基本的、独立的原因[1]。生产过剩被我们已经注意并解释了的繁荣的扭曲所加强了。一方面是这种环境，另一方面是衰退时期很多工业中出现的有效需求和供给之间的缺口，这两个方面使得我们用不同的理论术语来描述衰退的外部形式成为可能。每种理论的主旨在于试图解释这种不协调出现的方式，以及解释这种不协调得以存在的特殊的数量。对我们来说，商品的数量和价格之间的不协调与生产过剩一样，是一种中间现象，而不是主要的原因，这种不协调在很多情况下，是由于经济系统失去了均衡而产生的。与这种商品的数量和价格之间的不协调相联系的，还存在工业部门之间收入的不协调，但是这种不协调不存在于不同的经济等级之间，因为企业家的利润与可能受到干扰的其他人的收入不存在正常的比例关系，而除了这些固定的货币形式的收入，其他收入具有以相同的速度变化的趋势，而且通常是根据有损于或者有利于固定收入来获得相应的收益或遭受相应的损失的，此时不会干扰总的消费者需求。

　　繁荣的扭曲在其他情况下也有这样的结果，即对所有工业部门来说，情况的紧张和危险程度不具有同等的重要性。经验也告诉我们，正如阿夫达农[2]所表明的，很多工业部门根本没有被干扰，有些部门只是受到了很小的干扰。在每一种工业中，新企业受影响的程度一般要比旧企业大，这似乎与我们的解释相矛盾。对这一点的解释如下：旧企业具有缓冲工具"准地租"，而且更重要的是，它们具有积累的准备金。它通常处于被保护的关系中，而且常常得到确立多年的银行关系的支持。这些旧企业有可能失败了若干年，但是其债权人并不因此感到忧虑。因而，旧企业比新企业维持的时间要长，因为新企业总是受到严格的、怀疑的审核，而且它没有准备金，至多只有透支工具，只要新企业表现出一点处于困

　　1　每种危机理论都把生产过剩作为一个原因，或者作为主要原因，在我看来，即使这些危机理论没有坚持"一般性的生产过剩"的观点，这仍然会导致循环推论的反驳（暂且不说萨伊已经阐述的反对观点）。我必须把斯皮托夫的理论从论断中排除。他用非常简短的论述具体说明生产品的周期性生产过剩，他的这种简短的论述没有得到任何的最终判断。此外，还要注意，斯皮托夫的目的是对所有这一主题的细节进行透彻的分析。对于这种分析，居于统治地位的外部情况要素——生产生产资料的工业的停滞当然是属于这种情况——与主要原因的关系比这种外部情况要素的外部说明，具有更加重要的作用。最后，在强调生产生产资料的工业时，还要提到一些参考要素，这些要素在我看来构成了问题的本质，因此，把斯皮托夫的分析仅仅描述为一种生产过剩理论，是不正确的；对他的理论做更深入的细节分析，比我现在所期望的要具有更加深远的意义。

　　2　参阅《生产过剩的周期性危机》，第一册。不同于我们这里所描述情况的另一个事实是，周期性运动总是在工业中带有强烈的生产新的工业企业的标志，而且非常清晰。根据我们的观点，这同样是可以理解的。当然，这与我们陈述的解释并不是矛盾的，而是恰恰相反的。

境的迹象，就会被认为是一个不好的债务人。因此，在所有情况下，变化带给新企业的冲击要比旧企业更加明显。对新企业来说，这种变化的冲击更容易导致最终的结果：破产，而对旧企业来说，这只会导致一种缓慢的衰退。这歪曲了现实的情景，也解释了危机中的选择过程为什么以一种重要限定条件来描述；因为只有得到大力支持的厂商，而不是本身最完善的厂商，才有在危机中生存的最好机会。但是，这并不影响现象的本质。

5. 尽管有充分的理由认为组成衰退时期的调整和再吸收的过程引起了经济系统中最有活力的要素的不安，这些最有活力的要素对创造商业的氛围做出了最大的贡献；也尽管每一种事情都以完美的形式出现，衰退也必定消灭了很多的价值实体；但是，如果仅从对繁荣的冲击和仅仅用否定的特征来描述衰退，那么，这仍然不能充分地把握衰退的本质和作用。对于衰退，还存在比刚才我提到的情况更能反映其本质的特征，这是非常令人高兴的。

第一，就像刚才所提到的，衰退将导致一个新的均衡位置。为了让我们自己确信，衰退时期发生的所有事情都可以从这个观点进行理解，而且这些发生的事情显然是不具有任何意义的和无法控制的，让我们再一次考虑衰退时期的个人行为。这些个人必须调整自己，使得自己适应由繁荣所引起的干扰，即他们必须使自己适应新组合及其产品的成群出现而产生的干扰，适应由于新企业与旧企业的同时出现以及这些新企业单独出现而产生的干扰。旧企业——理论上，应该是指除了形成于繁荣时期的所有存在的企业，以及进一步排除了那些因垄断位置、特殊优势或者持续的拥有优势技术的企业之外的现存企业——面对三种可能性：如果这些旧企业因主观原因或者客观原因不能适应，将衰败下去；减少企业活动，试图在更稳定的状态下生存；依靠它们自己的资源或者依靠外力的帮助，这些旧企业要么转向另一个行业，要么采用其他的技术或商业方法以较低的成本扩大生产。如果新企业是连续出现而不是成群出现，那么这些新企业不得不经历它们的首次考验，面对比连续出现而不是成群出现时要大得多的困难。一旦建立新企业，这些新企业就必然会适当地参与到循环流动的系统中，而且即使当这些新企业建立时没有发生任何的错误，在很多其他的方面也肯定会存在需要进行修改的地方。即使从不同的、次要的原因出发，这些新企业所面对的问题和可能性也与旧企业所面对的是类似的；而且，如上面所说，这些新企业在很多方面处理问题的能力比旧企业要差。在衰退时期，商人的行为特征包括采取纠正，以及为解决这个问题所采取的各种措施；所有的这些现象，除了没有事实根据的恐慌和错误的结果——都对危机中事情的异常过程进行了特征定义——都可能包含在由繁荣所造成的情况的概念中，也包含在由繁荣所造成的商人的行为特征中，还包含在均衡以及对均衡的反应的干扰中，也包含在经济数据的改变以及对这些改变的成功或失败的适应中。

围绕着新的均衡位置所做的努力，将使创新具体化，并对旧企业施加它们的影响，我们从经验中可以得知，这些努力是衰退时期的真正意义，同样，这种努力实际上必然导致更加接近均衡位置：一方面，衰退过程的驱动力，直到它真正发挥作用，并实际上带来了均衡状态，理论上讲是不会停止的；另一方面，除非达到新的均衡位置，否则以新繁荣的形式出现的干扰是不会自动从经济系统中产生的。衰退时期的商人行为，显然是受到实际的或即将发生的损失这个要素所控制的。但是，损失的到来或者即将发生——这在整个经济系统内不是必然的，但是部分的损失会导致风险——与所有的企业以及整个经济系统不是处于稳定的均衡位置是一样的，这实际上就是说，直到这些企业再次以与成本相当的价格进行生产，损失才会到来或发生。因此，从理论上来说，只要这种均衡没有完全达到，那么就总存在衰退。从这个意义上，还可以说，生产过程在发挥它的作用之前，这种过程是不会被新的繁荣所干扰的。因为直到那时都肯定存在对新的经济数据的不确定性，这就使对新的组合的计算变得不可能，而且使必要因素的合作变得很困难。如果遵守下面的限定条件，那么这两个结论就都是符合事实的。对现代商业世界所特有的周期性运动和机制的认识，将使得商人能够预测即将到来的繁荣以及这些繁荣的次级现象；很多个体对新均衡的适应，以及很多价值对新均衡的适应，常常被一种期望所延缓或阻碍，这种期望就是这些个体认为自己还能再坚持进行生产，这种坚持在占据统治地位的繁荣时期是非常重要的，并且这种坚持挽救了很多实际上不能适应生存的厂商，不论如何，这种坚持延缓或阻碍了到达均衡、稳定状态的过程。

经济生活的逐渐托拉斯化，在大型联合企业内部及它们的外部，形成了永久的连续的失衡，因为，如果在所有的生产部门都存在自由竞争，那么实际上就只能存在完全的均衡了。此外，由于很多企业，尤其是旧企业，它们具有很强的财政支持能力，所以这种调整就不总是非常迫切的，也不是与生死存亡密切相关的问题。还有一种对处于困难中的公司或整个行业进行外部支持的做法，如政府救助，它的发放是基于困难只是暂时，而且困难是由外界环境造成的这样的假设。在衰退时期，常常也有实行关税的要求；所有这些行为，与旧企业所具有的财政支持一样，都以同样的方式发挥着作用。更进一步说，还存在机会因素——比如，发生在关键时期的好收成。最后，衰退过程的非正常情况有时会产生过度补偿的影响。例如，如果某种未经证实的恐慌使得某家企业的股票价格下降了，因而，随后会开始对股票价格的纠正性上升，而这种纠正性上升可能进行得过于激烈，使得该企业的股票价格维持在高位，并导致小规模的虚假繁荣，这种情况在一定的条件下可能会持续下去，直到出现真实的繁荣。

当然，最后所达到的状态绝不会与没有发展的经济系统的理论情景完全一致，在没有发展的经济系统的理论情景中，将不存在利息形式的收入。相对短暂的衰退时期独自阻止了这种现象的发生。然而，最后的状态总是会接近没有发展的情景，而且这种状态是相对稳定的，可能又会成为执行新组合的起点。因此，在这个意义上，我们得出结论，即根据我们的理论，在两个繁荣之间总是会存在吸收的过程，这种吸收过程的功能是产生均衡，而它最终会到达接近均衡的位置。这对于我们是很重要的，不仅是因为这种中间的吸收过程是存在的，对这种中间过程的解释是每一种周期理论的责任，还因为这种周期性均衡位置的必要性的证据能够完成我们的论证。因为我们是从这样的位置出发来进行论证的，而发展的波动首先是从这个位置产生的——不管这种情况在历史上是否出现过，也不管这种情况什么时候在历史上出现过。为了更加突出显示波动的本质属性，我们甚至可以仅仅假设一种初始的"静止"状态。但是，就我们的理论用来解释这种现象的本质而言，仅仅说每一个商业周期都具有波峰和波谷，这是不够的，还必须说明哪些是不能被简单地假定的，也不能用事实来代替对它的证明的。因此，在这部分，进行一定量的研究还是必要的。

第二，除了对刚刚引起我们注意的创新的关注和消化作用，衰退时期还存在其他的一些作用，这些作用确实不如某些现象重要：它完成了繁荣时期承诺的事情。这种作用是持续的，而那些现象是暂时的。这种作用体现在：商品流被丰富起来，生产被部分地重新组织，生产的成本减少了[1]，起初看起来是企业家利润的

1　我们两次谈到了繁荣对成本增加的作用：首先，企业家的需求推高了生产资料的价格，然后处于第二波发展的所有人的需求进一步增加。这些不断增加的成本与古典经济学家所称的那种长期增长是没有什么关系的，古典经济学所说的这种长期增加是建立在人口的增加会带来生产资料的生产的可能增加的基础上。现在，上面所提到的成本的减少不是对以货币为计量的成本增加的补充，而是繁荣所实现的生产进步的结果，标志着每单位产品真实成本的下降，这种成本的真实下降首先会出现在与旧企业对立的新企业中，然后会出现在这些旧企业中，因为它们必须使自己适应——比如，削减产量，将它们自己限制在最好的可能性中——否则，它们就会消亡。每一次繁荣过后，这种经济系统就能以更少的劳动和土地的支出来生产产品。

收入最终增加了其他阶层的永久性的真实收入。

尽管这些作用一开始遇到了各种障碍，但由我们的理论得出的这个结论还是被这样的事实证明了，即衰退的正常时期的经济状况[1]的整个过程并不像渗透于衰退时期的情绪那样是沉闷的。在衰退的正常时期，除了作为规则的经济生活的大部分几乎不被干扰这样的事实，在很多情况下，总交易的实物数量只是微乎其微地有所下降。衰退所引起的破坏是如何被夸大的，这样的流行概念可以通过任何危机的官方调查来表明[2]。尽管周期性的运动体现在繁荣时期就是通货膨胀，体现在衰退时期就是通货紧缩，在这两种情况下，对周期性运动的分析不仅根据商品，还要根据货币来进行，尤其是，它是以货币形式强烈地表现的。与平均年份的总收入数字相比，繁荣时期总收入的上升以及衰退时期总收入的下降在8%~12%之间，甚至在因发展强度大而使波动比欧洲更加显著的美国也是如此（参考米切尔的论述）。阿夫达农已经表明，衰退时期价格的下降只构成了平均水平的很少一部分，真正大的波动是在个别情况的特殊条件下产生的，与周期性的运动具有的关系很小。这对于所有大的一般性的运动都是一样的，比如战后时期。当那些非常事件（恐慌、破产的蔓延等）的过程变得不断衰弱，以及由此而生的对不可预测的危险的焦虑消失的时候，公众也会对衰退发表不同的意见，做出不同的判断。

我们可以看到衰退时期的真正特征，如果我们考虑这样的事情，即衰退时期给不同类型的个人带来了什么又带走了什么——对从衰退时期事件的非正常过程的现象提取出来的事实，这里我们对此并不涉及。对企业家及他的追随者来说，尤其是对那些偶然幸运地或投机地能够享受到繁荣时期的价格上涨所带来的成果的人们来说，衰退使他们失去了获得这种利润的可能性——尤其是在投机的情况中，这种投机被衰退中出现的看跌的可能性所代替。在正常情况的例子中，企业家已经获得了利润，并将这种利润包含在了已经建立起来且经过调整适应的企业中；但是，他不再能产生进一步的利润，相反，他会受到损失的威胁。在正

---

1 当然，战后的衰退是不正常的，我认为，把商业周期理论的一般性结论运用于战后经济资料的分析，是不正确的。但这是人们经常犯的错误。很多对危机进行判断的现代经济学家是通过信贷政策的帮助来进行的，这可以由这样的事实来得到解释，即他们坚决维护仅仅适用于战后危机的正常周期性运动。

2 例如，1895年之前显著的衰退时期的英文报道，著名的《衰退时期贸易的第三次调查报告》。对衰退时期的精确调查只是近期才有的，比如，《伦敦和剑桥经济服务的第8号特殊备忘录》，或者，美国的《议会和总统对失业问题的报告》中的数据和估计。有个有趣的方法，能够产生于1921年相同的结果，尽管1921年不是衰退的年份，这个方法的提出者就是斯奈德（《管理》杂志，1923年5月）。

常情况下，即使在事件的理想过程中，他的企业家利润将会枯竭，他的其他企业家利润的收入也将降至最小值。在事件的真实过程中，尽管很多不利的影响已经被上面所提到的要素所减弱，但这些不利的影响还是会发生。与旧企业具有关联的一些事情，它们正在被竞争性地消除，但它们还是会遇到困难。具有固定货币收入的人，或者其收入在很长时间之后才会变化的人，比如领取养老金的人、收租金的人、政府工作人员以及长期出租自己土地的土地所有者，都是衰退时期的典型的受益人。他们的货币收入所能购买到的商品，在繁荣时期被压缩了，但在衰退时期却扩大了，而且，在原则上，这种扩大的程度比繁荣时期被压缩的程度更大，这一点已经说明了（参阅前面的3.中的"第三"）。进行短期投资的资本家，从每单位收入和资本所增加的购买力中获益，而由于更低的利息率受到损失。理论上，他们所遭受的损失要大于收益，但是很多次要的情况——首先是遭受损失的风险，其次是对风险补偿的需求——使这个理论上的原理失去了它实际的重要意义。那些没有用长期合约把自己的租金固定下来的土地所有者——主要是拥有土地的农民——在根本上与工人是处于相同的地位，所以，对有关工人问题的论述也适用于他们。工人与土地所有者之间的差别在实践中很重要，但在理论上就不值得考虑了，人们对这种差别通常是非常熟悉的，所以，我们在这里，对这个问题不进行论述[1]。

在繁荣时期，工资必须增长。因为对劳动力的需求会增长，首先是企业家对劳动力的新的需求，其次是次级波动上升时，那些扩大经营活动的人也会增加对劳动力的新需求，这些都会直接或间接增加对劳动力的需求。因此，就业首先会增加，伴随而来的就是劳动力的工资总数的增加，然后是工资率以及个别工人收入的增加。正是由于工资的增加，引起了对消费品需求的增加，从而又导致了一般物价水平的提高。

由于那些在理论上与工人具有相同地位的土地所有者的部分收入，因为上面提到的原因不会随着工资的增加而增加，而他们的固定收入根本不会增加，所以总工资的增加与更大的实际劳动收入是相等的，而这实际上会导致尚未增加的社会产品中的份额增大。

下面这种情况是普遍真理的特殊情况：如果发生这样的情况，即只要新创

1　同样，也没有必要讨论衰退对不同行业的不同程度的影响——例如，对奢侈品行业的影响要大于对食品生产工业的影响。对这些不同程度的影响，哪些具有理论意义，我们已经在本章的不同地方都有所涉及。

造的购买力在影响消费品的价格之前必定会对工资产生影响，那么通货膨胀就不会立即损害工人的利益。只要情况不是如此，或者只要工资的上涨遇到了外界的障碍（比如，世界大战），那么工资就会按照经常被描述的方式滞后于物价而上涨[1]。如果通货膨胀确实是过度消费的工具，比如如果战争是靠通货膨胀来获取资金支持的，那么由此造成的经济系统的贫困[2]必然也会对工人的地位产生影响，即使这种影响不如对其他群体的地位所产生的影响那么严重。但是在我们的例子中，发生了相反的情况。

一方面，在衰退时期，每单位工资的购买力增加了。而以货币形式表现的对劳动力的有效需求，由于繁荣而开始的自动的通货紧缩的结果而有所下降。如果仅出现这种情况，那么对劳动的有效真实需求[3]将保持不受干扰。劳动的真实收入将继续保持在比较高的位置，这种收入不仅高于前期的均衡位置时的收入，还高于繁荣时期的收入。因为，之前的企业家利润会流向——理论上和根据我们对这个概念的定义会全部流向，但实际上只是逐渐地并且是不完全的流向——劳动和土地的服务，只要这种企业家的利润没有被产品价格的下降所消化吸收掉。但是下面的这些情况在短期内阻碍了这种事情的发生，并且会引起实际上由统计数据所表示的真实收入的暂时性下降，但是，与我们的理论相一致的期望的真实收入

1　对这个理论的统计性检验遇到了各种困难。首先，我们对工人所消费的商品的零售价格的数据，远没有达到我们所期望的那种完整的程度——这样，货币工资的变动当然就没有任何的意义了；如果人们对这种状况满足的话，就证明了我们的观点。对就业程度的测量仍然不能使我们满意，但我们又不得不用这个数据。据我所知，在战前测量短期的劳动量根本就是不可能的，而且只有借助于工会的数据和偶然的人口调查才能测算完全的失业。现在，这些手段和方法将会更加成功，因为从我们的目的出发，我们只考虑战前的数据，这是前面已经提及的。这里有一篇著作，即伍德的《1850年以来的实际工资和人们的满足标准》，这本著作刊登在《皇家统计协会杂志》（1909年3月），它试图寻找我们所需要的东西，并将它的论述延伸到了1902年，并且证实了我们的预期。然而，世纪之交出现了非周期性的、长远的价格运动，它歪曲了整个情景，并且也包含了周期性运动的越轨行为。根据鲍利教授对伍德的著作的继续以及伍德的文章《1900—1912年伦敦实际工资的过程》（发表在《皇家统计协会杂志》，1913年12月）中所做的研究，以及汉森的《影响实际工资趋势的要素》（发表在《美国经济评论》，1925年3月）一文，我们可以确切地说这个理论是不符合实际情况的，而我们所提到的这些文章与就业程度都是无关的。但是，很容易可以看出，如果消除价格的长期上涨趋势，那么我们的结论就会被证实。关于黄金的生产与工资水平的关系，可以参阅庇古在《经济杂志》（1923年6月）中的论述。

本文接下来的论点有充足的数据支持。在衰退时期，真实的工资是有规律地下降的，而下降的程度只是繁荣时期所获得利益的一部分。这也正是我们应该期望的。

2　在支付工具的数据大致保持不变的情况下，由于贫困及产生的问题，即使不采用膨胀性的融资政策，也会出现相对的通货膨胀。本文还提到了纸质货币或者信贷膨胀所带来的影响程度的加剧的情况。

3　这个新的概念在这里仅指以一种理想的标准单位所衡量的劳动的需求，这种标准单位不会由于流通中的媒介的数量的变化而经历周期性变化；因此，这种概念仅仅指的是对劳动总需求的真实变化，而不是名义上的变化。

的上升，在现实中通常会被下一个繁荣的出现所掩盖。

（a）在衰退时期我们所称的数据和时间的不确定性和明显的无规则性，以及更多异常事件过程中的恐慌和错误，这些事实都扰乱了很多的厂商，并且使很多其他厂商在一段时间内无所事事。这必然会导致失业等其他事情的发生，但本质上这些现象都是暂时的，这种暂时性的特征不会改变这样的事实，即它是一个重大的事件，在一定条件下它可以消除人们所关心的不幸和灾难，以及对它的恐惧——仅仅是因为它的发生是不可计算的——这种暂时性的特征实质上有助于反映衰退时期的情况。这种暂时性的失业特征是衰退时期的典型特征，也是劳动恐慌性供应的来源，因此这会导致之前由工会的行动所获得的利益的损失，有时，虽然不是必然的，但也会对工资施加比较大的压力，而它所造成的这些影响可能比失业数据中所得出的影响还要大。

（b）从这些事情中，我们必须分清这样的事实，即新的企业要么会完全地消灭掉旧企业，要么迫使这些旧企业限制它们本身的经营活动。作为对这种情况所引起的失业的抵制措施，新企业的执行肯定会引起对劳动力的新需求。这种对劳动力的新需求的数量在多大程度上能够超过由此所引发的失业数量，可以通过铁路和大众马车的例子来说明。但是，并不是所有的情况都是如此的，而且即使所有的情况都是如此，也会碰到困难和摩擦，同时，由于劳动力市场作用的不完全，这两者（对劳动力的新需求的数量和引发的失业数量）在平衡中，它们之间的不对称可能还要更加偏重一些。

（c）由于曾经创造了新的投资的企业家对劳动的需求最终会停止，上面所提到的由于繁荣的到来而产生的对劳动的新需求也会失去它的重要性。

（d）作为规则，繁荣最终意味着生产过程进一步机械化，因而必然会减少每单位产品所必需的劳动量；而且，繁荣还经常包含着这种工业对劳动需求量的减少，尽管这种工业会出现生产的扩张，当然，繁荣对工业的这种包含不是必然的。这样，技术性的失业就表现为周期性失业的一个组成部分，而且不能由于技术性的失业与周期性的失业看起来没有关系而把将与周期性的失业相对立。

衰退所带来的这种要素是巨大的、让人感到痛苦的，但这些要素所面对的这些困难主要还是暂时的[1]。因为对劳动力总的真实需求一般来说不会一直持续地下降。忽略所有补充的以及次要的因素，企业家利润中那部分未被价格下降所消除

---

[1] 对于这一点，请读者参阅我的论文《分配学说的基本原理》，载于《社会经济与社会政策文献》（第二卷）。

的支出必然会超过任何永久性收缩所需要的量，所以对劳动力的需求不会一直持续下降。即使这部分的支出仅仅是花在消费方面，那它必定也要分解为工资和租金，因此我反复强调，这里所说的每一个问题，在理论上都适用于工资和租金。一旦它们被投资，在某种程度上就会产生对劳动的真实需求的增加。

（e）繁荣只会以一种方式直接地或间接地使对劳动的真实需求持续降低：如果在新的组合中，繁荣转化为土地和劳动的相对边际重要性，而土地和劳动产生于之前对劳动不利的旧的生产组合。于是，不仅劳动在社会产品中所占的份额，而且劳动的真实收入的绝对数量都可能持续性地下降。实际上，比这种情况更重要的——但未必属于永久性的性质——是一种对已经生产出来的生产资料的需求的转变。

根据这个限定条件，我们回到我们的结论，即衰退的经济本质在于，通过力求均衡的机制，把繁荣的成果扩散到整个经济系统；而那种对于这个经济系统来说仅仅部分是必需的暂时反应，掩盖了衰退的这个经济特征，并产生了一种可以表达为衰退的氛围，同时产生了一种反响，即那些指数所表现的形式不属于（或者说不完全属于）货币、信贷和价格的范畴，而且那些指数不仅仅反映了衰退时期自动的通货紧缩的特征。

6. 危机的爆发开始了事件的异常过程，或者说危机的爆发是事件过程的异常的开端。正如我们已经提到的，这没有提出任何新的理论上的问题。我们的分析表明，恐慌、破产、信贷制度的崩溃等现象很容易在繁荣转向衰退的转折点出现。这种危险会持续一段时间，但是只要衰退的过程更加彻底地发挥其作用，那么这种危险就会变小[1]。如果出现恐慌，那么首先出现在这种恐慌中的错误或者仅仅是由于解除这种恐慌而出现的错误，以及公众舆论等，就会成为独立的原因，而这些错误以及公众舆论在事件的正常过程中是不可能会出现的。这些错误和公

---

[1] 随着衰退的继续，经济系统崩溃和信贷结构崩溃的风险就会越来越小。这种论述和这样的事实是相符的。即大多数的破产并不是恰好发生在转折点附近，而是发生在转折点之后，甚至有时会发生在经济系统的风险过去之后。因为，一家厂商经历了致命的打击，但是它不一定会立即破产。相反，每个人都会尽可能地抵制破产。大多数的厂商都可能在或多或少的时间内做到这一点。他们希望自己——还有他们的债权人也希望——能够处于更有利的时机。他们深思熟虑，借助新的支持和一定的手段、方法，有时会获得成功，有时至少会获得同意他们进行债务清理的成功——当然，更多的时候，他们没有成功，但是即使没有成功，垂死的挣扎也会延迟破产或重组的过程，常常会延迟到下一个上升过程，这就相当于干涸的土地上重现了新生。这并不是新的灾难所带来的结果，实际上这种高风险在逐渐降低，这种结果是很早之前就发生的灾难的结果。这里，与别的地方所做的努力一样，我们只考虑主要的原因以及所需要的解释的基本特征，而不关心什么时候这种原因才是明显可见的。这就产生了我们的理论与所观察到的事实之间明显的不一致。但是，如果这种不一致没有得到满意的解释，那么每一种不一致就会成为对立的观点。

众舆论就成为衰退的原因，这种衰退表现出了不同的特征，并导致最后不同的结果偏离正常的轨道。在这里，最终所建立的均衡状态，与其他情况下所建立的均衡状态，是不同的。重大的错误和破坏等不能被改正和重新修复，它们创造的情况反过来会产生进一步的影响，这样，这些情况必须共同努力寻找解决的办法；这些错误和破坏意味着新的干扰，而且它们还会包含适应的过程，而这种适应过程在其他情况下都是多余的。时间的正常过程与非正常过程之间的区别是非常重要的，这种重要性不仅体现在理解事情的本质方面，还体现在与理解这些事情的本质相联系的理论和时间问题方面。

我们已经看到——与我们在商业周期中看到的货币现象，或者根源于银行信贷的现象相对立的学说，在今天特别地与凯恩斯、费舍尔、霍特里的名字联系在一起，也与联邦储备局的政策联系在一起——无论是繁荣时期的利润还是衰退时期的亏损，都是没有意义的和不产生作用的。相反，私人企业家与其竞争对手仍然在进行竞争，他们之间的相互作用是经济发展机制的基本要素，而且不会被消除。如果不对那些不可避免地与没有希望适应的现存事物进行彻底的斗争，那么经济系统就不能发挥它的作用。但是，伴随着事情的非正常过程的损失和破坏确实是没有意义和不起作用的。对危机的预防和整治的各种建议的论证，主要依靠这些伴随衰退的损失和破坏。其他对危机的整治措施的出发点是基于这样的事实，即即使是正常的衰退也包含着与那些原因和周期的意义没有任何联系的个人，即工人。

对危机最重要的治疗措施，也是唯一不会引起反对意见的措施，就是对商业周期预测的改进。商人们对周期理论的不断熟悉以及逐渐形成的托拉斯化，就成为真正的危机现象变得越来越弱的原因[1]——世界大战以及战后那段时间都不属于这种情况。由政府的企业或大的企业联合体所进行的新建设推迟到衰退时期，这件事情从我们的观点来看似乎是对新组合成群出现的结果的一种缓和，也似乎是对衰退时期的通货紧缩和繁荣时期的通货膨胀的一种减弱，因而，这似乎是减

---

[1] 不断增加的对周期的预见也削弱了正常的周期运动。但是，这不能阻碍危机的发生，如果从这个观点来检查我们的论点，那么这一点就会被得到认可。因此，当亚当斯说："预测周期就是使得周期失效"时，他未免预测得太远了。这与早前提到的要素有所不同，即随着时间的过程，经济发展不断变为一种"计算的事情"。这种要素与我们所讲的熟悉程度和预见性有所不同。它也缓和了周期运动，但是由于另外的原因：它趋于消除产生繁荣的基本原因，因此它的运动比周期过程的预测的速度要慢，但在趋势上更加完整——只要产生繁荣的原因存在，这些都是不可避免的。这也不同于托拉斯化：由于同样的原因，它缓和了事件的正常和非正常过程。

缓周期运动和危机的风险的有效手段。对信用工具不加区别的普遍的增加，仅仅意味着通货膨胀，正如政府印制纸币的行为一样。它可能像阻碍非正常的过程一样，阻碍正常的过程。它不仅会遇到反通货膨胀的一般争论，还会遇到这样的论点，这种论点认为它破坏了可以归结为衰退的选择性措施，它还使经济系统负担那些不能适应的以及无法生存的厂商。与之相比，通常由银行无系统地并且没有预见性地实施的信贷控制，却能够出现在可以公开讨论的政策面前，这种政策通过让严重的结果自由发展下去来医治灾难。这种政策实施的过程可以用其他的措施来补充，但这些其他的措施可能会使个别的生产者很难抵制住价格的必要下降。但是，也可以构想一种信贷政策——部分是在个人银行方面，更多的是在中央银行对私人银行的影响方面——这种政策能将具有经济职能的衰退过程的正常现象和具有破坏作用而没有经济职能的衰退过程的非正常现象区分开来。这种政策肯定会导致一种特殊种类的经济计划，这种计划必定会增加政治因素对个人和团体命运的影响，但是，这个过程也包含一种政治的判断，这与我们的论述是不相关的，我们并不关心。这种政策必备的技术性前提条件，以及对经济和文化生活的事实和可能性的全面洞察和了解，尽管这些在理论上说是能够及时得到的或者能够及时实现的，但是在目前，这些无疑是不能得到的或者说是不能实现的。但是在理论上，确立下面的一些事情引起了人们的兴趣，即这种政策不是不可能的，也不能简单地把这种政策的出现归因于幻想，也不能归因于那些在本质上不能用作达到目的的手段，或者不能归因于那些其得到的反作用必然大于其直接影响的手段。不能仅仅从概念上来区分事件的正常过程和异常过程中的现象。实际上，在现实中，它们是不同的事物；通过进行充分深入的研究，即使在今天发生的具体情况也可以立即被普遍性地认定是属于这种事物，还是属于另一种事物。在给定的受任何衰退时期的灾难所威胁的大量企业中，这种政策应该区分出那些由于繁荣而在技术上或商业上过时的企业，和那些受到次要环境、反作用和偶然事件影响而陷入危险境地的企业；这种政策将不会去扶持前一种情况的企业，而对后一种情况中的企业却给予信贷支持。如同有意识地制定种族的卫生政策可能会成功一样，这种有意识地扶持特定的企业的政策也可能会成功，然而如果放任事情自由发展，那这种有意识的政策就不可能会实现。然而，无论情况如何，作为资本主义制度产物的危机，都将比资本主义制度更早地消亡。

但是，没有任何措施能够永久性地阻碍大规模的经济和社会过程，在这个过程中，企业、个人的地位或位置、生活方式、文化价值和理想等，都将沉没，并最终消失。在存在私有财产和竞争的社会中，这个过程是不断出现的新的经济和社会形态的必要补充，也是所有社会阶层不断上升的真实收入的补充。如果没有周期性的波动，这种过程会更缓和，但是，这也不能完全归因于周期性的波动，而且这个过程与周期性的波动是相互独立的。在理论上和实际上、经济上和文化上，这些变化比经济的稳定性更加重要，而很长时间以来，所有分析的注意力都集中在经济的稳定性方面。家庭和公司的兴衰，在它们特殊的变动方式中，比在静态的社会中观察到的任何事物都具有更多资本主义经济系统的特征，在家庭和公司兴衰的特殊变动方式所形成的文化和作用效果方面，也更加具有资本主义经济系统的特征。而在静态的社会中，家庭和公司是以固定的比例进行自我再生产的。

第二卷

从马克思到凯恩斯的十大经济学家

第一章
卡尔·马克思

（1818—1883）

马克思主义学说[1]

    绝大部分融合人类智慧或想象的作品，经过一定的时间之后就永远过时了。这一时间，也许短暂如茶余饭后的片刻，或者漫长如经历一代人的沧海桑田，然而它们终究逃不脱被遗忘的命运。有些作品却不是这样，它们此刻也许是黯淡的，但一定会有复兴的时刻，到那时它们会以各自的形式，带着人们可以目睹手触的各自的烙印，作为文化遗产中可以被辨识的成分重新绽放光芒。这些作品我们可以恰当地称为伟大的作品——这一定义把伟大和生命力联系在一起，并无不妥之处。按照这个定义，伟大一词毫无疑问是适用于马克思（Carl Marx）的学说的。但是，不容忽视地，将生命力的复苏纳入伟大的定义范畴还有另外一个好处：我们在界定一个作品伟大与否时可以脱离私人的爱憎之情。过去的20年是目睹马克思主义复兴最有趣的时期。首先是它在苏联的复兴，这位社会主义所信仰的伟大导师在这个社会主义国家享有盛誉是很正常的。另外，在这里，马克思学说经典化的过程表现出一个特点，那就是横亘在马克思学说的内涵和布尔什维克党的行为实践、意识形态之间的鸿沟。

    但是另一处的复兴就不这么容易解释，那就是马克思主义在美国的复兴。这一现象是很有趣的，因为一直到20世纪20年代，无论是在美国工人运动中，还是在美国知识分子的思想中，都没有强调马克思学说重要性的笔调。当时，美国所有的马克思主义都是肤浅的、不重要的和没有地位的。尤其是德国，所有国家中马克思主义传统最为显著的一个，在一战后的社会主义兴盛时期和过去的萧条时期的确始终存在一个规模不大的正统马克思学派，但社会主义思想的领导人物

1　选自约瑟夫·A·熊彼特：《资本主义、社会主义和民主》1942年版，经哈珀尔兄弟出版公司允许重印。

（不仅是和社会民主党联盟的那些人，还有在实际问题上比社会民主党的谨小慎微的保守主义走得更远的那些人）对马克思采取敬而远之的态度，在对经济问题的解释上，也和其他经济学家如出一辙。因此，在俄国之外，美国的现象是一枝独秀。我们无须追究这一现象的起因，但花费片刻思考一下许多美国人所形成的自己的马克思主义的轮廓和意义，也是值得的[1]。

一、马克思——一个预言家

马克思主义首先表现为一种关于最终目的的学说，这些最终目的体现着人生的意义，并且是检验各种事件和行动的绝对标准；其次，它是达到这些目的的指南。

纯粹的科学成就，即使远比马克思所达到的更为完善，也从来不可能像马克思那样永垂青史。他的政党所拥有的强有力的特殊武器库——政治口号也无法做到这一点。如果马克思能做的只是提供一些富于感染力的言论，那他现在早就湮没无闻了。人们从不会为此类服务而心存感激，他们总是很快就会忘记那些会自编自导政治歌剧的人的名字。

但事实证明，他是一位先知。为了理解这一成就的内涵，我们必须从他所处的时代着手考察。那是资产阶级成就的鼎盛时期，也是其文明的低迷期；那是机械唯物主义的时代，当时的文化环境尚未显露出任何孕育新文艺和新生活方式的迹象，到处充斥着让人反感的陈腐糜烂气息；任何真正意义上的信仰都受到社会各阶层的唾弃，工人世界的唯一一线光明（除了从罗奇代尔[2]和储蓄银行所得到的些许安慰以外）也随着消逝了，而知识分子则自称十分满足于穆勒[3]的《逻辑》和济贫法。

在这个特殊的时期，马克思学说中提出的人间社会主义给无数人带来了光明和新的人生意义。即使马克思学说不被大多数人所理解，那也没有关系，因为这

1　我们尽量不多引用马克思的著作，且不提供关于他生平的资料。这些是不必要的，因为想到马克思著作的目录和关于他生平资料的读者，可以在任何字典里找到他所需要的一切，特别是在《英国百科全书》或《社会科学百科全书》里。研究马克思，从《资本论》第1卷开始最方便（第一部英译本的译者是穆勒和艾威林，编者是恩格斯，1886年）。在传记方面，虽然有大量的新近作品，我仍然认为F·梅林的著作是最好的，至少从一般读者的观点来看是如此。

2　罗奇代尔是英格兰北部的一个小镇，1884年，因生活困苦不堪，28名纺织工人在这里成立了罗奇代尔先锋合作社，创设初期的办社准则为罗奇代尔原则，即入社自由，民主管理，收益分享，重视教育，恪守中立。

3　即约翰·穆勒，英国19世纪著名的心理学家、哲学家和经济学家。他是古典经济学最后一位著名的经济学家。受边沁、李嘉图的影响，他支持功利主义和折中主义。——译者注

几乎是一切伟大作品的共同命运。然而，重要的一点是，这一学说在产生之初是为了让那个时代具有实证主义思想的人所接受而组织和传达的。它（学说）一方面以拥有超乎想象的力量的措辞系统及对受挫折和被虐待心情的详细描述，使那些用自我治疗方法安慰自己的失败的大多数从心底产生共鸣；另一方面它又宣称社会主义拯救人们脱离苦海的作用是毋庸置疑、经得起各方考验的。

单纯针对最终目的的说教往往收效甚微；单纯针对特定社会进程的分析又可能只会引起少数专业人士的关注。马克思赢得热烈拥护的原因并因此为其追随者赢得无上的褒奖，它包含在这样的信念中，即人们不可能因为他的信仰而被打败，恰恰相反，他们会因这一力量而取得最后胜利。当然，坚定人们的信念只是其全部成就的一个方面。马克思主义信条中体现的个人的力量和预言的火花相对独立地起作用，没有它们，新的生活和生活中新的真谛就无处产生。但这并不是我们关心的重点。

另外，不得不提到关于马克思试图证明社会主义归宿的不可避免性这一做法的中肯性与正确性。他没有为了自己勾勒出的社会主义的美好未来洒落任何多愁善感之泪。这是他自认为自己的学说比所谓"乌托邦社会主义"更优越的一点。他也并未像资产阶级那样，在担心得不到利润的时候，喜欢将工人称颂为终日勤劳的英雄。他完全没有拉拢工人的倾向。关于人民大众这个词的含义，马克思具有很透彻的理解。他所关注的是整体的社会目标，而这些远超出了工人的思想和需求范围。另外，他从不教导大众去实现他个人的理想。他没有这种虚荣心，这些也成为他的作品和生活中奇特的组合。

最后，还有一点也不应当略而不提。马克思个人的修养很高，他能极其精准地理解文明及这种文化价值的"相对而言的绝对"价值。在这一方面，我们提不出比《共产党宣言》更好的证据来证明他的博大的胸怀和广阔的眼界。在这一宣言里，他也热烈地赞扬[1]了资本主义的成就；即使在他的学说里宣布资本主义未来必然灭亡时，他也从没有不承认它的历史必然性。诚然，对资本主义的这一态度暗示了许多马克思本人内心本不愿接受和承认的事情。但毫无疑问他的态度是

1　这一说法看上去似乎言过其实。但让我们引述一些由权威机构翻译的英文原文："资产阶级首次证明了人类的活动能够取得怎样的成就。它创造了超越埃及金字塔、罗马水道、哥特式教堂的艺术奇迹。资产阶级把一切民族都卷入文明的旋涡里了，它创建了规模巨大的城市，因而使很大一部分居民脱离了乡村生活的愚昧状态。资产阶级争得自己的阶级统治地位未满一百年，它所造成的生产力比过去总共造成的生产力还要大，还要多。"我们看到，一切的上述成就都仅仅归功于资产阶级，这比许多彻头彻尾的资产阶级经济学家所宣称的还要多。这也就是上面那段文字里我所讲的全部意义——这和当下庸俗化了的马克思主义观点，或近代非马克思的激进派的凡勃伦主义的作品迥然不同。

很坚定的。他关于历史的理论对事物的有机逻辑做出了特定的阐述，认识到这一点，使他更容易采取并坦然接受这种几乎有些"决绝"的态度。对他来说，社会事物都有一定的轨道。他的社会主义思想和社会主义意志是基于他的根本立场而结合在一起的，正因为如此，他的社会主义被命名为科学社会主义，这从各方面来看，都是说得通的。

二、马克思——一个社会学家

由于马克思在德国成长、接受教育，为人又善于思考，所以他的哲学基础很巩固，他对哲学的兴趣也很浓厚。德国式的纯粹哲学是他的出发点，也是他青年时代的爱好。有一个时期，他把这看成他真正从事的职业。他曾经是新黑格尔派哲学家。这大致是说，他和他的同盟者一方面接受了他们的创始人的基本态度和方法，另一方面又摒除了黑格尔派的其他追随者们对于黑格尔哲学所做的保守解释，而代之以极其相反的解释。这一背景在他的作品中一有机会就会表现出来。这就解释了为什么德国和俄国读者，由于思想倾向和训练基本相仿，都主要抓住这一因素并把它作为理解马克思体系的钥匙。

我相信这[1]是一个错误，并且对于马克思的科学能力是一种不公正的看法。马克思一生都保持着他的早期爱好，他欣喜于自己的论证和黑格尔的论证之间可能找到的某种形式上的类似，他喜欢证实他的黑格尔主义和使用黑格尔派词汇，但仅止于此而已。他从没有在任何地方背叛实证科学而依附于形而上学。在《资本论》第1卷第2版的序言里，他自己也这样说过。如果我们分析他的论证，就可以证明他在序言里所说为实，不是自欺欺人的。他所有的论证都以社会事实为根据，他的主张的真正来源都不涉及哲学领域。诚然，那些从哲学角度出发的注释者或评论者们是办不到这一点的，因为对于有关的社会科学他们了解得还不够多。此外，哲学体系建立者有一种心理倾向是只愿意接受来自哲学原理的解说，而不喜欢接受任何其他解说。因此，他们把经济学的实践经验看作哲学在有关事实问题中的展现，从而把讨论引向错误的方向，这样做既误导了他们的盟友也误导了对立阵营。

作为社会学家的马克思借助广泛掌握历史的和当代的资料这样一种武器来完成他的使命。然而，他所掌握的当代的资料总是有点过时，因为他终日畅游于书

1　指把马克思称为新黑格尔学派。——译者注

海，所以他所得到的第一手资料（完全不同于他所习惯的报纸的资料来源）总是有点滞后。然而有一点是值得注意的，即他也许经常会忽视一些专论文章，但他从不忽略同时代那些具有普遍重要性的文章。我们当然不能用颂扬他在经济领域的建树的词语去评论其在社会领域的成就，事实上，他在社会领域的知识架构还称不上像在经济领域里那样"无所不通晓"。但也不能因此否定他在社会领域中的贡献，他仍然可以既从"大处着眼"，又从"小处着手"来阐述他对于社会现象的理解。而且他的大多数理论都被认为达到了不在同时代其他社会学家之下的水平。他在引用这些资料时，都是透过杂乱不规则的表面现象深入其中洞察历史事件的伟大的必然趋势的。在这方面他不单有热情，也不单是对某事件进行分析的冲动，而是两者兼而有之。他为了将自己的社会理论系统化所做出的努力的成果，即所谓的经济史观[1]，毫无疑问到今天仍是社会学上一项最伟大的个人成就。在这个成就面前，再去追究这一成就是否为马克思的原创，或者在多大程度上应归功于德国和法国先辈之类的问题，就没有什么重要的意义了。

经济史观并不表达人们都有意识地或无意识地、全部地或主要地为经济动机所驱使这个主题。与此相反，它的主要组成部分和最重要的贡献之一是关于非经济动机的作用和结构的说明，以及关于社会现实怎样反映于个人精神方面的分析。马克思并没有认为形而上学、各派艺术、伦理观念和政治主张是由经济动机所催生的，但也并不否定它们与经济动机之间的关联性。他只想揭露形成它们，同时也能说明其兴衰的经济条件。马克斯·韦伯[2]的全部资料和论证完全适合于马克思的体系。社会集团和阶级，以及这些集团或阶级如何解释其本身的存在、地位和行为的方式，无疑是最使马克思感兴趣的。然而令他愤怒的是，有些历史学家根据社会集团和阶级的表面价值而形成他们的态度和概念（意识形态或如帕累托所说的派生物），并想用社会现实去解释社会现实。但是如果观念或价值对马克思来说不是社会进程的主要推动因素，那它们也不能被看作轻易就消逝的一股青烟。如果使用类比的话，它们在社会机器中是起着传动带的作用的。战后这些理论所取得的最有趣的发展是知识的社会学（Sociology of Knowledge）[3]，它是能

　　1　首先发表于对普德东的《贫困的哲学》的严厉的抨击著作中，名为《哲学的贫困》，1847。经过改写之后又囊括于《共产党宣言》里，1848年。

　　2　这里指的是韦伯关于宗教的社会学研究，特别是重新发表于他的文集中的名著《新教伦理和资本主义精神》。

　　3　德文字是Wissenssoziologie。可以提出的最著名的人物是马克斯·舍契尔和卡尔·曼海姆。后者在《社会学词典》（德文版）中关于这一题目所写的论文可作为入门读物。

提供解释这一问题的最好例证。虽然我们在这里无法过多涉及它，但提到它是必要的，因为马克思在这方面始终被误解了。甚至连他的朋友恩格斯，在马克思的墓前的演说中，也认为这一理论意味着个人和集团主要受经济动机的支配，这种看法在一些重要领域是错误的。

经济史观所实际说明的问题可以归纳为两个命题：（1）生产方式或生产条件是社会结构的基本决定因素，而人类的态度、行为和文明又是社会结构所孕育出来的。马克思用"手推磨"产生封建社会，"蒸汽机"产生资本主义社会这一名言来表达他的观点。这种说法过分强调了技术因素，甚至于到了应该给以预警的程度，但如果能理解单纯的技术并不能解决所有问题，这么说也是可以接受的。如果通俗化一些，并且知道以下说法会使我们流失很多理论本来的含义，那我们也可以这么理解：我们每天的工作形成我们的思想，我们在生产过程中所处的地位决定我们对事物的看法——或我们看到的事物的方面——或我们各自能支配的社会活动范围。（2）各种生产方式本身都有其内在的必然趋势，那就是说，它们是随着其本身的内在需要而变动的，从而只通过本身的作用就能产生后继的生产方式。用同一马克思的例证来说明这一点：以"手推磨"为特征的制度产生一种经济现象和社会现象，即手推磨的机械生产方式逐渐被社会接受并成为实际需求，从而使得个人或集团都没有力量改变这种趋势。蒸汽机的兴起及其运用又产生了新的社会机能和社会地位，新的集团和他们的新观点，它们于是就保持这样的发展并互相影响，直到现有的结构不具有足够的能力容纳它们为止。于是我们有了这样一个推进器，它首先推动经济变迁，并由于经济变迁进而推动其他一切社会变迁。这一推进器仿佛一个永动机，并不需要任何外来的动力。

毋庸置疑，这两个命题都包含大量真理，也是极宝贵的假定，关于这一点我们在以后几个地方都可以看到。目前大多数的反对意见都完全失败了，例如，所有那些从伦理或宗教因素角度考虑的反对意见，或伯恩施坦[1]早已提出的那种轻松而简单地认为"人有脑子"，因而能够随意行动的反对意见，最终都以失败告终。进行了以上阐述之后，几乎不需要再细说这些论证的弱点了。人们当然可以选择自己的行为方式，而不是直接由周围环境的客观事实所强迫使然。但他们是根据一些特定的立场、观点和倾向来进行选择的，这些立场、观点和倾向当然并不会自成体系，而是由客观的形势所造成的。

---

1 爱德华·伯恩施坦（Eduard Bernstein,1850—1932），民主社会主义代表人物，马克思主义的修正者。——译者注

不过，这里出现了一个问题：经济史观是否只是一个可以信手拈来的近似法，是否人们总是认为它在一些方面发挥好的作用时，在另一方面就会产生不太令人满意的反作用。这里一开始就出现一个明显的约束条件。社会结构、类型和态度就像是一些尚未被熔化的铸币，它们一旦铸成之后就能持续下去，甚至可能保持几个世纪。由于不同的社会结构和形式表现出了不同程度的生存能力，于是我们总是可以看到实际生活中的集团和民族的行为，与我们根据生产过程的主要方式试图做的推断所预期的结果，或多或少有些距离。虽然这是一种很普通的情况，但是当一种高度耐久的社会结构整个从一个国家转移到另一个国家时，是可以看得最为清楚的时候。诺曼人征服西西里时所处的社会情况正好能说明我的意思。马克思并没有忽视这些事实，但是他也没有认识到它们的一切引申含义。

与此相关的一个案例具有更不吉利的意味。回想一下6世纪和7世纪在法兰克王国中地主和佃户之间封建关系的出现。这无疑是一件极其重要的历史事件，它塑造了延续很多世纪的社会结构，同时也影响了生产条件，包括需求和技术在内。但对其最简单的解释，要从先前由那些绝对征服了某些新的领土之后成为封建地主的家族或个人所担任的军事领导职能中去寻找（征服以后他们仍然保有这种职能）。这一理论并不完美地符合马克思的主导思想，并且很容易被误解而将结论引向其他方向。毫无疑问，借助于一些辅助的假定也可以把这类性质的事实包括在总的理论之内。但当需要插入这样的假定时，往往就意味着一个理论开始走向终结。

就像经济史观一样，我们首先必须承认马克思的社会阶级理论也是一个重要的、应被史册记载的贡献。一种奇怪的现象是经济学家在认识社会阶级现象方面是异常缓慢的。理所当然的，他们常常把那些互相作用产生了他们所研究的各种过程的人分成阶级。可是这些阶级不过是展现了某些共同特征的个人的集合体。因此，根据这一理论，有些人因为享有土地所有权而被划分为地主，有些人因为出卖其劳动服务而被划分为工人。但是社会阶级不是依附于分类学家的分类而产生的，它们是真实存在的生动实体。它们的存在必然会产生这样那样的结果，这些结果很容易因为我们将社会看作个人或家族单纯的、无定形的聚合而被我们忽略掉。究竟社会阶级现象对于纯粹经济理论的研究具有多大重要性，仍是一个相当有争论的问题。但不可否认的一点是，它在很多涉及实践应用的方面和一般社会发展过程所涉及的一切更广泛的方面，起着很重要的作用。

我们可以粗略地说，社会阶级这一概念首次出现是在《共产党宣言》所包含的一段名言里，即"社会的历史就是阶级斗争的历史"。当然，这把它的位置提到了最高的位置。但即使我们把语调降低到这种主张，即历史事件常常可以用阶级利益和阶级态度来解释，现存的阶级结构总是解释历史时的一项重要因素，那也还有很多其他的论据能够支持我们的观点，即这一概念[1]和经济史观本身几乎是同样有价值的。

很显然，我们自己做出的特殊阶级理论的正确性对由阶级斗争原理开辟的前进道路上的成功起着重要作用。我们对历史的描绘和我们对不同文化模式及社会变化机制的全部解释，将按照我们选择的理论的不同而不一样。例如选择种族的阶级理论，就如戈比诺一样把人类历史归结成种族斗争的历史，或者选择施莫勒或涂尔干式的劳动分工的阶级理论，把阶级对抗分解成职业集团利益之间的对抗。或许在分析中出现差异的范围会超出阶级的性质问题。不管我们对于阶级的性质采取什么态度和看法，只要我们对阶级利益[2]的定义不同，或者只要对于阶级活动是如何表现并展开的这一问题的看法不同，就会产生不同的解释。这一题目一直到今天仍然是偏见的"温床"，还没有达到它的科学阶段。

有一个现象十分奇怪，那就是据我们所知，马克思从来没有把明显是他的思想的主要枢纽之一的社会阶级理论有系统地写出来。这可能是因为他在很大程度上是根据阶级概念看问题的，以至于他不觉得有必要写出其确切的定义和说明，因而把这一工作拖得太晚，来不及写了。同样也有可能的是，在他的思想中还存在一些悬而未决的问题。由于他对现象的概念解释坚持纯粹经济的和过分简化的思想，所以给自己制造了很多困难，这就阻碍了他走向完成一条完备的阶级理论的道路。我们只有一些间接的和片段式的说明——其中有些是有力量的和杰出的——散见于这位大师的所有著作中，特别是在《资本论》和《共产党宣言》里。

由于把这些片段拼合在一起的工作是非常困难的，所以不能在这里尝试，但基本思想特别清楚。划分阶级的原则在于占有生产手段的所有权，如厂房、机器、原料及列入工人预算的消费品，或被排斥在这些所有权之外。这样，我们基本上有占有所有权的资本家和一无所有被迫出卖劳动的劳动阶级或无产阶级这两

1　此处指社会阶级。——译者注

2　读者将会看到，人们关于什么是阶级和什么使阶级存在的观点，并不能很好地决定这些阶级的利益是什么，以及每个阶级将怎样根据"它"——如它的领袖或它的群众——所认为或感到的属于它的利益而行动。无论是长期的或短期的，错误的或正确的，集团利益问题本身是很麻烦的，它和所研究的集团的性质完全没有关系。

个阶级，而且也只有两个阶级。当然不能否定存在两者之间的中间集团，如由存在雇佣劳动但也参加体力工作的农民或手工业者组成的集团，由职员和自由职业者组成的集团。但是由于它们将在资本主义发展过程中趋向消失，所以它们被当作不正常的集团。资本家和无产阶级这两个基本阶级，由于它们所处地位的必然性和完全独立于个人的任何意志，所以在本质上是彼此对抗的。虽然每个阶级内部的分裂和阶级内各小集团之间产生的冲突甚至可能具有决定性的历史重要性，但在最后的分析中，这样的分裂和冲突是偶然的。唯一不带偶然性的冲突是资本主义社会基本结构中所固有的对抗与建立在生产手段的私人控制上的冲突，即资产阶级和无产阶级之间发生的真正性质上的冲突——阶级斗争。

根据我们现在了解到的，马克思试图向我们说明在阶级斗争中，资本家如何彼此互相摧毁，最后也将摧毁资本主义制度。他也试图说明资本所有权将如何导致资本进一步积累。但这一论证的切入点及把所有权问题看作社会阶级基本特征的这个定义本身，只能有助于提高"资本原始积累"这个问题的重要性。也就是说，只能有助于提高"资本家一开始时如何成为资本家"这一问题，或"他们如何取得（按照马克思学说所阐述的）为开始剥削所必需的物资储备"这一问题的重要性。在这一问题上，马克思说得极不明确[1]。根据"资产阶级童话说"，过去已经有人，并且现在每天也有人正在通过他们的聪明才智得到工作和储蓄的机会而成为资本家。马克思对这一说法嗤之以鼻。但事实是，只要不是别具偏见的人，在观察历史上和当代的事实之后，都能看到这一"童话说"虽然远没有说出全部真理，但却在一定程度上反映着真理的某些侧面。出类拔萃的智慧和能力是推动产业成功的原因，特别是在创立产业定位方面，那些成功的案例十分之九是出自卓越的才能。而且在资本主义的初期阶段和任何个人试图创立自己的产业初期，储蓄在过去和现在都是这个发展过程中的重要因素，虽然不完全像古典经济学所解释的那样。诚然，在一般情况下，一个人不会用由节省工资或薪水所积累的资金来建设工厂，从而获得资本家的头衔（产业雇主）。大部分资本积累来自利润，因此必须先有利润才能有积累——实际上这是把储蓄和积累区分开的真正途径。创办企业所需的资金一般是借用的别人的储蓄——社会上存在许许多多小额储蓄，这是容易解释的——或是靠借用银行为供将来可能成为企业家的人使用而设立的存款。即便如此，后者照例是由储蓄而得的：他的储蓄的作用是使他不必因为每日衣食无着落而不得不从事苦力工作；使他得到充裕的时间，以便考察环

---

[1] 参阅《资本论》第1卷第26章中的《原始积累的秘密》一节。

境，扩展计划和寻求合作。因此，如果仅从单纯的经济理论问题方面考虑，当马克思否认储蓄具有古典著者所说的作用时，他是有道理的，虽然他的措辞有些过分。

但是他的这种态度也的确起到了作用，它帮助马克思为另一种原始积累理论扫清了道路。但是这一理论也许不会像我们所希望的那样明确。暴力，掠夺——镇压人民大众助长了掠夺，掠夺的结果又推动了镇压——这一观念当然是顺理成章的，并且和一切类型的知识分子所共有的观念是相吻合的——现今这个时代甚至比马克思所处的时代更符合这一规律。但显然它没有真正解决问题，因为问题是要说明有些人如何取得镇压和掠夺的权力。通俗的作品是不会为这一问题而烦恼的。我不应该想到要向约翰·里德的作品提出这一问题，因为我是在和马克思打交道。

马克思的一切主要理论的历史性至少提供了近似于解决方法的解释。对他来说，资本主义由封建社会状态成长起来不仅仅是现实中所发生的事件，而且存在其内在的逻辑必然性。当然，在这种情况下，同样也产生了探究社会阶层的形成原因及形成机制的问题。但马克思实质上接受了资产阶级的观点，认为封建主义是一种暴力统治，在这种统治下，镇压和剥削人民大众已是既成事实。这样，最初基于资本主义社会状况而设计、提出的阶级理论被引申到它的"前辈"封建社会了——就像资本主义经济理论中的很多概念一样[1]。资本主义剥削者简单地代替了封建剥削者，这一推论在假定封建主实际转化为实业家的情况下是成立的，而且只此一点就可以解释前述问题中未解决的部分。历史事实对这一看法给予了一定程度的支持，许多封建主实际上在后来建立并管理着工厂，并且常常由他们的封建地租提供资金支持，由务农人口（不一定全部是他们的农奴，但相当一部分是）提供劳力[2]，最突出的是在德国。

虽然马克思从社会学方面，即根据私人控制生产方式的制度来给资本主义下定义，但他的资本主义社会的机械论却来源于他的经济理论。这一经济理论试图说明的是，包含在阶级、阶级利益、阶级行为、阶级之间的交换等概念里的社会学数据，是怎样通过经济学上的价值、利润、工资、投资等得出的，以及它们如何恰好产生出最后使自己走向灭亡的组织结构，同时为另一种社会的出现创造条

1　这是马克思学说和洛贝尔图斯学说的相似点之一。

2　桑巴特在他的《现代资本主义》第一版中想尽量运用这种例证，但正如桑巴特自己最终所承认的那样，把原始积累完全建筑在地租积累之上这一企图，是毫无希望的。

件的经济过程。这一特殊的社会阶级理论是一种分析工具，它将经济史观和利润经济的各概念联系在一起，并以此整理一切社会事实，使所有现象会聚在一起，指向同一个焦点。因此，它不仅是只解释一种现象而忽略了其他现象的关于一种个别现象的理论，它是一个有机体，具有综合的功能，与那些用来解决眼前问题的有效措施、方法相比，这种功能对于马克思学说体系来说要重要得多。在我们试图理解像马克思这么精于分析的学者如何能容忍其理论中有缺陷存在时，不应该忽略上述功能。

从古至今，总有一些热心于欣赏马克思的这种社会阶级理论的人。与他们的行为相比，他们做出这些行为时的心情更容易理解：他们为整个理论体系的强大力量和恢宏气势所折服，以至于几乎不论它的组成部分有多少缺点都能加以宽恕。我们也将试图对它加以评价（见本文第四部分），但首先我们必须分析马克思的经济机械论如何在他的整个理论体系中完成自己被赋予的使命。

三、马克思——一个经济学家

作为一位经济理论家，马克思首先是一位学识渊博的人。对于一位被我称为天才和先知的著者，我认为开篇就应该强调他学识渊博这一特点，这看起来是多余的甚至有些奇怪。然而，意识到这一点对每个人来说都是非常必要的。天才和先知并不总是在专业知识方面出类拔萃，而且如果他们具有任何创造性的话，往往恰是由于他们的专业知识不出众。但这并不适用于马克思的经济学理论，并且无任何证据可以说明他在理论分析技术上缺乏锻炼或学识。他是一位求知若渴的读者、一位不知疲倦的工作者。他极少遗漏重要的文献，他消化了他所阅读的一切，他热情地钻研每一个事实或论证的细节，这在习惯着眼于整个文明和长期发展趋势的人当中是极少见的。不管是批评和拒绝还是同意和接受，他总是把一件事情研究得十分彻底。最能证明这一点的是他的《剩余价值学说》，不得不说它是其理论作品的一个里程碑。虽然他的工作肯定是为证明某种特定的学说，但不断地努力锻炼自己和设法精通一切可以精通的事物，在某种程度上使他放弃了偏见和非科学的目的。对于他的伟大的聪明才智来说，首要的任务是就问题论问题而不是考虑如何增加自身利益，因为前者是他的兴趣所在。无论他多么醉心于他的最后结论的意义，当他工作时，他首要关注的事情是如何把当代科学所提供的分析工具磨得更锐利，如何解决逻辑上的困难，并在这样的基础上建立一个即使在一些方面存在或多或少的缺点，但在性质和宗旨上却是真正科学的理论。

马克思在经济领域所取得成就的性质总是被误解，而且这一误解除来自他的敌人外，还来自他的朋友，不过这是很容易理解的。在朋友看来，他的水平要远高于单纯的专业理论家。如果对于他在这方面的著作给予过分赞扬，对他们来说，那将近乎对他所有成就的亵渎。他的敌人则厌恶他的态度和他的理论背景，几乎不可能承认在他的著作的某些部分里，他的确做出了一些别人无法企及的成就并能够承载如此高的评价。此外，生硬如冷却过的金属一样的经济学理论，由于浸没在马克思著述的火热的辞海里，所以取得了它本身所没有的热度。凡是对把马克思称为一个合格的、科学的分析家表示出异议的人，一定是只想到了他的语言，那些充满热情的词句，想到他了对于"剥削"和"贫困化"的强烈控诉，但是却忽视了隐藏在这些语句背后的他的思想。当然，这一切及其他许多方面，如他对于奥克内夫人[1]的讽刺和批评，无疑是最好的例证，它们对马克思本人来说是很重要的，对于他的追随者和怀疑者来说都是如此。它们可以部分地说明，为什么许多人坚持认为，从马克思的理论中可以看到某些比他的老师的类似主张有更多内涵的东西，有些理论甚至从根本上与其导师所主张的背道而驰。但它们并不影响他的分析的性质。

那么马克思是否真有导师呢？有的。真正理解他的经济学要从认识这一点开始，即作为一位理论家，他首先是李嘉图[2]的学生。这一点不仅是因为他的论证显然是从李嘉图的命题出发而展开的，而且更重要的是因为他从李嘉图那里学会了推理的艺术。他总是使用李嘉图的分析工具，而且他在分析研究过程中所碰到的每一个理论难题，都是在他对李嘉图学说的深入钻研后，或者是他在其基础上受到启发而安排今后的工作时所展现出来的。马克思本人也很大方地承认了这一点。诚然，他不会承认他对于李嘉图的态度是典型的普通学生对教授所应有的态度：到教授那里，听教授三番两次地说人口的过剩、过剩的人口再加机器使人口过剩，然后返家努力把功课做出来。围绕马克思主义而争论的双方都不喜欢承认这一点，这也许是可以理解的。

李嘉图的理论不是唯一对马克思经济学产生影响的理论，在所有对其产生影

1　威廉三世的女友。威廉三世在位时不得人心，但在文中提到的这个时期他却已成为英国资产阶级的偶像了。

2　李嘉图是英国资产阶级古典政治经济学的主要代表人物之一，也是英国资产阶级古典政治经济学的完成者。——译者注

响的理论中，最重要的无疑是魁奈[1]的理论，马克思关于整个经济发展过程的基本概念都来自于魁奈。在1800年至1840年之间，一些英国作家企图发展劳动价值理论，他们甚至可能提供了许多建议和细枝末节的东西，但他们的影响在我们提及李嘉图思想的影响时已经涉及并包含进去了。另外还有一些著者（如西斯蒙第、洛贝尔蒙蒂、约翰·斯图亚特·穆勒），他们也许与马克思的关系比较亲近，但马克思对他们的批判却更加不留情面，而且他们的工作在很多地方和马克思的相近。对于这些著者，我们在此不予详述，因为并非所有事情都与主要的论证有关，例如，马克思在货币领域里的成就显然较差，在这方面他没有达到李嘉图的水平。

如果要为马克思理论写一个极其简短的提纲，那么不可避免地会使《资本论》的结构受到多方面不公正的指责。可是，这部著作虽然部分地没完成，部分地受到很多极为严苛的非难，但它仍然雄伟地在我们面前展现了其非凡的轮廓。

（1）马克思和当时及稍晚一些时候的理论家们在一些方面表现出相同的趋势，即以价值理论作为理论结构的基石。他的价值理论是李嘉图式的。当然，他们之间在用语、演绎方法和社会学含义方面有很多差别，但在今天的理论家所唯一关心的纯粹理论方面，却几乎没有差别。李嘉图和马克思都说，每件商品的价值都和那件商品里所包括的劳动量成比例（在完全均衡和完全竞争的情况下），这个劳动量是由现行社会的生产率（社会必要劳动时间）决定的。两位都用劳动时间来测量这一数量，并用相同的方法把不同性质的工作以统一的标准进行衡量。两位也用同样的办法来解决由方法本身所引起的开始研究时遇到的同一个难题（那就是说，马克思在向李嘉图学习时就遇到了这个难题）。关于垄断或我们今天所谓的不完全的竞争，他们都没能提出有价值的理论。他们在回应受到的批评时都使用了相同的论调，所不同的只是马克思的论证欠文雅些，也稍嫌冗长并且更带有"哲学"韵味（我们所用的是这个词的贬义）。

关于这一价值理论并不能令所有人满意这一点已经是众所周知的了。在对这一理论所进行的大量检验里，正确的因素确实并不总在一方，它的反对者曾经使用了许多错误的论点。根本的问题并不在于争论劳动是否是经济价值的真正"来源"或"原因"。这一问题也许是社会哲学家最感兴趣的，因为他们要从这里推

---

[1] 弗朗斯瓦·魁奈（Francois Quesnay，1694—1774）是法国国王路易十四的宫廷医师，重农学派创始人，有时被称为近代第一个经济学家，因为他用抽象的图式提出了他对经济体系的分析，从而说明了生产和消费过程中的商品流通。——译者注

论出在伦理道义上产品应归属何方。马克思本人当然对问题的这一方面也并非是漠不关心的。但是对于作为一门实证科学的经济学来说，由于它必须描述或解释实际的过程，所以探究"劳动价值论是如何发挥分析工具作用的"这个问题更显得重要，而真正的问题就在于它在这方面做得很不好。

首先，在完全竞争情形的假定以外它根本不适用。其次，即使在完全竞争的情况下，它也无法发挥出所预期的全部作用，除非劳动是唯一的生产要素并且只表现出单一的形式。如果这两个条件中的任何一个不能满足，就必须引用另外一些假定，而这又会大大增加分析工作的难度，问题也会变得很棘手，难以处理。由此可见，基于劳动价值理论而进行的论证只适用于极特殊的情形，因而没有重要的实际意义。然而如果从该理论与相对价值的历史发展趋势大体一致的角度来看，它也不是毫无用处的。边际效用理论现在也许已经过时了，但当其最早以自己特有的形式代替劳动价值理论时，确实在很多方面都显示了它比后者的优越性，其中最突出的优点在于其普遍性、适用性都更强。一方面，它能适用于垄断和不完全竞争的情况；另一方面，它能适用于有其他生产要素和许多不同种类、不同性质的劳动同时存在的情况。而且，如果把上述提到过的限制性假定应用于这一理论，我们就可以从这一理论直接得到价值和使用的劳动量之间的比例。因此，问题应当是很清楚的，马克思主义者对边际效用理论的质疑（正如他们一开始试图做的那样）是荒谬的。另外，这也并不意味着劳动价值理论就可以被看作"错误"的，这么做也是不正确的，毕竟这个理论已经成为历史的一部分了。

（2）虽然李嘉图和马克思都没有完全注意到由于采取这一出发点所引发的一系列问题，但他们对其中的一些问题还是能清楚辨别的。特别是他们都尽力解决由于剔除了"自然因素"的作用而引起的问题，因为自然因素被单纯建筑在劳动量基础上的价值理论剥夺了它们在生产和分配过程中所应有的地位。人们所熟悉的李嘉图地租理论，实质上就是完成这种排除的一个尝试，马克思的理论也同样致力于此。一旦我们拥有一个能像解决工资问题那样自然而然地解决地租问题的分析工具，全部困难就会烟消云散了。因此，无须再比较马克思的绝对地租学说与级差地租学说孰优孰劣，也无须再追究它与洛贝尔图斯学说之间的关系了。

但是即使姑且不考虑自然因素的作用问题，我们仍然面临其他困难，这些困难来自作为生产资料而存在的资本。在李嘉图看来，这一问题是极其简单的：在他的著名的《政治经济学及赋税原理》第4卷第1章里，他引入了资本货物这个概念，并作为一个事实来接受它而不是试图去质疑它。他认为，资本货物，如厂房、机器设备、原材料等，当被用于生产一种商品时，这种商品会以能为这些资本货物的所有者提供净回报的价格出售。而且他还认识到这是与从投资到生产出产品的过程所花费的时间有关的，这将使这些产品的真实价值和包含在其中的由劳动时间（包括生产这种资本货物本身的时间）决定的价值有所偏离，而且这一劳动时间在行业间也有差异。他在指出这个问题时表现得很冷静，就好像这个观点是在赞同而不是在反对他的价值理论一样。除了这一点以外，他没有再进一步把自己束缚在和这个问题有联系的次要问题上，显然，这是因为他始终相信自己的理论已经说明了价值的基本决定因素。

马克思也引用并接受和讨论了同一事实，同时也从未质疑其真实性。他坦然地承认上述理论和劳动价值理论相矛盾，但是他认为李嘉图在这一问题上的研究并不透彻，因此在以李嘉图所提出的形式接受了这一问题的同时，他就开始极其热心地钻研并试图解决这一问题，并像李嘉图一样用几百页的篇幅来阐述。

（3）在进行这一工作时，他不仅对于牵涉到的问题的性质有了更加深刻的理解，另外还在所继承的李嘉图分析工具的基础上进行了改进。例如，他成功地用不变资本和可变资本（工资）的分类代替了李嘉图的固定资本和流动资本的分类，用"资本有机构成"这个更为严密的概念取代了李嘉图的"生产过程期间"这个略显不成熟的概念，他对于资本理论也做了许多其他贡献。但是我们目前将只对他关于资本纯收益的解释进行讨论，也就是他的剥削理论。

马克思认为一个劳动者的脑子、肌肉和神经就是劳动力的潜在储备和资源。而且在他看来，这种储备和资源是一定形式和数量的具体存在的某种物质，在资本主义社会，它就是一种商品，像其他许多商品一样。他的这种观点也不难理解，只需想想奴隶社会的情况就会一目了然，马克思认为在工资合同和奴隶买卖之间没有本质的区别，所谓雇主对"自有"劳动力的买卖就和奴隶社会的情况一样，所不同的只是奴隶社会买卖的是劳动者本人，而资本主义社会买卖的则是劳动者的潜在劳动力。

既然这个意义上的劳动（不是劳动服务或实际的工时）是一种商品，那它必然遵循价值规律。这就是说，在均衡和完全竞争的情况下，劳动者所取得的工资必然和"生产"劳动力时所需要的劳动时数成比例。但"生产"一个工人肉体中所储存的潜在劳动究竟需要多少劳动时间呢？这应该是与劳动者得到的吃饭、穿衣、住房和哺育下一代的费用相当的劳动时间。这些构成了劳动力资本的价格，如果将其中的一部分出售，并用"天、星期"这些时间单位来计量，他就能得到和这部分劳动力价值对等的工资。这就像一个奴隶贩子在贩卖奴隶时，是根据该奴隶能够提供的劳动时间而定价的。我们应当又一次看到，这样马克思就小心地避开了一些各式各样烂俗的口号式的说法，即在资本主义的劳动市场里，工人是被掠夺或被欺骗的，或由于他软弱可欺，所以他是被迫接受任何强加于他的条件的。按照马克思的观点，事情不是如此简单：劳动者还取得了他的潜在劳动的全部价值。

但是"资本家"一旦取得这份潜在服务，他们就能使劳动者工作的时数比生产这份潜在服务所需要的时数更多——提供更多的实际劳务。从这个意义上说，他们能够勒索到比他们实际支付更多的工人劳动时间。由于生产出来的产品所能得到的售价也是和生产它们所需要的工时成比例的，所以两个价值之间就产生了差价（这个差别完全是从马克思的价值规律的作用中产生的），这一差别，因资本主义市场结构的作用，必然归于资本家，这就是剩余价值。虽然资本家已经支付给劳动者的报酬不少于他们的潜在劳动的全部价值，他从消费者那里所获得的收入也不多于他所出售的产品的全部价值，但由于攫取了剩余价值，所以他就"剥削"了劳动。我们应当再次看到，马克思并没有求助于市场上产品的价格不公平，限制生产或欺骗之类的说法。当然，马克思并不否认存在这些做法，但他正确地认识了它们，而不是把任何基本结论建筑在这些做法的基础之上。

（4）再加入两项就可以完成这一框架：马克思的贫困化理论和他的（也是恩格斯的）商业周期理论。在前一理论中，其分析和看法都失败到无可挽救的地步；在后一理论中，两者却都处在有利地位。

毫无疑问，马克思认为在资本主义的发展过程中，属于较富裕阶层的人民的实际工资率和生活水平是逐渐下降的，而处于低收入阶层的人民的实际工资率和生活水平也丝毫得不到改善。这不是由于任何偶然的环境原因造成的，而是资本主义过程的必然趋势。作为一个断言，这当然是非常不确切的。实际情况是与这一预言截然相反的，各类马克思主义者都在试图将这种与理论相悖的情况解释清楚。最初——即使在今天还有这样的例子——他们在对这个"法则"的挽救中表现出了惊人的顽固，试图用工资的统计数字来证实"法则"所描述的趋势是存在的。后来，又有人试图给出不同含义的解释，也就是说，使它所指的不是实际工资率或归于工人阶级的绝对份额，而是劳动所得在总国民所得中的相对份额。虽然马克思著作中的一些段落实际上可以用这种说法来解释，可是这显然与大部分章节的意义相悖。而且接受这种解释也没什么意义，因为马克思的主要结论是：

劳动者人均收入的绝对额是趋于下降的，或者至少是不会增加的。如果他真的曾经考虑过相对份额，那只能增加马克思主义者的困难。最后，这一命题本身就是错误的。因为工资和薪俸在总所得中的相对份额，虽然是有变化的，但每年的变动很小，而且长期看来尤其稳定——确实没有表现出任何下降趋势。

但是似乎还有另一种摆脱困难的说法：一个趋势在一定的时间内有可能不能从统计数据中正确地被反映出来，在有些情况下还可能出现相反的趋势，或是隐藏在被调查的对象内部，也可能被其他的例外所掩盖了。这事实上是大多数现代马克思主义者所接受的说法。他们认为殖民地扩张，或者更一般地说，19世纪的开辟新领地，就是这种例外，在他们看来，这为剥削的受害者带来了一个"禁猎期"。我们将在下一部分有机会接触这个问题。同时，我们应当注意到，许多事实给了这一论证一些表面上的支持，而且这个论证在逻辑上也是无可指摘的，因此，如果这一趋势确实存在，那么他的论证是能够解决所遇到的困难的。

贫困化理论的基础是"产业后备军"理论，也就是支持生产机械化造成了失业的原因。而后备军理论的理论基础并不牢固，它是建立在李嘉图理论体系中关于机器的那部分内容之上的。需要指出的是，除价值理论外，马克思的理论从没有像这里的产业后备军理论这样依赖于李嘉图学说。在涉及这个现象的纯理论部分，他几乎没有做什么补充修改。

现在简要介绍一下李嘉图这一理论的发展过程。李嘉图最初也倾向于同意这个在任何时代看来都无可厚非的观点，即不得不承认将机器运用于生产过程中是对广大人民群众的福祉。但是当他终于怀疑这一意见，或怀疑它的普遍正确性时，他以他特有的坦率作风修正了他的主张。而且在修正他的主张时，他也以他特有的作风追溯到过去。他使用他惯用的"设想一个典型的事例"的方法，提出了一切经济学家都熟悉的数字例证，证明事物也可能发生相反的情况。一方面，他并不否认他所证明的只是一个可能性——虽然在他看来是很可能有的可能性；另一方面，他也不否认机械化能通过它对于总产量、物价等的影响最终给劳动者带来净收益。

这个例证在它所涉及的范畴内是正确的。现在更精细的方法在一定程度上肯定了李嘉图的理论，但也仅限于其理论中涉及有关现象的两个方面都有可能发生的说法。这些方法比李嘉图先进之处就在于，它们能够通过对一些必要条件的陈述推断出究竟哪个结果会在最后出现。当然，这些也能由纯粹理论完成。为了预测实际结果，还需要更多的资料。但就我们所要讨论的问题来看，李嘉图的例证在有些地方还是很有趣的。他假设一家拥有一定数量资本和工人的企业决定要实现生产机械化，于是安排一组工人去建造机器。当机器建成之后，它就可能将修建机器的那些工人中的一部分解雇。虽然利润可能最后仍然不变（通过竞争的比较调整，临时收入会被消除），但总收入将会减少，减少的数量恰好等于从前支付给那些现在被"释放"了的工人的工资数量。马克思关于不变资本代替可变资本（工资）的观念完全可以说是这种说明问题方式的精密的复制品。李嘉图强调的多余人口和马克思强调的过剩人口如出一辙。马克思常常用"剩余人口"这一名词作为"产业后备军"的替换物。由此可见，李嘉图的学说被他囫囵吞枣地接受了。

但是只要我们将马克思建立在这一薄弱基础上的理论考虑在内，本来可以接受的李嘉图学说范围内的一些观点就变得站不住脚了，这事实上也成为导致其体系内出现不一致的原因，而且也不能通过对最终结果的正确见解得到补救。马克思自己似乎也有一些这样的感觉，因为他拼命地抓牢了他的老师所总结的在某些特定条件下对"产业后备军"理论的悲观论证，就好像工人境况随机械化的发展而变糟这一悲观结论是唯一可能出现的结果。他甚至更拼命地攻击那些遵循李嘉图在补偿方面的暗示而做进一步发展的作者们。这种暗示是：即使采用机器的直接影响会带来损害，但是机器时代对于劳动总会有好处（补偿理论是所有马克思主义者最讨厌的东西）。

他当然有理由这么做。因为他迫切需要给他的后备军理论找一个坚实的理论基础，这个坚实的基础除了服务于一些次要的目的之外，还应该主要服务于两个基本目的：第一，由于他反对将他的有关剥削的理论说成利用马尔萨斯的人口理论作为其理论的支柱（他对这个理论的反感是可以理解的），所以他就同时放弃了一个重要的理论支柱，取而代之的就是历久弥新的产业后备军理论；第二，他采用的关于在生产过程中使用机械的范围的狭隘观点是和《资本论》第一卷中的句子相呼应的，从某种意义上说，这不仅仅是这一卷的结论，也同时是整个理论体系的最终结论。为了让读者更清楚地了解为什么马克思能被一些人热切地赞扬，同时又被另一些人所鄙视，我将在此处较完整地引用《资本论》的原文，而不只是局限于这里的讨论中所涉及的内容，无论它们是对真理的预言还是一些歪曲的事实的合成品。原文是这样的："和这种集中或多数资本家为少数资本家剥夺的现象联在一起……一切民族在世界市场网中形成密切联系，从而，资本主义制度的国际性质，跟着发展起来。把这个转化过程所有的利益横加掠夺，并实行垄断的资本大王的人数在不断减少，穷乏、压迫、奴役、退步、剥夺的总量，则跟着在增加，但是，人数不断增长，为资本主义生产过程的机构自身所训练、所联合、所组织起来的工人阶级的愤激反抗，也跟着在增长。资本垄断，成了这种和它在一起，并且在它下面繁花盛开起来的生产方式的桎梏。生产资料的集中和劳动的社会化，达到了同它们的资本主义外壳不能相容的地步。这个外壳会被炸开。资本主义私有制的丧钟响起来了。剥夺者被剥夺了"[1]。

四、马克思——一位导师

我们已经看到在马克思的理论中，社会学和经济学是如何彼此渗透的。在某种程度上，它们在目的和实践方面是一致的。这样一切主要的概念和命题既是经济学的也是社会学的，并且在两个层面（如果能根据我们的观点将其成为论证的两个层面的话）上有着相同的含义。例如，经济学中的"劳动力"这个范畴和社会学中的"无产阶级"这个阶级至少在原则上是统一的，而事实上，它们就是一个概念。又如，关于经济学家的职能分配这一概念，在社会学中，收入是指对生产性服务的回报，而不考虑社会阶级；而在马克思的体系中，任何这样的收入都要在阶级之间分配，这样它们之间就有了不同的含义。再如，在马克思的体系中，资本只有在特定的阶级手中才成为资本，同样的事物在工人手中就不能被称作资本。

这种做法毫无疑问给分析方面带来了生气勃勃的景象，经济理论中像幽灵一样死气沉沉的观念开始有了生气。没有血肉的定理活动、奔腾、呐喊起来了；虽然它并没有失去它的逻辑性，但它已经不再仅仅是抽象的体系中具有逻辑性的一种命题，而是描绘五花八门社会生活的笔触。这种分析不仅比一切经济分析的描述表达了更丰富的意义，还包含了更为广阔的领域——它把各种阶级行为都拉进它的画面，而不管这种阶级行为是否符合经济过程的一般规律。战事、革命、一切形式的立法、政府结构的变动等，总之，所有这些被非马克思主义的经济学简单地视为外部干扰因素的事物都包含在马克思学说的范围内，与机器设备的投资、劳动力的交易一同出现，并且所有这一切都被纳入一个简单的纲要中。

同时，这种做法也有它的缺点。按照这种做法被安排的概念受到了一定束缚，虽然它能取得一定程度的生动性，但很容易同等程度地产生相反的效果。工

---

1 《资本论》第一卷，人民出版社1963年版，第841~842页。——译者注

人和无产阶级这一对概念，虽然有点俗套，但可以作为例子被引用来说明此处的问题。在非马克思主义经济学中，所有的个人劳务报酬都带有工资的性质，无论获得报酬的人是高级律师、电影明星、公司总经理还是街道清洁工，因为从所牵涉的经济现象来看，这一切报酬有许多共同之点。这种概括并不是毫无意义的同义反复。与此相反，它是有启发作用的，甚至对于事物的社会学解释也起着举足轻重的作用。但如果把劳动和无产阶级等同起来，就把问题搞得不清晰了，事实上我们在自己的描述中完全没有考虑到这一点。同样地，一个有价值的经济理论可以被它在社会学中的变化弄得破绽百出而失去其丰富的含义；反之亦然。这样，一般的综合，尤其是对马克思某些方面的综合，可能会同时在社会学和经济学中变得更糟。

按照马克思主义路线做出的综合，即抱着使各种事物都服从于一个目的的观点把经济学的和社会学的分析协调起来，它的目的——对资本主义社会的历史地位的论证——是十分广阔的，但分析结构却并非如此。

我已经在前文中提到，马克思的综合理论体系包括所有诸如战争、革命、立法变迁之类的历史事实，以及那些诸如财产、契约关系、政府形式之类的社会制度，而非马克思主义经济学家则习惯于将这些东西称为干扰因素或视为论据，也就是说，他们不打算解释它们，而只是分析它们的运行方式和结果。在界定不论哪种研究方案的研究对象和范围时，这些因素和论据当然是必需的。即使它们并不总是得到明确的说明，那也是因为研究者认为每个人都对它们有足够的了解。马克思主义体系的一大特点便是把这些历史事实和社会制度本身归入经济分析的解释过程之中，或者更正式的表达是，他不仅将它们作为数据，同时也将它们作为变量使用。

这样，拿破仑战争、克里米亚战争、美国国内战事、1914年的世界大战、法国大革命、1830年和1848年的革命、英国的自由贸易、整个劳工运动及其任何其他的特殊现象、殖民扩张、社会制度的变革、每一时期和每一国家里的政党政策和国家政策——这一切都进入马克思主义经济学的领域里，并声称在他的经济学中，以上所有现象都可以找到理论上的解释，而其解释的根据是阶级之间的冲突、资本积累、资本构成的变化、剩余价值率的变化及利润率的变化。马克思作为一个经济学家，再也不能满足于只是对一些技术性问题给出机械的回答，更深层次地，他需要发掘人类在对苦难的反抗中所表现出的人性并做出分析。"政治"一词也不再是研究基本问题时可以而且必须被排除出去的独立因素，并且当它加入时，也不再是可以根据人们的好恶，被冠以一个当工程师转过身时就恶作剧地拨弄机器的调皮孩子的角色，或者是一个运用自己包容一切的美德和超自然的能力和智慧扭转乾坤的英雄的角色。不，在马克思的经济学中，这是不会发生的：政治本身是由经济过程的结构和状态决定的，在经济理论的范围之内，它变成了经济效果的指示器，正如任何市场中的买卖行为一样。

另外，需要指出的是，我们总是更能被综合的方法所独有的魅力所吸引，而这是再容易理解不过的了，特别是对于那些青年人和在报界工作的有识之士，这一点表现得最突出。他们迫不及待地渴望得到一个无论是以哪种方式表现出来的可以拯救世界的机会；他们厌恶单纯得无法形容的教科书，于是他们在感情上和知识上都得不到满足，但又无力通过自己的努力创造这样一个综合性的方法，而马克思的方法的出现无疑给他们带来了希望的曙光，那里有打开一切极端奥秘的钥匙，有能够调度或重大或次要的事件的指挥棒。他们的心理和态度，引用黑格尔的话就是：注视并寻求最一般而又最具体的解释。他们不需要再试图从纷乱的千头万绪中理出一条线索——他们一下子就可以识破隐藏在那些政治和商业上的傀儡背后的不为人知的玄机。他们的这种做法也是可以理解的，考虑到其他的选择实在无法与马克思相匹敌。

第二章

马利·爱斯普利·里昂·瓦尔拉[1]

（1834—1910）

今天，当我们回顾这位学者的生平时，我们对于他毫无怨言地献身于一项任务所表现出的淳朴的伟大精神感到震惊。他的学说的内在逻辑、不可避免性和力量就像自然事物那样给我们留下了印象。他在纯粹经济学方面的独特沉思形成了他的学说的主要内容。没有任何别的东西能干扰他整个学说的统一性，在其学说中，也没有其他成分是重要的，只有这种独特的沉思影响着我们。他一生的著作，似乎是由于其沉甸甸的分量，缓慢而稳定地给我们留下了深刻的印象。

首先来简单回顾一下他的生平。我们可以从瓦尔拉的自传中获得关于他那具有历史性的科学学说的朴素的框架的材料。1834年12月16日，瓦尔拉诞生在埃夫勒的厄尔，从他的学习过程中，我们了解到这位思想家不适宜于研究实际问题：如同一个学子为准备技术学校考试而学习笛卡儿和牛顿那样，我们完全可以预见到他的失败。就像所有有钻研思想的人所经历过的那样，他疲于踏上人们已经走熟的道路。他曾在矿业学校求学，成绩不能令人满意，然后他就尝试从事新闻学，并为各种企业写过稿，而这些企业又都缺乏成功的特质。但是这些事对我们来说是很重要的，因为他在1859年发表的第一篇著作里，就企图驳斥蒲鲁东[2]的基本概念。他深信经济理论可以用数学方式来论述。从这个时刻起，他知道了他需要的是什么东西；也是从那个时刻起，他全力以赴去实现那个目标。这便是他的对于理论工作而非实际问题的研究的起始点。虽然当时他并不知道自己能在这条道路上走多远，但他感到有一股力量在推动他沿着这个方向前进。而且那时缺乏

1　这篇论文原先发表于德文版《国民经济、社会政策和行政管理杂志》第19卷，第397~402页。它是由沃尔夫根·斯托尔佩尔博士译成英文的。

2　蒲鲁东（1809—1865）Proudhon, Pierre-Joseph，法国政论家，经济学家。小资产阶级思想家，社会主义者，无政府主义创始人之一。——译者注

必要的环境与空余时间，这一点也在他的自传里有所体现：他苛刻地讽刺了法国科学界的气氛。然而，总体而言，他当时并未成功地站稳脚跟。

在这个关键的时刻，他得到了一个为科学服务的机会。1860年，瓦尔拉参加了在洛桑举行的税收会议。会议上对税收的讨论为他的第二篇文章的发表奠定了基础。两篇文章的连贯性是他日后被任命为新成立的经济学学会主席的主要原因，这一任命，对科学界或他本人来说，都具有重要意义。凡是对瓦尔拉的作品有很高评价的人，无一不被他的《自传》中的这一部分所深深感动。在这一部分里，他严肃地描述了他如何前往省长官署并获得了出国许可，然后又是怎样"从卡昂经过昂热、普瓦提埃、穆兰和里昂，于1870年12月7日到达洛桑"。抵达洛桑后，他立即开始工作，将毕生心血都倾注于工作中。

1892年，瓦尔拉离任。但作为名誉教授，他仍与洛桑学院保持联系。他在克拉伦斯附近一所小小的公寓房间里继续工作，1910年1月1日他在那里逝世。

我必须再提到一件事情，即由于人们对于他的著作的忽视，他的一生最后30年都被阴影所笼罩。这似乎正符合那个陈旧的话题，即在这个世界上，真理和红颜都是薄命的。尤其是当新生事物注重于观察事物的方法而不注重迎合人们的兴趣和理解的发明创造时，更会遭受冷遇。但是最后人们一定会对后者感到厌倦而转移视线。瓦尔拉的境遇就是这样。我们由此很容易理解到，一个人获得外界的认可并走向成功是多么艰难而又缓慢的过程。如果我们将这一切都考虑在内，就不会不满于瓦尔拉实际上取得的成就了。正相反，人们或许应该惊讶于他能取得如此大而非如此小的成就。瓦尔拉创立了一个学派，而且这个学派还通过马歇尔而扩大了影响。长期以来，伦理和政治科学院一直否定他的著作，并对它进行了评判。然而，毫不夸张地说，他的著作仍然产生了深远的影响，并且其影响力与日俱增。虽然在很长时期内没有人为瓦尔拉站出来进行申辩，但他在有生之年仍然感受到了胜利的喜悦。此时，他已不需要为自己的思想辩护，同时他的思想已超越了科学领域。他为此喜悦，但他也永不会忘记自己的失败和奋斗。他以嘲讽的语句作为自传的结束语，在思想上他一直处于痛苦的状态，因而他的一生充满着悲剧性的彷徨。

1909年春天，他的第一部著作发表50周年的庆祝会就像阴雨过后的彩虹，他被深深地感动了。他从前没感觉到的同情和推崇都在这次庆祝会上涌现出来了。他受到了他从来不曾奢望的赏识，这是他一生中最辉煌的时刻。

经济均衡理论是瓦尔拉的不朽贡献。这个伟大理论以水晶般明澈的思路阐明了纯经济与一个基本原则之间的关系结构。在洛桑大学为尊敬他而竖立的纪念碑上只是刻着这几个字:经济均衡。确实,他的基本思想主张使他得出了许多具有实际重要意义的结论。没有一个人能够比他更令人信服地主张土地国有化。在货币政策方面的贡献极少有人能和他相比拟。但和他为我们提供的知识相比,这一切就微不足道了。他一生的研究成果可以综合为三卷著作,它们都属于这个领域中最好的著作,而包含在第一卷第二至第四部分的思想则具有永久的活力。

瓦尔拉从库尔诺的经济理论出发,很快就有了发现,因此他告诉我们:库尔诺的需求曲线反映的是需求量与价格间的函数关系,只能严格地用于两种商品之间的交易,而对于两种以上商品的交易则只能提供一个近似值。他首先把自己的研究限定在前一种情况下,并以一种精确的方法由一种商品的需求曲线求得了另一种商品的供给曲线,然后在两条曲线的交点处得出了这两种商品的均衡价格。从这些根据调查绘制的市场商品总量的曲线中,他得出了每一个个别的经济单位的需求量和边际效用曲线,并由此奠定了他的理论结构的基石——边际效用理论。在这一阶段中,这个理论发表于1873年,在随后的若干年中,它又继续得到了发展。他的这一理论成果和门格尔与杰文斯的结论的一致性,以及他们在出发点和论证方法的相异性,引起了世界的瞩目。这是一种包含在简明定理中的根本性的重要成就。

在不能分割的连续的推理过程中,随着第一个问题的提出,又进一步引出了其他的问题。首先是两种以上商品的交换问题,用科学的公式来反映这个问题所遇到的困难远非一般人所能想象。其次,瓦尔拉通过把数量已知的生活资料放在市场中考察而引出了生产问题。为此,他曾孤立地把这个市场看作一个设想中的模拟性的生产要素市场。一方面,这些生产要素通过企业家利润为零的准则而相互联系;另一方面,在完全竞争和均衡的条件下,生产资料的销售总收入等于生活资料的销售总收入。进行核算时,一方面,每一个参加商品交易的人要使边际效用最大化;另一方面,所谓的生产系数则以各种特定的方式在变动着。在这种情况下,"成本"与"边际效用"相互作用的理论,以及两者在整个经济发展过程中共同发挥作用的基本原则,使问题得到了非常简明的解决。

瓦尔拉通过下述假定提出了资本化问题。他假定:有些生产性劳务的出售者进行储蓄并把这些储蓄投资在"新的资本货物"上,因为这些货物在市场上有一定的需求量。"新的资本货物"的价格是在它们的劳务的基础上形成的。这种价格又构成"旧的资本货物"的资本价值的基础。这就解决了资本化问题或一切货物的资本价值的由来问题，这种看法存在错误之处，因此，我们关注它的目的不过是为了在今天把它和庞巴维克的成就做比较。也许它在很多方面像早期的利息理论一样存在错误的地方，但在其他很多方面，它是更为优秀的。瓦尔拉的利息理论也许是能和李嘉图的利息理论相比拟的最好的理论，但它们的相互关系则像是建筑物与地基的关系一样。

在瓦尔拉的理论体系中，其货币理论自产生之初直到现在，褒贬不一，然而它如今已成为这一领域中最成熟的理论。在1876年到1899年之间，瓦尔拉的大部分作品都致力于货币理论的研究。在《纯粹政治经济学要义》的第一版里，他仍然从"必要的流通量"出发，可是后来他的货币理论是建筑在个人对支付手段的需求上的。这种差别是很重要的。人们不可能将整个经济对交换手段的需要简单地类比于人们对面包的需要，但一个人对支付手段的愿望却完全和他对面包的需求相类似，因此，它是可以包括在边际效用递减法则之内的。于是这一原理随后就被高明地运用了，并从"流通方程式"发展出来一个很好的货币价格形成理论。但是我们在这里并不打算对它进行具体研究，也许再说一点就够了，即瓦尔拉关于复本位问题的论述是经典的，而且在未来很长时间内都是权威的。

在瓦尔拉看来，整个纯粹经济学建筑在两个基本假设之上：每个经济单位要使其边际效用达到最大化；每种商品的需求与供给相等。他的一切理论都来自于这两个假定。或许埃奇沃斯、巴罗内及其他学者已经补充了他的作品，甚至在个别点上，帕累托等人已经超越了他的理论，但这无损于他的作品的重要意义。所有了解精确的自然科学的起源及其进行方式的人，都会了解这些著作在方法上和本质上的伟大成就，瓦尔拉的著作就是这种伟大的著作。探索这些现象的精确形式，把这一形式变成那一形式或从这一形式推出那一形式，是自然科学家所做的事情，也是瓦尔拉所做的事情，而且瓦尔拉是在一个新的领域里从事这项工作的。这项工作的研究前无古人，一切都得从零开始，但他很快就取得了不错的成果。他是内心强大的人，他在开始自己的研究工作时孤立无援，没有得到任何人的鼓励，在研究的过程中困难重重，他的力量来自内心深处。是他坚定的信念支撑他走向成功，创造出纯粹经济学理论的。他知道，他不能期望同时代的数学家和经济学家认可他的成就，于是只能在没有任何实践家和科学家支持的情况下孤军奋战。他的形象表现出把真正具有创造思想的人和那些接受别人思想的人区分开的一切特征。关于这位经济学家我们就介绍到这里，我坚信他的作品迟早会得到承认。

第三章

卡尔·门格尔[1]

（1840—1921）

　　一个理论就其本身来说是否可以被看作具有决定意义，或它的成立是否不得不以其他很多附带论证的支持为前提，是衡量它是否成为一个强有力的理论的严格标准。同样地，一个人的生平事业所取得的成就是否其本身就标志着伟大的意义，或者仅仅是由许许多多零星小成就拼凑而成，也是测验一个人事业是否成功的严格标准。门格尔是能够通过工作中所获得的决定性成就来创造科学史的思想家之一，他的名字将与引起整个经济理论界革命的权威性理论联系在一起。在评价他时，人们想到的也许是他与众不同的、可爱却令人尊敬的性格，也许会列举他的科学成就，又或者赞扬他的诲人不倦和极高的学术造诣，但这一切最终都归结于他在学术界至高无上的地位。当然，给门格尔写传记的人，将把这一切资料集合起来，描绘出一幅个性强烈而富有吸引力的图画。这幅图画的意义来自于他的一项伟大成就，不需再借助其他细节来为它增添光彩。

　　在退休之后的20年时间中，门格尔依然孜孜不倦地投身学术研究工作，之后永远地离开了我们。在这段时间里，他不断探索自己感兴趣的事业，并乐在其中。这样，我们就有充分的时间，讨论他毕生从事的能够被纳入经济科学史的一部分事业。他的作品的确是令人赞叹的，门格尔献身科学的品格能够从中得到充分体现。自16世纪以来，由于对现实的怀疑，以及实际政策的需要，一个小规模的研究经济问题的基金会发展起来了。至此，货币及经济政策问题超越了领地的界限，引起了人们的广泛讨论。在个体经济及自由贸易的影响下，各种小册子及书籍相继问世。这些小册子和书籍的著者往往更倾向于解决当时的实际经济问

　　1　这篇论文原先发表于德文版《国民经济和社会政策杂志》，新编号第1卷，197~206页。汉斯·辛格把它译成英文。辛格原是熊彼特在波恩大学的学生，现在是联合国经济组的代理组长。

题，而非思考基本的问题。18世纪时，出现了一种统一的科学，这一科学具有自己的学派、成果、争论、教科书梗概和学术专家。这便是经济学形成之初的混沌时代，也就是我们所说的以亚当·斯密为代表人物的时代。而分析和专业化的时期则紧随其后，英国古典学派在这一领域里占统治地位。这一领域与我们紧密相关，因为门格尔的成就在这一领域之内，李嘉图也在这一时期里留下了自己的姓名的烙印。在这一过程里，一种紧凑严密的学说体系得以发展，它广泛强调科学的准确性，至此纯粹经济理论已经产生。

然而，人们永远也不会清楚，为什么如此迅速地成功后面会紧跟着如此彻底的失败？尽管这一新兴领域的几个学科带头人仍然在努力发展这一学科，并致力于基础理论的研究，但这一学科内部的经济学家已经明显陷入僵局，而且来自外部的普遍不信任、敌意或忽视也日益显现。造成这种困境的原因部分在于他们所从事的研究本身的缺陷，也就是一些方法在应用上的原始性，对一些理论理解上的肤浅性，还有对研究结果推理的非严密性。但是这一切并非不可挽救，因为这是可以改进的。但没有人着手这种改进工作，没有人对这一新的"理论大厦"的内部结构产生兴趣，因为除了以上原因导致失败以外，还有另一个原因，即公众意见和因为各自不同的原因而持反对意见的专家们。新的学派太急于解决实际问题，也太急于加入政党和社会团体之间的争论并试图站在科学有效的这一方。这样，当其拥护的自由主义主张失败时，也就决定了这个新学派的失败。结果，在一些国家，尤其是德国，产生了忠于哲学和历史传统的趋势，以及与社会理论的对抗。以经济和社会政策为幌子的传统理论使得新理论又面临了另一次对抗，通向这一理论的内在结构的道路被封死了，年轻人几乎意识不到它究竟有什么科学依据及可行性。因此，看上去新理论只不过是模糊历史的一段插曲，或只是为特定时期的经济政策所做的尝试。当然，新理论不可能受到所有专家的一致拥护。各专家也还保留着自己的小理论体系，这是必然的。然而，孤立地从一些事例来看，新理论确实取得了有意义的成就，但总体来说这一领域还处于待开发的状态。在德国，即便是这一学派的代表人屠能和赫尔曼也无力改变这种局面。只有建立在传统的方法论基础上的社会理论才不会丧失活力。

伟大的科学总是能够反映不受外力操控的自由意志，对于门格尔来说，这就体现在他毕生对于陈旧的理论观点的鲜明的反对。在没有任何外界刺激，更没有任何外力帮助的情况下，他向已经摇摇欲坠的经济理论大厦发起进攻。推动他前进的力量不是对于经济政策或经济思想史的兴趣，也不是为了对原有的理论添枝加叶，而主要是天生的理论家对于新的知识和新的解决问题的方法进行探索的求知欲。一般的研究工作者最多只是在某一特定的问题上取得局部的成就，然而门格尔属于另一类研究工作者，他们总是在试图废除现存的科学体系而去尝试创立全新的理论基石。旧的理论被驳倒了，但原因并不是历史学家和社会学家把它束之高阁，也不是经济和社会政策制定者拒绝它的实际结论。事实上，原因在于认识它的内部固有缺陷的人，在它的基础之上进行钻研，把它变成了某种新的东西。

　　向更大范围的群体阐述一个理论的基本原理总是困难的，因为一个基本原理的最终阐述总会显得有点多此一举，而一般的阐述总会显得平淡乏味。一个分析家的学术成就不在于他如何熟稔地表述基本原理的内容，而在于知道如何使这一说明更为丰富，如何从这一说明推理出来和这门科学有关的一切问题。如果你告诉人们机械学的基本原理表现在这样一种说明里，即假定一个物体不向任何方向移动，则这个物体是处于均衡状态中，那么作为一个外行人，是很难理解这个理论的用处或这一阐述的知识成就的。因此，当我们说门格尔理论的基本思想是商品的价值取决于人们对其效用的评价时，就应该想到外行人不一定能理解这种阐述的真正价值，甚至连大多数专业经济学家在很多理论问题上也是外行。门格尔理论的评论家们总是说，"根本不会有人完全注意不到主观评论这一事实的客观存在"，再没有比通过提出这样微不足道的说法来反对古典经济学家更不公道的事情了。但对此的回答极其简单：人们可以证明几乎每位古典经济学家都试图以这一认识为出发点进行其课题的研究，然而后来由于无法取得进展而不得不放弃努力，因为他们相信，在资本主义经济的结构中，主观估价已经失去它类似发动机的作用。进而，就像主观评价本身被诟病一样，依据主观评价而建立的需求理论，与客观存在的成本相比，被认为是无用的。甚至在今天，门格尔学派的反对者还会时时声称，主观价值理论充其量只能解释固定数量的消费品的价格，而不能解释其他任何东西。

　　因此，重要的不在于去发现人们以"效用最大化"为出发点购买、出售、生产什么东西，而是去发现与此完全不同的现象，即能发现这一简单事实和它在人类需求法则之中的根源完全足以解释现代商品经济的所有复杂现象；而且还要能发现与表面现象不尽相同的方面，即在鲁滨逊时代或没有交换经济的时代，人类需求是推动经济发展的主要力量。导致这一结论的命题有两个前提：第一个是承认价格形成是经济的特定经济特征——不同于一切其他社会的、历史的和技术的特征；另一个是所有特定的经济事件都可在价值结构原则的范围内被理解。从纯经济观点来看，经济制度只是一个从属于价格的制度体系；一切特殊问题，不管它们被如何称呼，只不过是这个经常重复的同一过程的特殊事例而已，而且所有特定的经济规律都是由价值结构的规律演绎而来的。在门格尔著作的前言中，我们已经可以发现他对这种观点的认可。他的主要目的是发现价格形成的法则。一旦门格尔从"需求"和"供给"两个方面成功解决了价格决定问题，并成功地分析了人类的需求及被维塞尔称作"边际效用"的理论之后，经济生活的整个复杂结构立刻变得简单了，而且是不可思议的简单。一切其余需要做的事情只是仔细推敲，并且对一些复杂的细节进行详尽阐述而已。

门格尔的主要作品，其中包括一些基本问题的解决方法及对未来发展的预见，应该与几乎同时代的杰文斯和瓦尔拉的见解独到的作品一起，被视为现代经济理论的基础。在他的著作中，门格尔沉着、坚定、清晰地阐述了他的观点，精心地组织每一个词句，向人们展示了价值理论的伟大改革。门格尔的崇拜者常常把他的成就和哥白尼的成就相比拟，而他的反对者则常常对这一比较嗤之以鼻。现在，人们对这种争议已经能够做出决断。与哥白尼建筑在全新理论基础上的科学相比，门格尔在科学方面的改革无论是在精确性方面还是在严谨性方面都稍逊一筹。因此，哥白尼的科学成就更显得尤为伟大，也更有深度。更不必说这样的事实：在他所研究的特定领域内，外行无法对其研究成果做出评价，使得这种研究常常带有神秘色彩。但就文章自身的质量而言，门格尔的作品完全能与哥白尼的作品相媲美。这就像一位领导小部队作战并赢得了一场并不为人所关注的小战役的胜利的部队指挥官一样，他在个人的成就上是可以与拿破仑和亚历山大大帝平起平坐的，而这样的比较通常在外行人看来是难以理解的。这种对比常常会造成种种假象，进而招致无谓的争论，但由于对比是确立一个人地位的一种方法，尤其是对于那些非专业人士来说，所以我们在这里不得不冒险将门格尔与其他经济学家做一比较。例如，如果把他和亚当·斯密相比，我们马上会清楚地看出他的成就比这位苏格兰教授的成就要局限得多。亚当·斯密对于他所处时代的现实需求做出了解释，他的名字是与那个时代的经济政策紧密联系的。而门格尔的成就是纯科学的，并且作为科学的成就又是纯分析的，他的作品远没有亚当·斯密的作品那样博大精深。但与门格尔的成就相比，亚当·斯密的有些作品又缺乏独创性，更准确地说，在基本的科学问题上，他是非常肤浅的。门格尔钻研深入，他完全靠自己发现真理，这是亚当·斯密完全办不到的。

　　这样一来，李嘉图更可以看成能与他相匹敌的人。他们两位都是天才的理论家，虽然在理论领域里，他们的观点不尽相同。李嘉图丰富的知识和敏锐的见解来自于由实践得出的结论及深刻的洞察力，而且他努力做到使这些实践与洞察力来源于最基本的理论。而门格尔的伟大在于其理论的精确性和科学性。从纯科学的角度看，门格尔的地位应该更高一些。对门格尔来说，李嘉图是其理论得以产生的一位先导，这一点是毋庸置疑的。但同时，门格尔又是李嘉图理论的征服者。

　　由于门格尔和他的学派一经发展就很快被认为是马克思主义理论的唯一的重要竞争者，所以我们还有必要将他的理论与马克思的理论做个比较。在此，有一点需要说明，那就是我们不考虑马克思作为社会学家和预言家的事实，而仅仅对他的理论框架做出讨论。另外，我们只能将门格尔的作品与马克思作品中与其相关的部分做比较。但是在这一部分里，他在创造能力上和取得的成就上，都大大超过了马克思。在纯粹理论领域里，马克思是李嘉图甚至李嘉图的一些追随者的学生，19世纪20年代在英国创立社会主义及准社会主义价值理论的理论家们都可称得上是马克思的老师。门格尔却谈不上是任何人的学生，他的理论有自己的特点。这里需要澄清的是：没有任何关于经济的社会学或经济发展的社会学能从门格尔的作品中衍生出来。他的作品在经济史和社会阶级斗争方面的贡献是极有限的，但门格尔的作品在价值、价格和分配理论方面的伟大贡献是无人能超越的。

　　前面曾提到过，门格尔不是任何人的学生。实际上，在他之前，已经有一个在这方面的先驱，他已深刻认识到了后来由门格尔发展起来的基本思想，这个人就是戈森。门格尔的成功使人们对这位默默无闻的思想家的作品产生了兴趣。当然，除此之外，自经院学派开始，还有许多关于主观价值论的启示，甚至还包括建筑在它之上的关于价格理论的启示，特别是季诺维什和伊斯纳德的著述，紧随其后的是19世纪最初几十年一些德国理论家的理论。但这一切仍然属于我们在前面提到过的问题的范围。为了从这些启示里了解到更多细微的东西，人们必须通过自己的努力了解其伟大的意义。另外，任何科学成就都应该是在老树的枝头开出的"新芽"，否则人们将不知所措，无从下手，而这些科学的"花朵"也将会默默凋零，无人问津。但是在科学及人类生活的范围内，总还会有很多独创性存在，门格尔就属于这一类，他的理论完全是属于他自己的，是属于他和杰文斯、瓦尔拉的。

　　凭借自己独创的理论，门格尔得到了人们广泛的肯定，在他的理论形成之初就大获成功。在他生命的第3个10年里，他的努力收获了累累硕果。那个少有的思想的巅峰状态，对每一位思想家来说，都是出成果的最佳时期。门格尔出生于1840年2月23日，他的著作发表于他31岁那年。这一著述原来是对维也纳大学的演讲，他希望通过它取得教学的资格。他的个人成就的大小，只有当我们知道他的理论产生的背景时，才能真正了解。他把自己的工作看作在荒漠中种下一棵树，而那里长期以来，在多方束缚下，没有任何生命的迹象。在当时，为了能找到一部像样的作品，人们不得不回溯到1848年，也就是追溯到桑尼佛次写的第一本正式作为教科书的那部作品。一切拿得出手的东西都是从德国引进的。他在大学任教伊始所接触的人中，几乎没有人能理解他的观点或他开辟的后来大获全胜的整个领域。后来，他告诉我们，他当时受到的是冷遇。然而，他最后还是向人们证明了自己的成就，并成为一名教授。随着时间的流逝，他还获得了作为科学家的荣耀，但他永远忘不了最初艰难奋斗的岁月。而且在德国他始终是被忽视的，当时的社会制度使得经济研究领域处于极度孤立的状态是他遭受冷遇的主要原因，没有能够把他的声音传播于世界的讲坛，没有任何势力范围，没有传统上一位有地位的教授可以信手拈来的工具。门格尔发现自己面临的是完全缺乏理解的困境，人们对他的敌意日益加深。

任何一个理解科学进步的内涵的人都会了解一点：要让人们接受一种新思想，必须首先使这种思想在该研究领域内居于主导地位。门格尔却不知道如何处理这种事情，而且即使他知道，他也缺乏将这种策略付诸实践所需要的技巧。然而最终他的理论还是被他的反对者接受了，当然首先这完全是他自己的成就。在人类灵魂深处，总是存在某种细微且密切的联系，尽管并不总是显而易见的，而且在大多数情况下都不容易察觉，但学术工作者之间的这种联系则一方面表现为将一些根深蒂固的思想从传统的模式中解放出来，并研究出新的更深入的理论；另一方面表现为创造一个学派的能力，即能吸引并说服未来有志于此的学者的能力。在门格尔这个例子上，他对工作的专注是使其得到人们称颂的最直接原因。虽然他没有再对自己的价值理论做任何阐述，但却以自己的理论原则影响了整整一代人，使它深入人心。除此之外，他正确地观察到，在德国遭到反对的不仅仅是他自己的理论，还有所有其他的理论。为此，他与那些反对者展开了较量，就是为了给社会问题的理论分析者争取应有的地位。门格尔通过十分细致的工作及系统的阐述，澄清了很多笼罩在方法论领域的疑团，这一贡献具有永恒的伟大意义，即使在以后的时期，知识理论的发展使我们在很多方面都超越了门格尔，但也丝毫不会影响这一贡献的价值。将门格尔以后出现的理论成果与门格尔的重要贡献相提并论是不公正的。门格尔的思想在教育方面对他那个时代所产生的影响是无法估量的。它在德国以外没有影响，也不需要有这样的影响。因为在德国以外的大部分地方，它所企图建立的观念已经普遍被接受了。对于德国科学的发展而言，它是一个里程碑。

此后，门格尔受到了命运之神的青睐。这种难得的幸运曾一度降临到门格尔学派的许多人身上。他与两位有能力继承他的事业的同事——庞巴维克及维塞尔联手展开工作。这两位同事努力地工作，他们的作品与门格尔的作品直接相关，而且虽然他们两人也力求在学术方面有自己的建树，但这并未阻碍他们不断回顾、参考门格尔的作品。最终，他们创建了"奥地利学派"，并且凭借其理论的基本立足点在他们所研究的特定科学领域取得了领袖地位。成功最终来临了。但每一次成功都来之不易，会遭遇各种冷嘲热讽。这在科学史上是司空见惯的。即使人们最终会接受某种思想，但这种思想在形成之初总会遭受各方诟病，引起种种争端。这正是曾在意大利发生的事情。另外，主要的英国理论家们也未能免于此难。然而，在美国及后期的法国，人们对新理论的态度要宽容仁慈得多，而斯堪的纳维亚半岛及荷兰的情形则更是如此。当这种态度上的缓和发生之后，这一新的趋势才在德国作为既成的事实被接受下来。由此，门格尔目睹了他的学说在科学界引起的争论，然后迎来了其理论的全盛时期，看到他的基本思想逐步地度过了争论阶段，成为不再有任何争议的科学常识。他本人敏锐地察觉到这一切，即使——像一位真正的学者那样——他偶尔会因为一位同事所发动的这样或那样小的攻击而发火，但他仍然清晰地意识到他写下了科学史的一页，也意识到他的名字永远不会从科学史上消逝这一事实。

众所周知，古往今来没有任何一项科学成就能够长盛不衰，从某种意义上说，每一个学科都会随着研究的深入而不断完善。门格尔的追随者们，以及在其他领域追随瓦尔拉的研究者们已经发展了门格尔的理论，毫无疑问，这种发展还将继续下去。但门格尔的成就是永恒的。他的著作绝不同于那些昙花一现的作品，而会流芳百世。

门格尔的一些观点也许并未深得人心，但有一点却是不容忽视的，那就是他给《德国政治学词典》所写的货币理论，以及他在资本理论和货币流通问题上做出的贡献。还有他所从事的导师的工作，他在这个职位上的成就已经被我们中年长的人所铭记，而不仅仅局限于专家及对他的理论感兴趣的小团体。我们也要提到他惊人的广泛的兴趣,但这一切与他的价值和价格理论相比就不算什么了。这种理论表现出了他的真正人格,若是我可以这样说的话。

我们纪念的不仅仅是一位思想家,而且是一个值得人们爱戴的人,了解他的人们将永远怀念他。

第四章
艾尔弗雷德·马歇尔

（1842—1924）

一

　　大约在15年以前，我在伦敦政治经济学院做过一次系列讲座。其间借机表达了我对马歇尔这一伟大灵魂的尊重。听众中有人写信给我，以提问题的方式表示了这样一种意见，大意是说：马歇尔的思想像穆勒或亚当·斯密的思想一样，总要过时的。我将以对这个问题做回答的方式阐明我的观点。

　　从某种程度上说，马歇尔的经济学已经过时了。他对经济发展过程的看法、他的方法、他的结论，早已不再为我们所用。我们可能喜爱并崇拜他的强大的理论结构，体现在：尽管受到了一些批判主义理论及新思想的强烈抨击，可它的庄严的轮廓仍然渗透在我们自己的作品的背景中。我们可以喜欢和欣赏它，就如同我们喜欢和欣赏皮鲁吉诺[1]所画的圣母像一样，认识到她完美地体现了她的时代的思想和感情，可是同时也要认识到它距离我们已经是这样久远。

　　这当然只是这50年工作的必然结果。若不是我们可以用"古典"这个模糊的词语来界定马歇尔的《经济学原理》，那他这些年工作的结果很可能就付诸东流了。这是各个领域里所有古典学派的共同命运。"只要有可能，小人物可以写出大作品。"现代经济学理论同《经济学原理》的关系与现代物理学和19世纪90年代的物理学之间的关系有惊人的相似之处。我没记错的话，亨得利克·安东·洛伦兹[2]在1894年说，理论物理已经达到完善的地步，因此不再能引起人们的兴趣

　　1　皮鲁古诺（1446—1523），意大利画家，擅长画宗教人物，描绘过许多优美的壁画。罗马的西斯廷礼拜堂的一些壁画就是他画的。——译者注
　　2　荷兰籍物理学家（1853—1928），曾于1902年获得诺贝尔奖。——译者注

了。在经济学方面也发生了极其相似的事情。我不是指资本主义制度的兴衰及与其相关的道德和政治态度的转变。我也无意说马歇尔对实际问题、社会问题及其他类似问题的看法非常过时了，也许他的观点是过时了，但这一点不在本文所要讨论的问题之列。

但是从另一种意义上说，马歇尔的学说永远不会过时，它的影响将会永远保持下去。这不仅因为这种广泛而强大的学说将成为以后若干世代的遗产，而且也因为它具有一种独特的气质，能够有效地抵抗腐蚀。马歇尔生活的年代，到处充斥着"进化发展"的口号和呼声，受这种氛围的熏陶，马歇尔是最早认识到经济学是进化的科学的经济学家之一（批评他的人不仅忽视了他的思想中这一因素，甚至在一些情况之下，实际上正是由于认为他的经济学忽视进化方面而指责他）。特别地，他认识到所要研究的人性是有可塑性的和变化的，并且具有改变环境的能力。但这对于我们来说，仍然无关紧要。问题的关键在于，他把他的"进化思想"运用到理论工作中，并且大有要一直持续下去的意思。和穆勒不一样，马歇尔从来不会说某个问题就此解决了，不需要他或其他作者再做进一步的补充解释，正相反，他充分地理解到，他所建筑的基本上是临时的结构。他总是将注意力集中在自己力不能及的、超过自己范围的领域，这样，一些新问题、新观念、新方法对于其他著者来说，也许像敌人一样陌生、可憎，而对于他来说却像同盟者一样亲切。在他所修筑的庞大而坚固的阵营里，有容纳所有这些"同盟者"的房间——或者说，是提前就为他们准备好的栖身之所。过去和现在虽然有很多人反对他的理论，但其中绝大多数是比较狭隘的人。有时，这些反对者会发现（或是别人会替他们发现），马歇尔提前实现了他们的目标，这因此使他们的反对毫无意义可言。

二

马歇尔的《经济学原理》，是在二十年如一日的辛勤工作后产生的。当它最初在1890年问世时，立刻获得了圆满的成功。其原因是显而易见的。这本书的问世就像是一出伟大的演出，它披着最吸引人的外衣出镜，完全迎合了那个时代大众言论的趋势，同时也与经济领域的发展现状相契合——事实上这既归功于作者的判断力，也归功于他的天赋。

但是如果想要准确地定位这部著作的性质，就不那么容易了。如果直接指向《经济学原理》所提出的分析工具的核心，则很难做到对它完全公正的评价。

因为这个核心的前前后后及周围各个角落，都笼罩在一种以感染力和凝聚力为历史基础的19世纪英国资本主义经济社会学的氛围中。实际上，马歇尔虽然算不上什么了不起的历史学家，但他确实是一位一流的经济史家。而他对史实的掌握及他思想中根深蒂固的分析习惯并没有割裂开，而是形成了紧密的结合，具体而言，就是将活生生的事实归纳总结成原理，再将原理运用到纯粹的历史研究中。当然，这一特点在《产业和贸易》中表现得比在《经济学原理》中更为显著。在《经济学原理》中，即使在历史概论的部分，历史事实也被大范围地削减了，以致不论对追随者还是批评者来说，这部分都似乎是一种缺失，然而，不管怎样，它没有消失。同样地，马歇尔对同时代的商业活动孜孜不倦、感同身受的观察结果也一直存在，很少有经济学家能像他那样了解这些商业活动。正因为这样的性质，其后来的成就表现出了很大程度的局限性。与马歇尔同时代的中等规模的英国企业的商业实践活动在当时无疑吸引了这位分析家过多的关注，因为他声称自己的主张是可以被普遍应用于实践的。但在这种限度内，他在现实主义方面所取得的成就大大地超过了亚当·斯密——这是唯一可以用作比较的例子。这可能是为什么他在英国没引起制度学派反对的理由之一。

可以肯定的是，这样的反对曾经在我国出现，并且这是不难理解的。曾经有一段时期，一个去除历史背景的被简单化了的马歇尔主义盛行于大学的日常教学工作中，这一直持续到当时一些激进的学者对此感到厌烦为止。于是，很自然的：当人们背弃传统化了的马歇尔时，他们会认为是背弃了真正的马歇尔；当人们破除障碍走向经济现实时，他们又会忽视一个事实——在他们这一过程的实现途中，马歇尔主义曾起到路标的作用。

马歇尔的《经济学原理》的分析核心在于静态经济理论。但是这一理论的独创性在当时的情况下并没有被淋漓尽致地表现出来，因为对我们来说，它只是当时已经成长或正在经历成长的一个派系中的一员，而且这一派系的其他成员毫无疑问的都是独立于马歇尔学说而自成体系的。而他的工作习惯和发表成果的方式，又使经济思想史家对他的意见不可能给予公正的肯定。希望读者不要对此产生误解。作为马歇尔的学生，凯恩斯先生在为老师写的传记中，为其主观创造力提供了足以令人信服的证据和证言。关于这一问题，马歇尔本人保持了庄严的沉默，而他的感情只表现为：对古典学派，尤其是李嘉图和穆勒采取谨慎而公平的态度；对门格尔、杰文斯及最伟大的理论家瓦尔拉等采取中立的态度。接下来的描述不会与真实情况有多少出入。

从凯恩斯先生的作品中我们可以知道，原来不是求知的好奇心把马歇尔引向经济学家的阵营，而是一种更强大、更仁慈的动机把他从对伦理道德的思索中引向了这个阵营。这一动机也是他所肩负的伟大使命，即减轻他所目睹的英国贫困阶层的苦难。当谈到他要献身于这一领域时，他经常遭到沉浸于当时英国经济思想研究的一位朋友的坚决反对，这是他为什么转向穆勒的《政治经济学原理》寻求启发的原因。在马歇尔的作品中，也有其他迹象表明他最初投身经济学是从阅读穆勒的作品开始的。1867年，他又吸收了李嘉图的观点。即使我们不知道这一点，也可以很容易地推断出来，因为当时的情形是一个完全受数学教育的大脑求助于两个充满热情和活力的创造者：首先，他震惊于两个创造者——尤其是穆勒——对于有说服力的事实证据和明确的结果显出漫不经心、迷惑不解的样子；其次，他会立即开始动手破除各种限制条件，并归纳总结出核心观点。要把穆勒的结构转化为马歇尔的结构，除了上述两点以外，实际上也不需要更多其他的东西了。

当然，这是重要的不容忽视的成就。许多理论物理学家能够永垂不朽的原因正是在于他们在某一方面取得的不多的成就。马歇尔本人承认库尔诺和屠能对他的帮助，当然，这两位的深刻影响也的确是显而易见的。其用于局部均衡或部分均衡分析的供求曲线是库尔诺的曲线（当然也不能忘记弗莱明·詹金），而这个数学天才在任何情况下都会自然而然地想起的边际分析法是屠能的分析法。至于边际效用，杰文斯著有《政治经济学的通用数学理论》，这是1862年他在剑桥召开的英国学会会议上宣读的文章，这篇文章涵盖了"效用系数"这一概念。瓦尔拉的《纯粹政治经济学要义》的两部分分别发表于1874年和1877年，其中包括的静态模型的理论框架比马歇尔的《经济学原理》还要完整。但是考虑到马歇尔的阅读习惯，当时这位经济学家可能不知道这些著作的上述内容。至于其他在技术上占先的一切著者，他们对于马歇尔的贡献或许也只能是零碎的。

这似乎解释了马歇尔想要将所有经济理论改革者要阐明的观点都归于穆勒和李嘉图的倾向。虽然瓦尔拉的热烈推崇者可能有理由因为《经济学原理》中很少提到瓦尔拉而感到不高兴，而马歇尔的热烈推崇者则可能因为马歇尔没有表现得更为宽宏大量而感到遗憾，但对于马歇尔在别人对自己的帮助的认可程度这一点上，没有人提出任何反对意见。然而，在他以口头或书面的形式对曾给予他大力帮助、始终与他并肩作战的盟友——数学表达感激时，反对意见就会出现。

如果上述判断是正确的，则不容忽视的是，他的特殊的数学才能对于他在经济理论领域中的成就是有益的，正是由于数学分析方法的实际运用才产生了这一成就；如果没有其数学分析方法的运用，很难完成斯密——李嘉图——穆勒模式向现代研究方法的转变。当然，也有人可能会说，任何一个结果，甚至是对一个经济因素相互依存的体系的总的看法都可以通过非数学的方法来获得，正像我们步行也能走到火车能带我们去的任何地方一样。但是即使我们不考虑这样的事实，即不以数学为核心是无法提供强有力的证据的，尽管在一些简单的情形中不需要出现正式的数学的形式，但我们仍然无法忽视另一个事实，即马歇尔式的分析正是以数学手段为先决条件的。马歇尔总是拒绝承认这一点。他对于他这位忠实的友军从来没有给予过充分的肯定，他隐藏了帮助他完成伟大使命的工具。

当然，他之所以采取这种态度，是有充分理由的。他不愿意把外行人吓跑了，他有着奇怪的野心——"让商人读懂"。他担心会树立一个可能引起误解的榜样，即让接受数学思想教育的人认为一个经济学家所需要的仅仅是数学这种工具。这种顾虑当然是可以理解的。然而，也有人可能希望，对于在一定程度上受他作品的激励正开始信奉和拥护严谨地从事经济学研究的人们，他能够给予更多的鼓励。他似乎没有认识到，"被数学左右"这种危险并不限于经济学领域，只不过在其他领域尚无证据表明其危险性有这么大。任何一种科学，如果没有信奉者，就没有所谓进步。且不说人类知识的所有分支学科，仅经济学一门学科就永远无法让外行明白。实际上，如果读者完全没有数学方面的基础知识，是无法完全理解马歇尔本人的著作的，那么企图使他们按照马歇尔的思路去思考问题也是没有意义的。如果马歇尔能够坚决地支持这一前进的路线——在开辟这一前进路线方面，马歇尔所做的工作比其他任何人都多——可能会收到更多的好处。

三

任何一个流派的每一个成员都有自己的特点，但我们无法精确地将马歇尔的学说归入哪个学派中。

第一，理论家们会惊异地发现结构的简洁性是它的一大特点。如果我们把马歇尔的表现方法和瓦尔拉的表现方法进行比较，会发现简洁这个与成功直接相关的特点得以凸显。后者的文章显得冗长乏味，而前者则文笔流畅，语言凝练，其优美的外表很好地掩盖了所有刻意雕琢的迹象。其原理论述精辟，论证简洁——至少是在梗概、附录中。马歇尔的数学修养甚至训练了他的文字叙述，使之更为简练条理，同时也使他的图解简单得令人喜欢。

　　几何图示的方法以前也有人曾使用于经济理论的论证，库尔诺就是其中之一。但现在，许多人已经不再使用这种方法了，因为使用比较容易的平面几何图解不可避免地意味着过分地简化。但它们仍然不失为珍贵的处理问题（虽然限于那些基础的问题）的方法，它们成功地澄清了许多论点，为不可数计的课堂带来了方便。实际上，我们应该把那些最有用的图示都归功于马歇尔。

　　第二，《经济学原理》的正文和附录都证明了马歇尔充分掌握了一般均衡的概念。他发现了"一个完整的哥白尼体系，通过这一体系，经济宇宙的一切因素，由于相互抗衡和相互作用而维持在它们的适当地位上"。但是为了向人们展示这个体系是如何运转的，他铸造了并且广泛地使用了一个不同的模型。这一模型容易操作得多，然而它的应用领域也更有限。在大多数情形下，特别是在马歇尔著作的第5章里，他主要考虑"工业"中从事生产经营的中等规模的厂商，就重要性而言，这些公司还不足以明显地影响其他经济部门的发展。同样地，他主要考虑个别的商品，这些商品只吸收它们的购买者的开支总额中的小部分。这种"局部的"或"特殊的"分析有它的缺点。有很多现象他没有充分说出——也许他本人没有充分认识到这一点——但这就会使人们看不透，对粗心大意的人来说更危险：对他的追随者来说，我敢说，庇古教授对"小型"工业的过分强调会使他们感到意外；而其他追随者随便地将马歇尔的供求曲线运用到劳动力这样的商品上。但是如果我们坦白地承认这一方法基本上是一种近似法——并且如果我们不坚持目前对于工业概念的反对——那么，我们就可以尽情地享受它所提供的丰硕的果实。正是为了这种果实，马歇尔的理论缺乏严格意义上的精确性，提出了一种实际上比他的论述方法更大胆、更新颖的方法。

　　第三，为了收获这一成果，他设计了那些每个人都知道的方便使用的工具，如替代、弹性系数、消费者剩余、准地租、内部和外部经济、代表公司、主要成本和补充成本、长期和短期。这些都是我们的老朋友，并且已经成为我们的分析武器库中的常客，以至于我们几乎不再能够判断出应该把哪些成就归功于它们了。当然，它们或它们所代表的事物，对于我们来说并不都是全新的。但即使这些不是全新的东西，从前也没有被正确地定位，实际上它们是从马歇尔开始才第一次成为有用的工具的。但是与老朋友一样，它们偶尔也会表现得不可靠。其中有些，如代表公司、外部经济等工具在出现于静态领域或个体工业领域时，它们掩盖而不是纠正了我们所必然遇到的困难。这些工具并不能拯救斜率为负的成本和供给曲线。曾经有人试图运用上述曲线，结果所费的精力足以重建一条曲线。

第四，当我们重新回顾马歇尔在提出局部均衡时所使用过的论据并分析那些便利的工具时，一定会对他的理论思想中的现实主义感到惊奇。局部均衡分析揭示出了个别工业和个别厂商的实际问题。当然，它的内容还远不止这些，但它也是商业经济学的一个科学基础。另外，有些工具是直接产生于企业实践的，如主要成本和补充成本；而另一些工具，如准地租和内部与外部经济等，非常适用于把握商业形势和有系统地描述商业问题。在以上这些方面，马歇尔的同行没有做过多类似的尝试；而在其他方面，他们不仅尝试过，而且也有所成，甚至在某些方面比马歇尔做得更完善。这样，一般均衡理论的详尽阐述只能是对瓦尔拉研究成果的复制；仅仅对局部均衡法的概念进行阐述又是老调重弹。由一种理论发展出另一种理论，并以后者补充前者，这就完全是马歇尔自己的成就了。

第五，尽管这基本上是马歇尔研究出来的静态理论，但他总是超出这个静态理论的范围来看问题。只要一有机会，他就会补充动态因素，而且他所做的补充实际上超过了他所坚持的静态理论所需要的程度。这一特点使他沿着其研究路线前进时遇到了一些障碍，尤其是在碰到由对"时间因素"的论述而产生的现象时，总是让人感觉模糊不清。另外，他的某些曲线具有混合特性，后来的分析很快就证明了这一点。他虽然没有攻克这个堡垒，可是他把他的"军队"成功地引向这个堡垒。这还不是全部。如果我们从静态和动态的区别中更进一步发掘出停滞和进化的区别，将会发现更有意义的一点。

马歇尔似乎有些遗憾地容忍着他的分析工具的静态性质，但他很不喜欢静态的假定，以致忽视了这种分析工具在很多情况下的作用。他从发展变化的角度进行思考——按照有机的、不能逆转的角度考虑问题。马歇尔思想中的某些特点既体现在他的定理和概念中，也体现在论述这些定理和概念时所依据的实际观察资料中。我认为，这些定理和概念背后的进化理论不能令人满意。不应将所有的机制都局限于市场自动扩张的框架下，即那种只是由人口和储蓄的增加两种因素而导致的扩张，这种扩张会导致内部经济和外部经济，而内部经济和外部经济又会导致进一步的扩张。但它仍然是一个进化的理论，是亚当·斯密理论的重要发展，并且远远超越了李嘉图和穆勒就这个问题所提出的理论的贡献。

四

马歇尔的成就是显著的，但是如果不是他的理论的外衣正好迎合了时代需要，他也不会取得如此巨大的成功。马歇尔基本上建造了一个"分析机器"——

一种普遍适用于揭示真理的机器——不是一个具体的真理本身，而是用来揭示这种具体真理的工具。对于发现有某种作为经济分析一般方法的东西，或者换一个方式说，发现就经济学家分析方法的逻辑而论，不管他们是研究国际贸易、失业、利润、货币或任何其他问题，他们对于手中掌握的某种材料，总是大量运用同一种方法——这一发现是不属于马歇尔的，并且也不是他在其中是一位极其杰出的成员的那一派经济学家的发现。为了使我们相信至少从重农主义时期起，所有胜任的经济学家都已经知晓这个真理，只需看看李嘉图的著作：第1章显然是那种"揭示具体真理的工具"的蓝图；第2章是对第1章的补充；其他章节仅仅是一系列实现这个蓝图的实验。在马歇尔以前，从来没有经济学家这样充分地掌握这一蓝图的意义，这样大力地去宣传它，并且这样前后一致地按照它去办事。

如今，从一个对经济理论的性质和作用持相同观点的人身上，人们期待的可能是与《经济学原理》完全不同的论著，它可能永远不会受到如此普遍的欢迎。我们已经发现了《经济学原理》比其他论著更幸运的原因：几乎每一页文字都能展现出马歇尔的历史哲学修养——他的分析"嵌入"一种能够博得外行人好感的华美的外衣，令人感到舒服。这种分析不会龇牙咧嘴地展露在人们面前，它是有皮有肉的，马歇尔对商业事实的观察很容易将其"装配"起来。所有这些说明马歇尔所做的并不只是简单的、符合人们口味的阐述，而是深得人心的、不可由其他经济理论替代的学说。

但是还不止于此。马歇尔幸运地处在这个人类知识领域中，在这里这位分析家可以自由地工作，不必经常地考虑、指出它的实用价值；他甚至可以大胆地忽略实际应用的任何可能性——这也是他如此成功的原因之一。经济学家不仅要为那些难以解决的问题绞尽脑汁，还要不断为由于迫切要求直接"有用的"结果而多方考虑并感到困扰，如出于解决当下问题的考虑或出于人类处境改善的考虑。与物理学家不同的是，为了对付当前的麻烦，也为了人类处境的改善，他不允许别人说所有成功的生产都是迂回生产，也不允许别人说即使是实用结果也是通过不以它为直接目标而获得的。但马歇尔对于激励这些要求的信条并不感到反感。实际上，他完全赞成这一信条。"为艺术而艺术"在他的高尚的盎格鲁-撒克逊心灵中是毫无地位的。为他的国家和他的时代服务，以及教给人们立即就能用得上的东西，正是他本人最乐意做的事情。他不反对那些有关人生价值中的一些朴素的道理，也喜欢宣扬有关高尚的生活的信条。

此外，他对贵族生活的观念，对社会问题的看法，以及对公共和私人领域的见解，碰巧和他的国家，他的时代的观念、看法和见解相吻合。更确切地说，他的理想和信念不是1890年时一般英国人的理想和信念，而是1890年时一般英国知识分子的理想和信念。他接受周围的风俗、私有公司，尤其是家庭，毫不怀疑它们的生命力以及在他周围发展起来的文化的生命力；他接受当时流行的功利化的、否神学化的基督教信仰。他心安理得地举着正义的旗帜，而不怀疑曾经遭受打击的折中主义如今的有效性；他依靠"白人义务"，生活在功利主义正义的信条和莫卧儿大帝的遗产之间。这样，他给予读者的东西就正是他们所渴望的东西——他的话既高尚又令人鼓舞——同时还满足了他良心的需求。

我们可以怀疑一部科学论著中是否应该涉及信仰的问题——虽然在这方面马歇尔和牛顿的情况是相同的[1]。我就是怀有这种疑问的一个人。而且不止于此，我们可能都不赞同其中的某些特定信息。我承认只我只反感那种维多利亚中期的道德说教，它带有边沁主义味道，是没有魅力、没有感情的中产阶级价值观。但它改变不了这样一个事实：绝大多数马歇尔的读者有着不同的感情倾向，他们喜欢那种在他们看来是唯一正确而高尚的精神分析法。

五

在马歇尔的著作中，有一种比他实际完成的任何研究更伟大的东西，它蕴涵着不朽拟的生命力。由他的天赋所创造的那些著作都留传下来，供我们学习，为我们的工作提供了便利，当然也不可避免地遭受了损失。除此之外，在《经济学原理》中还有关于继续前进的微妙的建议或指导，以及我在开始时曾经努力加以证明的那种领袖气质的表现。列举一些马歇尔为后人提供便利的例子是很容易的，而要说明其领导者气质则相对困难。

第一，如此重要的研究成果指引了它所教育的一代人的研究工作，这也是很自然的事。因此，1890年以后三十年间的经济学文献，充满了对马歇尔的主张和方法的重申、发展和推论。马歇尔的学生和继承人庇古教授的著作，罗伯逊、拉文顿、肖夫及其他许多人的著作，提供了无数我们大家都很熟悉的实例。甚至埃奇沃斯的一部分贡献也属于这个范畴。关于理论方面举一个例子就够了，关于技

1　在这两位伟人之间有一种神奇的相似之处，这使我感到惊奇，并且一直不知道这种相似是来自于他们相似的时代背景还是纯粹出于偶然。这种相似一方面表现为他们的学术泰斗地位、对自己信仰的坚定，以及对于批评的敏感；另一方面表现为他们都不愿将自己的作品悉数发表出。在晚年，他们对于自己已经取得的成就都刻意表现出轻视。

术方面另外举一个例子也就够了。马歇尔首次证明，完全竞争并不总能使产量达到最大限度。据我所知，这个说法就像是一个古老城池的第一个裂口，它产生了这样一个命题：通过限制利润递减的行业和扩大利润递增的行业，产量可能会超过竞争的最大极限。庇古、卡恩和另外一些人，根据这种提示继续进行了研究，最终开创了具有重大意义和价值的新领域。

另外，需求弹性的概念不一定像人们赞扬的那么有价值，可是由此产生了我们大家都认为方便地运用弹性来进行推理的方式。现在可供使用的弹性概念几乎有一打，其中替代弹性列在首要地位。尽管它确实只在极为有限的假定中行得通且并不实用，但可以极大地解决那些曾经引起极不必要的争议的问题——例如，机器应用到生产过程中究竟能不能损害工人的利益这一问题。"替代"这一概念在马歇尔的学说体系中是基础性的。对"替代原理"的强调，几乎可以看作马歇尔理论和瓦尔拉理论之间的主要区别。这一新的分析工具所需要的"材料"完全为《经济学原理》中能够找到的资料，只要把这些资料"组合"在一起就行了。

第二，虽然马歇尔对长期和短期概念的区分并没有很好地表达出他原本期望借由它们所要表达的意思，但这种区分极大地推动了清晰、现实的思维的发展，并且完全有资格获得它所受到的重视。马歇尔自己广泛地应用它，并且通过它给我们上了一课，而我们已经并且现在还在渴望从这一课中受益：一个完整的经济学分支以缓慢增长的方式发展起来了，这就是短期分析法。

第三，马歇尔更显然是另一个较晚出现的经济思想体系，即不完全竞争理论的创始人。我认为这一点不会引起什么争议，但是这一点在英国式的不完全竞争理论方面表现得特别明显。皮埃罗·斯拉法在1926年发表的著名论文中向英国读者提出的思想，是从与马歇尔成本递减曲线的逻辑难题的斗争中体现出来的。这在《生产成本和生产数量》里更为明显。而且在《经济学原理》中还有正面的建议，特别是关于个别厂商的特殊市场的注解。我承认，有一点也不是绝对不可辩驳的，那就是我将以马歇尔的名义提出的第四点主张。我曾经说过，虽然他掌握了一般均衡的分析方法，但把它放在了不重要的位置上，而把使用起来比较方便的局部分析法放在了突出位置上。然而，特别是在第6篇中，他对于整个经济过程开始了广泛的概括。如果这些概括既不是局部分析，也不是全面分析，那么它们的性质是什么呢？我认为我们必须认识到另一种理论——在我自己的研究室里它被叫作"综合法"。当然，他没有将他对这种总量的论述与货币联系起来。他在这一点上的失败可能是我要向他提出的唯一的批评。诚然，他在货币理论方面是有很多很重要的发现的——由于本文是对《经济学原理》的评论，所以在这里对此无须赘述。但是实际上，如果一个人从局部分析出发，然后又希望对经济过程整体做一些论述，在对不便于使用的一般均衡的分析方法失去信心时，就应该求助于综合法。这不是很自然的事情吗？用罗宾逊夫人的话来说，难道货币理论不能像总产出理论和就业理论那样自动发挥作用吗？

第五，我曾经指出，马歇尔明确地坚持一个经济发展理论，虽然按照他的习惯他没有尽力引起读者的注意，但这一理论却占据着他的思想的中心。不要怀疑我多么赞同这个理论，但是我必须强调指出，它不是作为一种哲学，而是作为一个研究工具而存在的，而且它所产生的影响比我们大多数人能够意识到的要大得多。H.L.穆尔的趋势价值，只有在这一理论的基础上才可以认为和均衡价值相近似。W.M.皮尔逊在其中发现了论述趋势的理论，类似于他在《哈佛——晴雨表丛书》中所做的有关趋势的论述。然而这显然引出了最重要的部分。

第六，马歇尔的影响是促使现代计量经济学出现的最有力影响之一。《经济学原理》和《国富论》的相似之点很多，但如果不考虑两者出版的年代，并将两者归入主观的、受时间限制的成就中，按照同一标准来衡量的话，则有一点前者肯定比后者优越。亚当·斯密聪明地汇集并发展了他本人的思想和前任的思想中所有他认为最有价值的内容。但对于他所接触的范围内最重要的成就之一，即17世纪的"政治算术"，他没有做出任何工作加以发展。可是马歇尔则掌握分寸，坚决地把研究引向不仅是量的而且是数的经济科学，并为其准备了条件。在这一方面，对其重要性的评价是不会过高的——经济学在得出结果之前永远不会获得也不应获得声望。

马歇尔对这一点的认识程度可以从他的"新老经济学家"（1897年）这篇演说里看出来。但我们所应当感谢他的远不只是一个方案；我们应当为他的确定研究方法而感谢他。要使自己相信这一点，我们唯一需要做的就是再看一看我所描述的他的"方便的工具"。所有这些工具，显然在统计意义上说是可以运用的。我们只需要尝试利用统计资料构造公司模型、家庭模型、市场模型，就会发现在此过程中会意外地遇到这些工具所要解决的问题。尽管如此，这些方法的确是有用的，但在认识到下述情况之前，我们不能给予它们以充分的估价：不管它们可能是另外什么东西，它们首先是计量的方法——用于数字计量的工具——也是一般统计计量的一部分。它们可能不是最好的工具，也不是唯一的工具，但它们在同类工具中是最先出现的，而经济学方面的努力几乎无法从其他工具入手。

例如，那些研究很大程度上首先指向统计需求曲线的衍生物，而马歇尔的需求理论提供了可接受的基础。这显然不是巧合。如果他没有打算研究出一种至少在很多情况下可以用在统计上的近似方法，那么强加上那些使我们能解释点弹性或需求曲线本身的限定，就可能变得毫无意义了。实际上，只要我们从这一观点来看曾经引起许多反对意见的那些限制，它们就成为完全可以理解的了。拿消费者的地租这个概念来说，诚然，这个概念与上述限定确实没有联系，但是如果它不是意味着导向用统计来估价数量化的福利，为什么马歇尔不愿意提及"盈余"这个多变量函数的存在，而一定要像此前迪皮特所做的那样，坚持把自变量的数量削减到两个呢？当然，同样的论证也可以应用到他的成本和供给函数上，另外还可以解释他为什么坚持使用那些在理论家看来不可取的长期工业供给曲线，并解释出了相当一部分对更恰当、更普遍的模型来说是未知的可能性。

马歇尔在货币理论领域中所取得的成果也可以用来解释一个现象：在他的著作中到处可以找到能够有效掌握统计资料的理论工具，这种见解实际上是他的一切作品所具有的最突出的特点。毫无疑问，庞巴维克的推理是定量的，但他似乎从来没有考虑过统计计量这一可能性，他也从来没有努力让自己的理论朝着这一方向发展。至于瓦尔拉的体系，虽然不像我们很多人认为的那样惨淡，却存在难以克服的困难。只有马歇尔的学说鼓励我们前进，虽然它也同时告诫我们谨慎前行。我们可以根据他的教导进行工作，无论是极力推进还是谨慎前行，他都是我们伟大的导师。

我们正站在一个山谷的边缘上，妄想从中找出一条平坦的、没有崎岖的大路，但不幸全都失败了。然而每当我们回头看时，我们就看见他宁静、庄严、安稳地坐在他的信仰的城堡中，喃喃地教导着我们，述说着于我们大有裨益的教诲。其中，最值得我们深思的莫过于："我越学习经济学，越觉得我对它的了解太少……在近半个世纪后的今天，我比在开始的时候更能感觉到自己在这个领域的无知。"的确，他是一位伟大的经济学家。

第五章

维尔弗来多·帕累托[1]

（1848—1923）

　　布斯凯教授在他的一本关于帕累托的生平和著作的书中[2]，引用了社会主义者的《前进》日报在帕累托逝世时所刊载的一篇悼念文章中的词句，把他描述为"资产阶级的卡尔·马克思"。我不知道把他这样的人称为"资产阶级"是否恰当，因为他从来不放弃任何对无知和怯懦的资产阶级表示蔑视的机会。但在其他方面，这一类比准确地表达出帕累托留给他的同胞的印象：他们实际上已经把他摆在了凌驾于同时代的其他经济学家和社会学家之上的显著的位置。他在其他国家没有受到如此的推崇。在英国和美国，一直到今天，人们对他及其思想仍然是陌生的。诚然，当他的社会学著作被翻译之后，帕累托的学说也曾经风行一时。但由于气味不合，这一风潮很快就在一种冷淡的气氛中消失了。但是就纯粹理论家这个小圈子来说，帕累托在20世纪20年代和30年代，即在鲍莱教授的《经济学的数学基础》发表之后，对英美经济学者产生过相当的影响。但是在这两个国家里，关于帕累托所专长的方面，马歇尔和后马歇尔主义的经济学家做了足够多的工作，甚至抢在其他思潮夺走帕累托已经占领的阵地之前，阻止了他占领更多的阵地。

　　1　转载自《经济学季刊》第63卷第2期，1949年5月。1948年版的版权属于哈佛大学。

　　2　参见G.H.布斯凯的《维尔弗来多·帕累托的生平和著作》（载于《现代史研究、史料与考证汇编》，巴黎1928年版）。除了关于帕累托著作的数学部分内容外，我们特别推荐这本著作。因为这是一位本身就是经济学家和社会学家的著者的慷慨而热情的写作，同时著者又尽量避免了门生或传记撰写人的那种专门反映光荣事迹的心情。布斯凯还著有《帕累托以来的社会学概论》，并为帕累托的《社会主义体系》和《政治经济学手册》两书撰写了序言，并于1928年用英文写了一篇题为"维尔弗来多·帕累托的著作"的短篇评论。此外，在《论经济思想的发展》一文中，布斯凯也为帕累托保留了光荣的地位。在其他纪念评论文章中，提一提所谓的官方评论就够了，那就是阿尔方索·德·皮特里·图奈利教授在意大利科学发展协会经济组的演讲（发表于1934年11月、12月及1935年1月的《政治经济学评论》上），还有吕吉·阿莫罗索教授于1938年1月在《计量经济学》上发表的文章。

理论经济学的若干重要发展现在看来起源于帕累托。这可能令人惊奇，但也不难解释。帕累托是法国和意大利文明的一方面的产物，而这种文明和英美的思潮相去甚远。即使在法意文明范围内，他的突出形象几乎也是无与伦比的。人们不能把帕累托归于哪一流派。他不信奉任何"主义"。没有什么宗派或政党可以声称帕累托是自己这一派的，虽然有许多宗派和政党从帕累托所掌握的广博的知识领域中盗取了一些碎片。他似乎觉得和当时占主导地位的潮流和口号背道而驰是一件快事。极端放任主义的追随者们可能从他的著作中寻章摘句来支持他们的观点，可是他对自由主义的"财阀民主"或"财阀宣传"的蔑视是最为彻底的。社会主义者应该感谢他，像我们将要看到的那样，他对社会主义学说的发展做出了一个十分重要的贡献，他还抗议意大利政府在1898年所采取的反社会主义措施。法国的天主教可以因为帕累托攻击了对法国教士们的迫害——这种迫害是非常不光彩的德雷福斯案[1]的后续——而感谢他。他还反对孔贝部长的"政权还俗主义"政策，因为他是一位绅士，而不是因为他相信天主教会的教义。

像帕累托这样一位独立和好斗的绅士，在争论中习惯于直截了当地给对手以强有力的抨击，这可能受到这一派或那一派的赞誉，但他却难孚众望。现在他已经是过去的人物了。但即使在他事业的全盛时代，也是我们所熟悉的政治和社会口号统治着官方语言、报纸、政党纲领及一般文献，其中也包括经济文献，帕累托表达其严谨的科学成果的材料也不比现在更为流行。这里的问题似乎不在于解释为什么帕累托没有产生更广泛的影响，而在于解释帕累托是如何产生这么大范围的影响的。

如果我们可以把自己控制在帕累托对纯粹理论的贡献范围内，则他的为人和他的社会背景及地位就显得不那么重要了。但是完整的帕累托的为人和制约他的一切力量，都十分明显地和不属于经济学纯粹逻辑的理论的任何事情有关，因此有关其人和那些制约力量的评价比科学成就评价中的类似内容更重要、更有益。我将首先尝试表达出这种意见，然后简略地评述一下他在纯粹理论方面的工作，最后我将看一看他在《普通社会学》一书中所做的关于社会这一概念的不充分的

1　德雷福斯冤案：1894年，法国陆军参谋部犹太籍的上尉军官德雷福斯被诬陷犯有叛国罪，被革职并处终身流放，法国社会因此爆发严重的冲突和争议。此后经过重审及政治环境的变化，事件于1906年7月12日获得平反，德雷福斯也成为国家的英雄。——译者注

表述[1]。

一、生平

帕累托的父亲，热内亚人马尔凯塞·拉斐尔·帕累托伯爵，似乎是一个受19世纪前半叶意大利复兴运动影响的典型人物，是马志尼[2]的一个热烈拥护者——或许较多地由于国家原因而不是由于社会原因——他是"阻碍意大利走向全国统一的一切政府"的毫不畏惧的敌人。而且他是这个意义上而非其他方面的一位革命家。因此，他流亡国外，逃到巴黎，娶了一位法国妻子，而本文的主人公也在那里出生。如果加雷尼将军曾经把他自己描述为"法国人但也是意大利人"，那么维尔弗来多·帕累托也可以把自己描述为"法国人但也是意大利人"。他于1858年被带到意大利接受学校教育，并于1869年获得了工程学博士学位。他立即开始从事工程和工业管理工作，并在几次调换工作以后升任意大利钢铁公司的总经理——更准确地说应该是"董事长"——直到1893年，他才到洛桑大学，并被任命为瓦尔拉的继承人，虽然在这以前的几年，人们已经接受他是一个专业的经济学家了。这样，他主要从事经济学研究的时间大概是1892—1912年，实际上他后来的一切作品在性质上都是属于社会学方面的。他在1906年辞去教授职位，退休回到位于日内瓦湖畔的乡村的家里休养。在充满旺盛精力和富有成果的老年阶段，他逐渐成为"塞利尼的孤独思想家"。

上述这些情况基本上已经满足了我们的需要。我们只需着重指出已经提到的几件事，而不必再增加其他的事实。首先，由于他有作为一位工程师的经验——并且他似乎形成了自己的理论观点——他早年所掌握的数学知识已达到专家水平[3]。

---

1 由罗科与斯皮内迪两位先生在1924年的《经济学家杂志》上提供的书目大体上较为完整，但是我们必须提出下列各种参考资料：《关于纯粹政治经济学基本理论的研究》；《洛桑大学政治经济学讲义》；《巴黎高级社会研究学院讲义概要》；《社会主义体系》；《政治经济学手册》（1906年）；《政治经济学手册》（1909年），这是前一本书的法文译本，但我们必须把它单独列出来，因为其中的数学附录完全是重新编写而成的；《普通社会学》（1916年），法文译本（1919年），英文译本名为《心灵与社会》（1935年）；法文版《数学科学百科全书》中的《数理经济学》（1911年），该书原来的德文版中的相应论文并不重要。另外还有一些书和不计其数的论文，但据我所知（帕累托在日报上发表了许多论文，其中大多数我不知道），它们所包含的具有科学性质的内容，都已包括在前面所提到的出版物里了。

2 马志尼（又译朱塞佩·马志尼，Giuseppe Mazzini，1805年6月22日—1872年3月10日），统一的意大利的缔造者之一。历史学家曾这样评价："意大利的统一，归功于马志尼的思想，加里波第的刀剑和加富尔的外交。"——译者注

3 我不能准确地说明这水平有多高。帕累托需要沃尔泰拉告诉他，$Xdx+Ydy$表达式经常有无限多的积分因子，而当它有两个以上变数时就不需要这样的因子存在。我不知道一位真正的专家能否忽略这一点。

其次，值得注意的是，他已是一位非同寻常的经济学家，他完全熟悉工业世纪，从某种意义上说，这与学院经济学家、公务员和政治家靠所能利用的方法获得的熟悉、精通程度是十分不同的。最后，他对现行的一般政策和经济政策的强烈兴趣，使得他在开始创造性工作之前，差不多就已经是一位经济学家了。关于这一点，我们即将在另一处加以评述。弗朗西斯科·费拉拉当时仍然声名卓著，而自由主义者不加批判地赞美的那种理论结构仍然没有遭受到冷遇。费拉拉的著作，特别是发表于《经济学家文库》中关于经典著作的著名序言，对于帕累托来说，使他受益匪浅，其影响不亚于，或者甚至超过了他在学生时代的大学课程所赋予他的教海。但是帕累托对瓦尔拉著作的研究则源于马斐奥·潘塔莱奥尼的建议。

上述各种事实都不能够完全说明帕累托对社会和政治的看法，甚至都不能说明他对所处时代和他的国家的实际问题的态度。我绝不相信他的个性会像极容易被抽干的水池那样，轻易就能被人剖析然后解读。但是我能肯定，凡是认识他的人都会同意，贵族的背景对于他这个人比对其他那些普通人而言，起着更加重要的作用。特别是这一背景使他不能和共同生活在社会上的人们在精神上达到共鸣——也使他不能成为被任何集团完全接纳的成员。这一背景也使他不能和资产阶级思想的产物建立某种情感上的联系，如被称作"民主"和"资本主义"的孪生兄弟。这一背景的作用是使他有足够维持生活的经济收入——一开始是勉强糊口，后来则使他的生活富足[1]——也让他变得离群索居，因为这为他提供了把自己孤立起来的条件。

在这样的背景下，他的古典学说也起着同样的作用。我的意思不是指他和当时每个受教育的人所共享的那部分古典学说，而是指他通过夜以继日学习希腊和罗马古典文献所形成的属于自己的那部分古典理论。古代世界是一个博物馆，而不是实践科学的实验室。他太相信那里面所积累的智慧，结果必然会远离生活于1890年或1920年的任何人群。他参加本国政治和政策的辩论的结果，使他自己完全孤立起来了，以致在接受洛桑大学邀请之前，他就已经决定移居瑞士。孤立对他的暴躁气质是有影响的——只是在晚年，第二次结婚所带来的家庭和睦才使他脾气好一些——而暴躁的气质实际上对于孤立来说是不能忍耐的。

但是他为什么会选择带着一腔愤怒离开自己的祖国呢？他从内心深处热爱他的祖国，他不仅渴望而且目睹了自己的祖国重获新生。这一问题常常受到那些客观、严谨的观察家的关注，因为在这些观察家看来，似乎在帕累托离开祖国以前

1　这是由于他继承了一份遗产，而不是由于早年担任总经理所致。

的30年期间，这个新的国家的情况并不太坏。除了经济以相当快的速度发展而且脱离了财政紊乱的情况以外——这里要向我们的凯恩斯主义者们表示歉意——这个国家首先采取的措施是进行社会立法，并成功地把意大利建成当时所谓的列强之一。从这个角度来看问题，我们的观察家将会对阿戈斯蒂诺·德普雷蒂[1]之类的政权表示极大的尊敬。而且考虑到新的民族国家在初创阶段容易遇到的困难，观察家对于一些不能令人满意的部分也会加以原谅。但是帕累托没有表现出任何要原谅这些部分的迹象。他只看到了无能和贪污腐化。他投入于一个接一个的政府的激烈斗争中，这就使他成为众所周知的极端自由主义者——在19世纪，这意味着自由放任主义的毫不妥协的鼓吹者——而且在那个时期的德国新政者们中间，他对下面这种理论的产生起到了推动作用，即边际效用只是用以阻碍改良者的一种邪恶诡计而已[2]。关于帕累托对经济政策问题的态度，以及1900年以前他在科学著作中所留下的深刻痕迹，可能就是全部的内容了。但即使在那时，在他的那种极端自由主义的思想中仍然有些东西是直接反对官方自由主义的教条和口号的。他确实是一个反国家主义者，但这是出于政治的理由，而不是纯粹的经济理由：与英国古典经济学家不同，他不反对政府活动本身，但是反对议会民主制的政府，反对英国古典经济学家热烈拥护的那种议会民主制的政府。从这一点来看，他这种类型的自由放任主义有了引申意义，与英国式的自由放任主义完全不同。一旦我们认识到这一点，其余的就容易理解了。

在19世纪即将结束的时期和20世纪最初的20年期间，越来越多的法国人和意大利人开始表示不满，从单纯地表示失望，发展到对议会民主不断更迭的方式及其在法国和意大利所产生的后果表示强烈厌恶。有这类情绪的人很多，不限于任何一个党派，分析这些情绪不是本文的目的所在，更不用说去评判它们了。与本文有关系的问题是这些情绪真实地存在，而且晚年的帕累托之所以在这种思想潮流中显得突出，不仅因为他在同时代的人们中更为突出，还因为他写了一部社会学方面的著作——还有索雷尔和莫斯卡的著作——使这些情绪合理化了。

对于英国人和美国人来说，有些特殊的历史背景和境遇使他们在思想上对议会民主有一种不同寻常的特殊情感，他们忘记了这些条件，因而不知道帕累托

1　阿戈斯蒂诺·德普雷蒂，意大利总理、政治家。——译者注

2　因此，德国的批评家们接受了他的《政治经济学讲义》。事实上该书中很少包含可做不同解释的内容。但是它包含这样的观点：在这里所断言的纯粹的竞争的优点对实际经济过程不起任何作用，因为纯粹的竞争实际上没有普遍盛行。

对法西斯主义的态度可能产生的影响。但是这种态度本身并没有什么问题，不需要任何理论来解释它。1914年到1922年所发生的事件已经把他召回了政治辩论的舞台。他关于第一次世界大战的起源、凡尔赛条约的失策，以及国际联盟的无能所发表的精辟的分析，虽然在意大利以外没有引起共鸣和其他反响，却是他的成就中最耀眼的部分。但最主要的是他目击了带有某种恐怖色彩的意大利社会的解体，这只有当一个人亲眼看到才会去相信。

把这些年里的一切困难都归咎于颓废的资产阶级疲软无力的政治制度，这位罗马史学者可能想到在罗马共和国中元老院所使用过的一个方案，即为了应付紧急局面，元老院常常命令执政官们任命一位实际上具有无限权力——虽然是临时权力——的官员，即独裁者。执政官应该注意使国家的利益避免受到损害。但是在意大利的宪法里没有这种规定，同时，即使有这种规定，也不会起到什么正面的作用。因此，独裁者必须自己任命自己。除了这一点及赞誉墨索里尼[1]在恢复秩序方面所取得的成就以外，帕累托从来没有再走一步。墨索里尼对始终宣讲温和主义的人及始终主张新闻自由和学术自由的人，都给以参议员之类的地位，并引以为荣，但一直到晚年，帕累托始终拒绝接受这一主义，就像他拒绝接受任何其他主义一样。根据英美的传统观点来推断帕累托的行动——他的任何行动或感情——是得不到任何实际意义的。

其他任何东西都沉在他的人格深渊之底。

二、理论家

在对帕累托在经济学上的贡献做出任何评价时，首先必须充分称赞他的领导才能。他从来没有在意大利教过书，洛桑大学的法律系也没有成为智力征服运动的非常好的司令部。他在西里奈的乡村住宅看起来像一个很好的休养所。可是他实现了瓦尔拉没能办到的事情：他建立了一个名副其实的学派。1900年以后不久就出现了由一些杰出的经济学家组成的内部圈子，由一些不甚著名的经济学家的追随者组成的广泛圈子，此外还有一大批比较固定的外围支持者。他们在积极创作方面彼此合作，并且在私下也保持私人来往。在争论当中他们互相支持。他们衷心服从于一个导师和一个学说。

这一学派是明确地刻有意大利人的鲜明烙印的。前面已经指出，它极少有

1　贝尼托·墨索里尼，意大利法西斯党魁，独裁者，第二次世界大战的元凶。1922年至1943年期间任意大利王国首相。——译者注

什么外国的追随者，虽然帕累托学说的部分章节在英国和美国最终也被接受了。帕累托学派从来也没有统治过意大利经济学界，实际上从来没有哪个学派曾经统治过它的国家。唯一的例外，就是李嘉图的经济学说曾经统治英国经济学，而这一现象也只是由于不实事求是的历史编纂工作造成的。许多其他意大利杰出的经济学家，像爱因奥地，完全坚持他们自己的主张，另外一些人，像戴尔·韦基奥等，尽管承认帕累托的盛名，采纳他的某些学说，但也思考和写出了许多东西，正如世界上未出现帕累托时他们所做的一样。然而事实是，一个学派确实在这种理论结构基础上出现了，这种理论结构不仅一般读者不容易接近，而且对于一些最有创造性的部分，连经济学研究者也感到分析起来有点力不从心，特别是那些从来没有听过这位导师讲课或会见过这位导师的研究者。

　　但是一旦我们正确地认识到并因此抛开他的领导才能，我们就看到了一位继续着瓦尔拉工作的理论家。当然没有人曾经否认这一点，甚至帕累托的忠实追随者，至少是帕累托本人都未加以否认。在这一点上的意见分歧显然局限于以下问题：究竟在何种程度上帕累托超过了伟大的先驱者瓦尔拉？两人在智力发展方面谁高谁低？有几种理由可以解释为什么他的弟子们没有在这些问题上达成一致，无论是他们与外界还是在他们自己中间。其中有一个理由我们要立刻提出来。瓦尔拉在政治哲学的外衣下提出了他的不朽理论，其本质是超科学的，因而不会合乎每个人的口味。我恐怕再没有更好的方法来表达它是什么哲学，因此倒不如把它称为小资产阶级激进主义的哲学。瓦尔拉觉得有责任宣讲一种"社会理想"，它来自19世纪前半叶法国的准社会主义作家们（或者我们可以同样公道地说它来自功利主义）。他把土地国有化看成他的学说中的主要内容；他是一位货币改革者，他的学说散发着清晰的、现代的气息。但是这一切正是帕累托所讨厌的东西。这些只是形而上学的空想，而且是不带有任何感情色彩的形而上学的空想。他们的共同基础仅仅局限于纯粹理论方面，特别是瓦尔拉的均衡公式。但在其他任何方面，他们的不同就像人与人之间的差异一样。即使他们曾经共同为了树立经济学的发展而精诚合作并缔结了一定的情谊，而且帕累托对于瓦尔拉向自己推荐洛桑大学的教授席位也心怀感激，但这些都不能掩盖他们之间根深蒂固的互相厌恶，这种厌恶的情绪还不时在他们与其他人的谈话中不加掩饰地流露出。虽然他们的纯粹理论的出处都来自于同一个模型，但是他们各自的整体思想体系，各自对于社会过程的看法却没有得出相同的结论。所有无意忽视一个人的基本理论和实际特长的经济学家，也就是说大多数的经济学家，只是因为这一理由，就会认为帕累托的结构和瓦尔拉的结构是完全不同的东西。

无论如何——我们暂时忽略一下社会学——仅他在纯粹理论方面的成就，就已经在这门学科的历史上留下了浓墨重彩的一笔，然而其中也有例外的情况。让我们首先看看这一例外。在《政治经济学讲义》及1896年的一篇单独的论文里，帕累托在计量经济学方面发表了具有高度创造性的著作，这首先确立了他的国际声誉；并且在"帕累托法则"的名称下，他创造了可以称为对它所精密讨论的问题有贡献的一整套文献。如果以N代表收入比x高的所得者的人数，以A和m为两个常数，则可以把帕累托的"法则"陈述为

$$\log N = \log A + m \log x$$

《政治经济学教程》的第7章有帕累托对这一概括的最成熟的解释。我们必须把自己限定在注意他所提出的两类问题的范围内。首先，是适当性的问题。人们曾经进行了许多研究。其中一些著者认为他们的研究或是完全驳倒了这一"法则"，或是提出了另外一些较好的方法来描述收入的不平等现象。读者会观察到，关键的问题在于m值的近似不变。然而总的来说，帕累托定律经得起批评，因为直到现在，有时还有称职的统计学家应用它，这就足以证明这一点。其次，还有如何解释的问题。假定直到最近的某个时期，按照等级的收入分配情况已经十分稳定，我们能从这一点推导出什么呢？这一问题从来没有得到解决。大多数讨论的参加者，其中包括庇古，都只局限于批评帕氏本人的解释——这一解释，至少可以说，最初确实容易遭到反对。并且像我们的许多争论一样，这一争论也以没有提供任何确定的结论而告终。似乎很少有经济学家认识到这类公式具有在将来的经济学中仍然能保留下来的可能性[1]。从这一观点来看，帕累托的"法则"确实是另辟了一条道路，即使最终它也没有留下任何特殊形式。

我利用这一机会来讨论另一件事。帕累托在《政治经济学教程》有关人口的一章中讨论了收入分配定律。就这一标题下通常所要讨论的问题而言，这一章并没有多少值得注意的地方。但是这一章里包括了许多其他东西，它们像这个"法则"一样，通常是不会包括在人口理论这部分的。而正是这些内容使这一章变得生动活泼，赋予它新颖性和创造性。帕累托的精英循环论就是一个例子（参考后面的"三、社会学家"部分）。其中大部分内容本质上是社会学的，而不是经济学的，而且有一些部分尖锐地、诚然几乎是天真地显示出了一些偏见，这些偏见

1　特别是，似乎没有人认识到，寻求和解释这一类型的公式可能为一种全新的理论奠定了基础。

不适当地压在这位分析人类偏见的伟大分析家身上[1]。

　　在真正被称为纯粹理论的领域里，帕累托的思想发展缓慢，而且实际上保留着某些帕累托以前的特点。除了费拉拉的、英国与法国的"古典时期"的经济学家的早期影响以外，他以瓦尔拉的静态均衡方程式作为起点——这是在他认识到这些方程式事实上是通向其他一切事物的钥匙之后的事，虽然在开始时他对这些公式是有着相当的抵触情绪的。他又从1885—1896年这10年间所有有才能的经济学家都不能不接受的一切建议中得到了进一步的鼓励[2]。最后，他深刻地理解到他的那些前任们的技术缺陷及其他局限性。这样他自己的理论工作最适合由他自己来做——诚然，其中大多数由瓦尔拉本人做了[3]。但是他的早期作品，如他的《关于纯粹政治经济学的基本原理的研究》（《超济学家杂志》，1882—1883年），从来没有超越瓦尔拉学说的"边界"。他的《政治经济学讲义》也显然是如此的。一些敬重帕累托但不是严格意义上的帕累托追随者的经济学家对他说了一些含糊的恭维话，称赞《政治经济学讲义》为他的杰作。诚然，《政治经济学讲义》是一个显著的成就，它从头到尾都充满了强烈的激情，这种激情甚至使一些老生常谈的段落也显得十分生动。但是帕累托拒绝重印或再版的做法是正确的。因为就纯粹理论来说，《政治经济学讲义》里没有什么特别属于帕累托的东西。直到1897年之后，他的水平才达到一定的高度。证明他获得进展的首批主要的出版物是《纯粹经济学新论的若干章节概要》。其后，《政治经济学教程》（意文版），或者因为附录的关系，我们应当说它的法译本（1909年）标志着他所达到的顶点。

　　他在这一位置上所建立的塔形结构并不是完美无缺的。对于一部全面的论著

　　1　例如，不管我们对于他对女权主义现象的解释有何想法，当我们读到以下句子时，就会感到忍俊不禁："女权主义是一种弊端……"这种说法不能表示什么客观性或不能表明其不偏不倚。关于帕累托的严格意义的人口理论和那些社会学方面的补充，请读者参阅J.J.斯彭格勒教授的《帕累托论人口》一文，载于《经济学季刊》（1944年8月号和11月号）。

　　2　诚然，对其中若干的建议，帕累托的反应很明显，即使不是敌对的，也是否定的。他从来没有充分重视马歇尔，其主要原因是他在原则上反对局部分析，而且他似乎从来也没有看到奥地利人原始技术后面所有的一切。但是他不仅重视埃奇沃思，也重视威克斯蒂德，而且对那些站不住脚的反对意见毫不理会。比我们通常知道的更多的是，他重视欧文·费雪。他不仅重视费雪的《价值与价格理论之数学的研究》，也重视《收入的本质》和《利息率》。在我听到他高度评价《资本和收入的本质》时，感到颇为意外。

　　3　瓦尔拉完全了解，他不得不走捷径，以便完成他自己所认识到的暂定的结构。他从来不相信那些假设，如生产的恒定系数、生产的不定期性、间接费用的不存在，以及同等规模的企业能够或应该永远存在等。我们无法确定，帕累托在这一方面对他是公正的。瓦尔拉的成就不仅是先驱者的成就，而且也指出了下一步应该做什么。

及其基本的许多东西，他极少给予关注。我不只是说，就在任何一本普通教科书里能找到的东西而言，帕累托的作品不能和马歇尔的作品相比。更为重要的是，他对理论原则的许多重要部分没有进行周密的部署。例如，帕累托的货币理论总的来说略逊于瓦尔拉的货币理论。他的资本与利息理论吸取了瓦尔拉理论中的全部优点。关于利息，他似乎满足于这样的解释：各种有形资本及它们的服务都不是免税品。他的垄断理论，我相信就是最宽容的解释都不能挽救它脱离窘境。虽然有这一切缺点，有些批评家所提出的非难仍然是完全错误的。因为这种非难不仅忽视了他的许多独特的、强有力的论点，更重要的是，忽视了他的理论成就的精粹。这些闪光点中最重要的是价值理论和生产理论，我们马上就要加以讨论。但是首先我们必须要界定他的成就本身，价值理论和生产理论仅仅是其成就的应用。

从纯粹理论观点来看，任何精通瓦尔拉体系的人必然产生的第一个想法是，如何把这一体系的概括性提高到更高的水平上去。当我们跟随着瓦尔拉而且也跟随着所有边际效用理论家前进时，通过交换、生产及其他现象，我们发现，他们试图解决的问题，按最终逻辑都只归结为一个问题：他们的一切问题——不仅仅是生产问题——都是经济数量的变换问题，而且在形式上是相似的，各种问题之间的差别仅仅体现在经济活动在不同领域中所受到的限制不同。假定我们决定去做在一切科学领域里我们都要做的工作，即分离出所有经济问题的共同核心，并一劳永逸地建立这种共同核心理论，思维经济的观点（E.马赫的《思维经济学》）将认为由功利主义者来做这一努力是非常正当的。这种理论将会运用十分普通的指标，如"偏好"和"阻碍"等来进行工作，而不必顾虑我们给予这些名词的特定的经济意义。我们可以超越经济学而把它们提高到未定义的、只是受到一些限制的诸"事物"系统的概念上，然后试图建立一个绝对普遍的数理逻辑体系。这样一个过程，对于为了表现经济逻辑的某些特点，在若干年代中都使用粗疏的方法的经济学家——如我们值得尊敬的朋友克鲁索——应当是十分熟悉的。帕累托只是在更高的水平和更加广阔的战线上做了同样的工作。但在这样的高度上难以生存，而且更难以取得进展。像已经逝世的A.A.杨格这样有能力的批评家，曾经提出了这样一种看法：帕累托除了"干燥无味的归纳"以外没有取得任何成就。但是这一点只有在将来才能得到验证，在那之前我们应当承认他的贡献是伟大的。

举一个例子就可以说明这个观点，像这样"急于求成"（寻求普遍性），不仅产生了逻辑上的困难，而且也产生了从经济学上来讲有利的方面，虽然这一概论仍然在相对较低的概括水平上发展并因此受到攻击，但这种有利的方面从《政治经济学讲义》出版时起就存在。众所周知，马克思的著作是对资本主义发展过程的分析，毫无疑问，其目的在于表明这一过程将产生社会主义社会，但是它完全没有试图勾勒出社会主义社会经济学的轮廓。又如每个人现在所知道的，马克思主义的理论中所不能解释的关于社会主义学说的某些方面，已由E.巴罗内做了相关的补充。近代作家只能在一些不占主要地位的细节方面超越巴罗内关于这一主题的著名论文——《集体主义国家中的生产者》（见意文版《经济学家杂志》，1908年）。但是巴罗内的理论的基本观念在帕累托的《政治经济学讲义》的第2卷里（第94页）和他的《政治经济学教程》里（第362页）已有清楚的表述。也就是说，这一思想好像把经济过程的逻辑核心抬高到便于观察的制度外衣的基础之上。一旦我们把自己放在帕累托的关于偏好与阻碍的一般理论的观点层面上，读者就会看到，作为特例，这种思想就很容易闪现出来，虽然它也在维塞尔的脑海中出现过。

在这一特殊的情况中，帕累托几乎失去了对优先权的要求权——至少在英美的经济学家中的表现是如此——虽然他不仅提出了这一问题，而且还指出了解决这一问题的方法。但是除了这一点外，他在其他的情况中完全失去了占先的权利，因为他把自己局限于仅仅提出建议的出发点。这样，借助于事后理论的发展，我们能够发现在《政治经济学教程》里有许多关于以后的动态经济学的线索。但是所有的线索，如他所指出的和追踪曲线相仿的适应形式（如狗与主人问题，参阅第289页），以及他所指出的连续核振动的存在（参阅第528页）等，都没有起到任何作用。它们只是消极地表明：经济制度向独特和稳定的"取值"（即一组能满足其条件的值）靠拢的趋势，比包括瓦尔拉在内的那一时期的经济学家所料想的，除了更可能引起怀疑这一点以外，就没有起到过任何作用[1]。他没有积极地利用这些建议[2]，也没有研究出解决这些问题的方法。因此我认为，我们可以毫不迟疑地把帕累托的著作说成静态理论；如果我们在对他的评价中补充这一点，即他比别人更理解静态理论的局限性及这些问题的要求，那么对他的评价

---

[1] 参阅他在《数学百科全书》的一篇文章中关于不稳定均衡的讨论。

[2] 关于危机的空洞的理论（《政治经济学讲义》，第528~538页），肯定不够条件作为特例。

就基本公正了[1]。

现在我们进一步简要地讨论帕累托在价值和生产领域中的理论。我们要记住，从上述观点出发，这些理论已真正融合成了一个理论。

即使不是所有的，也至少是大多数的现代理论家都会同意：杰文斯、门格尔和瓦尔拉的效用和边际效用理论具有重要的历史意义，主要在于它起到了阶梯的作用，通过这一阶梯，这些经济学家攀登到一般均衡这一概念的高度，虽然瓦尔拉比奥地利人或杰文斯更清楚地看到了并更充分地发展了这一概念[2]。换句话说，效用和边际效用理论是通向重要事物的几种可能途径之一，它除了提供优良的方法，用易于理解的方式来显示经济体系间的各种关系，实际上还使容易被归入各门类的大量经济现象变成了一个统一体系之外，本身并不十分重要。或者换一种说法，效用理论是一种非常有用的启发或假说，而不是其他。但无论是瓦尔拉还是奥地利人都不这么认为。与此相反，在他们看来，效用理论就是最终真理，它发现了解释纯粹经济学一切秘密的钥匙。因此，他们特别强调这一理论。这种强调又导致帕累托和他那一派的人强烈地坚持反对这一理论。英美的著者，特别是艾伦和希克斯，也采取同样的态度，非常慷慨大方地祝贺帕累托找到了在他们看来似乎也是头等重要的新起点。实际上，认为这一新起点构成帕累托的主要贡献的意见是极其广泛的。

从《政治经济学讲义》里的一些迹象可以看出，帕累托从一开始就对瓦尔拉的价值理论感到不十分满意。但是他所做的修正，或者不是重要的，或者不是创造性的，还是停留在这一原理本身的范围之内。关于不重要的修正，我们只要叙

---

1 帕累托本人把纯粹经济学的主体分为经济静学、研究连续均衡的经济动学——对我来说似乎是指比较静学——及另一种经济动学。后者研究经济现象的运动，而且似乎是把真正的经济动学与发展的问题结合起来了。但是这种结合方式在这两方面都十分不完善，将会是极不方便的。我知道门生们对这一情况的看法是不同的，虽然后者的态度有一定的道理，但在这里却不能采用。

2 正如凯恩斯在他所著的《艾尔弗雷德·马歇尔传》中所指出的那样，马歇尔也完全掌握了这一概念。根据凯恩斯的话及其他的线索，我们可以相信马歇尔独立地得出了这一概念，并且在时间上是早于瓦尔拉的。但是这不能改变这样的事实：他在《经济学原理》的有关附录（第4版的注释14和注释21）之前关于这一概念并没有发表过什么东西，而且根据承认占先权的普通规则，这些附录只能被认为是这一概念的一些闪现。因此，我们可以断言瓦尔拉的占先权是无可争议的。但是奥地利学派的占先权也是无可争议的，特别是维塞尔的。十分肯定的是，只是由于缺乏数学知识，特别是不能掌握联立方程式的体系，才使得门格尔不能得出和瓦尔拉的体系基本上相仿的确切体系。有一些历史家说库尔诺已经有了一般均衡概念，我认为这是不正确的。《关于财富理论之数学原理的研究》的第11章，除了承认经济数量的一般互相依存关系以外，再没有什么东西了，并且在这里和任何其他地方，库尔诺对于如何使用这一概念也没有提供任何明确而有效的指导。《关于财富理论之数学原理的研究》里的一切实际工作，或者是局部分析，或者在某种程度上说是总合的分析。

述一下以下事实，即他引用了"满足度"一词来代替名词"效用"（用"基本满足度"代替"边际效用"或瓦尔拉的"比率"），其理由是"效用"一词含有太多的可能引起误解的联想，就足以说明这一点。关于帕累托的不具有创造性的那些修正，我想以效用和边际效用作为消费单位在适当选定的时期之内所占有或消费的一切商品的函数这种概念作为例证来说明，它是用以代替瓦尔拉的任何商品的总的或边际的效用只是该商品的数量的函数的那种说法。这一明显的改进是埃奇沃斯做出的，但是我承认我有些怀疑埃奇沃思是否完全了解这一改进所造成的理论上的困难，因为它把杰文斯、瓦尔拉还有马歇尔的常微分系数的最后一级效用变成了偏微分系数的最后一级效用，这样就极大地增加了我们所遇到的数学困难，即使我们只是试图证明最简单形式经济体系的确定性[1]。

　　但是没过多久，并且肯定是在1900年以前（这一年帕累托在巴黎的课堂上将自己的理论观点的转变向世人宣告了），他认识到至少为了他的目的，必须放弃可度量效用（基数效用）的概念。或者说他认识到，不管为了何种目的，为了在欧文·费雪的《价值和价格理论的数理研究》（1892年）第2部分里第一次确切提出的理由，不得不放弃这种概念。为了挽回局面，他求救于埃奇沃思第一次采用的无差异曲线和偏好曲线。但是埃奇沃思仍然从可以度量的总效用出发来推导这些曲线的定义，而帕累托却把这一过程倒了过来。他从这些作为给定条件的无差异曲线出发，证明由此能够确定纯粹竞争中的经济均衡，并且得到与可能存在的效用等同的某些函数。无论如何，由此可得到（序数的）效用指数或帕累托所称的指数函数（《政治经济学教程》，第540页，注1）。

　　有两点我想十分清楚地加以说明。第一点，虽然说帕累托修改了埃奇沃思的发明以便自己使用，可是他赋予了无差异曲线簇一种新的意义，这一意义是埃奇沃思的《数理心理学》里所没有的一种意义。这种无差异曲线簇已完全失去了任何效用含义，而效用概念为经济均衡理论所做的一切，现在则由关于这些无差异曲线形式的一些假设来做了，那就是用有关可观察到的行为的假设来取代效用假设，因而将经济理论置于帕累托觉得更为牢固的基础上。当然人们可以强调地说，尽管有几次尝试，可是没有人成功地实现这种观察，因此很难沉迷于这样的

　　1　更确切地说，当我们试图证明有且只有一组数值能够满足一般均衡的方程式时，在我看来，只要我们坚持这样的假定：每一商品的边际效用只取决于该商品的数量，而且在流通中我们只使用"硬币"，则一切事情都会很顺利。在这种情况下，那些为了证实确定性而必须有的限制，对我来说从经济上来看是可以接受的。正是那些偏微分系数的闯入导致了真正的困难。

希望：我们可以根据客观资料做出涉及全部范围的这种曲线，从而得出一个完全的、根据经验得出的无差异图。因此，让我们将这些曲线称为潜在的经验曲线，或者错误地使用康德的术语，称为"经验参照"曲线。无论如何，把这些曲线应用到对埃奇沃思来说完全陌生的目的上，可算是一项真正富有创造性的成就，但是帕累托自己也承认，这一成就在费雪的上述著作中已有预兆，因此不能算是新成就。

第二点，帕累托的论证显示出了他经历过的、将自己完全从旧效用理论中解脱出来的困难。他总是在注意着可能涉及效用甚至基数效用的那些情况，这些情况的存在——从而存在可积分性的问题——持续激发了他极大的兴趣。他的指数函数和旧的概念终归具有极其相似之处。实际上，正如艾伦和希克斯所指出的那样，帕累托从来没有十分成功地使自己完全摆脱旧的概念，他继续使用了像埃奇沃思的关于竞争和互补性的定义这类概念，这些概念和他的基本观念并不能达到协调一致的效果。让我们再补充一下，这一基本观念早在1902年就由P.博宁塞尼加以发展和捍卫了[1]。到了1908年，恩利科·巴罗内在前面已提到的那篇论文里，无疑已超越了帕累托的理论。在价值理论方面，巴罗内把他的基本假定局限于他所谓的这种事实：每个人根据他所面对的产品和生产性劳务的既定价格，把他由出售劳务而获得的收入按照某种特定的方式在消费品支出和储蓄之间分配。"关于这种方式我们将不去分析它的动机。"正如巴罗内所指出的，这将除去效用或无差异函数的任何概念。关于这一学说的其他事情是大家极其熟悉的，无须赘述了。我将只提及以下著作：约翰逊和斯卢茨基的论文（这些论文实际上还没有为大家所注意）；鲍莱在他的《经济学的数学基础》里的重要的再阐述（这种复述的影响更大）；艾伦与希克斯，乔治斯库—罗根，萨缪尔森和H.沃尔德等人的作品。如果我们承认现在的情况是"暂时最后的"情况，则的确必须把费雪或帕累托当作现代价值理论的守护神而向他们致敬。

但是与现代价值理论的守护神相比，将帕累托当作"新福利经济学"的守护神是更为确切的称呼。他如何又一次对他毫不——或者应当不——感兴趣的事业出力？这个故事是很有趣的。从经济学开始的那天起，界定很不确切的公共福利就在经济学家的作品中起着很大的作用。功利主义（贝卡里亚·边沁）的拥护者所熟悉的口号对于这一概念的合理化做了一些贡献；价值效用理论似乎能很好地用于补充这一概念，实际上它很快就被运用到征税这种工作里去了。费雪、帕

1　《纯粹经济学的基础》，载于《经济学家杂志》1902年2月号。

累托的关于无差异曲线簇的理论，实际上摧毁了以基本效用甚至人际间效用（满足）比较为基础的那些理论的基础，因此我们乍一想来，它似乎应当抛弃这一切。但是帕累托不但没有得出这一结论——而且虽然他看不起那个时代的政治人道主义——他马上重新研究集体满足的最大值问题。最后确定的系统性阐述是由巴罗内完成的[1]，但是其中主要的观念仍然是帕累托的。

首先，帕累托观察到，任何已知的经济模式的一切变化可以说成用来在其完全客观意义上增进福利或集体满足，假如按照"硬币"（标准财货）计算获利的那些人能够补偿按照"硬币"计算受到损失的那些人并有剩余的话，这一原则实际上会解救一些（虽然不是全部）为经济学家所通常忽视的关于福利的意见[2]。第二，帕累托指出，用这种方式不能解救关于福利的看法，必须明确地以超经济的，如"伦理学"的考虑为依据。第三，他表明：为了证实集体主义国家能够增进在完全竞争条件下实际上可以达到的福利水平，可以使用这一原则[3]。但是除了一些细小的发展以外，这些观点有很多是新福利经济学的观点。

帕累托的福利经济学中研究生产逻辑的那部分，提供了转向他在纯粹理论方面的第二个伟大贡献——即他的生产理论——极其方便的过渡[4]。他从选择理论方面来研究这一问题，并将无差异曲线与导数概念的一般工具（最大利润曲线、完全变换曲线和不完全变换曲线等）运用到生产者中，描绘出了一个完整结构，其中只有一部分曾明确地出现在当时的文献中[5]。这一结构可以说是构成我们时代的生产的数理理论的基础，无论如何也是静态的生产的数理理论的基础。特别的是，这一结构的高度概括性给一切特殊情况都留有余地，而对于这些特殊情况我

1　参阅《集体主义国家中的生产者》第276页。

2　按照严格的逻辑意义来说，这种原则与补偿是否实际进行没有关系。在后一种情况下，我们只是把这种改变分为两部分，即不符合这种原则的、从损失者到获利者的转移和符合这种原则的、改善集体满足度的那种改变。即使如此，我仍不愿意以福利意见拥护者的身份站出来，并说这种原则不会因为人们反对使用基数效用或反对使用人际间满足度情况的比较而无效。还有其他的更重要的反对意见，特别是这样的反对意见：这些"客观的"福利意见除了当前的影响外，忽视了一切其他的影响。

3　在我看来，《政治经济学教程》第363页的最后一句话似乎表明：他大体上预见到了霍特林教授于1938年在《计量经济学》第6卷里发表的《一般福利与赋税问题及铁路、公共事业费用问题的关系》一文中的论据。将下面这一原则实际运用于铁路是个老问题：即使在成本递减的情况下，收取能够补偿边际成本的价格并用其他一些方式支付固定成本，可以使福利达到最大。据我所知，这应归功于劳恩哈特，他根据这一原则推论说，铁路投资"永远"不应当交给私营工业（参阅《政治经济学的数学基础》1885年版第294页，以及更早的著作）。

4　参阅《政治经济学教程》第3章第74~82段、第100~105段，第5章及附录第77~107段。

5　如果去掉"明确地"这个词，则帕累托图应该归功于与他同时代的人，特别是应归功于马歇尔，甚至他的前辈们。

们在处理时不需要额外强调其中任何一种例外情况：这些"阻碍"在开始时可能是任何东西，其后又能够采取实际生活中经常出现的任何形式——不管产量大小需求量总是固定的那些生产要素，由工艺学决定了每单位产量所需要的数量的那些要素，"补偿的"要素及其他等，所有此类因素都在理论上完整的可能性图表中占有位置。在评价这一成就时，我们必须记住，帕累托主要关心概括和改善他的伟大前任的工作。同时，他的作品可以划分为在《政治经济学讲义》中登峰造极的第1部分和在《政治经济学教程》中达到顶点的第2部分，虽然在法文《数学百科全书》（第1卷，1911年）的那篇论文里也补充了一些次要的观点。

原来，瓦尔拉已经为他的基于固定生产系数——每单位产出量的固定（平均）投入量——这一鉴定的生产理论做出了辩解，这既不是因为他相信这是唯一的情况，也不是因为他相信这是一个极其重要的情况，而是因为他觉得他采用他认为简化的方法是有道理的[1]。他对大量向他涌来的私人批评的答复是："所有愿意跟随我的经济学家都可以随意地把他们所乐意提出的复杂情况一个接一个地加进来。我认为，这样他们和我将会完成我们有责任去做的一切事情。"到此为止，不能说帕累托比按照瓦尔拉的学说前行做得更多。此外，当《政治经济学讲义》问世时，瓦尔拉根据1894年从巴罗内那里得到的提示，已经采用了可变系数，虽然没有更改论述生产的基本部分的论点。同一年（1894年），威克斯蒂德的《分配定律的同为论》也问世了。最后，生产的可变系数在任何情况下都不是新的东西，杰文斯、门格尔和马歇尔对此都做过论述。帕累托的《政治经济学讲义》只增添了一个好的系统性的阐述，以及不能把补偿系数看作唯一的或基本的问题的若干理由——并不是所有的理由都令人信服。

当然，我们是否要把"边际生产力理论"这一词语局限于这一情况[2]，只是一个专业术语的偏好问题。帕累托曾经把它限定在这种情况上，但在《政治经济学讲义》发表以后的若干年里，他对此的敌意不断增加，以致宣称它肯定是"错误

---

1 奇怪的是，这位最伟大的理论家也会持有这种观点。这是因为：第一，这一简化产生了分析上的困难，这可能使我们怀疑这种简化到底是否为简化；第二，它产生了理论与现实之间的鸿沟，而这道鸿沟如此之大，以至于使人们怀疑它所得到的结果是否有任何用处。

2 之所以这样做，主要是因为这是教科书的一种传统。这种传统只考虑这样的一些生产函数，在这些函数中，产品数量只取决于"替代的因素"，并有如下定理：在纯粹竞争的完全均衡情况下，每一单位要素所获得的补偿等于物质边际生产力与产品的价格相乘。但是如果我们承认存在可能产生和这一定理不相符的结论的"限制型因素"，或者说，承认对生产函数的各种限制，则我们就没有离开边际生产力论的范围。参阅A.史密赛斯的《生产函数与效用函数的边界》，载于《经济学方面的探索，为祝贺F.W.陶西格教授而作的论文集》1936年版。

的"。他显然抱着这样的看法：他已经驳倒了或者无论如何已不再需要边际生产力理论，就像他觉得他已经驳倒或不再需要边际效用理论一样。他的杰出的成本理论——这一理论把教科书理论从它们所处的危险境地拉回来了，这些教科书理论认为在纯粹竞争的完全均衡情况下，价格应当等于边际成本，同时总收入应当等于总成本——使我们能够检验这一说法[1]。只要生产的合并依赖于经济的考虑——而且经济学家的任务就是要说明经济的考虑——他的理论与纯粹的边际生产力理论相比较，差别是不大的。但是帕累托教会我们如何处理工艺的和社会的限制所造成的一些偏差，并且和在其他各处一样，他还在这里做了一些别的事情。

三、社会学家

经济学家习惯于涉足社会学领域不足为奇。他们工作的一大部分——实际上是他们所论述的规章制度和形成的经济行为的全部内容——不可避免地与社会学家的领域相重叠。这样就产生了一块无人涉足的或人人都能涉足的地区，我们可以方便地把它称作经济的社会学。实际上在每种经济学著作或教科书里，都可以找到来自这一领域的或多或少的重要成分，但除此之外，许多经济学家，特别是那些给经济学下过相当严格的定义的经济学家，也已经做了社会学的工作。亚当·斯密的《道德情操论》和维塞尔的《权力的法则》都是非常显著的例子。

在伟大的经济学家的名单中很少有人像帕累托那样，把他的大部分精力用在那种初看起来似乎是"课外活动"的工作上，也很少有人像他那样，由于在这一领域内所做的工作而享有国际声誉。但是评价和描述他的成就的特点却不是一件容易的事情。一些人对他的热烈称赞和另一些人对他的敌视都是可以理解的，但是我们对哪一方面都不必十分认真地对待，因为在大多数情况下这两方面的意见都来源于一些明显非科学的论断。虽然为了描绘一个满意的"画面"应当考虑几种次要的作品和大量报刊文章，但我们不需要超出《社会主义体系》《政治经济学教程》（特别是第2章和第7章）和《普通社会学》的范围之外。

让我们从帕累托社会学的十分明显的和特点突出且容易描述的两个方面开始。第一，虽然帕累托这位经济学家在他的漫长的一生中接触到大量的非常具体

---

　　[1]　我们利用这一机会来谈谈帕累托的地租概念。这一概念产生于这样两个条件——总成本=总收益；价格=边际成本——不相容的情况下，而且特别是产生于储蓄转化为某种资本货物过程中遇到困难的情况下。今天，这一地租理论已经复活了。它可能帮助我们走向一种改进的摩擦理论，但它很难再产生其他的作用。

和实际的问题，但他的纯粹科学贡献却是在最抽象的经济逻辑领域里。因此，完全可以理解，他一定已经怀有一种愿望——实际上是需要——在他的纯粹理论旁边建造另一座建筑物，以容纳不同种类的事实和论证，这些事实和论证能够有助于回答这样的问题：由他的经济理论来处理的因素如何能在实际生活中实现？第二，我们看到在他的早年，至少当他居住在意大利的时期，他对有关经济和一般政策问题的辩论产生了极其浓厚的兴趣。像这样一位天生的思想家，他一定被理性论证的软弱无力所触动，并且一定会被迫产生这样的疑问：究竟是什么东西决定政治行动和国家与文明的命运？另外，还有一点也是完全可以理解的：一旦他决心专注于思想层面的工作，这一问题就会从一些容易的和肤浅的答案中抽离出来。所有埋头于日常工作的人都很容易给出这类答案，帕累托则试图把这一问题提高到科学分析的层面上来。这等于说，他的社会学基本上是一种政治过程的社会学。当然，当我们考虑当时的那个政治进程在后来被证明是一个特例时，这个人所做的、所想的和所感觉到的一切事情，以及他的一切学术著作和他对学术创作的态度，无论如何都必然会发生。但是就是这个特例迷住了帕累托，并且为了它，他建立和装饰了一个庞大的理论结构。

此外，仍然在相对比较容易考察的范围之内，我们将考虑他的方法。帕累托本人再三强调指出，他只是把他使用在经济理论上的同样的"逻辑—实验"方法，应用来分析"凭实验"可以证实的社会生活其他方面的事实，使他在这方面和在任何其他方面一样，能够遵循自然科学的规律。这当然完全是妄想。例如，人们很容易看出来，他大量并且不完全恰当地使用了心理学的解释，这在自然科学里是没有可比之处的；而且他的资料更像是观察的产物而不是实验的结果——就方法而言两者根本不同。我想，当他试图阐述他的实际操作规则时，他实际上要强调的只是哲学家的超然态度，他自己和任何党派、利害集团和信仰都是不完全一致的。当然，这种可能的超然态度会引起一种已经众所周知的困难，而且帕累托不适于克服这种困难，因为他没有看到这种困难。实际上他使用了两种不相同的分析方案：一种可以称作社会形态学，它确实引用了许多事实，这些事实至少潜在地经得起检验，而且在意义上，它们与解剖学与生物学的实际材料是相类似的；另一种方案属于社会心理学。诚然，这两种方案都被历史的和当代的例证所证明，甚至在某种程度上得到了证实，但是这两种方案都不是通过"逻辑—实验"的方法从历史和当代的例证中推究出来的。这两种方案在很大程度上只是帕累托个人对社会过程看法的反映，这和帕累托的背景、实际经验和愤怒情绪有很大的关系。形态学的方案和达尔文的物竞天择理论的相似之处，社会心理学的方案和塔尔德、涂尔干、累维·布律尔及雷布托的相似之处，这些都是十分明显的。两种方案与本文第一部分中提到的思潮的关系更是如此。上述思潮对议会民主的所作所为提出了贬义的批评——这种思潮是反理智主义的、反功利主义的、反平等主义的，并且按照这些术语所确定的特殊意义，是反自由主义的[1]。虽然如此，这位杰出的经济学家从这些资料里创造了一些属于他自己的东西[2]。

形态学的方案的中心主张是：一切社会都包括大量不同类的成员——个人或家族——而且是按照这些成员的才能所起的相应社会作用而组成的。在盗贼的社会里，假定极其不相等的偷窃才能将决定社会的等级，从而影响这个社会的政府。帕累托似乎认为，这些能力可以增进或减退，但本质上是天生的，虽然帕累托很少尽力去证实这一点。然而，虽然这些能力持续地分布在全部人口中，但它导致阶级的形成，其中"较高的"阶层拥有和使用能巩固自己地位，并把自己从较低阶层中分离出来的手段。这样，最低级的阶层就具有积累较优越能力的趋势，这种能力原是被阻止上升的；而在最上等的阶层里，在上层人物或优秀分子里，能力由于不使用就有逐渐减退的趋势。结果产生紧张局势，占统治地位的少数人被另一批占统治地位的少数人最终取代，而后者则是从下层社会的优秀分子中涌现出来的。但是这种精英循环并不影响占统治地位的总是某些少数人的原则，也不能使任何特定社会更接近于平等的理想，虽然在斗争过程中也产生过平等主义的哲学或口号。帕累托使用《共产党宣言》里的第一句话的口气，宣称历史基本上是上等阶级接替上等阶级的过程（《政治经济学教程》，第425页）。但是他关于这一部分理论的表述是极其概括的，给他的读者留下了太多的篡改机会，因此我竟然不敢相信，我是否正确地论述了他的思想。然而我不得不做这种尝试，因为某些这样的论证是必要的，以便正确理解他的社会心理学。

社会心理学的图式集中于非逻辑的（不一定是不合逻辑的）行动这一概念上。这个概念肯定了一个众所周知的事实——特别为经济学家所周知——我们每天行动的大部分都不是在进行了合理的观察并对其进行合理推断后的结果，而只

---

1 这一附带条件是非常必要的。"自由主义的"一词还有另外各种含义，其中一种含义比其他任何词语更能说明帕累托的立场。同样地，我们可以恰当地称他为伟大的人道主义者。但这不是他运用于"致力于薄弱意志方面的堕落的个人"身上的那个含义（《政治经济学教程》，第130页）。

2 非常有教育意义的是，我们观察到，不同的人不仅从相同的事实出发，而且即使从同样的直觉出发，也会得出极不相同的结论。格雷厄姆·沃拉斯是一位正统的英国激进主义者和费边主义者，但他在《政治中的人性》一书中所描绘的画面一点也不比帕累托的画面更能迎合政治民主的口号。

是习惯、冲动、责任感、模仿等的结果，虽然许多行动可能由观察者或行动者在后来进行了合理化并取得了令人满意的结果。到此为止，帕累托的社会心理学里面没有什么东西是任何人所不熟悉的东西。可是，人们不熟悉的东西是他特别强调的另外一些事实，即许多行动——让我们立即补充上，还有许多信仰——以经受不住科学分析的方式，被行动者和观察者合理化了；而且更重要的是，有些行动和信仰根本不可能用任何方法加以合理化。如果我们再深入一步，则上面所说的第二点对政治进程社会学的重要性就很明显了：帕累托认为，形成这一进程的一切行动和信仰中的大多数属于最后提到的这一类型。现在以社会契约观念作为大家都能接受的一个例证，或者以卢梭的共同意志理论作为大多数人同意的一个例证。根据帕累托的说法，只有实际上在选民集体意志中占主导地位的行动、原则、信仰等才属于这一范畴。而《普通社会学》的大部分内容就在于说明这一问题。他说得往往很有趣，而且有时也是有启发性的。

强调说明这一点，比帕累托本人强调的更多，是符合我们的初衷的。形成社会的——特别是政治过程的——意识的、表层的大量思想和概念结构，没有任何经验上的正确性。与它们相关的概念，如自由、民主、平等都是想象中的事物，这些东西就像《伊利亚特》史诗里帮助和反对希腊人与特洛伊人的男神女神一样是想象的东西，它们是被那些常常违反逻辑规则的论证联系在一起的。换而言之，从逻辑学的观点来看，它们纯属无稽之谈。这样就形成了一种与边沁的政治哲学完全相反的政治哲学。在进行了一种在本质上是严格的实证主义的分析之后，他却拒绝得出在实证主义者看来似乎是很明显的结论。虽然政治信条和社会宗教——在帕累托看来，两者之间几乎没有什么差别——可以促成文明的瓦解，但它们也同时对促进文明的活力做出了不容忽视的贡献。这是一个彻底的实证主义者所持有的极其奇怪的态度，它或许在将来某一时间被当作一个时代意识的范例来引用，这种时代意识摧毁了一种类型的形而上学观念，但同时引进了另一种形而上学的信念。这使我想起来我所听到的一些心理分析家对一些病人的劝告，那就是为了获得可能有的医效，劝告病人培养一种对神的虚假的信仰。当然，认为社会的和政治的信条没有经验上的重要意义，以及承认其中有些可以有助于社会的结合与效率，这两者之间是没有矛盾的。但社会哲学家要是因此就劝告人们采取后一种态度，他就会和狡猾的心理分析家碰上同样的困难：一旦他的分析被接受了，那么他的劝告一定是无效的，因为没有任何虚假的上帝可以被依赖并发挥作用；而一旦他的劝告被接受了，那么他的分析就必然被拒绝了。

帕累托把由我们的想象力所创造的一组事物叫作衍生物。前面的论证充分说明，它们在历史的进程中并不是不重要的因素。但是帕累托的意见是：这一重要意义是相当小的，实质上这些衍生物只是把一些极其接近于决定实际政治行为和所有非逻辑行动的某些比较基本的东西，用语言表述了出来。如果从集团利益的角度来给这种更基本的东西下定义，又假如接下来用社会生产组织内各集团的社会地位来给这种集团利益下定义，那么至少可以说，我们应该非常接近于马克思对这一问题的看法了，并且在这一点上其实具有极相似之处，我认为这是必须强调的。实际上，如果我们采取这样的推理方法，则在马克思的和帕累托的政治社会学之间就只剩下两个主要不同之处了。一方面，帕累托所明确引用的一个要素只是含蓄地出现在马克思的分析中，即解释一段实际历史和解释特定社会所表现的较大或较小的社会适应性的重要性；或者换句话说，解释存在最适宜的或绝对变动性及其阻力的重要性，这种阻力将更好地保证可以被称为政治变动的东西。另一方面，帕累托认为，历史过程与其说是全面的社会阶级冲突的结果，不如说是它们的少数统治者冲突的结果，我们只要回想一下上面对帕累托的社会形态学的概述就够了。在承认这两点差别是帕累托社会学的成就的同时，我们认为它们只是对马克思主义主导思想的订正性的改良而已。我可以补充这样的事实：财产关系本身在帕累托的分析中远不如在马克思的分析中那么显著，这也构成了帕累托的分析的优越性。但是很容易看出，这一点实际上是包含于前两点之中的。

但是实际上帕累托没有把这一分析路线贯彻到底。在他看来，一组幻想（他叫作派生物）与实际行为的客观决定因素之间的联系是由被他称为"剩余物"的东西提供的。为了简明起见，我把这些"剩余物"界定为以不太引人注意的方式，复兴旧的"本能"心理学的那些人类常有的冲动，我觉得这可能有不公正的危险。我们不必讨论帕累托所起草的清单——它包括结合的本能、性的冲动等项目——特别是因为帕累托本人似乎对它也并不是很满意，只要指出对于任何这类程序的明显的方法学上的反对意见就够了。即使对帕累托的剩余物和它们的联系及持久性之规律进行更为令人满意的分析，它们仍然只是标签符号，而不是问题的答案，而且要求进行专门研究。帕累托不具备这样的条件。因此完全可以理解，帕累托的研究工作对专业的社会学和社会心理学影响很小，而专业的社会学家和社会心理学家对他的整个结构极少有伟大的感觉[1]。

但这些缺点和其他缺点都不是决定性的。帕累托的作品不仅仅是一个研究

1　塔尔科特·帕森教授对帕累托社会学的分析在英美社会学文献中几乎是独一无二的。

纲领，也不仅仅是一种分析。关于个人、集团和国家实际上所做的一切，必须在比用来表现行动的信条和口号更深层的东西中找到解释。这一基本原理为现代人——尤其是这些经济学家——上了极其珍贵的一课。当讨论政策问题时，我们习惯于按照表面价值接受同时代的和过去时代的口号；我们精确地论证，18世纪边沁功利主义者的信条曾经是正确的；我们不肯领悟政策就是政治，并且不肯自己承认政治的本质；我们培植低质的东西，并尽力压制一切有力量、有生气的东西。在这样的情况下，不论帕累托的见解如何片面，它仍然是一种有益的解毒剂。与他的经济学不一样，它不是第一流的技术成就，它是一种极不相同的东西，它是一个布道的尝试。

第六章

欧根·冯·庞巴维克[1]

（1851—1914）

现在这位伟大的导师已经离开我们了。即使是那些在私人关系和学术工作上跟他交往甚密的人，恐怕也没有一个能够描述我们大家的心情是如何沉重。没有任何词汇能够表明他对我们是多么重要。我们当中几乎还没有人能够接受以下事实：从今以后，将有一座难以穿透的屏障横在我们与他之间，横在我们与他的思想、他的勇气和他的批判性指导之间；而前面的道路也只能在没有他的情况下走下去。

在描述他的生平科学事业的轮廓这一工作上，我担心自己会心有余而力不足。或许是因为进行这一工作的时间还没有到来。这一座思想的大山仍然离我们太近，众说纷纭的争辩氛围依然十分浓重。因为他不仅是具有创造性的人物，而且也是一位战士———一直到他的最后时刻，他始终是我们的科学中生气勃勃的和坚实的力量。他的事业不属于一个时代，也不属于一个国家，而属于全人类。只有在我们大家已经离开这一领域很久以后，经济学家才会理解到他的真正才华，以及他的全部影响。

或许从某一方面说，对他最为敬爱的人是最不适合进行这一工作的人。要是我能够以冷静的客观精神来写他的生平事业，或者，如果读者在下面的叙述中发现任何出于真挚热爱的溢美之词和处于哀悼的追思，我将深感抱歉。作为一位多才多艺的人，作为一位因为自己有许多贡献而得到生活的很多馈赠的人，作为一位思想家，庞巴维克不需要任何称颂和悼念———他的伟大足以使他在没有帮助的

1　本文最初以《欧根·冯·庞巴维克一生的重要著作》为题发表于《国民经济、社会福利政策与管理杂志》第23卷（1914年）第454~528页。现由赫伯特·K.查森豪斯博士节译，他曾在波恩师从熊彼特教授，后在哈佛大学任熊彼特的科研助手，现为科尔盖特大学经济学教授。

情况下站得住脚，并且能经得住一切的批评。但是对我们来说，能做的只有称颂和悼念。

虽然如此，试图从这样近的距离做一次粗略的描述也是有一定益处的。理由在于：虽然有许多具有决定意义的东西目前尚无定论，但是也有许多东西我们至今仍然记忆犹新，而这些东西对于将来面对半明半暗的往事的经济史学家来说，可能是不足以引起他们的注意的。而我们熟悉这个人，熟悉他工作的具体环境，熟悉他写作的领域，熟悉他所阐述的问题在他的著作中展开的特有方式，以及他所使用的材料。关于这一切，最接近他的人了解得最多。把任何科学的现在和它的最近的过去分隔开来的真空正在迅速地扩大；越来越多的从事本科学研究的同事会很快弄不清许多详情细节，而为了更深久地了解，这些详情细节是不可或缺的。

我要谈的仅限于作为科学家的庞巴维克。但这个人的剪影到处都一样——在他生活的广阔轨道所包括的一切领域里，他的脉搏的强力跳动都留下了它的痕迹。在这一切领域里，我们都会遇到同样杰出的人物，同样强大的人格——仿佛是一尊由一种金属一次浇铸而成的塑像，无论我们从哪个角度去看都是一样的。正如众所周知的那样，他不仅是他那个时代的科学生活中最杰出的人物之一，而且也是凤毛麟角的政治家的典范，一位伟大的财政部长。他的名字与富有成效的立法工作、奥地利财政管理的优良传统，以及奥地利财政政策的最辉煌的时代密不可分地联系在一起。他的政治成就和他的科学工作具有相同的特点。作为一位科学家，在最困难的条件下他选择最困难的任务，而从不考虑能否获得称赞或成功。作为一个公务员，他始终面对最艰难的、吃力不讨好的政治任务，即捍卫明智而稳妥的财政原则——这一任务在任何地方都是艰难的、吃力不讨好的，即使在公共的理想是从国家民族出发并因此"国家需要它"这一口号总是成为胜利的友军的地方，都是如此——无论如何，在奥地利，可以说，这一任务几乎是人的能力和智力所办不到的。他正是自始至终凭借着同一种高超的能力，同一种创造性和组织力，同一种能够满足任何任务需要和自如地应付当时困难而不厌倦、怀疑和丧失力量的永远旺盛的精力，同一种对或明显或隐晦的事实的洞穿力，同一种冷静，同一把锐利的骨刀——一个伟大的争论者需要一个受到许多敌手赞扬的厉害的论敌，使得双方能够进行旗鼓相当的论战，不致因为有人畏缩不前而认输。

在政治上，在科研工作中，这个人物的气质都得到了验证：同样的自我克制和深入细致，同样的对本职工作的高标准——这些都令他的部属和学术上的追随者们深深铭记；同样的不带悲观主义者那种冷漠超然的姿态而洞察各种人和事的本领，不感到苦涩艰辛而进行奋斗的能耐，敢于自我否定而毫不示弱的能力——坚持一种淳朴而又宏伟的有关国计民生的计划的志向。这样，他的生活是一个完好的整体，是一种协调一致、从不迷失方向的人格的表现，在任何地方都能凭借其自身的分量来实现自我度量和检验。这是一件艺术作品，它的简洁而纯正的外形被无穷的、温和的、含蓄的和高度个人的魔力所装饰着。

一

庞巴维克毕生的科研事业构成了一个统一的整体。如同在优秀的戏剧中每段台词都促进着情节的发展一样，庞巴维克著作中的每个句子都是活的有机体中的一个细胞，是在其心中具有清晰目标的条件下写成的。这里没有徒劳无益的尝试，没有模棱两可，没有左右摇摆，而是从容地放弃了一些次要的和仅仅属于一时的成就。在一般作家的生平著作中，占很大一部分的由于一时冲动而写成的短篇作品，即由于外界的刺激而产生的作品而实际上没有什么内容的东西——只不过是在各处为日报所写的短篇文章而已——在这里几乎只字未提。而他的这些报刊文章也是具有特性的。它们总是服务于某一特定的、明确的目的；它们绝不是文学的或科学的消遣之作。由一种伟大任务所推动的和充满着生气勃勃的创造力的这个人的优势，在这里展示在我们眼前了，这是一种有着清晰而冷静的头脑的智者的优势，出于知识分子的责任感，他曾放弃了许多临时性的教学工作。而这一整体性的规划也已完满地实现了。他的毕生事业就摆在我们面前，浑然一体、完美无缺。它的启发性是不容置疑的。

极少有人能像他那样知道自己要做什么，这就是为什么这样容易阐述他的理论的原因。他是一位理论家，天生就会观察事物的广泛联系并能加以阐释；天生就会本能并牢固地抓住各种逻辑必然性的线索；天生就会去体验各种分析工作给内心深处带来的欢欣。同时，他是一位创作者，一位思想的建筑家，对他来说，即便千差万别的一系列的细小任务，如对任何人所提供的一般科学生活，也从来不能使他满意。的确，他是我们学科曾经拥有的最伟大的批评家。然而他的评论工作——尽管它的辉煌、它的影响范围、它的细致入微都是极为显著的——的作用仅在于清除他前进道路上的障碍，支持他的实际工作；这种评论工作本身并不是目的，而只是一项次要任务。

当这位才华横溢的人物开始关注社会经济过程时——这时他大约24岁——他

很快就当机立断地选定了自己的起点：卡尔·门格尔。他始终认为自己应当是门格尔的同盟军，而且从未企图去建立一个不同的学派。他的道路首先是经过门格尔所建立起来的结构，然后经过还没有解决的最大的经济问题所处的地带，接着继续去攀登新的高峰——在这些地方，他最后将自己的新想法和门格尔的理论合二为一，成为一种紧凑的结构，成为一种关于经济过程的综合的理论。为了精心完成、详尽阐明这一结构，他付出了坚持不懈的努力；为这一结构，他奉献了自己全部的卓越的才华和伟大的活力。对这一问题透彻深入的研究，使他成为整个时代中五位或六位伟大的经济学家的其中之一。

他给了我们一个兼收并蓄、包容一切的关于经济过程的理论——在古典经济学及马克思的尺度上关于经济生活的伟大理论之一——它是在门格尔的基础之上发展起来的，并从一个在他看来还没有得到解决的问题的角度加以发展。这就是利息问题或利润问题，它是经济学中最困难和最重要的问题。虽然不容易向更广泛的公众说清楚解释如此普通的现象为什么这样错综复杂，可是它的困难已经由这样一个事实证明了：经过几个世纪的努力，人们并未得到令人满意的答案。它的重要性源于这样一个事实：我们对资本主义的性质与含义的几乎全部认识，以及我们对此的总的态度，都取决于我们对利息和利润的含义与作用的看法。在庞巴维克之前，只有马克思清楚地理解了这一点。这是因为马克思体系的科学核心都是围绕利息和利润理论的——其他东西都或多或少地是由它推导出来的。

那种注定了庞巴维克要在其中找寻自我的学术环境，是继他的个人气质之后，理解他的主观成就和这一成就的客观形式的第二个要素。这一环境对见识渊博的科学家，对具有像李嘉图那样的智慧的人，特别是对一个具有严谨理论家的天生气质的人来说，并不是有利的。例如，在一大群反对者之中，门格尔的坚毅形象是鹤立鸡群的。人们对研究分析的目的完全缺乏理解；为了理解这一点，我们必须记住这一现象：经济学是一门极其年轻的学科，甚至还没有脱离它的幼稚时期；它只经历过一次真正的开花结果，但这不是在德国；自然赋予庞巴维克的天生的分析能力和爱好从未在德国得到过坚定的支持，总是表现得陌生而不受欢迎，并且肯定还没有被真正理解。我们必须记住：德国经济学家的兴趣在于所有实际问题，在于行政技术问题，在于社会改革，即使存在纯粹的科学兴趣，那也完全是关于经济史方面的。对于一个理论家来说，这里是没有任何用武之地的。大多数经济专家都缺乏理论训练，而且抱着偏见与轻蔑的态度来看待一个善于分析的人，因此，他们不仅不能评价他所获得的成就，甚至无法明确提出有关某个原理的具有连贯逻辑的独立见解，更不用说去理解这个原理的重要性或去评价作者在主观上的智力成就了。

只有把这一切都记在心里，并且熟悉每一个抽象思维的企图背后的贴切用语时，人们才能理解理论工作者的地位和他们的许多行为——如果不是这样，他们的行为在精密科学工作者的眼中，经常是很奇怪的。这就足以说明为什么新的理论观点能引起那么大的争论；为什么在任何分析的道路上，每前进一步都会遇到障碍；为什么每当论点有新的变化时，一开始总是需要掌握大量的关于问题最基本方面的素材——否则很难有几个读者能够领会——同时这也说明为什么要不惜代价地对每个细节精雕细刻。在那个时候——而且从某种程度上说，甚至是在现在——每个理论家都只能依靠自己，总是有被误解的危险；他必须亲自烧制他的结构中的每一块砖，他从读者那里只能得到含有相当大危险性的误解，而且这种误解时常发生。一个更美好的未来将会使他很快忘掉一切。也许，现在的精密科学方面的科学家们，已经不能想象自己处于这样一种地位了。例如，一位数学家完全不可能想象到：他在向不定积分问题进军之前，必须首先经受读者对有关算术的"元"的曲解。把这一切记载下来，使所有将来的人关于这种情况在思想上有一个印象，这是与这一时期极为接近并且能够了解这一时期的当代人的任务。这是对经济学中一切伟大的斗士与改革者进行历史评价的一个基本要素，也是了解他们的必要条件。有的人在评价科学阵地上的先驱者时，经常忘记这样的事实：先驱者是打头阵的，而评价者是站在他们的肩头上说话的。

庞巴维克的成功是得之不易的。有很长一段时间，他的成就不如他的同事们，而那些同事的成就和他的成就相比，更多地不在于观察事物方法上的优越性，而在于它们更加显而易见。的确如此，在他对自己的主要问题提出自己的答案以前，他首先必须向科学界表明这一问题是什么性质的——对许多人来说，甚至他还要证明确实有这么一个问题；他必须要在长期的争论中保卫他的体系的基础。他发现他自己面对着这样一些反对者：这些人认为从方法学的角度来看，对许多孤立的事实进行抽象的研究这类事情是不可能的。当时，在这方面既没有一批志趣相投的学生，很长时间内在他周围也没有可能吸引一群科学家或培养一批他个人的追随者，这就使他的研究成果更加引人注目。他取得这种结果只是通过他的书面论证的力量，没有追求文字的成功，没有求救于舆论，没有新闻上的宣传，没有依靠学术界的关系——总之，没有任何这类意义上的东西，它们在特定的场合也许是不可避免的、情有可原的，但与科学事业的最高理想相左——同时也没有造成辛酸或纠缠于个人的争论。

对他来说，作为研究院的领导人从事平静的、富有成效的教学活动的时间只有十余年——1904—1914年，在他三次担任奥地利财政部长之后。从1880年到1889年，其在因斯布鲁克的科研环境对于培养一批愿意把理论经济学中一个特殊的领域作为毕生事业的追随者的目标来说，显得太窄了。特别是在一个法律系里，原来学生们主要是倾向于学习法律学，因此以经济理论为专业的门生就更难以训练出来。在他担任维也纳大学名誉教授期间，对他来说正是进行实际活动的时期，虽然这种实际活动从来没有全部占据他的思想，但大大地分散了他的精力，使他不能全身心投入科研工作中。只是在1904年之后，他才开始进行我们大家永远不会忘记的那种活动，并开始主持夏季学期里一系列的讨论班。

二

我已经说出了庞巴维克的科研目标，并指出它的特点是对社会经济过程的一般形式的分析。在讨论他的个别成就之前，让我们先简单地探讨一下他完成这些任务的方法。其中，我们将鲜明而突出地介绍其计划的统一性和实现计划时令人瞩目的一致性。

浮现在他眼前的社会经济过程的全景停留在一些像物理学原理一样简单、朴素的原理上。它们也像后者一样，可以扩展成几页的文字叙述，如果必要的话用一页也可以，但是没有谁为这样的说明做很多工作，因为它们的丰富成果，甚至它们的真正含义，只是在像灌木丛一样密集的经验世界的琐事中获得的。由于他那个时代的经济学缺乏一种共同的意见，所以庞巴维克发现他自己必须向公众提出他所使用的每一种假定和方法，以及他的理论链条中的每一环节；为了扫清障碍以便构建他的理论结构，在前进道路上的每一步他都必须进行战斗。而且，这一体系包括许多容易混淆的而且很容易就会引起争论的观点，特别是与他的主要研究方向——利息和利润问题——有关的观点。对他来说，除了需要加强他从门格尔那里所继承的基本原理以外，还需要排除二十多个关于利息理论的论述，这一做法不仅对他自己争取群众来说是必要的，而且可以证明这些论述是错误的（这本身就是一个很大的成就），这也是他的实证理论的前提条件。

即使是最简单的基本概念也颇具难点。对于一个有创造力的科学家来说，各种定义是次要的东西。各种新的见解的产生最初总是简单的，它们是突然出现的，没有一个人知道它们是从哪里或怎样到这里来的。只是在应用它们时，定义才会成为必要。当然，在描述这些见解时也是需要它们的定义的。庞巴维克把自己卷入后一项任务，参加了历时已久的关于有价物品概念的争论。他的第一部著作《从国民经济财富理论的观点来看权利和关系》（因斯布鲁克，1881年），研究了这一问题。他以其特有的审慎而明晰的思路解决了这一问题之后，勇敢地面对了两项最重要的任务，它们先于他的体系的实际构造而存在。任何经济学体系的基本解释性原理始终是关于价值的理论。经济理论涉及的事实是以价值的形式表现出来的，而价值不仅是经济宇宙的原动力，也是使这个世界中的各种现象具有可比性和可度量性的形式。理论家关于经济世界的看法决定于他关于价值现象的看法——在这里，一个坚固的基础是基本的。第二个准备任务是与利息和利润理论有关的：多余的枝蔓应该首先去除掉，同时需要向人们指明，这里存在一个没有解决的大问题。

关于这两项任务中的第一项，问题的关键是要保卫和阐明门格尔的学说。于是，1886年，他发表了两篇这方面的论文，对价值理论做了精当的说明（《经济财物价值理论纲要》），这一成果必将与我们的学科共存亡。通过这一阐述，他为他的实证理论铺平了道路，并在理论经济学新的奠基人中赢得了应有的地位。从那个时候开始，他的名字和边际效用理论就紧密地联系在了一起，因而他的追随者和反对者都开始说到"庞巴维克的价值理论"。在这些论文里，他实际上已使这一理论成了他的特色理论，因为任何门徒都不能写出这样的理论来。它们的原始贡献非常多，我只提两点。他给予价格理论以特定的奥地利形式——和门格尔的理论在这一领域的其他部分所表现的形式截然不同。此外，对外界的责难，他采取了独特的解决方法，不同于维塞尔，这一点以后再提及。

庞巴维克始终是主观价值论的警惕而有权威的保护者，他多次进行过关于它的争辩。这件事也是他的生平事业中的一部分，否则在基础上，他的生平事业是不稳固的，在具体内容上也是不完全的。而这只是他的个性的合乎逻辑的产物，他不能忍受任何没有经过反复推敲和证实的论点持续存在。他觉得必须不断重新进行研究来消除每一个可能的理论上的疑点。没有哪个具有创造力的科学家会津津有味地反复讨论那些已经得到令自己满意的答案的问题。但是如果不掌握有关这一成就的资料，我们将显得捉襟见肘，因为它在经济学文献中是无与伦比的，它是名副其实的分析工具的"兵器库"。

当《经济财物价值理论纲要》问世时，建立作者的声誉就成为第二项准备工作了。这一作品是作为他的主要著作《资本和资本利息》的第1卷出版的，题为

《资本利息理论的历史与批判》[1]。这是经济学里最伟大的一部批判性的著作。它一经出版就得到了广泛重视，但是随着时间的推移，来自同行的毫不掩饰地称赞和喝彩，与被这部书的深刻思想所深深影响的人向它表达的无言的敬重相比较，就越来越显得无足轻重了。这部作品是创造性分析的不朽著作，是我们的科学道路上的里程碑，它提出了一系列关于利息理论的批评，其每部分都是理论精华，每部分都是无与伦比的精雕细刻的艺术品。这部作品既没有描述每个理论产生时的社会和历史环境，也没有任何哲学的装饰或借由概括性的统称所做的解释说明。即使关于它的中心问题的思想史也处于次要地位。作者只从多项可以进行的工作中选取了一项：他集中于一个又一个的利息理论，对每一个只考虑它的基本内容。他卓越而完善地、重新有系统地对每一个内容进行了重新阐述，坚定地评价了它的实质，而且只使用了几个简单但具有决定作用的论据。他以最小的努力，遵循最简捷的路线，并以最美妙的体裁处理了一个又一个理论。他在细致地揭露错误的原因之后，继续在他的道路上前进，不少说一句话，也不说一句多余的话。人们能够从它那里更好地学习如何牢固地掌握主要内容和如何抛开没有关联的内容，关于这一点，没有任何书可以与之媲美。

在经过极其系统的和细致的准备工作之后，《资本实证论》就作为《资本和资本利息》的第2卷出版了（序言的日期是1888年11月；出版于1889年，威廉·斯马特的英译本出版于1891年）。也许从书名来看它的内容是比较狭窄的，但正如我们已经指出的，这是对经济过程的全面分析，是他生平的杰作，是经过不懈努力后的最具个人特色的成果。不管后世的人们对他的思想体系中的个别环节持有何种态度，他们都不得不欣赏这一伟大的构思并赞赏整部著作表现出来的锐气。在任何情况下，人们都可以肯定：要想攀登经济学的最高峰，这种努力是必不可少的。这种成就实际上已经达到这样的高度，在那里只能看到零星几座平齐的峰顶。我总觉得必须把庞巴维克和马克思进行比较。这看起来也许有点奇怪，但也只是因为马克思的名字总是被高涨的政治热情所围绕，而且他的体系由于有一种与众不同的气质而显得灵动而深刻。马克思的名字和社会运动及相关的用语是分不开的，这显示出他是什么样的人，并使他在广大群众中产生了更深远、更广泛的影响，但这也模糊了他的真正的科学成就。这一切都和庞巴维克没有关系。他仅仅是想当一位科学家。在他的园地里，连一片树叶也没有被政治风

1　此书的英译本题为《资本与利息》，中译本已由商务印书馆出版，是根据英译本译出的，因此也题为《资本与利息》。——译者注

暴所扰乱。他没有用任何言辞损害他的科学思维，并且他避开了社会学的背景，因为就我们学科的状况而言，这种背景可能会使许多对此有兴趣的人安于艰辛的脑力劳动。他的作品提供的不是一个通常意义上的讲坛，不是一件装饰品，而是线条和内部结构完美无缺的古典形式——这是放弃了问题表面的任何会把他引入歧途的东西之后的结果。但是尽管马克思和庞巴维克在生活、信念上不同，而且其作品的许多方面也有所不同，可是作为科学家他们彼此的相似之处还是很明显的。首先，他们作为科学家，有着同样的研究对象。其次，他们所遇到的契机及研究所处的学科状况也颇为相似。例如，他们对利息与利润问题的压倒一切的、相似的观点，迫使他们都特别把这一问题作为他们分析社会经济进程的出发点。他们都借鉴别人的观点作为自己分析的基本观念——门格尔之于庞巴维克就像李嘉图之于马克思一样。他们运用相仿的方法工作，并以相仿的步调前进。他们都构建了一个理论大厦，它的富丽堂皇只能用这样的说法来表明：任何批评，无论它们对具体研究对象的反对如何有效，都无法从整体上贬低这个理论体系的有效性和重要性。

但是《资本实证论》的关键部分给学术界留下的第一印象并不深，即对这部著作的初步印象没有对其批判部分的印象那么深。这部著作只是慢慢地在经济思想的土壤上扎下根的。这是理所当然的。像庞巴维克的《资本实证论》这样强有力的有机整体，对它的内部结构只有经过较长时间的研究才能充分理解；它对非理论家来说，无异于对牛弹琴，对行家里手，则促使其深入一个全新的思想领域，尤其是在1889年。由于这个原因，它的起步阶段是十分艰难的。即使在今天，许多赞扬他的人仍然把它排列在次于他的其他作品的位置，特别是次于《历史与批判》；而这一领域中许多专家的评论都纠缠于并非居于主要地位的细枝末节上。无论如何，虽然这部著作的伟大性即便到今天也没有被充分认识，但它无疑已经成为一部权威著作。任何打算进行理论工作的人都不能避开它。它是属于所有理论家的工具箱里必不可缺的东西，并且已经成为我们这个时代有独创性贡献的著作中最成功的一部。

该书的第2版（1902年）没有对第1版进行任何修订。但是在1904—1909年期间，庞巴维克全力以赴地对全书进行了"从头至尾地修订和更新"。他在"五年的艰辛工作"之后，检查了他的体系的"每个部分"（参阅第3版序言），再次把它展现于公众面前，而且保留了书中所表达的基本原理。然而，这一版乃是一本新书：只有很少几篇完全未做修订，几乎所有各篇都增加了内容，而且有许多重要的增补。另外，几年的自我批评使他想更透彻地讨论许多问题，甚至比在正文中能做的改动还要多。这样，除了两个附录以外，他还增加了12个"补论"。虽然它们原来都是正文和批判注释的扩充，但其中许多是独立的专论。它们使这本书成为经济理论的一个纲领，并且也许可以这样说：他正是以这种方式和态度去完成自己毕生的事业的。

然而，有一个属于结尾的部分没有被加入该书中，尽管他对此做了长时间的计划。他在他的最后一篇论文《是权利还是经济法则》里向我们呈现了这个部分。他常常碰到这种口号：一般的经济过程，特别是社会产品的分配，不是由纯粹的经济价值现象所决定，而是由阶级的社会力量所决定的。虽然这只是一个口号，但得到了很多人的支持——在我们的领域中，我们不能低估口号的力量。而且，这里确实存在一个真正的问题，要想保证他的体系的牢固，他对这一问题就必须有自己的主张。这一点他做到了，同时还分析了工资理论的重要问题。对我们来说，这篇文章之所以具有重要性，也是因为它包含了许多关于进一步研究的方向的诸多暗示，包含了对不计其数的细节问题的提示，这种细节的轮廓到目前为止已经在有关遥远将来的朦胧憧憬中展现出来了。

三

如果我们根据奥斯特瓦尔德的分类法，庞巴维克必将被称为典型的"古典作家"。这完全符合他的写作风格——直截了当、朴实无华、审慎含蓄。作者让他论述的对象说话，而不让他本人的激情分散读者的注意力。他的作品在文学形式上不容置疑的强大的美学感染力正在于此——它注重基础观念的逻辑形式，准确却毫不夸张。但同时他的文体又极具个人风格，他的任何一个句子，无论在什么情况之下出现，都可以被识别出来，因为他的文字构造总是具有一定的规律性。他的句子——它们就像一块块被切割得十分精美的大理石——往往是比较长的，但都是有条不紊的。官方和行政用语对他的影响也在他的作品中有所流露，甚至还有司法的文体和用词。但这无伤大雅。正相反，它表明官方语言在风格上有其自身的特点，只要运用得当，还是颇有成效的。他说明问题的表达方式和"火候"总是恰到好处：在展开一种论证时周密、冷静、充满热情，在决定性的段落和总结概述部分语言尖锐。作者不愿使其评论在结构上含混不清，因此他将各个段落间的界限都明显地标示出来。作品中没有文字游戏，也极少有他在私人接触中常常喜欢说的那种打趣式的俏皮话——我不知道还有什么比"爱打趣"更好的词来描述它了。而在最严格的范围内，他所使用的表达方式屡屡收到修辞的效果，他善于避免使用那种老生常谈的辞令，总是能创造出令人难忘的字眼儿或词句。

四

用几句话就足以说明他的方法论的特点。他的工作方法在他得心应手的使用中显示出了超凡的力量。这一方法是由他所论述问题的性质和他的个人倾向所决定的。他的问题是描述那些表现在任何时间和任何国家的任何经济制度里的最一般的法则，这类法则之所以无时无处不存在，是出于经济行为的本质和决定这种行为的客观需要。因此，这一问题所要求的任务主要是分析性的。也就是说，这里提出的不再是什么搜集事实的特殊任务——经验表明，经济生活的有关基本事实，我们可以从日常生活的实践经验中轻而易举地获得，并且它们到处重复出现着，至多不过形式不同而已。无论如何，搜集材料的工作与动脑消化这些材料并揭示其所包含的意义相比，已经退居次要地位了。由于我们所感兴趣的经验的因素在心理上是相互独立的，而且很多问题是抽象并且不相关联的，所以这项工作还不能完全取消。这样得出的理论的确是抽象的，正如任何理论一样，是由许多假定把它和眼前的现实分隔开的；但它像物理学上的理论一样，是唯实的、经验式的。自然，当问题涉及这一理论的应用或具体、详细的调查研究时，系统搜集的新的真实材料是必不可少的。但是因为庞巴维克的问题是描述经济过程的内在逻辑的整体轮廓，并且因为他既不从事应用这种理论，也不关心详细的经验式的调查研究，所以他的方法是理论分析的方法，是真正的思维的方法。他个人的方向也正是通过这一点得以表现的。

他的兴趣在于问题及其结论而不在于方法的讨论。作为一位天生的科学家，在对待每一个实例中的每一组问题时，那种出于方法论上的需要而写的专题论文自然是不合他的口味的。因此，关于方法问题，他只是偶尔地写一些东西。他的见解的精华是在主题上，可以说在他研究方法论的最初两个地方所表明的，他对这一问题的基本意见毫无疑问是："对方法问题写一点儿或毫不提及，取而代之的是以更多的精力去运用更加行之有效的方法。"[1]他在当选为社会学国际协会的主席时，在第3本著作中对这一协会成员中的一些法国社会学家，提出了方法论方面的告诫。这些言论发表于法文版的《社会学国际评论》（第20年度，1912

1　参阅：（a）《实证论》第1版序言；（b）《谈政治经济学与社会学文学史》。

年）里，题为《关于一个老问题的几点不太新的意见》。这篇文章语言优美，表达方式冷静而诚恳。这篇文章在其他方面也值得注意，尤其是它的很有分量的、极为恰当的警句——如果社会学不能很快找到自己的李嘉图，那它必然会产生自己的"傅立叶"。最后，在增添到《资本实证论》的第3版里面的《价格理论的任务》中，还有关于方法论的一节。在这一节中，他与那些否定一般价值理论可能性的德国理论家展开了争论。

这一切著作都有确定的防御性的目的：它们不是为了它们自身而写出来的，同时，庞巴维克也不打算使它们成为认识论的调查研究。一位主要关心于结论的人是不会有时间做这些事情的。附带说一句，他没有尝试去精心设计这样的表达方式与表现形式——对其他学者来说，这是一桩乐事——这可以由他对我们学科的历史态度得到解释。他是这一领域里的一些拓荒者之一，对他来说只有问题的本质是他所关心的，他能够并且一定会把"精雕细刻的工作"留给后来的人。他是一位建筑设计师，而不是内部装潢师；他是科学的开拓者，但不是沙龙科学家。因此，他对一个人究竟是能真正说出原因和结果，还是只能说出函数的关系，并不十分关心。因此，严格地讲起来人们用绝对小所描述的数量，他会用相对小来表达。因此，他使用"边际效用"这一名词，既用以指一种微分系数，也用以指这一系数和一种数量因素的乘积。因此，他未能详尽透彻地确定出效用函数的形式特征，这也使得他的边际效用理论缺乏足够的说服力，并且因此，他的价格理论和洛桑学派学者的价格理论比起来，就像是将一个古老的人物和路易十五的朝廷大臣相比较一样。关于函数形式的假定，他是通过列表以数字的形式表达出来的。但这一切实际上都无关紧要。将来的人会进行必要的雕琢。对他来说，生死攸关的问题乃是那些基本原则，在他个人走过的道路上，他对这些原则的论述、发挥，比他在其他方面所取得的成就更出色、更有成效。他的价值理论至今仍是我们所掌握的最好的理论，它最恰当地解决了一切根本性问题和所有的基本困难。

在这方面，他对社会学的态度更具特色。其原因一部分出于开发新领地的需要，一部分是因为这一方面的困难最小，经济学家仍蜂拥到这一领域里来，而这种科学界的"抽血"现象说明了德国经济学中的许多问题。庞巴维克没有被卷入这一潮流当中，他只想当一位经济学家，其他的事都显得无足轻重。作为一位经济学家，当他看到一些兄弟学科（它们在方法上和内容上的水平远在经济学之下，就像经济学远在自然科学之下一样）从经济学方面抢去如此多的人力，并且带来了充斥于那些缺乏专家所认为的训练极好的团体的科学里的报纸杂志写作风格时，他对经济学的发展感到了担心。他过于认真了，以致不能理解在上述情况的刺激下也能带来充分的补偿，因为这些刺激能影响的也只有经济学领域。而这样做的结果是，对于他那个时代的形形色色的社会学学派来说，他始终是个局外人。他很清楚，任何严肃对待真正成就的人，必须把他自己局限于狭窄的领域里，承担公众说他只是一位专家的非难，而不能意志薄弱地、神经质地从一个领域转到另一个领域。

写到这里，正好提及一个事实：他几乎从不参与讨论当代的时事问题。他对任何政治立场都采取了敬而远之的态度，他的作品不属于任何党派。在实际工作上，他研究了许多时事问题，处理了许多大的实际问题。但据我所知，作为一位科学家，他对"时政"问题只写过一次（《我们的消极的贸易平衡》，于1914年1月6日、8日和9日在《新自由论坛》上分3次发表）。通过这一论文，他表明了自己是进行这方面辩论的专家。"货币流动的威胁在多数情况下是有影响的，这种影响（即使微乎其微）是现实的货币流动所必然产生的。""要实现国际收支平衡，就必须做到贸易收支平衡，除此之外，再没有其他的途径"。"据说——也许这是真实的——在这个国家有许多平民入不敷出。不过这是必然的，因为在某些时候，我们有相当多的公共部门也入不敷出。""金融政策连同我们在内都是政治的替罪羊。"……没有一个人能否认，作者如果不是对这个论题十分关心或了如指掌，那他就是从事这项工作的最伟大的天才。然而，他始终不参加时事问题的讨论——这是为什么呢？这是因为这些讨论是受实践中有争议的问题支配的，而且要受读者水平的限制，经受不了较长的论证、较深入的研究和较精细的方法。它们使科学降低到科普性讨论的水平，即降低为经过过去两百年来一直没有变样的论证。这些讨论针对的是"瞬时生产"，一种和没有机器的经济生产相类似的生产。为了快速进行这种讨论，理论家都放弃了休息的时间，放弃了安心进行真正研究工作的时间——这些讨论充其量只是现有知识的应用。但它们是迷人的，并且经常由于政治热情的高温而闪闪发光，因此一些经济学家花费了自己的全部时间，而另外的大多数经济学家则投入了相当多的时间，致力于这种讨论上。这是我们领域中的事情之所以进展缓慢的原因之一。庞巴维克是为将来的若干世纪工作的——现在看来仿佛是"玩智力游戏"的工作，也许有希望产生实际的成果——而且他知道，这就是他的职责，从而不为一切诱惑所动，随遇而安，任人评说。

五

根据我们对他的著作的考察，有一点是十分清楚的，即他的经济学的结构及他的全部成就和主张，可以通过更仔细地研究他的《资本实证论》来加以确述。下面我就做一番尝试。

按照理论经济学这一术语的本来意义，在这部著作中只有少数几个理论经济学问题未被纳入。根据我对于它的理解，省略的问题如下。

（1）社会经济生活的基本过程可以通过一种孤立的经济的模型来加以表明。虽然存在涉及几个经济彼此之间关系的一个理论，但是它并不能帮助我们了解社会经济过程的本质。因为这一本质是庞巴维克所关心的，他总是用一种孤立经济作为研究对象来进行研究，这样一来，国际价值理论在他的作品的主体里根本找不到，但是在上面提到的1914年的3篇论文里包括了对这一理论的贡献。

（2）这几篇文章中还有他对货币问题的几个短评中的一个，即关于数量理论中存在一个"破坏不了的"真理的"核心"的评论。可是，他并没有向我们提出一个货币理论。在击败了早期的金银通货主义者和重商主义者的观点之后，经济学界在几乎没有任何反对派的情况下接受了这样的观点：货币——经济的核算工具——只是一块面纱，它蒙住了一些由来已久的经济过程，但没有影响它们的基本性质。对于这种意见，庞巴维克表示同意。

（3）《资本实证论》也没有专门探究那些在理论上只是价格和分配理论的应用的那些问题（征税的影响范围、垄断理论、政治干预分配过程的理论等）。但《是权力还是经济法则》这篇文章——包括了对什么样的罢工能够持续地提高实际工资水平的调查研究——则是这种类型的研究。同时，应当指出：这篇文章作为应用经济学的一个尝试，代表了奥地利学派最初的成就之一，是进行此类研究的一个范例。

（4）另外，《资本实证论》也没有提到关于经济周期的问题。当我们研究庞巴维克唯一提到这一问题的地方（在关于伯格曼的《国民经济危机理论史》的评论里，载于德文版《国民经济杂志》，1896年）时，就能找到他这么做的原因了：他好像持这样一种观点，即经济危机既不是内部生成的，也不是一成不变的经济现象，确切地说，它从原则上讲是经济过程意外失调的后果。

（5）在经济理论体系里有一个舶来品[1]，它从重农主义时期以来一直在流传，就是人们所说的"人口问题"。当然，在《资本实证论》里，或在庞巴维克的任何其他作品里，都没有提及这一问题。但是人们看到以下这一点也许会产生兴趣：当在《是权力还是经济法则》一文中附带提到这个问题时，庞巴维克不言而喻地将自己摆进了马尔萨斯主义者的行列。

但是除了这些情况之外，正如已经指出的，《资本实证论》是经济理论的整个领域的说明。价值、价格和分配是起导航灯塔作用的三座尖峰，其余所有的东西都围绕在它们的周围，尤其是资本的理论。

社会学的结构只是一种暗示，庞巴维克再三重复说他只研究经济过程的内在逻辑。可是他相信，他所关心的那些基本要素是如此重要而有力，以致在任何现实场合中都可以感知到它们的存在。关于这些因素的确切的界限问题，如阶级结构及其经济功能的问题，种族差别的影响问题，在现代经济学中深深扎根的推理演算的起源问题，市场现象的起源和社会心理问题——这一切在他的研究中都涉及不到，因为这对他来说只会是与主要理论相脱离的。这样，我们会发现，某一经济的各种要素都被简单地分类，列入工人、地主、资本家及企业家的范畴中，分类的依据仅仅是他们各自的经济功能。由于忽略了这些人的各种超经济关系，所以对于这一调查研究来说，人的实体意义仅仅在于他们是工人、资本家、地主和企业家——他们的重要性仅是由于（如果可以这样说）他们是其各自身份的逻辑关系的典型代表。

首先，工人和地主是以通过占有以他们的名称所表示的那种生产要素，以及他们的经济功能为主要特征的。如果不想让分配理论遭到误解，这一点必须着重指出：归根结底，从分配过程中得到最终收入的不是工人，并且同样地，也不是地主——这一点是十分重要的，而是劳动和土地本身。因此，借用庞巴维克在他最后的作品中以赞许的口吻提到的美国式说法，问题的焦点是"功能的"而不是"个人的"分配。如果试图在他的作品中寻找为这种收入分配"做辩解"的倾向，那将会大错特错。

工人和地主依靠由他们的生产资料所生产出来的产品维持生活。但是他们不是依靠在任何特定时期他们正在生产着的东西维持生活的——他们当前的产品当然还没有达到可以消费的阶段——而是依靠以前一些时候已经生产出来的产品维

1　"舶来品"原指通过航船从国外进口来的物品，后引申为国外的东西，即从外国传入本国的意识、物品、语言等。——译者注

持生活的。供应这一生活资料的储备是资本家的功能——这样，工人和地主可以说无论何时何地都在依靠资本家给他们提供的产品维持生活。这一点适用于现代资本主义经济下的工人和地主，同时也适用于原始的掘树根人和猎人。企业家的形象在庞巴维克的理论体系中并不突出。企业家作为经理人和投机者的功能的确曾被提及，但是在大多数情况下，他的出现乃是由于他经常具有但并非必然具有的那些特征，即以自己的资本来经营的资本家、企业家的特征。

像庞巴维克所想象的那样，虽然社会经济过程的主要特点，现在已经可以详细地勾画出来了，但是资本的作用则需要更密切的注意。

庞巴维克的《资本实证论》正是以此为开端的。他要告诉我们的第一件事情——在引言里——就是要对这个问题的两个根本不同的方面加以区别，因为把这两个方面混淆起来是通俗的和科学的讨论最经常出现的一个错误。这两个方面是资本作为生产手段的问题和资本作为净收益的来源的问题。最容易的做法无非是把两者之间毋庸置疑的关联本身看作利息理论，并且简单地说：资本是生产所不可缺少的东西，因此能"提供"净收益，正像"杨梅树"这种生产手段能"提供"杨梅果一样。这是一些基本错误的根源，为反对这些基本错误，庞巴维克曾进行过孜孜不倦的战斗，并成功地把它们排除出科学讨论的范畴之外，从而使这种幼稚的形式从为数众多的尊敬的经济学家的论述中消失。庞巴维克在其著作的开头部分反复强调了这一点，然后就转向关于作为生产资料的资本的理论。要克制那种详细描述他的论点在逻辑上的妙处的诱惑是很困难的，不过在这里只要说一点就足够了：庞巴维克是从调查、研究生产过程的性质开始的。而且《资本实证论》第一节的魅力——它所研究的问题都是人们现在极少讨论并且不能引起很大兴趣的——在于它向人们暗示了下面所讨论的内容的指导性主题。

生产是对物质形态的改变，其目的是使生产出来的东西能够满足我们的需要。这一对于古典作家来说并不陌生的概念，是庞巴维克在论证过程中的第一个基点。如果劳动不是直接用于可以生产马上就能消费的物品的"转变"上，而是首先用于生产不能消费的物品，再在此基础上更有效地生产最终用于消费的产品，在这种情况下——原始要素的投入量能生产较大的总产量——那就是说，生产是用迂回的方式进行的——那么，他关于这一点的论证目的可以更完善地达到。这就是工具的经济哲学——并且这是他的作品中的第二个基点，或者一般地说是关于"生产出来的生产资料"的经济哲学，也是它们的生产功能的定义。虽然这一观念本身既不是真正具有创造性的，也并不复杂，而只是由庞巴维克充分地进行了有系统的叙述，但只有他充分地利用了它的理论意义，特别是在有关时间要素的处理上，这一要素是阻碍经济过程分析结构的十之八九的基本困难的来源。

作为这一概念最重要的副产品，"资本主义的性质"这一概念也应运而生。当然，当我们使用这一名词时，所思考的现实自然有着五花八门解释的主体，不仅仅有科学的、政治的和伦理学的解释，甚至有来自科学里过于内部的社会学、社会心理学、文化分析、历史学的各种不同的解释。但是对于纯粹经济学，对于庞巴维克来说，要思考的问题只有一个：资本主义的纯粹经济特征。他的解答是：资本主义的生产就是"迂回的"生产；与此相反的是直接生产——无须使用生产出的生产资料即可完成的生产，如原始狩猎。因此，资本"只是发生于经济生产方法各个阶段中的中间产品的总和"。这实际上不仅仅是一个定义，它已经升级为一个理论，并且理解它具有重要的意义。当然，它并不否认现代经济和过去的经济制度具有重要差异。同时，它也不否认社会主义经济的经济过程——根据这一定义，在社会主义经济里，现在的生产也将会是"资本主义的"——与资本主义条件下的经济过程会迥然不同。但它却说明：所有这些科学和社会的批评加在资本主义现象上的特征与资本主义生产过程的经济本质是毫无关系的。尤其是生产资料和固定资产中的私有财产、雇佣劳动制度、商品生产等，都与构成资本主义生产过程的食物的本质不相关。这一观点的最重要的含义是：在经济里也产生资本纯收益。当然，在社会主义社会里，这种纯收益不会为私人所得到——从功能分配的观点看来，无论从哪个角度来看这一结论都处于次要地位。因此，几乎每一个生产过程都是"资本主义的"——问题只在于多少而已。

在这一点上，庞巴维克暂时停下他的论证转而考虑"关于资本的概念的争论"。就他自己的资本定义来说，他关于资本主义生产过程的看法是具有决定意义的；然而，从这一概念出发，他还可以把另外一些东西定义为资本，即作为消费资料的供给——经济中的维持生活的资源，它是对迂回生产方法的一种非常必要的补充，因为这些迂回生产方法的生产能力显示了它对利息问题的重要意义。

在论"作为生产手段的资本"的第2卷里，我们重新被引向在第1卷第1节里已经得出的结论：土地和劳动的劳务是基本和原始的生产要素，资本从经济学意义上说是由这两者所组成的，因此，它不可能是独立的要素。这个结论所蕴含的道理简单易懂。它从前曾由威廉·配第爵士以最凝练的形式提出过。但没有人认真地对待它，没有人认识到应该进行艰苦的分析，以便让它起到一种有用的工具作用。总之，没有人承认它的理论上的有用性，或有系统地运用它，借助它获得重要的认识并使分析工作简化。经济思想史表明有3种思想是和它相背离的：重农学派的思想，他们认为一切有价物品最终都是由自然所生产的；古典学派的说法是只有劳动才有生产力；部分古典学派，更主要的是其继承者，认为资本是第3个独立的生产力。这样的一些说法都不能说是"错误的"——就它们本身来说，它们是完全正确的——但它们所得出的结论或者毫无实际作用，或者尚未成熟。问题不在于这种基本的假定命题的"正确性"；一个理论家的价值在于能够从很多可能的、无可非议的和有启发性的若干主张中，有效地选择他的出发点。庞巴维克的成就就在于使这一切事物踏上轨道，使其具体化，对其进行选择，并发展了那个假设，使我们顺利地超越一切浅薄的认识，在深入观察和拓宽视野两方面都取得了最好的成果，尤其是分配理论，它通过土地与劳务的完全对应及它们与资本的并列展示了自己的特征。

下一个步骤在于果断地运用迂回生产的概念来论述时间要素。迂回生产比直接生产能产生更多的最终产品，但只有在更远的将来，它才是"耗时生产"。庞巴维克对这两个要素所采用的结合方式，对时间要素的特殊引入，以及对不变资本特征的观念完全是独创性的。要公平评价它所代表的分析方面的进展，我们最好回顾一下李嘉图和马克思的观点。李嘉图与马克思一样，把问题的焦点集中在不同工业里生产时期长短的差别对于他的（劳动）价值理论的影响上。他们两个人都试图根据问题出现的不同形式，利用其他不同的方法来揭示这种影响是微不足道的，并尽可能压制那种随后就会变得对两者都有致命影响的东西。这两种要素的伟大结合，时间和增加的报偿的这一分开和合并，就使提出一种"关于时间在生产中的作用的前后一致的理论"和说明时间的特殊双重作用成为可能。这引导人们深入理解经济过程，同时更加接近资本净收益的问题。

在庞巴维克看来，这一净收益必然一方面是迂回生产增加的技术生产力对于价值形成的影响的结果，另一方面是它的成果必然延期的结果。这样，接下来的唯一问题是：净收益是如何产生的？要回答这一问题，就必须研究这两种事实所必须符合的价值理论。

这种研究实际上就是下一步。但在此之前，首先必须解决一些其他问题。作为迂回生产有增加生产力的作用这一原理的最直接的发展，庞巴维克提出这样的主张：进一步延长生产周期能进一步增加最终产品，但增幅是递减的。为了确定在生产中使用递增数量的劳动的那些货物的生产时期，庞巴维克建立了"平均生产周期"概念。在这里可以提及一些能够引起读者兴趣的结论——例如，迂回生产概念的重要概括化，以及由此而引发的广泛的讨论——但这些我们必须略去不淡，同样也要略去"资本形成理论"，或者更确切地说是《资本实证论》第2卷最后一节里论述过的比较外在的部分。在这里，我们只强调它的核心：一个人节省消费品，就是节省生产资料，从而生产了资本货物——这是一种使节约过程中的资本形成最终固定下来，而绝不由此出发对利息理论做任何推断的理论观点。

六

现在让我们转而讨论支持庞巴维克的理论结构的两大支柱中的第二个——价值和价格理论（《资本实论论》第3卷），它和我们刚才谈过的那一点表现出了同样完整的思想线索。我们将在后面研究建筑在这两个支柱之上的上层建筑。

商品和被叫作效用——不是没有误解的危险——的欲望满足之间的一般关系，可以归纳为对我们的经济行为具有重要意义的东西：当一定数量的某种商品成为公认的一种满足的条件（否则它将被放弃）时，我们把它叫作价值（使用价值）。在总效用的关系已知的情况下，能否产生价值取决于与我们的需要有关的那个"一定数量"的大小：效用之外，再加上相对稀少性，价值才能出现。借助于效用类别（或效用方向）和效用强度两者之间的区别，并经过对可替代性的仔细思考，庞巴维克得出了（在门格尔的基础上，并在和维塞尔相仿的方向上）下面的结论：在每个类别里，欲望的"保险总额"越增加——即一个人所占有的商品数量越增加——边际效用就越减少。他也解决了价值自相矛盾问题，即经济的矛盾问题。庞巴维克对这一命题做了以下表述："商品的价值量决定于这一商品可以利用的总数量所能满足的欲望中最不重要的那一具体欲望或局部欲望的重要性。"

接着，庞巴维克对这一总命题做了若干详尽的说明，阐述了有关主观价值问题的一些特殊情况。为了解决这些问题，他使用了一个基本原理（它是价值理论的一切困难问题的"总钥匙"）："我们应该从两个角度看待那个按他自己的观点为商品做出估价的个人的经济状况。第一，假设把该商品增加到这个人所占有的货物储备里去，我们观察一下在具体效用尺度表上，满足程度会下降多少。第二，假设把这种货物从这个人的商品储备里拿出来，我们再测量一下在尺度表上满足又到达什么程度。这样就会明显看出，现在某一层的效用，即这个人最低层次的需要，一定还没有满足：这一最低层表示决定商品价值的边际效用。"在把这一命题加以发展以适应许多特殊情况之后，庞巴维克就开始研究可以随便增加的商品的价值这一重要问题。根据这个"总钥匙"，我们也按照这些商品的失去会造成的满足减少的比例来评价它们。在这一例证中，这一减少被假定为由于放弃购买某一数量的货物而遭受的满足的损失（如果最初所考虑的这种商品没有失去，则本来是可以买得到的）。放弃的货物和失去的货物不一定是同类的，而且往往是不相同的货物。因此，在这一例证中，我们根据"代替效用"来进行估价——这就揭示出了一个非常重要的原理。

这一原理首先适用于可以随便再生产的商品的情况，那就是说，从整个经济的观点来看，它几乎适用于一切商品。这种情形被以一种绝妙的逻辑与用途可能不止一种的商品结合起来。从这里，我们又解决了"使用价值"和"交换价值"之间的差别问题。

这就为研究"互补品"（据门格尔语，即只有与其他商品结合起来才能产生满足感的商品）的价值扫清了道路。一组互补品的价值是由它们联合创造的边际效用所决定的，因此问题是要从这里求出这一组里的各个商品的价值。为了研究这一问题，庞巴维克提出了以下规则："……关于整批商品的总价值——它是由联合使用的商品的边际效用所决定的——可相互替代的各单项商品的价值是事先给定的；而剩余的部分——它根据边际效用的总额变化——则作为不可替代的各单项商品的个别价值而纳入这些商品中。"这一命题提出了现代理论的一个基本原则，它可以应用于各个方面，特别是在马歇尔所给予它的"代替原理"这一名称之下。

这一理论的另一应用是攀登高峰的第二步，从这个高峰可以视野开阔地洞察最深层的经济活动。生产资料也是互补品，但它们的价值不是直接决定的：我们认为它们有价值只是因为它们能以这种或那种方式生产出消费品。这样，从主观价值论的观点来看，它们的价值只能是来自这些消费品的价值。然而许多生产要素总是渗入单个消费品的生产当中，而它们在生产方面的贡献从表面上看是无法分清的。实际上，在门格尔之前，许多经济学家认为，无法表明最终产品的价值中生产资料的可区别份额，由此得出结论：沿着这条道路继续前进似乎是不可能的，主观价值的观念看来是无法使用的。互补品价值理论解决了这个表面上看来没有希望的问题，它使我们能够说出这些生产资料的确定的"生产性贡献"（维塞尔），并为它们中的每一类从其生产应用的各种可能性中找到唯一明确的边际效用——这种边际效用在边际生产力的名义下成为最终生产力——这是现代分配理论的基本概念，是我们解释关于各经济集团的收入的性质与数值的基本原理。

"转嫁理论"（维塞尔）经由庞巴维克而得出了关于它的一种最完善的表述。在应用这一理论的过程中，我们得出了成本法则，它是边际效用法则的一种特殊情况。由于转嫁理论，使得成本现象成为主观价值的一种反映，而成本与产品价值相等这一法则是来自价值理论的——在这方面，我们的学科中再没有比这更出色的封闭的逻辑链条。

但到此为止，这一切仍然只是涉及价值领域。在市场经济机制中，它自身的一切表现形式同样只能由相应的价格理论显示出来。因此，庞巴维克转向价格理论，拓展价值规律的内涵，使之适应买卖双方的行为。他的研究在受到广泛赞誉的命题（就双边竞争的情况而言）中达到顶点，而这一命题则成为经济思想史的著名命题："价格水平是由两个边际对偶的主观估价水平所决定和限制的"——那就是说，价格水平一方面是由同意买的"最后的"买者的估价和已经被排除出交换的卖者中"最有变换能力的"卖者的估价所决定和限制的，另一方面则取决于和受制于那些一直被排除在交易之外的人中"最不可能进行交易"的卖主和"第一个"被排除的买主的估价。

这一切首先是就一定数量的可以交换的商品这种情况展开论述的，并得出这样的结论：鉴于价值对市场中的供给方和需求方产生的作用是相同的，因此，旧的供求规律仅仅是边际效用理论的必然结果。然后，这一原理又被扩充到某些商品的价格形成问题上去，其中这些商品的可用于交换的数量是可以通过生产来加以改变的。面对此处出现的各种难题——就像在任何地方，当一个人试图在现实的迷宫中运用基本原理一样——庞巴维克没有弃读者于不顾，遗留下来任何悬而未决的问题，他一个接一个地扫清了道路上的主要障碍；他所提出的一系列解答将长期成为进一步的理论工作的基础。

在得出价值理论与价格理论的对应，同时指出这一步骤的逻辑一致性结论时，庞巴维克提出了生产成本规律，这一次它是以价格的形式出现的。接着他指出，在一切主观估价的作用之下所决定的价格，在均衡和自由竞争的情况下，将会趋于和单位成本相等。而这不再是一种假定，而是边际效用法则的一种推论，因此，在古典著作中有着十分重要地位的成本法则，在主观价值理论的框架下取得了它的真正意义，尤其是它的严格的证明。这也表明，那种宣称主观估价决定价格的变动，而成本决定它们的影响时间的看法是如何的肤浅：主观估价既决定变动，也决定影响时间的长短，虽然人们也可以进一步指出后者的特征表明成本原则的实践性——但是这一原则已不再是独立的原则。最后，庞巴维克指出：生产成本在何种程度上可以充当特殊情况下的价格变动的"中间目标"可以从边际效用原则得出。《资本实证论》的结尾部分展示了经济过程的全景，其中，由于主观估价的压力，经济中的各种生产资料被分派至它们的各种各样的用途中去。

用于理解工资、地租和利息的基本原理现在都自动摆在我们面前了。归根结底，原始的生产资料是土地和劳动的劳务。一切商品，包括生活资料和资本货物，最终都还原为这两者。产品价值必然直接或间接地——后者通过资本货物这一媒介——还原为土地和劳动，土地和劳动也因此获得了自己的价值。并且在市场和自由竞争情况下，土地和劳动也取得它们了相应的价格，那就是它们的工资和地租。因此，根据庞巴维克的说法，工资——将来一定会增加为附带条件——是以"劳动的边际生产价格"这一术语来表述的。劳动是根据它的"生产的贡献"，或者也可以这样说，劳动是根据它对社会经济过程的边际重要性而得到补偿的。同样地，关于地租也可以这样解释，尽管在这里庞巴维克只说到劳动。在这类假定之下，国民总产品将分解为工资和地租。这样一来，几乎是非常突然地，庞巴维克向我们提供了这些古老问题的答案，就其正确性、简明易懂和成效性方面而言，都超过了过去的一切成就。

借用我较早用过的比喻，这一理论是整个建筑的第二支柱的顶盘。但考虑到其他要素的作用，这里既没有谈利润也没有谈利息，并且无意谈及。在这里我们应当设想一下本文引用过的《历史与批判》中的论述，这一论述用以说明所有从前那些要使利润和利息符合这一描述的贡献是不恰当的。但这一工作我不得不放弃，而且只要说明庞巴维克指出了两个与收入与成本之间的均衡有抵触的事实就足够了。

他把其中之一概括在"摩擦"这一标题之下。在生产手段的流动方面所发生的阻塞，能使消费品的价格暂时地，甚至有时是长期的偏离成本法则所确立的价格标准。对于企业家来说，这既是利润的来源，也是亏损的来源。这样，庞巴维克就接受了用市场机制不完善来解释企业家利润的说法；企业家的地位使他能够通过这些不完善而取得确定的利益——同时，他对消除这些不完善可以起到一定的作用。

其中之二是时间的推移，那是一个"山谷"。根据庞巴维克的观点，我们必须在这一"山谷"里寻找关于利息现象的解释。这样，我们就进入了建筑在现已衰朽的基础上的上层建筑。这一上层建筑最具有他的个人特色，它把他与在其他方面和他最接近的那些人从根本上区别开来——这一上层建筑包括他对那些最困难和最深刻的理论经济学问题的解决办法；这一建筑物的雄伟的外观，无论是对朋友还是敌人都留下了深刻的印象。正如以上看到的，如果要概括我们对资本净收益的意见，那将是：它在他的整个体系上烙下了一个特别的印记，它改变了我们对几乎所有其他问题的看法，并扩展到经济学讨论的一切方面，甚至还超出这一范围进入社会见解的广泛领域里。

七

利息理论一直被称为兑换和贴水理论。它的基础是以下命题：人们对现在商品的估价，比对将来可以得到的、在其他一切方面都相同的、可能比同种类和同程度欲望的那些商品的估价更高。因此，这里有争议的是引进了一个新的事实，即扩展了经济学的事实基础。但这一事实并未超出价值原理的范围之外；更确切地说，它是关于我们的估价的个别特点的发现——在庞巴维克之前也曾偶尔有人"预先讨论过"，但只是由杰文斯系统地加以论述过。在庞巴维克看来，价值理论有机地吸收并适应了这一事实，而且也没有削弱这一理论的连续性或其基本主张的统一性。相反地，在他看来，利息理论也是边际效用理论的必然结果。正如他自己所描述的那样（参阅《历史与批判》），这一利息理论的决定性特点是：资本投资利润率的所有比较间接的决定因素的效果通过现在和将来商品之间的价值差别这一共同媒介来传输。那就是说，利息只不过是这一价值差别的价格表现，是通过主观价值和价格理论从这一价值差别中产生的；而找出这一价值差别的原因是第二个问题，也是更深一层的问题。在这里，我们找到了庞巴维克理论的一些其余的主要特征。它属于庞巴维克在他巨著第一卷的结论中所描述的三类利息理论中的第三类。这三类分别是：第一类——"生产力理论"，它因为把自庞巴维克以来一直被称为"物质的"生产力和"价值的"生产力混淆起来而以失败告终，第二类——"剥削理论"，它没能表明为什么竞争的力量不能消除"剥削的"收益；第三类理论在价值领域本身寻找利息的起源，认为既然利息率是一种价格现象，那么它的起源必然可以在这里找到，贴水理论便属于这一类，这是最为成功的利息价值理论。只有时间流逝对主观评价的影响才能产生那种能够以下述方式将商品流量的一部分递到资本家手中的力量。

严格地说，为满足我们需求的一切供应都意味着要考虑到将来，因此一切经济行为都是在需求的影响下进行的。关于这种需求，我们只有在将来才能体验到，不过我们在现在就可以想象到，并且，根据庞巴维克的关于资本主义性质的概念，这一性质表现得越明显，这种活动越是"资本主义的"。另外，经济活动也要受到我们只有在将来才会遇到但现在能够预测到的客观需要的影响。因此，我们的经济行为和我们的估价的对象是将来的商品——实际上是最重要的对象。显而易见，这些估价是可以借助同样的边际效用原理加以理解的。除此以外，必须补充以下事实（不过它们从原则上讲没有更多的关系）：与我们有关的是想象的而不是感觉到的需要（永远要记住前者和后者是同样可以较量的），与我们有关的不是供求之间现在的关系，而是在未来某一时点上的关系。将来的满足永远必须乘以一定的系数，这一系数表示预期的效用的概率（"危险的保险系数"）。

在庞巴维克引入一个对价值分析十分重要的事实时，他认为现在的商品比同数量和同种类的将来的商品，具有更高的主观价值。

第一，人们或者希望对将来的欲望进行更充分的准备，或者（当情况不是这样的时候）占有的现在的商品既可以作为应付现在的欲望的供应，也可以作为应付将来欲望的准备（特别在货币经济里，因为那里总是可以不用怎么破费就实现这种"节约"的），因此，现在商品的价值至少和将来商品的价值相等，而在经济中总是存在将来商品对现在商品的一般的"价值贴水"。

第二，人们在一般情况下总是低估未来的欲望。将来的欲望不容易全部为我们所知，想象的欲望和实际感觉到的欲望不具有同样明显的迫切性，最终，一般的个人根本不进行超过一定时间范围以外的准备。这些心理因素彼此互相加强，其结果就是"低估将来的享受"——这就是能说明现在商品的价值贴水之所以存在的第二个理由。

第三，因为"耗时"的迂回生产是更有效率的，即一定量的原始生产资料应该首先应用于中间产品（如工具）的生产，这样再将它们应用于消费品的生产时，就能比把它们全部应用于消费品的直接生产提供更多的物质产品，所以原来的生产资料（即较早应用于迂回生产的那些）在任何地方都能显示出比后来的生产资料（即应用较晚的那些）在技术上的优越性——除非在此期间有新的发明或类似的东西使得使用"老的"生产资料的方法变得过时。

这里产生了一个在前面没有出现的大问题：第三个要素在"耗时"的迂回生产中，是否不仅导致了数量更大的产出，而且导致了价值更大的产出？对此，庞巴维克的答案是肯定的。因为根据迂回生产法则，某种数量的现在的生产资料，当应用于这种迂回生产上，在将来的一切时间，其产出的产品数量要大于同样多的生产资料在这些试点上用于直接生产的产出。同时，它比同样大的数量以后用于较短的时期时也提供更多的产品，因为生产资料的使用中的迂回性越大，它们的生产力就越大。由于一个人在同一时间可以利用的同一商品的两种数量中，数量较大的是更有价值的，所以较早的时间可以利用的某种数量的生产资料的价值生产力（不只是物质的生产力）必然——根据我们的假设和庞巴维克的意见——总是大于在时间上晚些使用的同等数量的生产资料的价值生产力，无论这两种生产资料是否在同一时点上被生产出来。而且采取"耗时"的迂回方法，人们可以等待这种生产方法的预期较大的和更有价值的产品，那就是说，那部分足以供任何迂回生产参与者使用的生活资料，实际上现在就可以使用了。这样，从迂回生产所取得的"剩余价值"决定于现在的消费品资源的存在，并且根据转嫁理论的一般原则，这一"剩余价值"也转移到现在的生活资料中。因此，这里又出现一个——第三个并且是最重要的——有利于现在的而不利于将来的消费品的价值贴水的理由。

迂回生产的物质的剩余生产力这一命题，正如认为这种生产提供了独立于另外两个理由之外的、用于说明现在商品对未来商品的贴水的第三个理由的命题一样，曾经引起过很多的争论，并产生了一整套的"关于第三个理由的文献"（对于这些争议的反应见第3版和补论）。我们无须研究关于这一问题的讨论，将只指出这第三个理由（对庞巴维克来说，它在原则上是独立的）在他看来是如何和其他两个理由相关联的。当然，十分清楚的是，社会的生产资料将显著地集中到那些可以达到最大边际效用的行业，这一一般原理也适用于在将来的不同时点上所发生的不同的生产结果之间的选择上。第三个理由可以说明迂回生产过程是无限长的，因为生产期间的任何进一步的延长，在我们的假定之下，必然有希望进一步增加产品的数量及它的价值，虽然增幅不断减小。但是根据第一个和第二个理由，这些不断递增的价值量必须用一种递增的预期折扣来估价——而前两个理由与第三个理由之间的这种相互作用，将决定能产生最高（现在的）价值结果的生产周期的长度。因此，对任何个人来说，这三个理由的影响都不是多余的，其中前两个理由当中的任何一个都能抵消第三个理由的影响。

所有这些理由对不同的个人在不同程度上产生的影响——价值贴水——显然是所有个人共同的心理现象，但就不同的个人而言，它所起的作用及产生的效果是大不相同的。但正是由于这一现象必然会使人们产生在估价上的差异，从而使得他们之间有可能进行现在商品和将来商品的交换，一个现在和将来商品的市场由此诞生；而"边际对偶"理论为现在商品和将来商品决定了一种一致的客观的价格贴水——这样就产生了利息论——在庞巴维克无懈可击的公式模型中，这就是现在商品和将来商品相交换时的贴水。像任何价格一样，这一贴水具有双重调节作用。首先，即使是那些在其他方面对未来商品的估价有可能低于市场贴水指标的人，也会适应这一贴水。其次——这是一个很有趣的转变——"现在商品在远近不同的未来时点上对未来商品的贴水的大小，与各个单独的时间间隔的长度是成比例的，"而个人对将来的低估，很可能是间断地和不规则地发生的。举一个具体的例子来说，现在享受和一年以后的享受之间的差别可能非常之大，而一年以后和两年以后的享受之间的差别几乎是看不出来的。

简单地说，这就是庞巴维克的著名的利息理论的精华。但他不满足于一个概述，他把他的意见深入而广泛地贯彻到整个资本主义结构里。如果我们要简单地叙述他的理论，则需要着重解决两个问题：一个是如何证明凭经验可以确定的资本利息的来源确实是从前面描述过的"支柱"中产生的；另一个是如何从这一理论基础来求得利率率的水平和变动法则。

要说明贷款的利息率是不难的。只要把贷款定义为以现在的商品交换将来的商品，就说明了问题。此外，十分明显的是，任何寻求消费贷款的个人对现在商品的估价必然高于对将来商品的估价，因此，即使贷款者并不低估将来的商品，利息率也会产生。同样显而易见的是，对于任何寻求生产贷款的人来说，对未来的净利润的预期也会确定这样的贴水，因而其结果是相同的。但是有关资本收益率这个重大的社会事实的问题，以及资本主义经济中上等阶层赖以存在的基础的问题——实际上是关于资本主义社会的经济结构问题——恰好在于怎样解释这样一种净利润及它在经济流动中定期出现的问题。来自企业家之手的这种资本净利润，由于把它和基本论点联系起来而得到了解释。

这是庞巴维克卓越技能的另一成果，对于这种情况，解释的原则也可以很容易地用同样不言自明的公式表示出来：企业家购买的生产资料一部分是由土地和劳动的劳务所组成的，一部分是可以还原为两者的。土地和劳动的劳务是潜在的生活资料，由于这一特性，它们才具有价值。但它们只是将来的生活资料，它们的价值必然少于同一数量的现在的生活资料。土地和劳动的服务将按照它们的现在价值从它们的所有者那里购买，它们的将来产品将按照将来出售时它们的价值出售。这样，当现在的生产资料在企业家手里开始朝向它们的可供消费的成熟期成长时，增值就产生了——这一增值就是企业家的资本净收益的基础。要把这一理论应用于个人的生活经验中，不总是容易的。这方面的许多问题——特别是由于同一生产资料在生产周期不同的生产过程中具有多种使用价值而产生的困难——都被庞巴维克解决了，他那种无限关注的态度会使他的著作成为即使在我们学科的最遥远的将来也依然闪耀着光芒的无价的指南。

下一步就是说明这些价值关系总是导致一种价格贴水。这一价格贴水将作为原始生产资料的全部未来边际产品的货币价值的一种折扣。它一方面会出现在劳动者和土地所有者之间的交易中，另一方面会出现在工人和拥有资本的企业家之间的交易中。或者，如果我们把资本家和企业家的功能区分开，而把企业家看作纯粹的介于原始生产资料所有者和资本家之间的中间人，则这一价格贴水将出现在资本家和由企业家所代表的工人和土地所有者（如果这样是正确的）之间的交换中，作为由资本家所垫付的生活费基金的一种价格贴水，换句话说，以利息率的直接形式出现。在这里，我们看到的资本家是以其作为现在商品商人的本质角色出现的——也许乍看起来这是一个很陌生的观点，但这一观点却非常深入地看透了经济过程的本质。这两种形式都涉及同一核心，都说明贴水是不可避免的。现在我们要说明它在第二种形式中的必然性，这一形式很可能还原为第一种形式。

在这个"生活资料市场"上，资本家面对的是工人和地主。生活资料的可利用的数量和劳动与土地的劳务的可利用的数量，在任何时候都是既定的（关于这一假定的前半部分的一些进一步论述将在以后补充）。对资本家来说，他们的消费品的使用价值是无关紧要的——在任何情况下，他们只能消费其中的一小部分。这样，对他们低估未来商品价值这一点，我们可以忽略，如果这种低估存在，就更不必说了，我们的贴水必然发生。对工人和土地所有者来说，对其劳动和土地的服务的评价产生于他们在直接生产中的潜在效用（就他们本身能够进行资本主义生产来说，他们也就负担起资本家的可分割的功能），严格地说，这种评价就成为下限——低于这一下限，工人和土地所有者是不肯进行交换的；但在现代的条件之下，这一界限是相当模糊的。在这些条件之下，即使是极小的贴水，甚至接近于零，资本家也会愿意交换。对工人和土地所有者来说，根据迂回生产法则，任何超过直接生产的超额报酬决定于他们占有的可以利用的生活资料，因此，只要他们能够得到这一剩余，哪怕只是得到其中很小的、接近于零的部分，他们也将愿意交换。最终的结果将取决于在一定的生活基金所允许的生产期间的延长点上，工人和土地所有者对生活资料的需求的强度。一般来说，事实的确如此，不论这一基金如何大，它总是有限的。但同样的，以下情况出现的可能性也是相当大的：在给定的生活资料所允许的生产周期延长限度内，总可能获得较大的剩余报酬。因此，在设定一个可行的生活资料规模时，如果没有贴水，则仍然会有对更多的生活资料的迫切需求，而这一需求是无法满足的。由于任何有限的生活基金都难于满足这一需求，结果导致任何在一定价格上仍然旺盛的需求具有提高这一价格的影响。据此，现在商品的价格一定总是高于将来商品的价格，从而必然会发生一种贴水，也就是利息率——这就是需要证明的事情。

反过来就可以看到，如果没有利息，则生产周期的无限制的延长将成为有利的；显然，随之而来的就是商品的稀缺，这又会导致直接生产，从而导致利息的再出现。这样，利息在经济中的真正功能就很清楚了。打个比方说，这是一个制动器或调速器，它使人们不超过经济上所允许的生产周期的延长程度，并备置满足现在欲望的东西——实际上这些现期需求也给企业家施加了压力。而这就是为什么它能反映现期需求的相对强度的原因——在每一种经济中，未来的和现在的利息就是通过现在需求的相对强度而被人们感知的。因此，这也是人民的智慧和精神力量，其强度越高，利息率就越低。这也就是为什么利息率反映一个国家的文化水平的原因：因为文化水平越高，可以利用的生活资料的储量将越大，生产周期越长；根据迂回原理，生产周期进一步延长所产生的剩余报酬就会产生，利息率也就会越低。这就是庞巴维克的利息率递减法则，就是他对这门学科中让很多人费尽心思都没有取得成果的这一古老问题的解答。

我们的论证进一步表明，由于只有给现在商品一定的贴水才能使现在的和将来的相对需求彼此之间得到适当平衡，所以即使在社会主义社会里，现在和将来商品的价值也不能是相等的，而作为利息率基础的价值现象即使在那里也是不可缺少的，因此需要一个中央计划委员会来关注这一现象。这样，即使在社会主义社会里，工人也不能简单地取得他们的产品，因为生产现在商品的工人所生产的，比生产将来商品的那些工人所生产的更少。因此，无论社会决定如何处理和价值贴水相对等的这一商品数量，它也绝不会自然演变为作为工资（而只能作为利润）由工人获得，即使它被均等地分配于他们中间。这很可能产生实际的结果，如社会有机会自觉意识到其各个成员对它自身的经济价值，在这种情况下，一个工人的价值只能是对他的生产能力的贴现价值，同时，所有具有相同工作能力的工人都应获得同等评价，但即便在这种场合也必然产生"剩余价值"，它是作为特殊收入出现的。但是从理论上说更重要的是结论——在这里使用一个有关这一命题的论述中已经为人接受的术语——利息率是纯粹经济的而不是历史的或法律的概念。

这样，一条有关庞巴维克的具有重要价值的理论成果的完整逻辑链就很清楚了，而且再补充更多的环节也不难。关于这一问题，我只想指出，在通往关于工资和地租的完整理论的道路上，我们的论证也将我们推向了第二阶段。在价值和价格理论里，我们把工资和地租看作这两种原始生产要素的边际生产力的结果。现在我们能够补充的一个命题——在这里，庞巴维克的工资和地租理论与那些在其他方面和他最接近的经济学家的理论分道扬镳了——可以阐述如下：工资和地租是土地和劳动的边际产品价格乘以它们的数量，并贴现后的价格表现[1]。这一命题绝不是背离边际生产力的观念，而显然在某一重要方面加强了这一观念。

在这一点上，我要提到一个来自同一基本观念的更为精彩的发展，这使我们能够把地租现象看作一般理论的一个特殊情况，并加深我们对它的理解——这就是耐用商品的利息和资本化理论。拥有一种以上用途的商品可提供各种服务。满足我们需要的商品的服务，它们被直接估价，而这一商品本身的价值只是这些价值的总和；因此，在任何时刻，这一价值就是还没有从它那里"抽出"的劳务的价值总和。当这些服务变成职能定期地、分时段地使用时，对这些服务在更远的将来的评价是依据低估未来商品的原理做出的，而且它必然是通过对现在商品贴现的过程得出的。这样，一个在经济实践中为人们所熟悉的过程，就以极其简单的方式，被纳入一个大原则的框架之中，并由此得出这类商品的价值和价格形成的解释——资本化的解释——以及为什么提供无限多的劳务的商品（如农业土地）还具有确定价值的解释。只有这样的分析才产生了"地租是净收益"的精确论证。因为我们直接看到的只是土地的物质产品，它与总收入是同样的东西。传统的地租理论，从重农主义时期以来，论述的仅仅是问题的这一方面。因此，庞巴维克就可以说，经济分析完全没有深入这一问题的经济本质，即纯收入问题。举例来说，如果一个采石场在100年的生产里每年有1000克朗的收益，而此后会变得毫无价值，那么即使它的价值没有被低估，它的所有者也不能花费这个收入总数中的任何一部分，否则他就会耗尽他的"资本"。只有根据这里所描述的理论观点，地租才表现为一种纯收入。我们几乎不需要再详细地说明，这一整体理论结构——就解释的价值和深度来说——与李嘉图的论述相比是多么非凡、卓越；同时，它不仅在批判性方面，而且在结构方面，大大超过了李嘉图的论述。

1　这种工资理论已由陶西格——庞巴维克最杰出的战友——进一步发展了。

我们现在正处于一个恰当的位置，可以清楚地观察利息现象是如何盖住其他所有的关于纯收入的枝蔓，穿透一切评价，向一切经济过程伸展的。这一现象是无所不在的。并且人们也认识到，资本的净收益不是和工资与地租平行的一种收入，而是和后者对峙的。这个观点在当时完全是新的，并且代表着前进中的关键一步。从那时开始，这一理论就在许多方面被仔细地加以精心阐述，并且在欧文·费雪和F.A.费尔特的著作中得到了系统的发展。

现在我们接近了把我们引向庞巴维克的建筑顶部的阶梯的最后一级。他第一个充分地认识到生产周期的长短两个方面——生产力方面和时间的经过方面——的重要意义。他阐明了这两个方面的准确内容及它们在边际效用分析体系中的基础地位。他进一步使生产周期长度成为经济均衡的决定因素，这样一来，就使得"生产力""经济周期""商品流动"等概念的意义变得十分明确。同时，他把出现在经济生活中的很多关系纳入分析的范畴中，这些关系至今还没有获得详尽的阐释。但到现在为止，他的同事当中极少有人能在这些曲折的道路上跟上他的脚步。而关于他的生平事业的卷帙浩繁的讨论大都集中在他的研究的最初几个阶段，以致那些一贯受到边际效用理论反对者非难、被认为徒劳无功——如同马克思体系的比较部分——但恰恰具有丰富成果的部分，至今还未能成为可以被更广泛的读者接受的理论。很少有人认识到他的天才成就正是在这一点上，尽管其中的基本思想是非常朴素的。

生产周期长度这一因素的引用和严密论述，是通过它和生活基金的数量的关系而进行的——这一数量我们刚才假定它是固定不变的。当我们认识到资本家所提供的生活基金只是和经济财富的总储备相等时，它的数量就能确定了——当然，劳动和土地的劳务，以及在意外的情况下，由于经济上的浪费而消耗掉的那一小部分除外。这一储备的大小总是十分明确的——在旧的"工资基金"中是没有的——这一点在资本形成理论中有单独的解释，并且可以被认为是分配理论的一个论据。这样，因为工人的数目和土地的数量在任何情况下都是已知数，这就成了我们确立客观经济关系的新的基础——这大大丰富了我们的理论。但是在明显存在已经生产出来的生产资料的情况下，一种经济的总财富怎么可能完全由"生活资料"所组成呢？情况是这样的，生活资料的流动是持续不断的，一定的生产周期所需的全部生活资料，在该周期开始时并非必须全部可用，也可以储存在某个地方。在后一种情况下，问题是很清楚的。但是即使所有这些正在进行的生产过程在同一时刻不是处于相同的生产阶段，而是根据它们的产品的"成熟"

程度前后交错进行着，问题也不会有重大的改变；因此，整个时期的生活资料，在任何一个时刻，都是一部分已经消费了——与各种中间产品，如原料、机器及其他等一起被消费——另一部分还有待于生产。在这一情况下，人们完全可以说，这一时期的总的生活基金和当时存在的一切货物的储备相等，并且它只是和原始的生产手段相对照的。而且也很清楚的是，我们的眼界所能看到的生产目标越远，这个意义上的生活基金就越大。最后，因为商品的流动过程是持续不断的，生产过程的各个阶段也都同时进行着——这一假定并不总是十分正确，但为简化起见，我们在这里做此假定，而且在任何情况下，这种不精确之处对所涉及的理论是不重要的——所以很清楚，这个总量只能满足半个生产周期的需要。

　　现在，两项重要的数据——生活基金和土地与劳动的劳务的可以利用的数量——之间的关系已经通过"生产周期"这一环节建立起来了。这一环节现在已经不像是古典经济学著作中所说的那样严格了，它变得很灵活。并且我们也掌握了关于它的"灵活性"法则：最后确定的生产期间的长度首先取决于上述两个数据的取值，其次取决于资本家（企业家）的选择，而他们必然会力图去获取可能得到的最大利润。客观数量关系和主观力量结合在一起，形成了一个和谐的整体。因此，我们完全可以确定生产周期的长度、利息率、工资和租金，并且使其相互联系。

　　庞巴维克没有把这一结论充分地展现出来，而只是提出了关于工资和利息的部分——略去了地租。其原因在于这一问题有着许多不使用高等数学就几乎无法处理的技术上的复杂难题。但这并没有改变问题的性质，我们将同样地满足于这种简单的例证。

　　他的结论可以很容易地阐述如下：要确定的工资率乃是能够使生产周期最有利于企业家（资本家）的那种工资率，而这一生产周期需要恰好能够按照上面提到的工资率耗尽该经济中可使用的劳动力总量，并能补偿为此而支出的生活资料总额。

　　实际上，如果一个随机的工资率在市场上暂时地确定下来，其结果将是：给出一个由不同迂回层次的生产力规模比例表，其中只有一个生产周期是对企业家（资本家）最有利的，那么这一生产周期将被选中，根据它，一个确定的利息率就被确定下来了。按照这一约定，如果土地和劳动的劳务的总数是正好可以与全部生活基金彼此相交换的，则前面阐明的有关条件就能满足，均衡由此实现。如果不是这样，则土地和劳动的劳务未被使用的数量与生活资料未被使用的数量将使工资率或利息率下降，或两者同时下降，从而产生另一个更有利可图的生产周期，一直到均衡条件被满足为止。

这样，我们就能得出利息法则：利息率必须和刚才提到的一切条件所允许的生产周期的最后一次延长部分的剩余报酬率相等。假设这个可能的最后的延长是集中在单个的企业里，则我们可以认为它们的所有者在生活资料市场上是"边际的买者"，并且能够把关于利息水平的法则看作一般价格法则的一种特殊情况。

这样就确定了利息和工资（和地租）之间的正确关系，以及它们互相决定的方式，同时也开辟了广阔的应用于实际的道路。为了表明这样得来的观点所取得的丰富成果，我们可以列举几点来说明：第一，我们深刻认识到生活资料和劳动数量变化的影响，以及不同层次迂回生产的生产力规模变化的影响——这些变化自然会作为技术进步的成果而不断发生。第二，劳动质量的改进如何影响利息和工资的问题得到了解决。第三，我们了解到，工资的上升首先造成利息率的下降，然后是生产周期的延长，最后是利息率的再度上升，但达不到原来的水平；与此类似，工资的降低会缩短生产周期、提高利息率、增加对劳动的需求，从而会增加工资，但同样低于它原先的水平。此外，还得出了这样的结论：生活资料在资本家之间的分配，对利息率水平来说是无关紧要的；并且固定资本和流动资本之间的区别具有了不同于古典经济学著作的含义，而且其重要性也显著下降了。在一定的条件之下，不仅工资的绝对水平的变化法则，就是在社会产品中工人相对份额的变化法则，也可以经过一定的推论而得出。但这里不是论述这些东西的地方。

这样，庞巴维克就以最简单的方法取得了最伟大的胜利。社会经济过程理论在庞巴维克的著作中，第一次作为估价和"客观"事实的一种有机整体被揭示出来了。我们在任何地方都不能像在他著作的最后一节那样，看到一位被天才的光辉所勾勒出的大师的高大形象。他没有在任何地方如此清楚地表明，在他的笔下可以取得多么丰硕的理论成果。他在运用几乎是纯数学思维方式来论述自己的观点时，那种精确性是令人惊奇的。因为这些数学中的技巧对他来说是如此陌生，这种思维方式对他来说是如此新颖。他以一个天生的科学家对其所研究的材料的逻辑必然性和逻辑对称性的准确感知，完全无意识地发现了这一切。

他把这种逻辑准确性和审美性，与对具体事物和具有重要实践意义的事物的强有力的直觉结合了起来。他在自己的道路上从来没有出错，他知道如何把他的步骤引向具体问题等待解决的地方；他的作品是一幅巨大的指示宝藏所在地的航海图，这些宝藏只能通过他的方法才能发现。通过把适当的经验数据引入自己的理论模型，他把对资本主义经济现象进行具体的数量性的描述的前景带入了即使没有现实可能性也至少能为人们所热切期盼的领域。我不知道究竟他自己是否想过这一可能性。据我所知，他本人从未说过自己能取得这样的成就。但这一可能性总有一天会成为现实，尤其是在他的作品的指引下。

即使把他的作品称为不朽的，也不足以表达他的成就之伟大。在未来的很长时间里，对这位伟大战士的回忆将被"争论的双方"——敌对方和拥护方——的爱与憎染上各种色彩。但在我们的科学中可引为骄傲的伟大成就中，他的成就处于最伟大的之列。不管将来人们如何对待他的成就，或如何理解他的成就，他的作品的痕迹永远不会消逝。不管他最关心的这门学科将来走向何方，人们将会永远听到他的精神：

"我已经通过才能和艺术把你带到此地，

现在把你的兴趣当作向导吧。"[1]

1　但丁《神曲》炼狱篇第30章。——译者注

第七章

弗兰克·威廉·陶西格

（1859—1940）

一、早年（1859—1880）

无论我们认为血统和教养，或者更恰当地说，遗传和环境在杰出人物的形成方面的相对重要性如何，对于陶西格来说，无疑这两者最美妙地结合在一起了。因此我们在描述集这个人、这位公民、这位学者、这位教师和这位人民的公仆等多种头衔于一身的人物时，必须从多方面进行。相比其他人而言，我们更有必要采取传记者的方法，首先从描述他的双亲的家庭和创造这一家庭的两位杰出的人开始。

弗兰克·威廉·陶西格的父亲——威廉·陶西格——1826年生于布拉格。他聪明、能干、有教养。那时，捷克和德国的上空因两国的冲突笼罩着层层阴云，而且越来越浓厚。他厌恶自己所处的这个环境，于是在1846年决定移居到美国去。到了美国之后，他首先去了纽约，然后来到圣·路易斯，并且在药品批发行找到了工作。虽然这是一份简单而且地位较低的工作，但这是当时美国人都喜欢的职业，而且是他走向成功的第一步。

几年之后，他放弃了药材批发商的工作，进入圣·路易斯医科学校学习药物学，在那里，他学到了更多的医学知识，并取得了学位。之后，他在卡隆迪莱特——现在的南圣·路易斯——开办了一家诊所。那时，他常常骑在马背上，带着手枪和药品去看望病人。他的社会地位稳步地上升，曾经担任市长、郡法院的法官，最后担任了郡法院的首席法官。他的诊所的生意相当兴隆，但南北战争不可避免地爆发了，战火燃烧到他所在的这个州。作为一个坚定的分裂主义和奴隶制度的反对者，1865年，威廉接受了联邦政府税务官的职位。按照1862年和1864

年的收益法，税务官为联邦政府所管辖的地区征税，税务官的收入以其所征的税金为基础，按一定比例提成。因此，只要税务官有耐心，不怕辛苦，就可以从联邦政府那里获得较高的收入。威廉确实做得很好，他的财富日益增加，凭着这份津贴，他开始了他的第四项职业，那就是银行业。

威廉在圣路易斯国有商人银行任副总经理，但他在银行的业绩平平。然而，在银行的客户中，有一家桥梁公司，该公司成立的主要目的就是建造一座横跨密西西比河的大桥。威廉参与了这项风险工程，继而成为该公司的财务主管和总经理，从而开始了他一生中的第五项职业，一项给他带来荣誉和声望的职业。

这一企业从一开始就很成功，最终发展为圣·路易斯铁路终点协会。该协会为所有经过圣·路易斯的铁路建造了联合车站，并用其自有的机车承担起从圣路易斯东部往西直至终点站的全部运输业务。威廉凭借自己的能力和机智战胜了工商巨头和城市铁路委员会在计划执行过程中所埋设的一切障碍。当一切的事情都经历了，一切的战斗都过去了之后，他顺理成章地当选为董事长，这是一个清闲而高贵的职位，他一直担任到1896年，在70岁时退休。退休之后，他仍忙于各种社会活动，受到群众的普遍欢迎、推崇和尊重。他一直活到了1918年。

弗兰克·威廉·陶西格的母亲——阿蒂丽·沃帕尔——是莱茵河上一个小村庄里一位信仰新教的教师之女。这位教师在1848年的革命中被解职了，因此他的全家移居到美国。威廉·陶西格和这位教师的女儿在1887年结婚。他们的婚姻是极其美满的。阿蒂丽是一位娇媚的女子，能干又大方，有风韵又性情温柔，风趣又富有感情。她在逆境中给人以安慰，也是威廉·陶西格成功道路上令人愉快的伴侣。她具有极优美的女中音，与她的丈夫共同爱好音乐。她的慈爱像温暖的港湾，在她长期无微不至的关怀下，家庭中从未产生过任何矛盾。人们很容易想象出这个家的样子，无论是在经济紧张还是后来宽裕的境况中，她都为丈夫和孩子创造了有序而又宽松的环境。三个孩子——弗兰克·威廉·陶西格，在他之前去世的一个弟弟和当他逝世时还活着的一个妹妹——都衷心地爱戴她。这是一个自足的家庭，维持着一个很懂得合作共存的家族。从这一家庭里衍生出来浓厚的家庭观念，对弗兰克·威廉·陶西格来说，在事物的性质上，家庭生活和家庭责任是最基本的东西。

正如我们可以预想得到的，他享受了愉快的童年。他的妹妹这样描述他：

"毫无疑问，他在学习上名列前茅，而且他很早就展现出良好的身体素质。在我的印象中，他是个大男孩，手中总是拿一本书，或是为了学习，或是为了消遣。他读书时全神贯注，什么也不能使他分心，除非那本书根本吸引不了他。他习惯于在全家的起居室里工作和学习。……至于学校，我可以肯定地说，大约在11岁以前，他上的是公立学校。随后他在斯密斯书院学习。……在我们的家庭里，经常演奏音乐，我们能够与鲁宾斯坦和温尼奥斯基等艺术家见面。西奥多尔·托马斯每次来圣·路易斯都会住在我们家。弗兰克很早就开始学习小提琴了，当时圣·路易斯一流的小提琴家是我们家的亲密朋友，也是他的老师。当弗兰克升入大学时，他已经是一位极有造诣的小提琴家。在大学里，他经常在弦乐的四重奏里演奏，他还是彼尔瑞乐队的成员之一。音乐是他生平的娱乐和消遣之一……除了在夏季进行短期的远足外，平时他很少外出旅游。"

陶西格与查理士·C.伯林格姆先生之间的终生友谊始于1871年，当他们在斯密斯书院同班学习时。他们一块儿进入华盛顿大学，1876年又一块儿转学到哈佛。系主任查理士·F.登巴尔的直觉是对的，因为他允许这两位学生免试而直接升入二年级，尽管按规定他们必须参加新生入学考试。陶西格租住在牛津大街一座在伯林格姆看来是富丽堂皇的房子里，在那里他表现出一位杰出学者的风范。他学习了经济学——那时是政治经济学——的一切课程和许多历史课程，并于1879年毕业时以历史学的"最高荣誉"获得者身份参加了毕业典礼。他的毕业论文的题目是《德国的新帝国》，他曾在毕业时宣读。他还被选入"联谊会"，这是美国全国性的优秀大学生的荣誉组织。有些记录表明在1875年到1879年间，他从图书馆借出了大量的书籍，主要是历史和哲学方面的，但他绝不是一位默默无闻的书呆子。他参加了班上的棒球队，参加了划船比赛，参加了6个学生俱乐部和团体。他兴趣广泛，结交了很多朋友，当然这其中肯定少不了他的至爱——小提琴。

在取得学士学位之后，他于1879年8月在他的另一位终生挚友E.C.费尔顿先生的陪同下到欧洲去旅行。陶西格在不久以后写道："在伦敦共同渡过几个星期之后，我们就分别了。我来到德国，在那儿待了一个冬天，从这年的10月到次年的3月，我在柏林大学研究罗马法及政治经济学。3月，我离开德国，在意大利又和费尔顿会合。我们在意大利共同渡过了两个月，然后经由日内瓦前往巴黎。5月，在巴黎，我们又一次分别了，费尔顿在回国途中又到英国去，我就到欧洲各个地方去旅行，主要是奥地利和瑞士。"在欧洲旅行期间，他在纽约《民族》杂志上发表了几篇文章，这些文章充分反映了这位年轻人严谨的治学态度。

为了能进入法学院学习，1880年9月，陶西格回到了哈佛。当时他没有确定把经济学作为自己的专业，他觉得法律同样重要或更重要一些。后来，他接受了学校艾略特校长的校长秘书一职。虽然工作很繁重，而且不是专职工作，但他被引入了大学行政管理和大学政治这个神秘的领域。于是，他开始担任这项服务工作，并且在以后的60年生活中，一直以此为中心。

二、事业上升期（1881—1900）

陶西格决心学习法律，这一决定使他不得不在一定程度上耽搁他的秘书工作，从而有更多的精力去攻读经济学博士学位。他选择的特定题目是美国关税立法史，这一选择表明在他的思想中历史成分所占的重要性。当时像陶西格这样对科学具有强烈兴趣的人都认为，经济政策等重大问题属于历史学的研究范畴，历史学对这些问题的研究至关重要。我们在这里需要——以后也将需要——特别强调两点：毫无疑问，陶西格不仅是一位卓越的理论家，而且也是一位很伟大的理论知识的传授者。后来出现的那些崇尚制度学派的学者，同时也是他的理论的反对者，也不得不承认制度问题是陶西格研究的重要部分。他们不仅尊重他在这方面的贡献，而且认为与其说陶西格是一个对手，不如说他是这方面的先驱。对他来说，经济学永远是政治经济学。他所接受的早期教育和他所使用的一半研究工具既是历史的又是理论的，而且它们主要是历史的。简言之，他的研究兴趣十分广泛，历史、法律、政治等方面无所不包。凡是熟悉他的人，没有一个不赞扬他根据社会学背景和历史背景来观察问题的这种能力。

他选择的国际贸易课题，也说明了他彻底的历史主义精神。他于1882年得奖的那篇文章《美国实施的对新兴工业的保护》成为他的博士论文，并于1883年刊印成书——这是一部很成功的书，第二年就需要再版。这本书包括的理论很少，但运用了他擅长的以事实为基础分析问题的方法。附带的，这一著作还有极其典型的、我们不能忽视的另一方面，这一方面预示了陶西格日后在关税政策等方面所取得的成就，也是他杰出成就的重要方面。这就是构成他作为伟大的经济学家的极其重要的因素的那种均衡和成熟的判断力，这在他只有23岁时所写的这本书里就表现得十分惊人了。由于美国的政治背景和经济措施，陶西格对美国的关税立法持怀疑的态度。诚然，他不是一般意义上的贸易保护主义者，但他也不是一位自由贸易论者。他坦率地接受在他看来是站得住脚的保护主义论证中的所有理论——特别是保护幼稚工业的理论——从来没有试图驳倒它。他也不会像拥护自由贸易的经济学家所习惯做的那样。那不是他的方式。他以实际而又公正的精神研究这一问题，就像他研究任何其他问题一样。

在以后十多年中，他的创造性工作借着这个幸运的开始一直顺利地进行着。在《对新兴工业的保护》之后，他又出版了《现行关税史（1860—1883年）》（1886年）。这两部书发展为《美国关税史》（1888年，以后陆续刊行了许多版，直至1931年的第8版）。这部理论著作使他一举成名，并且成为美国在该领域中的第一位学术权威。事实上，作为一位政治的和经济的分析家，在任何领域中都难以找到像他这么杰出的人。他在那个时候所写的大多数文章也都是围绕关税问题进行讨论的，但那个年代中大家关注的其他问题也同样吸引着他，并且他对其中两个问题做出了重大贡献。白银问题的政治和经济方面似乎深刻地打动了他。由于他对政治、经济知识全面、彻底的掌握，所以他从1890年开始就这一问题发表了许多文章。1891年，他出版了《美国的白银情况》，这本书成为反白银学派的标准著作，并在整个文明世界里产生了极其强烈的影响。1891年，他还在《经济学季刊》上发表了《对于铁路运费理论的贡献》。与他在1893年前发表的所有文章不同的是，该文采用了纯理论的论证方法，但即便如此，这篇文章也是和"实用"问题有关的。的确，他的作品表现出他充分地掌握了当时经济学方面所有的分析工具。但是他虽然毫不犹豫地使用了这些工具，但是直到30岁之后，他才对这些工具产生了浓厚的兴趣。

1884年，他为爱密尔·德·拉维莱德的《政治经济学的基本概念》一书的译本撰写了序言，从而也表明了他对传记的相当大的兴趣。该序言可能是当时的陶西格方法论观点的唯一反映，也从其他渠道增加了我们对陶西格在经济政策方面的主要观点的认识。作为伟人，陶西格具有鲜明的个性，这在这篇序言里也有所体现。大多数人在这类的序言里会只写一些奉承和赞扬的文字，或者根本不去写它，但陶西格不是这样的。他除了用简洁、朴实的文字表示赞美外，还用极其礼貌的措辞表示了他的批评和异议，并且指出了他认为错误的地方。他真诚地指出，拉维莱德的一些观点"缺乏可信度"。他之所以推荐拉维莱德，是因为后者不像别人那样完全"脱离了所谓古典体系"。陶西格有保留地同意该书作者对放任主义的批评和对政府干预的拥护。虽然陶西格认为拉维莱德的人道主义色彩过浓，但赞扬他"以事实为依据"的做法，并支持概述总的内容是正确的，但有一章缺乏"深刻的论证"。

从陶西格自己所发表的作品来看，第一次表现出一个理论家对理论的兴趣的迹象，是他在1898年发表的作品。他在这一年的《美国经济学会丛刊》上发表的两篇论文——《关于李嘉图的解释》和《马歇尔教授的价值论和分配论》——非常肯定地确立了他理论的导向。第一篇论文凝练地告诉我们，在陶西格看来，李嘉图是最伟大的经济学家。我们从这个杰出的理论家所写的文章中可以推断出，在陶西格生活的年代，为什么李嘉图的唯一竞争对手是庞巴维克。陶西格欣赏并吸收了这两位伟人的观点，因此，在理论风格上，这三位伟人的思维方式存在基本的相似之处。第二篇论文同样清楚地表明了他在当时和以后与马歇尔的理论结成联盟，并把马歇尔的理论作为自己课堂讲义的主要原因。关于这一点我们以后还要说到。

目前，我们将只讨论1894年在《美国经济评论》上发表的、显示出陶西格的创作在理论方面占统治地位的另外两篇文章，即《利息和利润的关系》和《德国经济学家手中的工资基金》。这两篇文章是当时他正在撰写的《工资和资本》一书的两部分，它们也为这本在1896年出版的书的整个理论体系奠定了基础。1897年，他的《货币数量理论》一文由美国经济协会发表，这为日后"陶西格理论"的形成打下了基础。

现在让我们再回头谈一谈陶西格在大学里的事业。很明显，1881年到1896年对陶西格来说是艰苦奋斗的年月，因为他给自己增加了更为严格的专业活动。在这段时期，他是《公共服务档案》编委会的成员，他在《波士顿先驱》《广告人》《民族》等杂志发表文章，还参加科布顿俱乐部和马萨诸塞改良俱乐部等社团的一系列活动。毫无疑问，这一切对一个强壮有力的人来说都已经超出了体力所能承受的范围，但他却不知疲倦地工作着。他没有多少消遣和休息的机会，虽然他似乎能够找到时间来维持他在音乐方面的兴趣。

在同一时期——或者具体地说，在1882年3月——他被委派为1882—1883年的政治经济学讲师；由于这一学年里唯一的政治经济学正教授查理士·F.登巴尔不在，所以这一委派的重要意义大大提高。这尤其意味着概论课程（现在的经济学课程A）委托给这位青年了。

现在我们已经第二次遇到这位杰出的人的名字了，任何陶西格的传记都不能不提到他。登巴尔不仅是第一位介绍陶西格进入这一学科领域——日后陶西格成为这一领域的学科领导人——的卓越导师，如果我们拿他的一些论文与陶西格早期的作品相比，不难发现，无论是在格调、文风，还是写作方法上，两者都存在一定的相似之处。是登巴尔教授预见了陶西格的未来并选择了他。登巴尔曾经是《波士顿每日广告报》的主编，当校长艾略特说服他担任政治经济学教授时，他已经隐居田园。那时的政治经济学已经被弗朗西斯·鲍恩教授作为道德哲学课的一个部分来讲解。由于陶西格在登巴尔讲授的一门课程中担任助手，所以我们很可以认为陶西格之所以取得讲师职位是和后者的推荐大有关系的。

在登巴尔返校之后，由于论资排辈的原因，陶西格的前景明显变得黯淡了。那时候处在哈佛阶梯最低层的任何真正能干并且精力充沛的年轻人，似乎都面对着——就像现在一样——一种困难的抉择问题：是把无限多的时间花费在一个不太满意的职位上，还是去从事更具吸引力的其他职业？陶西格暂时地解决了这一问题。在1883年6月获得了博士学位之后，他一方面在同年8月接受了兼职讲师职位，讲授关于关税立法的部分课程；另一方面打算花3年的时间进入哈佛学院学习法律，然后再去实习。这种安排一直继续到1886年6月他获得了法学学士学位，此前（几个月之前），他拒绝了哈佛大学任命他为专职讲师的邀请，而接受了为期5年的政治经济学助理教授的工作。

因此，从纯粹的名利观点来看，改行到司法界是一个损失——因为它本是未雨绸缪的手段，而最终证明这是不必要的。但是我们有责任强调指出在陶西格的思想装备方面法律锻炼所做出的贡献。首先，法律锻炼对陶西格的思维方式的影响是不言而喻的。对于现代经济学家来说，必须花费多少时间和精力才能在其研究的领域内有所建树，目前尚无定论，但培养各方面的能力却是一个可能实现的目标和合理的理想。其次，法律锻炼在那时也许是提高经济学家逻辑思维能力的最好的可以利用的方法。最后，有一个事实不可否认：法学所讲授的内容，肯定与经济学的内容有一定的联系，特别是，如果把罗马法包括在学习的范围之内，那么在研究制度方面所取得的好处必然是不可估量的。陶西格正是这样的人，他能够充分运用这些好处。法律的烙印实际上既存在于他的教学工作中，也存在于他的研究工作中，任何善于观察的人都能够看到这种关系。

他在1886年秋天就担任助理教授了——实际上承担的是正教授的责任。关于关税立法的半年课程照旧进行，那些一般的基础性课程也都由他讲授。而他的著名的以后被称为"经济学II"的课程也开始了它的光辉发端。随着时间的推移，其他课程也不时加入他的授课内容中。

在适当的时机，他被升为正教授（1892年），1901年，新成立的亨利·李教授职位机构也授予他教授的职位。当时他写道："我希望能够住在剑桥并为哈佛工作一直到我死的那一刻。"但是实际上1886年的委派对他的一生起着决定性作用，陶西格自己也认为这是一个正确的决定。从此以后，他安定下来了。在1890

年的课堂报告里，他以坚定的口吻说，从1886年以来，他就过着"大学教师的一成不变的平静生活"。这反映出他对当时的生活比较满意。有一次，他在学校的校庆会上这样说："我非常幸运地被及时选定参加本校建设250周年的庆祝会。作为全校最年轻的高级教师，看来我比其他人更有机会参加学校300周年的庆典。"这些话，反映了他对哈佛怀有深厚的感情。

1888年6月29日，陶西格在纽黑文的埃克塞特和来自波士顿的伊迪丝·托马斯·吉尔德小姐结婚了。他们的儿子威廉·吉尔德·陶西格生于1889年。那年夏天，他在当时大家叫作诺顿住宅区的地方修建了住宅（斯考特街二号），希望"在这里长期过着和平而宁静的生活"。其长女玛丽·吉尔德（以后和杰拉尔德·C.汉德森结婚）生于1892年，次女凯瑟林·克劳（现在是莱德弗·奥比博士的夫人）生于1898年，三女儿海伦·布鲁克斯（若干年以前就是医学博士了，是巴尔的摩的约翰·霍普金斯医院的儿科专家）生于1898年。

除了教学和搞科研之外，他还不停地参加各种活动。他经常写一些文章反对白银的自由兑换。1893—1894年，他成为剑桥学派委员会的成员、马萨诸塞州政府税收法令委员会的委员、波士顿商会印第安纳波利斯货币公约组织的代表等，他还参加了在大学里不感兴趣的行政工作。另外，值得一提的是，在1888年，他被选为美国艺术和科学协会的会员；1895年，他被选为英国经济协会（皇家经济学会）的美国通讯员。这些事情在一个平凡人的生活中可能是重要的，但在这里叙述它们只是为了让为数众多的对陶西格感兴趣的朋友和学生能了解他的完整经历。为了他们，我们还要补充一点：1894—1895年的休假时间，他是在国外度过的，其间有两个月在卡普里，另外两个月在罗马，在这一期间他通过大量阅读意大利的有关书籍，进一步强化了专业知识。

当他回来时，许多工作在等着他。他所在的经济系迅速地成长着，上基础课的学生已经超过500人了。他觉得给这500名学生上课是一个很重的负担，但是他也从中获得了很大的满足，因为这给了他一个"接触大量的大学本科生的令人振奋的机会"。但事实证明，更大的满足来源和更大的令人鼓舞的服务机会，是他被任命为《经济学季刊》的总编辑。1889—1890年，当登巴尔不在时，他曾经临时担任这一职位；从1896年起到1935年为止他一直担任这一职位。最后，我们借助于从他1895年的课堂报告中摘录的一段话，给他这个阶段的工作做一个恰当的总结：

在大学政策方面，我坚决主张把大学缩短为三年制，并稍微修改入学条件的规定，对于希腊文不再给予任何特别的重视。……在政治上我是令人头疼的中立者（无党派人士），我期待出现一个新的政党，并希望这个政党将公正地主张合理的关税、健全的货币，尤其重要的是改革行政制度和建立忠实的政府。

三、中年（1901—1919）

尽管已经42岁了，但陶西格并没有感到自己有衰老的迹象。在他的生活中，也从来没有出现过急躁或狂热的情绪。他依然享有极高的声誉，而且在很大程度上实现了他的志向。但即使这样，虽然他在体力上完全应付自如，可是他忽然发现自己不能像以前那样工作了。这就是人们所说的精神衰弱。这种疾病在教授或以学术研究为职业的人群当中发生的概率较高。为了完全放松自己，他请假到国外休养两年，他先在奥国的阿尔卑斯山的梅兰度过了一个冬天，然后又在意大利的里维埃拉度过了另一个冬天，其间的那个夏天（1909年）是在瑞士度过的。这样，他恢复了体力，避免了一场灾难。从1903年秋天起，他重新回到哈佛开始了自己的教学工作，并同时继续从事《经济学季刊》的编辑工作。此后，他被选为美国经济协会的会长，在1904年到1905年他都担任这一职位。但也仅此而已：1901年到1905年在他的学术成就史中是一段空白时期。

1905年年底，他又恢复了从前的状态，重新成为一名教师兼学者。这一期间，他充分地发展了他的教学方法，他高超的教学技巧也使他在世界范围内享誉盛名。在科研方面，他在最初选定的国际贸易领域中继续进行钻研，这些年中他所写的大多数论文都属于这一领域。他的努力并不是徒劳的，并且收获颇丰，这表现在他那本于1915年首次出版的《关税问题面面观》一书中。这本书是一部内容丰富的杰作，运用了大量产业界的事实进行分析。

也是在1915年，陶西格到布朗大学教学，并以"发明家和会赚钱的人"为题把讲稿发表出来了。此书是他对自己感兴趣的问题的研究成果的汇总，而且他也是最有资格写此书的人。这个一般的研究领域可以称为经济学的社会学或经济行为的社会学。制度的研究是其中的一部分。另一部分则是建筑于制度背景上的对个人或集团行为的研究。在这一广阔领域里，关于企业家类型和行为的现实分析，是陶西格研究最重要的方面之一。随着时间的推移，陶西格在这类问题上倾注了越来越多的心血。

但是从1905年到1911年，他的主要精力都用于写作《经济学原理》——这是"许多年教学和深思熟虑的结果"。这部作品分为两卷，于1911年问世。它一经出版就取得了巨大的成功，并且正如它所应得的，它成为最广泛使用的经济学教科书之一。它是杰出的教授法的成就，表现出一位卓越的教师的业绩及智慧，无论用什么言辞都不足以形容它的成功。而且陶西格不仅承担了讲授事实和方法的责任，还教授了态度和精神。他承认经济学家的权力和职责是判断公共政策、引导公众舆论、确定合理的经济目标。有关这个问题，虽然有人持怀疑态度，但他始终抱着坚定的信念，并且以他生来固有的强烈责任感来履行这一职责。和马歇尔一样，他宣讲的是那个时代的真理，并且要揭示它们之间的关系。他按照教学的最高标准来教授，并给人以深刻的印象。像亚当·斯密一样，他坚信传授经济学就是传授人类的美德。为此，他进入了那个伟大经济学家的长长的行列中。

但这不是他的全部成就。无论对与不对，一般人都认为教科书是传播已有的研究成果。当然，关于整个领域的有系统的研究，这类成果是必不可缺的。但陶西格的论著，却在极大的程度上，包括他自己挖掘出来的资料，并且主要是系统地叙述他自己思维的结果。这一点在他写的第4本关于国际贸易的书中体现得淋漓尽致。它是关于国际贸易的最好的论著之一。在较小的程度上，在第3卷的许多个别论点上（货币与银行），在第6卷（劳动），在第7卷（经济组织问题，如铁路、产业组合、公共所有权和统制，以及社会主义），以及在第8卷（赋税）里，都反映了他很多个人的见解。

他的第一本书《生产组织：财富与劳动、劳动分工、大规模生产等》除了用传统的方式全面介绍经济学学科外，还在"资本"这一章里提出了自己的独特观点。这些意见以后在他的第2本书《价值和交换》和第5本书《分配》中占统治地位。在这些书里，陶西格提出了他个人关于我们现在所谓古典体系的意见。这一体系也标志着经济学的教学从老的古典著作（斯密—李嘉图—穆勒）向现代理论著作研究的过渡。他把他的理论体系建筑在《工资和资本》一书中已经奠立的基础之上。在其间准备的年月里，他稳步地发展了这一基础——主要是通过他的《资本、利息和收益递减》（《经济学季刊》，1908年）和《工资理论概要》（《美国经济协会会议录》，1910年）等文章。这些文章中的许多观点甚至可以说是现代思想家都无法接受的。但这些成果真正有意义的地方在于，他在马歇尔和维克塞尔等一流的著名经济学家中争得了一席之地。

他的伟大著作《经济学原理》一书的最终定稿工作是在一片忧伤的气氛中完成的。陶西格夫人的健康曾一度令人担忧。1909—1910年，陶西格休假一年。这一年他们是在纽约州的萨拉纳克渡过的。1910年4月15日，他的夫人在那里与世长辞了。

但是他仍然一心一意地继续进行研究和教学工作。他常引用的一段话，也是他在1914年学位授予典礼上所做的报告中的一段名言，可以准确地勾勒出他在1917年以前工作与生活的画面：

"过去的七年间我的生活是安静的，夏天到我们在科都伊特的别墅去避暑，冬天留在剑桥工作。我则继续讲授几乎和前些年相同的课程，我把很大一部分精力倾注于经济学这个科目的第一门课程，即'经济学I'，现在它成为大学课程中最大的选修课。我们系的政策，当然也是大学的一般政策，是不将学生众多的普通课程交到青年讲师的手里，而把它们交到年岁较大、经验较多的教师手中。"

1912年春天，他曾到欧洲进行短期旅行，并作为波士顿商会的代表出席在布鲁塞尔召开的国际商会大会。同年9月，他以计划委员会代表大会主席的身份出席了在波士顿举行的国际商会代表大会。

1917年年初，他短暂而出色地担任了一个新的职务：关税委员会主席。这个职务他一共担任了两年半。他的天性决定了他乐于为社会服务，而且他一生都是一个优秀的公仆。

领导一个新的公共机关、制定它的精神和它的日常工作制度，并创设一套新的惯例，乃是在公共行政学中所能遇到的最困难的工作之一。这在任何国家都是如此，但在美国表现得尤其突出，因为任何新设的机构都难以排除顽固的官僚主义工作作风。在美国的行政条件下成功地完成这样一项工作，无疑证明了陶西格不同寻常、强有力的个人魅力，而且考虑到这一机构的半科学半司法的职能，陶西格是最恰当的人，并且他从各方面来看都是绝对成功的。关于这一委员会的正当职能，他认为委员会必须以调查研究为基础，然后再采取谨慎的步骤由研究推进到提出建议。同时，他还认为，对一些不法事件，必须采取法律手段，而不是仅仅以片面的报告来敷衍。这样，关税委员会在他的领导之下，对《关税法案》所列的一切重要商品进行了系统的研究，以便在有修改的机会时能够向国会提供可靠的资料。

他的另一个计划是修改《海关行政法规》，这些法规是从1799年驿站马车时代遗留下来的，已经不适用于当时的现实状况。委员会的建议后来被采用了，实际上是全部被采用了。

此外，他还提出了设立自由港、自由区的报告及国与国之间提供互惠条件、签订贸易协定的报告。这两个报告不仅是优秀的著作，它们对国家政策的形成也产生了相当大的影响。这些报告在很大程度上是他个人的工作，代表着他个人的意见。由于他思维开阔，广泛吸收各种合理的意见，所以他并不是靠其行政上的职务成为杰出的权威人士，成为他所研究的领域的领导人的。对此，在他辞职后不久，关税委员会在其制定的《第三个年度报告》中这样说：

"陶西格博士在1919年8月1日辞去他的职务，这使委员会遭到了不可弥补的损失。多年来他对于美国关税历史和关税政策的了解已经超过了任何一个当代美国人。他关于这些问题的几部书和大量论文对广大学生和立法者起着长期的指导作用。同时，他在其他领域的造诣、对商务的了解及与商界人士的广泛接触，使他的著作和论点克服了专家们通常犯的知识面狭窄的毛病，使他能够正确预见关税政策及其实施细则的意义。它既有学者和理论家的眼光，又有实际工作的知识及判断力。他把理论与实际高度地结合在一起，再加上他强有力的个性和充沛的精力，使他被总统任命为关税委员会的主席，这得到了人们普遍的认可，对委员会正确、公平和有效地开展工作也起着积极的作用。在以后两年多的时间里，他凭借自己的智慧不遗余力地贡献自己的力量，对委员会的组织、工作计划与实施、调查研究、收集意见和提供指导等工作提供了不可或缺的帮助。"

随着美国的参战，陶西格的责任迅速地扩展到关税委员会职责范围之外。他成为战时工业局定价委员会的委员，曾有一个时期他任职于粮食管理局的谷物部及其下属的一个肉类包装工业委员会。他很快就感到负担过大，必须减轻负担。但是由于威尔逊总统的请求，所以他保留了他的定价委员会委员的职位和自己的委员会主席的职位。

威尔逊总统充分地认识到与这样一位能干的、热心公益和无私的顾问合作的价值。他们建立了亲密的关系。早在1918年1月，陶西格就一些超出自己职责范围的问题向总统提出了建议，特别是关于美国参加第一次世界大战的目的问题。这样，他被聘请参加和约顾问委员会就几乎是理所应当的事了。同样极其自然地，他参加了这一委员会所属的关税和商约委员会，他还作为发起人，出席了经济条款一般委员会的会议。总之，他在国内或国外事务的很多方面都提供了帮助和建议。

他曾怀着一种不怕任何报复和困扰的心情，坚定地代表正义和公平的一方，远赴巴黎，参加巴黎和会。毫无疑问，他的许多个人观点来自于他的官方经历，他真正做到了坚决维护大多数人的利益，并且巧妙地避开了许多不合理的要求。但他的工作产生的影响究竟有多深远，我们将永远无法知晓。同时，除了他在题为"巴黎和会经历记"的讲演中对波士顿一些神论协会所发表的一些看法以外，我们也永远无法确切知道他对和约的一些不合理的条约究竟有什么想法或感觉。他在这些月份中所写的愉快而近乎闲聊的家信里，只说到一些他的每日工作和观察。也许他所做的与所想的部分来源于他平时的闲谈，但他从不谈及自己所担忧的工作。针对别人对他的批评，他总是保持沉默。我们当中有些人可能对此感到遗憾，但这正是他的高尚之处。他的言行都是受深刻的责任感所推动的，从不会使他的合作者失望。

在1919年6月回国之前，他就把脱离关税委员会的辞职书交上去了，实际上该辞职书是在8月生效的。但是从1919年到1920年，他还在总统的工业协会工作，并在食糖平衡局工作到1926年。

四、元老（1920—1940）

60岁时，陶西格回到了哈佛，继续从事教学和研究工作，他的声望和威信日益提高。他怀着年轻人般的热情，继续完成他早年"在剑桥生活，为哈佛工作一生"的誓言。

他的生活又回到了原来的轨道，每天愉快地工作，有时进行轻松的、短时间的散步，到了夏天他还会去科都伊特进行长时间的游泳，晒日光浴，晚上偶尔也会欣赏一场音乐会。而更多的时间，他是和朋友们在一起的，其中大多数是男性，并且主要是从事科研工作的那些人。他的强烈的个性使他成为聚会的中心，以致这些聚会常常带有某种他的课堂的风味。他的愉快而豁达的性格通过庄严而含蓄的外表表现出来，从而使他成为受人敬爱的领袖。他那闪光的美德、活泼的风格和他本人有点守旧的作风，永远铭刻在我们心中。1918年，他和劳拉·费希尔小姐结婚了，她的和蔼可亲在以后的十多年当中使得他的家庭十分安乐祥和，而且使那些对这位伟大的学者充满了敬佩之情的年轻人感到无比欢欣。

在他的整个职业活动里，《经济学季刊》的编辑工作，比以往任何时候占据着更重要的地位。该刊物已经成为他生命中重要的组成部分，而他也成为《经济学季刊》的顶梁柱。《经济学季刊》的编辑工作，给了他一个向世人展现他的工作与成就的机会。从1896年到1938年，在这40多年的时间里，除了他精神衰退那两年和几次短期的中断外，为了《经济学季刊》的发展，他怀着极大的热情投身于阅读和批改手稿、约稿，向作者提出修改意见等事务中。而且，在1929年A.E.门罗教授参加这一工作以前，除了秘书的协助以外，他几乎在没有任何帮助的情况下工作。他的成就是惊人的，而这无疑归功于他为保证《经济学季刊》稿件的高质量所做的努力。可以说，《经济学季刊》为全世界经济学的发展做出了巨大的贡献。

这样的成就是罕见的。实际上在我们的领域中，能够达到陶西格水准的编辑，几乎很难找到第二个。要寻找他在这方面取得成功的秘诀，首先要了解他的性格。在他的性格中，能力和宽厚完美地结合在了一起。他很有把握地领导《经济学季刊》，而拒绝让各个委员会来妨碍他的工作。虽然他偶尔也征求意见，但他能独立于这些意见而自己做出决定。在一般情况下，采取这种做法并坚决主张自己意见的人，易于失之偏狭和变得独断，但陶西格是一个例外。他往往一眼就能看透来稿质量的高低，根据稿件的质量决定是否采用，至于作者论述的方式或结论是否符合他的口味，对他来说无关紧要。这方面突出的例证是他对有关数学的稿件的处理。他自己对数理经济理论，即使不讨厌，也采取了怀疑的态度，可是他仍然欢迎这方面的高质量的稿件，尤其是亨利·T·穆尔的投稿，并且在他担任编辑的最后一年，他愉快地接受了这方面前所未有的技术性最强的作品。还不止于此。由于精选作品的苛刻习惯，他发现自己面临一个所有科学期刊的编辑共同的问题，即如何缩小刊选作品与大众口味的差距？一方面，他希望《经济学季刊》的讨论内容符合当时的经济形势；另一方面，他更乐于致力于讨论按照一般原则来处理与解决的问题，他试图寻找——而且从某种意义上说已经找到了——人们会永远感兴趣的话题。关于时事评论问题，他特别喜欢经过仔细选择的书籍的评论文章，从而避免了一个编者所面临的困难。

就是这样一位富有创新精神的编辑，后来成了一名职业教师。但是当我们回顾那些年月时，所想到的是作为哈佛学生的教师的他。我们自始至终都在强调，他的思想和精神的大部分都集中在他堪称无与伦比的工作中。他在该领域形成了自己的理论体系，而且他关于经济问题的总体看法也产生了深远的影响，但他不可避免地会遇到自己的匹敌者，甚至是比他更优秀的人。但是作为教学艺术的大师，在这一领域中，本国或任何其他国家都无人可以与之匹敌。现在让我们来看一下他的教学方法。

我们已经知道，他那激动人心的讲演给人们留下了深刻的印象。他也当过导师，他是一位鼓舞人的讲课者。但他之所以成为世界知名的教师，是和他的教学理念相联系的。从1928年起他专门教授理论知识，特别是他心爱的（研究生的）课程"经济学II"。这是一门介绍美国学者的经济思想的课程，后来在美国的很多大学和学院中广泛地被采用。他的成功还在于他采用了课堂讨论的教学方法，即先根据当时的经济形势科学地提出讨论题目，然后再决定讨论方式。

他是最早认识到以下事实的人当中的一位：经济理论像任何其他学科的理论部分一样，不仅仅是方法论或哲学的宝库，而且是用以分析现实生活中经济模型的一种工具，因此，老师应该向学生传授的是对待事物的方法、思考问题的习惯和针对事实发现问题的艺术。但仅仅懂得这种工具是不够的，学生必须学会如何运用它。陶西格自己喜欢把他完成这一目的的方法叫作苏格拉底的方法。在每一次班级讨论会上，他总是针对某一特定问题要求学生展开讨论。令人佩服的是，他总是知道如何使讨论变得生动有趣，让他的学生们争辩个明白。在陶西格的指导下，每次讨论都获得了圆满成功。有一次，他从他的课堂讨论会回来时告诉一位朋友说："我对我今天的做法感到不满，我自己说得太多了。"

在选择授课内容方面，陶西格总是选择介于过去和未来学说之间的中间课程。在他那个时代，往常所说的"古典经济学"（在1776年和1848年之间卓越的英国经济学家的理论和方法）正在逐渐地退出历史舞台。但是当他教授以马歇尔主义为主的现代理论时，总是不忘考虑古典经济学的背景。而且在那个时代，各种经济学说层出不穷，他密切注视这些理论的发展动向，只要该理论的基础是经过他的研究后站得住脚的，就介绍给学生。这一方针和他作为一个教师的巨大成就很有关系。他避免只会使少数人产生兴趣的过度的精密，同时坚决摒弃肯定正在成为过时的东西。

学生们深深地爱戴他，他讲的课具有很高的智慧和丰富的经验，然而这还不是全部，远远不足以说明他在教学方面的成就。除此以外，他还成功地把他的宽大精神和他的高度公共责任感，传播给每一个接近他的人。

像从前一样，他的最后几十年的研究成果也分为三个部分。

第一，从他于1920—1934年发表的近60篇科研成果中，我们可以发现，其中很大一部分是关于国际贸易的。当然，其中也有他在关税委员会工作和对战时与战后问题方面研究的成果——这些经验不仅提供了进行有意义的实践和验证他的观点的机会（顺便说一句，这些观点比反对"古典"学说的观点要有意义得多），而且也引出了新的发展。他的一本名为《自由贸易、关税和互惠》的论文集于1920年问世。1927年，他发表了著名的《国际贸易》，他从此不再教授这门课程，但他仍然对它有兴趣。

这部论著包括了一些新的东西，我们在这里暂不介绍。但总的来说，这部著作反映了陶西格无与伦比的清晰思路，包含了他在这一领域所做的大量工作和教学的成果，这部结构严谨的著作的真正价值在于创立了国际贸易的理论体系，从而为以后的理论学家排除了许多障碍。就其内容来说，它扫除了现代理论家面临的障碍。他采用多种方法，提出条件假设，从劳动价值论的角度进行了研究。他认为，只有这样，才能解决国际贸易中的一些基本问题。如果脱离大量的附加假设条件，该书中的论点将难以站稳脚跟。他的这种分析方法，使得许多人认为陶西格是古典学派的代表之一。但他对这类分析方法从未产生很大的兴趣。他使用手头上所发现的任何工具来补充他的理论，哪怕这种工具是李嘉图的，它的使用者在一些方面也远在他的时代之前（参阅他关于原料国际分配的远大计划）。他在他真正感兴趣的实际问题方面的成功是令人感到惊讶的。名家们不愿舍弃过时的方法往往不足为奇，但过时的工具在这位大师手中居然能够起到这样大的作用却不能不使人叹服。

但是这一理论并非陶西格的全部成就。它甚至不构成其成就的主要部分。撇开他的广阔的视界、渊博的智慧和他对政治关系的敏锐分析不谈，而只考虑他的成就的纯粹科学方面，我们也不得不欣赏他的工作方法和以计量经济学的精神领导他的许多学生去工作的方法："理论"要有"事实"的证明，或者用他所选择的表达方式来说，理论要用实际事例来验证。在这里，还要指出他运用了当时流行的时间序列分析的方法，虽然只是简单的应用，但这也超过了一般计量经济学家的水平。另外，他用经济史作为工具来分析问题的方法也产生了深远的意义，从而使经济史学家更懂得经济理论，使理论家更了解历史。

第二，1932年他与C.S.乔斯林博士合作完成的著作《美国商业巨头的兴起》，树立了他工作史上的又一块里程碑。我们已经看到，陶西格对我们叫作经济的社会学的兴趣逐渐增长。个人的行为和动机首先吸引着他，此后他研究的方向有所转变。少数经济学家认为，应由社会选择其领袖，他是其中之一。这些领袖的组织及其活动对社会起着重要作用，如封建社会的武士对社会的发展与命运有着至关重要的影响。为了更好地研究这一问题，他做了大胆而富有篡改造型的尝试。他还通过调查问卷，广泛搜集关于白手起家者或他们的后代在美国工业中的作用如何这一问题的材料。不管我们认为陶西格根据这样搜集到的资料做出结论时所使用的方法是好是坏，我们都不能否认的是：通过从各个方面观察问题，还事物以本来面目，这种研究本身就是一种天才的创举。

第三，在他出版发行的理论文章中，我们还必须提及他在《经济学季刊》

上发表的两篇论文。第一篇是《对于成本曲线的研究》（《经济学季刊，1923年》），这篇文章值得一提是因为近年来这一课题越来越显示出其重要性。这篇文章是他在关税委员会工作的结果。他在文章中提出了总成本曲线理论。的确，这一特殊理论并未被证明是成功的，但它起到了"开路先锋"的作用。第二篇文章《市场价格是确定的吗？》（《经济学季刊》，1921年）是对科学思想的又一促进。据我所知，陶西格是第一个面对以下事实的人，即如果在经济学中运用定量分析，那么经济学理论迟早将由静学向动学发展，由研究一般均衡向纵深发展。由于技术方面的原因，这一倡导到现在为止还没有为人们所接受，但是这一天一定会到来。

但当"不可避免的结局"——他这样叫它——开始投出它的影像时，阴暗的日子就逐渐向他逼近。从1932年开始，陶西格就没有什么大成就了。在课堂上他的工作仍然是杰出的，但慢慢地他感觉到力不从心了，对于他这样性格的人——认为生命就是工作这样——来说这一定是非常严重的痛苦。但他没有踌躇。1935年，他辞去教授职位，并于1936年辞去他的编辑职位。后来他关于自己的退休这样写道："对于我的辞职，我的同事和朋友说他们感到遗憾，他们的善言使我希望我已经成功地实现了我的夙愿——当人们还能够比较坦率地说'可惜'的时候退休，而不是等到他们可以完全坦率地说'是时候了'的时候才退休。"

令人欣慰的是，当他辞去杂志社的工作后，他又全身心地投入了另一项工作。他的《经济学原理》长期以来就是他极为关心的问题。由于第3版的修订（1921年）是突击进行的，对此，他从来没有感到过满意。加上1914年以来的巨大的经济和社会的变化，几乎任何题目的论述都不同往日了。因此，后来他把他剩余的精力致力于对这本书的第4次修订，这一工作无疑是艰难的，他对其中的部分内容进行了完全的重新编写。另外，他还彻底修改了第3卷《货币银行学》和第5卷《分配》。他得到了一些能干的合作者的帮助，成功地完成了这一最后的修订。1939年8月，他完成了该书的序言，从而结束了该书的修订工作。新修订的著作的一般结构、观点和研究方法都没有改变，理论结构的基础也没有改变。

他这样做是明智的。作为一位经济学家，陶西格的工作具有它的历史地位，而且这一地位是永远不可能消逝的。想用毫无特征的折中主义来抹去它的鲜明的特征是不可能的。结合美国经济学的发展历程，从他的作品中，我们更能深刻地认识美国经济发展的特征。首先是汉密尔顿及其他像他那样充满着智慧、具有实践知识的专家，随着环境、条件的变化，不仅仅对经济学进行哲学的讨论，还对其他有关的问题进行研究。但这在美国仅仅是开始，还未形成气候。接着出现了丹尼尔·雷蒙德类型的拥护贸易保护主义的斯密派，以后又有像亨利·凯里这样有创造性但缺乏锻炼的思想家。在南北战争[1]及战后，经济学开始向好的方面发展了，首先是缓慢的发展，但后来就发展得很快了。陶西格的名字，与任何其他人的名字相比较，对促进这一发展起了更多的作用。但在他成长的年代里，像其他习惯于进行认真思考的人一样，他按照穆勒的方法学习英国的著作，并学会了一些基本理论，这一点与马歇尔相似。但是任何思想敏锐的人在阅读穆勒的著作时，都不会看不到李嘉图的更伟大的形象在上面俯视着。在李嘉图那里有着一种陶西格认为能够接受的指导精神，但他不是以模仿的精神而是以一种创造性的精神来接受它的。在从李嘉图的工具出发的其他人——其中包括马克思——面前出现的同样困难，也一定会出现在他的面前。当他努力研究李嘉图名著的第1章的第4部分时，他接触到了庞巴维克的理论，这对他详细地阐述资本额与工资理论提供了很大帮助。像马歇尔一样（马歇尔的道路是不同的，但基本原理是相通的），他也不喜欢效用分析——只是在程度上较小而已。陶西格认为，用"边际劳动生产率递减"这个概念就能毫无困难地描述他的工资理论，他达到了这个目的。从某种意义上说，他和马歇尔都采用了适用于19世纪90年代理论体系的古典学派分析法，即尽管有一些技术上的限制，他们仍采用简单的曲线来分析问题，都采用推理法来研究历史问题，而且强烈希望解决当时的热点经济问题。正如他们所做的，他们彼此互相尊重，但在涉及理论问题方面时绝不委屈就全。

《经济学原理》新版完成以后，给陶西格的生活留下来很大一段空闲时间，他不断努力想要把它充实起来，可是没有办到。但他并不虚度光阴，他永远觉得还有需要他做的工作。但由于健康原因，他很快就不能坚持工作了，唯一能做的就是开始描述他父亲的一生。尽管这对他来说很费力，但他一直努力着，他是一个一直工作到最后时刻的人。事实上，很少有人的遗作像他留下的那样值得保存。

但是虽然到了最后的日子，他的身体并没有因此而产生老年人常有的不便。他仍保持着良好的状态，耳聪目明，还有充沛的精力去散步和游泳。他没有任何

1　南北战争，又称美国内战（American Civil War），是美国历史上一场大规模的内战，参战双方为美利坚合众国（简称联邦）和美利坚联盟国（简称邦联）。这场战争不仅改变了当时美国的政经情势，导致奴隶制度在美国南方被最终废除，而且对日后美国的民间社会产生了巨大的影响。——译者注

思想包袱，与往常一样，在科都伊特的家中度过暑假，新学期开始再回到剑桥。1940年夏天，他在剑桥患病，昏迷一个多星期，从此再也没有醒过来。1940年11月11日，陶西格平静、安详地离开了人世。

第八章

欧文·费雪

（1867—1947）

（欧文·费雪的计量经济学）

一

　　这个已离开我们的伟大的美国人绝不仅仅是一位经济学家。关于他所支配和深深影响的广阔领域及其思想赖以产生的那个时代的学术氛围在《计量经济学》中有了极好的反映。因此，我将只谈及费雪在我们这一领域中的纯粹科学工作。这将限制我们的主题，但不会削弱它的重要性，除非是由于我自己论述中的过失。因为不管费雪还可能具有哪些其他身份——社会哲学家、经济工程师、在他认为对于人类福利来说是十分重要的许多行业中热情的改革运动者、教师、发明家、商人——我敢预言，他作为伟大的经济学家的身份将是他被载入史册并名垂青史的主要原因。

　　我愿意进一步限制我的主题。费雪的亲密合作者对他的统计工作做了一个生动而又准确的描述，尤其是指出了《指数的编制》一书和他对统计方法"分布的级差"的最独特贡献的历史意义。我将不再重复他已经写过的东西。在以下的叙述中，我将把他当作一位理论家，而不是统计学家来进行研究。虽然如此，这位统计学家不可能完至被摒除于我所要研究的这部分费雪的学术生涯之外。因为自始至终，费雪的研究目的就在于创造一种在统计上可以应用的理论，换句话说，其目的不仅在于数字而且也在于数字的结果。他的整个工作完全符合"经济理论对统计学与数学的关系的发展"和"理论数量与经验数量的研究方法的统一"这一纲领。考虑到他的第一本书问世的日期，我们必须把他看作威廉·配第以来计量经济学方面最有影响力的先驱者。如果有人要求我用一句话来说明我对于他工作的评价为什么毫不犹豫地使用"伟大"这一形容词，我将用这一点来回答。基本上来说，这一工作包括在6本书的范围之内：《价值与价格理论之数学的研究》《增值和利息》《资本和收入的性质》《利息理论》《货币购买力》及《繁荣和萧条》。

二

在美国统计学会为欧文·费雪举行的宴会上，当雷格纳·弗里希把《价值与价格理论之数学的研究》描述为具有"不朽的重要意义的一部作品"时，我相信他的话一定语惊四座。因为虽然1926年的重印和由于其他原因使这部作品免于退出伟大著作的行列，但一般经济学界从来没有给它一个完全公正的评价和地位。通常的情况是，即使那些权威的理论家也认为费雪的主要功绩只在于：早在1892年，他就已经对于瓦尔拉[1]的价值和价格理论提出了一个简洁而细致的叙述，并以精巧的具体模型加以说明。因此，在这里，我有必要提醒读者这部著作的真正贡献是什么。

在试图解释这一贡献之前，我们必须从另一个任务开始，这就是对费雪个人要做到公正。为此，我们一定不能局限于他的作品中在客观上被称为新奇的观点上，我们还必须考虑到其中在主观上是新奇的所有观点，那就是要考虑到他本人并不了解先于他的理论。换了其他人，如对于李嘉图[2]和马歇尔，我们也是这样做的，也只有通过这种方法，我们才可以希望，对于我们的科学中一些最伟大的人物的才能，能够做出一个真实的评价。把这一原则应用到费雪的《价值与价格理论之数学的研究》上，我们会发现通常的评价是不充分的，甚至与事实相去甚远。在分析经济学的历史中，除瓦尔拉以外的任何人的名字都不应当和一般均衡方程式相联系，但我认为费雪所说的他"发现了均衡等式"（第4章第10节）是合乎情理的。虽然他没能提出瓦尔拉体系的全部内容，但也提供了它的核心内容。而此时，即1890年，除了杰文斯[3]外，他"还没有接触任何其他数理经济学家

1　里昂·瓦尔拉（Léon Walras，1834年12月16日—1910年1月5日），法国经济学家，曾经被约瑟夫·熊彼特认为是"所有经济学家当中最伟大的一位"。他开创了一般均衡理论，是一位数理经济学家，边际革命领导人，洛桑学派创始人。——译者注

2　大卫·李嘉图，英国资产阶级古典政治经济学的主要代表之一，也是英国资产阶级古典政治经济学的完成者。他继承并发展了斯密的自由主义经济理论，其研究的领域主要包括货币和价格，对税收问题也有一定的研究。他的主要经济学代表作是1817年完成的《政治经济学及赋税原理》。——译者注

3　威廉姆·斯坦利·杰文斯（1835年9月1日——1882年8月13日），英国著名的经济学家、逻辑学家。他在《政治经济学理论》（1871年）中提出了价值的边际效用理论。杰文斯与奥地利的卡尔·门格尔（1871年）和瑞士的利昂·瓦尔拉斯（1874年）共同开创了经济学思想的新时代。——译者注

的理论"。而且只是在"在第二部分完成三天之后",他才"收到了并且第一次看到了埃奇沃思[1]教的《数理心理学》"。虽然各种各样的无差异变量和偏好方向及其他等还是会优先归于埃奇沃思名下而非其他人,但当我们对于这位离去的朋友的思维能力有所了解时,也不该忘了费雪所做过的说明。他从杰文斯、奥斯匹滋和里本的作品出发开始研究,并从中得到了很大的帮助。但主观上他所做的,远远不仅仅在于沿袭、简化和证明瓦尔拉的理论。

但是他在一个特定研究领域中的成就完全是他自己的成果。为了表达得更清楚,我称这个领域为效用理论,除非读者允许我使用自己的术语——"经济潜力"。关于这一成就,我发现非常难以说出我想表达的意思,并且不仅仅是限于篇幅的原因。更重要的是,这一领域里目前的情况,使我不可能在陈述我的意见的同时避免误解。而且费雪的贡献奇怪地具有两面性。让我们分别看看这两方面。

第一个方面使我们想起帕累托[2]。在帕累托不承认效用是一种心理实体(更不要说是数量上的)的至少八年之前,费雪在《价值与价格理论之数学的研究》的第二部分里,就大体上预见到了异议的迹象。从帕累托到巴罗诺、约翰逊、斯拉茨基、艾伦与希克斯、乔治森,最后到萨缪尔逊[3],这种异议一直存在。杰文斯的最终效用和埃奇沃思的各种各样的无差异理论,都是盲目接受边沁[4]的满足和痛苦的计算方法的产物。埃奇沃思不仅臣服于功利主义,还通过介绍费希纳的"可察觉的满足度的增加"的理论,重点强调了这一体系。费雪认为"效用必然可以有一个定义,能够把它和它的实证的或客观的商品关系联系起来"(序言,第6页)。但在第二部分里,他偏离了这一思想。在揭示出每种商品的效用是所有商品数量的函数之后,他最后得到的结论完全倾向于根本不需要任何效用论的主张。剩下来的是一个缺乏任何心理内涵的概念,它包含跟在帕累托之后所出现的一系列理论的萌芽。费雪实际上是选择逻辑的始祖,虽然他没有使用这一名词,甚至一些以后的讨论中起重要作用的细节问题,如可积分性问题,也可以在这

1　弗朗西斯·伊西德罗·埃奇沃思(Francis Ysidro Edgeworth, 1845—1926),英国统计学家,数理统计学的先驱。——译者注

2　维尔弗来多·帕累托(Vilfredo Pareto, 1848年7月15日—1923年8月19日),意大利经济学家、社会学家,洛桑学派的主要代表之一。——译者注

3　保罗·萨缪尔逊,1915年出生,他发展了数理和动态经济理论,将经济科学提高到新的水平。他的研究涉及经济学的全部领域,并于1970年获得诺贝尔经济学奖。——译者注

4　杰里米·边沁(1748年2月15日—1832年6月6日),英国的法理学家、功利主义哲学家、经济学家和社会改革者。他是一个政治上的激进分子,也是英国法律改革运动的先驱和领袖,并以功利主义哲学的创立者、一位动物权利的宣扬者及自然权利的反对者而闻名于世。——译者注

一部分中找到。

但还有另一方面使我们想起弗里希[1]。在以萨缪尔森的假定为基础，以效用论这种既不能被承认又多余的证据为逻辑终点之前，费雪在"任何一种或至少一种商品的效用只决定于它自己的数量而和其他商品的数量没有关系"这种限制之下来解释效用的单位，从而非常简单但卓有成效地提供了关于衡量这一不存在的、多余的东西的理论。这一限制也许得不到承认，像将哥伦布的旗舰与现代油轮相比较时会发现很多前者的缺点一样，这种方法也存在诸多不足，但是它仍算得上是新生的经济学中最杰出的成果之一。我希望《计量经济学》的读者都熟悉主要和弗里希这个名字有关的理论的进一步发展，但我仍要回到那个问题：一位能够写出《价值与价格理论之数学的研究》第二部分的人，怎么可能认为测量边际效用是计量经济研究的正当目标？难道证明这个观点仅仅是为了不引起怀疑？答案似乎就是这样。实际上，虽然他像帕累托一样保留了与此相抵触的说法，而充分证明了心理效用（第一部分）没有引起人们的怀疑。但是不同于帕累托的是，他认识到测量方法的一个有意义的问题也会在选择逻辑上发生，或者说，基本效用和心理效用并不像我们大多数人所认为的那样紧密地结合在一起，就像我们可以测量热力而不需要也不能测出热的感觉一样。当然，整个观念现在被乌云笼罩着，几乎没有人对它产生兴趣。但我相信它会卷土重来的。

三

瓦尔拉体系提出了体现选择逻辑定理的行为方程式或最大化方程式。这些选择受制于一些限制，其中一部分限制包含在行为方程式中，而另一部分则包含在体系的均衡方程式中。这个体系很全面而且承认不同的解释，换句话说，可以根据我们对用作典型的现象进行概念化的方式，使它产生不同的"解释"。因此，为了使这个体系具有一种独特的意义，必须对它补充一些东西。这些东西从严格的意义上说，只是同义反复。但对于经济学家来说，却涉及他对自己所分析、研究的经济世界结构的全部见解，并且在未获得充分的证据时，其分析的许多结果会产生许多偏见。但是概念中包含着关系，并且既然理论的核心在于建立合理的

1　拉格纳·弗里希，1895年生于奥斯陆，是数理经济学和经济计量学研究领域的先驱者，主要致力于长期经济政策和计划，特别是关于发展中国家问题。他首先提出了经济计量学的定义，并第一个运用经济计量学的方法分析资本主义的经济波动，首创描述资本主义经济周期的数学模型。由于其在经济计量学及其应用方面做出的贡献，1969年，他被授予首届诺贝尔经济学奖。——译者注

纲要，那么理论就该称为经济计算方法的理论。我们也可以说瓦尔拉体系预先假定经济计算的图式，而不说它以解决概念化问题为先决条件。从过去到现在，我们凭经验知道，这一概念化或计算图式集中于资本价值和收入价值理论中。这就是为什么瓦尔拉在他的《纯粹政治经济学要义》中加入了几段可以算作会计学基本原理的东西，并且这也是为什么欧文·费雪用一本《资本和收入的性质》来补充他的《价值与价格理论之数学的研究》的原因。根据我的理解，这一部分在一定程度上来说也成功了。大多数人对它感到厌倦，认为其中除了延续了关于这两个概念的为时已久的讨论之外，再没有什么东西。但也有少数人十分欣赏它，帕累托也在其中。

首先，费雪完成了一项很久以来悬而未决的任务。我不知道别人是否和我一样，会对这样一些历史事实产生深刻的印象：经济学家常常会忽视那些显而易见的方法和途径。贝努里的建设性短论的命运正是一个例证，经济学家不能与工程师联手合作是另个一例证。但没有比19世纪的经济学家忽视从会计和保险统计的实践中学习，然后再试着根据经济理论的观点加以合理化的这种态度更能说明问题了。试图做这两件事是从较晚的时候开始的，但两者中比较重要的一方面——毫无疑问是下意识的——就是以费雪为榜样的。来自会计师的反应只有一部分是有利的，坎宁教授的作品是突出的例证，其他人则批评了他。但是不要紧，重要的是费雪已经打破了坚冰。

其次，可以说，费雪在这一领域中的功绩和他在指数理论领域的功绩有关。当他研究后者时，距卡里大约已经有一个半世纪，或者距弗里特沃德有将近两个世纪了。前人就这一学科已经做了大量的工作。费雪的贡献一方面是系统化，另一方面是合理化，那就是建立了指数应当满足的许多标准。他在成本和收入原理上也是同样进行研究的。从这些概念所要实现的目的着手，他合理地求出了关于财富、财产、劳务、资本和收入等的一套定义。这一套定义由于符合了一个合理的纲要而显得新颖。其结果并不是令每个人都满意的，但它是一个重要的、有示范性的理论，尤其是它引起了现代理论对于存量和流量的差别的重视，同时它也引出了以下定义：净收入=可实现收入－资本的贬值（或+升值）；每个词若是按照费雪的术语来看的话，则这一定义是和人们讨论很多的"储蓄不是适当的所得税对象，或征收储蓄税会引起重复课税"这种主张相联系的。

最后，这一作品扫清了向利息理论前进的道路。当然，它所涉及的原理是庞巴维克[1]的，或者，若是你愿意这样理解的话，是杰文斯的。但为了得到这本书所阐述的，关于资本和收入价值之间的关系这一概念，我们只需要观察并分析，弄清楚商业实践的折现过程就可以了。这一关系反过来又揭示出这样的观点：利息不是对拥有生产资料的特殊阶级的回报，而是贴现过程的结果。从逻辑原理上说，这种贴现过程普遍适用。像"土地的地租"和"资本的利息"不应当等同起来这样的问题，尽管马歇尔没有用许多话把它叙述出来，但他不仅已经认识到它了，而且他的准地租概念指向了这一方向。阐述了它的一切含义，并在这一基础上建立自己结构的是费雪。

四

这样，由于《资本和收入的性质》在某种意义上说，是《价值与价格理论之数学的研究》的姊妹篇，所以《利息率》（1907年）是两者的产物。他当然也是《增值和利息》的产物。他在1930年发表的《利息理论》中又做了一些修改。就它自己的结构范围内的完善程度来说，《利息率》是一部非常精彩的作品，是利息文献中最高的成就。第一，这一作品是数学方法的杰作。它教导我们如何既满足专家又满足一般读者的需要。它没有把数学赶到注解或附录中去，并且教导我们如何运用适当的摘要和能说明问题的例证，它还引导外行人通过简要的概述和细节的描述，从基本原理中得到重要的结论。据我所知，还没有其他作品能够做到这一点。第二，这一作品显然有些部分是属于计量经济学的。把它和任何其他关于利息的理论进行比较，就可以看到它们之间在这一点上的鲜明差别。第三，该作品几乎是一个完整的有关资本主义过程的理论，展现出了利息率和经济体制中的其他因素间的相互依存关系。这也是最重要的一点。进一步说，众多因素相互影响，围绕着这种理论的论据得到了强有力的证实：不耐心（时间折扣）和投资机会（边际收益超过成本率）。这本书是"为纪念约翰·雷和欧根·冯·庞巴维克[2]而写的，我在他们建立的基础之上经过努力而有了建树"。确实是这样。但并非每个人能够这样想，也不是每个人都肯在原则方面否认自己的创造性。在这里，让我们对费雪的品格表示敬意，但同时也要承认他在这些基础之上所建立的

1　欧根·冯·庞巴维克（1851—1914），也译为巴维克。奥地利经济学家，奥地利学派经济学说的全面发展者。——译者注

2　欧根·冯·庞巴维克（Eugen Bohm-Bawerk，1851—1914），奥地利资产阶级庸俗经济学家，奥地利学派的主要代表人物之一。——译者注

结构的创造性。

这一作品的核心是第三部分，它极其清晰地实现了下列主张所包括的内容：利息理论实际是和整个"价值和分配"理论完全一致的；利息并不是工资、地租和利润之外的另一种收入，而只是总收入中的一个方面。为了不懂数学的读者的便利，第二部分重述了相同的观点。第一部分把这一理论与《资本和收入的性质》一书中所发展的概念工具联系了起来。第四部分是一些较晦涩、难以理解的理论的集合，它包含了重要的第15章——与第21章相比，这一章是全书讨论的真正的概要——以及引人注目的独创的第16章，在第16章中，费雪开垦了一片天地；第19章表述了同样具有创造性的统计工作的成果。这些都是精华，而且其中极少有糟粕。

各种可以选择的交替利用的收入之间的选择原则，大体上是一般经济分析的枢纽，从这个意义上说，费雪的利息分析基本上是收入分析。这一收入分析基本上是通过真正的实物来表达的，从总体上说，货币因素被看成及时转移收入的工具，而不是被当作流动资产。任何愿意这样做的人，都可以把后者插入，对于其他的，如果我们选择费雪的著作作为我们自己的基础，我们将会走得更远，但是在这一点上还没有取得多大的进展。

五

完整的经济理论已在《利息率》一书中得到了部分解释或部分描述，货币理论的所有要点都体现在了这本书中。但是像大多数伟大的体系创建者一样，费雪虽然具有一个堂皇的中心理论，但他感到有必要通过这个中心来研究货币问题。在《货币购买力》中他做了这一工作。让我们首先看一看这一作品的显著的历史意义：它是费雪在计量经济学方面的另一个伟大的探索工作。这是他关于物价指数的早期作品。这里出现了他的交易量指数，以及在当时是全新的其他方面的创造，其中有他的天才的估计货币流通速度的方法。同时，他也精心地做了对于结论的统计检验。这一切研究成果都属于早期计量经济学作品中的经典之作。但是真正重要的是，这本书的整个论证都是和统计应用可能性这一标准相联系的，它避免了不适合于统计计量的任何概念或主张。不论是好是坏，费雪再一次把他的旗帜固定在了计量经济学的旗杆上。

说明这部作品是货币的古典理论和现代理论间的重要环节并不是一件容易的事。正如他一贯的做法，他宣称这本书中没有他新创造的东西。这本书是献给纽科姆和可以想到的其他先辈的。这本书的第4章、第5章和第6章，作为核心却不只是一种综合而已。毫无疑问，费雪接受了在当时仍然很新颖的银行信用理论，指出了在银行信用周期中利息率的杠杆作用；他明确地承认速度的变动性——必须记住：不变速度这种假定曾经被认为，并且即使现在有时也被认为，是"旧的"货币理论的主要特征和缺点。他对于有助于决定购买力的许多因素（其中有些合并于"生产和消费的条件"这个分类之下）都给予了适当的考虑。所有这些并不等于将货币理论与价格和分红理论完全合为一个整体，更别提与就业理论合二为一了，但它构成了货币和就业之间的晋身之阶。

如果真是那样，为什么《货币的购买力》的支持者和反对者除了把它看成受到赞扬的、最古老的旧的数量理论的另一种表述外别无所见，而且认为在很久之前，它就变得过时了呢？答案很简单：因为费雪曾在序言中这样说过，以后在许多关键的地方也重复过。而且这还不是全部。他把他的精力都放在对数量理论的结论的研究上，即至少货币数量增加的"正常影响之一"是"一般物价水平确切地按比例增长"。为了这一结论，他放弃了他对于货币数量的变动可能（"暂时地"）对速度产生影响这一事实的肯定，并在后者是一个制度的不变数这种假定之上进行了论证。为了同一理由，他假定存款通货趋向于和法偿（准备金）货币[1]成比例地变动。在货币过程中，相互作用的各种各样的因素都作为"间接影响"隐藏在五种因素（基本货币和存款的数量，它们的两个速度和贸易量）背后。他为五种因素保留了"直接影响"物价水平的作用，因此价格水平在其著名的方程式中变成了因变量[2]。他用大量的例证进行阐述的正是这个理论。但他毫不吝惜地把他的所有真正有价值的见解放进了第四章、第五章和第六章，并且把它们仅仅当成发生在"过渡期"中的干扰因素，随意地处置它们，这个"过渡期"就是数量理论"不是严格地正确"时。为了抓住他的成就的核心，我们必须首先丢掉对他和他的推崇者与反对者都很重要，并且他曾经耗费了他大量精力的成果。

但他为什么这样破坏他的作品呢？他的论证虽然在自己看来是满意的，却不能证实他的阐述是确切的（参阅修正版第307页关于1886—1909年的结论）。在《利息理论》及其关于商业循环的一些作品中，他的几个论证是和那些表述相冲

1　法偿货币（Legal Tender Money），是指依法律规定，可用于在国内偿还债务的铸币或通货。法偿货币具有普遍的流通能力，且不限制其使用数额。债务人提供法偿货币清偿债务时，如果债权人拒绝接受，则会丧失其求偿权利。——译者注

2　在函数关系式中，某特定的数会随一个（或几个）变动的数的变动而变动，就称其为因变量。——译者注

突的。我们不能强求他的理论或任何数量理论，通过严格解释作为一个均衡问题而被利用，并像马歇尔的长期趋势模型那样有效。因为根据费雪自己的说法，这一均衡不可能通过只是用他的五种因素就能充分解释的一个体系来实现。由这些因素可以归纳出这种均衡，但该均衡无法由这些因素得到"因果式的解释"。另外，他年复一年的运用交易方程式，而且肯定习惯于不均衡的情况了。我不能不认为这位学者是被改革者误导了。他对"补偿美元"寄予厚望。他的改革热情被充分调动起来了。为了使反对他的人信服，他不得不简化其稳定购买力的计划，不得不简化其科学基础。这也就是他后来的想法："发行货币"和"美元"。为了对这个在我看来总是一个谜的问题提出我自己的解决办法，这些解释就够了。我不想再进一步研究经济学家的改革运动这一课题。但是我还是要问一下读者：暂且不考虑其他的情况，单单从这个事例中，费雪自己，或经济学，或老美国，或全世界究竟从这一改革运动中得到了什么好处呢？

六

货币改革者也同样诋毁费雪对商业循环研究的贡献和实际的价值。但就这些贡献本身来说，它们要比我们大多数人所意识到的重要得多。它们再次成为计量经济学研究的典范，并且影响着它的标准程序的发展。从这里可以看出费雪的计量经济学具有明显的动态的性质：其1925年的著作为读者提供了一个明显的动态模型，那是在这种模型还没有十分繁荣的前几年。最后，费雪凭借令人赞赏的直觉，将循环运动的一切比较重要的"启动装置"列举了出来。只要弄清楚它们的操作方法，就能产生一个令人满意的说明纲要。

但为了认识这一点，我们必须再进行一次"剔除虚假表象"的处理。"启动装置"并没有处于它们所属的位置，荣誉并不是一开始就能得到的，它们都被写进了第四章。在开始部分，我们看到的是过渡负债和它的收缩过程"几乎是一切罪恶的根源，"或者换句话说，所有的东西都被变成可以机械控制的表面现象，结果是费雪实际上对用于各种实际历史事件的术语——"周期"的使用持反对意见（第58页）。伴随着价格水平的上升和下降，债务的膨胀和收缩也使我们在货币改革中再次陷入困境。这也正是费雪在其著作中真正感兴趣的主题。这时，"补偿美元"虽然仍被推荐，但未受到很大的重视。他不像我们在《货币购买力》中所看到的极力主张这一特殊计划那样，在《繁荣和萧条》的第三部分里，我们可以找到关于货币控制手段的简单而通俗的概述，在这里，几乎找不到会遭到哪一个经济学家反对的观点，而它实际上却囊括了所有"通货膨胀"政策，这些政策在接下来的几年里或被采纳，或被提及。我不会贬低费雪写在书里的任何成果，也不会对他的才智表现出怀疑，与此相反，考虑到发表的日期，我认为他应当享受到比他已经得到的更大的荣誉。但我愿意着重指出，这不是这本书的唯一优点，在不完善的简略概述后面，出现了一些更大的和更深刻的东西，虽然论述得还不完全。

七

《价值与价格理论之数学的研究》《增值和利息》《资本和收入的性质》《利息理论》《货币购买力》和《繁荣和萧条》就像是未经修葺的一个大教堂的圆柱和弓形结构，它们属于建筑师从未将其作为构造单位的壮丽的结构。从坎提农开始，经过亚当·斯密、J.S.穆勒和马歇尔，经济学的领袖人物通过系统化的论著给他们的时代及后世留下了深刻印象。费雪从未这样对他的思想详加解释，这个忙碌的斗士没有时间理会这些，虽然这是让他的美国经济学同行追随他的唯一方法。不管是为了什么理由，他没有创立学派。他有许多学生，但没有门人。在他的改革运动中，他和许多派别和个人协力合作过，但在他的科学工作中，他几乎是孤立的。因此，他必须在不具备学派创始人所拥有的一切有利条件的情况下奋斗，这些有利条件包括后人对学派创始人的每一句维护、解释和发展。从这个意义上说，只有李嘉图主义者、马歇尔主义者和凯恩斯主义者，而没有费雪主义者。对目的如此单纯、如此获得广泛社会认同和如此无条件地信服于当时占统治地位的口号——稳定化——的人来说，他一直站在潮流之外，总不能使与他同时代的人或当时正在成长的一代信服。但这些圆柱和弓形结构本身将会站得住脚，并且在历史的尘埃掩盖了统治今日世界的思想的痕迹后，它们依然会闪闪发光。

第九章
韦斯利·克来尔·米切尔

（1874—1948）

　　1948年10月29日，米切尔逝世。他一直到最后都保有积极向上的态度，他工作到了生命的最后一刻，就像他一直希望的那样——"死于工作中"。我们哀悼的是一位纯洁的人；一个具有坚定信念同时又和蔼可亲的同志；一位全心全意尽忠职守的人民教师；一位真理的虔诚追随者。他没有受到任何来自外界的诱惑，即使是由热情而高尚的社会同情心所催生的那些微妙的引诱。他是一位通过示范和行为来引导大众的领袖，他从来不诉诸他的权威或的确属于他自己的任何权利。但凡接触过他的人都能感受到这种人格魅力，却难以用语言来加以描述，就像很难用语言描述他广泛的兴趣爱好和他为所献身的事业付出的努力一样。我们爱戴他，深知将不会再遇到像他那样的人。

　　这是我关于这个人所要说的一切。除此之外，这篇纪念文的重点在于研究他的著作，并描述它们对当代科学经济学的意义，如果真能把他的研究工作与他本人区分开来的话。作为一位学者，他的最大贡献是在他的每一页著作的字里行间包含的道德启示。

一

　　一个人在连续"几代人"心目中的地位是由他在二十几岁时受到的影响决定的。这一理论是否有道理呢？如果有的话，我们应当从1903年米切尔搬到加利福尼亚大学之前的十年中去寻找原因。在作为科学青春期的十年当中，米切尔一直在芝加哥工作，并于1899年获得了博士学位。他是一个刚强的人，不会轻易被影响：他自身的性格特征也许太强烈，因而不会受到老师的很大影响——这一点可以归因于他的新英格兰背景和在他父亲的农场中所养成的洒脱不羁的性格——尽管英国经济史的精品课程和J.劳伦斯·劳陵在货币和通货政策问题方面的指导的确给他留下了一些清晰的印象。凡勃伦[1]更适合于生来就脱俗不羁的人的口味,他们才思敏捷,最反对死板教条和墨守成规,偏爱放牧的围场胜过马房,绝对欣赏讽刺和反论但不会刻意制造。但是不久后米切尔也开始衡量凡勃伦的优缺点,并且即使在以后的一生中他继续强调生产商品和取得收益之间的差别,他也很快地就对凡勃伦本质中模棱两可的东西感到了厌烦。可是约翰·杜威[2]和雅克·洛比开辟了永远不会失去吸引力的新天地。他们为社会科学所开辟的林荫大道比他所流连忘返的专业经济学广泛得多。如果试图理解米切尔的经济学和他个人贡献的性质,了解这一点是很重要的。为了比较详细地加以叙述,让我们在这里停留一下。

19世纪90年代是被称为马歇尔时代的三个十年当中的第一个。但是因为不是每位读者,特别不是每位美国读者,都会同意这一说法所包含的意义,所以我要首先加以阐明。有三个趋势在那时走向了成熟,并产生了1900年的新经济学。第一个是人们对社会改革问题有了一个新的观点和态度,最好的例证就是德国的社会政治学。第二个是经济史在惊涛骇浪的学院经济学领域里确立了自己的地位。第三个是经过25年的斗争,一种经济理论的新研究方法诞生了——尽管在最常提及的"边际主义""新古典主义"等名词中选定适合这一方法并且不会引起误解的名字的确不是一件容易的事。但是除了英国这一由于马歇尔的领导而在某种程度上成功的将以上三者统一起来的特殊情况之外,这三个趋势在任何其他地方都互相冲突着,不仅是在它们彼此之间,而且与前一时期的全国同行的大部分所墨守的观点和方法也相抵触。特别是在美国,虽然经济学这一学科已突飞猛进,但回顾过去,看到的几乎只有过时的教科书——虽然F.沃克等人的研究无疑已经改进了这些教科书,但它们依然落后、过时——其他方面则只有杂乱无序了。这么说并不是不尊重被遗忘的或正在被遗忘的名人,但我们可以很容易地理解到一个青年在1886年左右进入芝加哥大学的经济系之后,却发现在那里并没有人能知道他在马歇尔的《经济学原理》的光滑表层之下所存在的丰富的观念和研究方案时的心情。在那时,《经济学原理》是一部可据以学到马歇尔学说而不必去到剑桥听他讲课的唯一著作。而且在1886年或更晚一些时候,一个极有能力的教师才

---

1 托斯丹·邦德·凡勃伦(Thorstein B Veblen, 1857—1929),伟大的美国经济学巨匠、制度经济学鼻祖。——译者注

2 约翰·杜威(John Dewey),实用主义的集大成者,他的著作很多,涉及科学、艺术、宗教伦理、政治、教育、社会学、历史学和经济学诸方面,使实用主义成为美国特有的文化现象。——译者注

能以实际有用的方式，来介绍J. B. 克拉克的学术思想。因此，《社会政治》始终没有遇上敌手，经济史仍然处于次要的地位，新的理论"边际主义"或"新古典主义"被随便地弃置一旁。而极其乏味的教科书——或多或少是按照穆勒的典范形成的——成功地把思想比较活泼的人驱逐到"制度主义者"的叛变当中去。

米切尔所从事的研究工作的曲线图，我相信可以毫不勉强地解释为两个平面的交叉线：一个代表这些环境条件；另一个代表他自己的心理倾向。像他这样有能力的人注定不会满足于他所眼见的事物的状态，必定要到社会现实的浩瀚海洋中去寻找补救的办法。而在他看来，经济学家似乎只注意到了整体中极小的一部分，他要的是无限畅游而非浅尝辄止；是对不毛之地的深度探索而非边缘的徘徊。再有两点就可以完成这一阐述。第一，他总是对逻辑的严密性保持怀疑，就像马驹对缰绳和马鞍感到疑虑一样。他仔细观察在这片不毛之地上耕作的人们的工作，并很快发现它们不仅只是出于方法论上的考虑可以任意抛弃的不现实"假设"，而且是一种"空想"，它束缚了研究者而不是为他们服务。第二，除了这点以外，他的思维方式不是"游戏设定"：政治偏见或形而上学信仰毁损了建筑在这一不毛之地之上的作品；而且即使它没有被毁损，对他来说它仍然是没有用的。

如果这确定了他的制度学派的地位，则米切尔过去是并将永远是制度主义者。我并不希望参与讨论这一难于捉摸的概念的确切意义。这种讨论会时不时地突然爆发，而结果都是产生这样的论调：凡勃伦根本不是制度主义者，或者他是唯一的一位。这样反而会更无益。因为参加上面所提到的"叛变"的每个人，都会用自身积极的计划填补基本上是消极的批评留下的空白。但对米切尔的方法论的地位必须加以细致的研究，这一方面是因为他的作品具有突出的重要性，另一方面也因为人们一再地（甚至在最近）以一种在我看来似乎是不完全令人满意的方式对它加以评论。我们必须考虑三个不同的问题：米切尔关于科学经济学家对于"政策"的正当态度的观点，关于保护科学结论免于被观念形态所毁损的正当方法的观点，以及关于"理论"的观点。在他的整个成年时期当中，关于这三个问题的观点他很少改变。现在我们可以方便地通盘考察它们。

二

关于第一点，他的做法给我们大家树立了光辉的榜样。像其他学院主义者一样，他憎恨自己的性格形成时期的经济学与放任自由主义之间的政治联盟。但他是出于正当的理由而这样做的少数人之一。虽然放任自由主义计划在实践中不完善却得到了社会广泛的谅解这一点可能和他厌恶这一特殊联盟有关，但更重要的原因是，他认为经济学家是没有进入任何这种联盟的权利的。在米切尔看来，经济学应当是客观的科学，它把大量实践中慎重确认后的事实和推论提供给愿意使用它们的人自由支配和处理。这并没有使他把自己关在象牙塔里。与此相反，他总是随时准备着在有必要的时候为公众服务。1908年他在移民委员会里的工作，第一次世界大战期间他在劳动统计局和战时工业局里的工作，以及后来他作为胡佛总统的社会趋势委员会主席（1929—1933年）的工作，作为国家计划局、国家资源局、联邦紧急公共工程管理局成员（1933年）的工作，以及作为生活调查委员会主席（1944年）的工作，都充分证明了这一点。米切尔的这些工作的性质有助于证实我的论点：它们总是和他关于他的科学使命的概念相一致，始终在观察和解释一种形势中的事实，并客观地陈述实际上正在发生的事情。在有可能想当然地做出决定时，他通过广泛接收切实可行的建议，考虑各种情况，做出决定，并非毫无保留。但他从来不超越一定的限制，对于像他这样埋头于分析工作，并且从来不传播任何秘诀，从来不为"政策"辩解的人，我认为这种限制是恰当的。

关于第二点，对于意识形态的危害，他认识到这种危害，这本身就必然可以被看成一个显著的优点。在这一点上所能引起的仅有的问题是：一方面，他对于在方法和结论上他不同意的那些著者，是否过分倾向于怀疑其意识形态（"先入之主"）；另一方面，他所采用的补救方法是否正当。在李嘉图的分析中有许多缺点，但如果不考虑他的政策建议而考虑他的分析的抽象程度，我们就找不到其理论在意识形态方面的诸多缺陷——像卡尔·马克思毫不犹豫地承认的那样。米切尔的补救方法——对事实的谨慎的和"客观的"研究——的确会摧毁许多但并非全部的先入之见；但是即使再小心，也难以防止存在于研究者灵魂中而且从来没有为他所察觉的那些罪恶精神，对于研究所产生的不良影响，但这没有什么关系——这不能变更这一事实：米切尔是极少数彻底地看透了问题的经济学家之一，他们认识到在我们领域中的先入之见仅仅是政治偏见或只是为了保证某种特殊的利益。

第三点，"米切尔和经济理论"这一主题所引发的难题比另外两点都大得多。这些问题部分是由其模棱两可的含义所引起的。在关于商业周期的主要出版物中，米切尔列举了大量的关于这一现象的理论，宣布他乐意利用可能传达给他的任何建议。他明确表示，他不打算与其中任何一个结盟或是为建立同样的模式而受其束缚，他显然用了"理论"一词的"解释性假设"的意思。他的意思可以用这一无可争辩的说明表示出来：这样一个假定应当是具体事实研究的结果或根据具体事实的研究而得到的启示，而不是在这种研究一开始就确立下来的。公正地说，这种主张是站得住脚的，特别是不能以这样一种方案在逻辑上是不可能的为理由而加以反对；因为无论如何我们必须首先确认要研究的现象，这样做就不可避免地会引入一些对实证研究产生指导性影响的因素。换句话说，没有"理论"，就必然不会存在实证研究或"测量"。这也是正确的，但当我们提到它时，我们就会理解到这一事实：我们用的是"理论"的另一层意思，即"理性工具"。在这一意义上，米切尔肯定并不愿意把"理论"排除于他自己的或其他人的工作的任何阶段之外。关于这一点我们将予以说明。

虽然米切尔从来没有犯过在原则上反对使用概念工具或图式这种荒谬的错误，但他却曾反对过在"古典"文献——他把在他的成长时期里有采用价值的古典著作以后的文献也包括在内——里实际上使用的"概念工具"。这有两个理由：一是这和他作为经济思想的一位领袖的个人成就密切相连；二是指出了阻止他成功地把他的领导地位扩展到更广大的范围的一个限制。

毫无疑问，他试图扩大经济学的范围，以便把"经济社会学"这一领域包括进去，经济社会学是指分析社会制度或分析"盛行的社会习惯"的学科。而"货币"（资本主义）经济制度不是作为来自其他学科的论据——虽然是可以改变的论据——加以接受的，而是作为经济学家的研究材料的一部分。最根本的一点是，他没有把这种材料看成对传统理论的补充，而是以它取代了传统理论。经济过程理论本身仍然是一种理论，但它将成为一种根据仔细观察实际行为和动机的结果而建筑起来的理论，因为他在原则上没有排除反省或由反省而得到的心理解释。我们能够很容易地理解，为什么这一理论会使得米切尔把经济生活看成一个变化的过程，为什么在他看来，对商业周期的分析是对整个经济过程进行现实分析的第一步。我们不应当质疑，而应该赞扬他总是强调事物的连续，这自始至终都是他的独特的思想特点。并且我们还应该把1913年以前的米切尔看作现代动态经济学的先驱者而给予充分的肯定。但在称赞了他的前提之后，我仍将怀疑他根据这些前提而得来的结论之一，即他和别人都同意叫作新古典理论的经济理论必须被抛弃。

我们在学习他有关经济思想史的著名课程《经济理论的类型》时，难免对于这个事实感到惊奇：他反对那些作者的"假设"不逊于反对他们的"预想"。关于这个问题的每一点他又一次对了：十分明显，根据他的理解，逻辑的图式或模型不是经济学的全部，也不是拯救理论的全部；并且，除此之外，他认为这些模型被建立起来的方式和对于它们来说是极其基本的假定或假设，也有许多有待商榷的地方。但米切尔没有为了用其他假定加以代替而反对全部假定——或整个模型。他反对把它们作为假设，并且对那些关注它们的确定性和一致性问题的人们不屑一顾。他认为"我的祖辈的神学；柏拉图和魁奈；康德、李嘉图和卡尔·马克思；凯恩斯、杰文斯甚至马歇尔，在很大程度上是同一类的"。在现在这个时候还详细地研究他在这里所犯的错误，或者确切地指出一个正确方法上的直觉在何地驱使他犯了错误，这是多余的。简单的事实是：建立一门科学需要各种类型的人；而这些类型的人几乎不需要达到彼此理解的程度；并且，偏爱对一个人有益的著作，很容易导致对在评价当时还没有严肃地加以对待的其他著作加以贬损的态度。但这一态度对米切尔的著作及其影响范围所造成的危害，却不是多余的。他反对将自己的理论模式表达清楚，这就使除了最热心的和富有同情心的翻译者以外的任何人都难以看到它们的存在——他的1913年出版的那本书的基本观念可以形成甚至是享有"完整性"优点的动态模型——并且，像他把均衡的静态理论处理为"梦幻境界"的那些章节，很容易使那些不太具有同情心的批评者，显然因为他没有抓住它的意义或一般模型的性质和意义，而不承认他的领导资格。而他从来不会听信这种理论：合理的模式的目的在于描述盛行于和追求金钱利得相联系的一切经济中某种行为方式的逻辑——这是他极其了解的一个概念——并且完全不意味着这一合理的描述的主人翁本身的感觉或行动是合理的。我将永远不会忘记，当我试图向他表明，他的1913年的那本伟大的书，要只就它的论证的框架来说，是动态均衡理论的一种运用时，他表现出的无言的惊奇。我写这些话不是贬损我热爱并钦佩的人的名誉。我只是想消除各方面的误解，从而使他拥有更多的追随者。

三

我们现在转向他研究的核心。给我们留下印象的第一件事情是它的突出的连贯性。劳陵建议他把"美钞"事件作为他博士论文的题目这一事情，可能只是一个巧合。但是这除了暗示这个固执的候选人接受建议外，似乎可以有把握的假定，无论他选择什么起点，都能到达目的地。在米切尔的手里，这一题目成了他对"美钞"事件经济过程的研究——关于这种过程反作用于战时财政的冲击方式，以及"美钞"发行本身的影响只是通向这些方式的途径。在劳陵的教导之下，他对于数量理论的评价很差，并很快对其进行了更改。这是一件微不足道的小事，对由这篇论文而产生的两部著作，应注意到的真正重要的方面是他对于货币或"资本主义"经济的看法。一方面，他把货币现象与其他现象统一在了一起，因而预见到它们以后表现出的各种趋势；另一方面，他分析了各种关系，这使他很自然地研究商业周期，以此作为研究今天的货币经济一般理论的起点，这是他成年时期研究的真正主题。

1913年出版的《商业周期》一书，他从1904年就开始酝酿了，虽然他认为就这一题目而写一部著作的想法真正产生于1908年。它是美国经济学史上的一个界标——虽然它对学者的影响远远地扩展到美国之外——并且是极其有价值的。这不仅是他的杰作、一部守旧的行家里手也认为是名作的作品，而且为以后的所有著作树立了典范。1927年，他又出版了该书的缩写本。全盛时期的作品，以及精力未受损伤时期的作品，都是其代表作，他以此证明自己是这一领域的行家里手。这本书的基本内容再现于1927年的版本中。即使《商业周期计量》一书（1946年），也只是在更高和广泛的水平上应用了其部分思想，这些思想在1913年首先公之于众。实际上，就连全国经济研究局的大部分作品也是它们引申出来的影子。1913年的方法和研究成果都经得住后来者对它们的大量研究和检验。但是米切尔本人，按照他的献身于真理的单纯思想，总是随时准备修正它们。

在确定了《商业周期》在米切尔个人发展过程中的地位之后，现在我要确定它在这门学科发展过程中的地位。在进行这项工作时，我很没有信心。首先，正如前面所指出的，米切尔所进行的创造性努力不单纯是研究周期现象本身，而是指向"在商业波动的研究中所发展出来的观念，所鼓舞的一个新的经济学"——或者像他自己所说的，一个新的经济理论——这使他的作品和大多数商业周期研究者的作品难以互相比较。其次，像大多数创造性工作者一样，米切尔很难领会那些在态度上或方法上与他（或者在他看来与他）相差很远的人的作品。他博览群书，是一个最宽宏大量的人，但是由于他专心致力于自己的研究，并且长时间狂热地工作，所以对于不属于自己的理论结构，他就很难深入到一定的水平之上。为了做到对他的思维能力的公正评价，就有必要借助主观的和客观的占先权之间的区别。在我研究经济分析的历史时，我常常感到这种区别的重要性。再次，人的思维在任何特定时期都易于集中在一些相似的观点上，但由于方法问题，使得研究人员及其学生更清楚地看到相互间次要的差异而非本质的相似点。在摆在我们面前的例子中，研究人员的印象是不同"解释"的数量在不断增加。然而，事实是：他们对周期与"危机"问题等的概念越来越多地借助统计材料的研究方法及其研究成果——如对我们称之为加速原理的一般形式的强调——的相似性越来越明显。在这一运动中，没有一位著者起带头作用，并且没有一位著者似乎受到其他著者大的影响。但米切尔的著作的产生日期保证了它在这一运动史中的卓越地位。

诚然，在所有这些中，克雷蒙·朱格拉毫无疑问是先驱者，可以说是他创立了现代商业周期分析。就米切尔来说，在理论和方法上朱格拉都是他的先驱者。他不仅写了一部"伟大的事实论据充分的书"，推进了当代的理论，并弄清了由"恐慌"过渡到"周期"的必然性，甚至他还以真正的米切尔式的含蓄指出了重要的证明原理。他认为这一证明原理根源于观察，并登峰造极于一个著名的断言：萧条的唯一原因是繁荣。如果我的理解正确的话，那么他是说：萧条是对繁荣中发生的情况的反映。我认为尽管这一论述不完整，却是对该理论的最早的系统阐述，经济过程的每一个阶段产生下一个阶段，繁荣阶段在这一系统中集聚起来的压力导致经济衰退（而衰退又产生了下一轮的繁荣）。米切尔独立地采取了相仿的模式，并毫不犹豫地称它为"理论"（参阅《商业周期》第583页，或伯恩斯的摘要，第25页），并且这正是它的本质，如果我们采取这个词的有用的意义的话：在用它来说明经济行为的不断消长之时，一个图式一定会引出正当的理由来。这引出了两种截然不同的周期理论的其中之一。有这样的"理论"，即经济过程基本上是不波动的，因此必须从特定的环境（货币的或其他的环境）中去寻找扰乱经济过程的平稳流动的解释。马歇尔在代表这一"假定"的一大群人中处于突出的地位。也有这样的"理论"，即经济过程本身基本上是波浪式的——周期是资本主义的发展的形式。米切尔赞成后者。在我看来，说他在此基础上做了更进一步的发展也不为过：由于资本主义经济是一种利润经济，在这一经济里，经济活动取决于影响目前或将来的利润的因素——我认为这等同于凯恩斯的资本的边际效率，所以他宣称利润是商业波动的"线索"，这似乎不仅与凯恩斯的《就业、利息和货币通论》一书中第22章里所描述的"理论"基本上相符合，而且也与一派商业周期研究者的"理论"基本上相符合——他们的队伍几乎和把周期看作内生于资本主义过程的那一派同样大。除此之外，米切尔也没有什么主张。特别是他没有进一步说，不知是出于什么原因，利润显然总是密切地与投资过程联系在一起。但即使如此，我们眼前仍有一个明确的模式在支持米切尔的实证研究。如果这一模式在他研究的最后阶段显得证据不足，那是因为结局使他进退维谷，也就是说，他陷于研究工作的"实证"阶段，在他能够完全协调劳动成果之前。

与1927年的那部著作完全相同，米切尔的1913年的这部著作也是从对现存的各种解释的简短考察开始的。在这两本书里，他以简洁的并令人惊异的不偏不倚的态度将它们叙述了出来。米切尔认为它们都是"表面上讲得通的"，但又都是"纠缠不清的"。他对它们加以分类，但没有企图系统地批评它们。虽然他在这里或那里提出反对的意见，但读者会产生这样的印象：他认为它们是关于局部真理的许多说明，其中每一个都难分伯仲，有待于事实的检验。这种不偏不倚的态度也揭示了上面所提到的米切尔的方法学的特点之一：对他来说，解释性的假设和事实之间没有什么重要的区别，尤其是一个理论在经过事实检验之前，没有任何逻辑标准可以排除它。但是由于米切尔不相信"新古典"经济学，所以这种不偏不倚还是有它的优点的。并且正如一再说明的，这为他在统计材料的海洋中航行提供了指南。

同样与1927年的著作完全一样，1913年的著作让人们了解了米切尔对货币经济的观点。这只是对一般经济理论做出的初步论述，它们结构严谨，未加渲染，密切地结合在一起，但未加修饰并缺乏有效的概念化，正因为此，它们从来没有享受到应有的公正评价。这里举一个例子就可以了：有多少人知道，这些章节所启示的而不是陈述的货币流通理论，预见到现代收入计算和总量分析中很多精华的东西呢？当然，在这里我们掌握了当时的很多批评家所没有的，但在1913年这部著作的第三部分里曾加以进一步发展的"理论背景"，毫无疑问，这一背景叙述需要扩充，同时还需要一位专业理论家的编辑工作。但无论如何，它也是伟大的成就。

但是1913年这部著作的第二部分不需要任何的编辑整理。它是一种珍品，是拓荒者的成就。米切尔不仅知道如何使用统计资料，并且也知道如何发展它——如何取得他所需要的资料，即使它不是现成地摆在那里的。洞察在全面观察后产生的一种需要，然后识别满足这种需要的可以利用的手段，最后解决所发现的问题——这些事情在1908年和1913年之间，一定是以迅雷不及掩耳的速度接连发生的。许多人具有全面的看法，许多人热衷于细节。但是用观察能力服务于细节研究、对细节的关注服务于观察能力的人却很少见，而米切尔就是这样的人中的一个。

四

关于米切尔的1927年的著作我们无须赘述。1908—1913年间的辛勤工作使他认识到：他试图完成的艰巨任务，单凭个人是完全不可能实现的。在以后的若干年里，他积极进行价格和生产指数问题的调查和研究工作，他由此认识到，他（很少有人这样）天赋异禀，足以承担领导一个团体的任务。在这一团体里，虽然他知道如何进行领导，但他总是以一个普通研究人员的身份亲自参加工作——他全心全意投入期间的工作，并发扬知识界互相协作的精神。这样，极其自然地，在1920年，他就进入国家经济研究局工作。他是这一研究局的创始人之一，并且一直到他逝世，他都是其中最活跃的和平易近人的领导。他领导人从不强制，鼓舞人从不破坏同事的积极性。这种"勇敢的实践"是一种自我的流露，它的巨大成功是他的智慧和品德的不朽功业。

该局发表了一系列的研究成果，以对国民收入的规模和分配的著名研究为起点。这些成果从表面上看似乎远远超出了商业周期和与商业周期密切相关的问题，但是米切尔的现象概念涵盖了整个经济过程，从而使经济过程的所有现象都与商业周期"理论"有关。方法和机会仅仅决定各个项目的时间和顺序，但所有这些个别的计划都应在他的全面计划中占有它的地位。要对伯恩斯和米切尔的《商业周期计量》（1946年）进行任何评价，一定不能忽视这一点。

这部著作的著者们并不承认他们写了一部关于商业周期的论著，而只承认提供了一个"商业周期测量方案"，或者确切地说，提出了"动态经济过程"的方案。这个"公布出的宗旨"对于前八章比其余四章（它们研究结构问题而不只是测量）更适合一些。但我更愿意以一种不同的方式来系统阐述本书的内容：此书的目的是使这一现象在我们面前显现出来，并且借此让我们了解这本书要解释什么。这一努力是出于一些经过分析的结论的考虑，这些构成了我们对于1913年那部著作里所见到的那些说法的改进，但它们难以被叫作定义。它们是这样的："商业周期是各个国家总的经济活动中的波动形式。这些国家的经济活动主要在企业中进行。商业周期包括与经济活动同时发生的扩张、总的衰退、收缩、复苏，复苏后又进入下一周期的扩张阶段；这种变化经常发生，但不一定呈现周期性；周期的长度从一年到十年或十二年不等；它们不能划分为较短的周期。"除了预见到几个随后发现的事实以外，这当中还包括许多"理论"。特别是最后一句勇敢地采用了单周期假定，这使得不同种类的波动难于区分，而这些波动的存在不是进行假定的问题，而是直接观察的问题。但是这一论点和其他论点，在某种程度上说，是出于个人判断和叙述方便的考虑，我们将不进一步深入讨论它们。

根据米切尔的观点，分析国家经济研究局能发现并处理的所有时间序列是正确的、恰当的。商业周期被看成资本主义发展的形势，是相互联系的现象的积累与其发展过程共同作用的必然结果。即使能想象出一种与周期无关的因素，仍然有必要调查其受周期活动影响的程度，尽管如此，并不需要理会所牵涉的理论方面的一切谴责，但事实证明必须做出选择的话——就像在《商业周期测量》的最后四章里——那么，这是对于可以运用的手段的局限性的让步，而不是原则问题。但是米切尔清醒地认识到，即使是最完整的统计材料也无法使自己达到预期的目标。因此，为了检查和进一步阐明其统计材料及从中得出的推论，他提出搜集他称为"商业编年史"的资料的想法，并且年代要尽可能久远，国家要尽可能多。W.L.索普所编著的众所周知的书（1926年）就是它的结果。在一个统计时代里，这一承认非统计的历史资料的重要性的方法学上的优点，无论再怎么强调都不为过。虽然随着时间的推移，米切尔对于这一信息来源的信任似乎是减少了——虽然从一开头它就被不恰当地利用了，它还是把他的著作从威胁着要淹没这一领域的统计主义里拯救出来。

现在每个人都熟悉了今天被称作"国家局方法"的内容。然而，我们应当把构成这一周期行为的表述基础的天才观念再复述一遍。一方面，每一个在季节性波动中得到修正的序列都由经济自动调节，在它自己的扩张和收缩过程中，一般规律是：每一个这样的周期通过识别出商业低谷和顶峰而被分为不同阶段，该序列的值以其在每个周期中的平均值的百分比来表示，然后就可以用这些比率的平均数画出这一序列的典型的循环图。另一方面，为了表示出每一个序列在整个经济制度中扩张和收缩期间的行为，可以根据商业周期的共性和非数据信息推断低谷与顶峰的出现日期，然后研究每一个阶段或间隔中每一个序列的活动。这种"参考周期"被划分为九个阶段，参考周期的每一阶段的"时间"以整个参考周期的平均值的百分比来表示。典型的参考周期是通过对所有周期的每一阶段的时间加以平均而得出的。每一序列的具体周期与参考周期的比较可能最有启发性。每一统计材料的双重描述被设计得特别严谨，以便揭示出商业周期的真相。即便如此，还必须快刀斩乱麻。陈述事实的目的是使与其相关的理论有可能给人留下全面、深刻的印象。

当然，这一部著作只是一个开头。即使米切尔能够完成他的未完手稿，这仍然只是一个开端。这种性质的研究工作没有自然的止境，而必然总是指向一个未知的世界。这对于米切尔生平的整个工作来说也是正确的。正因为如此，他变得十分伟大，并由此确定他在现代经济学中的独特地位。他是这样一个人：与我们其余的人不一样，他有勇气说自己并不知道所有的答案；他按部就班地进行他的工作，既不操之过急，也不停滞不前；他不喜欢摇旗呐喊；他对于人类的命运充满着同情，超然于尘寰扰攘；他用实际行动而不用言语来教导我们一位学者应当是什么样的。

第十章

约翰·梅纳德·凯恩斯

（1883—1946）

一

在他的论伟大的维莱斯流派的那篇才华横溢的论文[1]里，凯恩斯表现出了对遗传能力的重视。这似乎不完全符合许多人设想的关于他的智慧境界的情况。关于他的社会学的明显推断，被下面这一事实进一步证实了：在他的传记文章里，他往往非常小心地强调祖先的背景。因此，他一定能理解到我由于没有时间不能调查凯恩斯亲属的过去而感到的遗憾。我希望其他人会去做这些。让我们用敬佩的眼光去了解一下他的父母来聊以自慰吧！他生于1883年6月5日，是神学博士约翰·布朗牧师的女儿弗罗伦斯·亚达·凯恩斯和剑桥大学注册主任约翰·内维尔·凯恩斯的长子——母亲异常能干，曾任剑桥市长，父亲是我们大家都知道的一位卓越的逻辑学家和著者，他曾写过被认为是最好的经济学方法论的论著[2]。

让我们注意这篇纪念文章的主人翁的出身于书香门第又有神职色彩的背景。当我们加上伊顿学院和剑桥大学皇家学院这两个名字时，这一背景的含义——它的卓越的英国品格和高贵成分——就会更清楚了。在我们当中，大部分人是教师，而教师是惯于夸大教育的塑造影响的，没有人会把它贬得一钱不值。而且没

1　这篇文章是关于岗恩在1926年3月27日发表在《国家与文学》上的《遗传能力的研究》的一篇评论。该文在1933年重印于《精英的聚会》卷中。该卷比有关凯恩斯的其他任何出版物更突出了他作为普通人和学者的形象，因而我不止一次地参考了这篇文章。

2　《政治经济学的范围和方法》（1891年）：事实证明，这本令人钦佩的书获得了极大的成功。它的第四版（1971年）一直沿用到1930年。该书能在有关它的种种问题的半个世纪的争论中保持中心地位，使得直到现在，学习方法论的学生还不得不选它为指导书。

有任何迹象可以表明，约翰·梅纳德对这两个地方的反应不是正面的。他似乎享有一个完全成功的学者的生活[1]。1905年，他当选为剑桥大学同学会会长，并成为第12个数学学位考试的一等及格者。

理论家会注意到，凯恩斯日后的盛名如果没有一定的教学才能再加上辛勤的工作——通过勤奋工作，使遵守这个信条的人易于去获得他想掌握的更为先进的技艺——是不可能获得的。他们将认识到：数学的思维能力隐藏在凯恩斯著作中的纯科学部分里，或许还隐藏在几乎被人遗忘的培养这种能力的轨迹之中。有些理论家可能怀疑：当他最初进入这一领域时，数理经济学正在聚集力量，那么是什么原因使他要超然于这一潮流之外呢？这还不是一切。尽管他从来不明确地敌视数理经济学——他甚至接受计量经济学会的会长职位——但他从来不以他的权威公然支持它。从他那儿得到的暗示几乎全都是否定的。有时他的谈话中会流露出类似于厌恶的情绪。

这些问题的答案不必追溯到很远的地方。更高层次的数理经济学具有所有领域中所称的"纯科学"的性质——无论如何，现在还没有。凯恩斯的卓越才能完全用在了政策问题上。他受到了很好的教育，并且充满智慧，因此他绝不会忽视任何逻辑上的细节。在某种程度上说，他喜欢这些细节；在更大的程度上说，他是在容忍它们；但在他很容易达到自己设定的限度之外，他对它们就失去耐性了。为艺术而艺术，不属于他的科学信仰的任何部分。在任何领域，他都能循序渐进，而在分析方法上他却不是这样做的。我们将看到，在不需要运用高等数学知识的其他领域，凯恩斯也具有这样的特点。他甚至不反对使用托马斯·芒爵士的那些粗疏的论证，如果目的证明这种使用是正当的话。

二

作为一个从伊顿公学和剑桥大学毕业、步入成年生活的英国人，凯恩斯对本国的政策有着强烈的兴趣。他被选为剑桥大学学生会主席是在具有象征意义的1905年，它标志着一个时代的结束，另一个时代的来临。为什么这样一个英国人没有从政呢？为什么他最终选择去了印度事务办公室？他的许多支持者和反对者得出这样一个结论：金钱是次要原因，而有一点是非常关键的，即任何一个能够和凯恩斯谈上一个钟头的人，都会发现他是最不适合搞政治的人。政治作为一个

---

1 伊顿公学对他总是发挥着极大的影响。在他后来所得到的荣誉中，没有比被教师们选为他们在伊顿公学校董会中的代表更令他高兴了。

游戏来说，并不比赛跑——或者就这一问题来说，并不比纯粹理论本身——更能引起他的兴趣。他具有非凡的辩论才能，并且对策略价值具有锐利的眼光，可是他似乎感受不到政治机关的魔力圈的诱惑——这种诱惑在任何地方都不像在英国那么强烈。党派对他来说毫无意义。他随时准备与任何支持他的观点的人合作，并忘掉任何过去的争论。但他在任何情况下都不准备与其他类型的人合作，更不用说接受任何人的领导了。他效忠于措施，而不效忠于个人或党派。并且他对不同的信念、思想、旗帜一视同仁，正如他对任何人都一视同仁一样。

那么，难道他不能胜任一个理想的公务员职位，成为一位对当今英国历史的形成产生重要影响的名垂青史的大臣吗？他能但他却偏偏没有这么做。他对政治没有兴趣，对需要耐心的日常工作更无兴趣，也绝对无意将自己训练成一个像难以驾驭的野兽一样的政客。这两种消极倾向——对政治舞台的嫌恶和对文牍的反感——促使他去扮演真正由天性赋予他的角色，这角色使他能很快胜任并达到完美的境界。这是一个使他奋斗终生并且从未放弃的角色。不管我们如何猜测他将要形成的心理规律，我们都能感觉到：从早年起他就完全理解了自己。实际上这是他取得成功的秘诀的主要钥匙之一，也是他取得幸福的秘诀的金钥匙之一——要是我没记错的话，他的生活自始至终都是非常幸福的。

这样，在印度事务办公室待了两年以后，凯恩斯回到了剑桥大学，在国王学院获得了一个研究员的职位（1909年），并很快在剑桥经济学家圈内外树立了威望。他以《经济学原理》第五卷为中心讲授纯粹的马歇尔学说。可以说，极少有人像他那样精通这一学说。在以后的二十年里，他仍然拥护这一学说。在我的记忆中，那时的他在偶然来到剑桥的人看来是一个年轻教师的形象：体格瘦小、面带苦行僧式的凝重、眼睛炯炯有神、专心致志、异常严肃，让人看来似乎有些由于勉强忍耐而焦躁不安，还有那没有人能够忽视、每个人都尊重而一些人很喜欢的雄辩者的风度[1]。从他早在1911年就被委派为《经济学杂志》的编辑来接替埃奇沃思这一事实就能够证实他越来越高的声誉。直至1946年的春天，他一直非常热情地担任这一经济学界的重要职位[2]。考虑到他担任这一职位的时间之长，以及在他任职期间所投入的兴趣和工作，他的编辑成就的确是惊人的，而且事实上几乎是令人难以置信的。这不仅仅是因为他制订了《经济学杂志》和由他担任秘

1　1927年，我和凯尔斯才开始交往，他留给我的是一种完全不同的印象。

2　埃奇沃思在1918—1925年间出任副主编，后来由麦格里格接任，其后又由罗宾逊接任（他在1933年曾被任命为助理编辑）。

书的皇家经济协会的方针，他所做的远不止这些。许多论文均出自他的建议，从文章的观点到陈述的事实，直到最不容易招致批评的标点符号。我们都知道这种结果，并且我们每个人——毫无疑问——关于它们都有自己的意见。但是当我说这句话时，我可以充满信心地告诉大家，总的来说，凯恩斯作为一位编辑，是杜邦·德·奈穆尔主编《公民评论》以来无人能与之相媲美的，我确信这会受到所有人的赞同。

凯恩斯在印度事务办公室的工作不过是学徒而已，它对于一个思想比较贫乏的人来说几乎不会留下什么痕迹。而凯恩斯不仅充分显示出了他的充沛活力，还展示了其自身的才能。正因如此，他才取得了丰硕的成果：他的第一本书——初次成功——是《印度通货与财政》[1]。这本书于1913年出版，这时他也被委派为关于印度财政和通货的皇家委员会的委员（1913—1914年）。我认为理应把这本书称为关于金本位制[2]的最好的英文著作。然而我们的兴趣更多地集中在另外一个问题上，这个问题与概述本身所取得的成就联系不大：我们能从中发现与《就业、利息和货币通论》相近的观点吗？从序言到结尾，凯恩斯只是宣称，他的1936年的学说在他看来似乎是"他已经遵循了许多年的思想路线的自然发展"。关于这一点我将在以后提出一些说明。现在，我更愿意大胆地说，虽然1913年的这本书没有包括被认为是极其"革命的"1936年的那本书的任何典型的主张，但1913年的凯恩斯对于货币现象和货币政策所采取的一般态度，清楚地暗示了1930年出版的《货币论》的观点。

显然，在那时，货币管理并不是什么新玩意——这恰好是此书在20世纪20年代和30年代没被当作新生事物的原因——而凯恩斯在印度问题上的偏见导致人们认识到了该书的特殊性、必要性和可能性。但凯恩斯不仅明显地估计到了它对物价、出口和进口的影响，而且也清楚地估计到了它对生产和就业的影响——这是非常新鲜的东西，虽然不能单独决定，但却能制约他自己的前进路线。而且我们必须记住，第一次世界大战后，凯恩斯的理论发展是和当时的特定环境密切相关的。期间，他提出了实用的建议，这在1913年不管是他自己还是别人看来都是始料未及的。把20世纪20年代英国经验的理论含义加到《印度通货和财政》的理论中去，人们就会看到1930年的凯恩斯观念的基本内容。可以说，我的这一说法是

---

[1] 1910—1911年，他在伦敦经济学院做了有关印度财政的讲座，见F.A.哈耶克的《伦敦经济学院，1895—1945年》，《经济学杂志》1946年2月号第17页。

[2] 金本位制就是以黄金为本位币的货币制度。——译者注

保守的。我本可以更深入一些——如果不是为了避免出现对传记作家来说几乎是家常便饭的错误的话。

三

1915年，这位穿着学术服装的潜在公务员变成了一位名副其实的公务员：他进入财政部工作了。第一次世界大战期间的英国财政以"稳健"著称，并且将道德上的成就作为首要的议程。可能这位才华横溢的青年官员就是在那时产生了后来变得十分明显的对财政部思想和观点的不满意。但是他的工作是受到重视的，因为他被选为参加巴黎和会[1]的财政部的首席代表——如果这发生在劳埃德·乔治时代的政治圈内，这可能是一个举足轻重的职位——并在最高经济委员会担任财政部长的代表。比这更重要的——从传记者的观点来说——是他在1919年6月的突然辞职，这可以表明他这个人和他作为公务员的突出的个性。其他对于凡尔赛和约有同样顾虑的人绝不会大胆地说出来，凯恩斯却与众不同，他辞职了，并告诉全世界辞职的原因，从而他就一跃成为国际知名的人物。

《和约的经济后果》（1919年）所取得的成就使成功这个词变得令人觉得平凡而乏味。那些不理解幸运和功绩是怎样交织在一起的人，毫无疑问会说凯恩斯只是道出了每个明智的人想说的心里话，他恰到好处地使他的抗议在全世界产生了共鸣，仅仅是因为他的抗议而不是他的特殊论点使他赢得了成千上万的人的尊敬。以上说法都有一定的道理，当然，凯尔斯遇到了一个绝好的机会，但是如果凭借这一点我们就否认这一功绩的伟大性，那么我们最好把这一用语从历史上完全删去。因为没有任何一项丰功伟绩不是事先存在伟大的机遇的。

总的来说，他的主要功绩在于某种道德上的勇气。但这本书是一部杰作——充满了实践的智慧但绝不肤浅，具有严格的逻辑性但不冷酷；有着纯正的人道精神但没有意气用事，面对所有的事实，没有徒劳的遗憾也没有绝望：它是建筑在全面分析之上的强有力的建议。同时，这本书也是艺术的杰作，其形式和内容达到了完美的结合。每件事物都恰到好处，在它里边没有任何事物不是恰到好处的。没有任何无用的修饰来破坏它的严谨的结构，同时，优美的表达方法——他一直没有再写得比这更好——使它非常简洁。凯恩斯以剧中人的身份努力去解释

1　巴黎和会是第一次世界大战结束后的1919年，胜利的协约国集团为解决战争所造成的问题及奠定战后的和平而召开的会议。美国总统威尔逊、英国首相劳埃德·乔治、法国总理克列孟梭主导了和会的进行。和会上签订了处置德国的《凡尔赛和约》，同时还分别与奥、匈、土等国签订了一系列和约。——译者注

导致凡尔赛和约悲剧性破产的原因，他的文章所达到的高度常人难以企及。

这本书的经济学意义，正如《凡尔赛和约的修订本》（1922年）所补充的那样——在某些方面补充了它的观点——是最简单的，不需要任何高深的技巧。虽然如此，其中仍然有一些值得我们注意的东西。在凯恩斯进行他的伟大说服活动之前，他对他所要考察的政治事件的社会和经济背景做了一个概括。这篇文章可以用朴素的语言概括为：自由放任的资本主义，这一"非凡的插曲"，在1914年8月就走到了尽头。技术改进及一系列的新食物与原料来源的获得所不断创造出来的丰富的投资机会，以及人口的迅速增长所造成的企业领导能够取得一个接着一个成功的这种条件，已经迅速地成为历史。在这种情况下，能够毫不费力地吸收资产阶级的储蓄——这种储蓄就好像不停地"为了不吃蛋糕而烹制蛋糕"，并没有什么困难。但现在（1820年），这些刺激快要没有了，私人的企业精神正在衰退着，投资机会正消逝着，而资产阶级的储蓄习惯也因此而丧失了其社会功能，他们这种因循守旧的做法使境况变得比原来更糟。

这样，我们在这里看见了现代停滞论的起源——这有别于李嘉图的滞胀。我们也在这里看见了《就业、利息和货币通论》的雏形。社会经济实体的每个综合性"理论"都包括两个补充性的完全不同的组成部分。第一个是理论家关于这一社会情况的基本特征的观点，即在给定的时间内，为理解社会生活，哪些事物是重要的，哪些是不重要的。让我们把这称为理论家的看法。第二个是这位理论家的技巧，即通过一种工具去概括他的视野，然后把后者变为具体的主张或"理论"。在《和约的经济后果》的这些章节里，我们找不到《就业、利息和货币通论》的理论工具的任何迹象。但我们看到了关于社会和经济事物的整个看法，对它来说，这种工具是技术的补充。《就业、利息和货币通论》是长期奋斗的结果，它使得我们这个时代的整个经济更易于分析。

四

对于"科学型"的经济学家们来说，凯恩斯当然是《就业、利息和货币通论》中所展现的凯恩斯。为了对由《和约的经济后果》引向《就业、利息和货币通论》的直线发展，以及由《货币管理短论》和《货币论》所标志的它的主要阶段过程做出一个公正的评价，我不得不大刀阔斧地删去许多应当记载下来的东西。但是《和约的经济后果》的三个立足点在下面的注解中提到了[1]，另外，必须提及他在1921年发表的《概率论》。我认为概率原理对凯恩斯的作用不会是很突出的问题，尽管他对它有浓厚的兴趣，并且他的硕士论文就是关于这个主题的。我们感兴趣的是：概率理论对于凯恩斯的意义是什么。主观地说，这似乎是他的思维能量的发泄口。因为他不可能对他投入大部分时间和精力的公务和兴趣爱好感到百分之百的满意。他对于经济学的纯粹知识的可能性并不抱有很大希望。每当他学习高深的概率理论时，他不会求助于纯粹理论。在一定程度上说，他是哲学家或认知论者。他对于哲学家维特根斯坦很有兴趣。凯恩斯是这个卓越的思想家的挚友，但维特根斯坦英年早逝——弗兰克·拉姆齐为了纪念他，立了一座富有魅力的纪念碑。但是仅仅接受维特根斯坦的观点不会使凯恩斯满足。他必须有一套自己的观点。他的思想构架深刻地揭示了他选择概率论的目的——概率论包含逻辑上的细节，但并不缺乏独到的内涵。他那坚忍不拔的意志毫无疑问将会创造出——正如我极力要去弄明白的——辉煌的成就。不管专家，特别是非剑桥的专家可能说些什么，他的不屈不挠的精神会创造出毫无疑问可以称为卓越的成就。

让我们将目光从著作移向本人，利用这个机会更仔细地观察他。他回到皇家学院后，恢复了他战前的生活方式。但此时他的生活方式有了改进和扩展。他继续做一名活跃的教师和研究员，继续主编《经济学杂志》，继续使自己成为公众关注的对象。然而，尽管他通过接受学院财务主管这个重要且费力的职位，与国王学院加强了联系，位于高登广场46号的伦敦住所不久还是成了他的第二个总部。他对《国家》周刊产生了兴趣，并成为它的主席——这一杂志在1921年接替了《发言人》，吞并了《科学》杂志，并于1931年与《新政治家》合并（更名为《新政治家与民族》）——他给它带来了源源不断的稿件，这对别人来说需要投入全部时间来工作。并且他成为全国互助人寿保险协会的主席，其间他花费大量

---

1 这些立足点是：他与威廉·贝弗利奇爵士合著的关于人口及相关争论的文章（《经济学杂志》1923年）；他的小册子——《自由放任主义的终结》（1926年）；他的《德国赔款问题》（《经济学杂志》1929年3月号），该文最终驳回了俄林和路耶夫的批评。他运用马尔萨斯的灵魂去捍卫（在大量食物和原材料不能销售的时代的门槛上！）这个主题，因为大约从1906年起，自然对人类的努力开始不那么慷慨了，人口过剩成为严重的问题，或者说是我们这个时代最重要的问题之一——这可能是他的所有尝试中最不恰当的，显示出他有些粗心，即使是最爱戴他的人也不能完全否定这一点。最应指出的是，在《自由放任主义的终结》中我们找不到标题所暗示的相关内容。它根本不是韦伯斯在书中所写的与凯恩斯文中所对应的那些内容。关于德国赔偿问题的文章揭示了他性格的另一面。他确实具有最丰富的动机和准确的政治智慧。但它不是一个好的理论，俄林和路耶夫发现对付它很容易。很难理解凯恩斯怎么会对其论点中的弱点视而不见。在实现目标的过程中，在情况紧急时他有时会不拘小节。熟读文集《预言与劝说》（1931年）可能是研究他著作中的非专业部分推理的特征的最好方法。

的时间建立了一个投资公司，并从这种商业活动中获取了可观的收益。没人对他评头品足，特别是对他的商业活动和获利行为。他坦诚地赞美一所漂亮住宅的舒适，并常常同样坦诚地说（在20世纪10年代），他绝不会接受任何教授的任命，因为这样他无法维持生活。除了这一切之外，他积极地服务于经济顾问委员会和财政与工业委员会（麦克米伦委员会）。1925年，他和一位杰出的艺术家莉迪亚·罗波科娃结婚，她终生是他情意相投的伴侣和忠实的配偶——"无论是在生病中还是在健康的时候"。

集所有社会活动于一身也是司空见惯的事。但真正不寻常的、值得注意的一个奇迹是：他对于其中每个活动所投入的精力之多，就好像那个活动是他唯一的一个活动一样。他高效工作的欲望和能力是令人难以置信的。他专心致志于手头工作的能力是非常惊人的。无论他做什么，都能全神贯注，置其他一切于九霄云外。他明白这样做十分累人，但他似乎无法接受没有快乐的时光和摇摆不定的目标。

对于企图鞠躬尽瘁的那些人，上苍常常施以两种不同的惩罚。凯恩斯无疑受到了其中一种惩罚。他的文章的质量随着数量的增加而下降，而且不仅是在形式上：他的许多二流作品表现出来仓促的迹象，他的一些最主要的作品也表现出不少不连贯的中断。没有认识这一点的人，即没有认识到他们所看见的作品还没有来得及成熟，还没有最终完成，对于凯恩斯的能力将永远不能做出公正判断。但另一种惩罚凯恩斯被赦免了。

通常来说，殚精竭虑的工作狂会有点不近人情。这种人几乎都待人冷漠、心事重重、难以共事。对他们来说，他们的工作就是他们全部的生活，他们并没有其他兴趣，或者只有一些不甚重要的兴趣。但凯恩斯正好和这一切相反——他总是那样快乐、友善，从某种意义上说，他与没有任何志向、以将自己所追求的目标付诸行动为一贯原则的那类人一样。他感情很丰富。他慷慨大方，而且不仅仅是在金钱方面。他善于社交，喜欢交谈，并且在这方面很出色。与广泛流传的意见相反，他很有礼貌，甚至追求那种古老的拘泥于形式和细节的礼貌。例如，他的客人因英吉利海峡的大雾而迟到，尽管已在电报和电话中做了解释，但凯恩斯在下午四时他的朋友到来之前，仍不肯坐下吃午饭。

他的业余兴趣很多，对于其中的每一项他总是欣然投入。但这不是一切。那些也专注于自己的爱好，但只是消极被动地享受娱乐活动的人也是常有的。凯恩斯的特点是，他的娱乐方式具有创造性。例如，他喜爱古书，喜欢文献中论战部分的细微之处，醉心于有关前人的性格、生活和思想的各种细节。许多人也有这种嗜好，这可能是他们的教育中的古典因素对于他们培育的结果。但每当他沉醉于这种爱好时，他总是拿它当作工作而毫不放松。有关文献史的几项极其重要的分类，还得归功于他的爱好[1]。他也是一位绘画的爱好者；在某种程度上来说，他是一位很好的鉴定家；保守地说，他还是一位收藏家。他钟爱优秀的戏剧，建立并慷慨地资助了剑桥艺术剧院，所有去过那儿的人都不会忘记它。曾经有一次，他的一位熟人收到他的便条，上面的语句幽默并且可以看出是匆忙间写的：“亲爱的……如果你想知道此刻什么事情完全占据了我的时间的话，看一看信封里所装的东西。”信中附件是“卡玛科芭蕾舞”的节目单或程序表。

五

我该言归正传了。如前文所述，我们把《货币改革论》（1923年）作为了解该理论的第一站。因为就凯恩斯来说，实际建议是分析的目标和灯塔，我将让读者首先来了解他所倡导的东西。这对其他经济学家来说，可能被视为一种冒犯行为。《货币改革论》实际上告诉我们，稳定国内物价水平的目的是稳定国内的商业形势，要注意调节外汇的短期波动的各种手段。为了达到这个目标，他建议把由于战争需要而创造出来的货币制度运用于和平时期。这是当时所提供的各种建议中最大胆的一个——凯恩斯表现了很不像他所应当有的明显的动摇——那就是把钞票发行与他愿意保持并迫不及待地强调其重要性的黄金相分离。

在这一提议中，有两件事情值得仔细留意：第一，它具有明显的英国特征；第二，考虑到英国的短期利率和这位提议者是怎样的一种英国人，这一提议表现出清醒的智慧和保守主义[2]。必须强调指出，凯恩斯的建议最先总是离不开英国问题，即使他向其他国家提出的建议也和英国问题有关系。除了他的某些艺术爱好外，他惊人地自我封闭，甚至在哲学上也是如此，但没有比在经济学上更封闭的了。而且他是狂热的爱国主义者——他的爱国主义并不俗鄙，而且完全来自潜意识的爱国热情，并因此更加强烈地加深了他思想上的偏见，即他不能充分理解外国（包括美国在内）的观点、情况、利益，尤其是信条。如同老的自由贸易主义者一样，他总是把在某些时候对英国来说是真理和明智的东西提升为对一切时间

1　最能吸引他的是哲学文献和经济学文献。在这种追求中，皮埃罗·斯拉法教授成为他志同道合的盟友。我能提供的最好的例子是，休谟的《人性论》的精简版本在1938年重印时，是由凯恩斯和斯拉法共同撰写序言的。这篇序言是语言学的热情而奇妙的里程碑。

2　没有人会对他于1942年当选为英格兰银行董事长而感到惊奇。

和地点都适用的真理与智慧。但我们不能停留在这一点上。为了找出他据以提出建议的立场，还需要进一步记起他是英国的高级知识分子，不属于任何阶级或政党，是一个典型的战前知识分子。他正当地宣称，无论是好是坏，他在思想上将永远属于"洛克–穆勒家族"。

那么，这一爱国的英国知识分子注意到的到底是什么呢？他注意的是整体。这一点我们在《和约的经济后果》里已经察觉到了。但英国的情况比文中提到的情况更特殊。

英国没有再像拿破仑时代那样从战争中崛起，而是陷入了贫困。那时英国失去了许多机会，其中有些是永远地失去了。不仅如此，它的社会结构也被削弱，成为僵化的了；它的税率和不断增长的工资水平是极不相容的。然而对于这些境况，英国却无力改变。凯恩斯没有陷于悲观失望。他并不习惯为那些无法改革的东西而悲伤。他也不是那种把全部精力倾注于个别问题上的人，如煤炭、纺织、钢铁、造船等问题（尽管在最近的文章中，他为这些问题提供了一些看法）。他尤其不是宣传革新的遵循教条的人。他是英国式的知识分子，有点背井离乡，而且他注意到了最不理想的形式。他没有儿女，他的人生哲学基本上是短期哲学。因此，他坚决地转向似乎留给他自身的唯一的"活动空间"——货币管理。也许他认为它可以恢复经济，但他确信问题能够得到缓解，因为恢复到战前平价的金本位制是他的英国所不能承受的。

如果人们能够认识到这一点，那他们也就能认识到强调实际的凯恩斯主义是一颗不能被移植到国外土壤中的种子，在国外它会夭折，并且临死前还会变成有毒的东西产生不好的影响。但此外他们还会理解到，这根幼苗留在英国的土壤里是好东西，将来能够结果和提供荫凉。有一点我可以永远给予肯定：所有这些都运用了凯恩斯所提出的每一点建议。就其他方面来说，《货币改革论》中的货币管理主张没有任何革命性的东西。但是其中对于货币管理有了新的强调，把它看成一种对一般经济问题的治疗手段。并且他在序言的一开头和整个第一章[1]都提到了储蓄—投资机制。因此，尽管作者面临的直接任务阻碍了他对这些事情的更深入的研究，但此书显然向《就业、利息和货币通论》迈出了一大步。

在分析上，凯恩斯接受了货币数量论，认为它是"基础性的，它与实际的

1　参见《货币改革论》第10页中的很典型的段落，还有第8页对"投资制度"的描述，这预示了《就业、利息和货币通论》分析的某些不完整性。甚至那时，凯恩斯仍然自始至终令人惊奇地不愿意去承认一个非常简单明了的事实，不情愿用一个再简洁不过的语句去表述它，那就是：工业是由银行来资助的。

联系并不是针对具体问题的"（第51页）。对我们尤其重要的是要认识到：这一建筑在数量理论和交易方程式之间极其普通的混乱之上的接受，所表示的意义比它似乎表现的意义少得多，正如凯恩斯后来承认货币数量论比其表面上的意义要小得多一样。他打算接受的东西是交易方程式——以它的剑桥形式——不管它被界定为恒等式还是均衡的条件，都不意味着在严格意义上的数量理论的任何特有的主张。因此，他认为可以自由地使流通速度或剑桥方程式中对应的"k"——成为货币问题的变量，并把"研究这一问题的传统方法的发展"恰当地归功于马歇尔（第86页）。这就是流动性偏好的雏形。凯恩斯忽略了这一理论至少可以溯源于坎提农，而且忽视了它是由凯默勒发展而来的[1]（虽然是概略地），凯默勒说"大量货币继续被窖藏起来"并且"窖藏起来的流通手段的比例……不是不变的"。我们不能研究《货币改革论》中许多精彩的东西，如关于期货交易市场那杰出的一节（第3章第4节）和关于英国的那一节（第5章第1节），这两部分真是堪称经典。我们必须赶赴通向《就业、利息和货币通论》的道路上的"第二站"——《货币论》（1930年）。

除了《概率论》这一例外，凯恩斯再也没有写过一本比《货币论》的劝说意味更显著的书。虽然如此，就是在这部书里，而且不限于最末一卷（第7卷），我们能够看到布雷顿森林体系的所有本质的东西——这是多么非凡的成就！但是毫无疑问，这两部书毫无疑问是凯恩斯耗费心血最多的研究成果，该研究如此杰出而严密，在完全成熟前就过早地"采摘"无疑是千古遗憾！若是他能够从马歇尔的"可望而不可即的完美"中学到一点东西，而不是在这一点上倒转过来给马歇尔上课就好了！（《传记论文集》，第211~212页）[2]。而且麦德教授对于那种

1　见凯默勒的《货币与信用工具》第20页。但在《货币改革论》第193页，凯恩斯做了一个站不住脚的陈述："内部价格水平由银行创造的信用规模来决定。"他永远也没有改变这个观点。直到最后，在一定的经济过程中，这个信用规模对他来说仍是一个自变量，尽管是人为决定的，但不像过去那样由黄金产量决定，而是由银行或是"货币当局"（中央银行或政府）决定。然而——考虑到货币数量是"给定"的——从严格意义上说，这正是货币数量论的一个典型特征。因此，我在本文中的观点是，他永远也没有像他所期望的那样完全放弃货币数量论。

2　在《货币论》的序言中，那带有半道歉意味的段落显示，他已意识到他写了一部分没有完全成熟的作品。

"盎格鲁——撒克逊的不必需的创造性"的友善的嗤笑，被证明是完全正确的[1]。虽然如此，这部书在当时和在它的领域里是突出的成就。而我所要做的就是去收集指向《就业、利息和货币通论》的最重要的路标[2]。

第一，正如经济过程理论一样，货币理论的概念作为整体已经在《就业、利息和货币通论》中完全形成了。第二，这一概念被嵌进关于当时的经济过程情况的看法或判断之中，从《和约的经济后果》起，它从来没有变更过。第三，储蓄和投资决定像在《就业、利息和货币通论》里所说的那样，已经完全分离，私人节约已经确立了它反面角色的任务。表彰"J.A.霍布森和其他人"的作品（第1卷，第179页）在这方面是具有重要意义的。我们还可以看出节俭运动不是使利息率降低的方法（第2卷，第207页）。概括的差异——有时仅仅是在术语上的不同——会使文章支离破碎，但这并不会掩盖作者所要表达的思想的本质。第四，大部分理解是围绕维克塞尔的"自然"利率和"货币"利率之间的脱离来表达的。必须明确，后者不是指利率，同时前者或利润也还没有转变为"资本的边际效率"。但这一理论清楚地提示了这两个步骤。第五，对于预期的看重，对"熊市"的并非由投机动机引起的流动性偏好的强调，以及那种认为在萧条时期，如果通过减少产业循环资金的需求量来作用于利率（银行利率），货币工资水平的回落会重新确立平衡的理论——所有这些及许多其他东西（如香蕉、寡妇的坛子、达那厄德罐子）读起来并不完美，也使第一次陈述《就业、利息和货币通论》便感到左右为难。

六

《货币论》的失败，不是一般意义上的失败，它在一定程度上也取得了成功。每个人都看到了它的论点，并且不管有什么样的保留条件，都对于凯恩斯的

---

1 见岗纳·麦德的《货币平衡》（英文版由布莱斯和施托帕在1939年译自德文版，瑞典文原版于1931年刊于《经济浪潮》杂志的第8页。麦德当然不是为了自己而反对凯恩斯的，而是代表了威克塞尔及其学派的利益。但是类似的反对本来也会付诸实践，代表庞巴维克及其追随者的利益，特别是代表麦西斯和哈耶克。后者的作品已经出版，是在1929年问世的。而庞巴维克的著作用英文写成，陶西格的《工资与资本》问世于1896年。尽管如此，凯恩斯的第6部著作却全然没有意识到它们的存在。但他在该书中并没有闪烁其词，他是真的不了解。他善意的信任就是他给予他所认识的所有作家的盛誉。古河罗伯逊也在其列。）

2 这当然对整个作品来说有失公正，特别是对前两卷：很普通但无论如何都很辉煌的开场白（《货币的本质》，第一本书）和关于价格水平的几乎是独辟蹊径的论文（《货币的价值》，第二本书）——其中充满有启发性的主张。必须记住的是——这恰恰是《货币论》与《就业、利息和货币通论》的最本质的区别——《货币的价值》宣扬的是对价格水平变动的分析："价格水平的波动方式事实上发生了变化。"尽管事实上并不止于此。

巨大努力肃然起敬。即使诋毁性的批评，就像汉森对于基本方程式的批评[1]，或者哈耶克教授对于凯恩斯的基本理论结构的批评[2]，都照例掺杂着应有的颂扬。但在凯恩斯自己看来，它是个失败，而且这不仅仅是因为它没有达到他心里成功的标准。由于某种原因，它不能引起人们的兴趣——它实际上没有取得真正的成功。此种原因是不难找到的：他没能表达出他自己的理论的基本内容，使得文章为大量的材料所累，这些材料包括物价指数、银行利息率的运用方式、存款创造、黄金等，这一切，不论它们有什么优点，是和现行的理论一脉相承的，因此对于他的目的来说是不具有特色的。他已使自己陷入分析工具的密网之中，每次当他试图把自己的思想像机器一样制造出来时，这些工具就会出现问题。企图在具体方面改进这一作品是没有意义的。企图和批评做论战也是没有意义的，他必须承认许多批评是公正的。除了破釜沉舟，放弃对原理论的忠诚，割断和它的联系，并重新开始之外，他别无其他办法。他很快了解到这一点。

凯恩斯果断割舍了与已被弃置的理论的关系，勇敢地从事另一努力——他生平最伟大的努力。他凭自己的聪明才智抓住了他的理论的主要点，并把他的思想尽可能地用于创造能够表达这些要点而非其他任何东西的概念工具这一任务上。他很满足于他的成就。当他于1935年12月刚刚完成这一目标后，就又披挂上阵，拔出利剑，重新进入战场，宣称他将领导经济学家们摆脱持续了150年的错误思想，进入真理的殿堂。

他周围的人都被他的理论迷住了。当凯恩斯修改他的作品时，在他的讲课中、谈话中、在皇家学院他的房间里经常聚会的"凯恩斯俱乐部"中，他常常提到自己的著作，当然，其中不乏一些振奋人心的活跃的商谈。他说："我得助于R.F康思先生经常的建议和建设性的批评，如果没有他的建议，这本书的很大一部分不会呈现出它现有的形式。"（《就业、利息和货币通论》，序言，第8页）考虑到康恩早在1931年6月发表在《经济学杂志》的《国内投资对失业的关系》这篇论文的所有暗示，我们肯定不会怀疑这两句话言过其实。在同一地方，

1　参见阿尔文·汉森的《凯恩斯〈货币论〉的一个基本错误》，参见《美国经济评论》，1930年；汉森和陶特的《商业周期理论中的投资与储蓄》，参见《计量经济学》，1933年。

2　参见哈耶克的《对凯恩斯纯货币理论的思考》，《经济学》1931年和1932年各期。哈耶克甚至谈到了"巨大的进步"。虽然如此，凯恩斯答复时仍不免愤怒，像他自己在另一个场合说的那样，取悦于作家们是很困难的。

他也提到罗宾逊夫人、霍特里先生和哈罗德先生[1]。还有其他的人——一些最有希望的年青剑桥人也在其中。他们都发表过自己的意见。所有的人都在谈论《就业、利息和货币通论》。《就业、利息和货币通论》的新曙光引起了英国和美国的广泛关注。广大学生为之激动，一股盼望已久的热情浪潮席卷了整个经济学界。当《就业、利息和货币通论》最终问世时，哈佛的学生已经迫不及待地等待着新书的上架：他们为加快进程，安排了第一批图书的直运。

七

社会分析首次出现在《和约的经济后果》中，而有关投资机会减少和储蓄习惯仍然维持的经济过程分析，理论上贯穿于《就业、利息和货币通论》始终，并通过三个概念：消费函数、资本效率函数和流动性偏好函数，在理论上加以补充。这些概念和假定的工资单位及同样假定的货币数量一起"决定"收入，并实际上决定就业（如果后者是由前者所单独决定的话），即需要"解释"的重要的因变量。这无异于用贫乏的材料做出绝好的调味品，应该取得优异奖[2]。让我们看看他是怎样做的。

（1）使模型简单化的第一个条件，当然是使它所要完成的分析简单化。对于分析方法的简单化，部分靠创造，部分则是愿意为各种不得不从陈述中省略掉的因素付出代价。但如果我们把自己放在凯恩斯的正统的立场上去，并愿意接受他对于当代经济过程的见解，作为能通过混乱的表层现象看到下面存在的简单要

---

1 霍特里对于《就业、利息和货币通论》而言，只能是一位颖悟的——并且，简而言之，是一位有同情心的——批评家。当然，他从来不是凯恩斯主义者。从《货币改革论》到《货币论》，凯恩斯是一名霍特里主义者。哈罗德或许一直在独立地向离凯恩斯的目标不远的目标迈进，尽管他在霍特里主义的地位提高后加入了他们的行列，但不是出于私心。对于这种议论，说句公道话，崇尚凯恩斯主义和不完全竞争的杰出经济学家们，正面临着丧失其在经济学界应有的地位的危险。这里完全有必要谈一下罗宾逊夫人的学术思想，她被上面所提到的研究小组拒之门外（至少在我说这句话时她还未受到邀请）。学术思想界对女性的态度引起了广泛的关注。但她也涉身其中。这样说的根据在于：她的《储蓄与投资的寓言》一文，使她成为最熟练的后卫，掩护了《就业、利息和货币通论》的撤退。她通过其在1933年10月初发表于《经济研究评论》上的《货币理论与产出分析》，为《就业、利息和货币通论》的发展发挥了更为重要的作用。

2 把凯恩斯的成就减至只剩下逻辑结构的基本内容，然后对其评头论足，的确有些不公平。然而，把他的理论体系转化为准确形式的尝试引起了人们极大的兴趣。此外，笔者尤其要提到以下文章：雷德韦于1936年发表在《经济记录》上的观点；哈罗德的《凯恩斯与传统理论》；米德的《凯恩斯体系的一个简化模型》；希克斯的《凯恩斯与古典学派》；兰格的《利息率和最佳消费偏好》；萨缪尔森《均衡的稳定性》（利用动态方程）；史密斯的《过程分析与均衡分析》（也是对凯恩斯主义概要的动态分析）。在各位作者的笔下，对凯恩斯经济学的赞同很少，甚至有些可能已成为尖锐的批评。1944年1月，《计量经济学》刊登的莫德格列尼的《流动性偏好和货币利息理论》尤其如此。

素的天才禀赋，则对于产生他的结构的他的总量分析，就不会引起什么反对的意见了。

因为所选用的变量集合，除了就业而外，都是货币数量或货币表现，所以我们也可以说该分析是货币分析；而且因为国民收入是主要变量，所以又可以说该分析是收入分析。我认为，理查德·坎提农是第一个针对综合分析、货币分析和收入分析提出成熟的设计的人。这一分析也就是魁奈在他的《经济表》中所苦心完成的那个图式。这样，魁奈是凯恩斯的真正先行者；并且有趣的是，他关于储蓄的意见和凯恩斯的意见完全是一致的。关于这一点，读者看一看《箴言集》就能够很容易地弄清楚了。但是我们还应当补充说明的是，《就业、利息和货币通论》中的总量分析在现代文献中并不是独立的，它是一个迅速成长的家族中的一个成员[1]。

（2）凯恩斯进一步简化了他的理论结构，尽可能避免了分析过程中产生的各种复杂情况。如果使用雷格纳·弗里希创造出来的名词的话，凯恩斯体系的确切结构属于宏观静态学，而不属于宏观动态学。这一局限性部分应归因于那些讲授他的教义的人，而非他的教义本身，因为它包括了几个动态部分，尤其是在预测方面。但他讨厌"时期"一词，把注意力集中到对静态均衡的考虑上却是事实。这排除去一个取得成功的主要障碍——到现在为止一直像美杜莎的脸一样影响着经济学家的差分方程。

（3）此外，凯恩斯把他的模型——虽然不总是他的论证——局限于短期现象的范围之内。在人们共同强调第（1）点和第（2）点的同时，似乎没有充分认识到他的模型在短期上的要求是多么严格，以及这一事实对于《就业、利息和货币通论》的整体结构和所有结论是如何的重要。关键性的限制条件是，不仅生产函数与生产方法，而且厂房与设备的数量与质量，都不允许变化。关于这一限制，凯恩斯在他的论证的关键点总是不厌其烦地向读者说明（参阅《就业、利息和货币通论》第114页和第295页）[2]。

模型中也允许了一些在其他情况下不被采纳的简化，例如，它允许把就业看成大致和收入（产量）成比例，这样后者一旦决定了，前者也就被决定了。但

1　了解《就业、利息和货币通论》出版之前的综合分析进展的最快捷方式是阅读延伯根的调查报告，载于《计量经济学》，1935年7月号。

2　严格地讲，必须承认机器设备数量上的变化，但在既定的时点上，这种变化可视为很小，从而可以忽略其对现存工业结构和产业的影响。

它把这一分析的应用限制在充其量只有几年的范围之内——也就是"40个月的循环"的期间——并且，就现象来说，限制在如果工业机器维持不变的话，能够决定其利用率高低的那些因素上。这样，在这些设备上，所有现象都在意料之中发生和变化。那就是说，支配资本主义过程的一切现象，就不在考虑范围之内了。

作为一个现实的写照，在萧条时期这一模型最接近于正确，那时的流动性偏好在它的权限范围之内也最接近于一个有效力的因素。因此，希克斯教授把凯恩斯的经济学叫作萧条的经济学也不无道理。但凯恩斯自己认为，他的模型得益于现实中的萧条。尽管它存在用短期模型去分析本质上属于长期现象的问题，但从某种程度上说，他由于（几乎）完全论证一个静态的过程，或者无论如何也是论证一个停止在（或波动于）静态的充分就业均衡是它的最高限度的那种水平的过程，从而在某种程度上有权利这样做。在马克思看来，资本主义发展的结果是崩溃。在穆勒看来，资本主义将发展到一种没有障碍的静止状态。在凯恩斯看来，它发展的结果是经常有着崩溃的危险的一种动态情况。虽然凯恩斯的"崩溃说"和马克思的很不相同，但它与后者有一个重要的共同特点：两种理论中，衰退都是由与经济运行有关的原因引起的，而不是外部力量的影响。这一特点很自然地使凯恩斯的理论取得了违反资本家意志的"辩护者"的角色。

（4）凯恩斯非常注意不超出直接决定收入（和就业）的因素的范围。他自己很坦率地承认，这些"有时"可以看作"最后的自变量"的直接决定因素，"但还可以对它们做进一步的分析，它们不是我们的最后的独立要素"（第247页）。这段话看上去仅仅是建议经济变量从组成部分的"原子"中获得各自的含义，但实际上不止如此。当然，我们能够大大简化我们的现实世界，并得到极其简单的主张，如果我们满足于下面这种形式的论证的话："假定了A、B、C……那么D将决定于E。如果A、B、C是我们研究领域以外的东西，那就没有更多可说的了。但是如果它们是要解释的现象的一部分，那么由此而来的关于什么决定什么的命题，可以很容易地成为无可否认的，并取得新奇的效果，可是没有很多的意义。"这就是列昂惕夫教授称为含蓄的理论化的论述[1]。但对于凯恩斯，正像对李嘉图一样，这一类型的论证只不过是用来强调的手段[2]：它们被挑选出来强调一种特殊关系。李嘉图并没有说"在如我所理解的现在英国条件之下，

---

1 参见列昂惕夫的同名文章，《经济学季刊》第51期，第337~351页。
2 凯恩斯与李嘉图理论上的相似值得注意。他们的推理方法极其相似，是凯恩斯对马尔萨斯的反储蓄观点的崇尚和对李嘉图交易的抵触，使这一事实变得不明显了。

考虑到各种因素，食物和原料方面的自由交易将有助于提高利润率"，而是说"利润率决定于小麦的价格"。

（5）对于为数不多的在凯恩斯看来既重要又不足以作为《就业、利息和货币通论》主旨的观点，我们会发现，除了刚刚提到的方法之外，还有其他的强调方式。其中两个已经提到过。另外一种是批评家常常叫作言过其实——而且这种言过其实不能成为可做辩护的东西，因为结论完全建立于这种夸张的说法之上。但人们不仅必须记住，从凯恩斯的立场来看，这些言过其实只不过是从非主要之点进行抽象的手段，而且还必须记住，它们的部分瑕疵责任在于我们，因为除非有来自一方的力量使我们对观点进行推敲，否则我们不会轻易听取忠告。为了便于讨论，假定问题中的观点实际上都很重要并值得推敲，并且记住夸大其词的话不会出现在《就业、利息和货币通论》本身，而出现在凯恩斯的一些追随者的作品中，我将赞誉我描述为调味品的这种调味方法。

三个例子足以说明问题。第一，每位经济学家都知道——如果他不知道，他也可以从与商人的交谈中了解到这一点——货币工资率的任何充分的一般变动会在同一方向影响物价。然而，在工资理论中谈论这一点不是经济学家们的事。第二，每位经济学家应当知道，杜格—斯密—J.S.穆勒的关于储蓄和投资机构的理论是不恰当的，特别是储蓄和投资的决定过于密切地联系在一起。可是，如果凯恩斯对于它们的真正关系提出了一个恰如其分的描述，他就会向我们做出回答，而不是对结果含糊其词："的确……是这样……在特定的循环状态下很重要……究竟什么重要呢？"第三，任何一位读者查阅《就业、利息和货币通论》的第165页和第166页，即关于《就业、利息和货币通论》的第13章的前两页，会发现什么呢？读者会发现，利息率使投资对于储蓄的需求和由时间偏好（我把它叫作消费倾向）与所支配的储蓄的供给均等这一理论"崩溃"了，因为"只是知道这两个因素还不可能推论出利息率"。为什么不可能呢？因为储蓄的决策并不一定意味着投资的决策。我们还必须考虑到后者不随前者或不迅速随前者的变化而变化的可能性。我会考虑到下一种可能性，即如果凯恩斯让分析脱离以上的任何一点，那么对于现行教义要旨的极其合理的发展是不会深深打动我们的。为了打动我们，放在显著地位的必须是流动性偏好——和仅仅是作为与货币脱离的报酬的利息（他在自己的文章中不可能如此表述）——等，以众所周知的顺序排列出来。我们为了某一目的而警觉起来。因为与35年以前相比，现在我们当中会有更多的人相信利息是一个纯粹货币现象这种主张。

但在这本书里有一个词不能根据这些说法而予以辩护——就是"一般"这个词。这些强调的方法——即使在其他方面十分不例外——除了能说明几个特殊事例之外，再无用武之地。凯恩斯学派的人们可能认为这些特殊情况是当代的实际情况，可是除此之外，他们也别无建树[1]。

正如无视从不完全竞争中获得的帮助一样，凯恩斯希望不借助于刚性成分就能得出结论[2]，这似乎是很明显的。然而，对某些观点的论述，他不能够那样做，特别是在下降的方向中利息率必须成为固定的这一点上，因为在这一点上流动性偏好对货币的需求的弹性是无限大的。在其他点上，当正在使用的方法不能令人信服时，他也随时准备借助于刚性分析。当然，人们总是能够表明，如果经济制度的足够数量的适应性机构瘫痪了，它就会停止运行。与其他理论家一样，凯恩斯主义者也希望这种情况不会发生。虽然如此，它不是没有重要性的。典型的例子是均衡下的就业不足[3]。

（6）最后，还必须谈到凯恩斯在创造自己的分析工具方面的杰出成就。例如，看看他如何巧妙地运用康恩的乘数，或者看看他如何巧妙地创造使用者成本概念，这一概念在定义他的收入概念方面帮助极大，可以算是具有一定重要意义的新的创造。在诸如此类的及其他方面的概念性安排中，我最佩服的是它们的度：它们就像做得很好的上衣正适合顾客的身材那样适合他的目的。当然，正因为这一点，若不考虑凯恩斯的特定目的，则这些概念只发挥了有限的用途。用水果刀削梨皮是最好的选择，而用水果刀切牛肉的人，对于由此而产生的不满意结果只能责备他自己。

八

《就业、利息和货币通论》的成功是顷刻间的事，而且正如我们所知，这一

1　这一论述首先由澜阁提出。书中提到，他也只信奉唯一一本真正的通论——瓦尔拉的通论。他巧妙地指出，后者是作为一个特例来说明《就业、利息和货币通论》的。

2　然而后者（不完全竞争）被哈罗德采纳了。

3　我有时想知道，为什么凯恩斯把重点放在证明有可能——在他的假设下通常会——在完全竞争的完全均衡条件下出现的不充分就业。由于无论何时我们都能看到，有足够的可以证实并解释问题的理由去说明现实的失业，所以只有理论家的雄心才能鼓励我们期望更多的结果。在完全竞争下的完全均衡状态出现非自愿失业的问题，是一种即使连被凯恩斯称为"古典经济学家"的稻草人（容易击败的假想对象）也不会信以为真的状态，这无疑会在理论上引起巨大的反响。但实际上，凯恩斯应该曾遇到在长期的非均衡状态中存在的失业问题。实际情况是，他没能清楚地证明他的例子。但是工资在下降过程中的刚性会助他一臂之力。理论问题本身是讨论的主题，参加讨论者在区分涉及的不同理论观点时遭到了失败。但我们不可能深入地讨论这一问题。

成功是持久的。不利的评论当然很多，但它们也只是从另一个方面推动了它的成功。一个凯恩斯学派自发形成了，而且不是像一些经济史学家所谓的法国学派、德国学派或意大利学派那样一个广义的学派，而是一个真正的属于社会实体的学派，即一个声称忠实于"一个主子、一个教义"，有着自己的内部圈子，拥有自己的宣传人员和口号，拥有自己的秘密的、公开的交易的社会团体。这还不是全部。在正统的凯恩斯主义的范围之外，还有广阔的外围支持者，在支持者之外，又有一批以各种方式自愿地或勉强地吸收凯恩斯分析的一些精神或一些个别论点的追随者。在整个经济学史上只有两个类似的情况——重农主义者和马克思主义者。

　　赢得来自朋友和敌人的积极的认可，尤其是从每位自己在课上聆听并接受其生动影响的教师那儿得到认可，对《就业、利息和货币通论》本身来说，是一个巨大的成就。不幸的是，除非冷冰冰的分析从分析家真实或假定的政治暗示那里取得了本来不属于它的温度，否则在经济学界，如此的狂热和随之而来的强烈反对绝不会暴发。因此，让我们来领略一下这本书的思想体系。从某种意义上讲，大多数正统的凯恩斯主义者在某种意义上说都是"激进论者"。但不管怎么说，凯恩斯本人并非如此。那么在他的书里有哪些东西激励了他的追随者，使他们变得激进呢？莱特教授在《美国经济评论》上发表的一篇杰出论文中甚至清楚地说："一个保守党候选人只要大量引用《就业、利息和货币通论》的言论，也能引起一场政治运动。"[1]确实如此，但只有当这一候选人知道如何使用《就业、利息和货币通论》的插入语和限制条件时，才会如此。毫无疑问，凯恩斯是一位能干的倡导者，他从来不否认显而易见的事实。在某种程度上，虽然可能只是在很小的程度上，凯恩斯的成功正是基于下面的事实：即使在他大胆地向前冲锋中，他也从来不让他的侧翼有隙可乘——他的政策或他的理论的轻率的批评者往往在吃了亏以后才发现这一点[2]。凯恩斯主义者不去看保留条件，他们只考虑一件事情——对于

　　1　参见赖特的《凯恩斯经济学的未来》，见《美国经济评论》第35卷第3册，第287页。尽管在观点上有些不同，但赖特有益地补充了许多自己的观点，进入空间因素不允许的领域。

　　2　这就是为什么我们在凯恩斯的著作中经常看到措辞留有很大变动余地的原因，如"凯恩斯未明确地这样说过"或"凯恩斯没有明确地否定"。纵观《就业、利息和货币通论》，大多数含糊的说法出现在第18章和第19章。但对所有含蓄说法的可能参考随处可见。在《就业、利息和货币通论》中，古典体系的逻辑并未真正受到指责。即使是萨伊定律也没有完全被抛弃；甚至为彻底否认趋于平衡储蓄和投资决策的机制的存在及在此机制中利率的作用，货币工资的下降刺激产出的可能性等也未被彻底否定。当然，只有在很特殊的情况下，第一点的效力和另外两者的存在才会偶尔被认可。因此，批评家们一致处于被判为做"粗糙不实报道"的危险之中，就像针对马尔萨斯的第一篇文章的粗心的批评家，不可避免地在第2版中遇到一系列引用一样——在那里面，其实马尔萨斯对解释马尔萨斯主义有着相当的贡献。但本文不可能深入探讨此问题。在引述的文章中，赖特教授提供了许多有教益的例子。

私人节约的谴责及这一谴责在管理经济和收入不平等方面所具有的含义。

为了了解这意味着什么，有必要回顾一下这样的事实：作为长期理论发展的结果，储蓄已经逐渐被认为是资产阶级理论的最后支柱。实际上，亚当·斯密除这一点而外已经把其他方面论述得差不多了。如果我们仔细地分析他的理论——当然，我只是说他的体系的观念形态方面——它基本上是在劈头盖脸地斥责"懒惰的"地主和贪婪的商人或"雇主"，再加上对于极度吝啬的颂扬。而这在凯恩斯以前始终是大多数非马克思主义的经济观念形态的主旨。马歇尔和庇古都在这个范围内。他们（特别是后者）认为不平等，或现有程度的不平等理所当然是"令人讨厌的"。但他们没有研究这"支柱"就停滞不前了。

许多在20世纪20年代和30年代涉足于教学或研究领域的人，已经放弃了对资本主义生活方式和价值观的忠诚。其中许多人嗤笑利润动机和资本主义过程中的个人成就因素。但只要他们没有全部接受纯粹的社会主义，他们就必须重视储蓄——在他们看来，这是在遭受失去受人尊敬的社会地位并且与凯恩斯所谓的经济学家的"下流社会"为伍的惩罚。但凯恩斯打碎了他们的枷锁，进而最后出现了理论的学说，这个学说不仅消灭了个人因素，不仅是可以机械化的（如果它本身不是机械化的话），而且将最终支柱分析打得粉碎；这个学说可能实际上没有被精确地指明，但可以用它解释下列两句话："打算储蓄的人会毁损实际资本"，而且通过储蓄，"收入的不平等分配是失业的最后原因"[1]。这一点就是凯恩斯主义革命的实质。这里明确一下，可以看出这一说法不是不适当的。这一点，而且只是这一点，解释了并在某种程度上辩护了凯恩斯对于马歇尔态度的改变。这一改变不是从任何科学根据上可以理解而且无可非议的。

但是虽然吸引人的包装使凯恩斯对科学经济学所做的献礼对许多人来说是更可以接受的，可是它不能把注意力从礼物本身引开。在《就业、利息和货币通论》问世之前，经济学发展变得日益复杂，越来越不能对简单的问题给予简单的回答。而《就业、利息和货币通论》似乎又把问题简单化了，使得经济学家又能提供每个人都能理解的简单建议。但如同李嘉图的经济学一样，它具有足以吸引甚至鼓舞饱经世故者的内容。事实证明，与幼稚的思想观念联系很紧的同样的体系，能令正在崛起的一代经济学家的智囊团满意。他们有些人曾经认为——也许

---

1 毕竟，任何人看到《就业、利息和货币通论》的第372~373页和第376页，都会确信，凯恩斯实际上离认可这两种说法已非常接近了。一个人为了说明自己实际上没有那么做，就必须像赖特教授那样小心谨慎、事事留心。

现在仍然认为——"理论"方面的一切其他作品都应当报废。他们尊崇的人是提供给他们定义明确的模型去处理、去批判、去改进的人——是那些尽管其著作不能具体化，但至少应以他们所希望见到的形式表达出来的人。

甚至那些在以前就确定了自己的方向，并且在他们成长年代里没有受到《就业、利息和货币通论》冲击的人，也感觉到一种像微风那样有益健康的影响。一位著名的美国经济学家在给我的一封信里写道："它（《就业、利息和货币通论》）无论过去还是现在都有补充我们的思想和分析方法的一些东西。它不会使我们成为凯恩斯主义者，只会使我们成为更好的经济学家。"无论我们同意与否，这句话相当准确地概括了凯恩斯成就的实质。特别是，它说明了为什么敌意的批评，尽管在攻击个别假定和命题时是成功的，可是仍然丝毫不能给予整个结构以致命的打击。尽管人们可以认为他对社会的看法是错误的，他的每一个主张都是使人误解的，但仍然可以推崇凯恩斯，就像对待马克思那样。

我不想把《就业、利息和货币通论》当作学生的试卷来给它评定等级。而且我不认为可以给经济学家评定等级——那些人们能拿他们的名字来比较的、与众不同的、无与伦比的人，是太不相同以至于不能相互比较了。不管学说的命运如何，人们对他们的记忆是永存的，会比凯恩斯主义及人们对它的褒贬更"长寿"。

到这里就要结束了。每个人都知道这位英勇战士为他的最后一部巨著[1]所进行的伟大的抗争。众所周知，凯恩斯在第二次世界大战期间又一次进入财政部（1940年），在那里，他的影响随着丘吉尔的影响而增加，直到无人能与之匹敌。每个人都知道他曾经给予上议院的荣誉。当然也知道凯恩斯计划、布莱顿森林体系和英国贷款。但诸如此类事情将要由掌握一切资料的有学识的传记家来阐述了。

1　《就业、利息和货币通论》是凯恩斯的最后一部巨著。此后，直到他逝世前，他仅写了一些篇幅较短的作品。

附录A

乔治·弗雷德里克·克纳普

（1842—1926）

　　1926年2月20日，德国第三政治经济学时代的杰出人物之一克纳普教授永远地离开了德国科学界——第一时代是"理财学"时代，它的最出名的人物是赛肯道夫和朱斯提；第二时代和英国的古典时期相同，登峰造极于屠能和赫尔曼的那些作品，他们是"社会政治学"和"历史方法"的优秀代表人物。乔治·弗雷德里克·克纳普在许多方面和施穆勒、瓦格纳、布赫、布伦坦诺当中的任何一个都不相同，但他和他们一起将永远与第三时代的一切优点和一些缺点联系在一起。

　　对于他的平淡无奇的一生，不需要长篇累牍的描述。1842年3月7日，他出生于吉森，其父亲是一位教授、一本极其成功的工艺学教科书的著者。他在慕尼黑、柏林和阿廷根学习，努力锻炼成为一位统计家。在他那个时代，他在数学方面的造诣是非常出众的。1867年，他当上了莱比锡市政府统计局局长。在接下来的几年中，由于他有效地管理了这一机关，所以他得到了应有的赞誉，同时，在他领导下的统计局刊物所取得的卓越成就也证明他当之无愧。1869年，他当上了莱比锡大学的"特殊"教授——一个与"副教授"不完全相等的名称。1874年，他从那里被调到斯特拉斯堡并晋升为正教授。他在那里一直工作到退休——实际上还长些，一直到1919年当他必须离开这个已经沦陷为其他国家的城市时候。

　　无论做什么事情，他总是全神贯注、不屈不挠、坚定不移。因此，追溯他生平工作的概况，比在通常情况下对于具有像他一样丰富思想力的人进行这一工作时要容易得多。一直到1874年，他只是一位统计家，如果我们暂且忽略他的两篇不那么重要的论文，即他关于屠能的博士论文和关于赋税问题的论文。除了在这个领域的实践之外，他还写了很多关于这个课题的理论文章，即便现在也值得仔细研究。只是他在其他方面的成就，使得我们无法想到他的显耀的地位——如果不是一流的话，起码也接近于一流。

但作为一位研究经济生活的历史学家，同时作为一位"制度"情况的经济学家，他的确是伟大的。他在1887年关于普鲁士旧版图下的农民解放和农村劳动者起源所发表的两卷书，是他的杰作，也是关于这一问题的标准作品。这些书有助于塑造许多追随者的思想，近乎创立了科学领域中一个特殊的分支，其理由并不在于其运用了任何新的历史方法，也不在于它们掌握了解决特殊问题的材料。在这些方面，克纳普比不上迈岑或汉森这样一些人。但他拥有更高尚、更罕见的品质，这又是其他人所不能比拟的。他有清晰的（我更愿意说是热情的）卓见，能穿过表层直达事物的核心；他认识到历史的过程和问题，他对于它们的掌握比大多数人对于其周围事物的掌握更为牢固。他把他的历史分析建筑在对于当代事实全面了解的基础之上。像他在1891年发表的《农奴制下与自由制下的土地劳动者》和《土地所有权和骑士采邑》这样一些短论的来源，只有一部分是历史的，另一部分则源于对德国地主及佃农的研究，他们的思想、生活方式至今仍适用。我所努力说明的这种才能和他成为历史学家大有关系；但对于不追寻浪漫和传奇，而只探索历史问题的他，这就是一切。

像农民通过倒茬来保持土地的肥力一样，克纳普在1896年左右搁置了这一工作，又开始研究另一类完全不同的问题。在某些方面，那时他已取得了巨大成功。在皇家经济学会赞助之下，最近译成英译本的他的《国家货币理论》，第一次发表于1895年。毫无疑问，这本书把他提高到享有国际声誉的地位。许多门人聚集在它的周围，推崇者和反对者对于这一显著的成功做出了同等的贡献——后者通过愤怒的抨击所做出的贡献不亚于前者的褒奖。而且，与这本书有值得推崇之处——伟大的概念、独立的手法、鲜明的风格——一样，人们不可能否认它在处理经济理论的根本问题方面陷于错误的观点，它对于德国货币科学的负面影响也是不能忽视的。但是它同时告诉人们：无论他的经济学理论有什么缺点，都不能被无端地嘲讽。因此，这样看来，这本书再次显示了这位伟人的力量：他确信有许多东西难以证实，却常常被这些无法证实所深深吸引。

附录B

弗雷德里克·方·维塞尔

（1851—1926）

　　奥地利学派的三位奠基人中的最后一位——维塞尔刚刚过完75岁的生日没几天，便于1926年7月23日去世了。去世前，他的头脑和身体依旧充满活力。

　　弗雷德里克·方·维塞尔男爵生于1851年7月10日，是枢密顾问利欧波尔得·方·维塞尔男爵的儿子。维塞尔在维也纳求学，1872年在那里获得了学位。一直到那时，他喜欢学习的是历史方面的东西，但是在1872年他无意中发现了门格尔的《国民经济学原理》，通过对它的钻研，转而对经济学理论产生了兴趣。随后，他在海德尔堡、耶拿和莱比锡等大学学习，在1883年成为维也纳大学的"不领薪俸的教师"之前，他曾在行政部门短暂工作过。1884年，维塞尔被召到布拉格大学任职，1903年又返回维也纳接替卡尔·门格尔，最终进入了经济学的广阔领域，成绩卓著。撇去他事业当中细小的事情不提，这里提他在1917年以终身议员的资格进入了上议院，并在同年作为商业部长加入了内阁。辞职后，维塞尔重返原职，继续从事科研工作。

　　要给那些不了解他的人留下恰如其分的印象是不容易的，因为他的魅力折服了他到过的任何地方。儒雅的外表，非同寻常的魅力，威严、一丝不苟的处世风格，以及艺术家的风范和渊博的知识，所有的这些特质使他在广阔的天地里一言一行都挥洒自如、游刃有余，给他的文笔增色不少——然而即使这样还不足以形容他。也许我唯一能做的便是进行如下的描述：当我们庆祝他的七十诞辰时，包括我在内的三个祝词人，不约而同地把他和歌德相比。他总是活跃的，但总是很沉着；他对每件事情都有兴趣——例如，他是一位杰出的美术鉴赏家，同时也是一位勤勉不辍的艺术赞助商——但不为任何事情所扰乱。在他的内心深处具有某种魔力，任何公共的或私人的不幸似乎都无法打动它。每个荣耀与成功自然而然地来到他面前，一一降临在他身上，这似乎是与生俱来的，无须费力，然而，这一切对他来说都是过眼云烟。他从来不为什么而战，也不向任何人宣战——但在他面前，似乎每一个困难都自动为他让开道路了。衰老对别人而言是摧毁者，但对他来说就好像只是创作油画时的最后几笔：力求尽善尽美，使之总能给人以美的享受。

在有限的篇幅内给他的科研工作的特征下一个定义依然很困难，特别是对英文读者来说。因为他完全不是按英语的方式来表达自己的观点的。恐怕就是善于笔译和口译的斯马特教授对他的部分作品所做的著名翻译和解释，也没能给英美公众对他的真正重要观点留下深刻的印象。他的技术是不完善的，他是思想清楚但写作并不简明的少数人物之一。到现在为止，所发表的纪念他的最好的书评，是哈耶克在1926年的《国民经济和统计年鉴》上所发表的那篇附录，它包括他的全部作品的清单，总共62种。我们应该努力用简明的语言来说明他的思想的总体方向。

他首先是一位理论家。门格尔对他所起到的作用，与其说给予他一个观念，不如说是推动他发展自己的观念。很少有人像他那样对价值理论的基本问题进行如此深刻的思考，也很少有人像他那样对经济学的基础具有这样清晰的卓见。在他的精力处于鼎盛状态的时期里，他致力于创立自己的观点和方法，这些观点和方法收录在他的《自然价值论》（1889年）里。他在1884年发表的《经济价值的起源和基本法则》是《自然价值论》的前身。在《自然价值论》中，他第一次阐述了自己的"边际效用"理论、用"间接效用"解释的生产成本理论（这一理论曾被潘塔里昂尼称作维塞尔法则）和他的"转嫁理论"。这一切东西都是众所周知的。但我在这里所要强调的，不是他的任何一个工具或理论的重要意义，而是他从整体来构想生活的丰富成果和伟大之处，这些成绩的产生得益于对共产主义社会经济的分析。从那时起，他在价格均衡理论方面也取得了很大进展。如果我没有弄错的话，近年来突然出现的问题迫使我们去重温他的那些基本思想，虽然在许多人看来，它们已经过时了。

他在发表《自然价值论》之后，将这一思想线索搁置了约20年。但在1909年，他再一次回到这个问题上来，并于1914年在《社会经济基础》这部百科全书里发表了他的《社会经济学理论》。这是他关于纯粹理论最后的和最成熟的证明。由于战争的缘故，我们直到现在才感受到它深刻的影响力。

与瓦尔拉和其他人相类似，他同时转向货币理论，慢慢地并从自己的角度建立起永远会与这一领域中当代最杰出的成就并列的理论，而且没有参考其他人的成果。他关于这一问题的第一次发言，是1903年在被选择接替门格尔的教授席位之后所做的就职演说。他的最后一篇文章，即《政治学辞典》中关于货币的那篇论文，是在他逝世前不久完成的。他用研究货币购买力的历史变化的方法对这一问题进行了研究，并企图像他的价值理论为成本法则打基础那样，为数量理论建立同样的基础。真正理解货币理论的人是不太多的。但值得庆幸的是，他们在很多方面都愉快地达成共识，其不同点与审美标准和技巧方面的不同点相比，是微乎其微的。因此，维塞尔的研究道路的很大一部分必然与其他人的道路并非交叉，而是平行的。但在一些论点上——后来被魏斯和米塞斯等人发展完善——照我看来，维塞尔似乎比任何其他人钻研得更为深入。

他在晚年的工作主要集中在社会学研究方面。从某种意义上说，社会学可以被定义为历史的分析，或者像他自己以他所具有的创造特别词汇的能力所定义的"没有名字的历史"。历史的社会学，或社会学的历史，是他最初的兴趣所在，也是他生命中最后的兴趣所在。在把若干年的青年精力用于钻研它之后，他在74岁时发表了题为《论权力法则》的伟大社会学著作——这样一来，他就完成了当他还在学生时代就立下的宏图大志，并收获了他在这一领域中的思想成果。

因此，他的一生可谓诚实正直、品行端正、没有污点，没有什么歪曲的或迷失方向的东西。他的生命中的每一因素都构成一个和谐整体的一部分，它慢慢地开展，有机地成长，达到了一个惊人的高度和广度。

附录C

拉地斯劳斯·方·鲍尔特凯维兹

（1868—1931）

　　拉地斯劳斯·方·鲍尔特凯维兹是德国的一位优秀统计学家。鲍尔特凯维兹不是德国人的后裔。他是与波兰的俄国统治者交好的波兰家族之一的子孙。他出生于圣彼得堡，在那儿长大，并且曾在那里上了大学，后来有一个时期还在那里教书。由于他长期在德国居住并在当地建立了关系网，1895年他成为斯特拉堡大学不领薪俸的教师，从而使他有机会在1901年被委派为柏林大学的"特殊"（助理）教授。不同寻常的一点是，这位卓有成就的人从来没有被考虑为任何一个大教授席位的候选人，不管是柏林大学还是其他大学。一直到了1920年，根据一项促使全体教师"大众化"的措施，所有编外教授都成为正教授时，他才取得这一席位，但他仍然是完全孤立的。

　　关于这一点有几个理由可以佐证。他是一个外国人。虽然他不是一个拙笨的演说家和作者，但他也不是一位善于讲课的教师。据说，他授课时，没有多少学生去听，因为他把自己的东西巨细无遗地加进了授课中去。他的近乎苛刻的敏锐使人敬畏，这也使人很难喜欢上他。有责任向教育部推荐他的那些同事，都不能理解他的贡献。但他似乎并不在意，而是淡泊自安，享受着每个人给予他的尊重和安宁的科研生活。但这种生活在出人意料的死亡来临时戛然而止，缩短了他的科学生命，当时，他本该处于精力充沛、体力旺盛的时期。关于他的所有出版物的书目（就目前我所能看到的而言）由奥斯卡·安德森教授完成总结并出版，请读者参阅它。

　　他是一位天生的评论家，虽然幸运女神并不经常垂青于他。即使是他的创造性著作也采取批评的形式，而且批评已成为他的生命。这一批评的能力，或者应当说批评的热情，在作为经济学家的他的作品中表现得尤为突出，其中他对于许多例证上的微小的细节也不放过。在经济学方面，他不是一位创造者。我认为，如果他不是拒绝全方位地运用数学工具，他的成就会比现在更伟大；并且在他的鼎盛时期，他所掌握的数学工具也本来是可以使他与埃奇沃思或巴罗内等人齐名的。但是他在一个几乎没有人肯听人讲经济理论的国家和时代里，高举了经济理论这面大旗，他信仰并教授马歇尔的信条，利用自己手中的利器，解决了许多有争议的问题。他的最重要的成就是他对马克思体系理论结构的分析（《社会科学文库》，第28卷和第29卷，以及《康拉德年鉴》，1907年），可以说，这是关于这一问题及附带的关于它的其他批评者的最好的作品。另外一篇可以与之媲美的杰作是他关于洛贝尔图斯和马克思的地租理论的论文（《社会主义历史文库》，第7卷）。在瓦尔拉·帕累托和庞巴维克[1]的一些作品中，很多地方都存在一些细小的可以忽略的疏漏，而且丝毫不影响其基本观点的准确性，然而，即使这样，这位严厉的批评家也不轻易放弃这些疏漏。作为一位货币理论和政策的著者，他的地位在当时与他同行的其他人当中是很高的。他对金本位制、银行信用和流通速度等问题所做出的贡献难以估量。然而，他在这一领域中最好的作品是他关于指数的著作（《挪威统计杂志》，1924年），即一篇关于欧文·费雪著作杰出的解释，在论证问题上它是一种创造性贡献。

在统计方法领域里，他在当时取得"最勇敢者的奖赏"的殊荣是当之无愧的。作为"小数法则"的发现者（1898年）和累克西斯学派的领袖，他获得了足以使他流芳百世的世界性荣誉。他的唯一的"书"是关于概率的，这是一项了不起的工作——甚至当我们不带有对隐含于其中的概率的基本概念的任何偏好去读这本书时。出版这本书时，他心存很大的障碍，唯恐这本书的创造性达不到他预期的高标准。在一本经济杂志里，要列出鲍尔特凯维兹关于统计理论著作的长长的清单，那是不可能的，也是不合适的。列举几个具有特殊重要性的作品就足以反映这位经济学家在这方面的历史地位了。在寻求解决不平等收入的测量方法这一重要问题上，没有人比他做的工作更多了（国际统计局第十九次大会）。而他的努力也取得了可喜的成果，以致我们现在大多数人阅读以下著作时都感到大受教诲并且会感到心情愉悦：关于经验曲线求积分的论文（《斯堪的那维亚保险统计师杂志》，1926年）；关于统计的共同性和稳定性的论文（同前刊物，1918

---

1 欧根·冯·庞巴维克（Eugen Bo hm-Bawerk，1851—1914），奥地利经济学家，奥地利学派经济学说的全面发展者。——译者注

年）；关于根据戈森定律[1]所设定变量的论文（《挪威统计杂志》，1922年）；关于一切误差法则的共性的论文（《柏林数学会会议记录》，1923年），或关于偶然事件的时序的论文（《国际统计局公报》，1911年）——更无须提及关于死亡率或保险的任何一篇论文，其中有的篇章堪称这一领域的经典。

但是为了对他的思想领域的范围有所了解，必须指出的是，他在其他方面的丰富才能远远超出了作为一个经济学家的才能，那就是《作为概率理论研究对象的放射性光线》，于1913年在柏林出版。在翻阅这本小册子时，我们似乎看出写作它的那位经济学家的思想的轮廓，并且我们会开始怀疑：我们是否可以仅仅根据他所发表的东西就来衡量他的能力？

1　戈森定律是以德国经济学家戈森命名的边际效用价值定律，其内容就是欲望与享受的相互关系及变化规律。它是现代"效用论"的基础。——译者注

第三卷

3

资本主义、社会主义和民主

第一篇

资本主义会灭亡吗？

人们可以热爱社会主义，并热情地相信它在经济、文化和道德上的优越性，不过同时依然相信资本主义社会并不含有自我毁灭的趋向。

前言

　　资本主义会灭亡吗？对此我给出的答案是会的。不过就像所有其他经济学家对于这个主题发表的意见一样，我的这个意见本身完全不能引起人们的兴趣。做任何社会预测，有价值的不是由总结事实与论据所推出的是或否，而是那些事实与论据本身。它们包含着在最后结论中合乎科学的所有东西。其他的一切是预言而不是科学。

　　无论是经济分析还是其他分析，得到的最多只是有关能够观察到的模式中所呈现趋势的一份报告书，这些趋势永远不会告诉我们这个模式会发生什么，仅仅可以告诉我们，这些趋势假如像我们观察时那样一直继续活动，如果没有其他因素侵入时会发生什么。"不可避免性"或"必然性"肯定不会有比这更多的意义。

　　读下文论述时一定要把这个条件记住。不过决定我们的结论及其可靠性的还有一些别的条件。社会生活过程是大量变数的函数，许多变数经不起任何尺度的检验，甚至用它对某种事物状态做诊断都不可能十分准确，更别说在我们试图作预测时立即会碰到可怕的出错的苗头了。不过不应对这些困难进行夸大。我们应该看到，画面上占主要地位的特色清楚地支持某个推论，不管一定加上哪一种限制条件，这个推论是这么有力，不要因为不能像证明欧几里得[1]命题那样被证明，而对其忽视。

　　还有一点要在我们开始讨论正题前说一说。我将努力建立的论点是，资本主义制度的实际和预期的成就对它要在经济失败的重压下崩溃的观点能够足以否定，不过就是因为它的成功破坏了保护它的社会制度，"不可避免地"创造出资本主义不能生存下去并强烈地指定社会主义为它继承人的条件。所以，尽管我的许多论点与许多社会主义作家，特别是所有马克思主义者的论点不同，我的最后结论却是与他们相同的。不过为了接受这个最后结论，需要的并不一定是一个社会主义者。预测并不是意指事态按照他称心地预计的方向发展。就像一个医师预

　　1　亚历山大里亚的欧几里得（希腊文：Ευκλειδης，约公元前330年—公元前275年），古希腊数学家，被称为"几何之父"。——译者注

计他的病人将立刻死亡，这并不是说医师希望自己的病人死亡。有人可以憎恨社会主义或者起码用冷酷的批判态度对待社会主义，不过他还是可以预见它的出现。许多保守主义者过去和现在都是这样。

第一章
经济成就的标准

我们需要立刻对资本主义的敌视气氛加以解释，让人们对它的经济和文化成就形成合理的意见比没有这种气氛更难。如今公众心理对它变得这样彻底的恶劣，从而使谴责资本主义及其全部工作成为预定的结论，这几乎成了符合论述规则的需要了。无论他的政治倾向怎样，所有的作者和演说者都急于遵守这个规则，对他的批判态度加以强调，表明他没有"满足情绪"并相信资本主义成就的不足，而且他厌恶资本主义并对反对资本主义利益集团同情。所有其他态度不仅被看成是愚蠢无知的，并且被看成是反社会和不道德的奴隶心理的体现。只不过是让分析者完成其任务更加不容易了，就如同公元300年时，向热情的基督教信徒详细讲解古代文明的成就在当时也是非常困难的。因为不仅最明显的真理从一开始就被置之不理[1]，而且最明显的错误意见得到宽容或者得到喝彩。

总产量是经济成就的第一个检验标准，即一个单位时间，如一年、一季或一月之内生产的所有商品和劳务的总量。经济学家试图从一大堆代表各种商品产量的数字中得到指数，用以度量总产量数量的变化。"严谨的逻辑是严厉的老师，如果有谁尊重它，它就绝不会编制或使用任何生产指数"[2]。因为，不但资料和编制这种指数的技术的可靠性极不令人信服，而且这个以永远变化着的比例生产的不同商品的总量的概念也是非常靠不住的[3]。不过，我相信这个办法能够非常可靠地给予我们一个总的概念。

在美国，从内战以后就有很好的数量充足的系列资料保证能够用来编制这样

1　不过还有另一种对待明显但不舒服的真理的方法，那就是讥笑它毫无价值。这样的讥笑与反驳所起的作用一样，由于一般公众对事实总是一无所知，从而使得否认成为不可能。这是一个社会心理的绝妙标本。

2　参见A.F.伯恩斯所著的《1870年以后美国的生产趋势》，第262页。

3　我们在这里不能深入讨论这个问题，不过在下一章我们再谈到这个问题时，我还会简略地加以论述；较详细的论述见我所著的《经济周期》一书第9章。

的产量指数。假如我们选择戴·珀森斯总产量指数[1]，就会发现从1870年到1930年的年平均增长率为3.7%，其中制造业为4.3%。让我们着重谈谈前一个数字并尽力了解它的含义。为了做到这一点，我们必须先做一点校正：因为工业耐久设备的相对重要性一直在增加，可用于消费的产量不能与总产量以一样的速度增加。我们把这一点必须要考虑进去。不过我相信，留出1.7%的余地就足够了[2]，这样我们"可得到产量"的增长率能够达到每年2%（按复利计算）。

现在假设在从1928年开始的另一个50年中资本主义机器保持这个增长率。对这个假设有许多种不同的反对意见，我们以后还要谈到，不过从1929年到1939年的10年中，资本主义已经不能达到这个标准绝不能作为反对的理由。因为从1929年最后一个季度到1932年第3季度经历的萧条不能证明资本主义生产推进机制中已经出现长期的停顿，因为这种严重程度的萧条是重复出现的，其频率为大约55年一次。另外还由于从1873年到1877年那一次这种萧条的后果已经计算在每年2%的增长率之中。1935年前要比正常的复苏低，1937年前要比正常的繁荣以及其后的不景气低，不难看出是因为适应新财政政策、新劳工立法及政府对私营企业态度的全部改变而产生的困难，全部的这些在后来规定的意义上都可以与生产机构的作用区分开。

由于对这一点的误解尤其非我所愿，我想特别指出，上边所说的最后一句话本身的意思并不是指对新政的各项政策的非难，也不是指这样的主张。对此，我确信它是正确的，不过我目前不需要它，因为这种类型的政策从长期观点看会与私人企业制度的有效运转不相容。当前我想指出的是，社会舞台上如此广泛而急剧的变化自然能够在一段时间里对生产成就有所影响，大多数热情的新政拥护者对这一点肯定也是能够承认的。我本人就看不出，否则怎么有可能说明有最好机会迅速恢复的美国却明显的是经历了最令人不满的恢复过程的国家之一这样的事实。唯一有点类似的情况是法国的经历，法国情况支持同一推论。从这可以看出，从1929年到1939年这10年间事态的进程本身并不能作为拒绝听取上面提出的论证的充分理由，这个论证对于说明资本主义过去成就的意义无论如何都是有帮助的。

假如从1928年起在资本主义制度条件下可得到的产量继续像这之前那样发

---

1 参见戴·珀森斯所著的《经济周期预测》第11章。

2 实际上这个余地留得过大了。F.C. 米尔教授估计的数为：1901—1913年期间为3.1%，1922—1929年期间为3.8%（不包括建筑业，《美国的经济趋势》，1932年）。

展，即以每年2％的长期平均增长率增长，到1978年，即50年后的产量将达到1928年数字的大约2.7倍（2.6916倍）。为了用每人平均实际收入来说明这个增长，我们首先要说，我们总产量的增长率大概与可用于消费的私人货币收入总数的增长率相等[1]，这个数字也已经根据消费者的美元购买力的变动做了校正。另外，我们一定要具有我们预期的人口增长的观念。按照斯隆先生的估计数，他认为到1978年达到16 000万人，所以那50年间的人均收入将增加到比1928年数字的两倍略多，1928年人均收入大约为650美元，1978年增至1300多美元[2]。

或许有些读者觉得，应该对关于总货币收入的分配加上附加条件。直到大约40年前，马克思和其他很多经济学家相信，资本主义过程趋向于改变国民总收入的相对份额，以致按照我们的平均数所做的明显推论，或许因为富者越富和贫者越贫而归于无效，至少相对无效。不过这样的趋向是不存在的。无论我们对为这个目的而编造的统计数字有什么样的想法，用货币表示的收入的金字塔结构在我们使用资料所涉及的时期内没有很大变化这个说法是肯定的。其中，有关英国的资料包括整个19世纪[3]，在这么长的时间内，工资加上薪金的相对份额实质上始终没变。只要我们在讨论，假如让资本主义机器独自运行，它将可能干出什么来，就不能够相信，收入分配或者我们平均数的分布到1978年会与1928年有很大的不同。

宣布一下我们研究成果的结论，假如资本主义从1928年起的下一个半世纪里像以往一样进行重复表演，会让按现在标准所有称得上贫穷的东西失去踪影，就是在底层的人民中也是这样，只有因疾病而贫困者例外。

事情还不止这样，无论我们的指数能不能说明别的问题，对实际增长率它肯定没有夸大。它没有算上能够任意支配的闲暇这种商品。把重点主要放在基本商品和中间产品的指数上，往往没有列入新出现的商品或者仅列入它们中的一部分。因为同样的原因，对商品质量的改进几乎完全没有考虑，即使改进质量在很

1　"消费"主要指购买像汽车、冰箱和住宅那样的耐久消费品。我们不把易耗消费品和有时称作"消费资本"的东西区分开来。

2　也就是说，人均实际收入将按1.89％复利率增加。英国在第一次世界大战前的一个世纪中就是这样的，全国人口的人均实际收入几乎就是按这个速度增加的（参见洛德·斯坦普《财富和纳税能力》）。对这种巧合不能过分信任。不过我认为这一点有助于表明我们的计算并不是特别荒谬的。在《全国工业会议委员会研究丛书》第241号第6页和第7页表1中，我们发现，经纽约联邦储备银行调整的"人均实际国民收入"和全国工业会议委员会的生活费指数在1929年的数字是1829年数字的4倍还要略多一些。尽管其可靠性仍然值得认真怀疑，但这也是个类似的结果。

3　见斯坦普前书。假如我们去掉后一段时间内各种资料所证明的不同长短周期的干扰性影响，在所有国家内都能够看到同一现象，对这一点是有足够统计资料表明的。尽管维尔·弗里多·帕累托设计的收入分配测度法（或收入不平等测度法）在很多地方能够反驳。不过事实本身和这个方法的缺点无关。

多方面是所获进步的核心。没有办法对1940年的汽车和1900年汽车的区别进行充分表示，或表示汽车每单位效用的价格已经跌落的程度。估量一定数量的原料或半成品比过去多生产成品的比率更容易能够办到，例如，一个钢锭或一吨煤尽管自然质量上没有变更，其经济效率已是60年前的两倍。不过这方面的工作几乎没有做。假如有办法用上述这些因素或类似因素来对我们的指数进行纠正，我不知道这个指数会发生什么变化。不过它的变化百分率将提高是能够肯定的，我们在这里已留下余地，完全可以让我们采取的估计数保证不会受所有能够想象的往下修正的影响。并且，就算我们有了测量工业产品技术效率变化的方法，这个方法依然不能传达出合适的观念来表明这样变化对人生的尊严、充实或快乐有怎样的意义，而这些已全都被老一代的经济学家列在了需求的满足的标题下。对我们来说，这毕竟是需要适当考虑的事情，是真正的资本主义生产的"产品"，是我们对生产指标及其中的磅数和加仑数产生兴趣的原因，而这些数字本身是没必要花时间考虑的。

不过让我们坚持我们的2%。要正确估价这个百分数还有非常重要的一点需要注意。前面已经谈过，粗略地说，在过去100年里，国民收入的相对份额一直没有实质上的变化。不过，这仅是在我们用货币来计量时是正确的。假如用实物计量，相对份额会对低收入阶层发生有利的变化。因为资本主义机器一直是大规模生产的机器，它也无可避免地意味着为在个人收入阶梯上向上爬的群众而生产，我们发觉个人收入在个人服务和手工制品上的花费比例一直在提高，而这种服务和商品的价格主要是工资率的函数。

证明它是不难的。不容怀疑的是有些现代工人可以得到的物品，像现代的牙科医术是路易十四本人特别愿意得到却不能得到的东西。不过从整体上说，那种高水平收入的人从资本主义成就中得到真正想要得到的东西是非常少的，就算快速旅行对于一个高贵的绅士来说也不是非常看重的事情。对有钱买足够蜡烛和雇用照料蜡烛的人来说，电灯不是给予他们的巨大的恩惠。资本主义生产的典型成就是便宜的衣服、便宜的棉织品和人造丝织品、皮靴、汽车等，但一般来说，这些对富人生活并没有了不起的改进。伊丽莎白女王有丝袜。资本主义成就并不是典型地在于为女王提供更多的丝袜，而在于作为稳步减少劳动量的回报，能让丝袜的价钱低到工厂女工都买得起。

假如我们看看经济活动的长波，相同的事实更为明显，对它的研究能把资本主义的性质和机制看得比什么都清楚。每一次长波包含一次"产业革命"和对它后果的吸取。比如，我们能够从统计数字上和从历史上看到。因为现象是这样清晰，甚至就算我们只用非常少的资料也完全能够证实。这样的长波在18世纪80年代末升起，在1800年左右达到高峰，随后向下冲刷，接着是一段在19世纪40年代初结束的恢复期。这就是教科书作者喜欢描述的产业革命。不过紧随而至的是产生另一次长波的同样的另一次革命，那次长波在19世纪40年代升起，在1857年以前一段时间出现高峰，直到1897年退潮，这个长波转过来又被下一个长波追随，它的高峰约在1911年，而现在已处于它的退潮期[1]。

这些革命用把新的生产方法、新的商品、新的组织形式、新的供应来源、新的贸易路线和销售市场等引入进来用以改变固有产业结构的状况。其中，新生产方法包括机械化和电气化工厂、化学合成法等；新商品有铁路服务、汽车、电气用具等；新组织形式是指企业合并；属于新供应来源的有拉普拉塔的羊毛、美国棉花和加丹加的铜等。这个产业改变过程掀起为经济界定基调的轩然大波。在创造出来这些新事物时，我们有了丰富的开支和占支配地位的"繁荣"，虽然肯定要受加置在长波之上的较短周期消极方面的影响，不过在这些新事物齐备时，它们的成果层出不穷，而且消灭了产业结构中过时的因素和占支配地位的"萧条"。所以出现了长期的价格、利率、就业等的上升和下降，这些现象组成了让生产结构多次恢复青春过程的机制的一部分。

尽管一开始，这些成果招来骚动、亏损和失业，但每一次这些成果都会表现为长久地加深与拓宽实际收入流的消费品的猛烈增长。假如我们看看这些消费品的剧增，我们又会发现，每一次剧增的是群众消费的物品和工资美元的购买力，而且增加得比所有其他美元更多。换句话说，资本主义过程逐步提高群众生活标准并不是巧合，而是由于它的机制，它是通过盛衰交替的过程做到这点的，而这个过程的严重程度正好与前进速度成比例。但是它做到这点非常有效。使用资本主义生产方法范围内提供产品从而成功地解决了向群众供应商品的一个又一个问题[2]。其中还没有解决的一个最重要问题是住房问题，不过它通过使用预制建造屋的办法也接近解决。

这还并非全部。假如评价一种经济秩序，仅仅停留在相应的经济传送器传送给社会不同集团的产品上，而不描述经济传送器虽不直接传送，但为这提供手

---

1 这些叫"长波"，在有关经济周期的作品中，N.D. 康德拉季耶夫最早提出这个名称。

2 当然这也适用于农产品，大量廉价的农产品完全是资本主义大企业，如铁路、航运、农业机械和化肥等的杰作。

段和政治意志的那些全部的东西，以及由经济传送器产生的精神状态诱导出来的那些全部的文化成就，那么评价就是不完整的。附带地说，这也是非马克思主义的。对于文化成就，留待以后的后文考察，我们现在先说说前者的一些方面。

争取社会立法斗争的技巧和气氛模糊了原本非常清楚的事实：一方面，部分立法是先前资本主义成功即资本主义企业先前创造的财富的必要条件；另一方面，社会立法产生和普及的很多东西是很早就由资本家阶层本身率先提出的。当然，这两件事一定要加到资本主义总成就里去。现在，假如资本主义制度像它在1928年以前60年中那样，还有另一个60年，真正达到了人均1300美元的生产总值，那就不难看出，所有社会改革家至今支持的全部迫切需要的东西，都会自动地得到满足或者不需要重大地干预资本主义过程就能得到满足。事实上，这是毫无例外的，甚至包括大部分幻想在内。尤其是给予失业者的丰富充足的供应，到那时不但是能够容忍的负担，并且是很轻的负担。不负责任地制造失业和资助失业者，当然在任何时候都会形成不容易解决的问题。用一般的谨慎态度进行管理，对包括家属在内平均数为1600万的失业者（占人口10%），平均每年提供160亿美元开支，在可用国民收入达到数字级2000亿美元（1928年的购买力）的先提下，本身不会是严重的问题。

我想提醒读者注意一下，为什么所有人都同意失业问题必定是讨论资本主义时最重要问题之一。甚至有些批评家把它作为控诉资本主义的唯一根据，而在我的论证里却扮演很不重要的角色？我认为失业不是一种像贫穷那样由资本主义发展本身就能够消灭的罪恶。我还认为从长期看来不存在失业百分比上升的趋势。包括第一次世界大战前60年英国工会失业会员的百分比这一段相当长时间间距的唯一数列。它是一个典型同期性数列，并不表示一种趋势或一种水平型的趋向[1]。这点在理论上是可以理解的，因为没有理论上的理由怀疑这个证明，因此对1913年前的战前时期来说，我这两个意见看来是能够确立的。在战后时期的大部分国家里，甚至直到1930年前，失业处于特别不正常的高水平上。这个情况以及20世纪30年代更严重的失业都能够用一些理由来说明，这些理由跟因为资本主义机制本身所固有的原因而引起失业百分比增加的长期趋势没有关系。上文我已提到完全能够作为资本主义发展过程特征的那些工业革命。超过正常的失业是紧跟每次

1　这个数列经常被制成图表并加以分析。例如，见A.C.庇古的《工业波动》或我的《经济周期》。在所有的国家里好像都有一个不能减小的最小数额，加在这个数额上面是周期性的运动，运动的最强烈部分大约有9~10年的时间。

革命带来"繁荣阶段"之后的适应时期的一个特色。在19世纪20年代和70年代我们曾见到它，1920年后的一段时间几乎就是另一个这样的时期。只要这种现象本质上不是长期的，就不能用它来推断未来。不过还有一批其他的因素，如战争的影响、国外贸易的混乱、工资政策、某些制度的变更（它使英国、德国财政政策中的统计数字扩大，1935年后对美国也很重要）等，常常让失业趋于激化。在这些因素中，有一些肯定是资本主义将以递减效率运行那种"气氛"的征兆。不过这是我们以后肯定要注意的另一回事。

但是，无论是持久的还是暂时的，也无论是否越来越严重，失业肯定一直是苦难的源泉。在本书的下一篇里我们会在主张社会主义制度优越性的断言中列入能够消灭失业的方法。不过我认为，失业本身不是真正的悲剧，真正的悲剧是失业加上不能够适当地为失业者提供救济而又不损害进一步发展经济的条件。显然，假如失业者的生活不因失业而严重恶化，那么我们臆想中与失业同在的苦难与堕落，即人的价值的毁灭将大部分消失。虽然生产资源的浪费还存在，但失业的可怕实际将不再存在。人们在对资本主义的控诉中提到，在过去，比如在19世纪末之前的资本主义秩序不仅不愿意并且完全没有能力能够保证做到这一点。不过假如资本主义在今后半个世纪内能继续保持它过去的成就，那么便有能力做到这一点。到那时候人们再对它进行控诉时，诸如童工、16小时工作日和5人合居一室等凄惨的情景将被遗忘。在我们说到为资本主义成就曾经所付出的社会代价时，强调这些是非常对的，不过在为将来权衡选择对象时，说这些就不一定合适了。我们现在的时代正处在资本主义发展早期阶段的无能力向资本主义制度充分成熟阶段的有能力之间的某一点上。起码在美国，甚至现在就能不让这个制度过度紧张地完成大部分任务。看来主要困难不在于没有充分的剩余资金去抹掉画面上的最黑暗部分，而在于一方面由于反资本主义政策促使失业人数的增加超出20世纪30年代应有的数字，另一方面在舆论一旦意识到对这个问题的责任时，它立刻坚持一些经济上不合理的筹款救济方法和松弛而浪费的管理赈济方法。

通过资本主义的发展为照顾老人和病人、为教育和卫生等提供可能，这一论点不仅大部分适用于将来也在很大程度上适用于现在。并且就从个人家庭立场来说，可以合理地期望越来越多的商品不再属于经济物品的范畴，事实上人人能够达到充分满足的程度。这个任务或许能够通过政府机构和生产企业之间的安排，或许能够用国有化或市场化的方法实现，用这些方法取得渐渐进步当然是将来发展的特色，同时还可让资本主义保持未受束缚的状态。

第二章
看似合理的资本主义

上一章的论证好像能招来对我明显不利的答复。我把1928年前的60年中获得的总产量的平均增长速度设想在未来的发展中。假如这只是为了说明过去发展的重大意义的一种方法，这样做不会有什么能动摇统计学的良心。不过在我意指今后50年事实上可以出现一样的年均增长速度时，很明显我犯了统计学上的罪行。当然，很清楚，过去无论哪一段时期的历史产量记录，其本身根本不证明外推法是正确的[1]，更不要说长达半个世纪的外推法了。所以，非常有必要再次强调，我的外推法并不是打算预测未来实际产量的。除了对过去成就的意义说明外，它只是想告诉我们一个数量概念：假如在今后半个世纪里资本主义机器能重复它过去的成就，可以想象它会达到什么样的成就，不过今后实际表现则是根本不同的事情。对于能否期望它做到这一点，回答与外推法本身完全没有关系。为了这个目的，我们从现在开始就要做一番长期而困难的研究。

在我们可以讨论资本主义能否把它过去的成就重复之前，我们一定要弄清楚，观察到的产量增长率在何种意义上真正测定了它过去的成就。毋庸置疑的是提供数据的时期是非常自由的资本主义时期。不过这个事实本身对过去成就与资本主义机器之间必然存在联系并不能进行充分的说明。为了让人们不怀疑这只是巧合，我们有两点一定要证明：一是在资本主义制度和观察到的产量增长率之间有着一种能够理解的联系；二是增长率不是由于跟资本主义无关的某些特殊的有利条件而的确是因为这种联系而产生的。一定要先把这两个问题解决了才能提出能否有"重复成就"的问题。然后第三点归结到一个问题，是否有一个理由，让资本主义机器在今后40年里不能像它过去所表现的那样继续运作？

---

1 按照一般原则，这个命题适用于所有历史的时间数列，因为历史连续性概念意味着经济结构发生不可逆转的变化，它肯定会影响所有既定经济数量规律。因此，就算最谨慎的外推法也需要理论上的证明和需要统计数字上的处理。不过可以说，我们的推理得到在以产量数列所表示的综合体中，个别项目的特异性质将在某种程度上互相抵消这样事实的支持。

我们按顺序论述这三个问题。

可以把第一个问题重新表达如下：一方面，我们有完全能够证明"进步"速度的许多统计数据，对此就算苛刻的批评者也表示钦佩。另一方面，有关那个时期这个经济制度的结构及有关这个结构运作方式的一些事实，根据这些事实已经分析提炼出专门术语可以称为资本主义现实的"模型"的东西，即关于资本主义本质特征的一幅概括性画面。我们希望知道，那种经济类型对我们观察到的成就是有利的、无关的还是不利的，假如是有利的，是否能够适当地认为那些特征可以为这种成就提出合理的解释。最大限度地撇开技术细节，我们将根据常识探讨这个问题。

（1）商业和工业资产阶级与封建领主不一样，他们由于事业成功而升起。资产阶级社会是从纯经济模子里铸造出来的：它的基础、梁柱和指向标全部是用经济材料制成的。建筑物面向生活的经济方面，用金钱来衡量奖励和惩罚，上升和下降的意思就是赚钱和亏本。这些情况当然是所有人都承认的。不过我还想说，过去所有事实都表明在它自己的构架内，社会秩序是特别有效率的。这部分在于它的呼吁，部分则因为它创造一种非常简单和有力的动机图式。它提供富裕的希望和贫穷的威胁，它用雷厉风行的果断予以实行。只要资产阶级生活方式充分显示自己，完全可以让其他社会体制指路标黯然失色，这些期许就有力地吸引众多的优秀人才，并把个人的成功和经营企业的成功相等同。这些期许不是随便提出的，这里确实有许多诱人的机会。这场赌博不像轮盘赌，更像打扑克。期许是对有才能、有精力和有不寻常工作能力的人提出的。不过，假如存在衡量一般才能或衡量所有获得特定成功的个人业绩的方法，这个制度给予的实际奖励或许都远远超过这二者。它用比激励特定努力所需还多得惊人的奖赏，给予为数不多的胜利者，从而能够用比较平等和"公正"的分配方法更加有效地提高大多数实业家的积极性，虽然他们中有的人只得到很少的补偿或者得不到补偿甚至还要亏本，不过他们还是非常努力地工作，因为在他们眼前有巨大的奖赏在闪耀，他们对好好干所能得到的机会给予了过高的估计。同样，对无能者也提出了威胁。不过，尽管无能的人和过时的工作方法有时很快被消灭或过一段时间就被消灭，不过失败也造成威胁，或事实上已经压倒许多有才能的人，它同样比平等和"公正"的惩罚制度会更加有效地鞭策每一个人。最后，经营的成功或失败两者在观念上是十分清晰的，都不是嘴上说说的事情。

为以后提到时方便，也为了它在当前讨论中的重要性，有一个方面应该加以特别注意。体现在私人企业制度中的资本主义秩序用上面所指出的方式及下文将论述的其他方式把资本家阶层牢牢地束缚在它的事业上。甚至它做得还更多。决定在所有特定时间让个人和家庭成为资产阶级的表现条件的同一机制，依据一样的条件挑选上升进入该阶级或下降退出该阶级的个人和家庭。并不是决定机能和挑选机能必然要这样结合。恰恰相反，社会选择方法与生物选择"方法"大多数都不一样，它不能保证被选择个人的成就，这一点它是做不到的。这就形成社会主义组织的一个特别重要的问题，这个问题会在我们研究的另一阶段讨论。就目前来说，我们要做的只是观察资本主义制度对这个问题是怎样巧妙地加以解决。在许多情况下，率先上升进入实业阶级而后在这个阶级里也是一个能干实业家的人，他的能力会越强，上升得也越快，因为在那个图式里，无论是过去还是现在，上升到一定地位和在这个地位上干得出色都是一回事。这个事实经常被失败者为否定它而进行的自我解嘲的努力弄得非常模糊，并且在评价资本主义社会及其文明时，这个事实比从资本主义机器纯理论里能够搜集的所有东西重要得多。

（2）不过，我们从感兴趣的"最理想地挑选出来的一批人的最高成就"中推论而得到的所有论证会由于进一步的事实而失效吗？进一步的事实是那种成就不是为了社会服务的。虽然我们可以说为消费而生产，但实际上也就是为了赚钱。也就是说它的目的是为了获得最大的利润而不是社会福利。这在除资本家阶层以外，显然一直是普遍的意见。经济学家们对这个意见有时反对，有时支持。在反对和支持中，他们提供了比他们各自能达到的最后判断本身更有价值的一些东西，而在大多数情况下，最后判断仅仅反映他们的社会地位、利益、同情或反感。这些东西慢慢地增加我们的实际知识和分析能力，从而使我们今天对许多问题的回答要比过去正确得多，虽然不如我们前辈们回答得那样简洁和彻底。

不用追溯太远，事实上所谓的古典经济学家[1]都持一个见解。他们中的许多人不喜欢他们那个时代的社会制度和那些制度工作方式中的很多东西。他们反对地主阶级，赞成并不完全符合自由放任主义路线的社会改革，如工厂立法等。不过他们坚信，在资本主义制度的构架中，工厂主和商人争取最大成就的自我利益对所有的人民有好处。对于我们正在讨论的问题，他们会没有丝毫犹豫地把所观察到的总产量增长率归因于相对自由企业和利润动机。其中或许他们会提到"有益的

---

1 在本书中，古典经济学家一词指的主要是英国经济学家（他们的著作发表在1776年到1848年之间）。亚当·斯密、李嘉图、马尔萨斯和斯图尔特·穆勒父子是其中杰出的代表。这点请一定要牢记，因为这个名词更广泛的使用，后来是很流行的。

立法"作为一个条件，不过他们所说的"有益的立法"或许是指取消束缚，特别是可能指取消或降低19世纪时的保护性关税。

现在要公正地对待这些见解非常不容易。这些见解肯定是英国资产阶级的典型见解，而资产阶级的有色眼镜在古典作家所写的每一页上几乎都显而易见。其他种类的有色眼镜也一样地显而易见。古典经济学家依据他们无批判的、理想化的特殊历史条件进行推理，他们无批判地据以得出一般性的结论。并且，他们中的大多数人好像只根据英国利益与他们那个时代的问题进行争论。这就是为什么在其他国家和时代的人民不喜欢他们的经济学，甚至常常不想理解它的原因。不过因为这些理由而丢弃他们的教导是错误的。因为一个怀着偏见的人还是有可能说出真理的，而从特殊事例引出来的命题也有可能是普遍有效的。而古典经济学的敌人和后继者无论过去还是现在都有许多但不同的有色眼镜和偏见，他们无论过去还是现在也都有同样特殊但设想不同的事例。

在经济分析家看来，古典经济学家的主要功绩在于他们不仅消除了许多其他重大错误而且消除了一种这样的幼稚思想，即因为资本主义社会中的经济活动都以获取最大利润为目的，仅仅这个事实就必定与消费者的利益相违背。也就是说，赚钱肯定让生产背离它的社会目标。或者由此所得的最终结论是，由于私人利润本身和由它引起的经济过程的扭曲一直是获得利润者外的所有其他人的净损失，所以只有使私人利润社会化才会让人民获得净收益。假如我们看到所有有资格的经济学家都不想为之辩护的这些命题和类似命题的逻辑，古典派的反驳好像也并没有什么了不起。不过只要我们看到有意识或无意识地暗示这些命题的所有理论和口号（今天有人再次把这些理论和口号搬了出来），我们将对古典派的成就更加尊敬。让我再多说一句，古典派作家也许有点夸张，但他们也清楚地看到储蓄和积累的作用，他们用基本正确的态度或者近似正确的态度把储蓄与他们所观察到的"进步"速度连接在一起。总之，他们的学说不仅有实际智慧，而且有负责的长期观点和与现代歇斯底里呼喊相对照的果敢的气度。

不过在实现追逐最大利润的目标和试图做到最大生产成就之间并不一定是互不相容的，为了证明前者必然——或者在大多数事例中——意味着后者，其间还存在比古典经济学家所想的更宽阔的鸿沟，他们从来没有让两者成功地沟通过。现代研究他们学说的学者一直在怀疑他们怎么可能满意于自己的论证，又怎么会把这些论证错误地当作证据，依据后来的分析表明，无论古典经济学家想象力中会含有多少真理分量，他们的理论都被看成是一座纸牌搭成的房子[1]。

（3）为了弄清楚问题的需要，我们要详细地说明，所以后来的这个分析，将分两步来讨论。按照历史顺序来说，第一步把我们带到20世纪的第一个10年，第二步包括科学经济学战后发展的若干情况。坦率地说，我不清楚这样做对非专业的读者有多大好处，经济学由于分析方法的改良跟我们知识的其他每一分支一样，命中注定地远离了使每个受过教育却没有受专门训练的人能够懂得全部问题、方法、结果的幸福阶段。不过我将尽自己最大的努力。

第一步与至今仍受众多门徒尊敬的两个伟大的名字艾尔弗雷德·马歇尔和克努特·威克赛尔连在一起，只要门徒们不认为对他们中间许多人显然钦佩的任何事物或任何人表示尊敬是一种不好的形式[2]。他们的理论结构与古典经济学没有什么共同之处（尽管马歇尔尽力隐藏这个事实），不过它保留了古典派的命题，即在完全竞争的情况下，生产者对利润的关心倾向于让生产达到最大限度。它甚至提出几乎让人满意的证明。不过在做更正确的说明和证明过程中，这个命题丢掉了许多内涵。当然，命题的确是从运作中出现的，只是它一出现就没有力量，仅仅能够勉强存活[3]。在马歇尔—威克赛尔分析的一般假设里，依然可以看出，企业不能够用它们的个别行动对其产品价格或对其使用生产要素的价格施加任何影响。所以它们为生产中所有倾向于降低其产品价格和增加其生产要素价格的事实

1　我在马克思事例中曾强调一个人的理论和他的想象力之间的区别。也就是说一个人正确地看事物的能力可能（常常）与他正确推理的能力不相符，反过来也一样。这就是本来一个非常优秀的理论家在他碰到要诊断作为整体的具体历史模式的任务时，却会说出极端荒谬的语言来的原因。

2　我认为马歇尔的《经济学原理》（1890年第1版）和威克赛尔的《讲义》（1901年瑞典文第1版，1934年英文译本）都是杰作，这既是由于两书对许多人在他们思想形成阶段的影响，也是因为两书用完全求实的精神叙述理论。根据纯科学理由，莱昂·瓦尔拉的著作处于领先地位。在美国应该提到的名字是J.B.克拉克、欧文·费雪及F.W.陶西格等。

3　在提到后面论证之前，在这个注释中对上面这段话做个简单的澄清。对利润经济机制的分析不仅导致发现对竞争行业趋向于有最大化产量这个原理的种种例外，并且发现这个原理的证据本身需要种种假设，从而让它沦为与老生常谈差不多的东西。它的实际价值尤其是受下面两点考虑的损害：

a.这个原理适用于静态均衡状况，只要它最后能被证明。不过资本主义现实自始至终是一个变化过程。因此在对参与竞争企业成就的估价中，探讨企业在经济过程完全均衡静止条件下是否倾向于让产量达到最大限度这个问题，可以说是无的放矢。

b.就像威克赛尔所说，竞争行业趋向于产生最大地满足欲望的状态的原理是一个更具雄心的命题遗留下来的东西。这个原理在马歇尔的著作中能够找到。就算我们不坚持认真反对的态度，不谈看不见的心理重要性，这个原理也不难被看作陈词滥调，不管资料怎么样，特别是不管社会制度怎么样，只要是人的有理性的行动总是努力做到最好地利用任何一定条件。实际上这个原理变成了理性行动的定义，因此社会主义社会相类似的原理能与它行并不悖。不过最大产量的原理也能做到这一点。两者都不能提出私营竞争性企业的特有优点。这样说并不意味着这样的优点不存在。但它确实指的是这些优点并不完全是竞争逻辑所固有的。

而哭泣是毫无用处的。不过企业还将扩大它的产量，一直达到为了产量有另一次微小的增加而必定出现的新加成本（边际成本）正好与它们可以为微小增加量获得的价格持平的程度为止，也就是说，它们将在不亏本的条件下生产尽量多的产量。这个产量能够表明就是"社会希望"生产那么多的产量。用专业术语说，依据个别企业的观点，在那种情况下价格是参数而不是变数。假如那个地方的情况的确这样，那里就存在所有产量全达到最高、所有要素都充分运用的均衡状态。这样的情况一般被称为完全竞争。回想起关于对所有企业及其经理人员在选择过程说过的起作用的话，受利润动机驱使的一批精心挑选的人，在那种模式中把每一根神经绷紧，从而为了能够取得最大化产量和最小化成本，我们对他们做出的成果，当然能够怀有十分乐观的期望。特别是，乍一看好像是跟这个模式相符合的一种制度将明白显示不存在社会浪费的主要根源。不过稍加思考就会明白，实际上这只不过是陈述上面一句话内容的另一种方式罢了。

（4）让我们把第二步谈一谈。马歇尔—威克赛尔的分析对不符合那个模式的许多事例当然没有忽视。古典经济学家在这个问题上也没有忽视它们。他们认清"垄断"的事例，亚当·斯密本人详细地谈到限制竞争各种措施的盛行[1]，以及由此产生的价格灵活性的所有差异。不过他们把这些事例看作是例外，并且，既然是例外早晚必将被消灭。那种看法，有些也是马歇尔具有的。尽管他发展了古诺的垄断理论[2]。尽管他后来的分析提请人们注意大多数企业拥有它们专有的市场，在这种市场中它们决定价格而不仅是接受价格这个事实[3]。他和威克赛尔一样，对完全竞争模式做出他的一般结论，与古典经济学家的所为很像，他提出完全竞争是常规。无论是马歇尔和威克赛尔还是古典经济学家都不把完全竞争看作例外，不过就算它是常规，也不像人们想象的那样有很多理由值得庆贺。

假如我们更仔细地看一看为引起完全竞争一定要具备的全部条件，包括马歇尔和威克赛尔没有清楚地说出，甚至没有清晰地看到的其他条件，我们就会立刻知道除了大规模农业生产外，不可能有很多完全竞争的事例。实际上农民在这些条件下供应棉花或小麦：从农民的角度看，棉花或小麦的市价是数据，尽管是极具变化的数据，但他的个人行动对它们很难产生影响，于是他只好用其产量来

1　斯密甚至用对现时人们态度有惊人启发性的方式对每一行业利益与公众利益之间的不一致进行强调。在谈到反对公众利益的阴谋时，他认为这些阴谋或许是在实业家宴会上发起的。

2　奥古斯丹·古诺，《财富理论中数学原理的研究》，1838年出版。

3　这就是后来的不完全竞争理论之所以完全能够追溯到他的原因，尽管他并没有对它详细论述，他对这个现象的看法比大多数研究这个现象的人更正确，尤其是他没有夸张它的重要性。

适应这个数据。由于所有农民都这样做，所以价格和数量最终会像完全竞争理论指出的那样进行调整。不过还是有许多农产品，如鸭子、灌肠、蔬菜和许多乳制品等并不是这样的情况。事实上，就工商业的所有成品和劳务而言，每一个杂货商、加油站和手套、修面膏、手锯的制造商都有他们自己的小小而变动的市场。他们试图并不得不努力地用价格战略、质量战略（产品变化）和广告来建立和保持他们的市场。这样我们得到一个截然不同的模式，在那里似乎更适合于垄断的图式，而没有理由指望产生完全竞争下所产生的结果。在这种情况下，我们谈到垄断性竞争。这个理论的提出是战后经济学的一个重要贡献[1]。

在性质上类似的产品还有一大批，它们主要是工业原料和如钢锭、水泥和未染色棉织品等这样的半成品。对于这些产品，出现垄断性竞争的条件好像还没有成熟。事情就是这样。不过一般来说，在那些产品领域里，因为大部分产品由一些最大规模的企业独资或合伙经营，它们有能力就是在产品不改变的情况下也能操纵价格，因此产生相似的后果，这就是少数寡头垄断。经过适当改制，垄断图式看来比完全竞争图式更能适合这类行为。

只要人们对垄断竞争、寡头垄断或二者联合的优势予以承认，马歇尔—威克赛尔那一代经济学家以最大信心经常用来教导人们的很多命题就不再适用了，或者变得很难证明了。首先，这些命题只有针对均衡的基本概念才是正确的，也就是说，仅适用于针对经济有机体的一种确定状态，所有经济有机体的特定状态总倾向于这种确定状态，它显示出一种简单的特性。一般在寡头垄断的情况下，实际上确定的均衡是根本不存在的，很可能有没完没了的一系列运动和反运动，有企业间无限的斗争状态。在很多特定情况下，在理论上说存在均衡状况是正确的。其次，就算在这些情况下要得到均衡不仅比在完全竞争情况下困难，而且更困难的是要继续保持均衡，不过"有益的"古典型的竞争看来或许被"掠夺的"或"残酷的"竞争或者干脆被为控制金融领域的斗争所取代。这些事情是大量社会浪费的根源，除此之外还有像广告战的耗费、扼杀新生产方法（为了不使用新方法而买下专利）等许多其他的浪费。更为重要的是在人们面对的条件下，就算用付出非常大代价的方法最终获得均衡，也不能保证它会达到完全竞争理论所说的充分就业或最大产量。均衡或许在没有充分就业条件下存在，不过它必定（看来如此）在低于那个最高标志的产量水平上存在，因为在完全竞争条件下不可能实行的保持利润战略，现在非但成为可能，并且必定出现。

---

1 见E.S.张伯伦的《垄断竞争理论》和琼·罗宾逊的《不完全竞争经济学》。

这点还不能证明除实业家之外的一般人对私人企业一直在想的是什么吗？现代分析不是对古典学说完全驳斥而赞成通行的观点吗？一般认为在为利润而生产和为消费者而生产之间不可能互不冲突地同时存在，认为私营企业仅仅是为了攫取利润（当时人们正确地把其称为通过税和赎金）而削减产量的一种手段，终究不是非常正确的吗？

第三章

充满创造性的毁灭过程

少数企业操纵价格竞争理论和垄断竞争理论及两者的通俗变体或许被用来以两种方式服务于资本主义现实不利于生产的最大成就这样的观点。人们可能一直认为，虽然当事的资产阶级长期进行破坏，但产量始终是在扩大的。提倡这种主张的人一定要提出证据来说明瞩目的增长率是因为一系列与私人企业机制无关的、其强烈程度却足以克服私人企业机制抵抗的有利条件。这正是我们要讨论的问题。不过对这个主张支持的那些人面对着另一种主张的倡导者不得不面对的有关历史事实的麻烦采取了至少是避而不谈的态度。历史事实证明资本主义现实曾经趋向于促进最大生产成就，或者不管怎样，达到如此可观程度的生产成就，已成为所有对资本主义制度严肃评价中的主要方面。不过后来盛行的垄断结构扼杀了竞争，如今把趋势倒了过来。

首先，这个过程包括创造一个纯属想象的、完全竞争的黄金时间，在某个时候不知怎样变形为垄断时期，而非常清楚的是，完全竞争在今天比在任何时候都更接近现实。其次，一定要指出的是，产量的增长率从19世纪90年代起没有降低过，我认为，起码在制造业中，最大规模企业的盛行也一定要追溯到那个时候。在总产量时间数列中，没有一点儿迹象表明"趋势的中断"。更加重要的是，在相对自由的"大企业"时代，群众的现代生活标准有所改善。假如我们回顾进入现代工人家庭预算的物品，并观察[1]18年后购买这些物品以劳动时间（不是以货币）计算的价格即以每年支付的货币价格除以每年的小时工资率，则我们不得不为进步的速度而感到吃惊，再考虑物品质量的明显提高，就知道生活标准的提高

1　实际上，那些观察和定理并不是让人完全满意的。一般论述不完全竞争理论的文章没有对许多重要的情况给予足够的注意。在这些情况中，甚至按照静态理论，不完全竞争也有近似完全竞争的结果。在另外的一些情况中，不完全竞争虽不能取得近似的结果，不过它也提供补偿，而且这些补偿虽然不进入任何产量指数，但是它对产量指数最后试图衡量的东西还是有所贡献的。例如，一个企业用质量或服务来建立信誉以保卫其市场。不过为了简单起见，我们不想用这个理论本身的理由来和它进行争论。

比以往所有时候都大。假如我们的经济学家少一些想当然的思想，多对事实观察一下，就立刻会对那个引导我们能够产生很不相同后果的理论的现实价值产生怀疑。事情还不止如此，一旦我们仔细审视，去探究进步最引人瞩目的个别项目时，引导我们的线索没有把我们带到在充满自由竞争条件下工作的那些企业的门前，而是明确地把我们带到大公司的门前，因为大公司和农业机器的情况一样，取得进步的大都是发生在竞争部门。于是我们心头升起强烈的怀疑，大企业或许在创造生活标准（而不是降低它）上起了很大的作用。

事实上，上一章结尾所提到的结论几乎是完全错误的。不过这些结论是根据观察和几乎完全正确的定理做出的。经济学家和通俗作家对他们偶尔碰上的某些现实片段又一次轻易接受了。这些大多数一鳞半爪本身看来非常正确，它们的表面特性也几乎都得到正确发展。不过依据这样的零碎分析不能够得出有关整个资本主义现实的结论。假如我们还是要从零碎分析获得结论，则我们只能在偶然机会中才会是正确的。有人这样做了，不过幸运的偶然机会并没有出现。

研究资本主义就是研究一个发展过程，这是要掌握的实质性要点。不过奇怪的是，对卡尔·马克思很久前就强调过的这样明显的事实有人竟会看不到。但是产生了大批有关现代资本主义职能命题的那种零碎分析却对这个事实有着近乎固执的忽视。我们现在把这一点再次指出来，看看这个事实对我们的问题有什么影响。

从本质上来说，资本主义是一种经济变动的形式或方法，它不仅从来不是，并且也永远不可能是静止不变的。资本主义过程的这种进化性质不只是因为经济生活是在变动着的社会与自然环境里进行的，并且这个环境的变动把经济活动的数据改变了。这个事实很重要，包括战争、革命等在内的这些变动常常是产业改变的条件，不过这些变动并不是推动产业改变的主要力量。资本主义过程的这种进化性质也不是因为人口与资本半自动的增加或货币制度的变幻莫测，不过人口、资本和货币制度也确实是产业改变的条件。其实，来自资本主义企业创造的新消费品、新生产方法或运输方法、新市场、新产业组织形式，才是开动和保持资本主义发动机运动的根本推动力。

我们已经在上一章中看到，劳动者预算的内容（譬如说从1760到1940年）不只是以不变的形式增加，而且经历了质变的过程。同样，一家典型农场生产设备的历史，从作物轮作、耕种与施肥的合理化开始到如今的由传送机和铁路连接起来的机械化装置也是一场革命的历史。其他的像从木炭炉到我们今天炼钢炉的钢铁工业生产设备的历史，从上射水车到现代电厂的电力生产设备的历史，从邮车到飞机的运输史也都是革命的历史。国内外新市场的开辟，从手工作坊和工场到像美国钢铁公司这种企业的组织发展，同样说明了产业突变的过程，假如我能够使用产业突变这个生物学术语。它不断地从内部让这个经济结构革命化[1]，从而不断地破坏旧结构，也不断地创造新结构。这个创新性毁坏的过程就是资本主义本质的事实，也是资本主义存在的事实和每一家资本主义公司赖以生存的事实。这个事实对我们的论点从以下两方面给予支持。

一方面，因为我们是在研究一个过程，这个过程的每一个要素需要很长时间才能揭示其真正的特色和最终效果，所以在估价那个过程的成就中就不能以某一瞬间所看到的为根据。我们一定要从一段长时间来判断它的成就，依据它经过几十年、几百年展示出来的实际情况进行判断。一个无论是经济的还是其他的制度能在每一个特定时刻充分利用它的可能性达到最有利的程度，不过从长期来看，这个制度或许还不如在任何特定时刻不能做到这一点的另一个制度，因为后者之所以不能做到这一点，可能就是达到长期成就的水平和速度的条件。

另一方面，因为我们是在研究一个有机过程，所以对这个过程任何特定部分所发生事情的分析，例如，对发生在个别公司或行业的事情的分析，虽然在实际上可以弄清楚机制上的细节，但除此之外的其他东西是无法确定的。任何一个经营战略只有在这个过程的背景下和在这个过程造成的形势中才有它真正的意义。一定要从它在不停地进行创新性毁坏的风暴里所担负的任务去看它；对风暴置之不理，或是设想风暴后会有长期的平静就对它不能理解了。

但只在某一时刻，从少数由几个大企业组成的寡头垄断行业的行为中寻找事例的经济学家，看到这个行业里众所周知的运动和反运动。在他们看来，这些运动的目的好像仅在于保持较高的价格和限制产量。他们接受瞬间形势的数据，好像既无过去又无将来，他们以为他们想要了解的东西已经了解了，认为能够用与那些数据有关的最高利润原则解释这些企业的行为。一般的理论家论文和一般的政府委员会报告事实上从不试图把这些企业行为当成过去一段时间历史的结果，也不把它看成应付必定就要立刻变化的形势的企图——这些企业的企图是要在正从它们脚下溜走的地面上站住脚跟的。也就是说，一般在想的问题是，资本主义是怎样管理现有结构的，而与此有关的问题是，资本主义是怎样创造并破坏这个

1　严格地讲，这些革命并非是不停顿的。它们以不连续的冲刺形式发生，它们彼此分隔，中间有比较平静的间距。不过整个过程的作用不断，不是革命就是对革命后果的吸收，它们一直存在，经济周期的过程就是二者一起形成的。

结构的。只有认识到了这个问题，研究者所做的工作才有意义。而一旦认识了这个问题，他对资本主义实践及其社会效果的看法就会大大改变[1]。

第一件要改变的事是对竞争所起作用的传统观念。经济学家现在终于从只见到价格竞争的阶段走了出来。一旦允许质量竞争和销售努力进入神圣的理论领域，就会把价格变数逐出它所占的支配地位。不过在不变的条件、不变的生产方法，尤其是不变的行业组织形式的僵硬模式中的竞争，事实上仍然是人们注意的唯一中心。不过在与教科书所说的迥然不同的资本主义现实中，有价值的不是那种竞争，而是新商品、新技术、新供应来源和如巨大规模的控制机构这样新组织形式的竞争，也就是占有成本上或质量上决定性优势的竞争，这种竞争打击的是现有企业的基础和它们的生命，而不仅是它们的利润边际与产量。这种竞争和其他竞争就像炮轰和徒手攻击一样，有大得多的效率。这种竞争是这样的重要，以致在一般意义上无论它的作用发挥得快还是慢，都变得无关紧要了。不过从长期观点来看，扩大产量和降低成本的有力杠杆不管怎样是用其他材料制成的。

甚至没有必要指出，现在我们所想的这种竞争不仅在它存在时起作用，并且在它还仅仅是一种永远存在的威胁时也起作用。在攻击之前，它会首先进行训练。实业家觉得自己处身于竞争的形势中，就如同在战场上孑然一身一样，或者即使不是只身孤影而是在坚守阵地。不过进行调查的政府专家看不到在这个战场或邻近的战场上，在他与所有其他企业之间有任何有效的竞争，所以专家得出的结论是，经过调查，他有关为竞争而忧心忡忡的话完全是装模作样。在很多情况下（虽不是全部），从长期来看，这种情形会迫使企业的行为变得非常等同于完全竞争的模式。

从下边例子里能够最清楚地看出许多理论家持有相反的观点。我们设想在一个地区有一定数目的零售商，他们试图用服务和"气氛"来改善其相对地位，不过避免价格竞争而严守当地传统的做法，就如同一幅停滞的和按部就班的画面。但是随着另外一些人闯入这个行业，这个半均衡的局面很快就被打破了，不过出现的状况却对他们的顾客不利。因为每一家商店周围的经济空间变小了，店主人再也不能以此为生，于是他们会心照不宣地在彼此同意的情况下通过提高价格来试图补救局面。涨价会进一步减少其销售，就这样螺旋般地步步升级，于是出现

　　1　要理解这不是我们的道德评定，而只是我们对经济成就的评价。对此二者肯定是很不相同的。因为它的意志自由与道德的赞成和反对完全独立于我们对社会（或任何别的）效果的评价。只有我们正好采用，如功利主义那样的伦理体系，按定理，道德上的赞成和反对是这个体系根据社会效果决定的。

了增加潜在供应招来的不是减价而是涨价，不是增加销售而是减少销售的局面，这样的情况的确会发生，因此把它们表达出来是正确而适当的。不过就像一些实际例子表明的那样，它们仅是在离开最典型的资本主义活动最遥远的地方才能找到的微不足道的事例[1]。况且它们的性质是短暂的。在零售商例子中，重要的竞争来自百货店、连锁店、邮购商店和超级市场，而不是增加的同类型的商店。所以，这些商业机构迟早必然毁灭这些销路越来越窄的零售商店[2]，如今，不但忽视了这个事例中本质要素的理论结构，而且也忽视了这个事例中属于最典型资本主义的所有东西。因此就算在事实和逻辑上是对的，它也如同没有了丹麦王子的《哈姆雷特》。

1　在论述不完全竞争理论中，我们所经常遇到的定理也表明这一点。这个定理说，在不完全竞争的条件下，生产或销售企业总是不合理地小。因为与此同时，他们把不完全竞争当作现代产业的杰出特色，我们只能奇怪，这些理论家生活在哪个世界里，就像上文所说的，他们的思想里所有的只是一些微不足道的事例。

2　在小型零售商这种特殊的环境条件和人员条件中，仅仅这种竞争的打击的威胁就具有非同一般的惩戒影响，因为小商人严重受成本结构的制约，他在他逃避不掉的有限范围内无论在管理方面如何出色，对竞争者的手法也绝不能适应，因为这些竞争者有能力以他进货的价格出售货物。

第四章

垄断的做法

　　以上所说的一切的确足以让读者能够对他可能碰到的大多数实际事情进行处理，而且知道那些直接或间接依赖不存在的完全竞争来对利润经济进行的批评大都是不适当的。不过由于我们针对那些批评提出辩论的意义或许在刚看之时不很明显，为了让我们议论中的几个论点更加清晰，下面再花些时间进行更加细致的阐述。

　　（1）我们已经知道，诸如新技术等作为事实和作为威胁的新事物对一个行业现有结构的冲击，大大减小了那些想通过限制产量来维持既得地位和使既得地位产生的利润达到最大限度的做法的长期范围和重要性。现在我们还一定要认清进一步的事实，行之有效的这种限制性做法只有在创新性毁坏的长期风暴中才能获得新的意义，而在静止状态或在缓慢而平衡增长状态中是得不到这种意义的。无论是在静止状态还是在缓慢而平衡增长的状态中，限制战略产生的结果只会是以牺牲顾客的利益来增加利润，除非在平衡发展状态下这个战略仍然能够证明是筹集资金用以提供增加投资资金的最为容易和有效的办法[1]。不过在创新性毁坏过程中，限制做法大大有助于风浪中船只的稳定和减轻暂时性困难。实际上，这个论点是经常在经济萧条时候出现的非常熟悉的论点，就如每个人都知道的一样，它受到政府及其顾问们的欢迎。对此，可以以国家复兴法案为证。由于它多次被误用并非常错误地被执行，所以大多数经济学家对它有种发自内心的蔑视，他们中那些为法案负责的顾问们全然忽略了它的非常一般的理论基础[2]。

　　事实上，所有投资一定要有（作为企业家行动的必要补充）某种保护行动，

　　1　理论家们往往把所有承认这种可能性的看成是犯了重大错误，而且直接证明，向银行或私人储蓄者借款筹资，或国有企业从所得税收入中筹资，要比通过限制政策而获得剩余利润来筹资合理得多。虽然就某几种行为模式来说他们是对的，不过就另外几种行为模式来说他们都完全错了。我认为资本主义和俄国型共产主义属于后一类。

　　2　尤其是旨在维持"平准价格"的政策中，指出那里存在没有意义的和有大量害处的东西是很容易的。

像保险或套头交易等。在剧烈变动的条件下，特别是在新商品和新技术的冲击下及任何时刻都会变动的条件下进行长期投资，就像对着不但模糊而且颠簸活动的靶子进行射击一样，所以要依靠一些必要的保护措施，如申请专利、生产方法的暂时保密等，或在某些情况下，依靠事先签订长期业务合同。不过这些保护措施，尽管大多数经济学家承认是合理经营的正常办法[1]，不过它们只是包括许多其他措施的更大保护办法中的特殊情况，而大多数经济学家谴责其他措施，实际上在其他措施和得到认可的措施之间并没有根本不同。

比如，假如战争风险能够投保，那么不会有人对企业从买它产品的买主那儿收集它的保险费用进行反对。不过这种风险也是企业长期成本中的一个要素，倘若没有承保这种风险的机构，在这样的情况下，针对同一目标的企业价格战略可能会涉及不必要的产量限制，并产生超额利润。同样，假如得不到专利权，或者有了专利权不能对其进行有效的保护，为了证明这笔投资是正确的，或许就只能使用其他手段。其中价格政策就是其他手段之一，虽然不那么合理，但或许会更快地摊销投资或者追加投资，从而能提供只用于侵略或防御目的的额外生产能力。另外，假如长期合同不能在投资前签订，就可能一定要采用其他方法，以便能把未来顾客牢牢吸引到投资企业来。

在对给定时刻的这些业务战略的研究中，分析这个问题的经济学家或政府代表都看到在他们看来是掠夺性的价格政策和与损失生产机会同义的产量限制。不过他们没有看到，在长期风暴条件下，这种类型的限制常常是长期扩张过程中不可避免地附带事情，它们对扩张过程起保护而不是抑制的作用。这就好比说汽车因为装了刹车装置比没有装刹车装置时开得更快一样，没有更多的矛盾。

（2）在所有时候都有新事物和新方法对其现有产业结构产生影响的那些经济部门中，上面所说的情形呈现得更加清楚。要得到产业战略生动而现实的印象的最好方法就是对那种引进新商品或新方法的新企业的行为（如铝工业）进行具体观察，或者观察像原美孚石油公司那样的部分或全部改组的企业的行为。

就像我们已经知道的那样，这样的公司在本性上就是侵略者，竞争是它们挥舞的真正有效的武器。它们的入侵，在大多数情况下都对总产量的数量和质量进行了改进，两个方面的改进都是通过新方法本身，即使其没有发挥全部优势，也

1　不过一些经济学家认为，就算那些措施也是进步的障碍，即使在资本主义社会里它们或许是必要的，不过在社会主义社会它们不会存在。这个看法有一定道理，不过它并不影响由专利权等提供的保护，在利润经济条件下，衡量起来是推进因素而不是阻碍因素。

通过新方法施加给原有企业的压力。不过这些侵略者的处境让他们为了攻击和防御的目的必须有（除了其产品的价格和质量之外）几件坚固的盔甲，与此同时，还必须一直战略性地操纵产品的价格和质量，从而使得他们在任何时候好像只是在限制产量和保持高价。

一方面，如果起初并不知道沉重的资本需要或经验不足会对竞争产生阻挠，或者不知道如何找到挫伤或打败竞争对手的手段，从而能得到进一步发展的时间和空间，那么在许多情况下这样的最大规模计划根本不能实现。甚至对原先处于无懈可击地位的竞争企业运用金融控制进行征服，甚至获得与公众公平竞争观点背道而驰的利益——铁路运费折扣——只要单独设想它对总产量的长期效果，也会呈现出不同的面貌[1]，它们或许是清除私有制设置在进步道路上障碍的方法。在社会主义社会里，一样需要时间和空间，而那里的时间和空间是由中央当局的命令保证获得的。

另一方面，如果起初并不知道会出现非常有利的局势，不知道利用操纵价格、质量、数量将产生的利润完全能够把在老一套管理下呈现的不利局面扭转过来，在很多情况下这个企业是办不起来的。这又需要从短期看来常常是限制性的战略。在很多的成功事例中，其目的正好是通过这种战略来达到的。不过在某些事例中，这种战略是这样的有效，甚至所获得的利润远远超过吸引相应投资所需要的水平。于是在这些事例的诱惑下，资本被引导走上了没有经过试验的荒芜小径。这些事例的存在从一方面说明了这样大的一部分资本主义世界之所以没有利润经营的原因，因为在20世纪20年代中期，美国大约有一半的本土企业有的亏本、有的毫无利润、有的所赚利润非常之少。假如事前能预见，就不会招来经营企业的努力和投资。

我们接下来的话题可能超出新公司、新方法和新行业的范围。老企业和现有行业无论是不是受到直接攻击，依然生活在长期的风暴中。在创新性毁坏过程中出现了一些局面，在这些局面里许多企业面临着灭亡的危险，假如它们可以经得

1　我想外加的条件能够消除由上述命题引起的攻击的所有正当理由。万一这个外加条件不够清楚，请允许我再说一遍，不管在任何情况下，道德方面一定要完全不受经济争论的影响。至于别的情况，让读者细思，就算在处理确凿有据的犯罪行为时，每个公正文明的法官和陪审员也要考虑发生犯罪行为所想要达到的隐蔽目的，考虑一个犯罪行为是否有他们认为对社会来说是可取的影响。

另一个反对意见更是一语中的。假如一个企业仅能凭这种手段取得成功，本身就不就证明它不能带来社会收益吗？能提出一个很简单的论点来支持这个说法，不过这个论点必须加上严格的"假使其余情况相同"的限制性条件。就是说，它提出的条件正好等同于排除创造性毁灭过程这个资本主义现实。稍加思考就能够看出，我们正在讨论的做法和专利权非常相似一节，就完全说明了这一点。

住一场特殊风暴，或许还能精力充沛和有用地活下去。没有这样的普遍危机或萧条，出现了局部的局势，在这种局势里，作为那个过程特色的数据急剧变化，在一段时间里严重地打乱了一个行业，从而招来不必要的损失并造成了本可以避免的失业。最终，虽然试图无限期地维持过时的行业没有必要，不过试图不让它们一下子崩溃却是必要的，而且也有必要努力把可能变为加重萧条后果的中心的一场混乱变成有秩序的撤退。与此相应的，在早期经营不善但坚守住了其阵地的行业中，存在着可称为有秩序前进的东西[1]。所有这些当然是最一般的常识。但是人们非常顽固地坚持忽视它，以致有时会对这些人是否真诚产生怀疑。于是在创新性毁坏过程中，理论家把这个过程的所有现实写入关于经济周期的书籍和论文中去成了习惯。工业的自我组织问题也还有一些方面是理论家们没有能够想到的。在萧条情况下，卡特尔[2]类型的"贸易限制"及只属于价格竞争中默契的组织或许是有效的治疗方法。只要它们行之有效，它们最终会让总产量有稳定和大量的增长，而且增长的程度要比完全无控制冒进所能得到的更大，并且完全无控制冒进也免不了遭受灾难。不过也不能说这些灾难在所有情况下都可能发生。我们知道，在每个历史事例中发生了什么。考虑到这个过程的惊人步伐，假如根本没有这样的做法，我们对可能发生什么情况就只有非常不完整的概念了。

不过就算像这样把范围扩大，我们的论证还没有包括全部的限制性或控制性战略，当然有很多战略对长期产量发展具有损害性的影响，但是即使在我们论证包括的事例中，净效果是个别行业的环境问题和该行业在每一个个别情况下控制它自己的方式与程度问题，人们也总是不加分析地把这种影响全部归到战略上。当然，可以想象一个包罗万象的卡特尔制度会破坏一切进步，它也有可能用很小

1　战后汽车工业和人造丝工业的历史是说明这一点，以及说明我们许多一般性论点的极好例子。汽车工业的历史正好说明了我们能够称之为"经过校订的"竞争的性质和价值。其繁荣期大约在1916年结束。不过后来有众多企业涌入这个行业，但是大部分这些企业到1925年都垮掉了。有三个企业经过猛烈的殊死搏斗后崭露头角，如今它们的销售量超过全行业总销量的80%。虽然它们占有稳固的地位、出色的销售和服务组织等优势，不过它们仍处于竞争的压力之下，假如不能保持和改进产品的质量，或试图结成垄断性的联合，就可能招来新的竞争者。在三家企业自身中间，它们采取了各自为政而不是竞争的行为，因为它们尽量不采取某种侵略性的措施，而这在完全竞争中是不可能的。而且它们争取在尖端领域领先时彼此跟上。到现在这种状况已继续了15年。假如在那15年中实行那种理论上的完全竞争条件，如今的市场能否给公众提供更物美价廉的汽车，能否给工人提供更高的工资和更稳定的职业，就不清楚了。人造丝行业在20世纪20年代有它的繁荣期。它向原来没有空隙的领域介绍一种商品所呈现的特色和它在这种情况下所使用的政策，比汽车工业更加清楚。这两个行业之间有很多别的差异，不过基本情况是相同的。人造丝产品在数量上和质量上取得了众所周知的发展与提高。不过有些时候限制政策还是统辖着发展。

2　卡特尔（Cartel）是由一系列生产类似产品的独立企业所构成的组织，集体行动的生产者，目的是提高该类产品价格和控制其产量。——译者注

的社会成本与私人成本实现人们认为的在完全竞争能实现的一切。这就是为什么我们的议论不等同于反对国家控制议论的原因。事实确实表明，不加区别地"打倒托拉斯"或者取缔够得上贸易限制的一切，也是不合一般常理的。政府当局有区分地控制是合理的还是恶意的，是个非常微妙的问题，尤其在反对大企业的呼声中，并不是每一个政府机构来解决这个问题都能得到信任的[1]。为驳斥有关现代资本主义和总产量发展之间关系的一个流行理论，以及由它得出的推论而提出的论证，我们得到了另一个理论，即对事实的另一种观点和另一个解释事实的原则。就我们的目的来说，这就足够了。至于别的，事实本身最有发言权。

（3）接下来，对刚性价格这个近来受到诸多注意的话题说上几句。事实上，它仅仅是我们一直在讨论的那个问题的一个特殊方面。我们认为只要价格对供需条件变化的反应比在完全竞争中不敏感的就是刚性价格[2]。

从量的方面而言，价格的刚性程度在那个意义上要依据我们选择的资料和测定方法来定，因而是可以怀疑的事情。不过无论资料和方法怎样，价格并不像它们表面上所看到的那样僵硬。有很多理由表明，事实上价格的变动不显示在统计图表上。也就是说，有很多理由造成特别虚假的僵硬。我仅提出与我们分析所强调的事实紧密相关的一个理由。

我曾注意到新商品的闯入对一般的资本主义过程，特别是对资本主义的竞争机制有很大的重要性。现在新商品能够有效地降低原先存在的价格结构，用低得多的每一服务单位的价格满足一定的需求，像运输服务等，而在这样的过程中不用改变一项原定的价格。形式意义上的刚性能够伴随适当意义上的伸缩性。还有跟这个类型不同的情况，在这种情况下，企业推出一个新商标的唯一目的是把价格降低，而让老商品保持先前的标价只是一种不表现出来的减价。另外，绝大部分新消费品尤其是所有适合现代生活的新发明，刚开始时以试验和不能令人满意的形式引入，当然它们以这样的形式肯定不能征服潜在的市场。所以改进产品质量实际上是公司和行业发展的所有特征。无论这样的改进是否需要另加成本，一

1　不幸的是，这个说法让人们反对政府政策，其效果甚至就像最彻底否定任何政府控制的原因一样。实际上它会让讨论变得过激。政治家、政府官员和经济学家可以忍受我有礼貌地称为"经济保王党人"的所有反对意见。他们极难忍受的是对他们能力的怀疑，因为在我们思想中充满这种怀疑，尤其是在我们见到法律精神起作用时。

2　这个定义可以满足我们的目的，不过其他人的目的是不会满足的。见D.D. 汉弗莱在1937年10月《政治经济学杂志》的文章和E.S. 梅森在1938年5月《经济统计评论》的文章。梅森教授的文章指出（除其他问题外），与广泛传播的见解相反，价格刚性不再加剧，不管怎样它不比40年前更加严重，这个结论完全能够让目前流行的刚性理论的一些含义黯然失色。

个正在改进商品的每单位的不变价格，在没有做进一步调查之前，不应说它是刚性的。

当然，真正价格刚性的事例还是大量存在的。它们或因业务政策，或因难以变动而让价格保持不变，例如，卡特尔经过艰苦磋商订立的价格。为了估量这种事实对产量长期发展的影响，首先一定要理解这样的刚性实际上是短期现象，长期价格刚性的重大事例是不存在的。我们选择有一定重要性的不论哪家制造业或哪一些制造品作一段时间的调查研究，最终我们总是发现，从长期看来，为了让自己适应技术进步，价格常常做出醒目的下降[1]。除非受货币变动和政策的阻挠，或者在某些情况下受工资率自动变动的阻挠，不能降低价格。当然应该像重视产品质量的变动一样重视工资率的变动，并根据前者做适当的纠正[2]。我们原先的分析充分表明，在资本主义发展过程中为何一定要这样做的原因。

经营战略的真正目标，即不管怎样，对所有能够达到的目标来说是应该避免价格的季节性、任意性和周期性的波动，做到价格只有在作为那些波动基础的条件发生根本性变动时才相应变动。因为把这些根本性的变动看清需要时间，它以时断时续的步子慢慢变动，所以要保持价格不变，直到看到新的相对持久的趋势出现为止。用专业术语说，这个战略的目标是让价格沿着近乎趋势的等级函数运动。这就是大多数情况下真正和自愿的价格刚性的含义。实际上，大多数经济学家承认这一点，起码暗示同意这一点。因为，尽管他们某些关于刚性的论点，例如，他们的多数论点断言价格刚性不让消费者分享技术进步的果实等，只对长期现象才是正确的。事实上，测定和议论的主要目标是周期性的刚性，特别是指在萧条和衰退中许多价格没有或没有很快下降的事实。所以真正的问题是这种短期

1　它们的下降不像在完全竞争条件下必然下降那样是一种规律。这仅是"在其他一切相同"的附带条件下才是正确的，而这个命题的所有实际重要性都被这个附带条件夺走了。我前面提到过这一点，下面在（5）中还将再次提到这一点。

2　从福利观点看，采取与我们不同的定义，价格的变化用劳动小时测定是恰当的，劳动小时是当前赚取能购买一定量工业消费品（考虑其质量变化）美元所必需的。我们在以前论证过程中也已经做到这一点。于是显现出一个长期的价格向下的挠性，这是真正让人有深刻印象的。价格水平的变动产生另一个问题。只要变动受货币的影响，为研究刚性的主要目的，应把这种变动剔除掉。不过要是价格变动反映了一切生产行业正在增加效率的联合作用，那这种变动不应剔除。

刚性是怎样影响总产量的长期发展的[1]。在这个问题上，在萧条或衰退中居高不下的价格肯定会影响处于周期之中这个阶段的经济形势是唯一真正重要的关键。假如这种影响有强烈损害性，即让事情比价格完全灵活时糟得多，那么每次都在起作用的破坏性也会影响以后的恢复期和繁荣期的产量，从而永远地降低总产量的增长率，让其低于不存在刚性所能达到的水平。人们提出了两个论点支持这个看法。

　　为了尽可能地让第一个论点清晰，让我们假定，一家在衰退期里拒不减价的企业继续销售与如果减价能销售的同一数量的产品，所以买主口袋损失的钱等于该企业从价格刚性中得到的利润。倘若买主是罄其所有的那种人，倘若这个企业或分得它纯利的人不花费企业多得的钱，却把钱闲置在家或归还银行贷款，那么经济中的总支出会因此减少。假如发生这种情况，其他行业或企业或许遭受损害，假如它们也因此一个个实行限制，我们或许要承受累积的不景气的后果。也就是说，刚性会严重影响国民收入的总数和分配，甚至减少资金余额，或增加闲置资金余额和增加储蓄。这样的情况是能够想象的。不过读者不需要担忧，因为它的实际重要性，如果有也是非常有限的[2]。

　　第二个论点是，在每个企业或别的地方，倘若价格刚性导致额外的产量限制，即导致比萧条时期所有情况下必定发生的还要大的限制，它或许产生打乱正常秩序的作用。因为这种作用的最重要传导体是失业随之增加和随后导致总开支的减少，实际上就业的不稳定实际上是最普通的、直接针对价格刚性的指控。这个论点于是走上了第一个论点的途径。因为考虑到在最让人瞩目的事例中，导致价格刚性的显然是需求对短期价格在行得通的范围内的变化不敏感，第二个论点的重要性大大降低，尽管经济学家对它的重要程度有着很大的争论。在萧条时期为自己以后担心的人们，不可能购买新汽车，即使价格减去25%也一样，尤其是假如这笔购买容易推迟，以及减价使人们期望进一步减价时更是这样。

　　不过即使这一点除外，这个论点也是没有说服力的，因为它又有附加"在其

　　1　不过应该看到，这个短期所持续的时间或许比"短期"这个词一般意义上所指的时间要长，有时会达到10年甚至更长。而且不止一个周期，而是有很多同时发生的经历时间长短不等的周期。最重要的一个周期平均持续约九年半。要求价格调整的结构变动在一些重要事例中的确持续了这么长的时间。惊人变化的全过程只出现在比这长得多的时期中，像对于铝、人造丝和汽车的价格，一定要调查研究45年左右才会做出客观正确的判断。

　　2　研究这个问题的最好办法是谨慎地做出所有有关的假设，不但要注意想象中最有力的事例，还应该注意在实践中同样可能出现的次要的事例。另外，不要忘记从保持高价得到的利润或许是避免破产的手段或起码是避免停工的需要，这两点在向下"恶性循环"开始时，也许比减少总支出的后果更加现实。见对第二个论点的评论。

他一切相同"这个我们研究创新性毁坏过程所不容有的条件的缺陷。按照较灵活的价格能在"其他一切相同"条件下卖出更多数量产品这个事实，也不能因此得出所讨论商品的产量或总产量及就业能因此有实际的增加的结论。因为我们能够假定，拒绝降价让采取这个政策的行业的地位得到了加强，因为这样做增加了收入或者是避免了其市场的混乱，所以说，只要这个政策在它们一方有一定作用，它就有可能让原来或许是遭劫中心的地区变成堡垒。就如我们现在已经知道的一样，根据普通的观点看来，使用由这个政策带来的限制要比任由萧条严重破坏价格结构更能让总产量和就业保持在较高的水平上[1]。也就是说，在资本主义发展所创造的条件下，在萧条期间完全和普遍的价格灵活性或许会让价格体系进一步不稳定，而不会让它像在一般理论所设想的条件下那样保持稳定。这一点在经济学家同情直接有关的利益集团的那些事例中，如在议论劳工和研究农业的事例中，得到了很大程度上的承认。在这些事例中经济学家很乐意承认，看来像是刚性的东西，或许只是受控制的适应罢了。

读者可能会对前几年谈论得这么多的理论分析之下现在竟所剩无几感到吃惊。在某些人看来价格刚性已变成资本主义机器的突出缺陷，甚至几乎又成了解释萧条的根本要素。不过这种情况没有什么值得大惊小怪的。有些个人和团体总是抢夺可称为发明、又能支持当前政治倾向的所有东西。具有不多值得赞扬的真实性的价格刚性理论远远不是这种事情中的最糟糕的例子。

（4）另一个理论已变成一个具体的口号，即在大企业时代，企业家行动的首要目标是维持现有投资价值即保存资本，这有可能停止所有降低成本的改进。所以资本主义秩序变得与进步不相容。

像我们所知道的那样，进步必然会让与新产品和新生产方法竞争的阶层里的资本价值遭到破坏。在完全竞争的环境里，旧投资一定要用自身的牺牲来适应新情况或者干脆放弃。不过，在完全竞争不存在时，且当每一个行业都由少数大公司控制时，这些旧投资就可以用不同的方式与威胁它们资本结构的攻击进行战斗，并尽力避免资本账户的损失。也就是说，它们能够并且会和进步本身进行斗争。

如果这个理论只是对限制性经营战略的一个特定方面予以阐明，在本章概述的论点上增加任何东西就没有必要。关于这个战略的运用界限和它在创新性毁坏过程中的功能，我们只要重复我们已经说过的就行了。假如我们看到保存资本价

1　理论家说明这点的方式是，在萧条期间，倘若把钉住价格的所有钉子全都拔掉，需求曲线或许会向下移动，达到非常猛烈的程度。

值和保存利润是一回事，上面所说的道理就更容易懂了。现代经济理论实际上倾向于用资产净现值（等于资本价值）这个概念来代替利润概念。无论资产价值还是利润，显然是要使之最大化而不是简单地保存。

不过仍需对破坏降低成本的改进顺便加以讨论。稍做思考就能明白，只要考虑一下一家拥有一项技术设计（例如一项专利权）的公司，使用这个设计会使公司部分或全部机器装备废弃的事例就够了。当一位不受资本家利益束缚的经理人，如社会主义经理人员愿意并且能够利用这个设计为所有人谋利益的时候，这家公司为了保护它的资本价值会不会对此进行制止呢？

对这个实际问题的提出是很有趣的。一个现代企业只要发觉它力所能及，它首先要做的事情就是建立一个研究部门，这个部门的所有成员都知道，他的生计取决于他设计改进办法的成功。当然这种做法并不代表对技术进步的厌恶。我们认为，公司获得的专利权没有被很快地利用或者根本没有被使用也不代表厌恶技术进步，因为之所以会这样或许有非常正当的理由，比如，获得专利的发明可能结果证明它没有用途，或是起码不能保证在商业上能够应用。无论是发明者本人还是调查研究的经济学家或政府官员都不是这件事的公正的法官，从他们的抗议或报告中，我们特别容易看出一幅非常歪曲的图画[1]。

不过我们对一个理论问题关心。大家都会同意，倘若私人企业和社会主义企业的经理人员如果希望每单位产品的总成本比现有生产方法的每单位产品的主要成本小，为此他们都愿意引进新生产方法来改进现状，如果这个条件不能够满足，那么人们认为，私有企业经理人员在现有厂房设备完全摊销之前，对能够节省成本的方法不愿采取，而社会主义企业经理人员为了社会利益，一旦可获得任何新的节省成本的方法，就会不顾资本价值用它替代旧的方法，不过实际并非如此[2]。

如果私人企业的经理人员受利润动机的驱动，他们对保持所有给定建筑或机器价值的兴趣并不会比社会主义企业经理人员小。让相等于预期净收益的贴现价值的现有总资产净值达到最大是私人企业经理人员试图去做的全部行动。这就是说，因为他们相信新方法将产生的每单位相应于将来支出流的将来收入流（两者

　　1　顺便说一下，应该注意到，即使正在讨论的那种限制做法在非常大的范围内存在，这种做法对社会福利也有补偿作用。实际上，奢言破坏进步的那些批评家同时强调资本主义进步速度带来的社会损失，尤其是那个速度引起的失业，而失业以放慢进步的步伐在一定程度上得到缓解。对他们来说最好先决定下来技术进步是太快了还是太慢了。

　　2　应该知道，就算这个论点是正确的，依然不能够支持资本主义在设想的条件下"与技术进步不相容"的命题。这个论点所能证明的仅是在某些情况下，引进新方法有着一段很短的时间滞后罢了。

都折为现值）大于现有方法产生的收入流，所以他们永远会采取新的生产方法。过去投资的价值（不论是否抵得过必须摊提的债券债务）根本没有被列入考虑的范围，除非因为它也进入社会主义企业经理人员决策所依据的计算。只要使用旧机器比立刻采用新方法能节省将来的成本，这些旧机器服务价值的剩余部分肯定是资本主义经理和社会主义经理决策时的一个依据。否则对二者来说，过去的就让它过去吧，所有保存过去投资价值的企图不仅违反为社会主义企业经理人员行为规定的规范，而且也违反根据利润动机形成的规律。

可是，私人企业拥有的设备的价值受到同样由它们掌握的新方法的威胁（如果它们不掌握新方法，就不会存在问题和矛盾），不过那种认为它们只有在新方法和总单位成本小于使用旧方法的主要单位成本或只有在旧投资已经根据新方法出现前决定的计划完全撤销时，才采用新方法的看法是错误的。因为新机器装置起来时，企业期望它的使用寿命要比先前规定的旧机器使用期限的剩余部分长，旧机器在剩余时间里的折扣价值是需要考虑的另一项资产。因为类似理由，那种认为行为合理的社会主义企业经理人员总会立即采用有希望以较小总单位成本生产，从而对社会有利的所有新方法的看法也是错误的。

不过有另一种要素，虽然对人在这件事情中的行为有深刻的影响，却一直被忽视[1]。这就是能够称为期望进一步改进而做的事先资本保存。一家在经营的公司并不经常（如果不是在大多数情况下）单纯地面对是否采用一种最好的、能够立刻得到的、并期望它能在优势地位保持一段相当长时期的新生产方法的问题。一般来说，一种新型机器仅仅是改进锁链中的一个环节，或许很快变为过时。在这种情况下，不管资本的每次损失，循着锁链一节一节改下去，肯定是不合理的，所以公司在哪一节上采取行动才是真正的问题。答案的性质肯定是在主要属于种种猜测性考虑之间的妥协。一般说来这其中包括等待，以便看清这锁链是如何发展的。在外界人士看来，这样做表面上很像是为了保存现有资本价值而试图抑制改进。如果一个社会主义企业的经理人员竟愚蠢到听从理论家的劝告，年复一年地继续使用废弃机器和设备，那么就算最有耐心的同志也是不会同意的。

（5）因为本章大部分论述一般说来是与垄断和垄断做法有联系的事实与问题，所以我把这一章的标题定为垄断的做法。到现在为止，我尽量少用这些名词，为的是把尤其与它们有关的少数主题的一些评论放在单独一节里。但并不是

---

1 当然还有很多别的要素。请读者一定要理解，在研究少数原则问题时，不可能对所提到的论题全都做到完全的公平。

说，我们之前没有遇到这样或那样形式的关于垄断的问题。

（a）先把这个名词的本身说一说。垄断者字面的意思就是独家卖主，也就是说凡出售包括包装、地点和服务等每一方面都不与其他人出售的东西全部相同的任何人就是垄断者，像每一个杂货商、每一个缝纫用品商或在没有排满出售同一牌子冰激凌的商店的路旁出售"好脾气"的商人。不过这些不是我们谈到垄断者时所指的人。我们所指的只是那些他们的市场既不向想要成为同一商品生产者开放，也不向类似商品实际生产者开放的独家卖主，如果说得稍微专业一点儿，就是指那些面对一定需求表的独家卖主，这种需求表与独家卖主自己的行动全部无关，也跟其他公司对它行动所做的反应全部无关。经过后来作家扩充和修正的传统，古诺·马歇尔的垄断理论认为，只要我们用这种方式为它下定义，就会把所有适用这个定义的任何东西叫作垄断。

不过假如我们因此下这样的定义，那么立刻很清楚，纯粹的长期垄断的事例肯定特别罕见，甚至稍微接近这个概念的条件肯定比完全竞争的事例更加少见。任意地利用一种给定的需求模式的权力，或者其变化与垄断行动和由垄断行动引起的反应全部无关的需求模式的权力，在完整的资本主义条件下，其持续的时间不容易长到能够对总产量的分析起任何作用，除非像在财政垄断的事例中那样受到政府当局的支持。一家没有受这样保护的现代企业即使受进口税或禁止进口措施的保护，却仍在运用那种权力，这样的例子是不易找到的，甚至是不易想象的，除非其是暂时的。就算铁路和电力公司也首先一定要创造人民对它们服务的需求，在完成这一步后，再保护市场和对付竞争者。在公用事业领域以外，独占卖主地位通常能够被占有并保持几十年，不过这也需要占有者不像垄断者那样办事才行。现在谈谈短期垄断。

那么为什么垄断这一话题到处都在谈论？这个问题的答案对于研究政治心理学的学者是极具吸引力的。当然，垄断的概念正如所有其他概念一样，正被松弛地使用着。人们谈论一个国家对这些物品或任何其他物品实行垄断，就算谈论的行业是高度竞争的等[1]。情况还不仅这样。因为垄断这个名词已成为必定会引起公众对被贴上垄断标签的任何利益集团产生敌意的邪恶名词，所以在这个国家里的

　　1　这些所谓的垄断后来与拒绝向侵略国运送某些原料一起引起人们的注意。这类讨论的教益由于性质类似，对我们的问题也有意义。起初人们对这种武器的可能作用想得很多。后来经仔细观察，人们发觉应该缩减列入禁运单上的原料种类。因为越来越清楚，只有极少数原料是禁运地区不会生产或找不到代用品的。最后人们开始出现怀疑，人们逐渐明白，从短期看就算能对它们施加某些压力，不过长此下去可能在实际上最终破坏留在禁运单上所有原料的生产。

经济学家、政府代理人、记者和政客对它显然是非常爱用的。在英美世界，垄断一直受到咒骂，并被当作一种没有效用的剥削，在16、17世纪，英国政府建立大量垄断地位的做法一方面很好地回答了垄断行为的理论模式，另一方面群众对它的愤怒浪潮被证实完全是正当的，以至伟大的伊丽莎白对这一阵阵怒潮也有着深刻的印象。

一个民族的记忆比任何事情都保持得久远。我们的时代提供了其他更重要的一些事例，说明一个民族对几个世纪前发生的事情的反应。这种习惯使得说英语的公众对垄断如此敏感，甚至让他们事实上养成把工商界里他们所有不喜欢的事情都归咎于这个罪恶力量的习惯。尤其对典型自由主义资产阶级来说，垄断几乎成为全部弊病的根源，甚至，成为它的头号妖魔。亚当·斯密首先想到都铎王朝和斯图亚特王朝型的垄断，他用令人生畏的严肃态度表示对垄断行为的痛心疾首[1]。罗伯特·皮尔爵士跟大多数保守党人一样，有时知道如何从煽动者的武器库借用武器，他在其最后一届任期发表的极大激怒他同僚的著名的离任演讲中，提到面包或小麦的垄断，虽然英国的谷物生产尽管有保护措施，当然是完全竞争性的[2]。在这个国家里，垄断事实上正在变成所有大规模做买卖的同义语。

（b）我们从简单和有差别的垄断理论可知，除了少数例外，垄断价格比竞争价格高，垄断产量比竞争产量低。如果二者的生产方法和生产组织以及别的一切都完全一样，这么说是正确的。不过事实上，垄断者能得到优越的生产方法，而一大批竞争者很难得到这些方法或者根本得不到。因为有一些有利条件虽然并不是竞争性企业完全得不到的，但在实际上却只有垄断企业才能够得到，例如，因为垄断化能够增大才能高者的势力范围和减小才能低者的势力范围[3]，或者因为垄断企业享受财政支持的比例非常高。当处于这种情况的时候，上面的说法就不再正确了。换句话说，这种竞争情况下的这个要素会完全失去作用，因为垄断价

---

1 亚当·斯密跟一般古典经济学家不合批评原则的态度比他们后继者采取同样态度有更多的理由，因为我们所说的大企业在那时还没有出现。不过即使是这样，他们还是走得太远了。一部分是因为他们没有让人满意的垄断理论，这就致使他们不但把这个词运用得非常杂乱，像亚当·斯密和西尼尔甚至把地租解释为垄断收入，并且把垄断者的剥削权看成实际上是无限的，这就算在最极端事例中也是错误的。

2 这个例子说明垄断这个词是如何逐渐被不合理地使用的。保护农业和垄断农产品根本是两回事。斗争针对保护而不是针对并不存在的地主或农民的卡特尔。不过在与保护做斗争中，用这个词也是为了赢得喝彩。显然，最简单的达到目的的方法就是把保护主义者称作垄断者。

3 读者应能看到，尽管一般来说，那种类型特殊的优越性是根本不容质疑的，不过智力较低者，特别是他们完全受排斥的时候，要承认这一点是不可能的，而公众和人云亦云的经济学家的同情心放在他们一边，不同情别人。这种情形或许与人们贬低半垄断联营组织的成本或质量优越性的趋势有关，这种联营组织的发起人先前用典型的倡议书或宣言书夸大这些优越性，现在仍然这样声称。

格和垄断产量与那种和竞争假设相一致的企业所能达到的生产效率和组织效率水平上的竞争价格和竞争产量相比，价格不一定会高，产量也不一定会小。

在我们的时代条件下，这种优越性实际上是典型大规模控制单位的重要特征，是没有理由怀疑的，尽管仅仅规模大并不是取得这种优越性的必要和充分条件。这些单位不仅在创新性毁坏过程中产生，而且以与静态图式完全不同的方式发挥作用，并且在很多有决定重要性的情况下，它们为取得成就提供必要的形式。它们主要利用它们创造的东西。因此有关它们对长期产量产生不好影响的一般结论都是无效的，尽管它们是这个名词的专业意义上的真正垄断组织。

重要的并不是动机。尽管唯一的目的是取得机会制定垄断价格，改进了方法的压力或大型机构的压力一般常常让垄断组织的最适合点移向或超出上述意义上的竞争性成本价格，这样就做了竞争机制部分、全部甚至比全部还要多的工作[1]，尽管实施了限制并一直明显的存在过多的生产能力。当然，如果垄断化或与垄断化相关的行动不能像寻常卡特尔一样对生产方法和组织方法进行改进等，古典派关于垄断价格与垄断产量的定理必将再度流行。另一个通俗观念，即垄断化具有催眠作用的观点也会流行起来。因为有关后者的例子是很容易找到的。不过不应据此建立起一般性理论。因为垄断地位，尤其在制造业中一般不能高枕无忧。因为垄断地位能够设法获得，所以只有用警惕与精力才能保持它。现代企业中的催眠作用还有其他原因，这一点下文还要提到。

（c）真正的垄断地位或近似垄断的地位从短期看来是很常见的。俄亥俄河旁村庄里的食品商在一次洪水期间或许在若干小时，甚至是若干天内是真正的垄断者。每一次成功的囤积居奇行为都会在当时形成垄断。一家专门印制啤酒瓶纸质标签的企业或许处于这样的环境中：潜在的竞争者了解，只要它们进入这个行业，现在看来不错的利润立刻会化为乌有，所以这家企业起码在金属标签粉碎它的需求曲线之前，可以自由自在地在一个中等不过仍有限的一段需求曲线内活动。

对于新生产方法或新商品（特别是后者），就算只有单独一家企业使用或

1　从上面所说的严格意义上来讲，美国铝业公司不是垄断组织，因为除别的理由外，它必须建立它的需求表，这个事实就完全说明它的行为不符合古诺·马歇尔所说的图式。不过大多数经济学家把它称为垄断组织，而在真正事例不足的情况下，我们为了这个脚注的目的，也把它作为垄断企业对待。这个铝的独家卖主从1890年到1929年其基本产品价格下降约12%，或者说，按价格水平变动（劳动统计局批发价格指数）校正，大约下降8.8%。产量从30吨上升到10 3400吨。1909年专利权保护中止。批评这家"垄断企业"成本与利润的论点肯定认定各种各样竞争企业在降低成本的研究中、在生产设备合乎经济原则的扩展中、在宣传产品的新用途中和在避免浪费性的损坏中都会取得同等的成功是必然的。实际上，这类批评都假定了这一点，也就是现代资本主义的推进要素被假定了。

生产，本身并不构成垄断。新生产方法生产的产品一定要与旧方法生产的产品竞争，新商品一定要介绍出去，也就是说它的需求表一定要建立起来。一般来说，无论专利权还是垄断行为都没办法做到这一点。不过，假如新发明具有显著的优越性，特别是假如它可以像制鞋机那样租赁，或者新商品在专利权期满之前已建立起永久性的需求表，就可以做到这一点。因此，在那些企业家利润之中包含或者可能包含一种真正垄断收益的因素，它是资本主义社会颁给成功革新者的奖金，这是对的。不过那个因素的数量重要性、它的短暂易变的性质和它在出现过程中的功能，让它自成一类。对一家企业而言，由专利权或垄断策略获得的独家卖主地位的重要价值，主要在于它提供了应付市场暂时混乱的保护和保证企业执行长期计划的空间，而不在于可以有暂时根据垄断图式行事的机会。但是，这个论点到此已与先前提出的分析融为一体了。

（6）我们只要对上面的论述加以回顾就可以知道，本章所述的大多数事实与论点，倾向于让之前环绕完全竞争的光环黯然失色，同时这些事实与论点的提出对垄断的观点比较有利。下面我将从这个角度简要地重述我们的论据。

就算传统理论本身在其所选择的静止经济或稳定增长经济领域内，自从马歇尔和埃奇沃思[1]时代起，已经发现对完全竞争附带的对自由贸易这个旧命题的例外越来越多，因此动摇了从李嘉图到马歇尔之间的这一代人，其大约就是英国J. S. 穆勒一代和欧洲弗朗切斯科·费拉拉一代，所怀有的对完全竞争的无条件信任。特别是完全的竞争体系能最理想地节约资源，并能按照一定收入分布状况以最合适的方式分配资源（与产量状况极为有关的命题）这样的命题，现在不再能保持人们原有的信任了[2]。

更加严重的是以弗里希、丁伯根、鲁思、希克斯等人为代表的动态理论领域内近期著作造成的突破口。动态分析是连续时序的分析。在解释某一经济量（如价格）在某一时刻呈现我们所见模样的原因时，这种分析不但也跟静态理论一样考虑同一时刻其他经济量的状况，并且还要考虑它们在原先各个时间的状况及它们今后的预期价值。我们在制订与各个不同时点数量[3]有关的命题中首先发现的一件事是，平衡一旦遭到某些干扰的破坏，新平衡的建立过程不像完全竞争旧理论

1　弗朗西斯·伊西德罗·埃奇沃思（Francis Ysidro Edgeworth，1845—1926），是英国统计学家，数理统计学的先驱。——译者注

2　因为我们不能对这个主题详细地论述，我向读者介绍R. F. 卡恩先生所写的题为"概论理想的产量"的论著，此文于1935年3月发表于《经济杂志》，其对这个主题有深入的论述。

3　动态这个词的使用不是很严谨，因为其含有许多不同的意义。这个定义由拉格纳·弗里希做出。

所说的那样可靠、迅速和方便。而为调整所做奋斗的结果可能导致离新的平衡更加遥远而不是更加接近的状况产生。除非遭受的干扰非常少，否则在大部分事例中会发生上面的情况。在很多情况下，滞后的调整完全能够产生这种后果。

我在这里所能做的只是使用最古老、最简单和最熟悉的例子来进行说明。假如在完全竞争市场中，小麦的需求和预期供应是平衡的，但是不好的气候让收成低于农民预定的供应量。假如价格相应上升，而后农民随即生产小麦的数量是如果新价格是平衡价格农民值得生产的数量，那么第二年的小麦市场必将发生价格暴跌。假如这时农民相应的限制产量，或许造成比第一年的价格更高，从而诱导农民生产出比第二年更多的产量。就这个过程的纯逻辑来说，就会这样无限地继续下去。读者对上述假设的观察很容易看出，我们用不着担心更高的价格和更大的产量轮番出现直到世界末日。不过就算把它们降低到适当的比例，这个现象也表明完全竞争机制中瞩目的弱点。这一点一旦懂得，美化这个机制的理论的实际含义的大部分乐观主义，通过象牙之门就会消散得没有踪影了。

不过依照我们的立场，我们一定要进行更深入的探讨[1]。倘若我们试图想象完全竞争在创造性毁灭过程中现在或者今后怎样工作，我们得出的结论就会更让人沮丧。考虑到这个过程中全部的重要事实，在产生有关完全竞争的传统命题的一般经济生活图式中并不存在，得出这样的结论就不会让我们奇怪了。我不怕重复，愿再次说明这一点。

完全竞争的意思是指自由地进入任何行业。在这个一般理论中，自由进入所有行业是做到资源最佳分配从而达到最大产量的一个条件，这是完全正确的。假如我们的经济世界是由一些以现有的基本上不变的方法生产大家熟悉商品的现有行业组成的，假如在这个世界中除了增加的人和增加的储蓄结合起来建立现有模式的新企业之外，什么也不发生，那么阻止所有人进入他们想要进入的任何行业，就会给社会带来损失。不过，完全自由地进入新领域或许让进入新领域成为绝无可能的事。引进新的生产方法和新的商品从一开始就使用完全迅速地完全竞

1　应该看到，动态理论鲜明的特色跟使用它的经济现实的性质没有关系。它不是对一个特殊过程的研究而只是一般分析方法。我们能用它分析静态经济，正如能够使用静态方法（"比较静态"）来分析演化中的经济。因此，动态理论对我们把它看作资本主义精髓的创新性毁坏过程不必（事实上没有）特别注意。在分析这个过程本身出现的许多机制问题的研究中，毫无疑问，动态理论比静态理论有更多的有利条件。不过，它不是分析这个过程本身而是由这个过程造成的具有某种状况与结构的个别干扰，就如同它分析其他干扰一样。因而根据资本主义进化立场来判断完全竞争的功能与根据动态理论的立场来判断完全竞争的功能不是一回事。

争的办法是很难想象的。也就是说，我们称为经济进步的大量东西和完全竞争是不能共存的。实际上，就算在理想的完全竞争的条件下，任何时候自动的或者用有目的设计的方法引进任何新的东西，完全竞争总是暂时中止。

与此相同，在传统体系中，对刚性价格的指责是肯定正确的。价格刚性是对适应的抗拒，而完全并且迅速的竞争不存在价格刚性。对于那种适应，对于传统理论一直在探讨的那些条件来说，说这样的抗拒导致损失并降低产量，这也是非常正确的。不过我们了解，相反的结论在创新性毁坏过程的突然迸发与盛衰变化中也可能是对的，因为完全而即刻的灵活性甚至会发生失去功能的灾难。当然这一点一般动态理论也可以证实，综上所述，动态理论表明，一些旨在适应的意图加剧了不平衡的程度。

再说，按照它自己的假设，下列的传统理论命题是正确的：在每一个个别事例中，利润超过为引起生产手段（包括企业家才能）的均衡数量所必需的界限，不但表明有社会净损失，而且其本身就表明是社会净损失；企业旨在保持利润的经营战略对社会总产量的增长是有害的，完全竞争会阻止甚至立即消灭这种过多利润，让那种战略无法继续存在。不过，因为在资本主义的发展过程中，这些利润获得了我前面已经说过的新的有机功能。就总产量的长期增长率来说，不管怎样不能再把那个事实无条件地认为是完全竞争模式的优点。

最后，的确能够指出，根据等于排除资本主义现实最突出特征的同一假设，相比较而言，完全竞争经济能够避免浪费，特别是能够避免我们最容易把它与垄断联在一起的浪费。不过在由创新性毁坏过程建立的条件下，完全竞争看来有怎样的重要性并没有告诉我们。

一方面，不提那些条件而看来不能减轻浪费的大部分事情，当与那些条件适当联系时，就不再能说不是浪费了。例如，因为"在需求之前建设"的做法，或者因为为周期性需求高峰提供生产力的做法造成的那种类型的过多生产力，在完全竞争制度下就会大大减少。不过在考虑到这个例子的所有事实时，说完全竞争有这么大的优势就不再正确了。因为，尽管一家只能接受价格而不能制定价格的企业，实际上会运用它能够按现行价格计算的边际成本进行生产的全部生产能力，不过，不能因此说，这家企业会具有大企业因为它处于可以"战略地"运用其生产能力的地位和有能力建立那种数量和质量的生产能力。这种类型的额外生产力在某些情况下确实能够成为而在其他一些情况下不能成为声称社会主义经济优越性的理由。不过不应无条件地列为资本主义经济中完全竞争模式要比"垄断本位”模式优越的理由。

另一方面，在资本主义发展条件下运行的完全竞争制度把它自己的浪费显现出来。与完全竞争适应的那种类型的企业，在很多情况下其内部效率，特别是技术效率非常差。假如的确是这样，那么它浪费了机会。因为在发展和判断新的可能性时它处于不利地位，因此在努力改进生产方法上也会浪费资本。并且，就如我们已在上文所看到的那样，一个完全竞争的企业比大企业在进步的冲击或外部的干扰下更容易垮台，因此更容易扩散经济萧条的细菌。美国农业、美国的煤矿业和纺织业，在最后无计可施的情况下只有加价使顾客花更多的钱，并对总产量起很坏的影响，这些行业假如让十几个善于经营的人管理，是不可能到此地步的。

所以，提出由于完全竞争在现代产业条件下是不可能的，或者由于它一直以来是不可能的，因此一定要把大规模的控制机构或单位作为与经济进步分不开的必要的祸害接受下来，而大规模控制企业生产设备的内在力量对它对经济进步的破坏起了阻止作用，这样的论证是不充分的。我们一定要接受的是大规模控制企业已成为那种进步的最强有力的机器，尤其成为总产量长久扩展的机器，这是因为重视而且在很大程度上运用这个战略的结果，当在个别事例中和从个别时刻观察这个战略时，它显得具有非常大的限制性。就这方面来说，完全竞争不但不可能而且效果不佳，它没有被树立为理想效率模范的资格。所以把政府控制产业的理论建立在应该让大企业像各个企业在完全竞争体制中运行那样运作，在原则上是不对的。社会主义者在批评资本主义时，应依靠社会主义经济的优点而不是依靠竞争模式的优点。

第五章
禁猎季节

　　在多大程度上上面的分析达到了其目的，这要由读者自己来说。经济学只是一门观察和解释的科学，这意味着在像我们所讨论的那样的问题中，意见分歧的范围能够缩小，但不能全部消除。因为同样的原因，我们第一个问题的解决仅仅引导到另一个在实验科学领域是根本不可能发生的问题的门口。

　　我们要弄清楚的第一个问题是在各种不同的"模型"所描绘的资本主义结构特征和以总产量指数所表示的没有受到干扰或相对自由的资本主义时代的经济成就之间，是否有着我前面所说的"一种可以理解的关系"。对此我做肯定的回答，以遵循大部分经济学家赞同的路线所做的分析为根据，这条路线指向一般称作登上历史舞台的垄断控制的现代趋势。在此之后，我的分析离开了这种一般路线。旨在表明事实上让所有人承认完全竞争资本主义的理由（无论是理论设想还是有时是历史现实）必定也会让所有人承认，甚至在更大程度上承认大企业资本主义。不过，因为我们不能把驱动力和机器放在实验站里，从而让它们在小心控制条件下进行实验，所以我们无法（不可能怀疑地）证明它们有充分的能力让产量有瞩目的发展。我们所能说的是，以前有过非常惊人的成就，资本主义制度有利于产生这样的成就。显然这就是我们不能停留在我们的结论上而必须面对另一个问题的原因。

　　推断地说，人们仍然有可能把瞩目的成就归结于在所有制度模式中都可能出现的特别环境。探究这个可能性的唯一办法是详细查验有关那个时期的经济与政治历史，并探讨我们或许可以发现的这样的特别环境。我们探究这个问题要重点考虑不属于资本主义经济过程中固有的、担任特别环境角色的、经济学家或历史学家曾经提到过的那些候选人。这样的候选人有5个。

　　政府的行动是第一个候选人。尽管我非常同意马克思认为的政治和政策不是独立的要素，而是我们正在分析的社会过程的成分的主张，但就这场议论的目的来说，可以把它当作一个经济界之外的要素。大约从1870年到1914年的这段时期呈现出近乎理想的状况。再找到另一个同样不存在由社会过程的政治方面产生促进作用和抑制作用的时期是很不容易的。对企业活动，一般对工商业种种束缚的解除在这个时期之前已经完成。新的和种种不同的束缚和负担如社会立法等却加了上来，不过没有人认为它们是1914年前经济形势中的重大要素。这期间有过几场战争，不过没有一场战争重要的能以这种或那种方式在经济上施展重大影响。为德意志帝国奠定基础的普法战争[1]或许是个例外。不过，关税同盟的建立毕竟才是在经济上发生重大作用的事件。这期间有军备费用支出。不过在被认为军备费用达到真正庞大的1914年以前10年的环境中，这种开支对经济不是刺激而是一种障碍。

黄金是第二个候选人。非常幸运的是我们不用深入研究大约1890年后开始爆发的新黄金过剩事实所包含的大量问题。因为在这段时期开始的20年间，黄金实际上是稀少的，又因为黄金总产量的增长率当时并不比以后为低，黄金生产无论对经济的繁荣与衰退起过何种作用，它在资本主义生产成就中肯定不是一个重大要素。对于货币管理的情况也是如此，当时货币管理采取的不是进取性的类型而仅是适应性的类型。

第三个候选人是人口的增加。无论它是经济进步的原因还是结果，它在经济局势中无疑是一种占支配地位的要素。如果我们打算断言，它完全是经济进步的结果，并假定总产量的所有变动都会永远引起人口的相应变动，同时不承认它是经济进步的原因，这样说当然这是非常错误的，这个要素一定要列为合格的候选人。当前，只要简短几句话完全能澄清问题。

比较多的有收入的就业人数，无论在怎样的社会组织中总比较少的人数生产更多的东西。因此，假如那个时期内人口实际增长率的所有部分能够假定为，实际也能够假定为它的发生与资本主义制度产生的结果没有关系，也就是假定它在所有制度下都能发生，那么根据那个理由，人口肯定列为一个外部要素。根据同样的理由，总产量可见的增加也不能算作是资本主义的成就，而是把它的成就夸大了。

但是，与其他情况相同，较多的有收入的就业人数，无论在怎样的社会组织中，按就业者或人口的人均计算，总比较少人数生产较少的东西。这是根据工人

1　普法战争（Franco-Prussian War），在德法两国称为德法战争，是普鲁士为了统一德国并与法国争夺欧洲大陆霸权而爆发的战争，是由法国发动，最后以普鲁士大获全胜，建立德意志帝国告终。——译者注

的人数越多，每个工人用以生产的其他要素的数量就越少这样的事实断定的[1]。所以，假如选择人均产量来衡量资本主义成就，那么可见的增加是不难让人低估实际成就的。因为成就的一部分始终被吸收去抵补人均产量的下降，假如没有这部分成就，就会出现人均产量的下降。这个问题的其他方面以后再加考虑。

第四和第五个候选人得到经济学家比较大的支持，不过只要我们把过去的成就看一看便不难对此加以否定。其一是新增的土地。从经济上说，在那个时期内有大量新土地进入欧美范围。土地上大量涌出包括农产品和其他产品在内的数量浩大的食物和原料。在土地提供产品的基础上到处发展的城市和行业，难道土地不是产量扩展中一个非常特殊的要素并且在实际上是一个独一无二的要素吗？无论它出现在什么样的经济制度中，难道它不是产生巨大财富的上天恩赐吗？社会主义思想中有一个学派采取这个观点，实际上他们用这种方式解释马克思有关日益贫困化的预言没能应验的原因。他们认为处女地开发的结果是使我们看不到更多剥削劳动的原因。因为这个要素，使得无产阶级享有一个禁猎期。

新地域的存在所提供机会的重要性是毋庸置疑的。当然这些机会是独一无二的。不过独立于任何社会制度而存在的所谓"客观机会"一直是进步的前提条件。每一次机会都是历史上罕有的。英格兰出现煤矿和铁矿，或者这个国家和别的国家出现的石油也有着一样的重要性，它们形成同样独一无二的机会。整个资本主义过程，和任何其他在进化的经济过程一样，就在于并唯独在于一旦这样的机会进入实业家的视野就利用它们，所以试图把正在讨论的一个机会特地挑出来，将它当作外部要素是没有意义的。因为开发这些新地域是通过工商企业一步一步完成的，又因为工商企业为开发它提供包括铁路、电厂的建设、航运、农业机器等在内的全部条件，这样做更加没有道理了。可见那个要素与其他要素完全相等是资本主义成就的一部分。因此其效果完全有权进入我们的2%。我们可以再次祈求《共产党宣言》的支持。

技术进步是最后一个候选人。可见的成就难道不是因为引起生产技术革命化的一系列革新而不是因为实业家对利润的追求吗？回答是否定的。要把那些技术革新付诸实现是实业家追求利润的主要行为。甚至革新本身，就如我们将要详尽说明的那样，是资本主义过程的机能，产生革新的心理习惯就是它引起的。因此，如许多经济学家所说，资本主义企业是产量明显发展的一个突出要素而技术

1　这个说法远不能让人满意，不过它看来对我们的理论是足够了。从整体上说，这个世界的资本主义部分在那时肯定已经发展到超出相反趋势起作用的限度了。

进步是第二个突出要素这是非常错误的，也是极端非马克思主义的。在本质上两者是同一件事情，或者我们也可以说，前者是后者的推动力量。

我们一旦着手推断，新土地和技术进步或许变得有点麻烦。尽管资本主义成就能够被想象为不能重复的成就，尽管现在我们已经建立一个合理的论点，大意是在成熟资本主义时期，人均产量的可见成就是必然的事，可以把它看作衡量大致上资本主义成就的标准，不过我们依然要面对另一个问题，即假定资本主义机器在不远将来（比如说另一个40年）将继续像它过去那样成功地运作，这个假设在多大程度上是合理的呢？

第六章

投资机会的消亡

在当代讨论的背景上，这个问题的性质能最清楚地显示出来。当代的经济学家目睹的不但有特别严酷和长期的世界范围的萧条，并且还有随后陷入停滞和让人不满的复苏时期。对这些现象我已经提出了我自己的解释，并说明我为什么不认为它们肯定是表示资本主义进化趋势中断的原因。不过我的许多（如果不是大多数）经济学同行采取不同的观点是自然的。实际上他们正像1873年和1896年间他们的一些先辈所感到的一样，感到有一种根本性的变化就要降临在资本主义过程的头上，尽管当时这种意见主要限于欧洲大陆。按照这种观点，我们眼见的不但是因为反资本主义政策而加深的一次萧条及让人失望的复苏，并且是生命力永远丧失的症状，人们肯定预期它会继续下去，为资本主义交响曲没有完成的乐章提供占主要地位的主题。所以他们不能从资本主义机器的功能和资本主义过去的成就对以后做出推断。

就如第1章中所解释的，马克思曾预言过这样的事态：在他看来，资本主义在真正瓦解之前会进入一个持久的危机阶段，尽管在这个阶段中经济有微弱上升或出现有利机会。事情还不仅这样，根据马克思观点提出问题的一种方式是，强调资本积累和资本集中对利润率的作用，以及强调通过利润率对投资机会的作用。由于资本主义过程总是由大量现有投资开动的，因此即使投资的部分消失也完全能让预言资本主义过程行将受阻垮掉的议论听起来非常有道理。马克思主义论证中的这个意见当然不仅符合过去10年中失业、过多的储备、货币市场资金过剩、令人不满的利润边际、私人投资的停滞这样突出的事实，并且也符合几种非马克思主义的解释。当然在马克思与凯恩斯之间不存在像马克思与马歇尔或威克赛尔之间那样的鸿沟。无论是马克思主义学说还是非马克思的理论都可以用正在消失的投资机会的理论，这一点我们将使用的、不言自明的短语十分清楚地表达出来[1]。

应当注意，这个理论的确把3个性质截然不同的问题提了出来。第一个问题是与本篇标题相类似的问题。既然在社会世界中所有东西都不是永远存在的，既然资本主义秩序本质上不但是经济过程的构架，而且也是社会变化过程的构架，因此答案也都是相同的。第二个问题是消失中投资机会理论提供的力量与机制是不是应该强调的力量与机制。在以后几章中，我将要提出另一个是什么将最后消灭资本主义的理论，不过有很多相似的问题将仍然存在。不过还有第三个问题，就算消失中的投资机会理论所强调的力量和机制本身完全能够证实在资本主义过程中存在朝向最后僵局的长期趋势，但并不一定据此就能够推定过去10年的盛衰变化是因为这些力量与机制引起的（为了我们的目的，加上这一点很重要）。同样不能期望在今后40年中还会有相同的盛衰变化延续下去。

当前我们主要对第三个问题关心。不过在我将要说的很多话中也与第二个问题有关。人们据以证明对最近将来资本主义成就的悲观预测是正确的，以及据以否定资本主义先前成就能够再现的观念的那些因素可以分为3组。

第一是环境因素。这一点我曾经说过，也必然会被证实，资本主义过程产生一种政治权力分配和一种社会心理态度，并由相应的政策表达出来。它们敌视这个过程，并有望积聚力量最后阻止资本主义机器的运行。我准备暂时把这个现象搁置等以后再加以考虑。接着要说的话一定要和适当的附带条件一起谈。不过应当注意，那种态度和与它性质相同的因素对资产阶级利润经济本身的动力也有影响，所以那个附带条件涉及的范围超过人们初见时所能够想到的，不管怎样不仅仅是"政治"性的。

第二是资本主义机器本身。消失中投资机会的理论不是必然包括另一种理论的，不过事实上经常与它连接在一起，那个理论认为现代大型企业表现了僵化的资本主义形式，在这种形式中，限制性的做法、价格刚性、唯独重视保存现有资本值等特色是自然地固有的。对于这点我上面已经论及。

最后，向新企业和新投资开放的机会被称为供资本主义机器滋养的"原料"。正在讨论的这个理论特别强调这一点，用它来证明我们给它贴上的标签是正确的。这个理论认为投资饱和、人口、新土地、技术上的可能性及许多现有投资机会属于公共范围而不是属于私人投资范围的环境等是给予私人企业和投资的机会正在消失的主要原因。

1　见我所著的《经济周期》一书中的第15章。

（1）对于人的需求和生产技术（从此词尽可能广泛的意义来理解）的任何一个给定状态来说，当然，对于任何一个实际工资率来说，固定资本和流动资本到了一定数量就会饱和。假如需求和生产方法永远固定在1800年的状态，那么饱和点早就达到了。不过，是否能够想象，到某个时候需求完全得到满足，以后长久冻结不动了呢？而与这种情况有牵连的一些问题也会立刻出现，但只要我们讨论的是今后40年中可能发生的事情，就显然不必为这种可能性而费心。

假如这个想象变成现实，那么当前出生率的降低，尤其是人口的真正下降，就会真的变成除设备更新以外投资机会减少的重要因素。因为，如果每个人的需要得到满足或接近满足，那么按假设消费者人数的增加将是增加需求的唯一主要来源。不过与那个可能性无关，人口增长率的降低本身并不会对投资机会或人均总产量的增长率造成危害[1]。我们只需对相反的一般论点简单地考察，就能轻易地彻底弄清楚这个道理。

一方面，人们总认为，因为总人口增长率的降低限制了需求的扩大，所以其会促使产量增长率的降低，并进而促使投资率的降低。事情并不是这样。需求和有效需求不是一回事，否则，最贫国家势必将是表现出最强有力需求的国家。实际上，由下降出生率解放出来的收入部分可以进入其他的渠道，在以希望扩大各种需求而作为不生孩子动机的事例中，收入非常容易转入其他渠道。强调以不断增加人口为特征的需求方向非常容易计算，从而提供非常可靠的投资机会，这个事实的确能够做出有一定道理的论证。不过在给定需要满足的状况下，提供各种可选择机会的愿望，也有同样类似的功能。当然，对一些个别生产部门，尤其对农业的预测，前景不很光明。不过这个预测与对总产量的预测一定不能相混淆[2]。

另一方面，我们可以争辩说，人口增长率的下降会从供应方面限制产量。急剧的人口增加在过去常是产量快速发展的一个条件，我们反过来也可以做出结论说，劳动要素的日益稀缺，可以指望是一个限制因素。但是我们很少听到这个

---

1 这点对前不久发生在英国的绝对人数的微量减少也是正确的（见E. 查尔斯，《伦敦和剑桥经济服务所第40号备忘录》）。大量绝对人数的下降会引起额外的问题。不过因为这些问题不能预期会在我们考察的期间发生，所以我们对它们可以略而不论。另外，人口的年龄老化会产生其他一些属于政治和社会心理及经济的问题。尽管这些问题已开始显现，例如，事实上已出现了像"老人院外集团"这样的事物，我们也不能对它们中的任何一个加以讨论。不过应该看到，只要退休年龄不变，15岁以下人数百分比的减少不会影响那些不做贡献但须供养者人数的百分比。

2 很多经济学家好像有人口增加本身提供，另一个投资需求的来源这样一种看法。其原因是需为所有这些新工人装备工具和补充原料。不管怎样，这点肯定不是明显的，除非能够给增加的工人较低的工资。至于投资机会的形成，还缺乏动力，甚至在那种情况下，还非常可能出现按每个受雇佣人数计算的投资减少。

议论，也很少把它看作充足的理由。美国制造业产量在1940年年初大约为1923—1925年平均数的120%，而工厂雇佣人数为同期平均数的100%，这个观察结果为能够预见的将来提供适当的回答。当前失业的程度；随着出生率下降，妇女有更多的时间参加生产性工作，另外，死亡率的下降意味着生命中有用时期的延长；无穷尽地节省劳动的设施的诞生；与人口急剧增加情况相比，相对地降低使用劣质生产辅助要素的可能性（部分地挡住报酬渐减律的作用）。所有这些完全支持科林·克拉克[1]先生的每人／小时产量在下一个时代还将上升的预期[2]。

当然，通过高工资和短工时政策，以及通过从政治上干预劳动力纪律的办法，能够人为地制造劳动力稀缺。把美国和法国1933—1940年时期的经济成就与日本和德国同期的经济成就做比较，就知道这种情况实际上已经出现了。不过这是属于环境因素一类的。

因为我很快还要对我的论点做个充分说明，对于正在讨论的现象我确实还远远没有讲清楚。在我看来正在降低的出生率是我们这个时代的一个最有意义的特色。就算从纯粹的经济观点来看，我们也会看出，无论作为正在变动的动力的征兆，还是作为它的原因，它都是异常重要的。不过这是一件非常复杂的事情。这里我们关心的仅是人口增长率下降的机制效果，这些效果必定不会支持对今后40年人均产量的发展做悲观主义的预测。从目前情况看来，那些以此为据预言资本主义"失败"的经济学家，简直就是在做不幸的经济学家过去始终喜欢做的事情：像他们一度用非常不充分的理由让公众担心要养活过多人口肯定会出现经济危机一样，现在他们又以同样不充分的理由让公众担忧人口不足会导致的经济危机[3]。

（2）接着谈谈开发新土地这个永远不能再有的独一无二的投资机会。就算为了辩论的原因，我们暂且承认人类的地理疆域的开拓已永远封闭，不过鉴于当前有一些沙漠地区，原先曾是沃野和人口稠密的城市这个客观实际，这个论断本身显然是不可靠的。就算我们进一步承认，对人类福利来说，所有东西能做的贡献都不如那些新土地生产的食物和原料那么大（这点说得比较有理），但也不能

1　科林·克拉克，（1905—1989）在英国和澳大利亚生活过的英国籍经济学家和统计学家，开创了研究国民经济的国民生产总值（GNP）的使用。——译者注

2　见《国民收入与支出》第21页。

3　实际上，17世纪以来的经济学家对未来人口的预测一直是错误的。不过造成错误有一些借口。可能甚至是马尔萨斯学说之故。可是我认为这种错误延续到今天是不能原谅的。到19世纪下半叶，所有人都应该知道马尔萨斯人口论唯一有价值的是它的限定条件。20世纪头10年明确地表明，它是一个妖怪。但是像凯恩斯先生这样的权威人物竟在战后年代还试图对其再赋以生命力！迟至1925年，H. 赖特先生在他的论人口著作中还谈到"以人口数量之增加，浪费文明之所获"。经济学家难道永远不会成熟了吗？

因此就说，在今后半个世纪中，人均总产量必然下降，或者仅有非常小的增长。假如19世纪中进入资本主义领域的土地一直被以报酬逐渐减小的方式利用，因为这个规律的作用，确实能够做这样的预言。不过情况并不是这样，正像刚才指出的那样，人口增长率的降低让人们不再考虑这个念头，即大自然对人类努力的酬劳已经或者将立即变得不像过去那样慷慨。技术进步对所有这样的趋势都可以有效地扭转。在可预见的将来，我们将生活在食物与原料的繁荣富饶之中是我们现在最可靠的一个预言。让总产量尽量扩大，我们知道如何使用它。这点对矿物资源也是适用的。

另外还有一种可能。尽管食物和原料人均现有产量不一定会降低，甚至还能增加，开发新地区工作提供的对企业以至对投资的巨大机会好像会随着工作的完成而消失，人们正推断由此造成的储蓄出路减少会造成各种不同的困难。为论证方便，我们再次假定，这些地区事实上已经开发完了，而不能适应出路减少的储蓄，除非出现新出路，可能引起麻烦和浪费，这两项假设当然非常不现实。不过我们不必对此加以追究，因为未来产量发展的结论却出乎意料地要根据没有一点儿理由的第三个假设，即不存在其他出路的假设。

这第三个假设因为完全缺乏想象力，是常常把历史解释错误地扭曲的例证。历史过程中让分析者有深刻印象的特征，在他心里往往会成为历史事件的根本原因，无论这些特征有没有权利扮演这个角色。例如，一般称为资本主义兴起的东西，大致与白银从波托西银矿流入在同一时间，也与王公们习惯于使开支超出收入，从而不得不不断地借债的政治形势处于同一时期。很显然，这两桩事情以不同的方式与当时的经济发展有关联，甚至说农民暴动和宗教骚动与经济发展有联系也不是荒谬的。所以分析家特别容易得出结论说，资本主义事物秩序的兴起与它们有因果关系，因为是它们以及其他少数几个同类型因素，让封建世界转变成为资本主义世界。不过事实上这是一个从表面上看没有根据的另一个命题。能够断言的只是，这是历史事件足迹经过的道路，但不能因此推断没有其他的道路。顺便说一下，在这种事例中，甚至不能断定那些因素有利于资本主义发展，因为，尽管它们必定在某些方面有利于资本主义，它们也显然在其他方面阻挠它的发展。

与此相同，就像我们在上一章所看到的，开发新地区为企业提供的机会当然是非常好的，不过这仅是从所有机会都是极好的这个意义上说的。无论假定"边疆的封闭"将引起真空还是假定进入真空地带的任何东西必然较不重要（从我们为此词选择的任何意义上说），都是没有理由的。我们一定不能混淆征服空间的重要性可能比过去征服印度的重要性更大这种地理上的边疆与经济上的边疆。

当一种类型的投资机会被另一种类型的投资机会替代时，国家或地区相对地位有可能发生重大的变化，这种说法是正确的。一个国家或地区越小，它的命运与生产过程中一个特定要素结合得就越紧密，当这个要素消亡时，我们对今后储藏它便更会感到没有信心。所以，农业国家或地区或许会在竞争的，如人造丝、染料、合成橡胶等合成产品面前永远失败。把生产过程看作是一个整体，这些国家或地区或许在总产量上有净收益，不过在这些产品上不能得到满足。这样的可能后果在经济世界分裂为敌对国家势力范围时可能更加严重的说法也是正确的。最后，我们能够断言和肯定的是新国家发展引起的投资机会的消失（假如已在消失中）不一定产生必定影响总产量增长率的经济空白。我们不能断言，消失的机会事实上会由至少差不多的机会来替代，不过我们能够指出这样的事实，根据那种发展，进一步的发展必然会在那些同一国家或别的国家出现。我们能够相信资本主义机器寻找或创造新机会的能力，因为这样才适合这个论题。不过这样考虑问题并不能让我们摆脱消极的结论，回想我们讨论这个主题的原因就足够了。

（3）一个类似的论点适用于技术进步已经迈出很大步伐，但只有很小的成就这个得到广泛认可的观点。这个观点不仅反映每次世界危机时期和以后（当时显然缺少特别重要的新鲜主张，这是每一次大萧条时期人们熟悉的模式的一部分）众多不同事态给予人们的印象，而且它还是比"人类边疆的封闭"更好的例子，说明经济学家是那么容易犯解释性错误的。我们目前正处于创造电厂、电器工业、电气化农场和家庭，以及汽车的伟大事业浪潮的退潮阶段。我们发觉全部的这些都是特别新奇的，在我们毕生中，我们不能看出差不多重要的机会将从何处而来。不过实际上，仅是化学工业传出的希望就比譬如说1880年时能够预期的机会大得多，更不要说提单是利用电气时代的成就和为群众建造现代住宅完全能够为将来很长一段时期提供的投资机会了。

技术可能性是没有经过探测的海洋。我们能够测量一个地理区域，并评估个别地块的相对肥沃程度，尽管只关系到一定的农业生产技术。认定那种技术，不顾它未来的可能发展，那么我们或许会设想（从历史上看这样做是错误的），首先耕种最好的地块，第二批开垦次好的地块，依此类推。在这个过程的所有时刻，只有相对贫瘠的地块留着等以后开发。不过我们不能以这个方式推理对技术进步的将来可能性。不能由于某些技术别的技术利用得早，就推定前者比后者有更大的生产能力。那些我们还茫然不知的技术，会比现在已被我们注意到的所有技术可能有较大，也可能有较小的生产能力。这点也只能得出一个消极的结论，即让技术"进步"通过系统的、合理的研究和管理常常能够变得更加有效和可靠，不过消极结论没有能力变成积极结论。但是消极结论对我们足够了，因为我们没有理由预期会出现因为技术可能性的耗竭而让产量增长率放慢。

（4）两个正在消失投资机会这个理论的变种有待评价。一些经济学家认为，每一个国家的劳动力到一定时候肯定会用必要的设备装备起来。他们争辩说，这点在19世纪大体上已经完成了。它在正在进行时不停地创造对资本货物的新需求，除去增加的，以后也永远存在更换性的需求。所以资本主义武装自己的时期被证明为是一段绝妙的插曲，资本主义经济尽最大努力来为自己创造必须补充的工具和机器是其特点，就这样，它为以现在不可能保持的速度生产更多产品的目标而装备起来。这是那个经济过程的真正惊人的图画。难道在18世纪时或者我们祖先住在洞穴里时没有生产设备吗？如果有生产设备，那么19世纪增添的设备会比过去增加设备更加饱和的原因是什么呢？另外，一般来说，资本主义增添的盔甲与先前存在的盔甲相竞争，它们毁灭掉后者的经济有用性，因此，提供设备的任务绝不可能一劳永逸地解决。不过替换品储备完全能够解决设备问题的情况（在没有技术变动时它能解决正常设备问题）成为例外。在新产业体现新生产方法的地方，这种情况非常清楚。显然，汽车工业的资金不是从铁路折旧账户上提取的。

读者肯定能看到，纵然我们能够接受这个论点的前提，也不一定会由此得出对有关总产量增长率的悲观预测。相反，读者或许够得出具有不断更新能永远维持经济生命力的大批资本货物，如果能起作用就能促进总产量进一步增加这样相反的推论。如果他的推论是这样，那么他是非常正确的。这个论点的依据完全在于一种适合资本生产的经济在面临相应需求增长率减低时有望出现的骚动。不过这种骚动不是突然发生的，它十分容易被夸大。比如，钢铁工业从一个完全生产资本货物的产业转变为主要生产耐久消费品或生产制造耐久消费品的半成品的产业过程中没有经受特别大的困难。尽管每一个现存资本货物企业内部不可能全部得到补偿，不过在全部事例中牵涉的原则是一样的。

另一个变种是这样的。原先经常认为把繁荣的征兆洒遍全部经济机体的巨大经济活动的忽然兴旺，肯定总是与生产者开支的扩大相联系的。反过来开支扩大又与建造更多的工厂和设备相联系。如今有些经济学家发现或者他们认为已经发现，在当前，新技术方法的采用所需要的资本常常比过去需要的少，尤其是比铁路建设时代少。由此做出基本建设开支的相对重要性也因而减小的推论。因为这种情形反过来影响间歇的经济活动的忽然兴旺，就显然也能影响总产量可见的增长率。进一步的推论是，总产量增长率必然下降，特别是假如储蓄以原来的速度继续增加。

新技术变得让资本越来越节省这个趋势至今还没有被充分证实。1929年前的统计数字（此后的数据此处不适用）指向相反的方向。这个理论提倡者提出的全部证据是一些或许与别的事例相反的孤立事例。不过即使让我们承认存在这个趋势，在我们前面还是有着让过去很多经济学家在节省劳动措施上发愁的相同形式的问题。无论这些措施对劳工利益有利还是不利，从整体上看它们有利于产量的扩大是没有人怀疑的。除了人们竞相夸大的储蓄—投资过程中可能产生的干扰外，节省资本货物最终产品每单位费用的所有措施对产量扩大都有促进作用。实际上，说经济上可行的几乎所有新办法都能节省劳力和资本是基本正确的。运输同一数量的旅客和货物，使用铁路要比使用马车或货车节省资本。同样，用桑树和蚕生产丝或许要比生产相当数量的人造丝织物耗费更多的资本。这对已把资本投入前者的人或许都是比较郁闷的事。不过这并不代表着投资机会的减少。这当然也不代表产量扩展速度的降低。谁要是只是因为单位资本比以往更多地用于提高效率这个事实，从中看到资本主义的毁灭，那他或许只能耐心地等待下去了。

（5）最后，既然希望公众懂得政府赤字开支必要性的经济学家一般研究这个主题肯定会出现另一个论点，这就是由国家企业投资剩余下来的投资机会要比由私人企业投资更为合适。在某种程度上这一点是正确的。首先，随着财富增长，从成本–利润计算不能进行的一些开支项目，如美化城市的开支、公众卫生的开支等也可能进行了。其次，规模越来越大的产业活动部门，如交通设施、码头、电力生产、保险等趋向于进入政府管理的范围，这是因为这些产业越来越有必要接受政府的管理。这样，国家和市场的投资有望绝对和相对地扩大，就算在完全的资本主义社会里，也跟其他形式的国家计划一样会普遍起来。

不过事情到此为止。为了把这点认清，用不着对产业活动的私营部门的事物发展做任何假设。另外，就现在的目的来说，今后投资和随之而来的产量扩大由国家出资和管理的比由私人出资和管理的无论较多还是较少，并没有多大关系，除非有另外一种意见认为，因为私人企业无法承担今后任何投资可能出现的亏损，国家资金势必将担负起这个责任。这点在前面已经讨论过了。

第七章

资本主义的"上层建筑"

现在我们离开纯经济研究领域，转而谈谈资本主义经济的文化方面，谈谈作为资本主义社会尤其是资产阶级特征的精神状态。如果我们愿用马克思主义的语言，它就是社会心理的上层建筑。我们用最简略的语言叙述一下它的突出表现。

"史前史学家"、社会学家和人种学专家都认为，5万年前人类面对他周围的危险和机会的态度与现代原始人的态度大约相同[1]。这个态度的两个要素对我们非常重要：原始人心理过程的"集体的"和"情感的"性质，以及与这种性质部分一致的被我在这里不非常正确地称作"巫术"的这个东西的作用。就第一个要素来说，我指的是这样的事实，即在小的和未分化或分化不大的社会集团中，个人思想中的集体观念要比大而复杂的社会集团中的个人强大坚固得多；而所做结论和决定是在我们看来以相反准则为特征的方法做出的，这个准则对我们称为逻辑的东西采取漠视的态度，尤其漠视排除矛盾的规律。第二个要素我指的是使用一组信仰，它们当然不完全违反经验（没有一种"巫术"的做法在一连串失败后还能存在下去），不过它们将从非经验来源得到的实体或影响插入一系列所见到的现象中[2]。这种类型的心理过程与神经病患者的心理过程的相似性已由 G. 德罗马尔（1911年，他的术语对解释神经病特别有启发性）和 S. 弗洛伊德（《图腾及禁忌》1913年）指出。不过不能由此推断，我们时代的正常人的内心没有一点儿

1　这方面的研究由来已久。不过我相信李维·勃罗尔的著作必定开创了一个新阶段。尤其参看他的著作《低级社会中的心理机能》（1909年）和《原始人心理中的超自然和自然》（1931年）。这两本著作所持的观点区别很大。从《原始人的心理》（1921年）和《原始人的心灵》两书中能够看出他观点是为什么转变的。对于我们，莱维·布吕尔是非常有用的权威，因为他持有与我们一样的论点，实际上他的著作就是从这个论点出发的，即思维的"执行"功能和人的心理结构（至少部分地）由它们在其中发展的社会结构决定。就莱维·布吕尔来说，这个原理来自康德而并不是来自马克思，不过这点无关紧要。

2　对上段文字的一位批评者善意地劝告我说，这段话不会是我真正的意思，因为如果这样说，我将只能把物理学家的"力"叫作巫术手段了。不过很显然，那的确是我的意思，除非人们同意"力"这个词只是指常数乘以位移的第二次导数的名字。

这种心理。相反，对政治问题的所有讨论都能使读者深信，我们自己心理过程的很大和最重要的即决定行动的一部分正好属于同一性质。

因此，合乎理性的思想和行为，以及理性主义的文化并不代表上边提到的准则不存在，而仅仅是社会生活的扇面缓慢而不停地展开，在这个社会生活里，个人和集团用以下的方式对所遭遇的局势进行应付：第一，试图或多或少地但从不是完全地依照他们自己的见解最好地利用局势；第二，依照我们称作逻辑的那些一致性的规律最好地利用局势；第三，根据能符合他们的人数最少和他们中每个人都有责任按照潜在感受做出表达这两个条件的假设来最好地利用局势[1]。

所有的这些肯定是不充分的，不过完全能够满足我们的目的，但是有关理性主义文化这个概念我这里还要提出一点供今后参照。当日常生活中的合理分析习惯和合理行为已习以为常和非常成熟的时候，它反过来让群众产生集体的观念，批评和在一定程度上用质疑来"合理化"生活中的一些现象，他们对有国王、教皇、臣属关系、什一税和财产提出质疑。顺便说一下，注意到下面情况是重要的，那就是尽管我们中大部分人承认这种态度是心理发展"较高阶段"的象征，不过这个评价在任何意义上说不一定会被其后果所证实。在缺乏情报和技术条件下理性主义态度可能发挥作用，而由这种态度引导的行为特别是普遍的外科医生癖好，未来的观察者就算用纯智力的观点来看，它也比当时大多数人认为因为低智商形成的态度引导出来的行为和反外科医生癖好更为鄙劣。17、18世纪很大一部分政治思想证明了这个被长久遗忘的真理。较晚的"保守派"的反批评无论在其社会见解的深度上还是在逻辑分析上都很明显地有其优越之处，不过对于启蒙时期作家来说，它只不过是笑柄罢了。

看来，人类心理上的理性态度首先是因为经济上的必要性而只能这样的。也就是说，我们人类理性思想和行为的基础训练是在日常经济工作中产生的。所以我会不假思索地说，全部逻辑都产生于经济决策的模式，或者用我爱用的话说就是经济模式是逻辑的母体。因为从下面的原因来看这么说是有道理的。假设某个"原始"人使用所有机械中最原始的机械，即我们的近亲——猩猩有意识使用的棍子，又假设那根棍子在他手中断作两截。假如他试图用念咒语的方法挽救棍子的损坏，比如，他可以喃喃地念"供给与需求"或"计划与控制"，希望念到第9遍时这两截断棍恢复完好，那么他还处于前理性思想的境界之内。假如他摸索用最好的办法把两截断棍接上，或者想法获得另一根棍子，他就处于我们所认为

1　主要为了防止一个明显的反对意见，才选择这句康德派的词句。

的理性境界。当然这两种态度他都有采取的可能。不过应当这么说：在这个事例和在其他大多数经济活动中，咒语不起作用是很显然的，要比希望打仗获胜或求爱成功，以及消释良心上犯罪负荷的情况下咒语的不起作用更加明显。那是因为经济活动领域的特别明确性，以及在大部分情况下有明显的量的特性，这是人类别的活动领域所不能比拟的，也许还因为经济"需求与满足"这个节奏没完没了的缺乏感情的单调无味。一旦养成理性习惯，就会在有利经验的熏陶下扩展到别的领域，让别的领域的人们也睁大眼睛看到令人惊奇的东西——事实。

这个过程独立于经济活动的所有特定形式，因此也独立于资本主义形式。利润动机和自身利益也一样，也与所有特定形式没有关系。前资本主义时期人的"掠夺性"实际上和资本主义的人一样。例如，农奴或封建领主为了他们的自身利益都以野兽般的精力进行维护。不过资本主义发展了理性，并用两种相互连接的方法增加理性的新光芒。

第一，它把本身不是资本主义的创造物的货币单位提高为计算单位。就是说，资本主义实践把货币单位转变为合理的成本–利润计算的工具，计算的最高成就是复式簿记[1]。我们只需稍微观察就会注意到，原来是经济理性发展产物的成本–利润计算法反过来对理性起作用；成本–利润计算法有着数字上的具体与明确，它对企业的逻辑性有着强有力地推进作用，从而为经济部门确定内容与数量，于是这种类型的逻辑（态度或方法）开始了自己的征服生涯，强制地决定与合理化人的工具和哲学、他的医药实践、他的宇宙观、他的人生观，以及他的审美观、正义感和他的精神抱负等。

在这方面具有高度重要性的是，在15~17世纪，现代数学实验科学的发展不仅与一般称为资本主义兴起的社会过程同步前进，而且是在学究式思想堡垒之外并面对着其轻视和敌意前进的。在15世纪，与数学有关的主要是商业算术问题和建筑学上的问题。现代物理学的根源是由工匠一类人发明的实用机械装置。伽利略倔强的个人主义是上升资本家阶级的个人主义。外科医生开始在接生婆和理发匠的上面升起。包括芬奇、阿尔贝蒂、切利尼在内的这些同时身兼工程师和企业家的艺术家让这个类型的艺术家永垂不朽；甚至杜勒也为筑城堡计划忙个没完，

1　桑巴特曾经强调，并且对这个要素进行突出地过分强调。复式簿记是漫长而曲折道路上的最后一步。在它之前的做法是随时盘点存货，计算出是赢利还是亏本，见A. 萨波里在《托斯卡纳历史丛书》1932年第7卷中所说的话。吕卡·帕乔利论簿记的论文早在1494年就发表了，可算作是重要的里程碑。就美国的历史和社会学而言，注意到18世纪以前国家基金管理还没有使用合理的簿记，甚至到18世纪，簿记还很不完善，仍处于"官房"账册的原始形式的事实有非常重要的意义。

这最好地说明了我所想说的一切。意大利大学中的学究式教授们愤怒地对这一切进行诅咒，表示出他们有比我们相信的更多的理智。麻烦不在于个别非正统的命题。能够相信每一个体面的经院教师为了适应哥白尼的理论体系都会曲解他的经文。不过那些教授们十分正确地意识到这些功绩背后的理性个人主义的精神，这一上升资本主义所产生的精神。

　　第二，上升的资本主义不仅产生提出某些问题并以某种方式进行答复的态度这一现代科学的心理状态，并且产生人和手段。上升的资本主义破坏封建环境，干扰采邑与村落的智力和平（当然修道院中也有大量事情可以讨论和争吵），特别是为主张在经济领域中显著个人成就的新阶级创造社会空间，它于是把有着坚强意志和丰富知识的人吸引到那个领域。前资本主义经济生活获得不了逾越其阶级界线的成就，也就是说，它不适合创造与当时统治阶级成员社会地位能够比拟的社会地位。这并不是说它通常排除上升之路[1]。不过总的来说，工商业活动基本上处于从属地位，就算在手工业达到成功的顶峰，还是很难把这个模式打破的。上进的主要道路和巨大收益的所在是教会，整个中世纪和现在一样都可以进入这条路。教会之外还有大领地贵族的办事机构和骑士-领主的等级官僚制度。在12世纪中叶以前，凡肉体和精神上合格者都容易进入这两条道路，以后也不是很难进入。只有当资本主义企业，包括最早的商业和金融、以后的矿业及最后的工业展开它的种种机会时，有着非凡才能和抱负的人才开始趋向经营工商业这第三条道路。成功是迅速而显著的，不过就其开始时所占有的社会分量而言，是被过于夸大了。例如，我们详细地看一看雅各布·富格尔[2]或阿戈斯蒂诺·基吉的事业，就不难证明上面论断的正确，因为他们与查理五世或教皇利奥十世制定政策的方针没有什么关系，而他们为其享有的特权付出很大的代价[3]。不过除了封建社会的最高阶层外，企业家的成功对每个人都有巨大的吸引力，完全能够把最好的人才吸引过来，从而产生更大的成功，例如，为理性主义的机器生产外加的蒸汽。所

　　1　我们过于容易把中世纪社会结构看作是静止而僵硬的。实际上，用帕累托的话说，当时存在不停息的"贵族政治循环"。900年左右组成最高阶层的成分，到1500年事实上已经不存在了。

　　2　雅各布·富格尔（Jakob Fugger II，1459—1525）是富格尔家族的第二代掌门人，富格尔金融帝国的缔造者。他曾是欧洲多位国王的债权人，两次为自己支持的选帝侯买下神圣罗马帝国皇帝的宝座，但本人绝对是位毫无政治野心的商人。——译者注

　　3　梅迪契家族不是真正的例外。因为，尽管他们的财富让他们可以控制佛罗伦萨共和国，不过，不是财富本身而是其统治权让这个家族扮演统治者的角色。不管怎样，他们是上升到与封建社会最高阶层平等地位的唯一商人家族。我们只有在威尼斯和荷兰这些资本主义进展创造一个新的环境或完全打碎封建阶层的地方，才能找到真正的例外。

以在这个意义上说，资本主义不仅仅是一般性的经济活动，它还是人类行为理性化的推动力量。

如今对于那个复杂而不适当的争论想要产生的直接目标我们终于要面对了[1]。不仅现代机械化的工厂和它所生产的大量产品，不仅现代技术和经济组织，并且现代文明的所有特色和成就都直接地或间接地是资本主义过程的产物。它们一定要包括在资本主义过程的资产负债表内和它的功过判决书中。

合理的科学成长和它的应用能够列出一份长长的清单。包括飞机、冰箱、电视在内的许多诸如此类的东西很快就能认出是利润经济的结果。尽管现代医院通常来说不是为利润而经营的，不过它仍然是资本主义的产物，不仅因为（再说一遍）资本主义过程提供了手段和意愿，并且最为重要的是由于资本主义的理性提供了在这些医院里使用的各种方法的心理习惯。对癌症、梅毒和结核病的胜利（虽不完全但已不远）跟汽车、输油管或贝塞麦钢一样，也都是资本主义的成就。在医药方面，使用的方法也属于资本主义专业，因为这个专业在很大程度上按企业精神办事，还由于它是工业资产阶级和商业资产阶级的混合剂。不过，就算并非这样，现代医药和卫生也正像现代教育一样，依然是资本主义过程的副产品。

还有资本主义艺术和资本主义生活方式。为了简略，也由于我对绘画领域比其他领域所知略多，所以我们现在只举绘画作为例子。假如（我想是不对的）我们同意以乔托的圆形剧场壁画作为一个时代的开始，然后循着乔托—马萨乔—芬奇—米开朗琪罗—格列柯这条线，尽管这种"线性"议论是很糟糕的。不管怎样强调格列柯作品的神秘热情，无论对于哪一位具有洞察事物眼光的人来说，都能清楚地看到我的论点的正确性。对于希望用他们手指尖触摸到资本主义理性的怀疑者来说，芬奇的实验能够提供证明。如果顺着这条线延伸下去（是的，我懂的），虽然也许会气喘吁吁，但也会把我们带到德拉克鲁瓦与安格尔之间的强烈反差之中。是的，我们到达了那里，其他的可让塞尚、凡·高、毕加索或马蒂斯来说明。表现主义作家对客体的清理，形成令人称赞的逻辑结论。资本主义小说的情节有更好的说明，这在龚古尔的小说《写下的文件》中达到登峰造极的程度。不过这是非常明显的。资本主义生活方式的进化可以容易地（也许是最有力的）用现代普通西服的起源来加以说明。

最后，还有可以用格莱斯顿自由主义的象征性名言来包括的一切。用个人

1　因为前面几页的分析对其他目的也非常有用，所以直接目标实际上对资本主义和社会主义这个重大主题的认真讨论是特别重要的。

主义民主一词也一样合适，甚至在实际上还更好些，因为我们想要包含其他一些格莱斯顿反对的东西和包含一种他事实上敌视的隐藏在信念深处的道德与精神状态。如果激进分子的祷告主要不在于形象地否定我想表达的思想，我原想对这个问题说到这里为止。激进主义者或许坚持认为，群众正在疾呼拯救他们脱离无法忍受的苦难，在黑暗与绝望中他们身上的铁链叮当作响，但是过去确实从来没有像现代资本主义社会一样这么多的个人身心的自由，这么多人愿意容忍甚至资助领导阶级的死敌，这么多人积极地同情真正的和虚构的苦难，这么多人乐于接受负担。农民村社以外无论什么样的民主历史上都是紧跟现代和近代资本主义之后发展起来的。不过，从过去历史中也能够援引大量事实组成相反的论证，这个论证将是有效的，但与当前条件和将来不同条件的讨论是没有关系的[1]。倘若我们真的打算从事历史探究，那么，甚至激进批评家看来适合他们目的的很多事实，假如用早前资本主义经历的相应事实的方法来观察，常常会显现不同的模样。不能归结为"它们属于不同的时代"。因为很显然，是资本主义过程造成这种区别的。

一定要特别提一提的有两点。上文我曾指出，社会立法，或者更寻常地说，为群众利益而进行的制度变革，并不单单是为缓解穷人日益加深苦难而形成的无可避免的必要性强加给资本主义社会的东西，而且是资本主义过程除了用它的自动效用来提升群众生活标准外，它还为社会立法提供的手段和"意愿"。引号里的这个词需要进一步解释，它能够从资本主义传播理性这个原理中找到。资本主义过程让人们的行为与思想理性化，这样一来，不但赶走了我们内心形而上学的信仰，也赶走了各种不同的神秘和浪漫的思想。这样，不但改造了达到我们目的的方法，而且也改造了最终目的本身。由此产生的在唯物主义一元论、世俗主义和务实地接受人世现实这个意义上的"自由思想"，的确不是逻辑上的必然，而是非常自然的。一方面，我们承袭下来的责任感已被剥夺了传统的基础，变得以改善人类条件的功利思想为中心，这点肯定不合逻辑，不过它看起来比（比如说）敬畏上帝更经得起理性主义的批判。另一方面，同样的灵魂理性化从每一种阶级权利身上抹去超经验约束力的所有魅力。这点加上典型的资本主义对效率与服务的热情在资产阶级本身中间产生了这种"意愿"，当然这种效率与服务与旧时典型骑士所说的有关效率与服务的思想体系迥然不同。本质上属于资本主义现象的女权运动对这一点说明得更为清楚。读者将明白，这些趋势一定要"客观

1　这类控诉在马克思时代还不像今天看来这样荒谬，甚至马克思也认为，详细论述就算在当时也已成为过去或正明显地在成为过去的一些条件，有利于加强他的地位。

地"加以理解，因此，无论反女权主义者或反改革主义者谈论得多么多，或者甚至对所有特定措施的暂时性反对，都无法证明这个分析是错误的。这些现象就是他们假装要打倒的那种趋势的征兆。对于这点，下面的几章还要加以详细论述。

资本主义文化是理性主义的和"反英雄主义的"。当然，这两种主义是联系在一起的。工商业的成功需要很大的精力，而工商业活动本质上不是骑士心目中的英雄主义，所以用不着挥舞刀剑，也不需要体力上的英勇，甚至没有机会跨上披盔甲的马冲入敌阵。还不如说这些是一种异端或野蛮行为，是赞美为打仗而打仗、为胜利而胜利那种观念的意识形态，其可以理解地会在写字间里、在所有数字栏目中逐渐消亡。所以，拥有吸引盗贼和税吏的资产，不沾有，甚至厌恶与其"理性"功利主义相冲突的骑士意识，工商资产阶级基本上是和平主义者，倾向于坚持把私人生活的道德观念应用在国际关系中。的确，不像大多数资本主义文明特色，而像资本主义文明的某些其他特色的和平主义和国际道德既得到非资本主义环境的支持，也得到前资本主义机构的支持，比如，在中世纪受罗马教会的支持。现代和平主义与现代国际道德仍旧是资本主义的产物。

鉴于马克思学说特别是新马克思学说，甚至如我们在本书第一篇中所见的很多非社会主义思想与这个见解严重相背。有必要指出，这个见解并不想否认许多资产阶级分子曾为他们的家园做过出色的战斗，也不想否认几乎纯粹的资产阶级共和国，如雅典和威尼斯共和国当看来有利时常常表现出侵略性，或者否认所有资产阶级分子都喜欢战争利润和因征服产生的贸易优势，他们对封建领主或首领对他们施加的和某些特殊利益集团宣传的好战民族主义训练不会拒绝。我的全部主张是：第一，这种资产阶级分子好战的例子不能像马克思主义所说的那样完全地或主要地以常常造成资本主义征服战争的阶级利益或阶级地位来解释；第二，做你认为是你生活中正常的事业，你为它一年到头进行锻炼，你让它决定你的成功与失败，和做不是你本行的工作，你的正常事业和你的精神状态让你不适合做这种工作，它的成功会提升大多数非资产阶级职业的威望，这二者不是完全相同的；第三，这种区别显然证明了在国内事务中和国际事务中都一样，就算衡量金钱利益非常明显地对进行战争有利的地方（在现代环境下出现这种情况的可能性不大），也应赞成和平安排而反对使用武力。我们清楚地看到，实际上一个国家的结构和态度资本主义化越完全，这个国家越倾向于计算战争的代价从而越主张和平。因为每个个别事例的复杂性质，这个结论只有精细的历史分析才会被证实它的正确性。不过资产阶级对军事（常备军）的态度，资产阶级社会进行战争的精神和方法，以及在所有长期战争严重情况下他们愿意屈服于非资产阶级统治的事实，本身就完全能够做出结论。

不过我不准备按照读者可能希望我做的那样进行总结。就是说，我不打算在读者决定信任没有经过考验的人所倡导的，也没有经过试验的另一种主张之前，就再次邀请他去看看资本主义秩序的、让人难忘的经济成就和给人印象深刻的文化成就，以及这两种成就所显现出来的巨大希望。我不打算争论，这种成就和这个希望的本身就完全能够支持让资本主义过程继续运行并让它甩掉人类肩上的贫穷这样的论点。

这么做什么意义也没有。就算人类跟商人一样有自由从两部机器中间自由做出选择，也不一定能根据我上文试图说明的事实与事实之间的关系做出决定性的价值判断。就经济成就来说，不能说在今天工业社会里的人比中世纪采邑或村落中的人们生活得"更快乐"甚至"较舒适"。就文化成就来说，就算我所写的每一句话人们都同意，他们从心底还是会憎恨功利主义和由功利主义造成的人生意义的全部毁灭。

但是，对于资本主义成就的价值判断，无论是肯定的还是否定的，都没有任何意义。因为人类没有选择的自由。这不仅是因为人民群众没有处于能够理性地比较各种可供选择途径的地位而总是接受别人告诉他们的东西，还有一个更深刻很多的理由，即经济的和社会的事物按照它们自己的动能运动，因此而产生的形势迫使个人和团体用某种方式去做他们想做的所有事情（强迫的方式不一定破坏他们选择的自由，而是塑造他们选择的心理状态和缩小他们选择可能性的范围）。大多数文明在它们有时间完成它们所有许诺之前就消失了，所以我不准备以那种成就为根据来争辩说资本主义插曲或许会延长下去。实际上，我现在正打算做出正好相反的推论。

第八章

坍塌中的围墙

第一节 企业家职能的落伍

在探讨正在消失投资机会的理论时，我们曾主张有这么一种可能性，即人类的经济需要到某个时候能够得到完全满足，到了那时推动人的生产能力进一步提高的动力就不存在了。不过，就算我们保持目前的需要进度，离完全满足的情况肯定还是遥遥无期的。假如我们考虑这样的事实，就是一旦较高的生活标准达到了，这些需求将自动扩大，而且会出现或者被创造出新的需求[1]，满足成为一个正在前面的目标，尤其是，假如我们把闲暇包括在消费品之中，情况更加如此。但是，让我们看一看那个更加不现实的可能性，即假设生产方法已经完善到了不能进一步改善的境地。

这时或多或少会出现静止的状态。本质上属于一个进化过程的资本主义将逐渐萎缩衰退。这时，企业家会无所事事。他们会发现自己处于与完全确保永久和平社会的将军们一样的地位。利润以及与利润如影随形的利率都将趋向于零。靠利润和利息为生的资产者阶层将走向消失。工商业的管理将成为日常行政管理的事情，而管理人员将不可避免地具有官僚主义的特性。一种非常清醒型的社会主义就可能自动出现。人的精力将离开工商业。很多的有才智之士会被经济领域以外的事业所吸收，并给他们提供活动机会。

对于能够预计的将来来说，上面这种看法没有什么重要性。而下面的事实却有很大的重要性：我们能够期望因为需要接近充分满足或因为技术绝对完善，对社会结构和生产过程的组织所产生的很多后果，也可以期望由已经清晰可见的发展事实中产生。进步本身就如同管理静止经济一样可以机械化，这种进步的机械化几乎会像经济进步停止那样对企业家精神和资本主义社会产生严重的影响。为

1　威廉·冯特称这是"目的的再生"（Heterogonie der Zwecke）。

了看清这一点，只要说明企业家的功能是什么和企业家的功能对资产阶级社会和资本主义制度的生存有什么意义这两点就行了。

我们已经知道，企业家具有如下功能：通过利用一种新发明，或者更寻常地利用一种没有经过试验的技术可能性，来生产新商品或者用新方法生产老商品；通过开辟原料供应新来源或产品的新销路，以及利用改组工业结构等手段来改良或彻底改革生产模式。早期的铁路建筑、第一次世界大战前的电力生产、蒸汽及钢铁、汽车、殖民地风险投资是众多成就中最引人注目的例子，成就中还包括许多非常细微的事例，甚至小到成功地制造特殊灌肠和牙刷这类事业。这类活动就是能让经济机体革命化地多次发生的"繁荣"和因为新产品或新方法造成干扰平衡的冲击而常常出现的"衰退"的主要原因。从事这样的新事物和建立一种完全不同的经济职能是困难的，首先是由于它们不属于人人懂得的日常事务，再就是社会环境对这种新事物的抗拒。抗拒的方法多种多样，依据社会条件不同而不一样，从简单地拒绝投资生产新产品或拒绝购买新产品，到对试图生产新产品的人进行人身攻击。在熟悉的标志灯的光亮之外，充满信心地敢作敢为，并战胜那种抗拒，需要当前只有很少人具有的显示企业家风格和企业家职能的智力与才能。这个职能主要不在于发明某种东西或创造供企业利用的条件，而在于有促使人们去完成这些事情的办法。

社会职能的这种重要性正在丧失，就算由于企业家精神的主要推动，经济过程本身继续不减缓地进行下去，它的重要性在今后一定会加速丧失。这是由于，一方面，做不属于熟悉的日常事务的事情现在比过去要容易很多（革新本身已降为日常事务了）。技术进步越来越成为受过训练的专家小组的业务，他们制成所需要的东西，让它以能够预计的方式运行，由于非常多的事情现在都能严密计算，而在过去只有天才的闪光才能想象出它们，所以早期商业性冒险的浪漫气氛正在快速消失。

另一方面，在已经习惯于经济变革（新消费商品和生产商品潮水般不断涌现是最好的例子）和不仅不抵抗变革并且把接受变革作为当然之事的环境中，人格和意志力量的重要性降低了。只要资本主义秩序存在下去，来自受生产过程中革新威胁的利益集团的抵抗就不会消失。例如，这种抵抗是走向大规模建造便宜住宅道路上的巨大障碍，而大规模住宅建造又以机械化和消灭建造计划中的全部低效工作为前提条件。不过所有其他性质的抵抗，尤其是消费者和生产者对新事物（仅由于它是新的）所进行的抵抗几乎早就消失了。这样，经济进步逐渐趋于与个人无关和自动化。个人的活动日渐被机关和委员会的工作所取代。参照与军事方面相类似的地方，会再次帮助我们看清事情的本质。

在先前时代，包括拿破仑战争在内的以前，将才意味着领导才能，成功代表着统帅个人的成功，他就会获得相应"利润"，即社会威望。在当时的战争技术和军队结构下，统帅的个人决策和指挥才能，甚至他骑上高头大马亲临战场都是战略和战术形势的基本要素。拿破仑亲临前线是战场上实际也是必然感觉到的事情。现在情况已发生了变化，合理化和专业化的办公室工作最终会抹去个人的影响，能够计算的结果最终将抹去"想象力"。领导人不再有机会投身于激烈的冲突中，他正逐渐成为办公室中的一个工作人员，并且也不总是不能替代的一员。

再举一个跟军事上相似的例子。中世纪战争是与个人有很大关系的事情。身披甲胄的骑士施展一种需要终生训练的武艺，每个骑士的武艺与英勇都体现了他们各自的价值。不难理解这种技能之所以能成为一个社会阶级（从这个词最全面和最丰富的意义上说）的基础。但是社会和技术的变化破坏及最终把那个阶级的职能和地位毁灭了。战争本身没有因此而终止。它只是变得越来越机械化，而且最后机械化达到特别高的程度，以致战争中的成功现在不再具有个人成就的内涵，不再使个人和他的集团上升到持久的社会领导地位，而仅仅成为专业上的成功。

如今，一种同样的社会过程（归根结底是同样的社会过程）不仅破坏了资本主义企业家这个角色，也破坏了与之连在一起的社会地位。企业家角色尽管没有与中世纪军阀一样的魅力，但无论现在还是过去它或多或少也是由取得成功的个人力量与个人责任心而获得个人领导权的另一种形式。一旦它在社会过程中的职能没有了重要性，企业家的地位就会跟武士阶级的地位一样受到威胁，至于为什么它的职能会失去重要性，或者在于由它做贡献的社会需要不复存在，或者是因为改由别的非个人的方法来满足那种需要。

整个资产阶层的地位都受这个过程影响。尽管企业家一开始不一定是甚至典型地是资产阶层成员，不过他们假如取得成功，就会进入这个阶层。所以，企业家本身并不形成一个社会阶级，不过资产阶级吸收他们、他们的家庭和亲戚，从而常常地补充资产阶级自己和让自己再次充满活力，尽管与此同时，一两个世代以后，他们中间与"企业"切断积极关系的家庭就脱离这个阶级。在他们中间有众多被我们称为工业家、商业家、金融家和银行家的人，他们处于企业家风险投资和仅只是日常管理祖传事业之间的中间阶段。这个阶级生活所依靠的利润是由这个或多或少积极活跃部分的成功产生的，这个阶级的社会地位也依靠它的成功

（正如在这个国家里一样，这一部分占资产阶层90％以上），另外也依靠正在努力争取上升进入这个阶级的一些个人的成功。所以无论从经济学观点还是从社会学观点来看，不管是直接还是间接资产阶级都依赖企业家，它作为一个阶级，和企业家同生共死，尽管就像封建文明的确曾有过的那样，很可能出现一个或长或短的过渡阶段，即资产阶级感到既不能生也不能死的最后阶段。

对这部分的论点总结一下：假如资本主义的进化（"进步"）停止了，或者变得全部自动化了，那么，除了还能苟延一段时间的准地租与垄断利润的残余外，产业资产阶级的经济基础，最终将降为付给日常行政工作的工资。资本主义企业因为它本身的成就让它的进步自动化，我们能够由此得出结论：它倾向于让自己变得多余从而会被自己的成就压得粉碎。全部官僚化了的巨型工业单位不仅驱逐中小型企业，"剥夺"其业主，并且到最后它还会撵走企业家，剥夺作为一个阶级的资产阶级。在这个过程中，资产阶级不仅失去收入，并且丧失更加重要的它的职能。

第二节　保护层的毁坏

到现在为止，资本主义过程对资本主义社会上层阶级的经济基础、社会地位及威望造成的影响我们都已讨论过了。不过影响还进一步扩大到保护他们的制度结构。在说明这个问题的时候，我们使用制度结构这个词被最广泛接受的含义，即它不仅包括法律制度，并且包含公众心理和政府政策。

（1）资本主义发展首先破坏采邑、村落和手工业行会这些封建社会的制度安排。这个过程的事实和机制我们都非常熟悉，不用再过多叙述。破坏是沿三条道路进行的。来自资本主义企业家竞争的自动后果的影响是工匠行业遭受破坏的主要原因，取消低效的组织与规章的政治行动只是表明这个后果而已。领主和农民世界主要是被政治行动（有时是革命行动）破坏的，资本主义仅仅主持这个适度的转变过程罢了，例如，把日耳曼采邑组织转变成大规模的农业生产单位。不过，与这些工业和农业革命同时进行的还有立法当局与公众舆论中普遍态度的相同的革命性的变化。与旧经济组织一起，过去在那些组织里起领导作用的阶级与集团的经济、政治特权，尤其是土地贵族、乡绅和教士的免税权和政治特权，都被统统消灭了。

从经济上说，所有的这一切对资产阶级意味着许多枷锁打碎了和许多障碍撤除了。从政治上说，这一切意味着资产阶级由一个更符合其理性主义精神和其直接利益的社会秩序取代了其原先被列为臣仆的社会秩序。不过，从现在的观点来观察那个过程，观察者可能意存犹豫，不知这样的彻底解放到底对资产阶级及其世界是否有好处，因为那些枷锁虽然起了阻碍作用，但是它们也起保护作用。在进一步讨论之前，我们一定要仔细地对这点进行澄清和评价。

（2）民族国家兴起与资产阶级兴起这两个互相关联的过程，在16、17、18世纪产生了一个在我们看来好像是两栖的社会结构，虽然它比其他任何社会结构都没有更多的两栖或过渡的性质。我们来看看路易十四王朝提供的绝妙例子吧。王权一方面压服了土地贵族，另一方面，又以提供官职、给予年金，以及有条件地接受他们的要求，让他们登上统治或领导阶级的地位，来同他们和解。王权还压服教士阶级，并跟它结成同盟[1]。最后王权又加强了对资产阶级的支配，资产阶级原是王权和领地大贵族斗争中的同盟军，王权对它的企业的发展进行保护和推进，目的是要反过来对这进行更有效的剥削。虽然法兰西旧政权的保护行为远远不及玛丽亚·特蕾西亚或约瑟夫二世的奥地利那么显著，农民和幼小的工业无产阶级仍同样受政府当局的管理、剥削和保护，并由地主和工业家代行这些职责。当时政府不是19世纪自由主义类型的政府，也就是说，它不是以最低收入支持的为行使有限职能而建立的社会机构。原则上，从人的良心到里昂丝织物的图案，这个君主政权驾驭一切；财政上，达到最大限度的收入是它的目标。虽然国王从来不是真正独裁的，政府职能却是包罗万象的。

正确理解这个模式对我们的主题至关重要。国王、宫廷、军队、教会和官僚机关在越来越大的程度上依靠资本主义过程所创造的收入过日子，甚至纯粹的封建性质的收入来源也因为当时资本主义发展的影响而大大增加。国内外政策的制定和制度的改革也在越来越大的程度上适合并推进这个发展。在这种形势下，实际上人们所说的专制君主制度结构中封建分子的进入只会是一种返祖现象，仅是人们在初见之下自然采取的判断。

不过，我们只要做比较细致的观察便会理解那些分子存在的意义不仅如此，君主制结构的钢架依然由封建社会的人组成，这些人依然按照前资本主义模式行事。尽管他们考虑到资产阶级的利益，总是非常小心地与资产阶级保持距离，但他们充斥着国家机关、指挥军队、制定政策发挥着统治阶级的作用。上帝恩宠的国王位居中心，他宝座的根基是封建的，不但是历史学意义上的封建，而且是社会学意义上的封建，无论资本主义提供的经济可能性对他有多大好处，也不可能

1　高卢主义仅仅是它在意识形态上的反映而已。

改变这个立场。这一切的意义远大于返祖现象。它是两个社会阶层的积极共生，其中一个阶层肯定在经济上支持另一个阶层，反过来在政治上又受到后者的支持。无论在我们看来这种安排有什么成就和缺点，无论资产阶级本身在当时或后来对那些酒囊饭袋或游手好闲的贵族怎么想，这是那个社会的实际情况。

（3）仅仅那个社会是那样吗？这个问题随着事情的进展有了答案，英国的情况是最好的例子。贵族分子继续当家做主，起到上升阶段充满活力的资本主义的结束，无疑任何地方都没有像英国那样有效率，那些分子不断地从进入政治的其他阶层吸收人才，他们让自己代表资产阶级的利益，并为资产阶级的战争作战，他们把最后的法律特权也放弃了，有了这些资格，并为了不再属于他们自己的目的，他们为政治机器继续提供人才，继续管理国家和进行统治。

对这种情况，资产阶级中从事经济工作的那部分人并不反对。从总体上说，他们适合并喜欢那种劳动分工。在他们的确反抗这样安排的地方，或者在他们没有经过反抗就掌权的地方，他们的统治并没有出色的成功，也没有证明他们能够支撑得住。于是出现了如下的假定是不是真正可靠的问题：他们的失败单单是因为他们缺乏获得经验的机会，或者是有了经验，不过缺乏政治上统治阶级的气度。

这个假定不可靠。在失败有更根本的理由，法国或德国资产阶级觊觎统治权的经验中，对照一下工业家或商人的形象和中世纪封建领主形象就可以最好地阐明这个理由。领主的"职位"不仅让他有资格令人敬佩地保卫他自己阶级的利益（他能为这种利益亲自战斗），并且这个职位给予他周身的光环，让他成为众人的统治者。虽然肉体上的争斗是重要的，不过神秘的魅力和高贵的气度更为重要，因为它有支配人让人服从的才能和习惯，带来让社会任何阶级和生活的每个层次表示崇敬的威望。那种威望是这样的崇高，那种气度是这样的有用，以致阶级地位比形成这种阶级地位的社会条件和技术条件更加持久，并证明它可以把转变阶级功能作为手段，对迥然不同的各种社会条件和经济条件都能适应。领主和骑士以最为悠闲、雅致和潇洒的姿态变为廷臣、显宦、外交官、政治家，变为那种与中世纪骑士根本不同的军官。这种古老威望的残余——不只是在我们的女士们身上——甚至到现在还存在，当我们想到这点时，无疑是最让人吃惊的现象。

工业家与商人的情形正好相反。他肯定没有丝毫统治他人所必要的神秘的魅力。证券交易所是圣盘的蹩脚代替品。我们见到过工业家和商人（只要他们是企业家）也能完成领导任务。不过这种类型的经济领导绝不会跟中世纪领主的军事领导一样，上升为国家的领导。相反，由于分类账和成本计算吸引他们的注意力，所以限制他们的发展。

我把资产阶级中人称为理性主义者和非英雄主义者。他用来维护他的地位或迫使国家服从他的意志只有使用理性主义和非英雄的手段。他能以人们能够从他经济成就中预期得到什么而给人深刻印象，他可以为他的事业辩护，他可以允诺付钱或者威胁着要收回款项，他可以雇用兵队长、政客或记者做卑鄙的勾当。不过以上的这些只是他能做的全部，人们对这些行为的政治价值给予了非常过高的估计。这种生活经验和习惯对他个人魅力的扩大也没有作用。一个业务办公室里的天才在办公室以外连对一只鹅喝声"呸"的胆子都没有，所以其在宫廷接见室和在演讲台上一样胆小如鼠。他知道这点，他不希望人们来打扰他，他对政治也不去过问。

在这个问题上读者也会碰到例外。不过这些例外一样没有重大意义。在欧洲，资产阶级人士唯一的重要例外是其在市政管理上表现的才能、兴趣和成功，不过这种例外对我们的理由只会加强而不会削弱。在现代都市出现（它已不再是资产阶级人士的事务）之前，市政管理跟工商业管理非常相似。在市辖区内的问题与权力自然地落入制造商和商人手中，而当地制造业和商业的利益构成当地政治的主要内容，所以适宜于用工商业事务所的办法与精神加以处理。在非常有利的条件下，从这些根源上滋长像威尼斯和热那亚共和国的成长与发展这样的特殊的事态发展。低地国家的情况属于同一模式。以下事实有着特别的启发性，即商人国家在国际政治大竞赛中无一不失败，事实上在每一个紧急关头，商人国家都只能把统治权交给封建主义的军阀。至于美国，是由于现在正在迅速减少的、它的非常多的、独一无二的有利环境造成了它目前的状况[1]。

（4）结论是很清楚的，除了这类特殊情况外，资产阶级具备的条件不能够用来应付国内外的问题，这种问题是大国小国正常要面对的。虽然口头上予以否认，不过资产阶级本身已感觉到这一点，群众也意识到这一点。在不是由资产阶级材料制成的保护结构中，资产阶级可能取得成功，不仅在政治防御上能成功，在进攻中也能成功，特别是作为反对派时更是这样。有些时候，它感觉到它的地位非常稳固，甚至有余力去攻击保护结构本身。像德意志帝国内存在的这类资产阶级反对派就完全说明了这一点。不过没有某个非资产阶级集团的保护，资产阶级在政治上就孤立无助，它不仅不能领导国家，甚至连它特殊的阶级利益也不能照顾。上面的所有情况说明，它需要一个主人。

1　在第四篇中再次讨论这方面的论据。

不过资本主义过程，因为它的经济机制和它的心理——社会影响，把这个保护它的主人抛弃，或者像在美国那样，从不给主人或其替身有发展的机会。这件事的含义还因为资本主义过程的另一个后果而加强。资本主义进化不仅把上帝保佑的国王消灭了，也消灭了由村社和工匠行会建成的（如能证明其可以防守）政治堑壕。当然，这两种组织都不能把当资本主义发现它时的那种明确形式保持不变。不过资本主义政策摧毁的范围远远超过不可避免要毁灭的东西。它攻击原本能够永远存在下去的传统保留行业内的工匠。它在农民头上强加自由而无保护的租入土地，以及为了自缢而需要的个人主义索套这一早期自由主义的祝福。

在前资本主义的社会结构打破中，资本主义就这样不仅冲破了阻挡它进步的障碍物，而且也拆除了防止其崩溃的支架。在因为其冷酷必然性而给人留有深刻印象的那个过程，不单单是去掉制度上枯株朽木的过程，并且也是去掉资本主义阶层的伙伴的过程，与这些伙伴共生是资本主义图式的基本模式。在弄清楚这个被很多口号弄得模糊难辨的事实之后，我们或许会产生这样的疑问：把资本主义视作能够独立自成一类的社会形式是不是全部正确，或者实际上应把它看作只是我们称为封建主义这个东西瓦解过程的最后阶段。从整体上说，我倾向于相信，它的独特性完全能成为一个类型，并承认在不同时代、不同过程中存在的各阶级共生是规律而不是例外，这至少在从原始掘土人变为骑马游牧人的子民的六千年中一直是规律。对于提到的相反看法，我看不出有多大的缺陷。

第三节 资本主义社会制度结构的毁坏

对带有大量不详事实的离题话我们不再继续叙述了。这些事实虽不很多，却差不多可以证实我们的下一个论点，即资本主义过程不但毁坏了封建社会的制度结构，也用完全相同的方法把它自己毁坏了。

前面已经指出，资本主义企业的成功自相矛盾地倾向于损害先前跟它联合的那个阶级的威望与社会权势，巨型的控制机构倾向于剥夺资产阶级借以获得社会权势的职能。资产阶级世界的制度和其典型态度的内涵的相应变化，以及紧随其后的活力丧失，其踪迹是不难找出的。

一方面，资本主义过程对小生产者和小商人的经济立足点的打击是不可避免的。它对前资本主义阶层所做的事情，一样地通过同一竞争机制施加给资本主义行业的较低阶层。马克思在这点上所说的是正确的。工业集中的事实并没有实现认为公众已受教育愿意接受它的想法也是正确的。这个过程的发展要比人们从许多通俗文章知道的要慢些，并且会遇到较多的挫败和曲折。尤其是，大型企业不仅只消灭小生产企业和小商业，并且也在一定程度上为它们（特别是商业企业）创造生存空间。对于农民和农场主，资本主义世界最终证明它愿意而且也能够执行一项代价昂贵不过在总体上有效的保护政策。不过从长期来看，不容易怀疑我们正在设想的事实及其后果。并且在农业领域以外，资产阶级显示出它不太懂得这个问题，以及这个问题对资本主义制度生存的重要性[1]。生产组织合理化，特别是降低商品从工厂到达最后消费者这条曲折道路上的成本进而获得的利润，是典型工商业者内心没办法抗拒的。

如今，明确领会这些后果为什么是重要的。一种我们曾听到过的十分普遍的社会批评哀叹"竞争的衰落"，并把它和资本主义的衰落相等同，因为批评者把美德归于竞争而把邪恶归于现代产业"垄断"。在这样的解释图式中，垄断起了动脉硬化症的作用，并通过越来越让人不满的经济表现对资本主义制度的命运起相反的作用。我们知道反驳这个看法的理由。从经济上说，不管赞成竞争的理由还是反对集中经济控制的理由，都不如这个论点所含的理由这么有力。而且不管这个看法的强弱怎样，它没有对准突出点。就算巨型公司全都经营得十分完美，赢得天上神仙的喝彩，集中的政治后果依然如故。一大批中小型企业的消失会深刻地影响一个国家的政治结构，因为这些企业的所有人兼经理，加上他们的家属、亲信和业务上有关系的人，在投票上的数字是有分量的，另外中小企业还掌握着被我们称为领班阶级的人们，这是大型单位经理部门从来没有过的。私有财产和自由契约的真正基础在一个国家里销蚀了，在这个国家里，它的最有活力、最具体、最有意义的典型消失在人民的道德视界中。

另一方面，在大单位领域里资本主义过程也攻击它自己的制度结构——让我们继续把"财产"和"自由契约"设想为整体的组成部分。除了事实上由单一个人或家庭拥有一家公司的那种仍有很大重要性的事例外，业主形象及明确的业主利益都从画面上消失了。公司一般有领薪金的董事和全体领薪金的经理与部门经理，有大股东，还有小股东。第一类人倾向于持有雇员的态度，即使有也很少把自己利益与股东利益当作一回事，就算在他们自身利益等同于公司利益的这种最有利的情况下，也不能改变这种态度。第二类大股东们就算认为他们与公司的关系是永久性的，就算他们实际上像金融理论所描绘的股东那样行事，他们还是

1　尽管有几个政府是懂得的。德意志帝国政府做了许多事情反对这个特殊的合理化，而现在在美国有了仿照它行事的强烈趋势。

跟企业所有人的职能和态度有差距。至于第三类小股东们，他们对于他们大多数人说不过是小小收入来源的事情常常不大关心。无论他们是否关心，除非他们或他们的几个代表出来利用他们所厌恶的东西的价值，他们很少为它操心；由于常常受不公正的对待，更经常的是他们认为自己受不公正的对待，他们差不多总是对"他们的"公司抱敌视态度，一般对大企业抱有敌意，尤其在经济不景气的时候，对资本主义制度抱敌意。我无差别地把这些持典型态度者归纳为三类人，在这三类人中没有哪一类人采取意义这样丰满、消逝这样迅速、可以能够用"财产"一词来加以包含的那种奇特现象为特色的态度。

契约自由的状况同样如此。在它有着完全活力时，它意指在无限可能性中由个人选择订立的个别契约。今天那种老一套的、非个人的、不具人格和官僚主义化的契约应用的范围非常广泛，不过我们可以把注意力集中在呈现有限的选择自由的劳工契约上，大部分成为取决于抓住或放手的问题，它不再有旧时的特色，特色中最重要的部分，对于那些与别的大公司、非个人的工人集体或消费者群众打交道的大型公司来说，已经变得不可能了。稍加思考就能明白，这个空白正由快速成长的新法律结构来填补，事情不可能是另一个样子。

资本主义过程就这样把所有那类制度，特别是财产和自由契约制度推入幕后，财产和自由契约制度表现了真正"私人"经济活动的需要与方法。在资本主义过程还没有废除这些制度的地方，就像它在劳工市场已经废除自由契约一样，它通过变更现有法律形式的相对重要性来达到同样的目的，例如，增加属于公司企业的法律形式的重要性，减少属于合伙和个人企业的法律形式的重要性，或者变更现存法律形式的内容与含义等。资本主义过程用一包股票代替工厂的围墙和机器，夺走财产这个观念的生命力。它放松了原先曾经抓得很紧的东西，如人们根据自己爱好使用自己财产的法律权利和实际能力；所有权持有人丧失了为"他的"工厂和他对工厂的控制权，从经济上、肉体上和政治上进行战斗，如有必要在工厂台阶上战死的意志。这种对我们能够称之为财产的看得见摸得着的物质实体的观念上的淡薄，不仅影响财产所有人的态度，同样影响工人甚至寻常公众的态度。非物质化的、无功能的、不在当地地主式的所有权不如有生命力的财产形式那样引人注目和能唤起人们道德上的忠诚。最终真正愿意支持它的人将完全消失，因为在大公司内外没有一个支持它的人。

第九章
敌意的增长

第一节 资本主义的社会气氛

经过前面两章的讨论，就会容易理解资本主义过程怎么产生对它自己的社会秩序那种近乎普遍的敌意，这点我在本篇开端时已经提到。这种现象如此惊人，而马克思主义者和通俗作家对它的解释又这样少，所以稍稍把这个现象的原因说得详细一点是很有必要的。

（1）就像我们已经知道的，资本主义过程最后降低了资产阶级赖以生存的职能的重要性。我们也知道，它倾向于销蚀它的保护层、毁掉它自己的防御工事，以及驱散它堡垒的保卫部队。另外我们还知道，资本主义创造了一种批判的心理结构，这个结构在把非常多的其他制度的道德权威毁坏之后，最后掉转过来反对它自己；资产阶级人士惊奇地发现，理性主义态度在得到国王和教皇信任状后没有停步，而是对私有财产和资产阶级价值的整个体制继续进行攻击。

于是资产阶级堡垒在政治上变得没有防御能力。没有防御能力的堡垒招来侵略，特别是倘若其中有大量财物可以获得就更是如此。侵略者用一贯的做法，逐渐设法让敌意成为合理化状态[1]。暂时用收买办法缓解侵略肯定是可能的。不过一旦侵略者发现他们能把这一切占有时，最后的手段也就失败了。这样说部分地解释了我们想要解释的东西。只要这个解释管用（当然它不会永远管用），我们理论中的这个要素就能够从资产阶级的没有防御能力与对资本主义制度敌视之间历史上存在的密切相互关系得到证实：第一，尽管当时产生敌意的理由很多，但只要资产阶级的地位稳固，原则上不会有多大敌意；第二，敌意的传播与防护围墙

1　希望不要由于我在两个不同意义上使用"合理化"这个动词而产生混淆。当一家工厂的每一费用单位的生产效率提高时，我们说这家工厂正在"合理化"。无论我们有着什么样的真正推动力，在我们为我们自己或他人的行动提出能满足我们价值标准的原因时，我们说我们把我们的行动"合理化"。

的倒塌是同步进行的。

（2）不过，有人或许要问，实际上，真实地感到他和社会所有阶级一起尽他的责任的很多工业家正以天真的迷惑心理提出疑问，为什么资本主义制度要用非资本主义力量或超理性的忠诚的保护？难道它高举自己的旗帜不能通过这场考验？我们自己先前的论点不能完全表明它有大量的功利证书可以提出吗？难道不能为它提出充足完美的理由吗？那些工业家一定会指出，一个通情达理的工人在衡量他与（比如说）一家大钢铁公司或大汽车公司签订的合同的好处和缺陷时，或许不难得出这样的结论：考虑到各方面，他干得很不错，他与公司这笔交易的优势不是全在一方。这当然不错，是对的，不过所有的这些都是不相干的。

因为首先，相信政治性攻击主要是由于不满产生的，而提出正当理由能够避开攻击是错误的。政治性批评不容易用合理的论证给予有效的满足。不要由于对资本主义制度的批评是从批判的心理态度出发的，也就是从一种不是对超理性价值忠诚的态度出发的，就能断定理性的反驳会被接受。这类反驳或许会撕掉攻击的理性外衣，不过肯定达不到一直在外衣后面潜伏的超理性的驱动力量。资本主义的理性消除不了次理性或超理性的冲动。它只是能除去神圣或半神圣传统的约束让它们不受支配。它们将在缺乏训练和指导它们的手段甚至意志的文化里造反。不过即使它们一旦起来造反，也无关紧要，因为它们在理性主义文化中的表现多少有点理性化。就像人们从不带着能够接到满意答复的公正心态向国王、大公和教皇要求功利证书一样，资本主义站在口袋里装着死刑判决书的法官面前受审。无论法官会听到什么样的辩护词，他们只打算传达这个判决，被告要想获取胜利的唯一办法是改变起诉书。功利主义的理由作为集团行动的主要原动力不管怎样都是无力的。它肯定不是超理性行为决定因素的对手。

其次，只要我们懂得接受支持资本主义的案件意味着什么，这场诉讼的胜利就变得非常容易理解。这个案件的理由即使比它实际强有力许多，也从来没有人能把它简洁明白地说清楚。一般人要理解它，一定要掌握他们根本不可能掌握的洞察力与分析能力。原先有关资本主义说过的胡言乱语都得到某个专业经济学家的支持。就算不谈这一点，理性地认识资本主义的经济成就和认识资本主义为未来提供的希望，就要求穷人具有近乎不可能具有的明辨是非的能力。我们只有用长期观点看问题，资本主义的成就显而易见。所有拥护资本主义的论点必定以长期考察为依据。用短期观点来看，能在画面上看到的主要是利润和低效率。昔日的平均派或宪章派人为了甘心于他的命运，只能把希望寄托在他的曾孙身上来自我安慰。为了和资本主义制度认同，现在的失业者必须全部忘掉他个人的厄运，现在的政治家必须忘掉他个人的野心。社会的长期利益跟资产阶级社会的上层完全混合在一起，人们只把它看作那个阶级的利益是非常自然的。对于群众来说，短期观点是值得考虑的。跟路易十五一样，他们也觉得无论死后洪水滔天，群众按照个人主义的功利主义观点看问题，具有像这样的感觉当然是非常合理的。

另外，在所有的社会制度里，每个人都有一定要与之斗争的日常困难和可能出现的困难，譬如那些损害人、麻烦人、折磨人的摩擦与失望，以及或大或小让人郁闷的事情。我想，我们每个人都多多少少有把困难全部归因于与他完全无关的那部分现实的习惯。为了克服我们因环境引起的敌意冲动，对社会制度的感情上的依恋是必需的，而这正是资本主义在制度上不能产生的东西。假如没有感情上的依恋，那么敌意冲动就会一意孤行，成长为我们心态中永久的一部分。

还有，就是永远上升的生活标准，尤其是现代资本主义为完全就业工人提供的闲暇……好了，这句话我不必说完，也不用详尽阐述那个在全部论点中最平凡、最古老、最老生常谈的论点，不幸的是这个论点太真实了。被看作理所当然的长期改善，配上受深度怨恨的个人无保障，显然是哺育社会骚动的最佳食物。

第二节　知识分子的社会学

但是，无论是攻击的机会，还是真实或虚幻的敌对情绪，不管其本身多么强烈，都不足以引起反对社会制度的紧急敌对状态。因为要造成那样的一种气氛，一定要有一些集团，它们的利益在于煽动和组织仇恨，哺育它、宣扬它和领导它。正如我们会在第四篇中所谈到的，人民群众从不提出他们自己首创的明确的意见。他们更不能把他们的主张清楚有力地说出来，更别说把意见变成一贯的行动了。他们只能追随或不同意追随这些集团提供的领导。在我们把有资格充当那个角色的社会集团发现之前，我们有关敌视资本主义气氛的理论是不完整的。

简单地说，有利于形成普遍敌视一个社会制度或形成明确地对这个制度的攻击条件，在所有情况下都会招来利用这个条件的集团。不过在资本主义社会的情况下，还有一个事实值得注意：跟其他类型的社会不一样，资本主义无可避免和因为它文明的逻辑会造就、教育和资助一个在社会骚动中有利的既得利益集团[1]。在前面我们的论点有对于这个既奇怪又重要现象的解释，不过浏览阅读一下知识分子的社会学，读者或许能得到更生动的印象。

（1）对知识分子这个类型下定义是很难的。实际上，困难在于表明物种的属性。知识分子不像农民或工业劳动者那样是一个社会阶级，他们来自社会的所有角落，他们的大多数活动在于彼此打斗，在于组成不是为他们自己的阶级利益的先锋。不过他们渐渐形成集体态度和集体利益，其坚强程度完全能让大部分成员的行为方式让人联想起社会阶级这个概念。他们也不能简单地定义为全部具有较高教育程度的人们的总和，这样的定义会模糊这个类型的最重要的特色。不过除了特殊例外，所有有过较高教育的人都是潜在的知识分子，还有他们的相同内心思想的事实，便利于他们之间的理解，并形成一种结合力。把知识分子这个概念与自由职业成员看作同一意义，对我们下定义的目的并没有帮助，比如，医生或律师并不是贴切意义上的知识分子，除非他们谈论或撰写不属于他们专业擅长的题材，他们肯定经常这么做，特别是律师。不过在知识分子和专业人员之间存在密切关系。由于某些专业尤其是假如我们把新闻记者也包括在内，事实上几乎整个属于知识分子类型的范围；所有专业工作者都有机会成为知识分子；许多知识分子为生活承担某一专门职业。最后，如果采用与体力劳动相对就是知识分子这个定义，又感觉过于广泛[2]。而威灵顿公爵所说的"一批摇笔杆的人"，范围好像过于狭隘[3]。"文士"（Hommes de lettres）的含义也太窄了。

不过我们或许做得比跟着铁公爵[4]走还要坏。实际上知识分子是一群挥舞说话和写作力量的人，他们跟其他做同样事情者的不同特色之一是他们对实际事务不负直接责任。这个特色一般又是另一种特色的原因，因为他们没有实际事务的第一手知识，而这种知识只有在实际工作中才能获得。另外，从作为旁观者知识分子地位出发的（其实在大多数情况下也是局外人），同时也是从他表现自己的主

1　每一个社会制度对反叛都很敏感，在任何一个社会制度中，假如成功煽动反叛是有收益的事业，所以对知识分子和体力劳动者都有吸引力。在封建时代确实是这样。不过对上司反叛的武士贵族，攻击个别的人或阵地，他们不攻击封建制度。而封建社会从整体上说没有故意或非故意地鼓励攻击它自己整个社会制度的倾向。

2　我发现《牛津英语词典》很遗憾地没有列出我希望属于这个词的含义。该词典列有转义的短语"知识分子的宴会"，不过在与这个词有关的"超等智力"这一项里，所说的是根本不同的意思。我感到非常困惑，不过仍然没能发现另一个能一样好地适合我目的的名词。

3　公爵的短语出自于1884年L. J. 詹宁斯编的《克罗克文集》。

4　即威灵顿公爵。——译者注

要机会在于事实上或潜在的损害他人的价值出发的批评态度，应该当作第三个特色。是非专业人员的专业还是专业人员的浅薄涉猎？或者是由于什么都不懂才天南地北地高谈阔论的人还是萧伯纳[1]笔下《医生的两难处境》中的新闻记者？不，不，我没有这样说，这也不是我的意思。这类事情会得罪人，也是不真实的。让我们不再试图用语言下定义，而改用"实物"进行解释：在希腊博物馆里，我们可以看到贴着美丽标签的人物。这些公元前5世纪和4世纪时的诡辩家、哲学家、修辞学家，无论他们怎样反对被扯到一起，他们都属于同一类，这理想地说明了我的意思。他们事实上都是教师，不过不会破坏这个说明的价值。

（2）在前文分析资本主义文明的理性主义性质时，我指出理性思想的产生当然要比资本主义制度早数千年之久，资本主义所做的是给这个过程以新的推动和特定的转折。不提希腊罗马世界，我们同样地在（例如）法兰克王国和由法兰克王国瓦解后成立的一些国家中看到完全前资本主义条件下的知识分子。不过他们人数不多，他们是教士，多数是修道士，只有特别少的一部分人才能看到他们的写作。无疑，有力量的个人偶尔可以形成非正统的观点，甚至把这种观点传达给平民听众。不过一般来说，这种情形是对一个组织得非常严格环境的对抗，而且要脱离这个环境是很不容易的，所以要冒被视为异端的危险。就算这样，没有某个大领主或大首领的支持，这样做也是不可能的，就如教士们采取的策略充分表明的那样。所以从整体上说，知识分子受人严格掌控，不服驾驭会有严重后果，甚至像在黑死病时期（1348年及以后许多年），这种特别混乱和放纵的时期也是这样。

但是，假如说修道院产生了中世纪社会的知识分子，那么资本主义让他们自由自在，给予他们印刷机。世俗知识分子的迟缓发展仅只是这个过程的一个方面，人道主义与资本主义在同一个时候出现是非常惊人的。人道主义者最早是语言学家，不过正如上文所说的，他们很快扩展到礼仪、政治、宗教和哲学领域。这不仅仅因为他们连同文法一起翻译的古典著作的内容，从批评经文到批评社会，这个过程的时间比外表看来较短。尽管这样，典型的知识分子并不欣赏依然等待着异端分子的火刑架的观念。一般来说，他们更中意的是荣誉和舒适。但是这些最终只有从现世的或宗教的王公贵族处才能得到，尽管人道主义者是拥有现代意义

1　萧伯纳（George Bernard Shaw, 1856—1950），直译为乔治·伯纳·萧，爱尔兰剧作家，1925年「因为作品具有理想主义和人道主义」而获诺贝尔文学奖，是英国现代杰出的现实主义戏剧作家，是世界著名的擅长幽默与讽刺的语言大师。——译者注

上的民众的第一批知识分子。他们的批判态度一天比一天强烈。不过对社会的批判与对天主教会特别是它的首领的某种攻击不同，在这样的环境里并不盛行。

可是荣誉和报酬的来源不只一端。阿谀和奉承所得的酬劳经常不如相反态度得到的多。这个诀窍不是阿雷蒂诺[1]发现的，但在利用这个诀窍上没有人能胜过他。查理五世是一个忠实的丈夫，不过在每一次要让他离开家很多个月的战役中，他过着他那个时代他那个阶级的绅士生活。不错，如果在那种正确的论点上对这位伟大的政治与道德批评家认输，公众（有关他和他的皇后的事情）必定绝对不知道。查理为这付出代价。不过问题在于，这不是那种通常仅是单方受益并给对方没有补偿损失的简单讹诈。查理知道他付出代价的原因，尽管必定有可能用较低的代价不过更加激烈的办法保证缄默。对此他没有表示愤恨，却一反常态地奖赏此人。很明显，他需要比缄默更有价值的东西，实际上，他赏赐物品的全部价值他都得到了。

（3）所以，从某种意义上而言，阿雷蒂诺的笔的确比剑更强。不过或许出于无知，我不知道在以后的150年里是否有过类似那种类型的事例[2]，在这个时期里，知识分子在既有的以法律和教会为主的职业之外，好像没有扮演过伟大的角色。现在看来，这种挫折与资本主义发展的挫折发生在大致相当的时间里，在欧洲大陆大部分国家中，这种情形发生在那个困难时期。后来资本主义企业的复苏，知识分子也一样分享。更便宜的书籍、低廉的报纸和小册子，加上扩大范围的公众，公众的增加一部分是因为书报价格低廉的结果，一部分则是因为工业资产阶级获得财富和社会地位及随后产生的无名公众舆论的政治重要性增加所产生的独立现象。这些所有的有利条件和越来越多地除去束缚增加自由是资本主义机器的副产品。

个人庇护人在18世纪的前75年中逐渐失去他在知识分子事业开始时所具有的至高重要性。不过至少在这个事业成功的顶峰中，我们清晰地分辨得出集体庇护人（资产阶级公众）的支持这个新的因素。在这点上和在所有别的方面一样，伏尔泰提供了最有价值的例证。就是他的肤浅让他能够接触从宗教到牛顿光学的所有东西，加上他不屈不挠的活力和永不满足的好奇心，对任何事物都全不禁忌，他对他那个时代的幽默感有着正确的直觉并悉数接受，所有这一切让这位批评不当的批评家和平庸的诗人兼历史学家能够让人着迷，兜售他的一套东西。他还投机、欺骗、

---

1 比特罗·阿雷蒂诺（1492—1556）。
2 不过在英国，写作小册子的数量及重要性在17世纪时显著增加。

接受礼物和职位，并且总保持着建立在他与公众良好关系巩固基础上的独立性。虽然卢梭[1]的情况和类型根本不同，不过讨论他这个例子会有更大的启发意义。

在18世纪的最后几十年里，有一段让人吃惊的插曲给大家展示一个自由作家知识分子力量的性质，他除了研究被称为公众舆论的社会心理机制外，其他什么也不做。这是发生在英国的事情，当时这个国家在资本主义发展道路上走得最快。约翰·威尔克斯对英国政治制度的攻击确实是在最有利的条件下发动的；不能说他真的推翻了比特伯爵的政府，这个政府必定任何出路都没有，因为有非常多的原因让它必定倒台；但是威尔克斯的《北不列颠人》是把比特伯爵政治脊梁压断的最后一根稻草。《北不列颠人》第45期在保证取消一般搜查令和向出版与选举自由迈出一大步的战役中打响了第一枪。这不等于创造历史或为社会制度改革创造条件，不过它的确起了好比接生婆助手的作用[2]。威尔克斯的敌人没办法阻挠他的行动，是所有经过中最有意义的事实。显然他们具有组织由他们控制的政府的任何力量，可是某种原因把他们挡了回去。

在法国，大革命前几年和革命年代如雨后春笋般地出现了像《马拉》《德穆兰》等这样的许多小报。这些小报并不像我们的小报那样把风格和文法完全抛弃了（这点我们必须急忙赶上去）。恐怖时期或更系统地说在第一帝国时期结束了这一现象。然后跟着的一个时期（中间插入"资产阶级国王"的统治），实行或多或少的坚决镇压，直到19世纪60年代中期的第二帝国才被迫放松严厉控制。在欧洲中南部，这个时期持续大致相同的时间，在英国，从美国独立战争开始到坎宁执政，也出现类似的情况。

（4）实际上，在这个时期中全体欧洲政府有过几次长时间态度非常坚决的要知识分子就范的企图都失败了，表明在资本主义社会结构内要挡住这个潮流是不可能的。它们的历史不过是很多威尔克斯功绩的翻版罢了。在资本主义社会里或者在含有决定重要性资本主义要素的社会里，对知识分子的所有打击必定会撞上资产阶级企业的私人堡垒，这些堡垒或其中的一些堡垒将对这些被打击的对象进行庇护。另外，这样的打击一定要依据资产阶级立法和行政实践的原则进行，

1　让·雅克·卢梭（Jean-Jacques Rousseau，1712—1778），法国伟大的启蒙思想家、哲学家、教育家、文学家，是18世纪法国大革命的思想先驱，启蒙运动最卓越的代表人物之一。——译者注

2　我不担心所有政治史家会发现我夸大了威尔克斯功绩的重要性。不过我确实担心有人反对我称他为自由作家和我暗指的他的成功都应归功于集体庇护人而一点儿也不归功于个人庇护人的说法。起初，他必定受到圈子里人的鼓励。可详加检查，我想应该承认，这点没有决定的重要性，他后来得到的全部支持和全部金钱与荣誉，仅仅是原先成功的结果和他在公众中独立地获得地位的礼品。

而这个原则肯定具有伸缩性，不过严禁迫害超过某个界限。在资产阶级被激怒或受威吓时，它或许会同意甚至欢迎非法的暴力，不过也仅仅是暂时的。像在路易·菲利普统治下的这样纯粹的资产阶级政权下，军队或许会向罢工者开枪，不过警察不会围捕知识分子，或者逮捕后必定立即释放；否则资产阶级阶层无论多么强烈地不满他们的一些做法，仍会支持他们，因为要砸碎它不赞成的自由，就要同时砸碎它赞成的自由。

请注意我并非是以非现实主义的慷慨大度或理想主义来相信资产阶级。对人们所想、所感觉和所需要的东西我也是适当地强调，因为对其重要性我也基本同意马克思的看法。在对作为集体的知识分子而不是单个的每一个个人保护时，也保护了资产阶级自身及它的生活方式。依照这点能够推断，资本主义制度既不愿意又不能够对知识分子阶层进行有效的控制。所谓不愿意是不愿一贯地使用与资本主义过程形成的精神状态不一致的方法；所谓不能够是指在资本主义过程形成的制度结构内，只有屈服于非资产阶级统治才能做到这一点。所以一方面，公开讨论的自由包含对资本主义社会基础吹毛求疵的自由从长期看来是无可避免的。另一方面，因为知识分子集团以批评为生，它的整个地位依赖螫人的批评才获得了其整个地位，所以它只能吹毛求疵；对人的批评和对当前事务的批评，在没有哪一种东西是神圣的形势中，注定必成为对阶级和制度的批评。

（5）这幅现代的图画再有几笔就会完成了。随着生产手段的不断增加，也增加了群众的生活标准和闲暇，这就改变了并仍在改变集体庇护人的构成状况，因为庇护人的爱好是知识分子一定要提供的。书籍、报纸越来越便宜了，又出现了大规模的报业公司[1]。现在又有了无线电广播。以前和当前都存在彻底消除限制

　　1　大规模报业的出现及其到现在为止的经历证明我有两点急于强调：第一，社会模式的每一个具体要素都有很多方面、很多关系和很多作用，这就把简单和单方向的命题排除了；第二，区分短期现象与长期现象是重要的，因为这样，所以不同的、有时是相反的命题都是正确的。在大多数情况下，大规模的新闻企业只是一家资本主义企业。不过这并不意味着它拥护资本家或其他阶级的利益。它或许会这样做，不过只出于下列动机中的一个或两个，其重要性有限是显而易见的：因为它宣扬资本家集团的利益或观点而接受它的补贴，所以这家报业和它的销路越大，这家报纸的重要性越小，因为它总是向公众兜售资产阶级的趣味，虽然在大约1914年前这种做法非常重要，不过现在越来越多地使用其他的办法，因为登广告的人宁可使用相宜的媒体，不过在众多时候他们对事物采取非常务实的观点；因为报纸所有人坚持某种路线，不顾他们的发行利益——在某种程度上他们这样做，他们尤其在过去是这样做的，不过经验告诉我们，假如与发行中他们的金钱利益冲突得特别厉害，他们不会坚持下去。也就是说，大规模报纸企业是知识分子集团提高地位和扩大其势力的最强有力的工具，不过它即使到现在还没有全部受他们的控制。尽管它意味着一种职业和有众多的公众，不过它也意味着"操纵木偶的线"。这些只有从短期看是重要的。不过这种短期情况及这个集团对过去情况的回忆是进入知识分子内心的东西和决定他为公众描绘的这幅奴役和殉难图画的色彩的东西。事实上，它该是一幅征服的图画。跟在很多别的情况中一样，图画中的征服和胜利是由失败组成的一幅镶嵌面。

的趋势，逐渐破除那些短期性的抵抗企图，在这么做的时候，资产阶级社会证明自己是这样无能和偶尔有严重孩子气的实施纪律者。

不过还有另一种因素。教育机构尤其是高等教育机构的急剧扩展是资本主义文明后期的最重要特色之一。这种发展和大规模工业单位的发展过去和现在一样是无可避免的[1]，不过与后者不同，它无论在过去还是现在都受到公众舆论和政府当局的鼓励，所以它的进步要比听任它自己的能量能做的要快得多。无论我们用其他立场来考虑这件事，无论它的切实的成因是什么，有几个结果跟知识分子集团的规模和态度有关。

第一，因为高等教育增加对专业、半专业劳务的供给，最后增加整个"白领"职业劳务的供给，超过从成本-收益考虑决定的界线，高等教育发展或许是造成局部失业的非常重要的原因。

第二，跟这种失业同时存在，或取代这种失业，它造成就业于低标准的工作，或就业于低于收入较高的体力劳动者工资水平的职业这样不能让人满意的就业状况。

第三，高等教育迅速发展会产生非常让人沮丧类型的无力就业状况。受过大学或专门学校教育的人，不一定具有（比如说）专业工作的雇佣价值，却容易形成不愿接受体力劳动工作的心理。他之所以这样，可能因为他缺乏天然的才能（这跟他通过学业考试一点儿也不矛盾），或者因为不适当的教育。这两种情况无论是绝对的还是相对的都将越来越多，因为进入高等教育的人一直增加，需要的教育力量相应增加，而教师和学者的人数却不能随着增加。忽视这一点，根据只要有钱就能多办学校、学院和大学的理论，其结果非常明显，不说也可以明白。全都有正式资格的十几个人申请一项工作，却没有一个人能让人满意地胜任这项工作，这种事例凡与招收人员多少搭边的人都知道，每一个有判断能力的人都知道。

全部那些失业的、对职业不满的和无力就业的人都流入标准最不明确、不同等级的才能和学识均能包罗兼蓄的行业中。从而扩大了严格意义上知识分子的队

---

1 如今大部分人有一种理想，希望所有类型的教育机构能被任何愿意使用它们的人使用。这个理想成为强烈的信念，对它的所有怀疑差不多都普遍被认为是不成体统，是持异议者的评论（常常是轻率的）没有能改进的状态。事实上，我们在这里接触的是异常复杂的教育社会学和教育理想的问题，这些问题没办法在这篇有限的概论中细加探讨。这就是之所以上边一段话只限于论述两个不可争辩和不表明意见的烦琐小事的原因，这些是我们为解决当前问题所需要的。当然较大的问题它们不能解决，这些问题暂时搁置，以表明我叙述得不完全。

伍，他们的人数所以不相称地增加。他们带着非常不满意的心情进入这个队伍。不满产生愤恨。他们经常通过批评社会让自己变得合理，就像我们所已经知道的，他们的批评，尤其在理性主义和功利主义的文明中，不管怎样是知识分子对人、对阶级、对制度的旁观者态度。哎，现在我们有了很多人，有了一个有着无产阶级色彩的含义明确的集团地位，集团利益形成集团态度，这种态度比那个理论更实际地说出他们对资本主义制度仇视的原因，那个理论本身是心理学意义上的理性化，依据那个理论，知识分子对于资本主义错误行为的正当愤怒全部代表从残暴事实推理出来的逻辑结论，那个结论不比情人们认为他们的感情全部代表他们深爱之人的美德这种逻辑结论高明多少[1]。另外，我们的理论还说明，随着资本主义进步的每一个成就，这种敌意不会减少而只会增加。

当然，等同于对资本主义制度道德上的非难的知识分子集团的敌意是一回事，环绕在资本主义机器周围的总的敌视气氛是另一回事。后者是具有真正重要意义的现象，它不是简单的前者的产物，而是部分地来自独立的来源，其中有一些已在上文提到。就其作用来说，它是知识分子集团工作的原料。这两者之间有一种相辅相成的关系，要说明这种关系要用许多篇幅，这是我做不到的。不管怎样，这样的一次分析描绘，总的轮廓已经完全显现，同时在我看来把知识分子的主要任务，即他们是刺激、加强、夸张地描述和组织这种原料，给它添加些什么只是次要的事情再说一遍是必要的。一些特殊表征会证明这个原则。

（6）资本主义发展产生劳工运动，它显然不是知识分子集团制造的。不过这样一个机会和知识分子造物主两者会相互寻找，这点让人不会奇怪。劳工从不祈求知识分子领导，不过知识分子闯入劳工政治。知识分子有重要贡献要做：他们竭尽全力地宣扬这个运动，就像在阶级斗争中一样为它提供理论和口号让它意识到自己，并在这样做的时候改变运动的意义。用他们自己的观点解决这个任务时，他们自然地让它变得激进，最终把革命的倾向输入大部分资产阶级工会工作，这种倾向是大部分非知识分子工会领袖最初深恶痛绝的。不过知识分子这么做还有另外一个理由。听到知识分子的宣传，工人们差不多都一致感到假如不是特别不信任就是有一条不可逾越的鸿沟。为了掌握工人与非知识分子工会领袖的

---

1 读者会看出，就算资本主义事实或被爱者美德确实跟社会批评家或情人所相信的一样，这样的理论也还是不现实的。注意到下列事实也特别重要，在绝大多数情况下，批评家和情人显然是真诚的。一般来说，无论是心理社会学机制还是心理生理学机制，只有戴上理想化的面具，才会进入自我的受人敬仰的中心。

竞争，知识分子被迫采取经受得起别人不满的非知识分子领导人根本不需要的路线。没有真正的威信，并感觉到一直有被人粗暴地告诫不要他多管别人事情的那种危险，让他一定要奉承、允诺和煽动，扶植左翼和沉着脸的少数派，发起可疑的或不靠谱的辩论，呼吁几乎没有希望的目的，声称自己准备服从。总之，他对群众的行为就如同他祖辈最早对教会修道院长，后来对王公和其他庇护人，再后来对资产阶级集体主人的行为一样[1]。因此，尽管知识分子没有制造劳工运动，不过他们的工作让劳工运动成为本质上不同于假如原来没有他们会成为的样子。

关于这个社会气氛形成的原因，我们已谈论了很多，这种气氛说明之所以政府政策对资本家利益越来越敌视的原因，最后敌视到在原则上不再考虑资本主义机器的需求，并成为资本主义机器运转的重大障碍。不过知识分子集团的活动与反资本主义政策有一种关系，它比他们参与宣传这种政策所暗示的关系更为直接。进入职业政治的知识分子很少，取得负责的职位更是不多。不过他们在政治机关里供职，撰写政党的小册子与演讲稿，起了秘书和顾问的作用，造成少数政治家所办报纸的信誉，这种信誉尽管不是非常重要的资本，但几乎所有人都不敢忽视它。知识分子在做所有的这一些事情时，在某种程度上他们把他们自己的思想几乎压印在所做的每一件事情上。

真正所发挥的影响要看政治状况怎样而有巨大的不同，有的仅只是在纸上泛泛而谈，有的成为政治上可能或不可能的标准。不过它总有特别大的活动空间。在我们说个别政治家和政党是阶级利益的代表时，充其量我们也只是强调了一半真理。同样重要的（假如不是更重要的）另一半，只有在我们考虑到政治是职业，它要形成自己的利益，而这种利益或许只有在与一个人或一个政党"代表"的集团的利益相冲突或相一致时，才能看得出来[2]。个人和政党的意见在直接影响个人或政党前途或地位的政治形势中对那些因素比所有别的东西更加敏感，一些因素受知识分子集团的控制，情况与一个时期的道德准则非常酷似，它把一些利益集团的事业抬得非常高，却冷漠地把另一些利益集团的事业放在一边，不屑一顾。

最后，社会气氛或价值准则不仅影响政策、立法的精神，并且还对行政措施有影响。不过在知识分子集团和官僚之间还有更加直接的关系。欧洲官僚有着

---

1 在第五篇中还要说明和进一步阐述所有这些。

2 在考虑知识分子本身与他们所出身的阶级或在经济和文化上他们所隶属的阶级的关系时，这一点当然也是一样正确的。这个题材还要在后文中论述。

前资本主义和非资本主义的血统。随着几个世纪的逝去，无论官僚人员的组成有了怎样大的改变，他们从来没有把他们自己、他们的利益或他们的价值标准跟资产阶级完全等同，他们仅仅是把资产阶级看作为了君主利益或国家利益而管理的一宗资产而已。因此除了因为专业训练和专业经验的阻碍外，他们不难接受向现代知识分子转化，他们与现代知识分子通过一样的教育，有了很多共同之处，同时，从前在很多情况下让人不容易接近的绅士风度，在过去几十年中已从现代公仆身上消失了。另外，在政府行政机构快速扩大的时候，所需要的增补人员一定要从知识分子集团中吸收，这种情况在美国就有。

第十章
资本主义的解体

（1）企业家和资本家及在事实上接受资产阶级生活方式的整个阶层面对周围日益加剧的敌意和因为这种敌意而产生的立法、行政和司法措施，最终会停止发挥作用。他们的目标正急速变得无法实现，他们的努力正变得毫无作用。建立工业王朝的这个最有魅力的资产阶级目标，在大多数国家已成了镜中花、水中月，甚至就是比较小的目标，也非常难以达到，从而让人们越来越理解这些状况的永久性质，认为不再值得为它们进行奋斗。

思考一下在解释近两三个世纪经济史中资产阶级推动力的作用，它受社会不利反应窒息欲绝，或者它遭到废弃不用而被削弱，显然构成可以完全解释资本主义过程失败（假如我们把它看作永久现象）的一个因素，并且是比投资机会消失论所描述的那些因素中的无论哪一个都重要得多的因素。因而看到那个推动力不但受资产阶级思想以外各种力量的威胁，并且倾向于被内部各种原因所消灭是让人感兴趣的。这两者之间当然存在紧密的互相依赖关系。不过，只有我们理清它们的关系，否则我们是很难做出正确诊断的。

我们已经碰到过那些"内部原因"之一。我把它称为财产实体的蒸发。我们知道，现代工商业者无论是企业家或者只是经营管理人员，寻常总是善于实干类型的人。从他的地位推断，他有着在官僚机构工作领薪金雇员的心理状态。无论是不是股东，他战斗和坚持的意志，既不是也不可能是懂得真正意义所有权和所有权责任的人的意志。他的价值体系和他的责任观念发生了巨大的变化。单单是持股人肯定不再算得上数——这与一个控制和收税的国家削减他们的股份根本无关。这样，尽管是资本主义过程产物的现代公司，却让资产阶级的思想社会化了，它把资本主义推动力的范围无情地缩小了，不仅这样，最终它还将毁坏资本主义的根基[1]。

（2）不过，另一个"内部原因"即资产阶级家族的瓦解是更重要的。我正在提到的事实是大家非常熟悉的事实，不用再加叙述。在现代资本主义社会的人们看来，家庭生活和双亲观念的意义不像过去那么重要了，因此，作为行为规范的力量跟从前相比大大减小了，公然蔑视"维多利亚"准则的叛逆儿女，无论他们怎样不对，都表达了一种不能否认的事实。这些事实的分量不会由于我们不能用统计数字表明而有所减轻。结婚率不能证明什么，因为婚姻这个词所包含的社会学意义和财产这个词一样多，过去一直以结婚契约形成的那种结合或许会全部消灭，同时契约的法律结构和契约的频率一点也不改变。离婚率也不比结婚率更加重要。有多少对婚姻通过法律离异这点并不重要，重要的是有多少对婚姻缺少了旧模式极为重要的内容。假如在我们这个统计年代，读者执意要统计数字，那么不生孩子或只生一个孩子的婚姻的比例尽管还不能够完全确定我所说现象的数量，不过已跟我们希望的那样非常接近，表明它数字上的重要性。如今这个现象已多多少少地扩大到任何阶级。但是这个现象首先出现在资产（和知识分子）阶层，它对我们论述的目的所具有的象征价值和原因价值也全部在那个阶层。它能够全部归结于生活中每一种事物的合理化。我们所看到的这种合理化是资本主义发展的一个后果。实际上它仅仅是合理化扩展到私人生活领域的结果之一。在说明中常常援引的其他所有因素都不难归结为那个因素。男人和女人一旦学会功利主义这一课，拒绝把社会环境为他们造成的传统安排看作理所当然，一旦他们养成为所有未来行动衡量对个人有利和不利的习惯，即一旦他们在他们的私人生活中引入一种不能说出来的成本计算体系，他们就必定知道在现代条件下由家庭纽带特别是取得父母身份给他们带来的沉重的个人牺牲，而且知道，除去农场主和农民外，孩子不再是经济上的资产。这些牺牲不但包括能够用金钱衡量的项目，并且还包括生活舒适的无限丧失，无忧无虑生活自由的无限丧失，以及享受越来越有吸引力和各种各样可供选择的生活乐趣机会的无限丧失。这些生活乐趣和正在经受严厉的挑剔性分析的做父母的乐趣相比，这种想法或许因为这份平衡表不完善甚至基本错误不但没削弱反而加强了。因为最重要的资产，即被我们特别是

---

1 许多人不承认这点。这是由于他们所获的深刻印象来自过去的历史和由过去历史产生的口号，那时由大公司带来的制度变化还没有完全表现出来。可能他们也想到公司业务过去常常非法地满足资本主义推动力的范围。不过这正好说明我打算要表达的意思：在公司业务中，公司董事等高级人员只有利用非法或半非法的手段，否则他们不会取得超过薪金和红利的收入，这个事实真切地表明，公司的结构概念对这种行为是反对的。

妇女称为"正常状态"的做父母的对身体和精神健康的贡献，几乎无不逃脱现代个人的理性目光的探索，这些人无论在公开场合还是私下生活里都倾向于把注意力集中于能够探明的有直接功利关系的细节，轻视人性自然或社会机体看不到的必要性的观念。我认为我想说的要点不进一步论述也是清楚的。它可以归总为很多未来父母心里非常清楚的一个问题："为什么我们应该抑制我们的抱负和贫乏我们的生活，仅仅是为了在我们老年时被人侮辱受人轻视？"

当资本主义过程因为它所创造的精神状态渐渐让家庭生活价值失去光辉，并拆除旧道德传统在趋向不同生活方式的道路上设置的良心障碍时，它同时补充了新的爱好与兴趣。对于不要孩子，资本主义的创造力生产了越来越高效率的避孕方法，它克服了人类最强烈冲动原本会做出的抵抗。至于生活方式，资本主义的发展减少了资产阶级家庭的称心如意，为资产阶级家庭提供能够选择的替代物。我在前面已经谈了工业财产的蒸发，我现在谈一谈消费财产的蒸发。

直至19世纪最后几十年，到处的城市住宅和乡村住所不仅是较高收入水平私人生活快乐与便利的窝巢，而且是生活中不可或缺的东西。不仅规模不同、格式迥异的待客款式，就连家庭的舒适、庄严、安静和精致都取决于拥有属于自己的并完全配备了服务人员的住宅。家这个名词所包含的各种安排被具有资产阶级地位的普通男女作为顺理成章的事接受下来，就如他们把婚姻和子女建立家庭当作必然之事一样。

如今，一方面，资产阶级家庭的舒适比起它的负担来已不怎么明显了。用挑剔时代的挑剔目光来看，家庭好像主要是烦恼和昂贵费用的根源，经常被看作得不偿失的事情。就算不谈现代的税收和工资，不谈现代家庭服务人员的态度，情况依然这样。全部的这一切是资本主义过程的典型后果，肯定会大大加强家庭在最近将来会被全都认为是过时的和不经济的生活方式的理由。在这方面也跟在其他方面一样，我们正处于过渡阶段。一般资产阶级家庭倾向于减轻管理大住宅和大乡村别墅的困难，取代它的是小巧的和机械化的设施，加上最好的外来服务项目与家外生活，于是招待客人越来越多地转到饭店或俱乐部举行。

另一方面，传统的家不再是资产阶级舒适而雅致生活必需的条件。公寓房子和公寓旅馆是一种合理化类型的住宅和与先前不同的生活方式，当这种住宅全面发展时，显然能满足新形势下的要求和提供真正的舒适与雅致。当然，这种生活方式及其窝巢还没有全面发展，只要我们想到管理一处现代大住宅带来的困难和烦扰，它们提供的成本优势就显现出来。不过它们已经提出一些其他的优势，例如，使用五花八门的现代享受设备的便利，享受旅游和搬迁的便利，以及把现有家务小事的负担丢给非常专业化的强大组织的便利。

很容易看出这种变化反过来对资本主义上层社会的孩子问题有什么样的影响。这里也有相互作用：巨大宽敞的住宅过时了，虽然只有在这种住宅里，成员众多家庭的丰富生活才能得以展开[1]，不过大住宅在起作用的同时带来逐渐增多的摩擦，这提供了避免作为父母烦恼的另一个动机，不过对子女之爱的减少，反过来又降低宽敞住宅的价值。

我前面说过，资产阶级生活的新方式任何决定性的成本优势还没有提供。不过这点仅指服务于私生活需要的经常或主要成本来说。对于间接成本，甚至纯金钱利益则已非常明显。家庭生活中最耐久项目的开支，特别像房屋、图画、家具等过去一直主要用先前的收入支付，因此我们可以说，这个转变过程让积累"消费资本"的需要大大减小。这点当然并不是说明"消费资本"的需求现在（甚至相对地）要比过去小；中小收入者对耐久消费品不断增长的需求大大超过这个影响造成的缩小。不过这的确表明，就获得动机模式中的享乐主义成分来说，减小了超过某一水平的收入愿望。为了在这个问题上满足自己，读者只要设想一个有着彻底务实精神者的情况：成功的男人或夫妻或者"社交界"的男人或夫妻，他有能力支付最好的旅馆、轮船和火车舱位的费用，有能力支付最好质量个人消费和使用的物品的费用（这种高质量物品越来越多地由大规模生产的传送机生产出来[2]）。他们在所有情况不变的条件下，一般能让他们自己得到他们所有程度需要的一切。不难看出，按照那种生活方式编制的预算要比"封建领主"生活方式所需要的支出低得多。

（3）为了把所有这些对资本主义生产机器的效率起何种作用有个清楚的了解，我们只要回想一下，家庭和住宅过去始终是典型资产阶级利润动机的主要原因就可以了。经济学家一直没有对这个事实给予相当的重视。在我们比较仔细地观察他们对企业家和资本家自私利益的看法时，我们必定会发现，从这个看法产生的结果完全不是人们希望单身的个人或没有子女的夫妇合理的自私利益会产生的行为，这些个人或夫妻如今不再通过他们家庭住宅的窗口来看世界。那些经济

1　现代父母与子女之间的关系有一部分原因显然是因为家庭生活稳定结构的崩溃造成的。

2　大批生产物品逐渐增加的合格率对消费者支出的影响，因为大批生产物品和定制相应物品的差价而有了很大的加强，差价的增加是由于工资的增加和定制物品相对受欢迎程度的降低引起的，资本主义过程让消费民主化了。

学家对那种人的行为有意识或无意识地分析，认为他的观念和动机由这样的家庭住宅形成，他主要是为了妻子和孩子才工作和储蓄的。这些观念一旦从企业家的精神视界中消失，我们面前就会出现一种不同的经济人，他关心不同的事物，并以不同的方式行事。对他来说，从他个人主义的功利主义观点来看，那种老式的行为实际上根本不合理。他失去剩留在非浪漫主义和非英雄主义的资本主义文明中的唯一的一种浪漫主义和英雄主义——navigate necesse est, viverenon necesse est [1] 的英雄主义。他失去了为将来工作，不问你自己能否收获这种资本主义伦理观。

或许最后一点更加有力。我们已经在上一章中谈到，资本主义制度把社会的长期利益托付给资产阶级上层。事实上，长期利益是托付给在那个阶层里起作用的家庭动机。资产阶级工作主要为了投资，资产阶级之所以为之斗争并试图抗拒持短期观点政府 [2]，其目的并不全在于提高消费标准，更多的还在于提高积累标准。随着由家庭动机提供的推动力的减弱，企业家的时间视界（time—horizon）缩小了，大体上相当于他的估计寿命。现在就算他知道没必要害怕结果也只会增加他的税单，他跟以往相比可能不大愿意去实行赚钱、储蓄、投资的职能。他渐渐形成反储蓄心态，并越来越愿意接受作为短期哲学标志的反储蓄理论。

不过他接受的还仅仅是反储蓄理论。他对所服务的公司采取不一样的态度，加上对私生活采取不同的方式，他常常养成对资本主义事物秩序的价值和标准持不一样的观点。或许画面上最让人吃惊的特色是，资产阶级除了教育它自己的敌人，还允许敌人反过来教育它自身。它采取当前激进主义的口号，好像非常愿意经受改信仇视它自己存在的信条的过程。它犹豫地、勉强地承认这个信条的部分含义。当然最令人特别不容易解释的事实是，典型的资产阶级正在急速失去对它自己信条的信念。我们一旦了解，产生资产阶级信条的社会条件正在成为过去，这一点又变得能够被完全理解的了。

在面对直接攻击时，特殊的资本家利益集团和整个资产阶级所表现的非常具有特色的方式证明了这一点。他们议论纷纷，自己提出抗议或者雇人为他们做这些事情，他们对每一个妥协的机会都不放过，他们永远打算让步，他们从不在他们自己理想和利益的旗帜下进行战斗——在美国，对于几十年来强加的非常沉重的财政负担或与有效企业管理没法相容的劳工立法，任何地方没有真正抗拒。这

1　"航海是必要的，生命不是必要的"。这是一所不来梅老房子上的铭文。

2　有人曾说，在经济事务中"政府能采取长期观点"，但是除了像保护自然资源这样的与党派政治无关的一些事务外，政府很难做到这一点。

时，读者已经必定知道，我对大企业或一般资产阶级的政治力量绝对没有高估。另外，我打算为他们的怯懦留出巨大余地。不过，防护的手段还不是一点儿没有，历史上有很多少数人成功的事例，这些人对他们的事业有信心，手持枪支傲然而立。我们看到的这种驯服态度的唯一解释是，资产阶级制度在资产阶级本身看来再也没有任何意义，这个阶级对其盛衰不再真正关心，它只是什么都说，却什么都不干。

这样，以减少企业家和资本家职能重要性、打破保护层和保护制度、造成敌视气氛来对资产阶级地位破坏的同一个经济过程，也从内部瓦解资本主义的原动力。再也没有别的事实能这样清晰地表明：资本主义制度不仅建筑在非资本主义材料造成的支柱上，并且它的精力来自非资本主义的行为模式，与此同时它必定要破坏这些材料和模式。

我们又发现了在资本主义制度内部有一种固有的、自我毁灭的趋势，这个趋势在它的较早阶段可能非常明显地表现为阻滞进步的趋势形式这个过去以不同立场和（我想）不充分理由常常发现过的东西。

我不想多次地重复指出，客观和主观的经济和非经济因素如何以让人吃惊的一致性互相支援来达到那个结果。我也不想坚持说明应当已非常明白并在以下几章中将变得更为明白的道理，那就是，那些因素不但是毁灭资本主义文明的原因，而且是社会主义文明出现的原因。那些因素都指向那个方向。资本主义过程不只是把它自己的制度结构毁灭了，它还为另一个制度结构创造条件。毁灭毕竟不是正确适当的词。或许我该说是转变。这个过程的结果不是简单的空白，能够用碰巧出现的无论什么东西去补充；事物与人用这样的方式进行转变：它们对社会主义的生活方式变得越来越适合。随着资本主义结构的木栓去掉一个，也消除了一个社会主义计划的不可能性。马克思在这两方面的看法是对的。我们也可以同意他的意见，即能够把在我们眼前进行的特殊社会转变与经济过程连在一起，认定后者是前者的主要推动力。我们的分析（如果正确）所否定的东西无论它在社会主义信条中发挥着多么重要的作用，毕竟是次要的东西。归根到底，说资本主义衰败是因为它的成功或者说是因为它的失败，这两句话之间并不像人们想象的那样有特别大的不同。

但是对作为本篇标题的那个问题的回答，我们提出的问题比解决的问题更多。鉴于本书随后要讨论的问题，读者一定要记住下面的三点。

第一，到现在为止，对于将来可能出现的社会主义的性质，我们还一无所知。第二，对于能够期望社会主义来到的确切道路，我们一样毫无所知，只知道肯定有特别多的可能性，从逐步的官僚主义化到最别致的革命。严格地说，甚至我们都不知道社会主义能否真的来到。再说一遍：觉察到一种趋势和想象这个趋势的目标是一件事，预言这个目标的确会来到和因此造成的事态可以切实可行（更不要说会永久延续下去）是另一件完全不同的事。

第三，尽管我们试图描绘的这个趋势的各种不同成分到处辨认得到，不过没有一个地方完全显露。在不同国家，事务发展的进度也不一样，不过没有一个国家的发展进度能够完全允许我们有把握地说，它们到底将要发展到什么程度，或者允许我们断言，它们的"潜在趋势"已变得非常强烈，从而不会遭到比暂时挫折更为严重的麻烦。工业一体化还远远没有完成。实际和潜在的竞争在哪一种经济形势中都还是重要因素。企业仍然非常活跃，资产阶级集团的领导仍然是经济过程的主要推动者。中产阶级仍是一股政治力量。资产阶级标准和资产阶级推动力尽管正遭到日益剧增的损害，依旧有生命力。控制成批股权的家庭所有权这些种种传统的存在，依然让很多企业董事们有着和旧时业主兼经理一样的行为。资产阶级的家庭还没有死亡，实际上它特别执着地抓住生命，从而没有一个负责任的政治家敢用税收以外的办法去触动它。按照当前实践的立场和为了短期预测的目的（在这些事情上，一个世纪属于"短期"[1]），这些所有表面现象或许比在深层下起缓慢作用的朝向另一个文明的趋势更加重要。

---

1 这就是之所以本章和前两章中提出的一些事实和论据并不使我关于今后50年资本主义发展可能造成的经济结果的推理成为无效的原因。20世纪30年代很可能显示为资本主义的最后喘息期，当然这种可能性因为当前的战争而大大增加。不过情况或许又并非如此。不管怎样，不存在纯粹经济理由说明资本主义不应有另一轮成功，这是我全部希望证明的。

第二篇

社会主义能行吗？

社会主义政权感到最最困难的问题无疑是怎样合理使用资产阶级人才，而断定这个问题能够成功地解决必须有一定的乐观主义精神。不过，这主要并非因为问题内在的困难，困难在于社会主义者一定要承认问题的重要性和用适当的心理状态去面对它。

第十一章
预备行动

社会主义能行吗？当然能。一旦我们假定：首先，已经达到必要的工业发展阶段，其次，能够成功地解决过渡问题，那么社会主义的可行性是不会受到怀疑的。当然人们对这样的假定本身或者对能否指望社会主义形式的社会是民主的，或者无论它是否民主，它行使它的职能好到什么程度，感到担心。这些所有的问题随后都要讨论。不过，倘若我们接受这些假设，消除这些疑虑，那么对其他问题的回答是理所当然得肯定。

在我对这一点想试图证明以前，我愿清除在我们面前的一些障碍。在这之前我们对一些定义很不注意，目前我们一定要弥补这个缺点。我们将只展望两种类型的社会，别的类型的社会只顺便提一下。我们把这两种类型称为商业社会和社会主义社会。

商业社会的定义是由一个制度模式决定的，对于这个模式我们只需提出生产手段的私人所有和生产过程由私人契约（或私人管理或私人积极性）调节这两个要素。不过这种类型的社会一般不是纯资产阶级的社会。因为我们已在第二篇中谈到，只有与非资产阶级阶层共生，否则工商资产阶级一般不容易生存。商业社会与资本主义社会也并不是一回事。资本主义社会是商业社会中的一个特殊形式，资本主义社会有外加的创造信用的现象，即由银行信贷向企业提供资金，也就是银行为这目的而创制的货币（钞票和存款）的做法，形成现代经济生活这么多引人注目的特色。不过，因为商业社会（与社会主义非此即彼）实际上常常看着好像是资本主义的特殊形式，假如读者愿意保持资本主义与社会主义的传统对照，也不会有很大出入。

社会主义社会这个概念我们指的是生产手段和生产本身的控制权都授予中央当局的这样一种制度模式，或者说，在这个模式中，原则上社会的经济事务不属于私人范围而属于公共范围。社会主义向来被称为知识分子的普罗米修斯。

我们的定义把基尔特社会主义[1]、工团主义[2]和别的类型的社会主义排除在外。这是因为在我看来可以称为社会主义的东西所包括的范围这么清楚，所以再考虑别的形式不过是浪费篇幅罢了。不过，假如我们采用这个名词是为了表明我们将要考虑的唯一的一种社会主义，我们一定要小心避免误解。使用中央集权社会主义一词，其用意仅仅在于表明不存在控制单位的多元化，原则上每一个单位代表它自己的各自利益，特别是不存在地区自治部门的多元化，这种多元化会很快重新产生资本主义社会的对抗。尽管这样的排除局部利益或许被认为是不现实的，不过这是本质上的。

这个当局我们不是叫它中央局就是叫它生产部，并不是指企业高级人员的积极性全部都来自中央当局的中央集权主义。对于第一点，中央局和生产部或许一定要向国会或议会提出它的计划。也或许有一种审计机关这样一个监督和检查的权力机关，能够想象它甚至有否决特定决议的权力。对于第二点，一定要把某种行动自由，能够把几乎非常大的自由留给"现场负责人"，即各个行业或工厂的经理们。现在我大胆假设，已从实验中发现合理范围的自由，而且事实上已经给予这样单位下属人员脱缰的野心不会损害效率，堆积在部长办公桌上的报告和没做批复的问题也不至于影响效率；同样，部长发布的让人想起马克·吐温有关收获土豆规律的命令对效率也产生不了影响。

我没有单独为集体主义和共产主义下过定义。前一个名词我完全不会使用，后一个名词只有在提到自称为共产主义的集团时顺便涉及。但是，假如我只能使用它们，我谈到它们时它们是社会主义的同义词。对历史上这两个名词的使用情况进行分析，大部分作者试图赋予它们跟其他名词不一样的含义。确实，人们非常一致地选择共产主义这个名词来指别的思想更为彻底和激进的思想。不过社会主义经典著作之一的书名是《共产党宣言》。

像自然资源、工厂和设备的国家所有或财产权这些名词我都避免使用。在社会科学方法论上这一点有一定重要性。当然，像需要、选择或经济财货这些概念对哪一个时代或社会都没有什么区别。不过另外一些名词尽管在日常意义上对不

---

1 基尔特社会主义，又叫行会主义。产生于西元20世纪初期的英国，是费边社会主义（FabianSocialism）之外，介乎社会主义与工团主义（Syndicalism）之间的一种调和理论，改良主义的一种，他们否定阶级斗争，鼓吹在工会基础上成立专门的生产联合会。——译者注

2 "工团主义"原为法语，即英语工联主义。革命工团主义通常指法国劳工联合会书记费南德·佩卢蒂埃（1867—1901）的理论，以及该联合会在1902年并入法国总工会（CGT）后，由后者所制定的原则。——译者注

同时代和不同社会有区别，不过它们经分析者精炼已经失去这种区别。价格或成本两词就是恰当的例子[1]。此外还有一些名词，就其性质来说经不起移植，而且经常带有特定制度结构的气味，脱离它们所属的社会或文化去使用它们是非常危险的，实际上这样做相当于歪曲历史情况。如今，所有权或财产权还有税收等是属于商业社会世界的词汇，就像骑士和采邑是属于封建世界的词汇一样。

国家一词也是这样。当然我们能够用主权标准为它下定义，然后说到一个社会主义国家。但是，假如这个概念还有它的内容，不仅只是在法律和哲学抽象意义上，那么拒绝国家一词闯入封建社会或社会主义社会的讨论，这两者都不能表现出私人领域和公共领域之间的分界线，而这个词含义的较好部分端在表明这一点。为了保护这个意义连同它全部的大量职能、方法和态度，看来这么说是最好的，国家是封建领主和资产阶级之间冲突和妥协的产物，它将构成社会主义凤凰由此升起的灰烬的一部分。因此，我在我所下的社会主义定义中不使用国家这个词。当然，社会主义或许来自国家的行动。不过我认为，我说国家在这个行动中死亡就像马克思指出并由列宁重申的那样并没有什么不便。

最后，一方面我们的定义同意我曾碰到的其他所有定义，也就是说，它的同意是针对完全经济上的意义说的。任何一个社会主义者都希望社会从经济角度上发生激烈变动，他希望的所有祝愿都通过经济制度的改变而来到。当然这包含着社会因果关系论的意思，即认为经济模式是在我们称为社会现象的总和中起真正作用的要素。不管怎样，有两段话能够说明这个问题。

第一，前面谈到资本主义时已经指出，如今谈到社会主义时还一定要再指出，不管对于我们这些观察者还是对于社会主义者人而言，名词意义的经济方面不是唯一重要或甚至是最最重要的方面。先前我在下定义时，并没想否定这一点。为了公正地对待所有我曾见过面或读过他的著作的有修养的社会主义者，我应说这一点对他们一样是正确的：他们由于他们的信条指明经济要素具有原因上的重要性而对它重视时，他们并没有表示，除了牛排和无线电收音机再也没有东西值得为之奋斗了。无疑也有作如此想法的让人不能容忍的故步自封的人。很多并不停滞不前的人，在争取选票中依然强调经济前途，由于它有直接的吸引力。在这样做的时候，他们对自己的信条进行歪曲和贬低。我们不做同样的事情，反过来我们会牢记，社会主义瞄准比塞饱肚子更高的目标。最最重要的是，社会主

---

1 价格在现代理论中的定义仅只是商品转化的一个系数，成本在机会成本意义中是一般的逻辑范畴，我们会很快回过来谈这个问题。

义意味一个新的文化世界。为了这个目标，一个人就算相信社会主义安排或许在经济成就上较差，可以相信他仍然能够是一个热情的社会主义者[1]。所以仅仅是赞同或反对的经济论点，无论其本身怎样成功，肯定不能是决定性的。

第二，可是这文化世界是什么样的？我们可以调查合格社会主义者的实际声明，来看看从那些声明中是否出现一种典型，然后再试图回答这个问题。初看时，材料好像非常丰富。一些社会主义者希望能从剥削中解脱；另一些人仅仅是呼喊工会运动激进派的利益和诉求。可是，还有一些人表现出让人奇怪地缄默。是由于他们看不起廉价的口号而又想不出其他的东西呢？还是因为他们尽管完全可以想出其他一些东西，但他们却对它对公众的吸引力有怀疑？

所以我们不能顺着这条路线一直走下去。转过头来我们必须面对被我称为社会主义文化不确定性的东西。实际上，按照我们及大部分其他人的定义，一个社会或许是完全和真正的社会主义，它可能有比男人在现代军队里还要严格的纪律也可能根本没有纪律，在精神上它可能是禁欲主义的也可能是享乐主义的，它可能是精力充沛的也可能是松松垮垮的，它可能会想到未来也可能只想到今天，它可能喜爱战争和民族主义也可能喜爱和平与国际主义，它可能是平等主义或者正好相反，它可能具有领主的伦理观念也可能有着奴隶的伦理观念，它的艺术可能是主观的也可能是客观的[2]，它的生活方式可能是个人主义的也可能是标准化的，对我们中的一些人，它本身完全可以博得我们的忠诚或者引起我们的蔑视，它或许从它的优秀世系相应的产生超人也可能从它的次等世系相应的有低能儿出生。

之所以会这样是什么原因呢？读者可以有其自己的选择。他可以说马克思错了，经济模式并不决定文明，也能够说完整的经济模式会决定文明，不过没有进一步经济数据和假设的帮助，我们思想中形成社会主义的这个要素并不决定文化。顺便说一下，假如我们打算仅仅用体现在我们对资本主义所下定义中的一些事实，对资本主义的文化世界进行重新构思，我们在那样的资本主义里生活得不会更好一点。在此情况下，我们肯定有一种确定性的印象，并发觉有可能按照资本主义文化的趋势进行推论。可这只是由于在我们前面有历史现实，它向我们提供所有我们需要的外加数据，而且根据现实，排除众多的可能性。

不过我们已经在非常严格和专门的意义上使用了确定性这个词，另外又联系

1　逆命题肯定也是正确的：人们能够赞同由社会主义代表的经济要求，不过因为文化理由而对它憎恶。

2　听起来有点自相矛盾，其实个人主义和社会主义不一定对立。有人争论说，社会主义组织形式会保证个人主义个性的"真正"实现。实际上这个说法符合马克思理论。

了整个文化世界。在这个意义上的不确定性对人们试图去发现这样的社会主义制度比别的制度有更大可能产生的某种特色或趋势并不绝对禁止，特别是去发现文化有机体上特定部位的特色或趋势。构想出合理的外加假设也是有可能的。从上面对可能性的调查中可以看出，这点非常明显。例如，假如我们像很多社会主义者那样相信（我想是错误的）战争仅仅是资本家利益冲突的一种形式，那么就不难得出社会主义一定是和平主义者不喜欢战争这样的推论。我们自己将在这里和那里亲手试一试这场游戏，虽然从大体上来说，我们最好还是把讲坛让给在这个领域里唯一真正伟大的表演家柏拉图。不过所有这一切不能排除社会主义是真正的文化上的普罗米修斯这样的事实。只有在我们甘心仅仅谈论社会主义大族内的特定事例时，才会把它的文化可能性说得更确切一些，社会主义大族中的每一个分支对于支持它的人来说，无疑是唯一正确的东西，不过这个大族中的无论哪一个分支我们都有机会碰到。

第十二章

社会主义的发展蓝图

我们首先一定要把社会主义经济的纯逻辑性有没有错误的地方弄清楚。因为，尽管那个逻辑性健全的任何证明并不能让所有人相信社会主义，或者从实际上不能很好地证明社会主义是一个现实可行的计划，逻辑上的不健全，甚至试图证明逻辑健全的失败，其本身完全能够断定它有本来具有的荒谬性。

更确切地说，我们的问题可以归结如下：假设想象的那种社会主义制度，它有可能根据它的数据和根据合理行为规律做出唯一一个生产什么和怎样生产的决策吗？它可能会把同一事物编制成正确经济学口号，在社会主义经济条件下，利用那些数据和规律，编制出独立一致的（即没有矛盾的），有足够数目来非常好地决定中央局或生产部所面临问题的未知数的方程吗？

（1）答案是肯定的。社会主义的纯逻辑性并没有错误。事情非常明显，假如不是由于它常常被否定的这个事实，和正统社会主义者在有着强烈资产阶级观点和感情的经济学家教给他们本领以前，提不出符合科学要求的答案这一更奇怪的事实，我原本是不会坚持要说这一点的。

我们需要提到的L.冯·米塞斯教授是唯一否定社会主义纯逻辑性正确的一个人[1]，他从合理经济行为一定要有合理的成本计算，所以要有成本要素的价格和为成本要素定价的市场为先决条件这个前提出发，他的结论是，由于在社会主义社会里没有这样的市场，所以就不存在合理生产的指路明灯，因此社会主义制度（假如能运作）只能用盲目的方式运作。

恩里科·巴罗尼是除了论述得更详细一点和澄清一些次要点之外基本上不需要任何补充地解决这个问题的经济学家，想要知道其详细内容的读者，可以去查

---

[1] 1920年出版的他的论文现在有英文译本，如1935年F. A .冯·哈耶克编的《集体主义经济计划》和他的《公有经济》，英文译本书名为《社会主义》。

看他的论证[1]。这里只介绍一个简要的轮廓就行了。

从经济学家的角度来看，包括运输和由销售带来的一切工作在内的生产仅仅是现存"诸要素"在技术条件强加的约束范围内的合理结合。

在商业社会中，结合着的各要素的任务包括购买和雇佣技术条件，而在这种社会中，典型的个人收入产生于购买、雇佣的这个过程中。就是说，社会产品的生产和分配仅仅是一起影响二者的同一过程的两个不同方面。

如今，商业经济和社会主义经济之间最重要的逻辑或纯理论区别就是后者不再是这样了。因为乍一看，生产手段的市场价值是不存在的，更重要的是，因为社会主义社会的原则即使生产手段的市场价值存在也不允许其成为分配的标准，所以商业社会的那种自动分配机制在社会主义社会中是不存在的。自动机制的缺失由政治行动或者由我们说的国家宪法来填补。于是分配变成一种不同的工作，起码在逻辑上和生产完全分离。

这个政治行动或政治决定必定在这个社会的经济和文化特性及其行为、目的和成就中产生，反过来又对它们的形成有非常大的影响。不过，当从经济观点来看时，上面的说法肯定是全属武断的了。就像上文已经指出的那样，国家能够采取平等主义规则（这点在哪一种意义上都能够跟平等主义理想联系起来）或者只允许不平等达到认为合适的程度。特别让人感兴趣的情况是国家甚至可能在所有所希望方面以产生最大成就为目的来进行分配。"按需分配"的口号或许具有这两个意义中的任何一个意义。不过必须建立某种规则。就我们的目的来说，考虑一个非常特殊的例子就完全可以了。

（2）其次假定我们把彻底的平等主义作为社会主义国家的伦理信念，不过同时规定，人们应有自由在生产部有能力和愿意生产的所有消费货品中根据喜爱进行选择，当然，像酒精饮料等某些商品社会是可以拒绝生产的。我们接着进一

1 在巴罗尼以前，有多达十几个经济学家曾暗示了解决问题的办法。他们中间有F. 冯·维塞尔（见他的《自然价值》，1893年，德文原本，1889年）和帕累托（《政治经济学概要》第2卷，1897年）这样的权威。两人都认为经济行为的根本逻辑在商业社会和社会主义社会是一样的，并按照这个认识找出解决办法。不过巴罗尼（他是帕累托的追随者）是做出这个解决办法的第一人。见1908年《经济学杂志》中他的题为《集体主义国家的生产部》的论文，英文译文收录在前注提到的《集体主义经济计划》一书中。

我们不可能也不必要为后来的众多著作做公正的评价。我只提出在这里或那里非常重要的作品，如弗雷德·M. 泰勒的《社会主义国家的生产指引》（载于《美国经济评论》，1929年3月）；K. 蒂施的《社会主义集体经济……内的经济计划和分配》（1932年）；H. 查森豪斯的《计划经济理论》（载于《国民经济杂志》，1934年）；尤其是奥斯卡·兰格的《论社会主义经济理论》（载于《经济研究评论》，1936／1937年，后作为主格和泰勒合著的书出版，题目不变，1938年）。A. P. 勒纳的文章在后面的脚注中还要提到。

步假定，采取的特定平等主义理想实行的办法是分发给每个人一张凭证，其中儿童、可能还有一些人只发给一般人的一部分，这都是由当局决定的。这张凭证表示他或她有获得一定数量消费品的权利，数量与本会计年度可分配社会产品除以要求分配者的人数相等，到会计年度结束时全部凭证失效。这些凭证能够想象为在规定时期中为送交消费者而已生产和正在生产供消费的所有食物、衣服、房屋、家庭用品、汽车、电影等x分之一的要求权。

仅仅为了避免不这么做就会在人们中间必定发生的复杂而没必要的大量交换，我们才不以货品来表示要求权，而以等量的为了方便而选择的不过没有丝毫意义的单位来表示它（我们能够率直地称它为单位，也能够称它为太阳、月亮甚至称之为美元），并规定在得到每一种货品的单位数量时一定要付出所标数目的单位。

社会商店所索的这些"价格"，按照我们的假设，必须要满足商品的每一种价格乘以该商品现有数量，加起来等于人们所持该商品要求权的总数这个条件，否则这个总数就是任意决定的。但是生产部没必要固定个别商品的"价格"，除非是作为最初建议提出的。

假设已知人们的爱好与平均的"美元收入"，按照他们对这些最初建议的反应，就知道他们在什么价格上愿意拿走除那些完全没有人想要的货品以外的整个社会产品，同时生产部假如想出清仓储，那时就一定要接受那些价格。如果能够相应的做到这点，平等分配的原则就将特别通情达理地以非常决断的方式得到贯彻。

当然，这样做的前提条件是已经生产出一定数量的各种货品。怎样才能合理完成这个前提条件才是真正的问题（它的可解决性已被否定），也就是在现有资源、技术可能性和其余环境条件下，用什么方法来最大限度地满足消费者[1]。显然，由人们的多数票来做出生产计划的决定根本无法满足这个要求[2]，因为在这种情况下，必定有一些人，可能所有人不会得到他们需要的东西，有更大可能得不到给了他们不会降低别人满足的东西。

不过，一样清楚的是，能够用另外一种方法获得这个意义上的经济合理性。

1　假如现代理论家对这段话的措辞竟然反对，那我希望他们考虑一下，较正确的词句将招致多少根本没必要的累赘话，并且对于这个论点的目的却没有任何帮助。

2　这并不是说，它不会根据另一个合理性的定义的立场来满足要求。对于正在讨论的安排与别的安排相比究竟如何，这里不做断言。对于这个问题下面还要谈到。

对于理论家来说，这个结论来自这样的初步前提，即估计（"所需要的"）消费品价值的消费者实际上也估计进入那些消费品生产的生产资料的价值。就普通人来说，在我们社会主义社会中，能以下述方式提供制订合理生产计划可能性的证据。

（3）为让问题谈起来方便，我们假设生产资料的数量是既定的，而且是暂时不可变的。目前让中央局分解成为进入每一个特定行业的委员会，或者更妥当地，让我们为每一个行业建立一个管理它的权力机关，并与中央局合作，而中央局控制和协调全部这些行业的经理部或管理局。这个中央局根据某种规律把生产资源（因为它控制着所有资源）分配给这些行业的经理部门。

假设中央局规定，行业经理部门能够有它们所需要的所有数量的生产资料和劳务，不过要遵守三个条件。第一，它们一定尽可能节约地进行生产。第二，要求它们为它们所需要的每一单位生产资料和劳务上交给中央局它们从以前出售消费品得到的所说数目的消费者美元。也就是说，中央局宣称打算向所有行业管理部门以言明的"价格"不限数量地出售生产资料。第三，要求行业管理部门以最节约的办法生产取走和使用它们可以使用的数量（不能少于此数），这个数量的限度是它们不必为了取得相应数量的生产资料一定要上交给中央局美元不足而只能"出售"部分产品。用相对专业的术语说，这个条件的意思是每一个行业的生产一定要达到"价格"相等于（不只是比例于）边际成本[1]。

当时每个行业部门的任务是单独规定的。就像今天在完全竞争行业中的每一家企业，只要确定了技术可能性、消费者的反应（他的爱好和收入）和生产资料

---

[1] 这个原则是从一般选择逻辑产生的，A. P. 勒纳先生在很多注释和论文中强调它和为之辩护之前，没有得到普遍接受，这些对社会主义经济理论做出重要贡献的论文大多数发表在《经济研究评论》（还发表在《经济学杂志》，1937年9月），我趁此机会会希望读者注意它们。作为那个选择逻辑的前提，说上述条件在任何它与"价格相等于每单位总成本"这个规律发生矛盾的时候，前者应该胜过后者，也是对的。不过它们二者之间的关系因为各种事物的混淆被弄得模糊不清，有必要加以澄清。

边际成本的概念是指假如要让生产有少量的增加一定会引起总成本的增加，我们只有把边际成本和明确的一段时间联系起来看，它才是明确的。这样，假如问题是一辆不管怎样要开的火车是否要增加一位乘客，这里要考虑的边际成本可能是零，在哪一种情况下都是很小的。这点能够用这样说法来表达，从一段极短的时间如一个钟头、一天，甚至一个星期的观点来看，事实上每样东西都是间接费用，就算滑润油和煤也一样，那间接费用不进入边际成本。不过设想的时间越长，进入边际成本的成本要素越多，起初进入的是全部通常包括在直接成本概念中的要素，后来越来越多地包括被企业家称作间接费用的要素，直到从很长时期看，或从计划一个尚不存在工业单位的角度看，没有东西（或实际上没有东西）留在间接费用的项目里，甚至包括折旧在内的所有东西都得放在计算边际成本中考虑进去。就算在考虑铁路轨道那样的生产要素的情况下，这个原则也不因它只有在非常大单位才可使用的技术事实（不可分性）而被改正。所以边际成本总是应该与（边际）直接成本区别开。

的价格，就知道生产什么、生产多少和怎样生产，我们社会主义国家的行业经理部门只要一旦中央局公布了生产资料的"价格"，一旦消费者透露了他们的"需求"，它们就知道生产什么、如何生产和向中央局"购买"什么数量的生产要素。

在某种意义上说，这些"价格"和消费品的"价格"不同，它们由中央局单方面制定。不过我们也能够说，行业经理们对生产资料表示的一种特别地决定的"需求"跟消费者对消费品所表示的需求非常像。为完成我们的证明，所需要的只是符合最高标准的中央局定价行为的规律。但是这个规律是明显的。中央局仅仅是对每一种类别和质量的生产资料确定单一价格。如果该局使用区别定价，即同一种类和质量货品对不同经理部门索取不同价格，一般来说这种情况一定因为了让那个价格正好"出清市场"，也就是市场上不再有积压的生产资料，也不再需要更多地以那些价格出卖的东西这样的非经济理由[1]。正常情况下，这个规律完全能够为合理的成本会计提供保证，因此能保证生产资源经济的合理分配（前一点仅仅是保证达到后一点并证明后一点正确的方法），从而保证了社会主义社会生产计划的合理性。考虑到只要能够遵守这个规律，就不会有生产资源要素能够转移到所有其他生产部门中去，假如有这种转移，必定会引起以消费者美元表示的消费者价值的破坏，其分量等于（或多于）这些要素在它新使用中所增加的价值。我们从这样的考虑中得到我们的证据。这等于说，生产正在社会环境一般条件所允许的任何方向进行，生产进行得合理，并且不会超出限度，跟我们认为社会主义计划在经济生活静止过程中具有合理性的论述正好符合，在这样的静止过程中，每一件事能正确地预见，每一件事都一再重复，其间任何打乱计划的事情都不会发生。

（4）不过，假如我们的讨论超出静止过程理论的领域，承认随产业变化而来的现象，也不会出现多大的困难。就经济逻辑来说，不能认为想象的那种社会主义尽管从理论上说可以应付管理静止经济常常出现的任务，不过它必定没办法解决由"进步"提出的问题。稍后我们就会明白以下这点对社会主义的成功依旧是重要的，因为它从事的事业不仅有它资本主义先辈的除资源外还有经验和技术这些极其丰富的遗赠，而且是在资本主义度过放荡不羁生活和做完它的工作之后，正接近静止状态时候进行的。不过，这么说的原因倒不在于我们无法为社会主义社会设计出一个合理和独特决定的路线，让它能在工业设备出现改善的机会时采用。

1　关于这点有一些例外，这些例外很重要，不过对我们论点的主旨不会有什么影响。

假设为X行业的生产过程有一种新的有更高效率的机器设计了出来。为了排除马上要考虑的由筹集投资资金产生的问题和为了单独突出一组与众不同的现象，我们假设新机器可以由现在为止一直生产效率较差的机器而花费同样的生产资源成本的同一批工厂生产。X行业的管理部门遵从它的尽可能节约的生产规律，将采用新机器，从而能够用比以前更少数量的生产资料生产出相同产量的这第一条守则。之后它上缴给工业部或中央局的消费者美元就将少于它从消费者那里收入的美元。这中间的差额，你随意叫它什么都可以，比如说叫它D或铲子或"利润"都行。确实，这个经理部门假如实现了这笔"利润"，它就违反了它守则的第三条规定的条件；假如它遵守这一条款，为满足这个条件而立刻生产如今需要的较大的产量，那些利润就永远不会出现。不过利润潜伏地存在于经理部门计算之中的这个事实，完全能够让它自己履行在我们的假设中它具有的以独特决断的方式指明现在可以合理实现的资源重新分配的方向和范围的职能。

在社会可用资源已经完全运用于提供一定消费水平的任务，倘若出现一项需要外加生产要素或者（我们也可以说）外加投资的改进措施，如一座新桥梁或一条新铁路时，人们只能延长超过迄今我们假定的由法律规定的工作时间，或者限制他们的消费，或者二者兼有。在这个情况下，我们尽可能用简单的方法为解决基本问题而做出假设，排除了三个规律中的一种"自动的"解决办法，也就是说，中央局和行业经理部门只有被动地按照客观迹象的指引做出决定。不过，这当然不是社会主义经济的无能而是我们方案的无能。假如我们希望有这样的一种自动解决办法，我们一定要做到废除规定在一定使用期内没有使用的消费品要求权全部无效的法律，放弃收入绝对平等的原则，并授权中央局奖励超时工作和储蓄这一我们不知道确切不确切的称呼，使可能的改进措施和投资条件执行到这样的程度，即做到最小诱惑力的改进或投资能产生相等于为了引起超时工作或储蓄（或二者）一定要给予奖励的"利润"。如果超时工作和储蓄在适当时间间隔内是个别奖励的单一价值函数，那么这个条件就独特地决定我们问题所介绍的全部新变数。为此支付出去的"美元"能够方便地假设是增加到先前发出的收入美元中去的。因此各方面一定要做的调整，我们不必为它多花时间论述。

这个有关投资的论点让问题更加清楚，看来无论是唯一可能的社会主义经济蓝图，还是自行推荐给社会主义社会的蓝图，都不一定是最适合我们特定目的的图式。社会主义不一定是完全的平等主义的，不过我们可以合理地期望社会主义社会可容忍的收入不平等的程度，不可能产生资本主义社会在周期阶段平均产生的投资率。就算资本主义的不平等也不能完全产生足够的投资率，它一定要得到公司积累和"创造的"银行信用的增援，这些方法既不是非常自动的，也不是独特决定的。所以，假如社会主义社会希望达到相同甚至更大的真正投资（当然它不需要）一定要依靠储蓄以外的方法。从能够允许的"利润"中提取积累而不是让它保持潜在状态，或者像上边提到的类似建立信用的某种办法是全部行得通的。不过，让这件麻烦事交给中央局和国会或议会，通过它们，可以把它作为社会预算的一部分加以解决，那就更为自然。尽管对社会经济运作的"自动"部分进行投票纯属表面文章，也许起监督作用，对投资项目的投票（至少对投资数额的投票）包含真正决策的意义，与对军事预算等的投票一样重要。让这样的决策与个别消费品的数量和质量的"自动"决策相协调，所有不可克服的困难都不会出现。不过在接受这个解决办法时，我们应该在一个非常重要的问题上背弃对我们图式基本原则的忠诚。

我们蓝图中其他的特征甚至在它的总框架中也可以改变。例如，对超时工作就有一个条件例外，我没有把它留给个别同志去决定他们准备做多少工作，虽然作为一个有表决权者并在别的方面他们对这个决定也跟他们在收入分配等的决定上同样有非常大的影响。我也没有允许他们具有与中央局在它的总计划需要内能够和愿意给予他们的相对来说更多的择业自由。这个安排能够想象为跟义务兵役制非常类似。这样一个计划相当接近这个口号："各尽所能，各取所需"，或者不管怎样，它只要稍做修改就能符合这个口号。不过我们还是把它留给个别同志去决定他们准备做多少工作和做哪种工作。看来劳动力的合理分配一定要使用提供奖励这样的一套诱导制度，这里不仅对超时工作实行，而且对所有工作实行，从而保证所有地方"提供"的各种类型和等级的劳动力，适合消费者需求结构和适合投资项目。这些奖励一定要跟每个职业的引人入胜和让人厌倦挂上钩，一定要与劳动者为完成工作而具有的技术挂上钩，因此与资本主义社会的工资方案挂上钩。尽管工资方案和这样的社会主义奖励制度之间的相似性不应说得太过，我们还是能够说一个"劳动力市场"。插入这个机制肯定会让我们的蓝图出现很多差异。不过这对社会主义制度的确定内涵并不产生影响。实际上它形式上的合理性会更明显地突出。

（5）让读者始终不会注意不到的是商业经济和社会主义经济间的家族相似性也更加明显地突出。因为这种相似性好像让非社会主义者和某些社会主义者感到愉快，让其他社会主义者感到烦恼，因此最好还是再次清楚地说明相似的所在跟原因，这样就能看清，无论是愉快还是烦恼都没有什么理由。在试图构想社会主义经济的合理图式时，我们曾使用在讨论资本主义经济的过程和问题中熟悉的术语在传统上规定的作用与概念。我们说到一种作用过程，只要我们说出"市场""购买与销售""竞争"等名词，人们立即知道它们的作用过程。可见我们都使用过，或者不可避免地使用，如价格、成本、收入，甚至利润这类有资本主义气味的名词，而租金、利息、工资和包括货币在内的其他名词则几乎每天都会碰到。

让我们考虑在大部分社会主义者看来必定是最坏的一个事情，即使用自然资源（让我们说"土地"）而获得的报酬——地租。我们的图式显然不能含有应该把地租付给任何土地所有人的意思。那么它含有什么意思呢？简单地说，不是在能够预见的将来有充分数量超过所有需要的任何种类土地一定要节约地使用或合理地分配，就跟劳力或任何别的生产资源一样，为达到这个目的，土地一定要具有一种经济重要性的指标，出现哪种新的使用，一定要与指标进行比较，按照指标土地进入社会簿记行列之中。假如不这样做，国家将做出不合理的行为。但是这样做也不代表对资本主义或对资本主义精神让步。有关地租中所有商业和资本主义的东西（在地租的经济学和社会学联想中）和可能是同情私有财产辩护士的所有东西（私人收入、地主等）已全部被消除了。

从一开始时我们给予人们的"收入"不是工资。实际分析起来"收入"看上去是全部不同的经济要素的混合物，人们不得不把这些要素跟边际劳动生产率连在一起。我们后来引用的奖金跟资本主义社会的工资有较多的关系。不过后者的对称物，事实上到处都不存在，除非仅仅存在于中央局的账册上，或为了合理分配的目的，存在于与各种类型和等级的劳动力有关的重要指标中，这些重要指标是已经消失了的属于资本主义世界所有意义的指标。顺便说一下，我们能够看到，既然我们可以随心所欲地称呼由代表人们消费品要求权的凭证分裂而成的单位，我们也能够把它们称为劳动小时。既然这些在因方便而规定的限度内的单位总数同样是任意设想的，我们能够设想总数相等于实际工作小时（各种类型和等级的劳力以李嘉图–马克思方法调整为某一标准质量）。最后，我们的国家跟其他任何国家一样可以采用"收入"应与每个同志所做标准工作小时成比例的原则。于是我们应有一种劳动票据制度。对于这件事，让人感兴趣的地方在于，不提当前我们不太关心的技术困难，这样一种制度将证明是完全行得通的。不难看出，为什么就算到现在这些"收入"还不是工资的原因。一样可以看出的这样一种安排的可行性并不为劳动价值理论证明任何东西。

　　基本上不需要在利润、利息、价格和成本上再做一次同样的工作。不重做这样的工作，家族相似性的原因现在已明显可见：我们的社会主义任何东西都没有从资本主义借用，而资本主义从完全一般的选择逻辑借来很多东西。所有合理行为必定表现出跟别的合理行为有一些形式上的相似之处，情况是这样，在经济行为范围内，仅仅只是理性的榜样作用就非常明显，至少对它的纯理论来说就是如此。表示行为主义模式的概念浸透了一个历史时期的所有特殊意义，它往往让门外汉的内心牢记这样获得的色彩。假如我们是在社会主义环境里形成的对经济现象的历史理解，在分析资本主义过程时，我们好像在借用社会主义的概念。

　　就如我们已经知道的，经济学理论为它自己的目的而构成的完全竞争的苍白概念依赖于每个企业能否凭借它们单独行动影响它们产品和成本要素的价格。假如不能那就是理论家所说的完全竞争，也就是说，假如每家企业仅是海洋中的一滴水，因此只能接受市场中起支配地位的价格。能够看出，在此情况下，所有个别企业的消极反应的集体作用将形成市场价格和表现为一定形式财产的产量，后者跟经济重要性的指标和我们社会主义经济蓝图中的产量相类似。不过在所有真正重要的事情中——在决定收入形式、工业领导人的选择、创造性和责任心的分派、成功与失败的定义等各原则中——总之在形成竞争性资本主义特征的所有事情中，这个蓝图跟完全竞争背道而驰，它离开完全竞争比离开大企业型资本主义远得多。

　　（6）因此有必要问一问，假如我们把我们的"市场"抛入大海，合理性和确定性是不是也落了水。答案是非常明显的。一定要有一个权威来估价，即为全体消费品确定重要性指标。有了它的价值尺度，那个权威就可以像鲁滨孙·克鲁索[1]能做的那样用绝对坚决的方式为它们估价[2]。计划过程的其余部分很像它在我们原来蓝图中所做的那样，可以按常规发展。凭证、价格和抽象单位对控制和成本计算的目的依然有帮助，尽管它们将失去它们与可自由使用收入及收入单位的亲缘关系。由经济行为一般逻辑获得的全部概念将会重新出现。

　　首先，了解一下我们解决理论问题的方法会让读者满意地感到这个方法特别适合使用；就是说，它不但证明逻辑上的可能性，而且在实行时也表明这个可

　　1　鲁滨孙·克鲁索是丹尼尔·笛福的小说《鲁滨孙漂流记》（1719年）中的叙述者和主人公。——译者注

　　2　这或许是马克思对克鲁索经济学表现出有很大兴趣的原因。

能性能够在实际中成为现实的步骤。就算这样认为，为了公正地面对问题，我们要求从一开始就制订好生产计划，也就是说任何有关数量和价值的先前经验都没有，出发的基础就是调查可用的资源和技术，以及关于人们是哪一类人的一般知识。在所有正常形势中，它将掌握大量信息完全能够让它能从一开始就非常接近地达到主要生产部门的正确产量，剩余的任务是用有信息根据的反复试验进行调整。对于理论家在说明一种经济制度怎样获得完成某种最高条件意义上的"合理"或"最适"状态时遇到的问题，或者经理们在现实经营中必定碰到的问题，迄今为止，社会主义经济和商业经济在这方面很大的根本性差异是不存在的[1]。假如我们跟大多数社会主义者，特别是像卡尔·考茨基一贯做的那样，承认从先前经验出发，那个任务肯定大大简单了，尤其是假如那个经验是大企业类型的经验。

另外，再次对我们的蓝图检查时会出现一些其他的问题：解决社会主义经理部门面对问题的办法不仅像实际解决商业社会经理部门面对的问题一样可能，而且更加容易。对于这一点我们只要观察一下经营企业的最重要困难之一在于围绕每个决策周围的不确定性这个耗费一位成功企业领导人最多精力的困难，就会深信不疑。这些不确定性中最重要的一类依次又在于关于实际和潜在竞争者反应的不确定性，以及关于一般业务形式将是怎样形式的不确定性。尽管别的种类的不确定性必然将在社会主义国家中坚持存在，不过这两种不确定性能够合理地期望其基本完全消失。社会主义的产业和工厂的经理部门可以确切地知道别人想做什么事情，没有什么能阻止他们合在一起进行协调行动[2]。中央局能够并且在某种程度上愿意无可避免地担当信息交换所和决策协调人的角色，起码会像包罗一切的卡特尔的执行局那样工作。这种做法将使工厂管理人员要做的工作量大大减少，管理这样一个制度所需要的知识要比引导一家有任何重要性的公司通过资本主义海洋惊涛骇浪所需要的知识要少得多。这点完全能够证明我们立论的正确。

1　有些作家好像暗示，达到平衡的过程和在完全竞争状态中是完全一样的。不过事实并非这样。在单独对价格变化作反应中一步一步地调整很可能完全迷失目标。这就是我之所以在正文中说到"有信息根据的"反复试验的原因。

2　只要资本主义经济中正在做到这一点，它就是趋向社会主义的最重要的一步。实际上，它能逐渐减小过渡的困难，其本身又是过渡阶段开始的迹象。对这一趋势无条件地反对相当于反对社会主义。

第十三章

几种蓝图的不同

第一节　前言

读到这里，也许读者会很自然地期望我能够对社会主义计划做一次比较性的评价。或许让这个希望落空是对的。因为只有完全缺乏责任感的人才会看到，要把我们在其间生活的一个制度与一个还只是心里想象的制度——没有一个社会主义者会同意俄国经验是重要的现实——做比较必定是极端危险的。不过我们愿意冒这个风险，时刻记住在我们打算涉足的事实和论据领域之外还有我们没办法进入的个人爱好、信仰、价值观的领域。不过，只要我们对自己的目标严格限制并坦率承认存在困难与陷阱，我们成功的机会就会增加。

特别是对商业社会和社会主义社会两种文化世界我们不应相比较。我称为社会主义文化不确定性的东西，其本身就完全可以阻止这样的企图。但是我们不准备这样做还有另一个原因。就算社会主义文化只指一个明确的模式，比较性的评价依然是值得怀疑的事情。有这样一些理想主义者和偏执者，对这样做的困难他们看不到，并痛快地采用某种特征作为比较的标准，他们认为这个特征远比任何其他东西价值高，他们希望自己的社会主义呈现这个特征。不过，假如我们决心要比那种办法做得更好，并且尽我们所能达到的洞察力，把与这个文明同生共死的各个方面看清楚，我们就会立即发觉，每一个文化都自成一体，不能与其他任何文化相比较。

不过有一个论点不但支持实际与可能的文化成就的比较，而且同时又不超出我们那种分析的范围。有人时常声称，社会主义计划能把个人肩上的经济忧虑解除掉，并且会把现在浪费在辛苦地谋日常生活的无法计算的文化精力释放出来。这点在一定程度上是正确的，因为任何"有计划"社会可能做到这一点，不过因为其他理由及在别的方面它也或许会窒息文化前景。据我们所知，政府当局很难负起发现和培育人才并让才能开花结果的责任，说政府当局发现和赏识凡·高会比资本主义社会更快，可能有人反对。不过这种反对没有击中要害。因为政府当局用不着走得那么远。它一定要做的只是让凡·高跟每个人一样得到他的"收入"和让他不过分辛苦地工作；这样，在所有正常情况下，就完全有必要的机会来保护创造性的才能了。尽管我在考虑这个问题时，我不敢肯定，在凡·高这样的事例中，这样做是不是完全可以了。

但是还有一个更有分量的反对意见。资本主义在为人才提供向上攀登的梯子方面比我们大多数人所认为和相信的做得更好。激怒很多上等人的典型资产阶级的残忍口号"那些不能从这些梯子向上爬的人，不值得为之操心"之中，包含着一定的真理成分。梯子或许不合我们选择设立的标准，不过不能说它不存在。现代资本主义不仅在它发展的较早阶段系统地提供保护和培养几乎所有种类人才的手段，并且用它自己结构的规律倾向于把有才能的个人推向高处，把有能力的家族更有效率地向上推。其中，由于手段非常多，甚至在一定范围里困难的不是在于怎样为人才找到手段，而是怎样为提供的手段去找到能够适合称为人才的人。因此，尽管可能出现社会损失，尤其在那批半病态的天才中间，不过损失肯定不会很大[1]。

第二节　讨论效率的不同

下面我们对经济方面的事情继续讨论，尽管我希望我已经清楚表明，在我看来经济问题不具有第一位的重要性。

（1）我们讨论的范围是有明显限度的，所以现在我们讨论还仅仅涉及蓝图的第一步，犯错误的危险性最小。把过渡的困难推迟到以后单独讨论，暂且先假定困难已被成功地克服，我们只要看看社会主义图式可能性与实际可行性的证据的含义，就会理解有特别充分的理由相信它的优越的经济效率。

需要证明的只有关于大企业或"垄断"资本主义的优越性，因为只要这点证明了，高于竞争性资本主义的优越性就会更有理由了。按照我们在前文中的分析，这点是显而易见的。很多经济学家依靠在完全不现实条件下对竞争性资本主义编造的各种各样阿谀奉承之词的事实，对赞美资本主义和贬低它的"垄断主义

1　就算在调查中这种损失跟先前一样并没有消失，可是按照调查例子所做的推论对事实进行了夸大。另外，有一些那种损失的出现与特定的社会组织无关；在资本主义制度中的这类损失并非全部都是资本主义制度产生的。

的"继承人已经习以为常了。所以我愿再次表示，就算那些赞美词证明完全有道理（虽然并非如此），就算在工业和运输业领域已经实行了那个理论家主张的完全竞争（其实绝不可能这样），就算最后针对大企业的全部咒骂被证明完全合理（虽然远远不是这样），实际上仍然还是在最大规模单位时代的资本主义生产机器的实际效率要比在以前中小型企业时代大得多。这是有统计数字记录的事情。不过，假如我们对这个事实的理论解释进行回顾，就会进一步了解，控制单位及其经营战略规模的不断扩大，不仅是不可避免的事情，而且在非常大范围内也是反映在那个统计记录上成就的条件；也就是说，那种中小型企业前面的技术与组织的可能性（这种类型企业与接近完全竞争条件可以和谐共存）肯定不可能产生一样的结果。所以，现代资本主义在完全竞争条件下会怎样运作就成为没有丝毫意义的问题。因此，除了谈论社会主义不是继承竞争性的资本主义而是将继承"垄断"资本主义外，我们除非偶尔涉及，否则没必要再为竞争性资本主义多费笔墨。

我们要把一个制度的经济效率凝缩为生产效率。甚至生产效率一词也非常不容易下定义。要比较这两个能够互相替代的名词肯定一定要指过去、现在或将来的是同一时间[1]。不过这样还不行。因为确切的问题并不是从某一时间看来社会主义经理部门使用该时间存在的资本主义机构可以做些什么（这点对我们来说，不比社会主义经理部门使用一定数目消费品能做些什么更让人产生兴趣），而是假如不是资本主义经理部门而是社会主义经理部门主持建设，那将会存在或者已经存在了什么样的生产机构。有关我们实际和潜在生产资源的大量信息是过去20年里积累起来的，无论它对别的目的有怎样大的价值，可是在同我们的困难做斗争中没有什么帮助。我们能做的仅仅是举出我们能够觉察到的社会主义社会和商业社会二者的经济机器之间的差异和对它们的重要性尽可能做出正确的估价。

我们要求进行比较时候的人口的数字、质量、爱好和年龄分布假定应该相同，那么我们才能够称那个制度相对来说有比较高的效率，从长期观点来看，我

1　虽然这应该是个不言自明的规律，但是它经常被破坏。比如，苏联目前的经济成就经常被拿来跟第一次世界大战开始时的沙皇政权做比较。不过1/4世纪的消逝让这样的比较失去所有意义。唯一或许有意义的比较只能是，如以1800—1914年间的数字为基础所推知趋势的价值与如今价值做比较。

们期望它可以生产每平均时间单位的较大消费品流是有理由的[1]。

（2）需要对这个定义加以解释。可以看出这个定义没有把经济效率与经济福利或与一定程度的需求满足等同起来。就算在我们看来所有能够想象的社会主义经济必定比所有能够想象的商业经济效率更低，大多数人（实际上他们全是典型社会主义者关心的人）或许在社会主义中比在商业经济中"生活更好"或"更快乐"与"更满意"。对此，我首要的回答是，就算在这些情况下，相对效率依然保持独立的意义，在所有情况下它将是一个需要思考的重要问题。不过另外，假若采取一个忽视这些方面的标准，我不认为将遭受很大损失。不管怎样，这是一个极具争论的问题，把它弄得明白一点有好处。

比如，平等主义的社会主义符合很多社会主义者的道德原则，这个事实及随着给予人们正义感的满足，肯定要划入那个制度优越性的名下。对于这个制度的运作来说，这样的道德忠诚肯定不是无足轻重的；它的重要性甚至就我们概念中的效率来说，以后还一定要加以评论。不过除此之外，我们所有人最好还是承认，我们有关正义等用语仅仅主要是为表达我们是否喜欢某一种社会形式的措辞而已。

不过，好像有一种赞成平等社会主义或赞成其结构允许有较大收入平等的所有社会主义的纯经济论点。那些经济学家，起码那些把需求的满足看作可测定数量和认为不同人们的满足程度能够比较和合计而没有感到内疚的经济学家，有权利坚持说，有了一定量消费品流的积存，一般来说只要平均分配就会有最大的满足产生。跟商业经济制度有同等效率的平等主义经济制度将在较高福利水平上运行。甚至效率略低的平等主义制度也能够这样做。大部分现代理论家舍弃这个论点，他们提出的原因是，因为满足是不能测定数量的，所以不同人们的满足程度

1　由于资本主义和社会主义的实际收入流在某种程度上都由不同的商品构成，它们包括两种制度中共有的只是比例有点差异的商品比较引起微妙的理论问题，尽管没有有关可花费收入分布变化的外加假设，估计这种差异的重要性是不可能的。假如资本主义社会比社会主义社会生产较多的酒和较少的面包，两个收入流哪个较大呢？在所有打算回答这个问题的努力中，由比较同一社会结构相邻两个年份的收入流遭受的困难（那就是编制任何总产量指标中遇到的困难）非常巨大。但不管怎样，就我们的目的来说，如下的定义就完全能够解决理论上的问题：如果（只有如果）两个收入流中的一个比另一个产生较大的货币总数，就称这个收入流是较大的收入流，在对二者的估价中使用两种价格体系中不管哪一种都一样。假如两种收入流都以资本主义价格体系估价，其中一种收入流产生较高数值，与此同时假如二者都以社会主义价格体系估价，那种收入流却产生的数值较低，那时我们说二者是相等的，事实上就像它们使用两种价格体系产生相同总数一样。这表明，我们相信在那种情况下寻常来说差异不会很大。这个定义显然没有解决统计问题，因为我们不能把两个收入流的数字同时得到。

之所以我们把从长期观点来看这几个字插入正文里的原因，从我们的分析中应该是非常明显的了。

的比较和合计是无意义的。我们没必要走这么远。只需指出平等主义的论点非常容易受我们对垄断主义实际做法的分析所提出结论的反对就可以了：问题不在于怎样分析一定的数量而不顾收入分配的原则。在允许无限制不平等的商业社会里的工资收入或许要比平等社会主义的平均收入高得多。只要对这点不作合理的肯定，即不肯定社会主义生产机器现在或过去或在比较时能够期望它至少有接近商业经济机器的效率，有关分配的论点依然是非结论性的——事实有待证明——就算我们选择接受它也是一样的[1]。一旦生产效率问题能够解决，在大多数情况下分配论点都是多余的了；除非这个论点全部建立在道德理想之上，它仅在似是而非的事例中占优势。

（3）之所以相同的生产效率水平能够跟不同的福利水平联在一起还有另一个原因。大部分社会主义者认为：相同数量的社会主义社会的国民收入比资本主义社会的国民收入可以办更多事情，因为前者可以更节约地使用它。节约措施的采取是因为出于以下事实，即某种类型的社会按照其组织特性或许把一大部分资源分配作某种目的，而另一些类型社会也依据其组织特性对这个目的漠不关心甚至反对。譬如，和平主义的社会主义节约军费，无神论的社会主义节约教会费用，这两种社会可能因此建立更多医院。事情确实如此。不过由于它涉及不同的估价问题，我们不能有信心把不同估价通常归结于社会主义（尽管能够归结于很多个别社会主义者），这点跟我们在这里讨论的无关。

除了柏拉图式的社会主义之外，基本上任何社会主义社会都肯定会实行另一种类型的节约措施，即从消灭"无所事事的富人"这样的有闲阶级来实行节约。因为从社会主义立场看，不理会属于这个集团中个人需求的满足和估价这批人的文化功能为零是非常正确的。

第三节　社会主义蓝图优越的原因

这样，我们对优越或低劣判断的标准包括比其表面上看来更多的理由。不过，假如我支持这个标准，那么我上面所说社会主义蓝图优越的主要原因是什么呢？

对前文观点分析细读的读者或许感到奇怪，寻常提出以支持社会主义政权反对资本主义政权的大部分论点，一旦正确地叙述后者以迅速进步的速度为经济创

1　我们这样丢弃的论点或许有下面的意思：在别的条件相同的情况下，社会主义最高效率大于竞争经济的最高效率。不过因为两种最高效率的纯形式性质，比较它们证明不了任何问题，这点在上文的讨论中已经非常明白了。

造的条件时，我们所见的就站不住脚了。这些论点中有一些，经仔细检查，甚至还对资本主义有利。很多认为是病理的现象看起来像是生理现象——在创造性毁灭过程中执行重要的职能。很多浪费带有补偿，有时完全或部分地让推论失去作用。社会上不合理的资源配置，并没有常人所说的那样频繁和严重，另外，在某些情况下，这种缺点在社会主义经济中一样可能发生。过剩的生产能力在社会主义经济中也是部分地不可避免的，不过它总是有能够解释的地方，完全可以反驳人们的批评。甚至没办法纠正的缺点最终只是成就中的附带事情，成就之大完全能够抵消很多过错。

关于我们问题的答案能够从前文中推理而得。在资本主义发展的鼎盛时期，答案的正确性或许还有怀疑，一旦资本主义永远地松垮下来，这答案就成为决定性的，无论是按照经济机制内在的原因还是根据经济机制以外的理由来看都是这样的。

在一些情况下，资本主义行业处于价格和产量在理论上不确定的环境中。在卖方垄断市场时，就会出现这种情况，尽管不是频繁出现。在社会主义经济中，除没有实际重要性的有限事例外每一件事都是不平常地被事先决定的。但就算存在理论上可决定状态时，资本主义经济要做到所有的事事先决定也比社会主义经济困难得多，付出的代价也大得多。在资本主义经济中，没有穷尽的运动和反运动是必然的，决策也必然在不确定的环境中做出，这就让行动迟缓拖宕，而在社会主义经济中，那样的决策和行动是不存在的，那样的不确定性也不存在。这个判断不仅适用于"垄断"资本主义，而且更适用于——尽管有别的理由——竞争性资本主义，这在猪产量的周期中就看得很清楚，多多少少完全竞争性行业在大萧条时期或在它们自己盛衰起伏过程中也表明这一点。

不过这一点所含的意义比刚一见到时想到的要多。按照给定数据观点看来是合理或理想的生产问题的确定解决办法，以及所有能缩短、畅通和保护通向取得解决办法的道路的全部措施，必定能节省人力和物资，并且降低获得一定成果的成本。除非这样节省下来的资源被全部浪费，否则必然提高我们所说的效率。

上面概述的对资本主义制度的一些综合的控诉在这个论证下获得适当的辩护理由。以过剩生产能力为例。说社会主义中过剩生产能力根本不存在是不正确的。中央局坚持要充分利用一条从无人烟地区通过的新铁路是非常错误的。说过剩生产能力在任何情况下都代表损失也是不对的。不过有些类型的过剩的确带来损失，而为进行经济战而保留的后备生产能力社会主义经理部门是可以避免这种损失的主要例子。无论这个特殊例子的重要性有多大（尽管我不认为重要性非常大），它告诉人们我已经宣布过的一个论点：有些东西在资本主义发展条件下是（或可能是）非常合理甚至必要的，因此按资本主义秩序的观点来看，它们完全不构成缺点；它们也不构成相对于竞争资本主义的"垄断"资本主义的弱点，只要它们（作为条件）与垄断资本主义的成就有关系，而这些成就是竞争性资本主义达不到的。不过就算是这样，可是跟社会主义蓝图相对照，它们仍然构成弱点。

这点对造成商业周期机制的大多数现象来说十分正确。资本主义企业不缺乏调节器，有些调节器在社会主义生产部的实际行动中很可能会再次见到。不过进度计划，特别是各种行业中新风险投资的及时系统协调和有秩序分配，对于防止资金有时过度充塞其他一些时候萧条不足所起的效用，比所有利率的自动的或操纵的变化和信贷供应所起到的效用有着无法相比的优越性。实际上，这些措施会消除周期性上升和下降的成因，而在资本主义制度中，它只能对起落的程度起缓和作用。对于废弃过时设备的过程，这在资本主义中特别是在竞争性资本主义中代表着暂时的瘫痪和损失，也就是失去部分机能，而在社会主义中，"废弃过时设备"仅仅是预先编制一份全面计划，让一般人知道，要把过时工厂或设备件中没有过时的部件改作他用而已。具体地说：以棉纺织业为中心的一场危机，在资本主义制度里或许会让住宅建设停工；在社会主义制度里这场危机也会发生，此时一纸通知立刻让棉织品生产进行大幅度削减，尽管这种情形发生的可能性不大，并且这种危机不是停止住宅建设而是加快住宅建设的理由。

无论什么人所希望的哪一种经济目标无不是为了实现他的愿望，社会主义经理部门能够用较少骚乱和损失达到目标，而且不一定会引起影响资本主义制度构架内计划进度的不利条件。这点能够用下面人们常说的话来表明它的一个方面，社会主义经理部门可以朝着接近产量长期趋向的路线前进，从而自然地形成像我们见到过的对大企业政策所熟悉的趋势。我们的所有议论可以归纳为下面几句话，即社会化的意思是在大企业标出的道路上迈出超越大企业的一大步，也就是说，社会主义经理部门可以想象地证明它优于大企业资本主义，而大企业资本主义已证明它类似竞争性资本主义，而后者的原型就是一百年前的英国工业。或许在今后几个世代看待议论社会主义计划不足的论点就如我们看待亚当·斯密有关合股公司的论点一样，它也不是完全错误的。

当然，到目前为止，所有我所说的只提到社会主义蓝图的逻辑，并由此提到社会主义事实上或许很难实现的"客观的"可能性。不过就蓝图逻辑来说，社会主义蓝图按照较高合理水平绘制，这是无法否定的。我认为，这是处理事情的正确方法而不是合理与不合理的事情。个别地和从当时的观点来说，农民对猪与饲料价格产生的猪周期的反应完全合理。一家公司的经理部门在卖方垄断市场情形中运用谋略也是对的。一家企业在业务兴旺时扩展在业务不景气时收缩也无可厚非。所不同的也只是合理性的性质和范围。

可以提出为社会主义计划辩护的肯定不止这一点。不过就社会主义经济的纯逻辑来说，实际上不能证明为错误的大部分论点都包含在上面举出的那一点之中。

失业是头等重要的一个例子。我们在第二篇中已经见到，有关失业者本身的利益，无论哪一阶段的资本主义社会，只要其进步程度完全能够为成功的社会主义化需要提供机会，或许不会留下特别多他们希望解决的问题。不过就社会的损失来说，上文论点的意思是，在社会主义社会中失业将减少，主要是消灭了经济萧条的后果，而在主要由技术改进引起的出现失业的地方，生产部无论实际上做什么都会想尽各种办法指引人们重新进入其他职业。只要能实现计划提到的可能性，在所有情况下都会有新职业等待他们。

社会主义计划较高合理性还包含着一个较小的优点，它来自这样的实际，即在资本主义制度中，一般发生在个别企业里的改进，在推广中需要很多时间并会遇到阻碍。假如进步的速度迅速，肯定会有很多企业死死抓住老方法或者低效率的方法不放。在社会主义社会里，每一项改进理论上可以用法令来进行推广，而低标准的做法就可以被很快消灭。我之所以把这个优点称为小优点，是因为资本主义对付低效率问题通常也相当有效。这个特殊优点的相似之处无论是大还是小，由政府机关来实现就是另一回事了。一个公正的机关总是能够被信任，可以把它所属的成员全都上升到它制定的标准，不过这样说与这个标准本身怎样完全没有关系。读者一定要始终记住，那个可能的优势或许会在现实中变成实实在在的劣势。

并且，中小型企业的经理或业主兼经理一般不是工程师就是销售人或是组织者，就算他们都是有真才实干的人，也不容易把所有的事情做得一般好。我们常常发现，甚至成功的企业在这方面或那方面管理得很差（有效率专家的报告为证），它们的领导人因而并没有全部尽到责任。社会主义经济像现代最大规模企业所做的那样，可以把这些人放在他们真正熟悉的岗位上使用，让他们发挥最大的专长。但是不需要我们详细解释的明显理由，不容许我们对这种优点抱特别大的希望。

不过在我们绘制的蓝图上有一个非常重要的优点看不出来。商业社会的显著特色是私人领域和公有领域的划分，或者你也可以说，在商业社会中的私人领域所包含的内容要比封建社会或社会主义社会分派给它的多出许多。这个私人领域与公有领域分得清清楚楚，不仅在概念上是这样，在实际上也是这样。这两个领域在相当大的程度上由不同的人管理（地方自治政府的历史提供最显著的例外），二者根据不同的、经常是互相冲突的原则进行组织和管理，于是产生不同的、经常是互不相容的标准。

在这样的安排下只会暂时没有摩擦，这样安排的自相矛盾的性质，假如我们不是对它早成习惯，就会是我们惊奇的根源。实际上，远在它发展成对抗之前，摩擦早就存在了，而对抗是由公有领域的人们越来越成功地进行资产阶级领土征服战争的结果。这种对抗引起斗争。于是大多数政府在经济领域上的行动显现为明显具有老资产阶级经济学者所说的政府干预的特性。实际上政府这些行动确实是这个词任何意义上的干预，特别是考虑到这些行动阻碍和瘫痪私人的生产机器。不能说这些干预经常成功，甚至在提高生产效率方面也是这样。不过就干预行动来说，社会主义中央局的行动取得成功的机会将会更大，而因为斗争而产生的成本和损失在社会主义经济中是完全能够避免的。这种损失相当巨大，特别是如果我们把由不停调查和起诉引起的不安及随后对私人推进事业精力的沮丧作用包括在内，损失就会更大。

应该着重地把这些成本中的一个重要成分提一提，那就是把才能专注于只属保护性的活动，在律师所做的全部工作中，有一大部分用于企业与国家及其机关的斗争。我们把这类工作称为邪恶地妨碍公益也好，或把它称为保护公益反对邪恶阻碍也行。不管怎样事实仍然是，在社会主义社会里，这部分法律活动既不需要也没有活动余地。由此形成的节约不能用从事这种活动的律师费来让人满意地衡量。律师费并不多，不过许多优秀才智之士从事这种非生产性职业所带来的社会损失是为数可观的。想一想才智之士怎样得稀少，他们如果能够转移做其他职业，对社会的益处或许会不可胜数。

首先是因为下列事实私人领域和公有领域之间的摩擦或对抗而加剧的：自从王公的封建收入再也没有很大重要性以来，政府始终依赖私人领域中为私人目的而生产的收入，这笔收入一定要用政治力量从这些目的中挪出来[1]。一方面，税收

---

1 解释税收与俱乐部都会费或购买医生执照的费用的理论相似，只能证明社会科学的这一部分离开人的科学的思想习惯是那么遥远。

是商业社会的一项基本标志。或者，假如我们接受第一章中引用的政府的概念，它是政府的基本标志。另一方面，它又基本无可避免地具有伤害生产过程的性质[1]。大约在1914年以前（假如我们同意只考虑现代），这种伤害还仅限于在狭小的范围以内。不过从1914年以后，税收逐渐增加，从而成为企业与家庭预算的最重大项目，成为造成让人不满经济成就原因中的主要因素。另外，为了从不自愿的机体中榨取不断增多的税额，出现了庞大的行政机构，它与资产阶级做斗争仅是为它收入中的每一美元。那个机体的反应是发展防护器官，为自我保护做了大量工作。

没有别的东西这样清楚地显示出由社会机体结构性原则冲突所造成的浪费。现代资本主义依赖利润原则解决它的日常生活，不过不允许这个原则占主导地位。在社会主义社会不存在这样的冲突，所以这样的浪费也不存在。

1　也存在例外，不过它们对实际目的没有影响。

第十四章
人的作用

善意的提醒

我们刚才得出的结论可能很多社会主义反对者会接受。不过，他们的同意大多会采取下面的形式："哦，好呀，当然，假如你们有神人指导社会主义机器，有天使长为它配备人员，一切或许会这样。不过问题在于你没有神人和天使长的帮助，而人性如此，尽管资本主义替代物连同它的动机模式及它的责任和报酬的分配方式提供了不是最好的、符合想象的安排，不过不失为最好的符合实际的安排。"

对这席话的回答，是有一些可说的。一方面，当前我们一定要防止的不仅是藏在所有试图把某种现实去与一种思想做比较的后面的危险，并且也要防止所有把某种现实与一种理想做比较的所本有的错误或诡计[1]。另一方面，我认为我已经把这一点说得非常清楚：就事物的本性来说，只有有关一定社会条件和一定历史阶段的状况，而肯定不可能有社会主义的全面状况，这种相对性现在比我们仅讨论两种蓝图要重要得多。

1　一种思想、图式、模型或蓝图都体现一种理想，不过仅仅在逻辑意义上是这样；这样的一种理想只代表非本质的东西不存在，我们能够说如同未经掺杂的设计，对于应包括什么在内，什么应被看作是偏离，仍然是能够争论的问题。尽管这点应该是一个分析技术问题，不过在理想中还包含着爱憎：社会主义者倾向于把他们认为不好的东西放到资本主义的蓝图里，并尽可能多地作为它的特性，反社会主义者怎样以一样的方法应对社会主义的蓝图，双方都尽其全力地美化自己，并在蓝图中尽量写上一些非本质偏差中的"小缺点"，同时暗示是能够避免的。就算在所有特定的情况下，他们同意把某些现象看作偏差，他们还会仍然不同意他们自己制度所犯偏差和他们对方所犯偏差的程度。比如，资产阶级经济学家喜欢把他们自己不喜欢的所有东西归咎于"政治干预"，而社会主义者则认为，这些政治是资本主义机器运作方法所造成的资本主义过程和形势所无可避免的结果。尽管，我承认把全部这些困难列举出来的目的在于避免这些困难，不过我不认为这些困难能够影响我的主张，对此有专业知识的读者将会注意到这点。

第一节　论据的历史相对性

对这一点我们用比拟来说明。在封建社会中，包括对私有财产的最坚决支持者在内的我们，几乎所有人现在认为纯属政府机关领域的很多事务，都用这样的一种方法来管理，即在我们看来，这些政府职能变成了私人所有的东西与私人收入的来源；每一个在君臣关系的等级制度中的骑士和领主，他为利润而持有采邑，而不把它看作他管理采邑付出劳务的报酬。跟它有关的如今所称的政府职能，当时仅仅是为某个上级长官服务的赏赐。甚至这样说也没能完全阐明这个问题：他持有他的采邑，由于他是一位骑士或领主，由于他有权利持有一个采邑，无论他干了什么抑或是没干什么，对于这种事物状况，缺乏历史知识的人容易看作是"种种积弊"的混合物。不过这是瞎说。在它自己时代的背景中（跟任何一种制度结构一样，封建主义活得比真正是"它的"时代还长），这种制度是唯一合适的制度，它体现了能够履行那些公共职能的唯一方法。

倘若要问比较资本主义现实与社会主义成功的机会有什么意义，我们一定要设想出一个明确的资本主义模式，让我们选择所处时代的资本主义，也就是选择受束缚的大企业资本主义。如果让我们说，首先，尽管这样说限定了一个时代和一个模式，不过没有限定任何特定的日期，甚至对以几十年来计算的时期都不限定，因为受束缚的资本主义模式在特定时间内（譬如说在目前）已经把它的特性发展和稳定到怎样程度的问题仍需要进行事实的调查；其次，就我们论证的这一部分来说，那些束缚资本主义的枷锁（无论它们是什么）不管是资本主义过程本身中逐步形成的，还是能够被看作是过程以外的某种力量强加给它的，都没有很大关系；另外，尽管我们目前准备讨论人们可以期望社会主义要多久才能够收割它在蓝图中隐约描绘的收成这个比较现实的问题，但我们仍然还只能说些碰机会的话，我们还一定要使用各种假设，来补正我们有关等待我们的究竟是哪种社会主义的无知。

第二节　官僚机构的管理

社会主义政权感到最困难的问题无疑是怎样合理使用资产阶级人才，而断定这个问题能够成功地解决必须有一定的乐观主义精神。不过，这主要并非因为问题内在的困难，困难在于社会主义者一定要承认问题的重要性和用适当的心理状态去面对它。上边提到的有关资本家阶级的本性和职能的教义本身就征兆着对这样做的强烈憎恶，并且能够把它看作拒绝这样做的心理和技术准备。我承认，在与社会主义者交谈中，我常常感到怀疑，假如社会主义政权让另外一些人管理，无论在别的方面管理得怎样完善，他们中的某些人甚至大部分人是否能够胜任呢？我一定要立刻加上一句：另外一些人的态度是无可指责的。

要解决问题本身，首先应该允许资产阶级人才去做与他的才能相适应的、与传统有资格做的工作，因此要以胜任为原则来选择经理人，不能歧视原来的资产阶级人士。这样的方法是能够设想的，有些方法甚至比大公司时期运用的资本主义方法更好。不过被允许做他的工作所涉及的事情比任命给他一个适当位置范围更大。当这样被任命时，他一定要被授予他职责范围内行动的自由。这就产生了经济生活官僚化的问题，这个问题构成特别多的反社会主义说教的主题。

把我们特意强调的利润与亏损动机消灭不是最重要的事情。另外，感觉到一定要为自己的错误支付自己钱财的责任心不管怎样正在消逝（尽管消逝得不如一厢情愿思想让我们相信得那样快），而在大规模公司中所具有的那种责任心显然能在社会主义社会中重新出现。官僚机构或文官制度独特的选择领导人的方法，并非像有人常说的那样缺乏效率。文官制度的任命和晋升的规则也有可观的合理性。这些规则有时在实践中做得比在纸上所说的还要好，尤其是机关里对某人的共同意见，假如得到适当的重视，确实对有才干的人有利，最起码对某一类型有才干的人有利。

至于另一个问题更要重要许多。官僚主义经营企业的方法及这种方法所散布的精神气氛，显然经常对最积极的人施加消极的影响。这点主要因为官僚机器中本身存在的调和个人积极性与机器运行机制的困难。这部官僚机器生产的东西对人的积极性起鼓舞作用，但更多的是窒息人的积极性的邪恶企图。正因为如此，结果让人产生感到挫败和空虚的感觉，反过来它又引导出对别人努力做摧残性批评的心理习惯。当然事情并非一定如此，很多官僚因对他们的工作更加熟悉从而提高了效率。但是，避免消极作用是不容易的，而且没有克服消极面的简单药方。

最好我们从一开始就承认，完全信赖纯粹的利他主义的责任感就跟对它的重要性和可能性全盘否定一样，是不现实的。就算为与责任感同类的众多不同情操（如从工作和指导中获得的满足感）留出充足的余地，某种酬劳制度，起码如社会重视和社会威望这种形式的酬劳制度，大致上能够证明有不错的效果。一方面，寻常的经验告诉我们，很难发现一个男人或女人，无论有多么高尚的胸怀，他或她的利他主义或责任感可以全部不沾那种一己利益（或者你愿意这么说），可以完全不沾他或她为突出自己的虚荣心或愿望而发挥作用。另一方面，构成这种感情上经常十分明显的事实基础的态度，肯定要比资本主义制度有更深的根源，它属于所有社会集团内的生活逻辑。因此，我们不能用资本主义害人虫浸染他们的灵魂，并扭曲他们的"自然"本性这类话来应对这个事实。不过，对待这种类型的个人自我主义，利用它为社会服务是不难的，而社会主义社会处在这样做的特别有利地位。

在资本主义社会里，对个人表现的社会重视或社会声望有着强烈的经济内涵，由于按照资本主义标准，成功的典型标志是金钱收益，又由于大部分构成社会声望的东西，尤其是全部经济利益中最微妙的东西——社会身份一定要购买而得。这种私人财富的声望和特殊价值当然一直得到经济学家的承认。并没有非常好的预见能力或洞察才能的约翰·斯图尔特·穆勒看到这一点。很显然，这是在促使显著表现的刺激物中最重要的一种。

对于实际收入的优待，首先需要看到，这点在某种程度上是合理对待现有社会人才的问题，与刺激积极性根本是两回事。就像赛跑的马和角斗的牛都得到人们由衷感激的注意，假如把这种感情给予每一匹马和每一头牛，那非但不合理而且不可能，因此，假如要让经济合理性的规则全面施行，一定要对做出显著成绩者给予优待。当然能够不这样做，社会能够选择实施排除这种做法并拒绝像他们看待机器一样地看待人的理想。对此，经济学家有权利说的仅仅是社会不应该不顾这样的事实而一意孤行，即这些理想是要付出代价的。这一点非常重要。很多高得完全可以引起非难的收入，以及给予收受者的包括社会身份和免受小麻烦侵扰在内的生活条件和工作条件，并没有超出让他们保持适合于做他们所做的工作的程度。

这一点只要被考虑进去，就可以同时解决（至少部分解决）提供纯经济刺激问题。不过我想，社会主义社会必定会远远超过由赛跑的马和机器强加的界限，取得非常大的收益，这又是推理力的问题。这样做的原因也来自于两个方面：一方面来自于对行为的观察；另一方面来自于对资本主义经济和文明的分析。资本主义没能支持社会可以从优待人才上获益的主张是资本主义条件的产物这样的观点。这个主张是社会上进行有价值努力的推进器。如果这个主张被否定，那么全部的满足机会和效果就要比它们先前能够达到的小了，尽管不可能说出小了多少。虽然在社会主义接管后，经济过程越稳定，这个要素的重要性就越小。

这么说并不是表明，为了对这种刺激作用的可能性做出公正的评价，名义收入一定要达到目前这样的高度。在当前，收入包括税收、储蓄等。这些项目的消失本身就完全能够剧烈降低名义收入的数字，这点是我们这个时代小资产阶级心里非常不愿意的。另外，我们已经知道，高收入阶层的人们越来越受到较简朴思想的影响，实际上他们正失去声望动机以外的大部分希望保持先前支持他们过豪华生活那种开支的收入水平的动机，到能够预期社会主义即将成功时，他们的思想会更加谦虚。

第三节　节约与纪律

最后，由资产阶级现在交卸给社会主义政权那些职能会怎么样呢？为了回答这个问题，我们先来讨论一下节约与纪律。

对于前者，它基本全部是资产阶级，特别是它的上层履行的职能。我不准备争辩说，节约是没必要的或反社会的。我也不准备要求读者信赖每个社会主义者的节约习性。不需要忽视人们的贡献，不过只有把社会主义经济想象成半静止的，否则这些贡献是不够的。就像我们看到的，中央当局能够通过直接配置部分国家资源用于建造新工厂和新设备，可以做到如今由私人节约所做的全部，并且效率更高。俄国的经验或许在很多问题上不是结论性的，不过在这一方面却是结论性的。俄国强制实行艰苦与"禁欲"，这是所有资本主义社会完全没有实行过的。在经济发展比较进步的阶段，为了取得资本主义速度的进步，强制实行类似的严格手段是没有必要的。要是资本主义先辈达到了半静止的阶段，甚至自愿节约也就完全可以了。这个问题总是能够解决的。不过它再一次表明，因形势不同所需要的社会主义也不同，而田园式社会主义只有经济进步被认为无关紧要，在那种情况下经济标准不再受重视，或者说经济进步在原先虽受重视，但现在则认为已经过时，到将来更没有丝毫价值，此时才会成功。

关于纪律，在经济机器的效率和管理雇员的权力之间有着明显的关系，商业社会利用私有财产和"自由"契约制度，让雇员从属于资产阶级雇主。这个关系不仅是为了富人可以剥削穷人而授予他们的特权。在直接有关的私人利益后面，在生产设备的顺畅运行中还存在社会利益。在特定情形下，私人利益事实上在什么程度上服务于社会利益，以及把社会利益信托给雇主个人利益在原先造成雇员无薪酬劳苦的程度有多大，人们的意见或许有非常大的分歧。不过在历史上，不管是对于那种社会利益的存在，还是有关在没有受损伤的资本主义时期肯定是唯一可行的那种方法的普遍有效性，不可能有意见分歧。所以，我们需要提出两个问题。那种社会利益在社会主义环境中还一直存在吗？假如回答是肯定的，社会主义计划可以提供所需数量的无论是什么样的权威吗？

使用"权威性纪律"这个权威的补足语来替换权威这个词是方便的，前者能够用来指不是由接受纪律者本人而是由代理人多次灌输而形成的服从命令、接受监督与批评的习惯。按照这一点，我们能够把纪律区分为自我纪律（注意，它起码有一部分是因为以前，甚至上一代接受过权威训练的影响）和集体纪律，集体纪律是集体意志对集体中所有成员施加压力的结果，同时还部分因为原先受过权威性训练。

首先，社会主义制度可能会得到人们越来越不愿给予资本主义的忠诚。基本不用强调，这就让工人对待工作的态度要比他们在他不赞成的制度下能有的态度更加健康。

其次，社会主义制度有一个主要的优点，就是它能既清晰又无误地显示经济现象的性质，而在资本主义制度中，经济现象的表面被盖上利润利益的面具。

第四节　权威性纪律和俄国的教训

社会主义社会可以有更多的自我纪律和集体纪律，所以跟受束缚的资本主义社会相比，不需要那样多的权威性纪律。而权威性地执行纪律将被证明是非常容易的工作[1]。在提出之所以要相信这点的理由以前，我一定要提出理由让人相信，社会主义权威性纪律是不能被省却的。

第一，只要自我纪律和集体纪律，起码在很大程度上是权威性纪律提供的过去（可能是祖辈相传的）训练的结果，如果那种训练中断很长时间，这个结果也将销蚀殆尽，与社会主义制度是不是为保持所要求类型的行为提出外加的理由根本无关，虽然这些理由或许吸引个人或集体的合理思考或道德上的忠诚。这样的理由和接受这些理由是引导人们服从训练与服从约束制度，而不是让他们可以我行我素的重要因素。假如我们想到我们正在盘算的是老一套单调的日常生活中的纪律，缺乏热情，缺乏光亮，在一些（假如不是全部）细节上让人厌烦，想到社

1　假如可以证明，赞成某种类型社会主义模式是合理的期望，那么这点的重要性不管怎么说也不会是夸张的。纪律不仅可以改进劳动质量，如果有需要，也能增加劳动时长。除此之外，纪律是最为重要的节约因素。它滑润经济机器的轮子，大大减少浪费和每个工作单位的总劳力。计划的效率，特别是现有经理部门的效率能够提高到远远超过现行条件下所能够达到的水平。

会主义制度起码会消除一些求生动机的压力，而在资本主义社会里促成自我纪律的主要要素是求生动机，于是就增加了这方面的重要性。

其次，跟对正常人持续进行训练的必要性紧密相连的是对付表现低于正常者的必要性，所谓低于正常者并不是指由疾病所引起的个别事例，而是指范围广泛或许占25％的人数。只要是因为心理上或意志力上的缺陷而低于正常表现，希望它跟资本主义一起消失是不现实的。低于正常者这一人类最大问题和最大敌人，到那时还和现在一样有这么多。单独使用集体纪律很难对付它——尽管权威性纪律机器当然能够这样建造：让它能通过低于正常者所在的集体发挥（至少部分地）作用，但单独使用集体纪律对付它是很不容易的。

最后，尽管能够期望社会骚动中的既得利益将消失一部分，不过我们也有理由相信它不会完全消失。制造麻烦、在工作中进行破坏，依然是一桩事业或事业成功的捷径。这种事情跟现在一样，它是不满他们地位或一般的不满现状的理想主义者和追逐私利者的自然反应。另外，社会主义社会中将有众多斗争。毕竟在产生所有重大争论的原因中将被消灭的只有一个。除了显然可能的局部利益的部分复活外，还可能在地域利益和行业利益方面有意见上的冲突，比如，眼前享乐与未来世代的福利谁轻谁重，而对未来世代福利的经理部门的支持很可能面对完全类似今天劳动者和一般公众对待大企业及其积累政策的态度。最后一样重要的是，回忆一下在论社会主义文化不确定性这个主题时所说的话，我们将必定理解，很多国民生活的重大争论还是跟所有时候一样存在着，基本没有理由期望人们将停止为它们而争斗。

如今，在对社会主义当局应付上面三点或许出现的困难的能力评价时，我们一定要深深记住，比较是跟现在的资本主义甚至是跟预期在进一步瓦解阶段行使职能的资本主义做出的。当讨论自从杰里米·边沁时代以来的很多经济学家全部忽视的个别企业内部的没有丝毫犹豫的服从的重要性时，我们看到资本主义发展有消失它的社会心理基础的倾向。工人愿意服从命令显然不是由于理智地深信资本主义社会的优点，或由于理智地意识到它能给他个人带来哪种好处，而是由于资产阶级主人的封建先辈重复灌输的纪律。无产阶级把他们祖先在寻常情况下对他们封建主人的尊敬的一部分（绝不是全部）转给现在的主人，而封建主的后代在资本主义历史的大多数时期里留在政治权力圈内，让资产阶级办事非常容易。

资产阶级因为反对保护阶层，因为在政治领域接受平等的理想，因为教导劳动者他们跟其他人一样是可尊敬的公民，从而丧失了那个优势。有一段时期，还留下足够的权威来掩盖逐步而持续的变化，这个变化必定会瓦解工厂里的纪律。到如今，已经消失了大部分优势和大部分维持纪律的手段，更加严重的是，甚至运用这个手段的权力也已消失。原先给予雇主与违反纪律现象斗争的社会同情也已消失。最后，主要因为丧失了那种同情，政府机关先前的态度也改变了。我们可以看出一步一步改变的途径，从支持雇主到中立，通过中立的不同细小差异到支持工人的权利，把工人当作交易中平等的合伙人，从支持工人到支持工会，反对雇主和个别工人[1]。这幅图画到形成受雇用的企业高级人员的态度的转变算是完成了，他知道，假如他声称为群众利益进行战斗，甚至他不但不会引起愤怒而且只会引起欢呼，从这他得出结论，受人称赞为进步或者去度假，要比做没有人承认是他责任的事而招来侮辱或危险快乐得多。

考虑一下这种事态，我们不需要过分地突出其中固有的趋势，也可以想象得到社会主义或许是恢复社会纪律的唯一途径的形势。不过不管怎样已非常清楚，社会主义经理部门在这方面所占的优势是这么得大，甚至在生产效率的天平上也能够显现出巨大的分量。

首先，社会主义经理部门会有很多实施权威性纪律的工具让它调度，其数量比资本主义经理部门所有时候能够具有的数量要多得多。实际上开除的威胁是遗留下来的唯一工具，它符合边沁学派以社会平等地位合理地订立和取消契约的思想，不过，在资本主义社会里，那个工具的手柄是这么构成的，谁试图使用那个工具就要斩断他的手。不过，社会主义经理部门的开除威胁代表着不给生活资料，乃至换一个职业也不会得到生活资料的威胁。另外，在资本主义社会里对工人的处置要么开除，要么就是任何处分都没有，因为舆论原则上对契约一方惩罚另一方那种观念是不赞成的。而社会主义经理部门可以在看来合适的程度上使用那种威胁，并能够使用别的制裁方法。在别的制裁方法中有好几种比较温和的措施，不过资本主义经理部门没办法使用，因为它在道德上缺乏权威。在新社会的气氛中，仅只是劝告也能够收效，这种效果如今是不可能有的。

---

1 等同于鼓励像建立工人纠察线那种行动的容忍，在没有沿笔直路线的行进中可以当作有用的界标。在美国，立法特别是行政措施非常让人感兴趣，因为它们在提出相关问题时，有时强调，有时轻描淡写，这是因为变化经长期延迟后，在很短时间内一齐来到了。在它对劳工问题的态度中，除对工人阶级短期利益的关心外，一点也不知道政府或许有别的社会利益需要照顾，这和它半信半疑但意味深长地采用阶级斗争的策略一样，都是政府的特征。这样做的主要原因，能够用特殊政治结构来解释，也能够用美国特别不可能使用其他办法让无产阶级成为一个有效组织来解释。不过以美国劳工形式作为例证的价值，不会因此而受到实质性的伤害。

其次，社会主义经理部门会发觉，行使它全部的无论哪种权威性纪律的工具是非常容易的。那时没有政府的干预。作为集体的知识分子不再怀有敌意，而那些对它自己标准再次相信的知识分子会受到社会的约束。这种社会在引导青年方面非常坚决。再说一次，舆论对它认为是准犯罪的行为将不再支持，因此罢工就等于叛乱。

跟对节约问题进行讨论时相同，对俄国经验普遍化能够提出的种种不同反对意见不会对俄国经验的价值产生损害，这是由于在一个更成熟或更接近正常的社会主义社会中，出现的困难应该更少而不是更多。相反，我们希望为上述论证的要点取得较好的例证是很难的。

布尔什维克革命在1917年完成了俄国小而高度集中的工业无产阶级的瓦解。群众根本不受控制，用无数次放假式的罢工和占领工厂来实施其对事物新秩序的概念。当时的制度是工人委员会或工会的管理，并被很多领导人认为是当然之事接受下来。1918年年初达成的妥协困难地为工程师和最高委员会取得最小的权力。特别糟糕的工作状况是1921年着手搞新经济政策的一个主要动机。当时，工会有一段时间又陷入瘫痪状态，它的职能和态度就跟在受到严重束缚的资本主义时一样。不过1928年的第一个五年计划改变了所有的这些，到1932年，工业无产阶级所受的控制比在最后一个沙皇统治下还要严格。无论布尔什维克在所有别的方面受到什么样的失败，他们在这方面获得从来没有过的成功。他们做到这一点的办法是非常有启发性的。

工会不但没有受到压迫，而且还受到政府的扶助，因此工会会员人数剧增，早在1932年就达到了近1700万人。但是它们从集体利益的倡导者和阻挡纪律与良好表现的障碍物发展成为社会利益的倡导者和促进纪律与表现的工具，它们的态度变得和资本主义国家工会的态度是这么的不一样，甚至一些西方的工党党员完全拒绝承认它们是工会。它们对由工业化步伐带来的艰苦工作不再反对。它们愿意不增加报酬延长工作日。它们丢弃平等工资的原则，拥护奖金和别的一些奖励工作的制度，如斯达哈诺夫运动[1]等这类的鼓动办法。它们承认或服从经理随意解雇工人的权力，反对工人讨论收到的命令，只有大会批准后才执行的"民主大会

1　斯达哈诺夫运动，20世纪30年代在苏联出现的群众性技术革新和社会主义劳动竞赛运动，因采煤工人斯达哈诺夫首先发起而得名。1935年8月30日，采煤工人斯达哈诺夫创造了一班工作时间内用风镐采煤102吨的纪录，超过定额13倍。这一事迹，在苏联第二个五年计划时期得到广泛传播，形成了斯达汉诺夫运动。它打破旧的技术定额，迅速提高劳动生产率，表现了当时苏联社会主义竞赛的新高涨的特点。——译者注

制度”，工会和“同志法庭”及“肃反委员会”合作，采取特别强硬的反对怠工者和表现低于正常者的路线。罢工权和工人管理生产这种术语再也听不到了。

再说，由于现代工人对本身工作的不健康态度是因为他所受的影响。假如把责任感和工作成就的自豪感持续地灌输给他，而不是一直对他说些相反的话，结果就会截然相反，这点是特别值得注意的。俄国情况跟资本主义国家不一样，它能够让对青年的教育与指导强制符合它的目的跟结构观念，从而让它创造一种有利于工厂纪律气氛的能力大大增加。对此知识分子显然没有干预的自由，鼓励违反纪律的舆论也不存在。

这样，就算蓝图的优点与缺点不提，跟受束缚的资本主义相比，社会主义取代者并没显出不利的地方。一定要再次强调的是，我们所谈的仅仅是可能性问题，它跟我们对蓝图的讨论在意义上有着极大的不同。

第十五章
两个制度的过渡

第一节　认识两个不同的问题

从资本主义制度过渡到社会主义制度，无论它出现时的情况怎样，我相信肯定会产生一些特有的问题，这是每个人尤其是全部正统社会主义者都承认的。不过，因为过渡出现时资本主义发展处于不同的阶段，以及因为实行社会主义的集团可以和愿意使用的方法不同，预期遭遇困难的性质和程度会有特别大的不同，所以设想不同的两个事例，从而构成两组不同的环境作为典型，有益于我们的讨论。由于过渡在什么时候出现和怎么出现之间有着明显的联系，因此做到这个设想更加容易。但是由于我不准备在资本主义较早阶段可能与不可能出现的问题上浪费篇幅，所以对这两个事例的论述只涉及完全发展的和"受束缚的"资本主义。记住这一点，我将把它们称为成熟社会主义化的事例和未成熟社会主义化的事例。

本书第二篇中的大多数论证能够归纳为下列马克思主义命题，即经济过程趋向于让本身社会主义化，同时也让人的灵魂社会主义化。我们这么说的意思是，社会主义无论在技术上、组织上、商业上，还是在行政上和心理上的前提条件有日趋成熟的倾向，让我们再次想象，假如那个趋势达到成为现实时未来将出现的事物状态：除农业部门外的产业由少数官僚化公司控制。进步放慢了，进步成为机械的和预先计划好的事情。利率逐渐趋向于零，这种趋势不是暂时的，也不是政府压力造成的，而是因为投资机会减小而成为长久性的事情。因为所有权只剩下持有股份和债券，所以工业财产及其管理变得跟个人无关，企业高级人员养成类似于公务人员的心理习惯，资本主义的动机和标准完全消失了。向社会主义政权过渡已是水到渠成的结论已经清晰地展现在我们面前。不过有以下两点需要提一提。

第一，不同的人——甚至不同的社会主义者——距离将让他们满意的那种状态的接近程度是不同的，他们在所有特定时间对实际达到的接近程度的判断也是不同的。这是非常自然的，由于在资本主义过程中本有的趋向社会主义的步伐以迟缓的速度行进，它肯定不会通过大家都辨认得出的不可能有怀疑的确切表明道路开放时间的交通信号灯。严重意见分歧的可能性因为成熟所需的条件未必以同一步调前进这一事实而大大增加。比如，人们振振有词地争辩说，1913年美国的工业结构本身要比德国更接近于"成熟"。不过很少有人怀疑，假如在这两个国家做实验，因为德国具有世界上从未有过的最好的官僚政治和最好的工会的领导和训练，所以国家分裂的德国人获得成功的机会要比美国人大得不可相提并论。不过在认真的意见不同（包括由于性格不同而产生的那种不同，类似于有着相同能力和认真态度的几个医生对一次手术是否适当的那种意见不同）之外，经常还有一种根深蒂固的猜疑，争论的一方绝不想承认成熟，因为他们并不真正想有社会主义，另一方无论在何种情况下都假定为已经成熟，其产生于理想主义的基础，或许不是出于理想主义。

第二，就算假定，正确无误的成熟状态已经来到，过渡还需要有特殊的行动，依然会出现很多问题。

资本主义过程为社会主义塑造事物和灵魂。在有限的事例中，它塑造得这样完善，以致最后一步仅仅是一个形式。但是就算在那种时候，资本主义制度本身不会变成社会主义制度。正式通过以社会主义作为社会的生活准则这样的最后一步还一定要采取（譬如说）修改宪法的形式来实现。不过事实上，人们不会等待有限事例的出现。对他们来说等待也是不合理的，因为事实上成熟或许在资本主义的利益和态度还没有从社会结构的每一个角落与缝隙全部消失之前来到。那时宪法修正案的通过就不单单是一种形式了。那时会出现某种抗拒和一些困难等待克服。在讨论这些之前，让我们先把另一种过渡的特性介绍一下。

从根本上说，事物和灵魂能够自动地把自己塑造得跟社会主义相适应，也就是说这个适应过程独立于所有人的意志，并与为此而采取的措施没有关系。不过这个过程除产生其他影响外，也产生这样的意志和随之出现的制定法规、采取行政手段等措施。这些措施总的来说是社会主义化政策的一部分，而实现社会主义的政策要执行很长一段时间，不管怎样需要几十年。但是这段历史自然地分为两部分，中间以采取和组织社会主义政权的立法行动为界，在立法行动之前，不管有意无意，社会主义化政策是准备性的，立法之后，它才是建制性的。对于前一部分，我们仅在本章的最后加以简单的讨论。现在我们要着重讨论后一部分。

第二节　成熟情况下的社会主义化

在社会主义化成熟的状态下，作为"立法后社会主义化"的最重要任务，即一定要加以应对的困难，不仅是能克服了的，并且还不是很严重。成熟代表着遇到的抵抗将是微弱的，即将出现所有阶级中大多数人是合作的，其中，通过宪法修正案的确切可能性，也就是修正案可以用和平的不破坏法律连续性的方式通过是其征兆之一。依据假定，人们理解这个步骤的性质，甚至大部分对这个步骤不喜欢的人也能耐心地容忍它。没有人会感到惘然，或者感到世界在他面前崩溃。

当然就算这样，牌还没有全部出完，还可能有突变。不过这样的危险不大。不仅资本主义那种有组织抵抗和暴力骚动会绝迹或近乎绝迹，这会减少发生突变的机会，并且将有一批有经验和负责任的人打算掌握舵柄，他们可以并愿意维护纪律和使用合理办法把震动减到最小。受过良好训练的政府和企业官僚机构对他们给予支持，这些机构习惯于接受不管哪种立法当局的命令，不管怎样它们不会很偏袒资本家的利益。

刚开始时我们将简化出现在新的生产部或中央局前面的过渡问题，用的是跟以前我们简化它们长久问题相同的方法，也就是假设它们会把农民问题基本上搁置一旁。这样做不仅能够消除可能证明是致命的困难——因为没有哪个其他部门对财产的兴趣有像农场主或农民那样强烈；农业世界的人并不处处都是俄国农民——并且还会获得额外的支持，因为不会有人像农民那样深刻憎恨大规模企业和特殊的资本主义利益。也可以希望中央局会安抚别的类型的少数人：在社会主义化的工业周围，至少在一段时间里小手工业者能够被允许做他们的行业赚钱，小本的独立零售商能够被允许出售他们的货物，就跟如今在政府专卖烟草制品的国家里卷烟零售商一样。在天平的另一头，只要对其工作进行个别估价的那批人的个人利益（让我们说是那种高级官僚的利益）能够不难地以前面指出的准则给予照顾，从而可以避免经济机器的运行产生严重故障。激烈主张平等主义理想会把所有事情弄糟。

资本家的利益如何处理？在上面指出的时机成熟时，我们大概能够把它等同于股份与债券持有者的利益，债券持有者包括抵押债券和保险单持有者。到成熟时期，资本家集团的人可能成为选民的大多数，那时他们不会赞成没收他们权利的提议。我们认为重要的是这么做没有经济上的必要性，假如决定没收，那也是社会遵循它能够采纳的伦理原则的自由选择，而不是因为非做不可。由于支付个人持有的债券和抵押债券的利息，加上支付按照保险合同的索赔权，加上中央局发给前股票持有人的代替股息的债券利息，只要看一下有关统计数字就可以知道，这笔支出不会构成不能承受的负担，而在这些股票持有人失掉投票权时，仍然能够保留大概相当于适当选择的过去股息平均数的收入。对于今后一直要使用私人储蓄的社会主义国家来说，负担这笔开支很明显是明智的行为。时间的限制是做得到的，或者把这些支出转成有期限的年金，或者使用合适的所得税和遗产税，让这些税制在永久消失之前，提供最后一次效用。

我认为，上面的这些话完全证明了"立法后社会主义化"可行方法的特性，在我们设想的环境里，能够希望这些方法可以坚定地、安全地、温和地实现过渡的任务，在进行中让人力、物力的损失和对文化及经济价值的伤害控制在最低程度。大型公司的经理人员只有在有特别原因更换的时候才更换。假如在过渡时期，在准备社会主义化的行业内还有私人合伙企业，最先应把它们改为公司，然后跟别的企业一样加以社会化。当然要禁止新私人企业的创办。公司之间关系的结构特别是控股公司应该使其合理，让这种关系有利于提高管理效率。全部银行都改组为中央银行的分支机构，在这种情况下仍然能够保留它们的某些机能，起码一部分社会簿记职责有必要转移给它们。或许还要保留对工业经理部门的某些权力，像有权给予或拒绝"贷款"，假如是这样，或许让中央银行独立于生产部，变为一种总的监督机构。

这样，开始时中央局发展缓慢，以后逐渐揽起控制权而不发生剧烈震动，让经济体系稳定下来并确定方向，同时可以逐个解决因为过渡产生的较小问题。开始时对生产做少量调整（充其量调整总产量的5%）是有必要的，因为除非平均主义观念比我假设的还要强烈，否则需求结构不会受到特别大的影响。人们（例如，律师）转向其他职业的规模非常大，这是实情，因为有些人在资本主义产业中可以发挥作用，而在社会主义经济中不再有用武之地。不过这点也不会产生严重困难，如消灭低效的生产单位这些较大的问题，向最佳机会做进一步的集中，以及随着人口流动而产生的地域布局合理化、消费品和生产资料的标准化等问题，在经济体制消化掉机构变革的影响并可以在原有轨道上顺利运行之前不会，或者不管怎样不必出现。对于这种类型的社会主义，希望它可以及时实现它的蓝图中所本有的全部卓越成就的可能性是水到渠成的。

第三节　立法前的社会主义政策与英国的事例

与其他政党一样，社会主义者可以做政策尝试而对其最终成功的机会没有损害，并且他们比别的政党成员对本身的目标有更清楚的概念。我对这个问题所有想说的在一个特殊例子中可以最清楚地表达出来。

我们期望我们的例子表现出来的所有特色能在现代英国出现。一方面，英国的工商业结构显然还没有成熟到进行成功的一鼓作气的社会化，尤其因为公司控制的集中程度还远远不够。按照这种情形，无论是经理部门、资本家，还是工人都不愿意接受社会主义，因为那里还留有大量有生命力的"个人主义"，不管怎样，它完全能够发动战斗和拒绝合作。另一方面，大概从20世纪开始，出现一种能够觉察的企业家努力的松弛，这种现象加上别的原因产生一种后果，即重要行业，如电力生产由政府领导和控制，不仅得到所有政党的同意，而且是它们的要求。在英国比在所有别的地方更有理由说，资本主义完成了它的绝大部分工作。另外，从整体上说英国人民现在已经受了国家生活的锻炼。英国工人组织得非常好，一般能够得到负责任的领导。它有一个具有完善文化与道德标准的有经验的官僚行政机构，能够信任它能吸收国家活动领域扩大时所需要的新成分。英国政治家独一无二的诚实，以及有着无可匹敌的能力与教养的统治阶级，让很多事情不难解决，这是别的地方办不到的。尤其是这个统治集团对新原则、新形势和新人物的绝对适应性，团结了最有作为的一部分坚持正式传统的人士。它想要统治，并且愿意代表变化了的利益集团去统治。它既管理农业英国，也管理工业英国，既管理保护主义的英国，也管理自由贸易的英国。它具有独一无二的才能，不仅能接过反对党的纲领，而且能接过反对党的人才。它吸收迪斯累里[1]，如果这人在另一个地方，必定会成为另一个拉萨尔[2]。假如有必要，它会吸收托洛茨基本人，或者在那样的情况下他必然会成为普林基波伯爵。

在这样的情况下，社会化政策因为实行广泛的国有化纲领，可以想象一方面能够向社会主义迈进一大步，另一方面有可能让不包括在这个纲领内的所有利益集团和活动，没有限期地不受触动和干扰。事实上，这些利益集团和活动能够从现在困扰它们的很多束缚和负担（财政和其他）中解放出来。

1　迪斯累里（1804—1881），英国保守党领袖，首相（1868，1874—1880）。——译者注

2　拉萨尔（1825—1864），德国早期工人运动活动家，机会主义代表人物之一，全德工人联合会创始人，联合会主席。提出在资本主义制度下，工人阶级的贫困是由所谓的"铁的工资规律"造成的这个伟大规律。——译者注

下面的经济活动部门能够社会化而不致对留给私人经营的部门产生重大的效率损失或受到重大的影响。补偿问题能够按我们探讨成熟社会主义化时所提出的办法解决。有了现代的所得税和遗产税的税率，这就是一个轻微的问题。

第一，显然英国的银行机构已非常成熟，跟社会化相适合。英格兰银行跟国库部门相同，实际上它的独立性比秩序良好的社会主义社会希望它的金融机构具有的独立性更小。在商业银行界，集中和官僚机构化看来已做了所有工作。能够让大银行尽可能吸收更多有待吸收的独立金融机构，然后跟英格兰银行合并为国家银行总管理局，这个机构也能够吸收储蓄银行、建房互助协会等，除非客户阅读报纸，才会知道这些变化。金融服务机构合理化协调的好处或许是特别大的。从社会主义角度来看，它让政府对非国有化部门的影响增加，也是一种好处。

第二，保险业是国有化的老候选人，如今在很大程度上它机械化了。起码与一些社会保险机构合并是行得通的，保险单的出售成本能够大为降低，由国家掌握控制保险公司基金的权力，社会主义者能够为此而再次欢呼。

第三，几乎没有人想要在铁路乃至汽车货运国有化上制造特别大的麻烦。事实上内陆运输是国家经营最能成功的领域。

第四，矿业尤其是煤矿的国有化，以及煤和焦油甚至包括苯产品提炼的国有化，还有煤和这些产品销售的国有化，或许能够造成提高效率的直接好处，假如劳工问题处理得让人满意，这些国有化将被证明是特别大的成功。从技术和商业角度来看，情况是清楚的。不过看来同样清楚的是，在化学工业中私营企业始终非常活跃，国有化行动要是超过上面指定的界限，就会非常不容易以同等信心期望取得同样的成功。

第五，已经基本完成了电力生产、输送、分配的国有化，在这一点上剩下能够说的是，电气工业是仍然能够寄希望于私营企业的典型例子，从经济上说，主张全盘社会化或者全部反对社会化都是没有道理的。不过电力生产的情况也表明，经营一个社会化企业要它赚钱的困难程度。假如国家准备吸收这么大一部分国民经济生活，同时依然要完成现代国家的所有任务，利润依然是成功的根本条件。

第六，钢铁工业的社会化大家觉得是到现在为止比所有争论更不容易解决的命题。不过可以肯定的是这个工业肯定已经历了它放荡不羁的青年时期，以后能够接受"管理"——当然管理包括建立一个大型的研究部门。能从协作中得到一些好处。这里并不可能会有丧失企业家干劲所造成的后果的危险。

第七，除去可能有建筑工程人员参加股份的例外，在我看来建筑业和建筑材料业能由合适的公营单位成功地经营。许多这种企业已经用这种或那种办法受到管理、津贴和控制，或许对效率的提高有所帮助，这个好处也许比所有可能发生的损失还要多。

上面所举的不一定包括全部。不过超过这些项目的所有步骤一定要以特殊的大部分属于非经济原因来说明其必要性，像军火工业或基础工业、电影、造船、食品工业都是可能的例子。

当前的战争将必定让我们问题的社会、政治和经济数据有所改变。让很多事情成为可能，让另外很多事情成为不可能，这种情况在原来不是这样的。本书最后几页将简单地谈谈这方面的问题。不过，为了澄清政治思想，假设这个问题与战争的影响没有关系，这点在我看来是十分重要的，否则问题的性质永远不会按它应有的样子突出表现出来。所以，我让本章的形式跟内容全部保持1938年夏天我写它时的原样。

第三篇

社会主义和民主

民主是一种政治方法，也是为达到立法与行政的政治决定而做出的某种形式的制度安排。所以其本身不能是目的，无论它在一定历史条件下产生的是怎样的决定都是一样的。不管是谁要为民主下定义一定要以此为出发点。

第十六章

古典的民主学说

第一节　共同福利与人民意志

可以用下面的定义来表达18世纪的民主哲学：民主方法就是为现实共同福利做出政治决定的制度安排，它的方式是让人民经过选举选出一些人，然后把他们集合在一起来执行它的意志，决定重要问题。让我们比较详细地讨论一下这个定义的含义。

那时人们认为有一种共同福利存在着，它是政策的指路明灯，它始终是容易解释清楚的，任何一个正常人经过合理争论都可以了解它。所以没有什么借口说不了解它，实际上说还有不了解它的人是没有理由的，除非是无知（这是能够改变的）、愚笨和反社会利益的集团。另外，这个共同福利能够回答全部问题，因此每一桩社会事实，每一种采取或准备采取的措施都能够被它没有丝毫含糊地划为"好"或"坏"。由此，所有人一定要同意，起码在原则上同意：存在人民的共同意志，即全体有理智个人的意志，它与共同福利、共同利益、共同福祉或共同幸福完全是一回事。除了蠢笨和罪恶的利益集团外，唯一有可能产生意见分歧和可能出现反对派的一件事，就是几乎全体人民的共同目标究竟能够用什么样的速度达到它这个意见的分歧。所以，认识到这个目标，知道他或她的内心思想，辨别得出什么是好什么是坏的每一个社会成员都会积极负责地促进好的和反对坏的，把所有成员团结在一起，对他们的公共事务进行管理。

某些事务的管理需要专门的才能和技术，这是实在的，所以只能委托具有才能和技术的专家。不过这点对那个原则并不影响，因为这些专家全部为了执行人民意志而行动，就如医生为了执行病人要求治愈的意志而行动。在任何一个规模的社会里，尤其是在表现出劳动分工现象的社会里，要每个公民为了行使统治或管理的职责，一定要在所有问题上与其他全体公民接触，必定极不方便，这也是事实。比较方便的办法是，仅仅保留最重要的决定，譬如用公民投票的办法由每个公民表态，剩余的事情让由他们任命的委员会来办理（代表大会或议会将通过普选选出）。如同我们已经了解的，这个委员会或代表机构在法律意义上不代表人民，不过在较小的技术意义上它代表人民。选民的意志将由它表达、反映或代表。这个委员会的规模假如很大，为了方便起见它可以按照公共事务的不同部门分解为较小的委员会。最后，在这些较小委员会之间将有一个总事务委员会，被称为内阁或政府，主要对日常行政事务进行处理，在它头上或许有一个总书记或替罪羊，他就是所谓的总理[1]。

我们一旦接受这个政治机体理论所提出的或暗示的全部假设，民主将获得一个完全不含糊的意义，除了如何付诸实行外，对它不再有任何问题。另外，我们只需要把几个逻辑上的疑虑忘掉，就可以补上一句话：在这种情况下，民主制度不仅是全部能够想象的制度中最好的制度，并且不再有多少人愿意去考虑任何其他制度。但是，一样明显的是，这些假设是那么多事实的陈述，假如我们要做出上面的那个结论，每一个陈述的事实一定要得到证实，而事实上反驳这些事实却要容易许多。

第一，全体人民能够同意或者用合理论证的力量能够让其同意的独一无二的决定的共同福利是不存在的。这点主要不是由于一些人可能需要不同于共同福利的东西，而是因为更根本的事实，即对不同的个人和集团来说，共同福利必定意指不同的东西。功利主义者因为他们对人的价值标准看法的狭隘而看不到这个事实，这个事实将使一些原则问题产生裂隙，对此即使是合理的论证也不能弥合，因为最终价值（我们认为生活和社会应该是什么样的观念）不是纯逻辑推理所能解决的。裂隙或许用妥协的方法在一些事例中能够弥合，不过在其他一些事例中就做不到。有些美国人说，"我们要这个国家武装到牙齿，然后为全世界争取我们认为正确的东西"。另一些美国人说，"我们要这个国家解决自己的问题，这是这个国家为人类做贡献的唯一途径"。二者面临对最终价值不能缩小的分歧，妥协只能让事情更糟。

第二，就算有一种完全明确的共同福利（如功利主义者所提出的最大经济满

1　内阁部长职责的官方理论认为，任命部长是为了保证在他的部门里能够贯彻人民的意志。

足）[1]证明能被所有人接受，这并不代表着对每个问题都能有同样明确的回答。对这些问题的意见分歧可能重大到完全可以产生有关目的本身"根本性"争论的大多数后果。比如，以眼前满足对今后满足的估价为中心的问题，甚至以社会主义对资本主义的估价为中心的问题，就算在每个公民都相信功利主义之后，还是无法解决。"健康"可能是所有人都希望的，但是人们对种痘和切除输精管仍然有不同意见。诸如此类的情况是非常多的。

为什么提出民主学说的功利主义先驱们看不到这件事情的所有重要性，因为他们所有的人都没有认真考虑到资产阶级社会的经济结构和习惯的本质性改变。他们看不到18世纪五金商以外的世界。

最终，作为前面两个命题的结果，功利主义者据为己有的这个人民意志的特殊概念就灰飞烟灭了，因为这个概念一定要以存在所有人都辨认得出的无可比拟地决定的共同福利为先决条件。和浪漫主义者不同，功利主义者的观念中赋有自己意志的半神秘实体，即历史上的法学派曾大肆宣扬的"人的灵魂"是不存在的。他们坦率地从个人意志引申出他们的人民意志。除非至少从长期来看，存在全体个人意志被其吸引的中心——共同福利——我们就得不到特殊类型的"自然的"共同意志。功利主义的重力中心一方面统一个人的意志，以理性讨论的方法将它们融入人民意志，另一方面将古典民主信条所具有的独有的伦理尊严授予它们。这个信条不仅在于崇拜人民意志本身，而是依赖对意志的"自然"目的的一些假设，这个目的得到功利主义理论根据的批准。这种普遍意志的存在和尊严一直到我们怀疑共同福利这个概念时也就不存在了。这样一来，古典学说的两根支柱无可避免地崩溃了。

第二节　人民意志与个人意志

当然，这些反对人民意志这个特殊概念的论点无论有着什么样的结论，它们对我们试图建立另一个更现实的概念并不阻止。我不想怀疑当谈论国家意志时我们想到的社会心理事实的现实性和重要性，对这些事实的分析肯定是让研究民主问题有所进展的前提条件，不过最好不要"袭用"这个名词，因为它常常会让人看不到这样的事实，即我们一旦把人民意志与它的功利主义含义之间的关系割

1　"最大经济满足"的含义依然值得认真怀疑。不过，就算这种怀疑能消除，就算一批人的经济满足的总和可以确定明确的意义，所谓"最大"仍旧相对于特定的形势和特定的估价，而形势和估价标准也许不可能让用民主的方法加以改变和妥协。

断，我们不但在建立一个同一事物的不同理论，而且在建立一个全部不同事物的理论。我们有一切理由对那些民主保卫者前进路上的陷阱进行提防，那些人尽管在越来越多的证据压力下，越来越多地接受民主过程的事实，但是还试图在由民主过程产生的成果上抹上从18世纪的坛子里取出的圣油。

但是，尽管某种共同意志或公众意见仍然能够说是从"民主过程"的个别的或集群的形势、意志、影响、作用和反作用的非常复杂的混乱中出现的，不过其结果不仅缺少合理的一致性，而且缺乏合理的认可。所谓缺少合理的一致性的意思是，尽管从分析的观点说，民主过程不仅只是混乱的（对分析者来说，只要能解释的所有事物都不是混乱的），而且其结果本身（除非碰巧）是没有意义的，如果它不能像实现任何明确目的或理想时那样有明确的意义。所谓缺乏合理认可的意思是，由于那个意志不再与所有"福利"相一致，为了让声称的这个结果具有伦理上的庄严，退回到无条件信任政府本身的民主形式是有必要的，原则上是只能与后果是不是称心合意根本无关的一种信任。就如我们已经了解的，要自己采取这种观点是很难的。不过，就算我们采取这种观点，舍弃功利主义提倡的共同福利，仍然会在我们手中留下一大堆困难。

尤其是，我们对把完全不现实的独立性和理性这些品质加在个人意志头上，并仍然有实际需要。假如我们坚持说，公民意志本身是一种值得尊重的政治因素，它首先一定要存在。也就是说，它必定是相对松散地对道听途说的口号和错误印象发生影响的一组不确定的含糊冲动更有意义的一种东西。每个人一定要清楚地知道什么是他要支持的。这个明确意志的贯彻要有正确的观察和解释每个人直接可以接触的事实的能力和批判地取舍他没有直接接触的事实的信息的能力。最后，按照这个明确的意志和根据这些已证实的事实，就可以用极高的效率，根据逻辑推理的规律，对一些特殊问题必定能做出清晰而准确的结论。另外，每个人的意见能够被认为大体上和所有其他人的意见几乎一样，触目的荒谬是不存在的[1]。综上所述，一个模范公民必然独立自主地行动，不受集团压力和宣传力量的影响[2]，因为强加在选民头上的意志和论断显然不能够完全取得民主过程的最终论据的资格。这些条件是不是已完成到能让民主政治起作用所需要的程度的问题，无论是鲁莽地加以肯定还是鲁莽地加以否定都是不应该的。只有在一大堆相互矛盾的证据中进行艰苦鉴别和评价，才可以做出明确的回答。

不过，在对这个问题讨论之前，我要把读者是不是完全懂得上文已经提到的另外一个问题真正弄清楚。所以我打算再说一遍，就算民主过程使用的每个公民的意见和愿望是完全明确而独立地能够作为根据的，就算每个人都凭借着理想的理性和敏捷性并根据这样的意见和愿望行事，也不一定能推论说，这个过程由这些个人意志为原料而生产的政治决定，能够有说服力地称为代表人民意志的东西。无论任何时候把个人意志分割成很多份，并由此产生的政治决定不仅能够想象，并且十分可能不会符合"人民真正的需要。"也不能这样回答：假如决定不正是他们需要的，他们将得到"公正的折中办法"。或许有这种折中。那些属于数量性质的问题和允许逐渐进行的问题出现折中的机会最大，如假如每个人赞成为失业救济花钱，以及准备花多少的问题。但是属于质量性质的问题，如是不是应该迫害异教徒或是不是应该参战问题。决定的结果或许让所有人一样厌恶，尽管有多种多样的厌恶原因，而由非民主机构强加的决定，或许被证明更容易为他们所接受。

有一个例子能把问题说明。在我看来，我能够把拿破仑当第一执政官时的统治称作军事独裁。当时宗教上的和解是最紧迫的一个政治需求，它能把大革命和

1　这说明古典的民主学说和普遍持有的民主信念两者都有强烈的平等主义特性。我们以后将会指出，平等是如何会取得道德基本原理的地位。说平等是人的本性，从所有能够想象的意义说肯定不是正确的。人们认识这点，并经常改变这个基本原理的含义，以便意指"机会平等"。不过，就算不顾机会这个词中固有的困难，含义这样改变对我们也不能有很大帮助，因为，假如在决定重大问题时每个人的投票具有一样分量，政治行为事务中需要的正是实际的而不是潜在的行动平等。

应该顺便说一下，民主辞令始终对有助于促使所有种类的不平等与"不正义"联系在一起，这种想法是失败者心理模式一个特别重要的因素，也是利用失败者的政客的武器库里的一件特别重要的武器。雅典的贝壳放逐制度是这方面最奇怪的现象之一，或者不如说是这个制度有时使用的方式。贝壳放逐法指的是以公民投票来放逐一个人，不一定要有哪一种特定理由：这种办法有时能够用作消灭一个让人不安的和让人感到"作用超过一个人"的杰出公民的方法。

2　这里宣传这个名词是根据它原来的意义使用的，而不是根据现在它迅速取得的意义使用的，如今它的定义是：宣传是从我们不喜欢的来源里发生的所有言论。我猜想这个词是来自从事播天主教信仰的红衣主教委员会的名字——传教事务主教会议。因此其本身并不带有贬义，尤其是它没有歪曲事实的意思。比如，人能够为一种科学方法做宣传。它的意思仅只是提出事实和论据，为了在一个明确的方向上，影响人们的行动和意见罢了。

执政府时期留下来的混乱局面廓清，并为千万人的心境带来和平。这件事的成功是因为他的一些妙招，其最重要者是1801年与教皇达成的契约和1802年的"体制条款"，它们把不可调和的事情调和了，把恰好适当程度的自由给予宗教礼拜，同时大大地提高了国家的威望。他还对法国天主教的组织和财政收入进行了改革，解决微妙的"宪法"教士问题，而且以最小的摩擦让新建体制得到最大的成功。假如认为人民实际要求某种确切的东西有正当理由，上述的安排便提供了历史上最好的一个事例。不管是谁看了当时法国阶级结构肯定会明白这一点，而拿破仑的教会政策大大有助于执政府享受几乎绝对的威望的事实也完全证明了这一点。不过，用民主方法如何获得这样的成就是很难看出的。反教会情绪还没有熄灭，这种情绪肯定不限于被击败的雅各宾党人。怀有这种信念的人或他们的领导人不可能妥协到那个程度[1]。在天平的另一端，愤怒的天主教情绪的高潮正逐步获得动力。有着那种情绪的人们及依赖他们善意的领导人，他们的行动不可能停止在拿破仑划下的限度内。尤其是，当时他们正在注视事情向哪个方向发展，尽管他们没有让步的动机，不过他们也不能非常坚决地对付教皇。而对教士、教堂和教仪的需要比什么都迫切的农民的意志势必因非常自然的恐惧而瘫痪，他们害怕教士特别是主教，一旦他们再次掌权，可能危及土地问题的革命性解决。势必引起越来越大愤怒的僵局或无休止的斗争是所有以民主方法解决问题的企图的最可能的结果。不过拿破仑能够合理地解决问题，的确是由于不能自愿地放弃他们自己主张的所有那些集团，同时也可以并愿意接受强加给他们的安排。

这当然不是一个孤立的例子[2]。假如从长期看来证明能让一般人满意的结果能够视为民享政府的试金石，那么古典民主学说所想象的民有政府经常通不过这个检验。

第三节　政治中的人性

还有几点需要回答，另外，有关投票人意志的明确性和独立性，他观察和解释事实的能力和他清楚而迅速地运用意志与能力做出合理推断的才能等这几点需要回答。因为这个主题属于社会心理学一章，所以可以用"政治中的人性"作为

1　立法机构尽管害怕，不过事实上它对拿破仑的这个政策完全没有支持。他最信赖的几个将军反对这个政策。

2　别的例证实际上能够从拿破仑的实践中援引出来。他是一个独裁者，在与他的王朝利益和外交政策无关的时候，他总是尽力做在他看来人民想要和需要的事情。这就是他给欧仁·博阿尔内的信中谈到后者治理意大利北部时给予忠告的意思。

题目[1]。

作为同质单位的人的个性的观念，以及作为行动主要动力的明确意志的观念，在19世纪的下半叶，甚至在泰奥迪勒·里博和西格蒙德·弗洛伊德时代之前就已逐渐趋于湮没。尤其是在社会科学领域，这两个观念越来越不受重视，而人类行为的超理性和无理性要素在那个领域却越来越得到重视，对此帕累托的《心理与社会》可以为证。在累积很多反对理性假设证据的大量学说中，我仅提下面两个。

虽然后来有更加精细的著作，其中一个仍然是与群集心理学（psychology of crowds）的创始者或不管怎样是第一个有效阐述者古斯塔夫·勒庞的名字连在一起的[2]。他的学说告诉人们（尽管过分强调）人在群集影响下其行为的实际情况，尤其是在激动情况下思想和感觉中道德约束与文明方式的忽然消失，原始冲动、幼稚行为和犯罪倾向的突然爆发。他让我们面对这一所有人都知道不过却没有人愿意正视的毛骨悚然的事实，由此他给予作为古典民主学说和有关革命的民主传说基础的人性画面沉重的一击。显然有关勒庞的结论的事实基础的狭隘性我们有很多话可说，比如，他的结论不适合英国人或英裔美国群众的正常行为。批评家特别是讨厌社会心理学这个分支含义的那些人成功地利用它的很多弱点。不过另一方面一定不能忘记，群众心理现象绝对不限于在拉丁市镇的狭窄街道上暴动的暴民。每一个议会，每一个委员会，每一个由十几位60岁以上的将军组成的军事会议，不管以怎样温和的形式，都无不流露出暴民闹事时那种非常触目惊心的特征，尤其是流露出责任心的削弱、思考水平的低下和对非逻辑影响的较多的敏感。另外，这些现象也不限于作很多人群集意义解释的人群。报纸的读者、广播的听众、一个党的党员，就算不亲自聚集在一起，他们也特别容易逐渐发展为心理学上的人群，形成疯狂状态，在这种状态中，试图进行理性争论只会煽起兽性。

1　这是格雷厄姆·华莱斯这一历史上最可爱的一个英国激进分子的坦率而迷人的著作的书名。虽然在他之后很多人写过这个题材，特别是虽然他们对具体事例的研究现在有可能对问题看得更清楚，但还是可以称赞此书是研究政治心理学的最好的入门指南。但是，作者以可称赞的诚实，反对无批判地接受古典学说后，他没能得出明显可见的结论。因为他坚持科学思考态度的必要性和他批评布赖斯勋爵在其所著《美国联邦》一书中自称"不屈地"决意要从幻想破灭的很多事实的迷雾中间看到蓝色的天空这个事实，这一点就更加让人瞩目。看来格雷厄姆·华莱斯好像要吃惊地呼叫，对于坚持说从一开始他就看到蓝色天空的气象学家，我们能说什么呢？不过在他著作的建设性部分，他所采取的立场完全相同。

2　德文群众心理学（MaHenpsychologie）有警告的意思。群集心理学（the psychol-ogy of crowds）一定不能跟群众心理学（the psychology of masxs）相混淆，前者并非一定带有阶级色彩，它本身跟研究（譬如说）阶级的思想与感觉方式无关。

　　我就要提到的另一个幻想破灭的例证由于只是一派胡言而没流血的场面所以要次要得多。学会更细致地观察事实的经济学者开始发现，就算关于最一般的日常生活，他们的消费者也不能完全做到经济学教科书所传达的观念。这是因为，首先，消费者的需要特别不明确，他们按照需要的行动特别不理性和敏捷。其次，他们非常容易接受广告和别的宣传方法的影响，以至于看来生产者经常指导消费者，而不是接受消费者的指导。成功的广告技术尤其具有说服力。确实差不多总是存在一定的对理性的吸引力。就算单单使用断言，只要多次反复，常常比理性论证有更大的效果，采取试图引起全然超理性（常常是非理性性质的）并且是与理性有关的快乐联想形式，同时使这种联想结晶化的袭击形式下意识的直接攻击也有一样的效果。

　　尽管结论明显，不过做出结论一定要谨慎。在做一般的、经常是做过多次的决定时，个人要受有利和不利经验的合理和有益的影响，他也受相对简单和不成问题的动机和利益的影响，而这些动机和利益仅仅偶然受情绪激动的干预。从原先的事实看，消费者想要鞋的欲望起码有一部分是生产者提供吸引人的鞋和大肆宣传而形成的，但是在一定时间内，它是真正的欲望，它的明确性超出"一般鞋"的范围，它长时间的实验廓清了原先或许环绕它的很多非理性的东西[1]。另外，在那些简单动机的刺激下，消费者在公正的专家忠告下学会了在住房、汽车等一些事情上如何行动，而他们自己则在别的事情上成为专家。说主妇们在食物、熟悉的家庭用品、衣服等方面容易受愚弄是根本不正确的。就如所有的销售人员知道他的成本一样，大部分主妇有一套坚持要她们确切需要物品的方法。

　　当然，在画面上的生产者一方，这点无疑是更正确的。显然，生产者或许是个懒汉或一个蹩脚的机会判断者，或者才不胜任，不过有一种有效的机制改造他，或者消灭他。泰勒学说就是以这样的事实为依据，即人能够从事简单的手工工作几千年，依然做不好这些工作。不过尽量合理地行动的意愿或者对趋向理性的稳定压力，在我们挑选出来观察的所有水平的工业或商业活动中，都不成问题

　　1　上面说过，非理性的意思是不能根据特定愿望合理地行动，它不是指观察家意见中愿望本身的合理性，知道这一点是重要的，因为经济学家在对消费者的非理性程度进行估计时，有时因为把两者混淆就把非理性的程度夸大了。所以，在教授眼中一个工厂女工的华丽服饰就是非理性行为的标志。对这点除了归结于广告设计人的艺术外，没有其他任何解释。事实上这或许正是她所渴望的。假如这样，她在服饰上的开支按上面指出的意义来说，或许是理想合理的。

地存在着[1]。

在所有公民充满现实意识的内心小圈子里，对日常生活所做的大多数决定就是这样的。简单地说，决定所涉及的都跟他直接有关的事情，包括有关他自己、他的家庭、他的职业、他的嗜好、他的朋友与敌人、他的区乡与选区，以及他的阶级、教会、工会或其他所有他积极参与的社会团体，从而他能亲自观察得到的事情，他熟悉不过不是通过报纸知道的事情和他可以直接施加影响或管理的事情，以及跟他的行动的有利或不利结果直接有关并因此负有一定责任的事情。

再重复一遍，思想和行动的明确性和合理性思想合理性和行动合理性是两种不一样的事情。思想合理性并不总能保证行动的合理性。没有任何有意识的深思熟虑也会出现行动合理，它与正确地制订他的行动的理论基础的能力没有关系。观察家，尤其是使用采访和表格调查方法的观察家经常忽略这个道理，所以对行为非理性的重要性有夸张的想法。这点是我们经常碰到那些夸大其词言论的另一个原因。不是这种对人和对事的熟悉，也不是那种现实感和责任感所保证能做到的。很多其他的条件常常不能具备，不过是它们要做到这一点所必需的。比如，人们世世代代由于卫生问题上的不合理行为而受苦，依然不能把他们的苦难跟他们的陋习联系起来。只要做不到这一点，客观后果不管怎样有规律，主观的经验肯定不会产生。所以证明人类要理解传染与流行病的关系有无法相信的困难。这些事实在我们看来是不可能被误解的，不过在18世纪末以前，医生们在隔离如麻疹和天花患者这样的传染病人方面几乎没有作为。在既没能力又不愿意承认患病的因果关系时，或者在为某种利益反对承认这种关系时，情况必然要比想象的还要坏。

不过，虽然有人在许多方面具有各种良好条件，每个人凭他现实感、熟悉感和责任感所能辨认的领域是非常狭窄的，当然狭窄程度在不同集团和不同个人之间是不一样的，并且差距不是很小而是很大。这个能辨认领域包含着相当明确的个人意志。让我们感到惊讶的是这些意志可能常常是非理性的、狭隘的、自私的；可能不是所有人都明白的，在这种意志做出政治决定时，我们为什么应对它们的神龛顶礼膜拜？更不明白为什么我们应该感到一定要把每一个政治决定算作一个神龛，而没有一个决定算两个或更多的神龛呢？不管怎样，如果我们一定选

---

1 当然，这个水平不仅由于时代和地点不同而有所不同，并且在一个特定的时间和地点，也由于不同的工业部门和不同的阶级而有所不同。理性普遍模式这样的东西是不存在的。

择要去膜拜，起码我们不该发现那个神龛是空的[1]。

如今这个十分明确的意志和比较合理的行为，在我们不再关心教育和训练我们的那些家庭和事业的日常生活时不会突然不见。在公共事务领域里，有一些部门比起别的部门来，在公民心目中更为重要。首先，对当地事务，公民就比较关心，就算在当地事务上我们发现人们辨别事实的能力减退，按照事实的行动打算松懈，人们的责任心减弱。我们都知道有这么一种人（他经常是很好的典型），他说当地行政事务与他没有丝毫关系，他面对当地实际事务冷淡地耸耸肩膀，他宁死也不愿在他自己的办公室里为这些事务受苦。怀着劝告心情的高尚公民，他们对选举人或纳税人的责任心进行宣传，但是他们莫不发现，选举人并没感到对当地政治家所做的事情有责任。并且特别是在范围不大，人们接触较多的社会里，爱乡土的观念在"使民主政治起作用"中或许是特别重要的因素。并且一个乡镇的问题在很多方面跟一家工业企业的问题类似，熟悉后者的人在某种程度上也熟悉前者。制造商、杂货商和职工们不需要跨出他的世界，也可以对街道整洁或市政厅的作为有一个合理的、说得井井有条的意见，当然它也许是对的，也许是错的。

另外，有很多全国性问题与个人和集团的关系特别直接和明显，从而激起充分真实和明确的意志。涉及投票人个人或集团的直接和本身金钱利益的问题提供如直接税、保护性关税、白银政策等最重要的事例。自古以来的经验证明，一般投票人对所有这类事情反应得迅速而合理。不过民主政治的古典学说显然从这种理性表现中得不到任何好处。所以，投票人证明他们自己在这种问题上是蹩脚的，事实上是腐化的判断者[2]，并且他们甚至对他们的长期利益也是蹩脚的裁判，由于政治上产生效果的仅仅是短期的承诺，有效地表明自己的只是短期合理性。

---

1 应该说明，我谈到明确和真正的意志时，并没有把它们提高为全部社会分析的最终依据，当然它们是社会过程和社会环境的产物。我的意思只是它们能够作为某种特定目的的分析的依据，经济学家从所有时候都是"现成的"和不需每次做进一步分析的趣味或需求来求得价格时就会想到这个依据。同样，为了我们的目的，我们能够说真正的明确的意志的产生，在所有时候都与制造它们的企图无关，尽管我们承认这些真正意志本身是受过去环境影响（包括宣传家影响）的结果。这种真正意志与制造意志的区分（见下文）是十分困难的工作，不是在所有情况下和对任何目的都适用的。但是就我们的目的来说，指出对我们目的有用的、明显的常识性事例就完全可以了。

2 边沁主义者之所以忽视这一点是由于他们对在现代资本主义中群众腐化的可能性没有认清。他们在政治理论中犯了与他们在经济理论中一样的错误——他们假定"人民"是他们自身个人利益的最好裁判，而个人利益必定符合全体人民加在一起的利益——并不为之内疚。对他们来说，这样做必定要容易些，因为他们尽管不是有意却在事实上把资产阶级利益这个名词哲学化了，而从过度节省的国家中得来的资产阶级利益要比从直接行贿得来的更多。

但是，进一步离开个人关心的家庭与工作场所，进入全国性与国际性事务领域（与个人关心的事情没有任何直接明确的关系），个人意志、对事实的掌握、推断的方法立刻不再满足古典学说所需要的条件。现实感的全部丧失是最让我吃惊的，并在我看来是困难的核心[1]。在寻常状况下，在典型公民的心理经济学中，重要政治问题和他们的够不上嗜好的业余兴趣及不负责任的闲谈主题处于相同的地位。这些问题看起来是这么遥远，它们完全不像业务上的计划。国内国际大事中的危险或许完全不会成为事实，要是真的到来，它们可能被证明不是非常严重，人们感觉自己进入了一个虚幻的世界。

这样被减弱了的现实感不仅造成责任感的削弱，并且促使有效意志的丧失。当然，人有他的空话，有他的愿望、白日梦及抱怨，特别是，人有他的喜爱与不喜爱的东西。不过一般来说，这些并不等于我们所说的意志——有目的的、负责任的行动在心理上的对应物。实际上，对于思考国家事务的公民来说，这样的一种意志并没有发挥作用的余地，也没有它承担的任务。他是整个国家委员会这一不起作用的委员会的成员，这就是之所以他花在理解政治问题上的精力还不如花在打桥牌上的精力多的原因[2]。

反过来，责任心的减弱和有效意志的缺乏又说明为什么普通公民对国内国际政策的无知和缺少判断力，这种情况在受过教育与在非政治性事业中取得成功的人们中间出现要比出现在地位低微、没受教育的人们中间更让人吃惊。报道特别多，俯拾即是。不过这看来并不能使事情有什么不同，对此我们也不应大惊小怪。我们只要比较一下一个律师对他辩护状的态度与他对报纸上所载政治事件报道的态度，便会知道是怎样一回事了。在前一种情况下，这位律师知道专业才能是其利益所系，在这种明确的刺激下，经过多年有目的的努力，他有资格鉴别他经办案件中各种事实是否中肯；在同样有力的某种刺激下，他集中他的知识、智慧和意志，对辩护状的内容进行推敲。在后一种情况下，他没有刻苦努力地去取得鉴别的资格；他没有热心地去收集信息，不愿把他得心应手的批评武器使用在信息上；他也没有参与漫长而复杂争论的耐心。全部这一切表明，没有来自直接

1　威廉·詹姆斯，《辛辣的现实感》。格雷厄姆·沃拉斯曾特别强调过这点的贴切中肯。

2　如果我们问问自己，为什么桥牌桌上显示出来的聪明才智和清晰头脑远远比非政治家之间的政治性讨论中所表现出来的多得多，就对弄清这一点有帮助。在桥牌桌上我们有明确的任务，我们有一定要遵守的规则，成功和失败规定得非常清楚，我们不准乱打，由于我们做出的每一个错误不仅立即发生影响，并且立即自食其果。在普通公民的政治行为里这些条件是不存在的，这就表明之所以他在政治中缺少他能够在职业中所表现出来的所有机灵和判断力。

责任心的主动积极性，无论面前有多么完整而正确的大量信息，无知的存在都不会改变，甚至做出值得称赞的努力，不但提供信息，而且利用讲座、课堂、讨论会来教导人们怎样使用信息，无知仍旧会坚持下去。虽然多少有点儿效果，不过小得可怜。硬把人们抬上梯子是不行的。

所以，一旦典型的公民进入政治领域，他的精神状态就会降到较低的水平上。他会没有丝毫犹豫地承认其辩论和分析的方法是单纯的，仅限于他实际利益的范围。他又成为原始人了。他的思想变得容易引起联想和充满感情。这种情形必定带来两个有着预兆意义的后果。

首先，就算没有企图影响他的政治集团，典型公民在政治问题上常常会听任超理性或不合理的偏见和冲动的摆布。他在政治上应用的推理方法软弱无力，他对得出的结论缺少有效的逻辑控制，这些本身就完全可以造成那种状况的发生。另外，由于他做不到"头脑清醒"，甚至连一般的精神水平都达不到，因此他偶尔还向黑暗的冲动让步，私生活的条件本来有助于他抑制这种冲动。对于他的推论和结论的智慧和合理性，假如他屈从于一阵愤怒的爆发，一样不可能是合格的。这情形让他更不容易看清事物的正确形象，甚至最多只能一次看到一件事物的一个方面。所以，假如他有一次真的不再跟平常那样模糊不清，的确表现出民主经典理论所规定的明确意志，他很可能变得比平时更加蠢笨和不负责任。这种状况在一些关键时刻，或许能够证明对他的国家是致命的[1]。

其次，不管怎样，公众心理过程中的逻辑成分越不强，合理批评及个人经验和责任心所施加的合理影响就消失得越干净，而一些别有企图的集团的机会就越多。这些集团包括职业政客、经济利益的代表、这种那种理想主义者，或者只是对表演政治戏剧和控制政治表演感兴趣的人们。这些集团的社会学观点对当前争论无关紧要。既然政治中的人性是现在那样，这些集团就可以在非常大的限度内改变乃至制造人民的意志，这是这里唯一重要的一点。我们在分析政治过程中所遇到的主要不是真正而是由人制造出来的意志。这种人工制造的东西往往在现实中与古典理论中的寻常意志相适应。只要存在这种情形，人民的意志就不会是政治过程的动力，只能是它的产物。

1　这种爆发的重要性不容置疑。不过对它们的真实性进行怀疑是可能的。在很多事例中分析的结论表明，这类爆发不是人民自发产生的，而是被某个集团的行动诱导出来的。在这种情况下它们属于第二级现象，对此我们将进行讨论。我个人认为，真实的例子是存在的。不过我不能确切知道，更彻底的分析是否会揭示出在它们底下有过某种心理技术的努力。

制造争论问题的方法和制造对所有重大问题的人民意志的方法跟商业广告的方法完全类似。我们发现接触下意识的相同企图。我们发现创造赞成和反对联想的相同手法，这些联想越不合理越有效率。我们发现一样的规避策略、一样的缄默策略和一样的以再三重申主张来制造舆论的诡计，这个诡计无疑可以成功地躲避合理的争论和惊醒人民批判能力的危险，诸如此类。只是全部这些技术在公共事务领域比在私人和专业生活领域有无限大的发挥余地。世上曾有过的最美姑娘的照片，从长远观点看，它对劣质香烟的销路无力维持。在政治决策问题上一样没有有效的保证。很多命运攸关的重要决定不具有公众可以用低廉代价在空闲时候加以实验的性质。就算有实验可能，一般来说，因为政治效果是不容易说得清的，所以做出判断不像实验香烟那样容易。

但是上述这类技术以商业广告领域所没听说过的程度，让自称诉诸理性的那些政治广告形式没有了效力。对于观察者而言，反理性的或者起码是超理性的呼吁及受害者的没有自卫能力，当用事实和论据掩盖时反而更加清楚地凸显出来。通过上文我们已经知道，让公众知道有关政治问题的正确信息及以此做出的逻辑正确的推论是如此困难，有关政治问题的信息和论点为什么只有在它们与公民先入之见相连接时才能"挂上号"。不过一般来说，这些先入之见不够明确，不能决定是否接受特定的结论。由于它们本身是能够制造的，有效的政治论证几乎不可避免地代表着是一种把现存意志的前提扭曲成特殊形式的企图，而不只是贯彻这些前提或帮助公民做出决定的企图。

这样，真正被接受的信息和论点很可能变成政治意图的奴仆。由于人们为他们的理想或利益愿意做的第一件事是说谎，我们预期，实际上我们发现，有效的信息差不多总是经过掺假或挑选[1]，而政治上有效的推理主要就是试图把某些主张提高为公理，把别的主张说成不屑一顾，于是这样的推理只会是一种上边提到的心理技术。认为我过分悲观的读者，只需自问他是否曾听人说过，抑或他本人是否说过，这种或那种厌恶的事实一定不可公开宣扬，或者某种推理的思路尽管有根据，却是要不得的。假如那些根据流行的标准能称为可尊敬的甚至是心胸高尚的人，并且还对这种情形心安理得，岂不是他们由此表达了他们对人民意志的价值甚至人民意志的存在是什么看法吗？

1　经过选择的信息，就算本身是正确的，也是一种用说真理方式来欺骗大家的企图。

所有的一切当然都是有限度的[1]。杰斐逊的格言说，最后，人民毕竟比所有个人聪明，还有林肯有关不可能"永远愚弄所有人民"的格言，其中是有真理的。但是这两个格言都含有深意地强调从长期来看这一点。不可置疑，有可能争辩说，在一定时间里集体心理将会发展成高度合理甚至特别敏锐并常让我们吃惊的意见。但是，历史由一连串短期形势组成，它们能够永远改变事情发展的线路。假如全体人民在短期里能被一步一步"愚弄"到接受不是他们真正需要的东西，假如这个情况不是能够忽视的例外事例，那么不管有多少事后回顾的常识也不能改变这样的事实，即事实上人民既不提出问题也不决定问题，决定他们命运的问题正是常由别人为他们提出和决定的。民主爱好者比所有其他人有更多接受这个事实的理由，更有洗刷其他人说他们的信条依靠假话骗人的诽谤的理由。

第四节　古典学说存在的原因

不过，一种跟事实如此相悖的学说为什么能够存在到现在，并将继续在人民心中和在政府官方语言中保持它的地位？反驳的论据是人人都知道的。每个人以充分坦率的态度，经常用讥讽的坦率态度接受这些论点：学说的理论基础，即功利主义的唯理论已经死亡；没有人把它看作正确的国家理论来接受它。之所以这样的原因是不难解答的。

第一，尽管集体行动的古典学说或许不能得到经验分析结论的支持，不过与宗教信仰有关的思想给予了它有力的支持，这一点我已经说过。乍一看，这种情况或许不明显。功利主义领导人肯定不是宗教这个词一般意义上的宗教领袖。实际上他们相信自己是反宗教的，人们也普遍认为他们是这样的。他们以采取在他们看来显然是非形而上学的态度而自豪，他们对当时的宗教制度和宗教运动完全不同情。不过我们只要看一下他们所画的社会过程的图画，就能够发现画面体现出基督教新教信仰的本质特性，实际上它来自那个信仰。对于抛弃宗教信仰的知识分子而言，功利主义信条提供了宗教的替代品。对于坚持宗教信仰的很多人来说，古典学说成为宗教的政治补充物[2]。

在古典学说进入宗教范畴时，其性质就改变了。最终以它为基础的民主信

1　假如重大问题频繁地用公民投票来决定，就有可能更清楚地说明这种限度。政客们大概知道，为什么他们基本上一致地对那个制度进行仇视。

2　注意它跟社会主义信仰的类似，后者对有些人也是基督教信仰的替代品，对另一些人也是基督教信仰的补充物。

念也变了，于是对共同利益和最终价值产生逻辑上的顾虑不再需要了，主宰万物的造物主的计划为我们安排好了所有的一切。原先看来不明确或没有目的的东西一下子变得非常明确，并且有说服力。比如，人民的呼声就是上帝的意旨。以平等为例，它的含义是拿不准的，只要我们囿于经验分析的范围，就不容易有哪种合理根据把它提高为基本原理。不过基督教教义含有强烈的平等成分。救世主为所有人而死，对于不同社会地位的人他同等相待。他这样做，是为了证明各人灵魂的内在价值是不允许分成等级的价值。在我看来，这不是对"每个人只能算一个，任何人不能算几个"的认可，并且是唯一可能的认可吗？[1]这不是对将超尘世意义注入民主信条的条文中（除此外很难找到别的）的认可吗？这样的解释当然没有托出整个理由，不过就其所涉范围，它好像解释了很多除它之外没法解释、实际上也根本没有意义的事情。尤其是它能解释清楚信仰者对批评的态度。又跟社会主义的情况相同，完全不信这个道理，被看作是不但错误的并且是有罪的，它不但引起逻辑上的反驳，也引起道德上的愤怒。

对我们的问题我们能够用另一种方式探讨，说用这种方式推动的民主不再是像蒸汽机或消毒剂那样能够合理地讨论的单纯方法了。它事实上成为我从另一个角度看原本认为它不可能成为的东西，那就是一个理想，或者应该说是事物理想图式的一部分。"民主"这个词能够成为一面旗帜，成为一个人所宝贵的全部一切的象征，成为他对其国家所爱的（无论是否合理地具备条件）所有东西的象征。一方面，民主信仰中意指的各种不同主张如何会与政治事实相关的问题将变得跟它没有关系，就像对虔诚的天主教徒来说，亚历山大六世的所作所为如何会与环绕教皇宝座的超自然光环相符合一样，会变得跟他没有关系。另一方面，这种类型的民主主义者在接受包含众多平等、友爱含义的基本原理的同时，也一定会全部真诚地接受基本上有任何程度偏离这些原理（或许包括他自己的行为或立场）的东西。那种情形甚至是符合逻辑的。仅仅只是跟事实有距离而不是反对伦理准则或神秘希望的原因。

第二，有这样的事实存在：古典民主政治的形式和言辞在很多国家与他们历

1　人们或许反对说，为平等这个词加上一个普遍性的含义不管多么困难，不过在大部分情况下（就算不是所有情况）从它的上下文能够演绎出这样的含义。比如，能够容许从葛底斯堡发表演说的环境，推断出林肯"所有人生来自由和平等"这句话的意思就是：法律地位平等与承认奴隶制所暗示的那种不平等正好相对。这意义足够明确。不过，假如我们发问，为什么这个主张在道德上和政治上具有约束力，同时假如我们拒绝回答："因为每个人生下来就和别人完全一样，"那么我们只有求助于基督教信仰提供的神的旨意。这个解答能够想象地包含在"上帝创造的"一词的含义中。

史中的事件和发展相联系，这些事件和发展得到大部分人的热情称赞。对一个现存政权的所有反对，无论反对的含义与社会基础怎样，使用这些形式和言辞是很可能的[1]。假如反对得势，假如以后的发展证明让人满意，那么这些形式将会在国民意识中生根。

美国是个明显的例子。其作为主权国家的存在是跟一场反对君主和贵族政治的英国的斗争相联系的。除了少数保皇党人，美国人在格伦维尔当政时期或许已不再把英国君主当作他们的国王，把英国贵族政府当作他们的贵族政府。在独立战争时期，实际上他们作战的对方在他们感情中已经变成对他们政治和经济利益干预的外国君主和外国贵族政府。从困难时期的早期阶段起，他们按照不可剥夺的人的权利，根据古典民主政治总的原则，提出他们的事业（事实上是全国的事业）是"人民"反对其"统治者"的事业。独立宣言的措辞与宪法的措辞都采用了这些原则。随后的猛烈发展吸引了和满足了大部分人民，从而好像印证了这个国家神圣文件中所标榜的学说。

在掌权集团的力量和成功处于强盛时，反对派很少取胜。19世纪前半期，信奉古典民主信条的反对派起事，最终压倒政府，这些政府特别在意大利很明显地处于衰败状态，已经成为无能、残暴和腐朽的笑柄。自然地尽管不是完全逻辑地，这种情形增加了民主信条的信誉，当用这些信条与那些政府提倡的蒙昧迷信相比，更加显现出它们的优点。在这种环境中，民主革命代表着自由与体面生活的来到，而民主信条意味着理性和生活改善的福音。能够肯定，这个优点肯定将失去，而民主政治的学说与实践之间的鸿沟必定会暴露，不过曙光的魅力消逝得极为缓慢。

第三，一定不能忘记，在有些社会模式里，古典学说的确适合于事实达到足够近似的程度。就如上文已经指出的，很多小而原始社会的情形就是如此，实际上这种社会就是这个学说的创立者们用作原型的社会。有些社会尽管并不原始，只要它们内部分化不太严重，不存在所有严重的问题，也属于一样的情形。最好的例子是瑞士。瑞士这个农民社会很少争吵，国内除旅馆和银行外，没有大型的资本主义工业，国家政策问题特别简单和稳定，能够期望绝大部分人了解这些问题并在这些问题上达成一致。不过，假如我们可以做出结论说，在上述情况下古

---

1 有人或许认为，对于建立公开专制政权的反对派应该当作例外。不过作为历史事实，甚至大部分专制政权也以民主方式崛起，它们的统治也以得到人民的拥护为基础。恺撒不是被平民杀死的。不过杀死恺撒的贵族寡头们也使用民主的言辞。

典学说近似于现实，我们一定要立刻加上一条：其之所以这样，并不是由于它描绘出一个政治决策的有效机制，而是由于在那些社会里没有重大决策要做。最后，为了说明就算在一个庞大而高度分化的有重要问题有待决定（假设没法解决的问题已不存在）的社会里，古典学说有时看来也跟事实相适合，还要再提一下美国这个例子。这个国家在进入第一次世界大战以前，公众心理主要关心开发利用国内经济的可能性问题，只要这个事业没有受到严重阻挠，对于以好脾气的轻蔑看待政客们古怪动作的一般公民来说，没有任何完全重要的事情。有些阶层的人或许会被关税、白银、当地政府管理不善或偶尔与英国争吵所激动，一般人则不太关心，只有一次事实上产生整个国家灾难的严重分歧的内战除外。

第四，政客们对既可以讨好群众又可以提供极好机会来逃脱责任和用人民名义压倒对手的辞令当然欣赏。

第十七章
另一个民主理论

第一节　政治领导权的竞争

我想大部分政治学学者对本书中针对古典民主学说的批评现在终于接受了。我还以为他们中的大部分人会同意或者不久将会同意接受另一个理论，它对生活更忠实，同时它拯救了民主方法的倡导者使用这个名词时真正所指的很多意义。这个理论跟古典理论一样，能够被纳入一个定义之中。

读者可以回忆起，我们有关古典理论的主要困难集中于这样的命题，即"人民"对任何一个问题都有明确而合理的主张，在民主政体中，人民可以挑选能保证他们意见能够贯彻的"代表"来实现这个主张。这样，选举代表对民主制度的最初目标来说是第二位的，最初目标是把决定政治问题的权力给予所有选民。如果我们把这两个要素的作用反过来，把选举做出政治决定的人作为最初目标，而把选民决定政治问题放在第二位。也就是说，我们现在采用这样的观点，即人民的任务是产生政府，或产生用来建立全国执行委员会[1]或政府的一种中介体。我们同时规定：民主方法就是那种为做出政治决定而实行的制度安排，在这种安排中，一些人通过争取人民选票来获得做决定的权力。

对这个想法的辩护和解释很快说明，就假定的正确性和命题的可靠性来说，它对民主过程的理论做了很大改进。

第一，它为我们提供了非常有效能够用来辨别民主政府和非民主政府的标准。我们知道，古典理论为什么在这一点上遇到困难，就是由于在很多历史事例中，按照民主这个词能够接受的用法衡量不能称为民主的政府能一样或更好地符合人民的意志与幸福。如今，我们的地位有所改善，部分由于我们决心强调程序

1　"执行委员会"这个含义模糊的词非常容易误解。如果我们用它指公司的董事会时，它的意思就明确了。公司的董事会所做的事大大超过"执行"股东的意志。

方法，它是否存在，在大多数情况下是不难核实的。

比如，像英国那样的议会君主政体全都跟民主方法的条件相符合，因为君主事实上只能任命议会选举出来的人为内阁官员。"立宪"君主政体没有资格被称为民主政体，因为选民和议会尽管具有议会君主政体中选民和议会的全部其他权力，不过却没有权力强制让它们选出的人进入执行委员会，在此情况下内阁部长成为君主名义上和实际上的仆人，原则上可以由君主任命和罢免。这样的安排或许让人民满意。选民对改变这个安排的建议可能投票反对来再次肯定这个事实。君主或许深得民心，乃至有能力挫败对最高职位的竞争。不过，因为从来没有实现这种竞争的机器，所以这种事例跟我们的定义不合。

第二，这个定义所体现的理论给我们为恰当认识领导权这个最为重要的事实所希望保有的留有充分余地。古典理论做不到这点，如我们所知道的，它认为选民具有根本不现实的高度首创精神，事实上等于抹杀领导权。不过，所有集体差不多无不接受领导而行动，事实上这是所有集体行动的主要方法，要比机械反应进步。考虑这一点所做出的有关民主方法的运用与效果的命题，比没有考虑这一点的命题，必定有着无限多的现实性。前者不但执行一般意志，并将在一定程度上说明一般意志怎么产生或者怎么被取代与被伪造。被我们称为制造的意志的东西不再受这个理论的排斥，不再是我们虔诚祈祷希望其不存在的东西，它顺理成章地登堂入室。

第三，不过，只要实际上存在如失业者要求得到失业救济的意志，或其他团体帮助失业者的意志这些真正的集体表示的意志，我们理论上不会忽视它们。相反，我们现在就可以适当地分派它们担任它们实际在演的角色。一般来说，这样的意志不会直接地表现自己，就算它们一直强烈而明确地潜伏在那里长达几十年之久，一直要到某位政治家把它们唤醒，让它们成为政治因素。政治家做到这一点，或者由其代理人为他这样做，他们的手段是组织这些意志，逐步激励这些意志，最终把它们包含在其竞选纲领的合适条款中。局部利益和公众舆论间的相互作用，以及它们产生被我们称作政治形势的模式的方法，从这个角度来看，能出现新的更明白的含义。

第四，当然，我们的理论与竞争领导权的概念相比并不更为明确。这个概念表现出与经济领域的竞争概念有一样的困难，拿它与经济竞争概念做比较或许是有用的。在经济生活中，竞争从没完全停止。同样，在政治生活中，总有某种争取人民忠诚的竞争，尽管或许仅是潜在的竞争。为了简便起见，我们把说明民主政体的争取领导权的竞争仅限于自由投票的自由竞争。这样做的原因是，民主政体看来是指导竞争的公认方法，而选举方法事实上是所有规模社会唯一可行的方法。不过，尽管这么做排除了应该排除的很多取得领导权的方法[1]，像以军事叛乱夺取领导权。不过跟我们称之为"不公平"或"欺诈"竞争或限制竞争这些与经济现象极为相似的各种情况它并不排除。我们不可排除它们，因为如果把它们排除掉，我们就只留下根本不现实的理想[2]。在这个并不存在的理想事例和以武力禁止与现任领袖进行一切竞争的事例中间，存在一连串的变体，从民主产生政府的方法以不能察觉的差异逐步转为专制产生政府的方法。但是，假如我们希望理解而不希望把它哲学化，这就是恰如其分的事情。我们所持标准的价值不会由此受到重大伤害。

第五，看来我们的理论澄清了存在于民主政体与个人自由之间的关系。假如个人自由我们指的是存在一个个人能够自主的范围，它的界限在历史上是有变化的——所有社会甚至不会容忍信仰和言论的绝对自由，所有社会也不会把容忍范围缩减到零——问题无疑在于程度的大小。我们已经知道，民主方法保证的个人自由并非一定比在同样环境中另一种政治方法能允许的个人自由多，反而很可能更少。不过在两种方法之间存在一种关系。假如起码在原则上任何人都有向选民陈述主张、竞争政治领导权的自由[3]，在大部分情况下，尽管不是在全部情况下，这就意味着有讨论所有事情的大量自由，尤其是它正常地意味着非常可观的新闻自由。这种民主跟自由之间的关系不是绝对严格的，而是能够改动的。不过从知识分子的观点来看，它仍旧是非常重要的。同时，它们之间的关系就是这些。

第六，需要注意，我说直接的或通过中介机关建立政府是选民的首要职能时，我的意思是这句话也包含取消政府的职能。前者的含义就在接受一个领导人或一批领导人，后者的意思就是取消这个接受。这么说是考虑到读者或许忽视的一个要素。他或许以为选民设置政府也控制政府。但是，由于选民在寻常状况下不管怎样并不控制他们的政治领导人，除非拒绝重选他们，或者对支持他们的议会多数党拒绝重选。用我们定义中指出的方法，减少我们想象中选民控制领导人

---

1 它也排除不应排除的一些方法，例如，由人民沉默接受或通过准天命的选举而取得政治领导权。准天命的选举与投票选举仅仅是技术上的不同。而前者就算在现代政治中也并非完全没有重要性。政党头目在他党内掌握的支配权经常以党员心照不宣地接受他的领导为基础，但相对来说，我想这些在如此概略的说明中是能够忽略不计的细节。

2 就如在经济领域中一样，在社会的法律和道德原则中隐含着某些限制。

3 这里所说的自由跟每个人有开办另一家纺织厂的自由意思相同。

的作用，看来是恰当的。偶尔也有直接地推翻政府或推倒个别部长或者强制执行某种行动路线的自发的突变发生。不过这不仅是例外情形，而且正如我们所知道的，它们与民主方法的精神截然相反。

第七，我们的理论向一桩长期争论提出特别需要的见解。不管古典民主学说是谁接受了，随即相信民主方法可以保证按照人民意志决定问题和制定政策，他一定会由于下面的事实而吃惊：就算人民意志不可否认是真实和明确的，简单多数做出的决定不是实施人民意志而是在很多情况下歪曲人民意志。无疑，多数人的意志是多数人的意志而不是"人民"的意志。人民意志是一件镶嵌工艺，多数人意志根本不能"代表"它。用定义把两者等同起来不解决问题。不过，制订种种不同比例代表制计划的作者曾试图找出真正解决问题的办法。

这些计划受到有事实根据的反驳。事实很清楚，比例代表制不仅为各种不同的派系提供表演的机会，并且或许阻止以民主程序产生有效政府，所以证明它在紧急时期是一种危险[1]。但是，在"如果民主的原则始终贯彻下去，民主政体将会难以运转"这个结论做出之前，最好问一下我们自己，这个原则是否就是指的比例代表制。实际上它指的不是比例代表制。假如接受领导人是选民投票的真实职能，比例代表制的存在理由就没有了，由于它的前提不再具有约束力。民主政治的原则所以仅只意味着，政府的执政权应交给那些比所有竞选的个人或集团获得更多支持的人。反过来这一点又保证了多数制度在民主方法逻辑范围内的地位，尽管我们还是可能以那个逻辑范围外的原因谴责它。

第二节　应用的原则

如今，我们用民主国家政治机器的结构和运行的比较重要的特征来验证前面所概述的理论。

（1）就像我原先说过的，在民主政体里，产生政府是选民投票的首要作用。这点可以是选举一整套官员的意思。不过这种做法主要是地方政府的特色，以后将简略不说[2]。我们仅考虑全国性政府，可以说，产生政府事实上等于决定领

1　反对比例代表制的论点，已由F. A. 赫门斯在1938年11月《社会研究》所刊的《民主政治的特洛伊木马》一文中有力地论述。

2　我这样做仅仅是为了简略，这种做法与我们的图式完全适合。

导人应该是谁[1]。跟前面一样，我们把他称为总理。

只有美国一个民主国家的选民的投票直接选出总理[2]。在其他所有国家，选民投票不是直接产生政府，而是产生一个后来被称作议会的中间机关[3]，它承担产生政府的职能。从历史的根源和从便利运行的原因来说明采取这种制度，或者应该说对这种制度推进的原因，以及这种制度在不同社会模式中采用多种多样形式的原因，好像是不难的。不过它不是逻辑的构成物，它是自然的生长物，这个生长物的微妙意义跟结果根本不是官方学说所能说明的，更别说法律学说了。

政府是怎么由议会产生的呢？选举政府是最明显的方法，或者较现实地说，先选举总理，后来再投票表决由他提出的部长名单。这个方法使用很少[4]。不过它表明这个程序的性质优于所有其他程序。并且，那些其他程序都不出这个程序的窠臼，因为成为总理的人在一般情况下是议会要选的人。他实际登上这个职位的途径，在英国由国王任命，在法国由总统任命，在魏玛时期的普鲁士自由邦由特定的机构或委员会任命，这些仅只是形式问题。

传统的英国是这样做的：大选以后，胜利的政党正常地占有议会中的多数

1　这点仅是近似的正确。选民投票的确让一批人掌权，在所有正常的情况下，这批人承认一个领导人，不过在一般情况下，处于第二级、第三级的领导人也有属于其自己的政治力量，为首的领导人一定要把他们安排在合适的职位上。这个事实立刻能够得到大家的承认。

还有一点一定要牢记。尽管有理由期望，一般上升到最高指挥岗位上的人总是有相当个人力量的人，无论他在别的方面怎么样（这点我们在下文中还要讨论），不过不能据此断定情况永远这样。所以，"领导"或"领导人"这类名词的含义不是说被这样称呼的人必定赋有领导的才能，或者这些人一直在做出亲自的领导。有一些政治形势会造成把没有领导才能（有别的资格）的人推上去，这就对建立强有力的个人地位不利。所以一个政党或政党联盟偶尔会群龙无首。任何人都承认，这是一种病理状态，是一个典型的失败原因。

2　在我看来，我们能够不管选举人团。在把美国总统称呼为总理时，我希望强调美国总统职位基本上与别的民主国家总理的职位一样。不过我不想把两者之间的差异缩小，尽管某些差异仅是表面上而不是实质性的。其中最不重要的是，美国总统也履行法国总统一样的主要是礼仪性的职能。很重要的是美国总统跟法国总统一样不能解散国会。另一方面，因为美国总统起码在法律上不需要他的党在国会中占多数，因此他的地位比英国首相的地位强，不过从实际上看，假如他没有占多数就要被挫败。同样，他差不多能够任意地任命和罢黜内阁官员。这些官员很难称为按此字的英语含义解释的部长，事实上只是"秘书"一词在一般用法上的职位。因此，我们能够说，在某种意义上，美国总统不但是总理，并且是唯一的部长，除非我们在英国内阁部长的职能跟美国国会行政首脑的职能之间找到相似的地方。

要解释和说明美国和使用民主方法的所有别的国家的这些和很多其他特点是很容易的。为了省些篇幅，我们仅考虑英国模式，而把别的国家的情况当作对这个理论或多或少的"偏离"，因为到现在为止，民主政府的逻辑在英国实践中（尽管不是在法律形式中）体现得最完整。

3　能够想到，我曾把议会解释为国家的一个机关，尽管这么做仅是由于从形式（法律）逻辑看这个定义尤其适合我们民主方法的概念。所以议员就是一种官职。

4　比如，奥地利在1918年崩溃后曾采用这个方法。

席位，这样，这个政党就有能力对除其自己领袖外的所有人进行不信任投票，而该党领袖则能够通过与这相反的方法，由"议会"指定为国家领导人。他从国王那里得到任命——"吻手"——向国王提出他的部长名单，内阁成员名单是这份名单的一部分。在这份名单中，他列入：①几个党的元勋，这些人得到能够称作表示敬意的职位。②几个党的第二级领袖，他希望这些人在议会当前的战斗中出力，他优先提升他们，一部分因为他们积极的政治价值，一部分因为他们有可能捣乱的价值。③他邀请一些新进人物担任迷人的官职，以便"从与党离心的议员中吸收才智之士"；④有时还有个别几个他认为非常适合担任某个职位的人[1]。不过在全都正常的情况下，这个做法也常常产生与议会选举部长一样的后果。读者会知道，在总理（首相）有着如英国一样解散议会（"诉诸全国"）实际权力的地方，选民只要支持他，其结果在一定程度上跟我们能够期望由选民直接选举内阁所产生的结果相接近[2]。一个著名的事例能够说明这一点。

（2）1879年，当时比肯斯菲尔德（迪斯累里）政府经过了差不多六年顺利兴隆的任期，并在柏林会议取得显著成功时达到顶峰[3]，从全部正常情况来看，在大选中期望取胜是有条件的，但是格拉德斯通突然以一连串力量独一无二的演说（中洛锡安竞选）让全国振奋，演说中特别成功地渲染土耳其人的残暴，从而让他处于群众对他个人的热情浪涛的巅峰之上。执政党对其袖手旁观。几个党的领导人事实上是不赞成的。格拉德斯通已在几年前辞去领导人职务，单枪匹马地讨论国事。不过当自由党在他的激励下取得绝对胜利时，所有人都明白他必定会再次被接受为党的领袖——不，他是以全国领导人的身份担当党的领袖的，没有任何别的人有这个资格。他在光荣的光环中执掌政权。

1　有些人哀叹在这些制度安排中胜任的人那么少，不过这件事跟我们所叙述的问题无关，政治价值应优先考虑，是否胜任仅仅是附带的事，这是民主政府的本质。

2　假如像法国的情况那样，总理没有这种权力，议会里的小党派就有不小的独立性，那么由议会接受一个人当总理和由选民接受同一个人当总理之间的这种平行性就会被削弱或破坏。这是议会政治的客厅比赛出现特别混乱的形势。从我们的角度来看，这是对民主政府这架机器原先设计的偏离。雷蒙·普安卡雷有着同样的看法。

当然英国也出现了这样的形势。由于首相有解散议会的权力，确切地说，他"进言"国王解散下院的权力，在他的党的核心层假如坚决反对他这样做，或者没有机会运用选举来加强他控制议会的力量的时候，就不起作用。就是说，他在议会中的力量或许比他在全国的力量更强（尽管也可能更弱）。一届政府执政几年后，常常有规律地有这样的事态出现。不过在英国政治制度中，这种偏离设计的情形不会保持多久。

3　我的意思并非俄土战争所引起的问题的暂时解决，以及获取根本没用的塞浦路斯岛这两件事本身是政治家才能的杰作。我的意思是，从国内政治的角度来看，它们正是那种显著的成功，通常能满足一般公民的虚荣心，并将在沙文爱国主义气氛中大大加强政府的胜利前景。实际上，我认为，假如迪斯累里从柏林一回来立即解散议会，他原本是能够取得胜利的。

如今，这个事例把很多有关民主方法运行的情形告诉给我们。起初，必定要了解这个事例的独特处仅在于它的喜剧性质，另外没有别的。它是正常品种的特大标本。皮特父子、皮尔、帕默斯顿、迪斯累里、坎贝尔·班纳曼等人的事例与它只是程度上不一样。

首先，有关首相的政治领导地位[1]。我们的例子说明，它由不同的三个要素组成，三者一定不能混淆，三者在所有情况下都以不同比例混合在一起，混合的情况决定每一位首相统治的性质。首先，他表面上是作为议会中他的党的领导人担任首相的。不过他一旦就职，他就成为议会的领袖，直接地是他所担任议员的下院的领袖，间接地也是上院的领袖。这种情况比官方所说的委婉词语有着更大的意义，也比他掌握自己的党所含的意义更多。其次，他可以影响别的党和别的党的成员，也可以激起他们的反感，这样对他的成功机会也造成很大不同。在有限的情况下，最好的例子是罗伯特·沃波尔爵士的实践，他能够利用另一个党来强迫他自己的党。最后，尽管在全部正常情况下，他也是国家中他的政党领袖，如果他能在首相这个位置取得成功，那么在国内他将获得跟他所领导党组织完全不同的地位。他创造性地领导党的政见——塑造它——最终让他上升为领导超越党的路线的公众舆论，上升为在一定程度上领导独立于党的政见的全国性舆论。不必说，这样的成就完全是属于个人的，在党与议会之外有这样的立足点有多么巨

1　这是英国人办事方法的特点，对首相职位的存在一直拖延到1907年才正式承认，当时允许这个职位出现在宫廷正式排名的前面。不过它跟民主政府一样早已存在。但是，因为从来没有以明确的行动介绍民主政府，它是作为全面的社会过程的一部分慢慢形成的，甚至要把它大致上诞生的日期或时期指出来都很难。在一段很长的时期内出现过萌芽状态的事例。把从威廉三世统治开始定为这个职位出现的日期是有诱惑力的，威廉三世的地位要比本地出生的国王弱得多，他好像有相当大的可能产生这个主意。对这个说法的反对意见，并不怎样强调当时英国还不存在"民主政体"（读者能够回忆起，我们并没有以选举权的程度作为民主政体的定义），它强调的是，一方面，丹比的萌芽状态事例出现在查理二世统治的时期；另一方面，威廉三世从不向制度安排妥协，他把某些事情成功地抓在自己手里。当然，我们一定不能把首相跟单纯的顾问相混淆，无论后者在国王面前有怎样大的权力，无论他们怎样牢固地盘据在国家权力的中心——这样的人，如黎塞留、马扎林或斯特拉福德，安妮女王治下的戈多尔芬和哈利无疑都是眨眼即逝的事例。受当时普遍公认并得到政治史学家承认的第一个人是罗伯特·沃波尔爵士。不过他和纽卡斯尔公爵（或他们的兄弟亨利·佩勒姆或二人加在一起），实际上直至谢尔本勋爵，所有领导人物（包括老皮特，尽管他是外交大臣，实质上非常接近于符合我们的条件）都缺乏三个要素中的这一个或那一个，小皮特是最具备条件的。

注意到这个情况是有趣的，即在罗伯特·沃波尔爵士的事例中（和以后在卡特雷勋爵，即格兰维尔伯爵的事例中），当时社会对存在一个正在穿透萎缩组织而出现的与民主政府关系特别大的职位并不承认。与此相反，当时舆论认为它是非常可怕的肿瘤，它的生长是对国民福利和民主政体的威胁——"唯一部长"或"第一部长"是沃波尔的敌人向他投来的咒骂的名词。这个事实意味深长。不仅指出新制度通常遇到的阻力，还指出人们感到这个制度与古典的民主学说不相符，实际上这个学说中没有我们设想的政治领导的地位，所以有地方容纳首相这个职位的现实存在。

大的重要性。它交给这位领袖一根鞭子，噼啪一声能够让不自愿和有二心的下属紧随其后，尽管鞭梢也会抽痛挥舞鞭子不当的手。

我们的命题由这个比喻提供了一个重要的合格证明，在议会制度下，产生政府的职能落在议会身上。议会确实正常地决定谁将是首相，不过在这样做的时候，议会并非是完全自由的。它的决定不是倡议而是接受。除非在像法国议院那样病态的事例中，一般来说，议员的愿望不是产生政府程序的最后依据。议员不仅受党员义务的束缚，他们也受他们要"选举"的人的驱赶，被赶去参加"选举"，只要选出了他又受他的驱赶。每匹马肯定有脱缰的自由，不过它也不总是服从驾驭的。反叛或消极抵制领袖的领导就是他们之间的正常关系。这种正常关系是民主方法的实质。在1880年，格拉德斯通的个人胜利是对议会创建和罢免政府这一官方理论的回答[1]。

（3）其次，有关内阁的性质和作用[2]。它是形状古怪的两面人，是议会和首相的共同产品。首相指定内阁成员请求任命，如我们所知道的那样，议会接受但也影响首相的选择。从党的角度来看，内阁是多多少少反映党本身结构的次级领导人的集合；从首相的角度来看，内阁不仅是志同道合的同志的集合，也是要考虑自己利益和前途的党人的集合，即一个微缩的议会。为了形成这种联合并让其运转，未来的内阁部长们一定要下定决心（尽管并非一定出于热爱）在x先生手下为x先生服务，适应其政纲，这样他内阁中的同事们就不会跟官方辞令所说的那样，经常感到像"要重新考虑他们的地位"，或者像在继续进行一场静坐罢工。这样，内阁及未入内阁的政治官员负责的较大的部，在民主过程中就有着跟首相、党、议会和选民根本不同的职能。这种中间领导的职能跟若干部门的内阁

1　格拉德斯通本人强烈主张这个理论。因为通过罢免政府的决定应由议会做出，所以当他1874年竞选失败时，他仍然极力要求召开议会。当然，这没有一点意义。他用同样的方式认真地声称对王权无限尊重。一本又一本的传记作者都对这位伟大的民主领袖的这种谦恭态度感到吃惊。不过能够肯定的是，假如我们按照维多利亚女王1879年后对格拉德斯通的特别不满（传记作家都把它归结于迪斯累里的反面影响）来判断，女王表现出比那些传记作家有更好的辨别力。真的有必要指出对国王表明尊重能够意味着两种不同的含义吗？一般来说用故意的谦卑对待他妻子的男人不是接受两性间平等同志关系的人。事实上，谦虚态度无疑是规避这种关系的方法。

2　比首相职位的演化更加微妙，内阁的演化被掩盖一个制度性质变化的历史连续性弄得模糊不清。直到现在，从法律上说英国的内阁是枢密院的执行部分，而枢密院肯定是前民主时期管理国事的工具。不过在这个表层底下，一个完全不同的机构演化而出。我们一旦理解这个事实，就会发觉确定内阁出现日期的任务要比发现首相出现日期的类似任务更为容易。尽管萌芽状态的内阁存在于查理二世时期（"阴谋"部"ca-bal" ministry是一个，与坦普尔实验有关系的四人委员会是另一个），威廉三世统治下的辉格党的"小集团"是最高职位的公平的候选人。从安妮统治时代起，只剩下内阁成员资格和内阁职能等少数问题意见不一致了。

官员个人执行的事务有联系，不过不以这种事务为基础，之所以这些官员被任命到那些部门去，是为了让领导集团掌控官僚机器，它与"保证人民的意志在各部门得到贯彻"即使有关系也只有疏远的关系。在最好的例子中表现得非常明显：给予人民的是人民从来没想到的结果，也是他们事先没有认可的结果。

（4）再谈谈议会。前面我曾指出在我看来是其主要职能，并指出我这么说的理由。不过或许会有人反对说，我的定义对它的其他职能不够重视。议会除了建立和推倒政府之外无疑做了大量别的工作，它立法，甚至它还行政。因为，虽然除去决定和颁布政策外，议会的每一行动是制定正式意义上的"法律"，不过还有很多行动一定要被看作是行政措施。最重要的例子是预算。制定预算是一种行政职能。例如，在美国预算由国会制定。就算如英国一样，预算由财政部制定由内阁批准，议会也一定要对它进行投票，投票通过后它就成为议会的法律。这难道不是驳倒我的理论了吗？

在两军交战时，它们总是以它们战略或战术形势决定的特定目标为各自行动的中心。它们或许争夺一个特定的地带，或者争夺一座特定的山头。占领那一地带或山头的愿望一定要出于战略或战术的目的，也就是打败敌人。说占领它们的企图是由于那个地带或山头有着超军事的价值，那无疑是荒谬的。与此相同，压倒对手取得或保持政权是每个政党的首要目标。按照政治家的立场来说，政治问题的决策，像占领那个地带或山头一样，不是目的而是议会活动的材料。因为政治家射出的是语言而不是子弹，因为那些语言无可避免地由正在争论的问题所提供，因此它总不如军事例子表现得那么明白。不过战胜对方依然是两种比赛的实质[1]。

那么从根本上说，议会不断对国家问题做出的决定就是议会用来保持或拒绝保持当权政府的方法，也是议会用来接受或拒绝接受首相人选的方法[2]。除去就要

1　有时候，政治家从言辞的迷雾中露出真相。例如，伟大的政治家罗伯特·皮尔就辉格党政府对牙买加政策在议会辩论中战胜对方后说"牙买加是一匹出发上路的好马"，就是一个没有人能说它轻薄的事例。完全表明了他政治手腕性质的特征。读者应把这句话的含义好好体会一下。

2　当然，这点正像它适用于英国的做法一样也适用于维希政府以前的法国和法西斯以前的意大利。不过在美国并非一定是这样，因为在美国，政府在重大问题上的失败不会引起总统的辞职。但是，美国的做法完全因为这样的事实，即体现不同政治理论的美国宪法不允许议会的做法按照它的逻辑发展。实际上，这个逻辑并不是完全不能起作用的。政府在重大问题上的失败，尽管国会不能把总统赶下台，不过一般来说会严重削弱他的威信，让他难以领导。因为失败会在短时间内造成一种不正常的局面。不过无论总统在以后的选举中取胜或失败，那时冲突都会得到解决，解决的方式大概与英国首相解散议会应付相同局面时的方式一样。

提到的例外，每一次投票都是一次信任投票或不信任投票。而在法律上这样称呼的投票仅仅抽象地表示出所有投票所共有的基本要素而已。让我们满意的是，一般来说我们看到提出事项请议会决定的主动性在于政府或者在于反对党的影子内阁，而不是在于议员个人。

　　首相从不断出现的问题中挑选一些他打算提交议会决定的问题，就是说，他的政府建议把那些问题变成法案（或者假如他没有充分把握），起码对那些问题做出决议。当然每届政府从上届政府那儿接收它或许没法搁置的遗留下来的等待解决的问题；另一些问题是日常的例行公务；只有在取得特别显著成就的情况下，首相才会有条件地把他自己倡议的有关政治问题的措施提出来。但不管怎样，政府的选择和领导（无论是不是自由的）是支配议会活动的要素。假如反对党提出议案，这代表着它提出挑战：这种行动是一种攻击，政府对此要么用偷梁换柱的办法打败它，要么就要失败。假如一件重大的议案，不是由政府提出的，而是由执政党的一部分人提交的，这意味着反叛，部长们就是以这样的角度来看待它，而不是把它当作额外的战术功绩。它甚至会产生一场争吵，只有由政府提议或批准，否则这种行动成为政府失去控制力的象征。最后，假如一项措施是政党一致提出的，这代表着比赛不分胜负，或者是由于战略原因避免了一场争斗[1]。

　　（5）在"代表制"议会中政府起领导作用这个原则的例外，仅仅有助于表明这个原则怎样的现实。例外有两种。

　　第一，所有的领导都不是绝对的。由于竞争的要素是民主政治的本质，所以根据民主方法行使的政治领导甚至比别的领导有更少绝对性。从理论上说，由于每一个追随者都有权利更换他的领导人，一定是因为几乎总有几个追随者有着这样做的真实机会，于是个别议员（如果他认为他这么做有非常大的成功机会）和核心圈子内外的部长一直遵循一条介于无限忠于领袖旗帜和无条件高举自己旗帜

　　1　另一个非常重要的英国技巧略述如下。假如一项重大议案在二读时仅得到微弱的多数，这个议案以前和现在一般就不接着审议下去了。首先这种惯例承认多数原则在实际运用于实施良好的民主政体中的重大限制：说少数在民主政治里总是被迫投降是错误的。不过还有第二点，尽管少数并非一定总是在特定问题的争论上被迫向多数投降，不过在事实上少数总是（甚至这点也有例外）在内阁是不是继续掌权的问题上被迫屈服，一个重大的政府议案在二读中遭到这样的投票表决，可以说既是信任投票也是搁置议案投票。假如成问题的是议案的内容，如果目的不在于将它列入法令全书，为这个议案而投票表决就没有什么意义了。不过，假如议会关心的主要是让内阁继续掌权，那么这样的策略立刻就变得能够理解了。

之间的中间路线，有时还用真正让人钦佩的精确性来平衡风险与机会[1]。在领袖一方面，他遵循的也是一条中间路线，介于坚持纪律和任凭别人反对自己之间。他以多多少少的审慎的让步来缓解压力，称赞与不满并用，恩惠与惩罚兼施。这场比赛的结果，随个人及其地位的相对力量的不同而有非常大的变异，不过在大部分情况下能够造成相当大的自由。尤其是，强大到完全让别人感到其愤恨，不过还没有强大到因此有利可图，即能让它的主将和它的纲领纳入政府的安排的集团，一般将在次要问题上，或者不管怎样在能诱使首相认为次要或只有局部重要性的问题上，被允许有参与的权利。这样，追随者集团或者甚至个别议员或许偶尔有机会提出他们自己的议案。当然，领袖对仅只是批评或者不对政府的每一个议案机械地投赞成票的做法能够表现出更大的宽容。不过我们仅需用实事求是的精神加以观察，便能在使用这种自由的限制上，看出其所体现的不是议会运行的原则，而是对这个原则的偏离。

第二，在一些情况下政治机器对某些问题不理会，或者是由于执政和在野的高层领导力量对这些问题的政治价值不了解，或者是由于这些价值的确让人怀疑[2]。像这样的问题这时或许被在一个现存政党里的宁愿独立地争取权力的局外人所利用。当然这完全是正常的政治活动。不过还有另一种可能存在。一个人或许对一个特定问题特别关切，以致他进入政治舞台，单单是为了让问题遵照他的方式解决，没有一点儿怀有开始从事正常政治生涯的愿望。但是，这种情况太不一般，不容易找到具有头等重要性的这类例子。或许理查德·科布登[3]是这样的一个例子。不过二等重要的例子十分常见，特别是参加社会运动类型的例子比较普遍。不过所有人都会认为，这些例子显然是对标准做法的偏离。

我们能够进行如下的总括。观察人类社会，一般来说我们要指明被研究的社会所争取的不同目标是容易的，起码作大略的常识性说明是很容易的。能够说这

1　19世纪80年代，约瑟夫·张伯伦在有关爱尔兰问题上所采取的路线是一个最有启发性能说明上面问题的例子。他最后出奇制胜地击败了格拉德斯通，他在开始竞选时他还是后者正式的热情支持者，不过这件事的特别之处只在于这个人的力量和智慧。就如每个政治首脑都知道的那样，只有平庸的人才能被指望忠诚。这就是之所以那些政治首领中的最伟大的人物（如迪斯累里）的身旁全是一些第二流的人物。

2　从来没有曾加以试验的问题是典型的第一类例子。之所以政府和反对党的影子内阁理解这个问题的潜在重要性，却策略地同意对它不予理会，典型的原因是处理它的技术上的困难和害怕它会产生局部性的麻烦。

3　理查德·科布登（Cobden Richard）（1804—1865），英国政治家。他被称为"自由贸易之使徒"（Apostle of Free Trade），是英国自由贸易政策的主要推动者。他领导一群商人成立了反谷物法联盟（1839年），最终成功促使国会在1846年废除了《谷物法》。——译者注

些目标提供相应少数活动的理论基础或意义。可是不能由此说，一种类型活动的社会意义必定提供这种活动的推动力量，从而也提供这种活动的理由。假如不是如此，那个以分析有待实现的社会目的或社会需要为满足的理论，不能被认为完全说明了旨在实现那些社会目的或需要的各种活动。举例来说，之所以存在像经济活动这类事情的原因，自然是由于人们要吃饭、要穿衣等。提供生活资料来满足这些需求是社会目的或者是生产的意义。但是我们全部同意，这个命题为商业社会中经济活动的理论造成最不现实的出发点，如果我们从利润命题出发，我们将可以做得更好。与此相同，议会活动职能的社会意义显然在于制定立法和部分行政措施。不过为了理解民主政治如何让这个社会目的成为事实，我们一定要从竞争性的争取权力和职位出发，同时知道社会职能实际上是附带地实现的，就如生产对于谋取利润来说，也一样地属于附带的意义。

（6）对于选民的任务，最后还必须提一下另外一点。我们知道，议员的愿望不是产生政府过程的最终根据。对选民一定要再说一遍一样的话。选民的选择（在意识形态上被尊称为人民的召唤）是被塑造出来的，而不是出于选民的主动，对选择的塑造是民主过程的本质部分。投票人不决定问题，并且也不是用特别坦荡的心情从符合条件的人中挑选议员。在所有正常的情况下，主动权在企图取得议员职位跟获取这个职位所体现的当地领导权的候选人那里。投票人仅限于接受他相对喜欢的一个或者拒绝接受。甚至大部分由选民真正挑出当选人的特别事例也属于上述情形，其原因不外乎下列两个之一：第一，一个人假如他已经得到领导权，他自然不必再去竞争领导权；第二，情况或许这样，一个可以控制或影响选举的地方上的领导人，不过他不能或不愿亲自参加竞选，指定另一个人参加，这时此人看来像是由选民按照他们自己主动性挑选出来的。

不过，就算选民的主动性有接受一个竞选的候选人所表示的那样多，这种主动性还是受政党存在的进一步限制。一个政党并非如古典学说（或埃德蒙·伯克）要我们相信的那样，是旨在"按照他们全体同意的某个原则"来推进公众福利的一群人。这种合理推断是非常危险的，因为它特别诱人相信。因为所有政党在所有特定时间里肯定要为自己准备一套原则或者政纲，这些原则或政纲或许是采取它们政党的特征，对它的成功极端重要，就如一家百货公司出售货品的商标是它的特征，对它的成功极端重要一样。不过百货商店不能用其商标来确定它的内容，一个政党也不能用其原则来确定它的性质。一个政党是其成员准备一致行动以便在竞选斗争中获取政权的团体。假如这样说不对，就不可能有不同政党采取全部相同或几乎全部相同政纲这种情形了。但是这种情形是人人皆知的。政党和机器及一般的政客是因为选民群众只会一窝蜂似的随大流之外不会行动才成为这个样子的，他们试图调节政治竞争完全与同业工会调节商业竞争一模一样。政党管理和政党宣传、口号和进行曲等心理技术不是有无皆可的东西，它们是政治活动的核心所在。政治首领也是政治活动中不可缺少的。

第十八章
总论

第一节　民主方法怎样才能成功

假如一个物理学家观测到，同一个装置在不同时间与不同地点运行得不一样，他的结论是这个装置的运行取决于装置以外的各个条件。我们也只能做出同样的结论。要知道能够期望古典民主学说在能够接受程度上适合现实的条件的内容是容易的，就像了解这个学说过去适合现实的条件是什么一样不难。

这个结论清楚地说明，我们持有我们一直表明的严格的相对论的观点。就如没有不同时间不同地点的赞成或反对社会主义的理由一样，赞成或反对民主方法的绝对普遍的理由也是不存在的。就如对社会主义一样，对民主方法使用，"其他条件相同"这一条来论证也很难，因为在民主政体是可行的或者是唯一可行制度的局势与民主政体是不可行的制度的局势之间，"其他条件"不可能全都相同。民主政体在显示出某种特征的社会模式中盛行，去查问在没有那些特征的别的社会模式中民主政体的进展怎样，或者在那些其他种类的社会模式中人民如何运用民主这些问题有没有意义是很让人怀疑的。我认为民主方法在有可能运行的社会中，它要取得成功一定要具备四个条件[1]，当然我要说的前提是只限于现代类型的大工业国家。

人的政治素质是第一个条件，即领导和管理政党机器的人，选出来进入议会和上升担任内阁职务的人应该有足够优秀的水平。这点意味着仅仅有充足数量的有充分才能和道德的人还不够。就如上文已经指出的，民主方法不是简单地从全民中挑选人，它只从愿意接受政治职务的人们中，即从愿意竞选的人们中挑选

---

[1] 这里所说的"成功"，我的意思只是指民主过程可以稳定地保持下去，不会出现被迫依赖非民主手段的局势，它还能以任何跟政治有关的利益集团从长期观点来看能接受的方法处理日常事务。我的意思不包括让每个观察者按照他们各自的观点都得称赞民主过程的后果。

人。当然，任何选举方法都是这么做的。因此，所有方法按照某种职务对才智和品德的程度不等的吸引力，能够在选举中有高于或低于全国平均水平的表现。不过争夺当权职位的竞争，一方面浪费了人员和精力，另一方面民主过程非常容易在政治领域里创立一些条件，只要这些条件确立，就将把能在政治领域以外别的领域做出成就的大部分人赶出政治领域。由于这两个原因，充分合适的人才对于民主政府的成功非常重要。说人民在民主政治中总会有他们需要的或该有的那种性质和品格的政府，那是不确切的。

或许有很多方法能获得品质非常良好的政治家。不过到现在为止，从以往的经验来看表明，唯一有效的保证在于存在一个社会阶层，它本身是最严格选择过程的产物，又理所当然地一心一意从事政治，假如这样的一个阶层对于外来者既不完全排斥又不来者不拒；假如它强大到完全可以同化它不断吸收的成员，它不仅将为政治事业提供已在别的领域成功地通过考验的（就像在私人事务中充当过练习生）值得信任的产品，并且它还将赋予他们体现经验的传统、专业的法规和共同的观点，增加他们对政治事业的适应性。

英国是能充分满足我们条件的唯一一个国家，也是具有这种意义的政治阶层的唯一国家，这不单单是巧合；德国在魏玛共和国时期（1918—1933）的事例是更有启发意义的事例。恰如我希望在前文中说明的，对于一般被认为是惊人失败的那个时期的德国政治家，是没有什么缺陷可被指责的。议员和总理、部长一般是诚实、理智和正直的。全部政党也是如此。不过在对这里和那里表现的点点滴滴的才能给予应有敬意的同时（尽管在高级领导圈中这种才能不多见），还一定指出，这些人中的大部分明显低于一般标准，在一些方面还低得可怜。很显然，这并不是因为整个民族缺乏才能与精力，而是因为精力旺盛的才智之士摒弃了政治事业。任何一个阶级或团体的成员都没把政治当作他们矢志从事的事业。政治制度陷于困境有很多原因。不过这个制度最后在一个反民主领袖手中遭到彻底失败，还是说明缺少有鼓舞人心能力的民主领导力量。

政治决定的有效范围不应扩展得太远是民主政治成功的第二个条件。它能扩展到多远，不仅要根据上一节所提出的分析得出的民主方法的一般限度，而且还要根据每一个个别事例的特殊环境。具体地说，就是有效范围不但取决于（举例说）为政治生命只能紧张地不停斗争的政府能成功地处理问题的性质与数量，而且在所有特定时间和地点，也取决于组成政府人员的素质，以及这些人一定要在其中工作的政治机器的类型跟社会舆论的模式。就我们民主理论的观点来说，不像古典理论观点那样，其没有必要要求政治机构只应处理普通民众可以完全理解和有严重意见的事情。相对不严重需要的相同性质的事情仍然有处理的必要，这点还需再加评论。

当然，假如有必要，首相领导的议会通过宪法修正让自己服从自己的决议，不能有什么法律上的限制。所以埃德蒙·伯克在关于英国政府和议会对美洲殖民地所采取行为的讨论中极力主张，权力无限的议会要想恰当运行，一定要给自己加上限制。同样，我们也能够说，就算在一定要提交议会投票决定范围内的问题，政府和议会在通过议案时也经常有必要让它们的决定看来纯属形式性质，最多是纯属监督性质的决议。否则，民主方法会产生反常的立法现象。以非常庞大和非常专门的刑法典为例。无论一个国家是否打算编纂一部法典，民主方法均适用于这个问题。民主方法也适用于如劳工或雇主联合会的某些做法应不应被认为是犯罪这样的政府为做出不但是形式的政治决定时想要挑选的一些"问题"。至于别的问题，政府和议会无论本身如何想，只能接受专家的意见，因为犯罪是一个复杂的现象。实际上犯罪这个词包括很多没有共同点的现象，有关犯罪的民众通用的口号基本上都是错的。在合理地对待犯罪要求这个问题上的立法上，一方面要防止惩罚主义，另一方面又要防止感伤主义，而政府和议会里的门外汉总容易一会儿犯这种毛病，一会儿犯那种毛病。这就是我强调政治决定应限制有效范围想要表达的意思。在这个范围内，政治家既做形式上的决定，也做实质上的决定。

并且，在讨论中的条件当然能够用相应限制国家活动的办法来实现。不过假如读者认为这样的一种限制是一定要施加的，那是重大的误解。民主政治并不要求国家的任何一种职能都受它政治方法的支配。比如，在大部分国家中，赋予法官不隶属于政治机关的独立性。1914年前英格兰银行所持有的地位是另一个例子。它的一些职能实际上是国家性质的职能。但是把这些职能给予在法律上仅仅是一家商业公司的机构，它全部独立于政治部门之外，有其自己的政策。美国的某些联邦机关也是具有相同性质的例子。州际商业委员会的设立显示了不扩大政治决定范围而扩大国家权力范围的意图。或者再举一个例子，美国的一些州"无条件地"为州立大学拨款，也就是说，对大学在某些情况下相当于实际上完全自治的独立性不干预。

所以，除了通过授予权力和建立使用权力的机关的议案所指的那种事务，以及除去政府的一般监督作用所意指的那种接触外，差不多所有类型的人的事务，能够想象地隶属于国家的范围，不成为竞争政治领导地位斗争的一部分材料。当然，这种监督作用或许蜕变为腐化的势力。政治家任命而不是选任国家机关工作人员的权力，假如滥用，往往可以让这些机关腐化。不过这点不会对我们正在讨论的原则有影响。

第三个条件是，为了把国家事务领域所包括的一切事务做好，现代工业社会里的民主政府一定要有能力支配一个赋有强烈责任感和同样强烈集体精神，以及有良好声望和传统的训练有素的官僚机构的工作。这样的官僚机构是对有人提出由业余人士管理政府的最好回答。或许它也是在美国经常听到的一个疑问的唯一答案，人们不相信，民主政治已经证明其本身不能产生像样的市政府，假如把一些事情，最终包括整个生产过程，全都交给它去做，我们如何能期望这个国家可以很好地生存下去。最后，它也是前面我们第二个条件所提到的问题的主要答案[1]，即国家管理范围太大时，依靠的就是这个官僚机构。

这个官僚机构仅有处理日常行政事务的效率，以及提供好的意见的能力还是不够的。它一定要强大得完全可以引导充当各部部长的政治家，如果有需要，去教导他们。为了可以做到这一点，它一定要能够渐渐形成自己的原则，并有充分的独立性去维护自己的原则。它一定要是一种凭自己重要性取得的力量。就是说，人员的任命、任期和晋升，实际上，尽管不是形式上，一定要主要取决于（在政治家不敢轻易破坏的文官制度规则范围内）它自己的共同意见，虽然当政治家或公众发觉他们的意见被它抵制时（他们经常会碰到这种抵制），肯定会产生各种各样的喧叫。

又跟政治官员的情况相同，官僚机构得到合用的人选问题是首等重要的，训练尽管重要，不过跟这相比仅处于第二位。假如存在一个非常优秀和有很大威望可以招徕人才的不太富也不太贫，不坚拒外来者也不让人随便进入的社会阶层，就不难获得所需要的人才和能让官僚阶层发挥作用所必要的传统规则。欧洲的官僚机构，虽然受到很多敌意的批评，把它们的良好记录弄得模糊不清，仍然完全可以成为我试图表达的意思的非常好的例子。这些官僚机构是长期发展的产物，从中世纪诸侯的管家（原先是为管理和军事目的挑选出来的农奴，这批人因此得到小贵族的身份），经历了几百年，直到如今我们看到的强有力行政机器的出

1　参看前文中对官僚机构这个主题的一些评论，将让读者深信，在全部三个条件中，用官僚机构作为回答，不管怎样不能认为是理想的。另外，读者不该听任自身受官僚机构一词通俗说法产生联想的不合适影响。无论如何，这种回答是唯一现实的回答。

现，这部机器不是一下子创造出来的，它也不能用金钱"雇佣"，但是它到处成长，无论一个国家采用什么样的政治方法，在以后，它的扩展是一件能够肯定的事情。

第四个条件能够用民主自制四个字来概括。所有人一定会同意，要让民主方法顺利运行一定要国内全部算得上数的集团愿意接受只要列入法令汇编上的立法条款，以及接受由合法主管当局发出的行政命令。不过民主自制的含义远不止于此。

首先，选民和议会在智力和道德水平上一定要有很大的高度，完全可以保证不受骗子和狂人或目前还不是、不过就要被驱赶成为骗子和狂人的那批人的礼物。另外，假如通过的议案没有顾到别的人的权利要求和国家的形势，也会出现玷污民主政治的信誉和破坏对它的忠诚的失败。主张改革议会或行政措施的少数建议一定要满足于像在面包店门前井然有序的排队，一定不要企图冲到店里去。读者回想一下上一章中有关民主政治的做法所说的话就能理解，这样做要有很多自愿的服从。

尤其是，议会里的政治家一定要克制自己，不要在看来做得到的时候就不能抗拒颠覆政府、破坏政府的诱惑。如果他们反其道而行，那就不会有有效应对的政策。就是说，政府的支持者一定要接受它的领导，允许它制定政纲和执行政纲，反对党应该接受在它上面的"影子内阁"的领导，允许它把政治斗争限制在某些规则之内。满足这个要求，能够看作提倡恰到好处、不太多也不太少的传统主义。习惯性地破坏这个必要条件，就是民主政治结束的开始。保护这个传统主义，实际上就是议会程序和成规存在的一个目的。

议会外边的投票人一定要对他们本身与他们所选政治家之间的劳动分工予以尊重。他们一定不要在两次选举之间非常早地收回对当选人的信任，他们一定要理解，只要他们选出一个人，政治行动是这个人的事情，不是他们的事情。这代表着他们必不可教导他应该怎样做，这是爱德蒙·伯克时代以来历来宪法和政治理论所公认的原则。但是这个道理不是所有人都懂得的，一方面，很少人知道这个原则与古典民主学说有冲突，事实上意味着放弃古典学说。因为，假如人们打算以事必躬亲那样的方式进行统治，对他们而言，还有什么比对他们的代表发布指令，像1789年和此前法国议会选举人那种做法更加自然的呢？另一方面，人们更少认识到的是，假如这个原则得到承认，不仅像法国选民请愿书那种正式的指示，就连比较非正式的限制议员行动自由的所有言行像不断地写信和打电话给他们也必定在一样的禁止之列。

因为人们关心的是我们确定的民主政治的真实性质，所以我们不能讨论各种微妙的问题。这里跟我们有关的只是，在庞大而复杂的社会里，成功的民主做法无不仇视在后面指手画脚的人，甚至因而采取秘密外交和用谎言隐瞒意图与许诺，公民方面要约束自己不这样做，需要非常大的自制力。

最后，对领导权有效地竞争需要对意见分歧有高度的容忍心。上文已经指出，这种容忍肯定不是，也肯定不能是绝对的。不过，一定要让每一个竞争领导权的人，只要他没有被法律剥夺权利，都有提出他的主见而不会出现混乱的可能。这一点的意思是，在有人对你最宝贵的利益攻击或对你最珍爱的理想冒犯时，你得耐心地站在一边倾听。或者反过来说，持有这种观点的竞争领导权的人也要相应地克制自己。如果不能真正尊重别的公民的意见，达到愿意让自己意见处于从属地位的程度，以上两点都不会做到。

在一定程度上，每一种制度都能经得起脱离常规的实践。不过，就算最低程度的必要的民主自制，无疑需要某种类型的民族特性和民族习性，而这二者不是在所有地方有机会逐步形成的，也不是依靠民主方法本身可以产生的，而那种自制力在所有地方都经不起超过某种程度的严格考验。实际上，读者只需回顾一下我们提到过的几个条件，便能完全了解，即只有所有起作用的利益集团事实上不仅对国家一致地忠诚，而且对现存社会的结构原则一致地忠诚的时候，民主政府才能完全发挥其有利条件。不管何时，这些原则受到怀疑，引发了让国家分裂成两个敌对阵营的争论，民主政治就在不利条件下运行。只要涉及的各项利益与理想是人民拒绝与之妥协的利益与理想，民主政治或许完全运行不了。

可以把这些情况概括为这样一句话：在困难时期，民主方法会处于不利地位。实际上，所有类型的民主政治全都承认存在某种形势，在那种形势下，放弃由竞争产生领导，采取垄断性的领导是合理的。在古代罗马，宪法规定在紧急时期把这样的垄断领导权授予一个非选举产生的职位。这个职位的任职者称作magisterpop-uli或独裁者。我们知道，事实上所有宪法都有一样的规定，美国自己的宪法规定：美国总统在某种情况下将取得一种权力，让他成为古罗马那种实质上的独裁者，无论二者在法律意义上和具体细节上的差别有多大。假如垄断受到有效的限制，或者如古罗马最早实施的那样限于一个明确的时间，或者限于明确的短期紧急状态的时限，那么竞争领导权的民主原则仅是短期中断。假如垄断无论是在法律上还是在实际上都没有时间的限制，那么民主原则就会荡然无存，因为如果没有时间的限制，往往就成为没有任何其他限制，因此我们就处于现代意义的独裁统治之下了[1]。

第二节　社会主义制度的民主

（1）在我们把自己的结论提出时，我们最好从民主和资本主义制度间的关系开始。

由古典学说反映的民主的意识形态的基础是人的行为和生命价值的理性主义图式。这个事实本身完全可以表明它是资产阶级的理论。历史明白地证实这个说法是正确的：在历史上，现代民主政治与资本主义一块儿兴起，并跟资本主义有因果关系。而从民主实践上看，这样说也是对的。在我们竞争领导权理论意义上的民主政治，主持了政治和制度的改革过程，资产阶级利用这个过程对它原有的占优势的社会和政治结构进行了重新塑造，并按照自己的观点进行合理的改造。民主方法是这场重建工作的政治工具。我们知道，在某些非资本主义和前资本主义社会中也运用民主方法，并且运用得非常好。不过现代的民主政治是资本主义过程的产物。

将随资本主义一起死亡的那些产物之一是不是民主政治，肯定是另一个问题。资本主义社会运用由它形成的民主方法，运用得怎样好还是怎样坏又是另一个问题。

谈到后一个问题，很显然资本主义社会在一个方面运用得非常好。资产阶级有一套非常适用于如何把政治决定领域缩减到能够用竞争领导权的方法进行管理的比例的解决办法，资产阶级处理事物的方案用限制国家权力的领域来限制政治领域，它的解决办法在于实行理想的极端节约的国家，这样的国家的存在，主要是为了保证资产阶级的合法性，并为一切领域内自主的个人努力给予坚实的精神架构。另外，假如考虑到和平的（不管怎样起码是反军国主义的）和自由贸易的各种趋势（我们发现这是资产阶级社会所固有的），就可以看清资产阶级国家中政治决定作用的重要性起码在原则上可以降低到无能的政治部门所需要的所有程度。

1　在古罗马（我们习惯误用那个时代的术语），一个独裁出现并有一定发展，在几个世纪里表现出与现代独裁制度相似的一些特点，虽然不该把它们说成是完全一样的，不过除了恺撒那个事例外，那时的独裁政权不使用共和政府独裁官的头衔。苏拉的独裁仅是为了宪法改革这个明确的目标而设立的临时行政长官。之外全是非常"正规"的事例。

如今对我们来说，这种国家显然不再有吸引力。资产阶级民主必定是一个非常特殊的历史情况，代表它提出的所有要求显然要根据是不是接受不再是我们的标准而定。但是如果说我们不喜欢的解决办法不是解决办法，资产阶级民主不是民主，那是荒诞的。相反，由于它的色彩消退，认识它在充满活力时怎样鲜艳，它为家族（假如不说为个人）提供的机会是怎样广泛而平等，以及它给予通过它考验的人们（或者给予他们的孩子）的个人自由是怎样充分，就更为重要了。另外，认识起码在几十年间它应付不合适条件的严峻考验是怎样巧妙，当它面对不符合和仇视资产阶级利益的要求时它所发挥的功能是怎样确定，也是非常重要的。

在另一方面，全盛时期的资本主义社会完全可以把让民主政治取得成功的任务承担下来。一个让它毫无干扰去实行民主自制最能符合它利益的阶级，要比自然地试图依靠国家而生存的阶级，可以相对容易地把这个任务完成。主要一心一意从事其私人事业的资产阶级人士，一般说来只要这些事业不受严重威胁，他十分可能比别的所有阶层人士表现出对不同政见的容忍和对与己不同意见的尊重。另外，只要资产阶级标准在社会中占支配地位，这样的态度很可能传染给别的阶级。英国土地利益阶级对1845年的失败以相对优雅的姿态接受。英国劳工为摆脱自身的弱势地位而斗争，不过直到本世纪初，得到所要求权利的过程都非常缓慢。在别的国家，这样的自制，确实还很不明显。这些对原则的偏离并不是一直都很严重，或者一直只跟资本主义利益相关联。不过，在某些事例中，政治生活基本上全归结为压力集团的斗争，在很多情况下，不符合民主方法精神的做法变得非常重要，并完全能够扭曲民主生活。不过认为资本主义制度中"不可能"有真正的民主政治无疑是一种过火的说法[1]。

不过，无论在哪一方面，资本主义一直拥有的优势正在迅速失去。跟国家理想结合在一起的资产阶级民主，已经在一段时间内运作得越来越不灵活了。正如我们所知道的，这部分因为当国家在根本性社会结构问题上有重大分歧时，民主方法肯定不能有最好的运用。这个困难转过来又被证明是非常严重的，因为资产阶级社会无疑不能满足让民主方法发挥作用的另一个条件：资产阶级产生于可以进入由非资产阶级组成的政治阶级并在争取政治领导权上获得成功的个人，不过

1　应该说，存在某些偏离民主原则的情况，这些情况跟有组织的资本主义利益集团的出现有关。这样纠正后，无论从古典民主理论观点还是从我们自己理论的观点来看都是正确的。从古典观点可以得到私人利益集团使用的手段常被用来挫败人民的意志这样的结论。而那些私人手段常被用来干扰争取领导权这种机制的正常运作，是从我们的观点得到的结论。

它并没有产生它自己的成功的政治阶层，尽管人们会想，工业资产阶级的第三代具有一切去组成这样阶层的机会。之所以会这样的原因，我在第二篇中已有翔实的解释。全部这些事实加起来好像对这种类型的民主政治提出一个悲观的预测。这些事实还提出一个解释，说明之所以在一些事例里民主政治以显然安然自得的态度向独裁政体投降。

（2）只有具有全部"成熟的"条件的社会主义，即有能力以民主的方法建立起社会主义制度和有一个充分能力和经验的官僚阶层，才能建立起民主政治。但是真正具备这些条件的社会（我不想再提任何别的条件），首先必然拥有下述或许是最重要的优势。

我原先强调，除非所有阶级的绝大部分人坚决遵守民主竞争的规则，这点又表明他们确确实实同意他们制度结构的基本原理，否则不能指望民主政治发挥让人满意的作用。当前，后一个条件还没具备。很多人拒绝，更多人准备拒绝效忠资本主义社会的准则，仅凭这点，民主政治必定遭遇越来越多的摩擦。不过在能预见的阶段，社会主义或许能够弥合这个裂痕，它能够在社会组织的构造原则上重建意见的一致性。假如它可以做到这一点，那么剩余的对抗全都是民主方法有能力对付的。

那些剩余的对抗，因为把互相冲突的资本主义利益消灭了，将会在数量上和重要性上进一步减少。农业和工业的关系，以及大型工业和小型工业的关系、钢铁生产工业和钢铁消费工业的关系、保护主义和出口工业的关系将（或者可能）成为专家们有能力找出冷静而明确的答案，并加以解决的技术性问题，而不再是要由压力集团的相对力量来解决的政治问题。尽管指望这些关系之间再也不存在不同的经济利益或冲突或许是空想，指望不再有意见分歧的非经济问题是更加不能实现的空想，不过有充足的理由期望，争论不休的问题的总数，就算跟全盛时期的资本主义相比也会有所减少，比如说，再不会有弄虚作假的人。政治生活将单纯很多。

从外表来看，对于别的形式社会，由于出现一个有着稳定传统的政治阶级而解决的问题，社会主义说不出明显的解决办法。前面我曾说，将出现一种政治职业。或许会渐渐形成一个政治队伍，对于它的品质，猜测是没有用的。

社会主义到现在为止占有上风。或许还有人会说，这个优势十分容易被可能产生的重大偏差所抵消。在某种程度上我们对这种说法有所准备，我们坚持认为经济的成熟代表着没必要要求这一代人为下一代人的利益作重大的牺牲。不过，就算没有必要通过国家计划让人民艰苦劳作，维持民主过程的任务也证明是特别微妙的。让掌权者能正常成功地解决这个任务的环境或许很难想象，非常容易想象的环境是，面对着从政治部门传遍整个国民经济的瘫痪局面，或许迫使掌权者采取一条行动路线，这条路线对于眼见社会主义组织内固有的统治人民巨大权力的人们必然始终是有着某种诱惑力的。

不管怎样，那种民主政治并不代表个人自由的增加。再说一次，它并不意味着跟古典民主学说所推崇的理想更接近。

第四篇

社会主义政党简史

　　美国农业社会证明是反社会主义的力量，它准备除掉其重要性完全可以引起它注意的所有马克思主义活动。假如说俄国的工业部门因为资本主义发展缓慢没有能产生举足轻重的社会主义群众政党，美国的工业部门因为资本主义以让人眩晕的步伐迅猛地发展，所以也没有能做到这一点。

前言

　　社会主义政党的历史由我来写是不合适的。无论是陈述它们兴衰的背景，还是描述它们解决问题的方式，需要有比我更宽广的视野和更有力的手笔才行。并且，要做这项工作的时机还没有来到，因为尽管过去20年间已经产生了很多有价值的论文，让我们知道某些特殊形势下和特殊方面需要了解的知识，不过还需做非常多的研究工作，才可以写出符合学术条件的现代社会主义活动史。为了补充本书以上各篇中所说的很多见解，并把它们放置在适当的位置上，是需要提出某些史实的。我在研究中或亲身观察中发现其他一些要点，我希望把它们提出来，由于它们本身看来让人感兴趣。因为以上多方面的原因，我收集了下面的一些片段，就算一鳞半爪，希望它们能指明整体的轮廓。

　　不是所有的读者赞成我给予马克思和马克思主义的中心地位。我乐意承认在这个问题上我有个人的偏见。我认为，社会主义政策的魅力所在——让政策非常值得注意，并让它具有自身知识上和道德上的尊严的东西——就是它与学说基础有着清楚而紧密的关系。起码在原则上，它是由行动或无行动来执行的理论，而有没有行动决定于对历史必然性认识的正确与错误（见第一篇）。甚至为了权宜之策和只从策略上考虑，也带有那种不能消除的特性，而且一直是按那个原则进行讨论的。不过全部这些只有马克思主义那一正统是真实的。在资产阶级的大量学说中，当然没有比人们耐人寻味地称之为"哲学"激进派的边沁激进派更真实的了。全部非马克思主义的社会主义团体多多少少和其他团体和政党差不多，只有纯粹的马克思主义者一直牢记那个对他们来说包含一切问题全部答案的学说。读者可以理解，我并非无条件赞美这个态度，不过各类教条主义者，虽然他们没有实干能力，但由于他们有某种美的品格，完全可以让他们超出一般政客，并且他们拥有的力量源泉，是一般政客肯定不能懂得的。

第十九章
成长时期

　　一些社会主义学说中的根源大概和最早合情合理的思想同样古老。只要这些学说没有办法让所有人信服社会发展过程必定导致实现社会主义的话，它们是美丽的或可怕的梦幻是由跟社会现实接触而产生的无力的渴望。它只要跟现存的或潜在的社会力量源泉没有确定的接触，社会主义者的努力相当于对着荒野说教——柏拉图式的说教，所有的政治家都不需要为之操心，所有的社会过程的观察家都不需要把它列入能起作用的要素。

　　这就是马克思对先于他的或跟他同时提出竞争性教义的社会主义者提出批评的要旨，以及他之所以称他们为空想社会主义者的原因。原因不全在他们的很多计划是明显的怪念头或者都在知识上比一般水平低，而是由于这些计划根本上没有被执行过，也不能被执行。

　　直到19世纪上半叶，托马斯·莫尔爵士（1478—1535）的《乌托邦》还一直被广泛阅读、赞扬乃至抄录。它说明了卡贝和贝拉米的成功，他们向人们展示了一幅朴素、高尚和平等社会的图画。那个社会正好跟莫尔时代的英国社会相反。书中的理想只能是一种批判社会的文学形式。或许我们不必把它看作是莫尔向往的实际社会计划目标的表现。不过，假如它真的被人们这样理解（过去是这么理解的），困难不在于它的不能实行。在一些方面它并不比现时田园诗式的社会主义实际可行性更小。比如，它正视权威问题，它坦然地接受较低的生活标准的前景，显然还把低标准称为美德。真正的困难在于书里不想指出，社会如何渐渐趋向那个理想境地（除非可能通过信仰上的改变），或者产生理想境地所依靠的真正要素是什么。我们能够喜欢或厌恶这个理想，但是我们对它做出有影响的事情是不可能的。把现实问题的解决寄托在空洞的理想上，是不容易据此建立政党和制定政纲的。

　　罗伯特·欧文（1771—1858）的社会主义是另一种类型的代表。欧文是一位制造商和实际改革家，他不满足于想象或采取小型自给自足社会的思想，在那种社会里人们按照共产主义原则（按此词的最大胆意义）生产和消费自己的生活资料。他事实上着手去实现他的想法。首先他希望政府有所行动，然后他试图建立一个典型来实施他的计划。因此看来他的计划比莫尔更能实行。它不但有理想，它还有通向理想的桥梁。但是事实上，这种桥梁只有助于更明确地说明乌托邦主义的性质。因为无论是政府行动还是个人努力都作为天外飞来的救星引入——这件事之所以一定要做，仅仅是由于某个人认为它值得做。指不出或无法指出有哪种社会力量为这个目标努力。没有土壤供给玫瑰花生长。就让它们饱餐人们对它们美丽的称赞吧[1]。

这番话对蒲鲁东[2]（1809—1865）的无政府主义一样适用，只是他学说中准确的经济学错误要比轻视经济学论证的别的无政府主义的经典著作明显得多，无论是强调自由的和无政府的个人合作，还是强调为个人合作开辟道路就要完成破坏的任务，他为什么能避免推理错误的原因主要在于他避免推理。像"诗人、精神病人和爱好幻想者一伙人"那样，他们在本质上做不了任何事情，除非把社会主义计划捣乱和在革命激动形势中增添混乱。马克思对M.巴枯宁的所作所为感到憎恶，有时还掺杂着绝望。

不过无政府主义是带有复仇心理的乌托邦思想。我们提到这种病态的乌托邦思想，仅仅是为了把事情说清楚，也就是说这种14世纪心理状态的复活与真正乌托邦社会主义不应该相混淆，后者在圣西门[3]（1760—1825）著作中有最精彩的阐述。在他的著作中，我们发现理智与责任心结合成强大的分析力。设想的目标既不荒诞也不缥缈。欠缺的是方法。他提出的唯一方法又是政府行动，而在当时，由政府采取行动差不多都是资产阶级的点子。

假如人们赞同这样的看法，那么结束社会主义未成年期的重大转折，实际上

1　夏尔·傅立叶（1772—1837）的同类计划的情况也相同，不过不是任何人会称他的计划为社会主义，因为在他的计划中工人仅仅可以得到社会产品的5/12，其他的都拨作资本和经理费用。尽管计划本身这样划分是考虑到实际情况的值得称赞的意图，不过可笑的是工人在那种理想状况下的条件比在资本主义社会里的实际状况还要坏。比如，在战前英国（见A.鲍利，《工业产品的分配》，1921年，第37页）制造业和矿业中，160镑以下的工资和薪金占净产值的62%，160镑以上的工资和薪金占净产值的38%。当然傅立叶的理想并不主要在经济上，不过就经济问题说，这件事充分地说明，在改良主义者的信条中，对资本主义事实是如何的无知。

2　蒲鲁东是法国政论家、经济学家、小资产阶级思想家、社会主义者，以及是无政府主义创始人之一。——译者注

3　圣西门（Claude-Henri de Rouvroy，Comte de Saint-Simon，克劳德·亨利德鲁弗·鲁瓦伯爵·圣西门），法国哲学家和社会改革家，空想社会主义者。——译者注

必定和卡尔·马克思的名字及著作联系在一起。如果这种转折有可能确定时间，我们能够把它定在1848年《共产党宣言》的出版，或者定在1864年第一国际的成立。就是在那个时候，理论上的标准和政治上的标准都能够严肃地说是符合了。但是一方面，这个成就只是总结了几个世纪未成年期的发展；另一方面这个成就以非同寻常的方式让这些发展公式化，那种方式或许在实际上（肯定不是在逻辑上）是唯一可能的方式。所以，正统社会主义对未成年期一些人的判断一定要在某种程度上给予修正。

第一，假如说几个世纪里的社会主义计划方案全是梦想，那么方案的大部分是合理化了的梦想。少数思想家在合理化上取得的多多少少完美成功，不仅仅是他们个人的梦想，而是非统治阶级的梦想。所以，这些思想家不是完全生活在云端，他们也帮着把在下面打瞌睡不过打算苏醒过来的人带到上面来。

第二，未成年期的社会主义思想家预备了后来被证明有用的很多砖块和工具。社会主义社会这个思想毕竟是他们创造的，因为他们的努力，让马克思和他的同代人可以像讨论每个人都熟悉的东西一样讨论社会主义社会。并且很多空想社会主义者做得更多：他们制订了社会主义计划或某种社会主义计划变种的细节，以此对各种问题进行系统的阐述（无论如何不恰当）和清理很多场地。甚至他们对纯经济分析所做的贡献也要重视。它为没有它便会黏滞得没法下咽的布丁提供非常必需的发酵剂。何况很多分析几乎是专门的著作，改进了当时的理论，对马克思非常有好处。像威廉·汤普森等这些悉心阐述劳动价值说的英国社会主义者和准社会主义者就是最好的例子。

第三，被马克思指定为空想社会主义者的那些人并不是跟群众运动完全没有接触。某种不可避免的接触是由这样的事实促使的，那就是使知识分子的笔动起来的社会和经济条件也将让包括农民、工匠、农业劳动者，甚至流浪汉和暴徒在内的一些团体或阶级行动起来，许多空想社会主义者与他们建立起非常紧密的接触。16世纪革命时，农民的要求是由知识分子系统阐明的，在以后几个世纪里，知识分子与农民的协调和合作渐渐变得更加紧密。法国大革命时期唯一纯社会主义运动的领袖人物"格拉古"巴伯夫（"Gracchus" Babeuf），被当作对政府非常重要的人物，1797年送他上断头台对他加以表扬。在英国也有这种情况的最好例证，我们只需从这个角度来比较17世纪的平均派运动和19世纪的宪章运动[1]就能

---

1 宪章运动是19世纪30~40年代英国发生的争取实现人民宪章的工人运动，以工人们要求取得普选权，以便有机会参与国家的管理为目的，是世界三大工人运动之一。——译者注

理解。在平均派运动中，温斯坦利以个人身份参加和领导这场运动；在宪章运动中，众多的知识分子组成一个团体行动，尽管他们的合作最终集中为基督教社会主义，它不是全部脱离当时群众运动的一批学者的秘密活动。在法国，最好的例子是1848年路易·布朗的行动。所以在这方面也像在其他方面一样，乌托邦社会主义与"科学"社会主义仅仅是程度上的不同，不是性质上的不一样。未成年期社会主义与阶级运动的关系是偶然性的，通常说来不是根本原则性的，阶级运动与马克思及马克思以后社会主义的关系，显然是根本原则性的，跟政府与常备军的关系相类似。

还有特别重要的一点需要提出来，我希望它不会是一个障碍。我原先说过，断定建立社会主义的两个必要的、严肃的政治要素，即存在朝向社会主义的趋势[1]和它跟现存的或潜在的社会力量源泉有永久性的接触的学说一定是在19世纪中叶，逻辑上不是唯一可能的方式建立起来的。马克思和大部分同时代的人坚持认为，工人阶级是积极与这种趋势有关的唯一阶级，所以它是社会主义者能够开发的唯一力量源泉，正是这种观点让他们的学说带有一种特殊的倾向性。对于他们而言，社会主义主要代表着把工人从剥削中解放出来，而"工人的解放必定是工人阶级自身的任务"。

马克思跟他的大部分前辈不同，他想要让一个现存的运动（不是梦幻的）合理化，他和他的继承人的确部分控制了这个运动，这点基本上依然是正确的，不过他和空想社会主义者的差别比马克思主义者要我们相信的更小。如我们所知道的，空想社会主义者思想中有很多的现实主义，而在马克思主义者的思想中有比他们承认的更多的非现实主义的梦想。

按照这个事实，我们将对未成年期社会主义者的见解更加看重，因为他们并不单独强调无产阶级的作用。尤其是，在我们看来，他们对政府和对无产阶级之外的各阶级的期望要比马克思看来少些幻想性，多些现实性。因为国家，它的官僚机构及管理政治机器的集团，对于寻找社会力量源泉的早期社会主义者看来是有光明前景的。目前应该清楚，他们在很大程度上有和群众相同的"辩证的"必然性走上所希望的方向。

1　要知道这句话的精确意义，读者应把我们在第一篇和第二篇中的讨论再次翻阅下。这里它是指两件事：第一，真正的社会力量独立于人们的愿望，它有助于建立社会主义，因此社会主义将逐渐获得实际命题的性质；第二，既然这样，采取社会主义路线的政党当前就有活动的空间。第二点将在后文进行讨论。

第二十章

两个重要的年份

第一节　英国的发展与费边主义精神

　　1875年和1914年是两个具有某种象征意义的年份。1875年诞生了其力量强大到可算是一种政治因素的第一个纯粹的社会主义政党。这个重大的事件是通过拉萨尔的团体和倍倍尔、李卜克内西于1869年建立的团体，这两个德国政治团体合并为社会民主党而发生的，该党在当时（哥达纲领）尽管对拉萨尔的政纲做出非常大的让步[1]，最终它接受了马克思主义（埃尔富特纲领，1891年），并稳步地开辟了自己的道路，到1914年取得了值得骄傲的地位，不过就在那年，它和全部社会主义政党一样，遭遇致命的危机[2]。在评论一个马克思主义政党无须做出牺牲原则性的妥协，眼看就可以取得议会领导权的重大发展之前，我们应先看一看别的国家事态发展的过程，首先看一看那个时期的英国社会主义，从表面上看，它提供了与德国党全然不同的让人惊奇的和有启示意义的对照。

　　当然在表层底下，本质相似的社会过程和（作为过程一部分的）本质类似的劳工运动是存在的。英国和德国事态发展之间有基调、意识形态和策略的不同，其原因是不难解释的。自从欧文派的全国团结总工会在1834年垮台以来，或者说自从宪章运动销声匿迹以来，英国的劳工运动不再产生哪种坚决的敌对行动。某些工人的经济目标获得自由党的支持，另一些目标取得保守党的同情[3]。譬如，1871年、1875年和1876年的工会法通过时都没有发生刺激工人好斗心理的什么事

　　1　拉萨尔的主要方法是把工人组织为有国家支持的生产合作社，以它与私人企业竞争，并最终消灭私人企业。这个办法非常明显带有乌托邦主义的气味，所以很容易理解马克思厌恶它的原因。

　　2　当时它在帝国议会里占有397席位中的110席，又因为资产阶级议会党团没有能力组成意见相同的联合体，这点比数字本身表明的意义更大。

　　3　在保守阵营中出现亲劳工态度非常让人吃惊。保守阵营内由阿什利勋爵领导的集团和青年英格兰团体（迪斯累里的托利民主党）可以说明这一点。

情。另外争取普选权的斗争是由非社会主义团体进行并解决的，群众除去欢呼或讥笑外，没有太多的事情可做。在全部这些事情中，英国工人基层群众的优秀品质完全地表现出来，英国政治社会的优秀品质一样明显地表示出来：在证明它们可以避免走上跟法国大革命一样的道路，可以消灭由昂贵面包所引起的危机后，它们还知道如何控制日渐艰难的社会形势，如何体面地放弃自己的一些主张，这可以以1906年的劳资纠纷法为证[1]。最终是英国的无产阶级经历很长的过程才具有"阶级觉悟"，才达到基尔·哈迪能够组成独立工党（1893年）的标准。不过新工会运动[2]的兴起，最终宣布跟德国工人运动基本上没有什么不同的（除语言表达外）事态的来到。

这种当时存在的差异的性质和程度，假如我们看一看能最完整地表达其目的与方法的团体——费边社——就会非常清楚地显现出来。马克思主义者会轻蔑地嘲笑在他们看来必然是对从不标榜自己的那个知识分子小团体重要性的重大夸张。实际上，在英国，费边主义者及其态度就像德国马克思主义者一样重要。

费边主义者是1883年出现的，在我们整个时期内始终是个资产阶级知识分子的小团体[3]。他们来自边沁和穆勒学派，继承两者的传统。他们跟在他们之前的哲学激进派一样，对人性抱有同样特别大的希望。他们以相同的实事求是的进步理论，努力为理性的重建与改善而工作。

对他们的论据他们非常注意，他们中有些人不顾辛苦通过大量研究和对一些论点与措施的批判来收集这些论据。但是他们对他们包括文化的和经济的目标

1　当前已难理解，这个法案如何必定会对仍然相信以私有财产制度为中心的国家与法律体系的人们是一个沉重的冲击。由于放松有关和平布置罢工纠察线的阴谋法（这事实上等于承认包含武力威胁的工会行动的合法）和免除工会基金对属于侵害行为的损害承担赔偿责任（这事实上等于规定工会不会做错事），这个法案实际上把国家的一部分权力交给工会，赐予工会一种特权地位，这种地位是雇主协会形式上免税范围的扩大所无力比拟的。并且这个法案是1903年建立的皇家委员会提出报告的结果，那时正是保守党执政，在该党领导人贝尔福的三读致辞中，非常痛快地接受了它，丝毫没有不愉快的表情。显然1906年的政治形势更能说明该党采取这种态度的原因。但是这一点对我这个论点的有效性并没有影响。

2　新工会运动代表着一些正规而巩固组织的向外扩展，这些组织在19世纪90年代中期基本上仅限于有熟练技术的行业，并养成职业自豪感和资产阶级体面感的态度（如克劳福德等80年代的几个领导人经常强调那种隔绝可尊敬的工会官员与无产阶级群众的鸿沟）来对待在他们底下的不同程度的非熟练工人。那些非熟练工人对自己的谈判能力没有丝毫把握，所以比较容易接受社会主义的宣传，接受单是罢工是不安全的武器，应该用政治行动加以补充的论点。所以，在工会主义向下扩展与工会对政治行动和对社会主义的态度有所改变的中间有了一条重要衔接的链环。就是在那个时候，即1889年码头工人大罢工几年之后，工会全国大会开始通过倾向社会主义的决议。

3　这个团体的成员人数一直在3000~4000人之间，事实上比它宣布的成员人数还少。至于起作用的核心会员，不超过会员总数的10%或20%。这些核心成员不仅出身和传统都是资产阶级，在其他方面同样这样，大多数会员在经济上是独立的，起码他们有能够赖以生活的收入。

的基本原理完全不加批评。他们把这些目标看作是理所当然的事情，就跟好心的英国人一样，总是认为自己是对的，不过以另一种方式说出来罢了。他们看不到贫民窟与上议院之间的差别。从常识来看，两者皆是"坏东西"。对于较大的经济平等、印度的自治政府、工会或自由贸易无疑是"好东西"，是没有谁能怀疑的。对如何清除坏东西和怎么取得好东西的思考是必要的，其他任何思考只会激起无益的行动。在这些所有思想中，一心一意为公众事业献身的精神和不能容忍对个人价值和国家价值有其他看法的态度一样明显，还有着小资产阶级憎恶带有贵族情调的（包括对美的欣赏）所有事物的情绪——他们表达这些观点的方式和马克思主义者所表达的方式完全相同。

刚开始，费边社成员任何支持都得不到。他们开始劝说乐意听他们讲话的每一个人。他们向工人阶级和中产阶级群众发表演说。他们能干地和大量地写作并分发小册子。他们推荐特定的政策、计划和法案，或者抨击它们。不过接触"要人"或者说接触政界、企业界和劳工界领袖人物的随从人员是他们施展影响的最重要的途径。他们的国家和他们本人在国内的社会和政治地位为建立和利用这种接触提供了极好的机会。

对外界的劝告，英国政治社会并不总是接受，不过它比起任何别的社会都愿意倾听其他人的意见。而某些费边社成员不是外人，有些人可以利用在牛津和剑桥大学学生联合会和公共休息室建立起来的联系。从伦理上说，他们不是生活在另一个星球上。他们中的大部分人不是现有制度的不可调和的敌人。他们全都强调愿意合作，不愿意敌对。他们不准备出来组织政党，他们特别讨厌阶级斗争和革命的辞藻。无论什么时候只要有可能，他们宁愿做个有用的人，也不愿做被人嫌恶的人。他们总会给议员或行政官员提供一些主见，而后者总是热情地告诉他们应该做些什么和如何去做的建议。

一般来说，现代内阁部长可以在他的内部找到他需要的大多数情报和建议。尤其是他肯定不会感到缺乏统计材料。19世纪80年代和90年代的情况不是这样。那时除偶有例外，各级文官只知道他们的例行公事，别的一无所知。担任官职的议员，特别是没有担任官职的议员，除了原有政策外，一直得不到有关"新"社会问题的论据与主意。占有论据与主意并一直愿意把它们贡献出来的团体，把它们妥善编排，打算供政府大臣或一般议员使用，这个团体必定拥有进入权，特别是从后门进入的权利。各级文官接受了这些论据与主意，他们不仅对费边社成员的当前目标非常同情，并且还心甘情愿地接受这些主意的宗旨。反过来，费边社成员也接受充当非正式公务人员的角色。实际上他们很适合充当这个角色。他们没有个人野心。他们愿意在幕后服务。通过人数日益增加和权力逐渐增大的官僚机构所进行的活动（这是他们预见到的和赞成的）非常完美地跟他们民主的国家社会主义的总方案相适合。

不难想象，费边社成员和马克思主义者相互肯定多么厌恶，因为费边社成员的做法是一直避免讨论基本原则和策略，而这些正是马克思主义者津津乐道的，他们以多少带有保护者的同情态度耐心等待费边社成员来讨论一切问题。不过就超然的观察家来说，回答这些问题是很容易的。

费边型的社会主义努力，在任何其他的时间不能算是一回事，不过它在1914年之前的30年间有非常大的价值。因为在那期间各种事物和人的思想适合并乐意接受这种信息，比它保守或比它激进的思想都不需要。整理和组织现存的思想是让每种可能性变成清楚易懂政策所必需的，正是费边社成员以最勤恳、最现实的态度在做这个"组织整理"工作。他们是改革者，时代精神让他们成为社会主义者。他们是真正的社会主义者，因为他们的目标在致力于社会的根本性重建，最终让经济管理成为公共事务。他们是志愿的社会主义者，所以他们在所有早期阶段必定被划为马克思主义者观念中的空想社会主义者。不过他们有他们期待的目标，因此上面的看法所包含的含义跟他们的情况并不符合。从他们的观点看来，以空谈革命与阶级斗争让资产阶级那个猎物意识到危险是十足的疯狂。惊醒阶级觉悟正是他们极力避免的事情，起码在开始时是这样，因为这将让他们的原则不会和平而有效地传遍整个资产阶级社会的政治和行政机构。当事物充分成熟时，他们就没有丝毫犹豫地帮助建立独立工党，遂即跟1900年的劳工代表委员会合作，并展开工会的政治活动，促使进步党在伦敦市议会里提出自己的路线，首先宣传在市里实行社会主义，然后宣传在全国实行社会主义，最后倡导苏维埃制度的优点。

所有的这些显然有另外一方面，即容易让他们的组织受到指斥。不过不管怎样，假如说他们从来没有发表过更加马克思式的战斗宣言，从来没有确切地告诉资产阶级那个猎物他们打算怎样进行应对，他们一样从不去保护它。对准费边社成员的另一个批评来自相反的立场，它指出他们的方法让他们有在资本主义制度的外国防御工事上被阻住的危险，而这种方法要导致大规模的对阵战是不可能的。这个批评没有考虑到他们特有的态度，但可以代表他们做这样的回答：假如他们尽全部可能攻击资本主义制度，不消灭它而是对它进行充分的成功改造，这当然是值得庆祝的事情。对于对阵战，他们事先就以非常巧妙的方法，采用罗马将军的名字，来回答革命的批评家，那位将军虽然谨小慎微，不过在把汉尼拔赶出意大利的斗争中，却比他所有急躁的前任起了更大的作用。

第二节　瑞典与俄罗斯

任何一个国家都有其自己的社会主义。不过在那些对人类文化价值宝库做出跟其国土大小不相称的惊人贡献的大陆国家，尤其是尼德兰与斯堪的纳维亚等国家，事物与英国的范例并没很大不同。以瑞典为例，像它的艺术、科学、政治、社会制度和很多其他的事物一样，它的社会主义和社会主义者跟其他国家迥然不同，不是因为原则或意向的任何特色，而是因为造就瑞典民族的材料和其特殊均衡的社会结构。这就是之所以说，别的民族试图抄袭瑞典的榜样是非常荒唐的原因，只有请来瑞典人，让他们执掌主权，才是要抄袭它的唯一有效的方法。

既然瑞典人是那样的人，他们的社会结构是那样的社会结构，他们社会主义的两个突出特征我们就不难理解。基本上一直得到干练而认真领导的社会主义政党，它和非常正常的社会过程合拍地缓慢成长，并不企图走在正常发展的前面，不想为对抗而对抗。因此当它执政时任何骚动都没有产生。它的领导人自然地担任负责的职位，他们可以以平等地位并主要在共同基础上对待别的政党的领导人。到现在，尽管一个共产主义团体顺理成章地出现，各党对当前政治的分歧已降为讨论这样的问题，如对全都同意的某个社会项目是不是应多拨款几百万克朗，还是少拨款几百万克朗。在该党内部，知识分子和工人之间的对抗，只有凭借显微镜才看得明白，因为从双方的水平看，他们中间已不存在巨大的文化鸿沟，也由于瑞典的社会有机体比别的社会有机体产生相对少的不容易就范的知识分子，被激怒的和激怒人的知识分子没有其他地方那样多。有时这种情形被描绘成工会一般地对社会主义运动尤其是对社会主义政党所施加的"削弱性控制"。对沉湎于当前激进主义辞藻的观察者来说，这种情况显得尤为真切。

在天平的另一边，在俄国，我们发现了纯粹马克思主义的社会主义，因此其具有所有马克思主义色彩，并且从其环境来看也不难理解。沙皇俄国是主要带有前资本主义面貌的农业国。就职业社会主义者可接受的意义来说的工业无产阶级只占1.5亿总人口中的很小一部分[1]。工商业资产阶级的人数相应要少，相比别的

1　1905年工厂工人大约是150万人。

任何阶级并不是更有能力，尽管由政府促进的资本主义进化当时正在迅速汇聚力量。插入这个结构中的是一个知识界，他们的思想对当地人是陌生的，就如俄国上流社会妇女的巴黎服装。对于很多知识分子而言，当时实行的政府形式当然是让人憎恨的，它是由一个专制的国王（独裁者）率领一个庞大的官僚机构，与土地贵族和教会勾结在一起。

综上所述，能够得出两点结论，初见之下它们显得自相矛盾，尽管没有一个严肃的历史学者会这样认为。一方面，不可能循着组成卡捷特党（立宪民主党）的自由主义派律师、医生、教授和文官所希望的方向做重大而突然的行动，这主要是因为他们太软弱无力了，而不是因为他们的政纲不能为君主政体所接受。让这些人当政就等于让那样的一个集团当政，它与执行沙皇主义的原来集团相比，在群众中所能得到的支持会更少而不是更多，对群众的感情和利益的同情也更少而不是更多。那里不存在资产阶级政权出现的余地，更不要说是社会主义政权了。在法国1789年形势和俄国1905年形势之间没有相同的地方。1789年瓦解的社会结构是过时的，它把国内几乎所有有生气事物前进的道路都阻塞了，它没有能力应付当前的财政、经济和社会问题。俄国在1905年的形势不是这样。因为在日本手里吃了败仗而威信扫地，所以出现社会不满和混乱。但是这个国家证明自己不仅有能力克服混乱，并且能够解决混乱背后的各种问题。在法国，结果出现:罗伯斯庇尔，在俄国，结果出现斯托雷平。如果沙皇制的生命力像法国旧政体那样已经消失，情况就不可能如此。没有假设的理由，如果没有第一次世界大战让这个社会组织过分紧张，俄国君主政体就不能在国家经济发展的影响下紧跟着经济发展的步伐和平而成功地进行改革。

另一方面，无疑是由于社会结构的基本稳定，才让不能希望使用正常方法取得优势的知识分子被迫采取不顾一切的激进主义。暗杀是没效的，它只会产生镇压，不过此外又没有太多的事情可干。镇压手段的残酷反过来产生报复，于是悲剧就这么发展下去，残忍和犯罪的悲剧不停地相互加剧，这是全世界看到和感觉到的所有情况，也是我们能够期望的正确判断。

但是马克思肯定不是盲动主义者，对于俄国革命者中的一些小丑，特别是巴枯宁式的那些小丑，他有着极大的蔑视和一样多的憎恨。另外，他应该看到（或许他的确已看到），俄国的社会和经济结构不具备按照他自己学说所规定的那种类型的社会主义胜利，甚至出现所必要的所有条件。他们是或多或少老实认真的革命者，他们的目的却含混不清。这里正好有一个力量独一无二的革命真理。马克思熠熠生辉的辞藻和千年至福的预言正是他们想要逃出民粹主义可怕荒原所需要的东西。另外，这个经济理论、哲学和历史学的混合物适合俄国人口味达到完美的程度。

所以，一个马克思主义团体早在1883年就出现了，1898年逐渐演变成社会民主党。起初领导人和党员当然大都是知识分子，尽管它在"群众"中的秘密组织工作取得充分成功，完全可以让抱同情态度的观察者说它是工人团体在马克思主义领导下的联合。这点说明了为什么俄国没有出现有强大工会组织国家中别的马克思主义团体所遇到的太多困难。不管怎样在开始时，进入这个组织的工人以绝对温顺的态度接受知识分子的领导，乃至很少自称要为他们自己决定什么事情。结果，理论和行动都遵循着严格的马克思主义路线并在高水平上发展。这显然得到德国这种信仰护卫队的祝福，他们看到这种绝对服从的美德，无疑感到马克思提出的真正的社会主义只能从成熟资本主义崛起的论点一定有一些例外。不过1883年这个组织的创始人和该组织最早20年的领导人普列汉诺夫（他对马克思学说的有才华和有学问的贡献得到普遍的尊敬）才真正接受这个论点，因此认为不能希望社会主义过早实现。

1903年的那次让党分裂为布尔什维克和孟什维克的无可避免的冲突所具有的意义，要比两个集团名字所暗示的仅只是有关策略的分歧严重得多。当时，任何一个观察家无论其经验怎样丰富都没能彻底理解这次分裂的性质。

第三节　美国的社会主义团体

在美国，一种完全不同的社会模式证明它和俄国社会一样对真正社会主义群众运动的生长与发展不利。所以两个社会出现的类似之处和它们之间的不同之处，都一样让人感兴趣。虽然俄国乡村结构中固有共产主义特征，但俄国的农业社会事实上不接受现代社会主义的影响，而美国农业社会证明是反社会主义的力量，它准备除掉其重要性完全可以引起它注意的所有马克思主义活动。假如说俄国的工业部门因为资本主义发展缓慢没有能产生举足轻重的社会主义群众政党，美国的工业部门因为资本主义以让人眩晕的步伐迅猛地发展，所以也没有能做到这一点[1]。

在各自知识分子团体之间有着最重要的差异：跟俄国不同，美国在19世纪结

1　"西部边疆"的存在肯定大大减小摩擦的可能性。不过这个因素的重要性（尽管不小）很可能被过高估计了。工业发展的那种步伐不停地创造出新的工业边区，这个实际要比打点行装到西部去的机会重要很多。

束以前没有产生一群就业不足和饱受失败的知识分子。由开发国家经济可能性这个全国性事业引起的价值方案差不多把所有有才智之士吸收进实业界，并把实业家的观念深深印在民族灵魂中。我们想象中的那种知识分子在纽约以外人数并不多。他们中的大部分接受这个价值方案。如果他们不接受，主要街区的人就不会听他们的话，并本能地憎恶他们。这种态度在训诫他们上，要比俄国政治警察所采取的手段更加有效。中产阶级对铁路、公用事业和大企业的大都敌视，吸收了当时差不多所有"革命的"精力。

有才能和可尊敬的工人一般都是务实家，也感到自己是务实家。他成功地致力于利用他自己的机会向上攀登，或者不管怎样尽可能有力地出卖他的劳力。他理解他雇主的思想方法，也具有一样的思想方法。当他发觉跟同一企业内的相同地位的人联络在一起是有益的，他就以相同的精神跟他们结合在一起。大约从19世纪中叶起，这种做法逐渐越来越多地采取雇员委员会的形式，它是战后城市中获得充分经济与文化上重要地位的公司工会的先驱[1]。

另外，对工人而言，在全国规模上与别地的本行业成员联合起来往往有好处，因为这么做能够改善直接对付雇主和间接对付别的行业的谈判地位。这种利益产生了很多典型的美国工会，主要表现在它们都采取行会原则，这个原则在排除未来参加行会者方面比所有其他原则都更加有效，真正产生了工人卡特尔。

能够肯定，信条和口号、意识形态、非常不革命和非常厌恶阶级斗争的事实，其本身只有很小的重要性，美国的工会运动者不太喜欢讲理论。假如他们曾经谈到理论，他们可能用马克思主义来解释他们的所作所为。不过这样说依然是对的，且不谈讨价还价，他们认为自己在任何事情上都没有丧失立场，至于与雇主合作也就是被我们中一些不喜欢这种做法的人所称作的勾结，不仅符合他们的原则，并且符合他们面临形势的逻辑。除个别问题外，政治行动不仅是不必要的，甚至在他们看来是没有意义的。就其可以施展的影响来说，激进的知识分子或许一样试图改变宾夕法尼亚铁路董事会。

1　这种安排的一般意义和它尤其适合美国的条件是非常明显的，就如它成为工会和后来激进知识分子的眼中钉、肉中刺那样明显。我们时代的标语口号（近来才正式定下来）诬蔑公司工会是雇主阻挠有效代表工人利益努力的恶毒企图的产物。尽管从无产阶级的好斗组织其性质是一个道德原则的观点看，以及按照在我们眼前出现的总体国家的观点看这个说法也是完全能够理解的，但是它玷污了历史的解释。雇主们为这种类型的组织提供方便，常常采取主动并试图影响它，以便可以跟它和谐相处，这个事实并不能把另外一个事实排除或反驳，即公司工会及它们的前驱完成了非常必要的任务，在一般情况下它们很好地为工人的利益服务。

不过还有另外一个世界在美国劳工界中。在移民中与品质优秀者一起来的，从一开始就有一些品质低于标准者，这些人在内战之后无论在相对数量还是绝对数量上都有增加。这些人的数量激增还由于有很多人尽管在体力适应性或智力或精力上并不比正常人低，不过，因为过去的不幸，或者因为长期生活在不利环境中所受的影响，或者干脆因为不安守本分，不能适应环境的脾气或犯罪的倾向而沦入这批人中。全部这种类型的人容易成为剥削的牺牲品，而道德约束的缺失让剥削无所忌惮，于是某些人的反应是盲目和冲动的仇恨，这种仇恨心情非常容易酿成犯罪行动。在很多聚集各种各样出身和倾向人们的最近迅猛发展的工业社会里，法律和秩序一定要以其本身不合法的行动来维持（假如要维持），粗暴的人们用比他们受到的待遇更粗暴的行为来对付雇主或雇主的代理人，雇主及其代理人还没有养成责任感，常常出于害怕他们财产受损甚至生命危险被迫采取残酷的行动。

劳动骑士团这个不问技术不问行业并且只要愿意就可以加入的全体带薪工人重要的全国性组织的历史，大约有10年时间（1878—1889）具有非常大的力量，进行过有意义的活动。1886年，"侠义骑士团"的成员几乎达到70万人，其中由工业劳动者（大多数为非熟练工）组成的一部分人在当时几次经济萧条中精神饱满地参加或甚至提倡罢工或抵制。细心地查阅纲领与宣言，就可以发现它是不同种类的社会主义、合作主义，偶尔还有无政府主义思想的有点支离破碎的混合体，倘若我们愿意，还可以追寻到门类众多的来源，它们之中有欧文的英国农业社会主义者、马克思主义者和费边主义者。它的政治观点非常明显，总的计划和社会主义重建的思想也特别显著。不过，这就是我们之所以能够发现这种明确的目标的原因。

事实上，因为我们以自己时代的观点来复述当时的情况。实际上那里并没有明确的目标，有的只是追求美好生活的思想（缔造人尤赖亚·S. 斯蒂芬斯受过担任牧师的教育）与美国宪法思想特征的总和，而美国宪法对包括农民和自由职业者在内的很多人有吸引力。这样，"侠义骑士团"成了各种改革者计划的交换场所。

显而易见的结论是，在美国当时的环境下，没有也不可能有进行社会主义群众运动所需要的材料或所需要的动力。顺着从劳动骑士团到世界产业工人联合会这条线追寻就可以证明这一点。这条线在马克思主义知识分子丹尼尔·德·利昂一生的事业中有很好的体现，应该对忠诚信仰者有着相当特殊的分量[1]。就是

1　由于列宁本人非同寻常地一改原先的作风对德·利昂的著作和思想表示敬意，这个分量更大了。

在他的指挥下，1893年劳动骑士团里的社会主义者起来反对原来领导人波德利，因为这个风波，最终让该组织受到沉重打击。造反的目的是想创立或多或少按照马克思主义路线进行政治活动的工具。准备由一个无产阶级政党发动阶级斗争、革命，消灭资本主义国家及其他行动。不过无论是社会主义劳动党（1890年）还是德·利昂的社会主义职工同盟（1895年）都没有在这场变动中显现出生命力。不仅跟着走的工人阶级人数很少（这点本身不是决定性的），并且甚至像俄国占有、控制知识分子的核心的那种成功也没有得到。社会主义劳动党先是分裂，随后又把留下来的大多数地盘输给了新成立的社会党。

社会党和美国所有社会主义团体一样跟取得正统的成功非常接近。第一，它的出身是正统的。它是在1892—1894年的劳工斗争中兴起的，当时的罢工因为当局使用武力而失败，联邦政府和司法部门给雇主以坚决的支持[1]。这让很多原是"保守"行业工会所属的人们的思想有所变化。不管怎样，这让尤金·V.德布斯首先投向产业工会主义，然后赞成政治行动的原则。第二，社会党采取的总的态度是正统的。它试图跟工会一起工作，从而"在内部进行破坏"。它建立起正规的政治组织。在原则上它赞成跟欧洲社会主义大党有相同意义的革命。它的理论不是非常正统的。实际上，它无论在德布斯还是其后任的领导下在理论方面都不是很重视，它允许在党员中展开的教育工作有非常大的自由。但是，尽管它从来没有能成功地吸收全国各地到处兴起的当地劳工小党，不过它直到共产党开始竞争的战后时期为止发展一直非常顺利。我想，大部分社会主义者都会同意把它称作是美国的唯一真正社会主义政党。它的竞选力量尽管和大部分社会主义政党同样是靠非社会主义同情者才扩大的，不过仍能衡量其严肃社会主义努力的程度。

但是德·利昂还有另一个机会。这个机会来自（也消失于）西部矿工联合会。该联合会的激进主义与所有理论背景都没有丝毫联系，完全是粗鲁的人们面对艰难环境做出反应的产物。这个工会为世界产业工人组织（1. W. W. ）的建立奠定了基石。德·利昂跟他的同事们在这个组织里加进他们自己和别的垮台组织的残余，同时还把从各处来的或不知来处的大部分性质可疑的分子加进来，有知识分

1　能够看出，这个行动是在大部分欧洲政府迅速采取另一种态度时做出的。但是，这不能单纯地认为大西洋这一边的"落后"。这一边实业界的社会和政治威望比别的任何地方高得多，所以美国的民主政体对劳工问题的看法要比（譬如说）普鲁士的容克政府狭隘得多。当然人们能够按照他的道德或人道主义准则来认识甚至判断这个问题。不过与此同时他还可以认识到，部分因为国家行政的不发达状态，部分因为存在让较开明的方法没法起作用的各种因素，部分因为国家决心在经济发展道路上尽快前进，让问题确实呈现出不一样的面貌，就算一个完全不戴资产阶级有色眼镜的政府机构，也会做出一样的行动。

子，有无产阶级，也有有知识的无产阶级。不过该组织的领导人及他们所说的话是强有力的。其领导人除了德·利昂外，还有海伍德、特劳特曼、福斯特等。

为所欲为的突击战术和不妥协的战斗精神，取得一连串孤立的成功，只有革命词汇和突击战术，此外别无所有是最终失败的原因。我不需重述人们用各种观点讲过多次的故事，与我们有主要关系的是，这个组织曾被称为工团主义甚至无政府主义，后来几个州实施的工团主义惩治法就是用来对付它的。现场"直接"行动的原则和对西部矿工联合会理论上的让步，指清了产业工会在建设社会主义社会中的主要任务。这是德·利昂对经典马克思主义的贡献，也是他对马克思主义的偏离，其显然表明它是工团主义的组织。不过把它说成是工团主义的因素插入实质上始终是马克思主义树干的分支里，要比把其说成完全是工团主义看来更为确切。

这样，这位普通又伟大的社会学家这次又说对了。他说社会主义和社会主义者都是非美国的。假如我理解他这句话的意思，它跟我正在啰唆地试图说明的道理完全一样。美国的问题和态度偶尔借用这些外来的东西。

第四节 法国的状况与工团主义分析

到底工团主义是什么，我们在法国的图景中看得最清楚[1]。在观看这幅图景之前，我们应大体上主要说一说有关法国社会主义的几件事。

（1）法国社会主义思想意识具有非常悠久的历史，或许比所有别的地方更为著名。不过那里没有一个社会主义思想，在完美的净化上和为人忠诚信仰的广度上跟（譬如说）费边社型的社会主义和马克思型的社会主义差不多。费边社会主义需要英国的政治社会，而法国因为大革命及贵族分子和资产阶级分子随后的失败合起来阻止那种社会的出现，所以没有出现过像英国的那种社会。马克思的社会主义要求有广泛而统一的劳工运动，或者有作为召集知识分子的信条，它要求有与法国人追求自由的天性不相同的文化传统。

（2）法国是一个典型的农民、工匠、职员和小食利者的国家。资本主义发展以标准的步伐进行，大型工业只有几个中心，把法国社会分成这些阶级的无论是什么问题，首先它们在经济上是保守的（在别的地方的保守主义没有这样广泛的基础），随后它们日益支持包括激进社会党在内的倡导中产阶级革命的那些团

---

1 意大利和西班牙的工团主义差不多能看得一样清楚。只是与文盲人数相比，无政府主义者的数字增加得特别多，以致扭曲了在我看来是真正特性的东西。无政府主义者有他们的地位，不过不应过分强调。

体，激进社会党能够用一句话把这个党形容透彻，即它既不激进，也不是社会主义性质的。很多工人属于同一社会学类型，具有相同的思想。很多专门职业者和知识分子让自己适应这个情况，从而说明虽然存在知识分子的生产过多和就业不足的情形，却不像我们想象的那样严重。骚动是有的。不过在不满分子中间，反对第三共和国中由种种不同环境形成的反教士倾向的天主教徒比厌恶资本主义秩序的人更加重要。正是因为前者而不是因为后者，引起德雷福斯事件[1]（Affaire Dreyfus）时期对资产阶级共和国的真正危险。

（3）结论是，尽管还是因为不同原因，法国并没有比俄国或美国更多的发展严肃社会主义的余地。所以它有多种多样的社会主义和准社会主义而没有严肃的社会主义。寄希望于"少数意志坚决者"行动的布朗基主义的党就是很好的例子。不过最后由盖德和拉法格建立起已经得到马克思本人批准的阶级斗争纲领的马克思主义工人党（1883年）。它按照正统路线发展，一边在一条战线上与埃尔韦型的盲动主义和无政府主义作战，一边与饶勒斯的改良主义在另一条战线上作战，这情形跟德国马克思主义党所做的非常相似。但是它从来没有得到与德国党相同的重要性，在群众或知识分子眼中也从来没有跟德国党相近的意义，虽然社会主义团体于1893年在议会中合并（占有48席位，而执政的共和党占300席位）并最终导致统一社会党在1905年的成立。

（4）我只打算把下面的事实简单地谈一谈（不打算详加评述），即上面粗略看到的社会模式要产生英国类型的有纪律的大政党是不可能的。相反，任何人都知道，法国的议会政治变成小型不稳定团体的不断更换舞伴的交谊舞，这些团体根据短暂的形势和个人的利益及阴谋，有时联合有时解体，按照我上面所提到的客厅游戏的原则，一会儿建立内阁，一会儿搞垮内阁。政府的低效率就是这种议会政治的后果之一。另一个后果是，法国社会主义团体和准社会主义团体得到内阁职位的机会要比其他国家快很多，在那些国家里虽然社会主义政党有强大得多的力量，不过那里的政治是根据十分合理的方法运行的。在1914年国家进入紧急状态之前，盖德及其团体证明不受诱惑，以最佳的正统风格，向来拒绝跟资产阶级政党合作。不过这个改良主义团体，逐渐变为资产阶级的激进主义，它奉行的原则——不经过革命的改良——对这样的合作不谴责，事实上也没有理由这么

1　1894年法国陆军参谋部犹太籍的上尉军官德雷福斯被诬陷犯有叛国罪，被革职并处终身流放，法国右翼势力乘机掀起反犹浪潮。此后不久即真相大白，但法国政府却坚持不愿承认错误，直至1906年德雷福斯才被判无罪。——译者注

做。于是饶勒斯并不为在1898年德雷福斯危机时为了保卫共和国而支持资产阶级政府而感到愧疚。就这样，一个长期存在的社会主义原则和策略问题（它在英国或瑞典完全不成问题而在其他所有地方都是一个根本性问题）突然用最实际的形式在社会主义世界爆发了。这个问题因为一个外加的条件显现出它独特的刺激性。这个外加条件是：支持资产阶级政府是一件事，虽然从严肃的正统派观点看够坏的了，而实际参加政府并分担其责任根本是另一回事。与此同时，我们一定要设法了解"米勒兰主义"为什么必定要打击法国的盖德主义者和整个欧洲的正统社会主义者。对他们而言，"米勒兰主义"是错误与罪恶，是对目标的背离和对信仰的玷污。这是非常自然的，1904年的阿姆斯特丹国际大会对它的诅咒也是非常自然的。但是在理论上的诅咒以外和在它的背后是个简单的常识。假如无产阶级不打算支持有野心的政治家，不让他们利用这种支持爬上权力高峰，就一定要最小心地注视对批准了的做法的任何一次偏离。每当形势适合野心家妄图取得权力的时候，奢谈国家紧急危机的诡计（说到底，是不是有过政治家不认为是紧急危机的形势）是非常老生常谈和特别丧失信用的，不能够完全骗过所有人，特别是已经学会从政治言辞中看出真正价值的法国无产阶级。存在着群众有可能对政治社会主义有轻蔑地厌恶的危险[1]。

实际上，不仅只有这样的危险。群众的确已经对这种社会主义厌恶了。看，整个国家都看到政治效率低下、无能和草率做事的可悲景象，它是上文没有全面地概述的社会学模式的产物，群众不信任政府、政界人物和粗制滥造的作家，群众对他们中的任何人都不再尊重，事实上除了对原先几个伟大人物的怀念外，不再尊重所有人和所有事物。一部分工业无产阶级保留天主教信仰，其他的人失去信仰。对于那些已经克服资产阶级倾向的人，工团主义比所有能够得到的、可靠的社会主义更加有吸引力，那种社会团体的发起人有可能在较小规模上对资产阶级政党的游戏如法炮制。以工团主义为主要继承人的法国式的革命传统对于它的兴起当然有帮助。

工团主义不但是革命的工会主义，而且它能够包含跟后者无关的很多东西。工团主义厌恶政治和反对政治，因为它一般蔑视传统政治机构的活动和通过它进行活动，特别是蔑视议会的活动。由于它既蔑视按照理论制定的建设纲领，也蔑视知识分子的领导，所以它反对知识分子。它的确给予工人的直觉不像马克思主

---

1 意大利社会主义者的确谢绝参加内阁的邀请，三次邀请是焦利蒂分别于1903年、1906年和1911年发出的。

义诉诸知识分子想象中一定是工人直觉的那个东西，它答应工人他可以理解的东西，也就是占有他工作的工厂，用肉体的暴力去占领，最后用总罢工去占领。

工团主义和马克思主义或费边主义不一样，它不能为任何受过经济学或社会学艰苦训练的人所信奉。它没有理论基础，按照任何事物一定要达到合理化这个假设行事的作家，假如试图为它设立一个理论，无可避免地会让它屡弱无力。有人把它跟无政府主义相联系，作为社会哲学的无政府主义与它在根源上、目标上和意识形态上是根本不同的，虽然巴枯宁的工人阶级追随者的行为（1872—1876）在我们看来与它是多么相似。另一些人试图把工团主义作为以特殊策略癖好为特征的特殊部分，归入马克思主义的范畴。这就得把对两者都是最为重要的东西舍弃。另外还有一些人构想出一个新的社会主义品种——基尔特社会主义，作为柏拉图式社会主义思想发挥作用。他们这样做就一定要让活动按照一个明确的、有最终目标的图式，而没有这种图式正是它的一个突出特色。组织和领导奉行工团主义信条的劳工总同盟（1895—1914）的那些人绝大多数是真正的无产阶级或工会官员或者兼有两种身份的人。他们充满着憎恨和战斗精神。他们并不费心地去考虑假如成功了他们对这堆烂摊子将做些什么。这还不可以吗？我们为什么应该拒绝承认有这么一种抽象的好斗性，它既不需要，也不注意任何议论，关心的只是胜利本身这一生活每天都教导我们的真理呢？

不过所有知识分子都能以适合他口味的方式把这个残酷暴力后面的空虚填满。暴力本身加上反知识和反民主倾向，若以无数人有种种理由嫌弃的分崩离析的文明为背景加以观察，就有了很有深意的内涵。那些当时有这种感觉，不过对资本主义社会经济制度的憎恨没有对资本主义民主理性主义的憎恨那么深的人，退到正统社会主义那里去是没有自由的，因为正统社会主义有着更多的理性主义。无论是尼采派还是柏格森派，对于他们智力上的反智力活动来说，工团主义崇尚暴力的反智力活动在群众中作为他们自己信条的补充有着非常大的吸引力。就这样，一种非常独特的同盟实际上产生了，工团主义最终把乔治·索雷尔当作它自己的哲学家。

当然，所有时候共存的所有革命行动和革命思想总是有很多共同之处，它们都是同一社会过程的产物，必定在很多方面以相同的方式，对同样需要做出反应。同样，它们在它们的争论中彼此不免借用对方的观点和宣扬自己的观点。最后，无论团体还是个人，往往不知道他们的归属（假如有归属），有时是因为无知，有时是由于正确的优势概念，他们把互相矛盾的原理混合成他们自己杂乱的信条。所有的这些让观察者稀里糊涂，也是当前对它有很多解释的原因。尤其是曾在一个短时间盛行，很快被知识分子拥护者抛弃的工团主义的情况更加混乱。但是，不管怎样我们能够评价工团主义对索雷尔意味着什么和索雷尔对工团主义意味着什么，他所写的《暴力论》和《进步的幻想》的确对我们做出评价有帮助。至于他的经济学和社会学观点与马克思完全不同，这件事本身并没有太大意义。不过站在反智力活动激流中，索雷尔社会哲学充分说明了社会力量的第一次实际表现，这股力量从某种意义上说无论过去还是现在都始终是革命的。

第五节　德国党和修正主义，奥地利社会主义者

但是，为什么英国的方法和策略在德国没有效果呢？为什么加强对抗并把国家分裂成两个敌对阵营的马克思主义的方法和策略却能获得成功呢？假如没有其他一些社会主义团体为社会重建努力，或者假如统治阶层完全不理会它们的建议，这个问题原来是不难理解的。但是，一旦我们知道德国当局对当时社会紧急状态比英国政治社会表现出更多而不是较少生机勃勃，而英国费边主义者的工作在德国由非常相似的团体做得效率更高而不是更低的时候，这个问题就变成一个谜团了。

德国并不落后，至少在与英国首相劳合·乔治的名字连在一起的社会保障立法通过以前，德国始终在"社会政策"事务上领先。让那些社会改良法案列入法令全书的是政府的创意，而不是来自下面的以让人恼火的斗争坚持其权利的压力。俾斯麦提倡社会保险立法。发展它并加上别的社会改良项目的是执行威廉二世指示的保守的文官（冯·贝雷普施，波萨多夫斯基伯爵）。全世界都认为创立的制度的确是让人钦佩的成就。同时，工会活动不受约束，政府当局对待罢工的态度发生了非常大的变化。

全部的这些都是在君主制度的外衣下出现的，这一点跟英国的过程相比显然是不同的。不过这种不同能趋向更大而不是较小的成功。但是，德国的君主政体向经济自由主义（它的批评者称之为"曼彻斯特主义"）让步了一段时间之后，在做了一些必要的变更的前提下，干脆恢复了它的为工人做它过去为农民所做事情这一老传统。比英国发展得更好和更有力量的文官制度提供了完善的行政机制和立法思想及起草法案的技术。这个文官制度起码跟英国文官制度一样能接受社会改革的建议。它主要由贫穷的容克组成，其中很多人除了够过清苦生活的薪水外没有别的生活资料，他们把全身心都投入工作中，由于受过良好的教育和专业

的知识训练，他们对资本主义社会的资产阶级进行尖锐的批判，他们像鱼喜欢水一样喜欢工作。

这个文官机构中官员的意见与建议一般来自他们大学里的教师——"讲座里的社会主义者"。不管我们怎样评判那些组织"社会主义政策协会"的教授们的科学成就[1]，他们的工作常常缺少科学的精心安排，不过他们为社会改革的真正热情是火热的，他们传播改革思想得到完全成功。文官们坚强地面对资产阶级的沮丧，不仅制订实际改革的每个方案，并且大力宣传改革的精神。他们像费边社成员一样，主要对手头的工作感兴趣，不赞成阶级斗争和革命。不过，他们也跟费边社成员一样，知道他们追求的目标，但他们对社会主义在他们前面道路尽头逐渐出现并不介意。当然，他们设想的国家社会主义限于一国，也是保守的，不过它既不是假的，也不是空想的。

那么，我想我们一定要再次承认，从短期看来（在这类问题上40年是短期）的方法和错误，个人和团体的缺少才干，或许比形势逻辑更能说明问题。另外我能指出的所有其他理由无疑是不恰当的。当然，个别邦的议会里有扩大选举权的斗争，但是对工业群众最重要的事情在帝国议会（reichstag）的权限之内，所以，俾斯麦一开始就实施成年男子的普选权。更重要的是提高面包价格来保护农业。这个措施显然对社会气氛有相当大的害处，特别由于它的主要受益者不是农民，而是东普鲁士大中型庄园。不过，至于这个措施所发挥的实际压力，到1900年左右向外移民事实上才停止，这个事实是无可争辩的。不过，这条路线是找不到解释的。

缺乏这种才干再加上德国的行事风格，我们能够就德国在国际关系中行为的明显特性把事情弄得比较清楚。1914年以前，德国的殖民野心和别的对外野心——隔了这么一段时间后这样说看来是对的——的确不过分，特别是假如我们拿它跟当时英国和法国扩大帝国的、干脆而有效的行动相比就更为清楚。德国事实上所做的或表示某种意图要做的，没有一件事能够跟（譬如说）英国征服特勒凯比尔、布尔战争、征服突尼斯或法国征服印度支那相媲美。德国人惯于使用的说话方式比较放肆和咄咄逼人，另外，德国人就算在提出合理要求时表现的恃强凌弱的姿态也让人难以容忍。比这更坏的是，德国人从不坚持一条路线，轻率地

1　我真的希望可以说服读者详读那个独特组织的短暂历史，这段历史真正表现出德意志帝国真实情况的特色，尽管此书还没有或许永远不会译为英语。作者曾担任协会秘书几十年，他的记叙这么翔实和朴实无华，给人以更深刻的印象（弗兰茨·伯兹，《社会政策协会史》，柏林，1939年）。

冲向永远在改变的方向，忽然变为狂暴地退却，一会儿有失尊严地抚慰，一会儿没有丝毫必要地拒绝，直到全部这些因素让全世界舆论哗然并彻底厌恶[1]。在国内事务上的情况也如此。

事实上，致命的错误是俾斯麦犯下的。这个错误只有假说他完全误解那个问题的性质才能够解释。那就是他打算用强制手段镇压社会主义活动，这种手段以颁布社会主义者镇压法（Sozialistengesetz）这项特殊法令而达到高峰。这个法令实施于1878年，一直到威廉二世在1890年将其废除，也就是其时间之长完全能够教育德国党，让它在1890年后的战前所有时期里接受经历过监禁和流放并有着罪犯和流放者精神状态的那些人的领导。通过各种环境不幸的结合，结果是恶化了以后发生的整个过程。军国主义和军事光荣的思想是那些在流放中定型的人无法忍受的。而君主政体（它在别的方面同情一大部分有理性的社会主义者认为是眼前实际目标的事情）无法忍受的一件事是对军队和1870年光辉业绩的轻视。主要是这个差异而不是什么其他分歧让双方把对方看作敌人而不仅只是对手。在党的大会上，一方面加上马克思主义的词汇（无论有怎样明显的空谈味道），另一方面加上前文说过的咄咄逼人的态度，你就可以看清这幅图画。无论有多少富有成果的社会立法，无论有多少遵守法律的行为，都不能避免相互呼喝"不行"（Non Possumus），隔着纸板屏障两个主持人相互谩骂，向对方摆出一副最恐惧的面孔，原则上要把对方生吞活剥。所有的这些并没有真正严重伤害对方的意思。

从这种状态下形成的局势，显然有其危险性（因为不负责任的巨大权力总是危险的），不过局势完全不像它看来那样让人不安。联邦和邦政府（或者晋升到内阁一级组成那些政府的文官们）所关心的主要是诚实而高效的行政机构和有益的总体上进步的立法，以及陆军和海军的预算。这些目的都没有受到社会主义者投反对票的重大危害，尤其是海陆军预算的通过，大部分时候因为绝大部分国民的支持而得到保证。而组织良好的由奥古斯特、倍倍尔杰出领导的社会民主党，一心一意巩固和扩大它的得票数，选票实际上增加得特别迅速。政府对此并不进行严重干扰，政府机构小心地遵守给予党徒活动实际所需的全部行动自由的法律

---

1 我要把这一点说得非常清楚，那就是上面这段话并不想把这个政策整个或主要归因于威廉二世，他是一个值得称道的统治者。另外，他完全有资格当得起比洛亲王对他的评价，它是议会中对君主曾经有过的最不一般的辩护："你想怎么说就怎么说，反正他不是庸人。"假如说他和曾经教导他统治技术的一个人争吵，批评他对待俾斯麦行为的人不该忘记，这场争吵主要是有关社会主义者的迫害（皇帝希望停止迫害）和关于开始一项庞大的社会立法计划。假如人们不管所说的话，按照皇帝一年年的行动，重新构想他的意图，就肯定可以得出结论，他对于当时重大问题的看法往往是正确的。

条文[1]。政府机构和该党双方都有理由感谢对方，特别在比洛执政期间，政府为人们作演说的过多的能量提供发泄机会，而双方也都需要这种机会。

因此，这个党不仅让人满意地发展，并且安定下来。这个党有一个办事机构，建立了党报，有一批资深政治家为其支柱，全部人员都有适当的收入。一般地在他们自己岗位上安心工作，总的说来受到高度的尊敬——就这个词的所有（包括资产阶级的）意义上说。一个工人阶级成员的核心成长起来了。对于核心成员而言，参加党不再是选择问题而是理所当然的事情。越来越多的人"生来就是党员"，养成了不加丝毫怀疑地接受党的领导及其教义问答手册的习惯，就一些党员来说，当时的教义手册对于他们正好等于教会的教义手册之对于现在的寻常男女。

全部的这一切，因为非社会主义政党没有能力有效地竞争工人选票而得到很大的促进。这方面有一个例外。中央党也就是天主教政党一方面拥有它所需要的一切人才，因为它有全体教士的忠心支持，另一方面它准备设法争取劳工的选票，办法是尽量在不会激怒它的右翼而它自觉可以做到的范围内进行社会改革，并采取1885年《不朽的上帝》和1891年《新事物》这两次教皇通谕中教义的立场。不过所有别的政党，出于不同原因在不同程度上都站在和工业无产阶级互不信任（假如不说相互仇视）的立场上，从来不想对任何数量的劳工投票人进行自我宣传。这些劳工投票人，除非是活跃的天主教徒，他们相应地除了社会民主党外很难有任何政党能够信任。按照英国和美国的经验看来，这样愚蠢的事情让人不容易相信，但是允许社会主义大军大步进入政治上没有任何防卫的领域，却是事实。

现在我们能够理解那些从表面上看来这么不容易理解的事实，即德国社会主义者之所以这样地坚持马克思主义信条的原因。一个可以提出具有特色的信条但是不仅被完全排斥在政治责任之外并且没有任何担负政治责任近景的强大政党，只要它接受了马克思主义，必然会保持这个信仰的纯洁性。但是没多长时间，当爱德华·伯恩斯坦冷静地着手"修正"党的信条的整个结构时，发生了严重的争吵。经过我对形势的说明，这场争吵是不会让人惊奇的。

就算最老于世故的政党也知道对其重要政纲的改变会带来的危险。一个政

---

1 行政机关的迫害显然是存在的，而社会主义者当然把所有能说成是迫害的事情尽可能地渲染。不过这类事情他们做得并不非常多，实际上1890年到第一次世界大战之间的社会主义活动史完全可以证明。另外，这类迫害的性质的确对"受迫害"的政党有好处。

党，其政纲及其本身的生存全都寄托在它的信条上，在这种情况下要做完全的改革必定会发生可怕的震动。

这当然是党所不能忍受的。伯恩斯坦是个杰出的人，但不是马克思智力上的对手。就如在第一篇中我们所看到的，他在他并没完全理解的经济史观问题上走得太远了。他断言农业部门的发展反驳了马克思经济控制集中化的理论，也说得过头了。还有其他的一些论点招来有效的反驳，以致正统派战士考茨基[1]发觉掌握他的全部或其中一部分论据并不十分困难。在这样的环境下，倍倍尔采取的路线就如一些同路人和别的批评者当时指出的那样既不明显随和也不明显专横。他对修正主义进行强有力地斥责，借以掌握左派。他在1899年的汉诺威大会和1903年的德累斯顿大会上咒骂修正主义。不过他要把重申阶级斗争和别的信仰条文的决议写得让"修正主义者"有可能顺从，这批人确实顺从了，于是没有采取进一步的措施反对他们，尽管我相信有过一些惩罚行动。在党的支持下伯恩斯坦本人被允许进入帝国议会。冯·福尔默继续留在党内。

工会领袖们把他们的肩膀耸了耸，对再三灌输的理论窃窃私语。他们早就是修正主义者了。不过只要党对他们当前利害攸关的事务不干预，只要它不让他们做他们确实不愿做的事情，他们对这些是不很介意的。他们保护几个修正主义者，也保护他们的文化机关。他们非常明确地表示，无论党的哲学怎样，公事公办，要做的就是这些。

把理论看作是非常重要的，知识分子修正主义者和一些非社会主义同情者（他们想要参加不强调阶级斗争和革命的社会主义政党）想的肯定不同。就是他们在谈论党的危机，并对党的未来没有一点儿信心。实际上，本身不是知识分子也不是尚空谈的温和激进分子朋友的倍倍尔急忙警告他们丢掉这种想法。不过这一切对党的基层党员没产生多大干扰，他们跟随他们的领导人，一直高喊他们的口号，完全不在乎马克思或倍倍尔对这件事会说什么，直至他们为保卫他们的国家匆忙拿起武器。

我们刚才简略评述的事态由奥地利党平行而不同的发展做了一些有趣的说

---

1 从那时以后，作为《新时代》创办人和编者及论马克思主义理论几篇论文作者的考茨基持有只能用教士的语言才可以描述的立场，他坚持"革命的"理论反对修正主义，就如后来他坚持正统理论反对布尔什维克异端一样。他是最教授气的人，不过没有伯恩斯坦可爱。但总的来说，一定要对党的两派庆贺它们战士的道德水平与智力水平。

明[1]。按照该国非常慢的资本主义发展步伐，让它多花20年的时间才成为一个重要的政治要素是符合我们预期的。从微小并不太可靠的起点慢慢兴起，它终于在维克托·阿德勒领导下在1888年海因费尔德大会上成立。他在团结居住在该地区的所有各民族的社会主义者这个近乎绝望的事业中取得成功，他以卓越的才能在这之后的30年中领导他们。

这个党也是正式马克思主义的党，形成党知识分子核心的才华出众的犹太人小圈子[2]——新马克思主义者，就如我们在第一篇中所提到的，它甚至对马克思主义理论的发展做出众多贡献——沿着正统的路线前进，在做法上显然有所改变。

第六节 第二国际

马克思主义政党政纲中的国际主义政策要求有一个像已消逝的第一国际那样的国际组织成立。以马克思信条衡量，别的社会主义团体和劳工团体都不是国际主义的。不过，部分由于继承了资产阶级激进主义，部分由于对各自国家内上层阶级政府的憎恶，它们尽管程度不同却全都具有国际主义与和平主义的观点与感情，所以它们进行国际合作很容易。1889年第二国际的成立体现了真正试图调和不可调和事物的妥协，而且一直工作到1914年。对于这个主题只需说上几句就可以了。

第二国际有一个国际局，有代表大会正式辩论策略和原则问题。第二国际要组织所属政党和团体之间的接触，要统一观点，对行进的路线进行协调，对不负责任的行为要限制，还要鞭策落后者，并尽可能快地造成国际社会主义舆论，从社会主义者的角度来看，所有这些都是特别合乎需要的和重要的，尽管按照这些事情的性质，积极的结果要几十年时间才会成熟。

所以，国际局的首脑和成员肯定不是国际社会主义的指挥部。他们不像第一国际那样制定政策和施行政纲。各国党和劳工团体有充分的自主权和自由加入别的适合它们独特目标的国际组织。他们喜欢甚至祈求参加工会，还有合作社和教育团体，不过它们在那些团体中不发挥领导作用。各国党仍旧保持一个共同点，这个共同点特别广泛，完全可以让这一边的斯陶宁和布兰廷和那一边的列宁和盖

1　提到奥地利，这里我指的是奥匈帝国西半部，那里从1866年起有自己的一个议会和一个政府（不过没有外交部和国防部），在平等基础上这两个机构跟东半部匈牙利的议会及政府相协调，后者的正式名称为"圣斯蒂芬神圣国王的国土"。匈牙利社会民主党根据奥地利党的模式建立，不过党员人数一直不多。

2　托洛茨基（当时还叫勃伦斯泰因）偶尔在他们中间出现，好像受过他们的影响。

德一直合作。这个国际组织中的某些成员显然看不起另一些成员那种畏首畏尾的自我克制，而后者则反对前者头脑发胀的激进主义。有时候事态发展到可怕地近乎你死我活的程度。

听起来有些奇怪，第二国际的成立主要取决于俄国人和盖德主义者支持下德国人的努力。他们十分清楚地懂得，德国以外的声称为社会主义力量的大部分人不是马克思主义者。对于这些人中的大部分人来说，签署39条是一件事，同时保留解释它的充分自由。很自然，比较热情的追随者对这非常震惊，并直言信仰正堕落为没有实质的形式。不管怎样，德国领导人对这种情况还是容忍了。倍倍尔知道他能走多远，他的忍耐实际上立即碰上英国人的忍耐，他知道他的忍耐最后将得到报酬，假如不发生战争，他的目的必然会达到。就这样，他运用策略对无产阶级阵线进行巩固，意图及时让它具有生命力，在这么做时，他显示出杰出的才能，如果德国外交有同样的才能，或许会阻止第一次世界大战的爆发。

的确，某些结果成熟了。第一个十年左右的时间中所进行的有些不明确的讨论最终集中到外交政策上，跟共同观点有点像的那种东西终于开始出现。这是跟时间的赛跑。这场赛跑失败了。如今提到那个时期的所有记者都感到有资格为他所想象的国际社会主义在大战爆发时垮台的原因谴责第二国际。但这是所采取的最肤浅的观点。1912年巴塞尔非常大会和大会号召各国工人努力争取和平，必然是它在那种环境中可能做的全部。向一个哪里都不存在仅存在于个别知识分子头脑里的国际无产阶级发出总罢工的号召，不会有更大的效果，它的效果要小得多。争取做到有可能做到的事情就是成功的而不是失败的，无论最后证明这个成功是多么不足。如果有失败，那么它发生在各国社会主义政党的国内战线中。

第二十一章
两次世界大战之间

第一节 "大叛变"

社会主义政党作为第二国际的成员，为了预防战争的发生，做了它们能做的所有事情。不过当战争仍然爆发时，它们急速的重新集合在它们的民族事业下，的确让人惊奇。德国马克思主义者甚至比英国工党成员还要果断[1]。当然，一定要记住，每个交战国全都深信它在进行纯粹防御的战争，因为在所有进行战争的国家眼里，任何一场战争都是防御性的，或者起码是预防性的[2]。并且，假如我们回想起社会主义政党拥有宪法赋予的不可置疑的投票反对战争预算的权利，以及在资产阶级民主政治的总的道德规范内没有拥护国家政策的义务——实际上在全部交战国里与社会主义反军国主义根本无关的人都反对战争——看来我们碰到我们可疑地引证马克思或引证倍倍尔和冯·福尔马原先所做的假如他们的国家遭到攻击他们将进行保卫的宣言不能解决的问题。回想起马克思关于这个主题的正确教导应该是容易的。另外，保卫祖国的意思仅只是参军尽自己的义务，并没有投票支持政府和加入"神圣同盟"的意思[3]。在战时内阁任职的法国盖德与桑巴和比利时的范德费尔德，以及投票赞成战时预算的德国社会主义者就这么对他们国家要求的效忠，做得比当时普遍理解的还要多[4]。

实际上这点是大家都感觉到的。保守阵营感觉到它。德国保守派人突然开始用特别谦恭的话语谈论社会主义政党。社会主义阵营中依然对信仰保持初始热情

---

1 实际上英国工党在1914年单独采取了严肃的支持和平的立场，尽管后来它参加了战时联合政府。

2 这就是之所以战胜国在强加的和平条约上，用一个条文来决定战争责任问题的企图不仅很不公平并且还是非常愚蠢的原因。

3 说不这样做会损害国家事业，这也是错误的。莫利勋爵的辞职显然对英国并没有损害。

4 当前我们中有些人的想法不同。不过这仅只表明我们离开自由民主主义的老锚地有多远。把国家团结上升为道德准则是让人们接受法西斯主义的一条最重要的原则。

的那些人也感觉到它。在英国，麦克唐纳不仅没有参加战时联合政府，甚至丧失了在工党中的领导地位，最后丢了议席。在德国，考茨基和哈泽于1916年3月离开了多数派，并在1917年组织独立社会民主党，尽管该党大部分重要党员在1919年回到原来的党[1]。列宁宣告第二国际已经死亡，社会主义事业被出卖了。

这里是有一定真理的。对马克思主义政党的大部分人来说，处于十字路口的社会主义实际上经不起考验，它没有选择马克思主义的道路。信条、口号、最终目标、组织、办事机构、领导人并没有改变。大叛变之前它们怎样，大叛变之后仍然怎样，但是它们所体现和支持的东西全变了。经过这次十字架上的考验之后，无论是社会主义者还是反社会主义者不再能够用与以前一样的眼光来看待那些政党。那些政党本身也已经走出它们的象牙之塔，它们已经证明对于它们而言，国家的命运比社会主义目标更加重要。

不过，像斯堪的纳维亚诸国社会民主党那样从来没有置身于任何象牙之塔的那些政党的情况就不一样。另外还有其他一些政党，它们的情况由从不认真看待那种革命滑稽戏的观察家看来也是不一样的。尤其就德国党来说，非常接近事实的说法是，这个"社会叛徒"（人们给它的绰号）仅仅是从非现实主义的云端走下来的，国家的危急状态把它教会要用脚站在地上，而不要用头站在地上。有些人还要说，这完全是值得称赞的事情，根本不是叛变。不管我们采取什么观点，不可置疑的是这种新的负责任的态度大大缩短了1914年前好像横亘在它们跟所有政党自然目标——官职——之间的很长的道路上。我的确从不认为德国社会民主党人有这种打算，对他们决定不在资产阶级社会做官的真诚从不怀疑。不过事情很清楚，他们在战争开始时采取的立场，让他们在战争结束时（假如我能够这样说）处于"极其有利的地位"。与别的政党不同，他们没有大声呼喊着要离开从而对自己的名誉造成损害。不过他们也没有在危急时刻舍弃他们的国家。

第二节 第一次世界大战对欧洲社会主义政党发展的影响

（1）所有以失败告终的重要战争都会动摇社会结构和对统治集团的地位构成威胁，军事失败造成的威望丧失是一个政权要生存下去的最不容易对付的事

---

1 需要指出的是，独立社会民主党的党员绝不是完全从不妥协的马克思主义者中招收的。考茨基和哈泽属于那种人，不过加入他们的党的很多人不属于那种人。比如，伯恩斯坦加入该党，一些其动机不是尊重马克思主义信仰的人也加入了。但是这种情况并不奇怪。当然正统马克思主义并不是一个社会主义者不赞成多数派所采取路线的唯一理由。这些修正主义者只不过有着跟拉姆齐·麦克唐纳一样的信念而已。

情。我不知道这条规律有任何例外。不过逆命题就不是那么肯定。除非胜利来得迅速，或者不管怎样它像德国在1870年取得的胜利那样与统治阶层的政绩有突出而清楚的联系。否则，即使在战胜的情况下，经济上、物质上和心理上的衰竭，必然会对各阶级、各集团和各政党的相对地位产生影响，本质上跟战败所受的影响没有什么不同。

这一点被第一次世界大战证明了。在美国，战争努力的时间不长，消耗不大，不足以表明这种影响。就算在美国，对战争负责的政府在竞选中惨遭失败。在全部其他战胜国中，统治阶层的威信及其对人民的驾驭能力，没有加强而是遭到削弱。德国和英国的社会主义政党交上好运，它们取得权力，或者不管怎样获得官职。在德国，社会把中央机构的控制权硬塞到社会主义党的手中。尽管为了争理论上的面子，党内一些人及一些反社会主义者坚持说是通过了一场革命，实际上他们是应邀请——谦恭的要求——而执政的。在英国，工党的选票在1910年1月还仅仅刚刚超过50万张，1918年还不到225万张[1]，1922年则上升到424万张，1924年更升到549万张（1929年达837万张）。麦克唐纳再次成为党的领导人，1924年该党进入政府（假如说还没有真正执政）。在法国，政界的构成阻止出现上述鲜明的完美情节，不过总的轮廓是一样的：战后工团主义者立刻又活跃起来，不过劳工总同盟让新成立的工团主义的劳工总同盟和共产主义的统一劳工总同盟去吸收各处不适应的分子，它对革命进程进行阻拦，为承担占优势的政治角色逐渐地做准备。

另外，当时肩负落到它们身上的责任的社会主义或准社会主义政党，或许深深感到它们差不多垄断了让其事业成功所需要的很多资格。比任何别的团体高明，对因不满而激动的群众它们是有能力对付的。如德国事例表明，如果有必要就使用武力，此时它们甚至处在比任何别的政党更有利的地位上来坚持对付革命的爆发。不管怎样，他们一方面进行改革，另一方面使群众接受改革，是开社会改革正确处方的最好人选。最为重要的是，从他们的角度来看，他们完全有理由相信，他们也是治疗"帝国主义战争"造成的创伤，恢复国际关系和清理不是他们过失完全是资产阶级政府作为和平代价所造成的混乱局面。他们在这方面犯了与他们的资产阶级竞争者按照不同立场犯下的一样的错误——相信集体安全和国际联盟，重建金本位货币和取消贸易壁垒。不过只要我们承认错误的前提，我们也一定要承认，社会主义者希望取得成功，尤其希望在外交政策上取得成功是对的。

---

1 从1910年到1918年的增加完全是由于妇女获得选举权和简化选举资格而引起的。

（2）两届麦克唐纳政府的成就（麦克唐纳和亨德森在外交部的工作）完全可以让这一点得到证明。但是德国的情况更有意义。第一，只有社会民主党人才在道德上有条件接受和约，以及支持为了实行条约所规定的政策。当然他们哀叹国家的灾难和灾难所带来的深重负担。不过他们有军事光荣的感觉，战败本身和签订和约都没有给他们带来无法忍受的耻辱。他们中的一些人简直赞成英法的战争理论，他们中的大部分人对重整军备漠不关心。当别的德国人以冷漠的憎恶心情旁观时，他们以完全不带强烈仇恨——假如不是完全不带怨恨——的心理为与胜利者达成和平谅解而工作。

第二，他们对群众的控制非常有力，完全可以让这种态度有政治上的效果。当时全国人民中有一大部分人对事物与他们持有一样的看法。他们对形势的观点及应对形势的正确方法，无论执政政府的政见怎样，一时成了官方的观点；他们为谈判道威斯计划和洛迦诺公约的联合政府提供政治支持，没有他们就无法组成联合政府，就算组成，也肯定不能采取那条路线。斯特莱斯曼不是社会主义者，但是他的名字和社会民主党的政策联系在一起的。因为这个政策他们在10年中获得非常大的声誉，也因为它，他们在另一个10年中备受惩罚。

第三，在跟国外政治舆论的关系中他们处于有利地位。世界简直不知道德国发生的事情。不过世界知道两件事：一方面它了解有一个愿意永远接受很多战后安排的政党，实际上该党非常赞成其中的一些安排，英国和法国曾经深信这个党是它们敌人的敌人。另一方面，世界了解，用不着在别的问题上害怕德国社会民主党——一个政府无论怎样保守，它没有必要像其反对俄国社会主义那样反对德国人。从长远观点来看，这是一个弱点。这种了解跟没完没了处理德国抱怨问题的情况有非常大的关系。这种看法让英国和法国外交部相信，德国将永远是一个谦恭的请求者，保证它有一天会上升到与强国相等地位就能让它非常快乐。不过从短期的观点来看，特别在入侵鲁尔的黑暗日子里，它是一宗资产。这个党或者应该说大家知道依靠该党支持的政府有着其独有的进入权。

第四，从第二国际年代起，社会民主党与别的国家相应政党就有长久的接触，并且战争也没把这些接触完全割断。毕竟，第二国际从没有正式解散，其中很多个人和团体特别是（不过绝不只限于）中立国家的个人和团体，仍然没有丝毫动摇地保持着国际主义的信念。国际书记（C. 胡斯曼）继续在活动，1917年在斯堪的纳维亚社会主义者的建议下，他甚至打算召开代表大会，只是由于协约国没答应发给护照，才没有开成[1]。这样，很多社会主义者认为复活国际组织是顺理成章的事，也就非常自然了。

（3）国际恢复了，但还是有困难。为恢复国际在1919年和1920年举行的最初几次会议只取得有限成功。与此同时，出现了共产国际（第三国际）（见下文），其所具有的吸引力证明是世界劳工政党和社会主义政党团结的重大障碍。几个不想跟共产党人共命运的重要团体依然期望有比第二国际更现代化的某种组织。这个局势被一项聪明的策略措施成功地满足了。按照奥地利的社会主义者在德国独立社会民主党人和英国独立工党参与下提出的倡议，一个称作是"国际社会主义政党联盟"，即所谓维也纳国际的新组织成立了，其目的在于让复活的第二国际里的团体激进化，对那些过分倾向共产主义的团体起抑制作用，通过智慧地制定目标，让两方面趋于一致[2]。

准确地把这个事业的意义描绘出来的是由共产主义者很快为它找到的绰号——"两个半国际"。这正是之所以它能满足当时需要的道理。在1923年的汉堡大会上，第二国际和维也纳国际联合起来组成工党和社会党国际，它给和平打上"帝国主义"印记，号召建立反对国际反动势力的统一战线（这点不管怎样听起来十分动人），号召八小时工作日，号召争取国际社会立法。1922年的法兰克福会议决议宣布一定要把德国赔款降低一个明确而合理的数字，把协约国间的债务取消和从德国领土上撤军。从以后发生的事情看，我们就会理解这是一个怎样伟大的成就和贡献。

第三节 管理资本主义？

（1）不过，我们至今没有看到让人信服的理由能够说明社会主义政党1918年后所负担的政治责任的实验为什么没有完全成功。再说一遍：像瑞典等几个国家里的社会主义者仅仅继续巩固他们以前取得的政权，在其他几个国家里，政权会自然地送到他们手中，而不必用革命行动去争夺；在全部国家里，他们好像比

1　在此之前，事实上分别于1915年和1916年在瑞士的齐梅瓦尔德与金塔尔开过两次会议。我相信跟原来的意图相反，这两次会议因为出席者不是官方党的代表，所以有着不同的色彩。下文我将对它们简略叙述。

2　在那些目标中，有几个会替18世纪外交家增光。阶级斗争是重大的障碍。欧洲大陆上的一些团体不谈阶级斗争活不下去，英国人有了它活不下去。因此，当合并工作在汉堡大会上完成时，在德文本和法文本上保留了"阶级斗争"（klassenkampf 和 lutte des classes）字样，而在英文本上这两字由不容易辨认的委婉辞令替代。

任何别的政党更能够尽力解决当时的重大问题。就如我前面已经提到的，看来他们并不多独占了获得成功的主要条件。另外，尽管他们中的大部分以前没有任何从政经验，他们取得了最有用的组织、谈判和管理的众多经验。事实上应该立即指出，他们基本上从没做过一件特别的蠢事。最后，无论是左派社会主义者新政党的不可避免地出现，还是那个政党与莫斯科的关系，对他们而言，都没有他们的对手所试图说成的那样严重。

不过虽然这样，无论在哪个国家他们的形势都是不安全的。对于虔诚的追随者来说，这种情况好像是很不可能的。虽然有这些策略上的优势，但优势后面隐藏着他们无力解决的困难。战争和由它产生的混乱，把社会主义者推上政坛，不过在旧外衣的破片底下，社会机构特别是经济过程依然跟以前的一样。就是说，社会主义者一定要管理一个本质上是资本主义的世界。

马克思曾经设想，政权的夺取是实行社会主义的先决条件，后者是轻而易举的。这句话的意思是，当资本主义走完它的过程时，或者用我们自己的话说，当物质和精神成熟时，夺取政权的机会就会出现。他想的崩溃是资本主义经济机器由内因促成的崩溃，资产阶级世界政治上的崩溃只是经济崩溃的附属事件。但是现在，政治崩溃或跟它类似的事情已经发生，政治机会也已经出现，而经济过程没有一个地方接近成熟。"上层建筑"比推进机制运动得更快。这是一种最非马克思主义的局势。

情况并不是完全绝望，或者从社会主义信仰的角度来说，并不是完全不能防护。20世纪20年代初，欧洲的社会主义者有理由希望，有好运气加上谨慎地把握方向，他们会让自己处于政治权力的中心或附近，这就能够有能力挡开所有"反动"的危险，保护无产阶级的地位，直至有一天可能不经暴力破坏，让社会社会主义化。他们将主持资产阶级社会的猝然长逝，与此同时，确保死亡过程一切顺利，保证它不会死灰复燃。如果除了那些进入社会主义者的或劳动者社会画面的因素之外不存在别的因素，这个希望可能实现。

站在社会主义信仰的角度进行辩护，或许就是以上面所提到的命题为基础，那就是形势是从来没有见过的，是马克思所预见不到的。资产阶级受难者转向社会主义者请求庇护的这种情况无疑在马克思的图式中是没有规定的。能够这样说，在这种环境下，甚至仅只是"管理资本主义"也是向前迈进一大步。这也不是按照资本主义利益来管理资本主义的问题，而是在社会改革领域中做实在的工作和以工人利益为中心建设国家的问题。不管怎样，假如选择民主道路，这是所能做的唯一事情，由于形势不完全明显而确切地表现在仅有一小部分人选择社会主义这个事实上。因此在这样环境中决心要接受官职的社会主义政党大声宣布它们忠于民主政治也就不足为怪了。

这样，这些渴望官职的政客是可以从最高理论根据和无产阶级利益中找到正当理由的。读者很容易想象，这样大快人心的协调一定会给激进批评者怎样的印象。不过，由于后来的事态演变为引起众多人谈论那个政策的失败，并教导当时的领导人他们本应当做些什么，我真的希望着重指出他们观点的基本原理，以及他们只能在其中这样做的社会模式的强迫性质。假如有失败，其原因一定要在愚蠢和背叛之外其他的地方去找寻。为了让我们对这深信不疑，我们只需要看一下英国和德国的事例。

（2）民族主义狂潮一旦随着战争结束而消退，在英国出现真正的革命形势，比如，群众愤怒的情绪在政治罢工中凸显出来。负责的社会主义者和工党党员被那种情况，同时也被全国正受形势激发引起真正反动情绪的危险完全驱使在一起，从此接受共同的领导，起码就议会上运用策略来说是这样。联合力量的主要部分致力于劳工利益和（属于劳工利益一部分的）几个大工会办事机构，以致几乎立即引起对此不满的知识分子的反对。这些知识分子对这个联盟的亲劳工性质表示反对，宣称他们看不到这种做法是社会主义的。工党党员思想意识上的机会主义让这种看法显得有点可信，不过我们重视实际形势不重视口号，就劳工力量当时接受麦克唐纳领导来说，我们仍旧把他们等同于德国的社会民主党人。

从革命形势中成功地崭露头角，工党在1924年麦克唐纳执政之前逐渐改善其地位。麦克唐纳及其党员表现得非常出色，以致甚至不满的知识分子也暂时表示服从。在外交和殖民政策方面尤其在与俄国关系上，这个政府可以执行自己的主张。在国内事务上，做起来相对困难，主要由于依靠一部分工人选票的保守党政府始终（并继续）按照条件允许尽可能执行财政上的激进主义。但是在立法上，工党政府仅限于做相对微小的工作，它证明有资格管理国家事务。斯诺登在财政大臣任上杰出的政绩，完全可以向全国和全世界表明工党适合执政。这件事本身对社会主义事业是一个贡献[1]。

因为工党政府在议会中是少数，它不但一定要依靠与他们有很多共同点（如自由贸易观点）的自由党人的合作，并且在一定程度上要依靠保守党的宽容，这个事实显然大大促成上边所说的成功，也让取得别的方面的成功增加不少困难，

1　另外，从党的策略观点来看，这点让保守党人遭受的困难要比任性的激进主义给予的严重很多。

甚至变得不可能。他们的处境和保守党人于19世纪50年代和60年代短暂执政时期的处境特别相似。它要像占有多数地位那样采取负责态度是十分困难的。

社会主义政党政策（包括在"不成熟"条件下执政）中素有的困难与危险，被麦克唐纳第二次组阁的历史更清楚地证明了。历史学家已经懂得对罗伯特·皮尔爵士的政治家才能与风度进行公正地评价。我相信，他们将学会用公正的态度对待麦克唐纳的政治家才能与风度。他在世界经济萧条开始之时登台是非常不幸的，而正是这次萧条直接造成了以国际联盟为代表的国际体系的崩溃。

有少数人可能在想（实际上少数人的确这样想）根本性重建的时机已经到来。这种想法会让国家一分为二，这样的结果是不可置疑的。不过除了根本性重建外，实施扩大纸币量加上非根本性的社会改革（如个别的国有化措施和外加的社会保障立法），并在国际关系领域依靠重商主义政策，这是有很多人推荐的计划。但这个计划的一部分显然会加强经济萧条，而放弃英镑的金比值和重商主义政策等这些计划的另一部分意味着十分激进地与国家传统决裂，与工党本身的传统决裂，以致社会主义者简直难以实行它，更别说成功地实行它了。要安全而有效地实行它，一定要得到别的党的同意，也就是要由联合政府来实行。

所以，鉴于组成联合政府没有可能，麦克唐纳及其助手投身于让他们建立的体系运转起来的任务。在这种条件下，这个任务是他可以承担的全部任务中最困难的一个。当所有人都叫嚷一定要立即做"某种事情"的时候，当各种类型的不负责任者有其讲坛的时候，当群众在抱怨、商人感到绝望、知识分子激昂陈词的时候，他们坚定地为他们看来是正确的事情而斗争。在国内，他们维护金融秩序，他们支持英镑，对立法机器的增速运转进行制约。在国外，他们竭尽所能并非常成功地让日内瓦体系发挥作用，降低全世界的危机和紧张局势。当时机到来，国家利益值得该党冒险时，他们果断行动，帮助成立了全国团结一致的政府。

在很多重要场合中，一个政策越是开明，必定会让公众和知识分子批评者越不欢迎，回想起来的确让人忧郁。这是一个正确恰当的例子。对于不能把那种政策跟英国比较温和的经济萧条和随后的稳步恢复相联系的知识分子批评者而言，那种政策中什么优点都没有，有的只是荏弱、无力、偏狭的传统主义，假如不说它背叛地放弃社会主义事业。它或许是民主政治历史上的一个最好成就，也许是按照经济和社会形势的正确理解而负责地决定行动的一个最好例子，却被批评者用"羞耻和憎恶"的眼光看待，充其量他认为麦克唐纳仅是一个使马失前蹄的差劲骑师。但是对他最有吸引力的假设是，麦克唐纳政府在英国银行家魔术般的耳语下，（或更坏）或者在他们的美国支持者的压力下举起了双手。

从长期看来，劳工势力非常有可能因为麦克唐纳的第二次组阁而得到加强。与罗伯特·皮尔爵士的第二次内阁的相似性再一次有助于说明这一点。皮尔的保守党多数在废除谷物法问题上产生分歧。皮尔一派尽管在人数上和重要性上大大超过麦克唐纳的个人追随者，不过它很快解体。保守党受到重创，证明没有能力执政，尽管它又三次组阁直到1873年迪斯累里的伟大胜利。不过从那以后，直到亨利·坎贝尔·班纳曼爵士1905年的胜利，保守党执政的时间占三分之二。比这更重要的是，从政治上说，英国的贵族和绅士始终坚持他们自己的做法要比未曾去掉提高面包价格的恶名时他们原来会做得好很多。

实际上，工党在国内的地位在其分裂后的随后几年里很快得到恢复和巩固。有把握地说，就算在事物的正常进程中（也就是不考虑战争），社会主义者有增加了的力量和更好的成功机会，不久就会再次组阁，并且他们会有能力采取比先前采取的更强硬的路线。不过有相等的把握说，鉴于他们制定的纲领和实施纲领的能力，他们的政策与麦克唐纳的政策主要在于实行社会化的某些个别手段上仅仅只有程度上的不同。

（3）当然，德国社会民主党的战后经历在很多细节上跟英国工党不同。不过留在社会民主党内的德国社会主义者只要参加政府，他们就跟英国同事全然一样从事"管理资本主义"。假如我们同意这些前提，并考虑到他们过去没有、在能够预计的将来也不能期望在联邦议会中或普鲁士议会中或在总人口中占有多数这个实际，别的所有事情都将以无情的逻辑紧随而至。1925年总人口约为6200万，无产阶级（劳动者及其家属，我把家庭佣仆包括进去）的人数不足2800万，这个阶级部分选票归别的政党。人口比上数少不了许多有着大约2400万的"独立劳动者"中大多数不接受社会主义的信念。就算我们不算上层阶层，比如说100万，只计算可望投票的集团（农民、工匠、小商贩），所能争取到的选票不会很多，这个情况不仅眼前这样，就算在近期的将来也是如此。介于这两部分人中间，有人数超过100万的白领雇员（包括他们的家属）。社会民主党显然理解这个阶级的关键位置，花大精力争取它。不过，虽然取得很大的成功，这样的努力仅仅有助于表明，白领阶级比起按照马克思社会阶级理论所说的是严重得多的障碍。

这样，就算共产主义者是社会民主党人的同盟者而并非他们的死敌，这个党依然属于少数。的确，非社会主义多数的所有派别并不是都抱有严重敌意：左翼自由党人（民主人民党）人数不多，能力很强，在一定范围内他们一向愿意合作。这个多数分裂为很多团体，它们没有能力团结一致地行动，它们的成员和支持者也不像社会民主党人本身那么有纪律，不过那些既没能力又不愿意从事充满惊险事业的明智的人们依然觉得，对于他们只有民主道路一条路可走，这条道路就是联合政府。

天主教党（中央党）是最合格的担任同盟角色的党。它强大而有力量。在希特勒登上政治舞台之前，其支持者的忠诚看来是什么都动摇不了的。它的组织特别出色。假如教会的利益得到保护，它打算在实行当前实际性质的社会改革方面走得和社会主义者本身一样远，甚至会在某些方面走得更远。对被取代的王朝不怀有特别热情，它果断支持魏玛宪法。最终不过同样重要的是，它对能保证它独占利益不受侵害的分赃安排持欢迎态度。这样，谅解就以在外国观察家看来是极端容易的情况下达成。社会主义者用最尊敬和最得体的方式对待天主教会。他们没有丝毫困难地跟教皇达成契约，契约给予教士的比在异端霍亨索伦王朝统治下教士曾经得到的还要多。对于政策方面，全然没有意见分歧。

不过，尽管这两个党的联盟是主要的，但是所有表示忠于魏玛宪法的政党都没有被排除在政府之外。民主党人、国家自由党人、国民党人（保守党人）全被接纳，甚至担任非常重要的职务。联盟作为普遍原则表示着妥协作为普遍原则。在各种措施上的必要让步实际上是事先商定的。不能动军队，事实上它由自己选择的管理部门管理，得到充分的供应。东普鲁士得到补贴，一般来说，农业是特别小心关注的对象。这一套政策的一些含义可能不非常符合社会主义的规范，把这个东西称作计划，让它更合出钱的无产阶级的口味——或许读者会感觉到，这些东西说白了，全都不是新的。

社会民主党在其对工业群众和对自己的纲领的态度上越来越跟工党一样。起初，它通过一个非常温和的法案，把包含在"社会化"一词中最激进的特色插入法案的标题中来作为象征性的补偿（1919年）。但是社会主义者很快把这一切置之度外，从而致力于制定美国人在新政中熟悉的那种劳工立法。这样做让工会满意，工会办事机构越来越被允许成为该党制定政策机器的工作部门。

社会民主党人牢牢掌握国家的各部分行政机器不仅有助于更严格的纪律，而且有助于增加党员和党能够指望的选票。当然，它还用其他办法增加力量。例如，社会主义者在普鲁士自由邦得到占支配地位的权力。这让他们能控制警察力量，他们谨慎地选择党员或可靠地对名利热衷的人充当大城市的警察局局长。他们就这样巩固他们的阵营，直到他们的地位按照一般标准看来达到坚不可摧的地步。再按照政治分析的寻常规律，甚至正统的马克思主义者也以提出如下论点而自慰，那就是，在那些战壕里他们能够非常舒服地安顿下来，直到事物根据其长期进程，让他们从少数变为多数，目前只要拉上遮掩最终目标的帷幔就可以了。

把党的权力机器的机制撇开而不顾，一般的社会形势及政治体制看来非常稳定。另外，针对很多个别的立法和行政措施无论有何种反对意见，从总体上说，联合政府的政策对稳定有利而不是不利。它所做的很多事情必然能得到我们真挚的尊重。它所做的事情中没有一件证明比缺少威信与魅力的政权所做的引起公众不满的一般性措施更坏。金融领域或许是唯一可能的例外。这个政府体系的文化与政治成就的一部分，跟政府支出的大量快速增加有关。另外，支出资金的筹集方法（其中尽管包括非常成功的销售税）吸干了积累的来源。只要国外资本一直流入，一切进行得十分顺利，尽管预算困难甚至现金困难在资本流入停止一年多以前开始出现。当它真的停止时，那种尽人皆知的将破坏最具魅力的领导人地位的形势就出现了。不过总的来说，对党及当政时期的指挥提出意见的社会主义批评家有理由夸耀非同寻常的成就，假如他们能执政，他们应做得同样漂亮。

第四节　当前的战争与社会主义政党的未来

当前的战争将会对现存社会主义团体的命运有着怎样的影响，当然要看战争的持续时间与结果。就我们的目的来说，我不知道如何加以推测。但是让我们运用事例分析的方法，从众多可能事例中考虑两种事例。

就算到现在（1942年7月），很多观察家好像预期，战争结束俄国将获得极大的力量和威望，实际上斯大林将作为真正的胜利者出现。假如情形的确如此，也未必能够做出推论说，其结果将是共产主义世界革命，或者甚至是欧洲大陆的"俄罗斯化"，以及上等阶层的消灭和对非共产主义的社会主义（和托洛茨基主义）团体的完全清算。因为，就算不谈英美或许对俄国势力扩张的抵抗，也不能肯定俄国专制政权的自我利益会采用哪种做法。不过能够肯定的是，发生完全实行列宁纲领这样一种结果的机会大大增加了。但是这种世界革命或许与马克思的想象不同，对于那些愿意接受它作为代替品的人而言，它显然不再是白日梦，并且不仅仅是跟欧洲有关的。

在那样的情况下，正统社会主义及其全部主张的命运将被决定。在欧洲大陆，如果法西斯政权不被打败，它们的命运也完全相同。不过，假如我们假设英美俄同盟获得完全胜利，也就是说依靠英美的力量实现无条件投降的胜利，那时我们很可能看到德国社会民主党型或者工党型的正统社会主义有更多更好的机会在欧洲大陆生存下去，起码能生存一段时间。对这个事态相信的一个原因是，人民假如发现走向布尔什维克和法西斯的道路皆被堵住，很可能倾向社会民主共和国作为能够选择的最明显的道路。不过还有一个最重要的原因，工党型的社会主义可获得战胜国的好感。按照我们现在的设想，一个彻底胜利的结果将是由英美控制战后世界的事务——一种英美的统治，它在我们眼前所采取的形式，按照我们所知道的观念，可以把其称为伦理帝国主义。在这种世界秩序中，别的国家的利益与抱负只有在得到英国和美国的理解和赞同时才能算数，这种秩序只有依靠军事力量建立，只有永远准备使用武力才可以维持。或许没必要解释，在我们这个时代的政治和经济条件下，对英美两国来说，为什么这样建立起来的只能是适当地称为军国主义的社会主义的社会组织。不过非常清楚，控制和警卫世界的任务是非常容易的，因为一方面在欧洲重建和新建小而没有效率的国家，另一方面又设置工党型或社会民主党型的政府。特别是在德国和意大利，社会民主党的碎片是建立政府的唯一政治材料，这样的政府或许在战败屈服期以后仍然接受这个世界秩序，并能没有丝毫心理保留地跟世界保护国的代理人合作。无论这样做的价值怎样，这是自由社会主义的机会。

但是根据本书主旨的立场（不是根据别的立场），全部这一切都仅有第二位的重要性。无论某个或某些特定的社会主义团体的命运怎样。不可置疑的是，当前的大战将——无可避免地跟战争的结果无关——意味着趋向社会主义制度迈出的另一大步。按照我们经验中的第一次世界大战对欧洲社会结构的影响，就完全可以让我们做出这样的预测。只是这次在美国也迈出了一大步。

不过尽管那种经验是一个有价值的指南，却是不完全的指南。四分之一世纪过去了。它甚至对于走向本书第二篇说明的那个意义上的社会主义的社会力量来说，也是不可忽视的一段时间。别的一切不谈，我们在这场战争结束时将面对跟1918年时完全不同的经济形势、社会环境和政治力量的分布。不管怎样这很多变化是在最近25年内发生的，是难以仅仅按照社会的一般趋势预测到的。其中特别是大萧条，它对微妙的形势造成冲击，对社会结构的基础造成震动，对所有地方都没有对美国厉害。破坏社会结构更厉害的是对付萧条所采用的政策，这主要归结于部分是偶尔形成的政治结构，后果是显然的。尤其是已经渐渐形成庞大的官僚机构，到如今它的强大力量完全可以保持它的阵地和执行根本性重建的政策。

　　工商业和工商业阶级的战时赋税负担，所有的国家都不会以1919年后减轻的速度降低。这点本身可能完全能够让资本主义机器永远瘫痪，因此为政府控制提供另一个论据。通货膨胀，就算其趋势不再超过譬如说美国眼前政治模式不可避免的程度，它完全可能直接地，或者通过被剥夺的债券和保险单持有人思想的激进化而间接地做完剩余的事情。另外，战时管制在所有地方不会取消到1918年以后几年的经验让我们相信的程度。管制手段能够移到别的地方应用。在美国已经采取步骤为政府控制战后调整准备舆论，不考虑资产阶级的抉择。最后，没有理由相信，政府会放松对资本市场和投资过程已经实施的管理。能够肯定全部这些加起来不等于社会主义。不过在这样的条件下，社会主义可以自称为唯一能够取代僵局和不断摩擦的现实办法。

　　在不同的国家，细节和用语也肯定不同，政治策略和经济成果也有不一样。英国的发展十分容易预见。工党人员进入丘吉尔政府响应国家危急的号召。不过如上文已经指出的，跟危急状态无关，他们当时在官职与权力道路上已走得很远。所以，他们很自然地有能力单独管理，或者——证明是最有效的办法——在他们控制的联合政府里管理战后重建工作。战时经济将会实现他们一些当前的目标。在很大程度上他们只需保持他们已经得到的东西就行了。在没有多少东西留下来可供资本家争夺的情况下，进一步向社会主义目标前进，能够期望是非常轻易的。进行的方式有可能证明是坦率的，清醒地以井井有条的方法和主要得到同意后实行社会化。有很多理由，不过主要是由于官方社会主义党的衰弱，美国的情况比较不容易预测，不过最后结果并不会不同，尽管口号必然不同，福利上和文化价值上的代价也不同。

　　再重复一次：只有本书限定其意义的社会主义，才能够这样预测。别的意义上的社会主义无法预测。

第二十二章
二战的后果

　　前面把战争对我们时代社会结构和对正统（即非共产主义）社会主义团体的地位与前途的影响谈了谈，现在（1946年7月）还可以再说一些。到1942年7月，事情已十分清楚，无论各社会主义团体命运怎样，总会出现另一次向社会主义制度的大踏步迈进，这一次迈进也出现在美国。一样清楚的是，现存社会主义团体的命运是由战争的持续时间和结果决定的。最后还提到，假如战争以英美俄联盟彻底胜利告终，即指敌人无条件投降，正统社会主义遭遇的结果将根据斯大林是不是以真正胜利者出现还是所有荣誉归英美而有所不同。如果发生后一种情况，对德国社会民主党型的正统社会主义或英国型的劳工政党在欧洲大陆地位的改善将是个极好的机会。

　　本章首先论述正统社会主义和劳工主义的地位，尤其论述英国的形势；其次论述美国引人注目的工业成功所可能引起的影响；最后论述俄罗斯政治成功的可能影响。因此，我们的议论自然地分为英国与正统社会主义、美国的经济可能性、俄国的帝国主义和共产主义三个部分。

第一节　英国与正统社会主义

　　很多事实表明，不考虑俄国因素，第二次世界大战对欧洲社会局势的影响跟第一次世界大战的影响相似，只是更加强烈。也就是说，我们将看到现有的社会主义生产组织（本书限定意义上的）将有加快发展的趋势。

　　英国工党的胜利是这些事实中最重要的事实。如在上一章中已经指出的，这个胜利在意料之内，不会让任何人惊讶。这个胜利也不比我们预期的更加完美。因为英国选举制度的性质，实际议席再分配非常容易给人以夸张的画面。工党得票约1200万张，保守党为1000万张。自由党的好日子当然已经过去。不过仅存的十几个自由党议员所代表的选民超过随意挑出来的72个工党议员所代表的选民。换句话说，在比例代表制下，工党并没有占有超过保守党与自由党加在一起的议会多数，并且工党–自由党的联合能得到宽余的多数。英国选举制度的基本原理在于产生强有力的政府，避免相持不下僵局的出现。这个例子里的情况就是如此。不过在估计什么在政治上可行，什么在政治上不可行时，与议会形势不同的国内形势依然是需要加以考虑的事情。这个明显的推论因为下列事实而加强：比官方工党更激进的团体在选举中显然没能改善它们在议会中的地位，即独立工党正好保持它的三个议席，共和党加上共产党失去它们原有四个席位中的一个。由于存在很多期待"激进化"的理由，这一情况的确值得注意，也是英国政治成熟得引人注目的证据。

这种形势必然会显现出来。实际上它已经在内阁的面貌和在采取或预示的措施中显现出来。首先，工党想做的或提出要做的所有事情全都符合我们之前略举出的纲领性的精神与原则；另外，实际做法没有走得这么远。尤其是英格兰银行的国有化是特别有意义的象征，所以能够算是引人注目的历史里程碑。但是这件事的实际重要性能够说等于零：这家银行自从1914年以来始终是财政部的一个部门，在现代条件下所有中央银行都跟它一样。别的如煤业法案或充分就业立法，在英国基本上不再争论。工党政府处理这些事情的方式或者可能采取的方式，推测起来会得到近乎全部同意。对根本原则问题的辩论显然会让严肃的工作活跃起来，这不是由于这些问题或对这些问题的分歧非常重要，而是由于没有它们，政府和议会将无所作为、徒有虚名。这一切全都是应有之义。显然这又是"管理资本主义"的做法，不过因为这场战争，还因为时间的推移，这样做的时候目的更加明确，措施更加坚决，而且能更清楚地看到最终消灭私有企业的前景。不管怎样有三点应该特别注意。

首先，政治行动与社会及经济形势事实这种理想的一致性显然是特别重要的，从私有财产社会的角度来看是特别危险的。无论知识分子极端主义者可能如何说——当然工党政府的态度让他们有事可做——向社会主义英国迈进的步伐更加坚实了，由于对此的胡言乱语不大听到了，认真负责地采取步伐，肯定不会往回退。除了从外部来的扰乱，有可能避免出现社会、政治和经济的灾难。假如政府成功地把握住它的路线，它将恰到好处地把处在权力不足的工党政府（如麦克唐纳政府）的任务和未来工党政府（它将占有议会多数和选民多数）的任务之间的任务完成。这是民主社会主义的唯一希望，欧洲大陆的这种希望当然会由于英国范例而得到些许加强。

其次，我们曾经在上一章提到，早期的社会主义思想家肯定不能预测到，也不能期望他们预测到，只使用诸如税收和工资政策这种非激烈革命手段而不需正式破坏资本主义制度的法律体制就有可能征用资产阶级的社会政治结构。战时税制和战时控制肯定不能全部保留。不过从那些措施上后退，可能会在能自动完成一些最受欢迎的社会主义政纲项目的那一条线上停顿下来。纳税后收入的平均化已经实行到损害俄国人所说的，比如，医师或工程师那样的"专家"的效率的程度。这必然是由臃肿而浪费的机关做出来的，人们不久就会看到，限制交纳直接税后的收入是较好的办法，而不是支付以后又得收回的收入。但不管怎样，要榨汁的橘子连同很多激进的辞令，总是容易变成干巴巴的。

最后，假设工党在下次大选中改进了它目前的地位，得到大部分选民的支持，政府将做些什么？他们在平均收入方面会走得稍微再远一点；他们会按照贝弗里奇计划或其他的方针比所有政府对社会福利进行更多的改进；他们在企业社会化方面会走得非常远。但是这三项工作并不好做。我们已经知道，在现代英国的条件下，对大规模社会化不会引起多大单纯经济上的反对，资产阶级的抗拒也不可能是重大的障碍；英国依赖她的实业家的程度比1917年的俄国大得多，但是，除非引起他们不必要的对抗，是能够得到他们的合作的。最后我们也用不着把对社会化热情追随者有强大吸引力的论点，即内阁制不适合实行社会化的任务，看得特别重要。不过要民主地实行社会化，它是唯一有用的制度——对社会化企业的实际管理肯定需要半自治的机构，内阁一定要像与（譬如说）军队总参谋部合作那样跟这些机构合作。真正的问题是工人。除非社会化导致经济崩溃，一个社会化的政府不可能忍受目前工会的一举一动。最不负责任的政治家，在能够设想的情况下，一定要面对工业中的纪律问题这一只有俄国已经解决的现代社会的基本问题。想要实行大规模社会化的政府将只能实行工会的社会化。事实表明，在所有事物中工会是最难社会化的。不过问题并非没办法解决。在英国，以民主的政治方法成功地解决问题的机会要比别的任何地方更多，不过解决的途径或许是曲折而漫长的。

除了俄国，欧洲大陆的政治形势大概相同。在有选择自由的地方，我们看到群众保持或恢复忠于社会民主党或忠于天主教政党的强烈意愿。最明显的例子是斯堪的纳维亚诸国。不过相同的倾向甚至在德国也感觉得出，可以有把握地断定，假如德国有自由和不受外来影响，某种非常类似魏玛共和国的东西将从当前苦难中出现。尽管这方面的证据因为英美当局对社会民主党人所表示的喜爱而部分失效，不过它又因俄国当局允许在它的地区里恢复社会民主党组织而加强。把办不到的政治和经济条件不合理地强加在德国人民头上肯定会让工人政党政府失去信誉，并失去现在还存在的巩固其地位的机会。不过，假如为了心理实验起见，我们选择不考虑俄国因素，同时假如我们进一步愿意假定，美国和英国一般会以体面和合乎常识的方式对待德国，以上就是我们能够采取的一般判断和预测。别的国家也可以采取相同的预测，尽管有种种不同的限定条件：工党政权——在天主教国家里多半跟天主教政党组成联合政府——在其左面有土生土长的不太重要的共产主义团体，其政策比20年代更为进步，但无论是经济上、政治上，还是文化上，它体现的还是同一路线。法国的情况，因为共产党的力量强大，跟这个类型不同。只是由于我们除了自己的模式外，没有能力懂得别的任何模式，让我们不能理解西班牙的情况的确是所有各国事例中最不成问题的[1]。

第二节　美国的经济可能性

（1）通过税收收入再分配

（2）巨大的经济可能性

（3）实现经济可能性的条件

（4）过渡问题

（5）停滞主义者的论点

（6）结论

（1）在对英国事例进行讨论的时候，我们已留意到，在现代条件下，运用税收和工资政策从资产阶层抽走大多数马克思主义术语称为剩余价值的东西是有可能的，这在相当程度上是19世纪马克思主义者想象不到的[2]。这种观察结果对美国也适用。在相当程度上（这点不能被普遍意识到），美国的新政甚至在战争之前就在剥夺高收入阶层的收入。指出一组数字就足够了，这组数字表明1936年

---

[1] 佛朗哥政权仅仅是按照大家容易理解的必要性复制19世纪西班牙建立得很好的制度模式罢了。佛朗哥过去与现在所做的事情都是在他之前纳瓦埃斯、奥唐纳、埃斯帕特罗、塞拉诺已经做过的事情。如今不幸的西班牙变成国际大国政治比赛中的足球（在这场比赛中她本身没有利害关系）的事实，成为出现混淆原本非常简单事态的宣传的原因。

[2] 读者显然会看到，上边的论述并不断言，这样的一种政策对国民收入的大小和长期增长率有什么影响。尤其是这个论述并不排除这样的可能性，即从长期来看，假如收入完全平均化，工人实际收入在总数上或许要比马克思主义者所说的全部剩余价值归于"资本家"阶层时还要少。

以前（个人）所得税和累征所得税增加的后果：1929年实际付出的总收入大概为806亿美元，可征税收入超过5万美元的阶层在征收所得税和累征税后保留52亿美元；到1936年，实际付出的收入总数估计为642亿美元，5万美元以上的收入阶层所保留的收入仅有12亿美元。10万美元以上的可征税收入，假如把遗产税计算在内，那时甚至完全都被征收光了。从天真的激进主义观点来看，使用这种手段和以后没收手段的唯一不足是它们还不够彻底。不过这并不改变与战争无关的庞大数字的财产转移事实上已经实行，其数量能够与列宁实行的转移相比，这是我们眼前关心的事。当前可处理收入的分配与俄国实际施行的分配完全可以比较。尤其是从下边事实来看更加这样，即因为上等阶层支出中个人的服务项目和包含相对多劳动量的商品所占比重越来越大，在美国上等阶层美元的购买力要比下等阶层美元的购买力下降很多[1]。另外，我们能够再说一遍上文关于英国的另一种观察结果。上等阶层所受的压力当然不限于"5万美元或以上者"。它扩及下至5000美元的收入，不过压力程度递减。这种情况有时形成很多必需效率的损失，特别是对于中等成功的医师是如此，这是不应有一点儿怀疑的。

那么，至今战争及其劳工纠纷这一自然后果对美国社会结构的影响，看来和英国的情况完全一样。美国没有组织良好的全国性工人政党的现实，或许会让我们推测，美国有朝向基尔特社会主义而不是朝向中央集权社会主义发展的可能性。否则，这个事实只会加强本书详细论述的预测，因为压力集团和政党同样有强大力量但责任心却少很多，因此是更有效率的攻城槌。

（2）不过美国形势的另一种事实是世界所有别的地方没有的，能够想象这个事实影响我们对起码今后50年左右短期内私营企业制度机会的判断，它就是我

1　不同国家间的比较肯定困难，或许绝不会有很大说服力，不过俄国1940年4月4日关于所得税的法令显示，低到年收入为1812卢布的收入就要征收所得税。这项法令还显示存在每年超过30万卢布的收入，当时征税率为50%。如今，让我们全然不顾最低收入的征税，把收入在1812~2400卢布这一组的众数定为2000卢布；再让我们把最高一组众多纳税后收入定为不高于15万卢布（尽管那些纳税前30万卢布收入是较低的限额）。那么我们发现，这些较高众数是较低众数的75倍。就算我们把1940年美国的最低众数（指的是收入等级的相应位置而不是指购买力）定为1000美元，我们无疑不会找到美国税后收入的分配（就算不提因为战时财政需要特别提出的折扣）中有许多东西（以俄国范例作标准）完全可以支持当前流行的说法，像万恶的不平等，以收入集中衡量的"权力集中"等是有依据的。宾斯托克、施瓦茨和尤戈夫合著的有关俄国《工业管理》中所提出的证据倾向于支持这个观点。很多指向同一方向的别的细节，例如，在美国那些过去雇得起而现在雇不起家庭仆人的这类职业，在俄国确实还能享受这个特权，这要值一吨家用电器设备。全部的这一切还没有考虑到不经过收入账的优越条件。俄国企业经理的权力与社会地位——这是估价高收入的主要原因之一——特别是布尔什维克党地方党委的领导人的权力和地位，是美国工业家远远不能相比的。

有趣的现象——这种观念的落后！美国很多好心的人们，现在对社会不平等表示害怕或愤怒，这种不平等在50年前的确存在，不过现在已经不复存在。事物变了，口号仍旧。

们如今目睹的巨大工业的成功。某些观察家好像在想，打赢这场战争连同保护美国工人免受匮乏的工业成功，也将对战后局势起支配作用。在一定程度上有可能消除建立社会主义的所有理由，只要这个理由全属经济性质。让我们用最乐观的观点谈论一下这个观点。

复杂的过渡问题暂且不谈，把1950年定为第一个"正常"年份（这是预测者非常普遍的做法），我们以劳工统计局1928年物价水平指数来计算这一年的国民生产总值，即生产的全部商品和劳务没有扣除折旧和损耗前的价值，并假定为2000亿美元。当然这不是这一年能够期望的生产实际量的预测，也不是高就业水平下（就算不是充分就业）所能达到的可能生产量的估计数。这是假如能满足某些条件就能够达到这个生产量的估计数（条件将立刻提到）。像这样的数字是高的，不过它既是正常的（因为有人提到过更高的数字），也是合理的。它符合过去经历的这个经济制度的长期平均成就：假如我们把"每年3.7%正常增长率"应用到1928年大约900亿美元的国民生产总值数，我们得到1950年的数字稍微低于2000亿美元。当然不应该给予这种计算法不该有的重要性。

不过我仍旧要再说一遍，有人反对说，这样的推断没有意义，因为30年代的产量没有达到这个增长率，但是反对意见没有看到问题的关键，仅证明反对者没有能力掌握它。不管怎样，就可能的生产量来说，这个制度战时实际表现所提供的标志必然有更大的说服力：如果战时统计数字能够当作根据，1943年国民生产总值根据1928年的物价水平调整后，其数量远远不只达到1950年2000亿美元的目标。

假设现在这个可能性已经实现了[1]。同时让我们留出充足的400亿美元用作包括住房建筑在内的替代旧投资和增加新投资，这个数字是2000亿美元的20%，百

---

[1] 人们设想，这个可能性的实现一定要做到每周工作40小时，加上紧要关头的超时工作。但是人们没有设想充分就业。充分就业的定义和能满足所有给定定义的就业量变化很大，不仅牵涉统计问题，并且牵涉到一些非常微妙的理论问题。我一定要满足于做这样的说明：在美国劳动市场条件下，并假设1950年的劳动力总数约为6100万（包括二百三十万军队），我看不到统计表上失业男女的人数在那一年有可能低于五六百万人。在这个数字中除去真正非自愿失业（即在所有定义中都是非自愿的失业）外，包括大量属于半非自愿失业和纯属统计上的失业。这个数字不包括"隐蔽的"失业。我坚信这个失业数字跟那一年2000万美元国民生产总值的估计是相符合的。这跟特别属于资本主义制度的邪恶没有任何关系，反而跟资本主义社会给予工人的自由有非常大的关系。甚至在威廉·贝弗里奇爵士论充分就业一书中，也有指导就业和强制就业的朦胧暗示。不过还应指出，我把1950年设定为周期繁荣的一年。如果不是这样，那么应该理解，我们讨论所指的是这一年之后的繁荣的一年。把好年份跟坏年份平均一下即统计的平均数，失业数应在500万~600万以上，甚至或许到700万，到800万。这无须害怕，如下文还要解释，因为能给予失业者合适的生活供应。不过资本主义经济的周期性波动是造成特别多超过"正常"失业的主要原因。

分率跟库兹涅茨教授所说的1879—1929年50年的平均数相等[1]。其余1600亿美元有着怎样的重要意义，要依据两个事实而定。

第一，只要没有恶劣的管理失当，这个数字所代表的庞大有用的商品和劳务（仍不包括新住宅）能允许甚至包括老年人、失业者和患疾病者在内的最贫穷的社会成员也达到满足经济需要的水平，可以消灭（在每周40小时的工作条件下）所有能够称作苦难或匮乏的状况。本书论述中曾经强调，建立社会主义的原因绝非完全是经济的，还指出逐渐增加的实际收入至今完全不能赢得群众或他们知识分子同盟者的好感。不过在这个事例中，允许的东西不仅惊人得多并且立刻兑现：实现这个允许主要是我们具有战争中已经证明的能力和资源，把为战争目的而生产（包括向盟国出口消费品）转变成为国内消费而生产；1950年后这个论点的应用更不可置疑。

第二，只要没有恶劣的管理失当，全部的这一切可以在不破坏资本主义经济有机条件下完成，有机条件包括对企业成功的高额奖励金，以及为让资本主义机器依据设计运转所需要的所有收入不平等。只有在美国，在现代社会改良计划后面不会隐伏着选择经济进步与选择立刻增加群众实际收入的两难困境，这是全部别的地方都会瘫痪所有负责任者意志的根本性的困境。

另外，有了2000亿美元的国民生产总值，要在不损害经济机器条件下筹集400亿美元国家收入就不困难了。依据1928年的物价，有300亿美元的收入就完全可以提供资金让联邦、州和地方政府在1939年完成其实际任务，并可以提供大大扩展的军事设备的经费和支付1939年后出现的公债和别的长期债务的本息[2]。这样支出后，按1928年物价计算，1950年大致上还可留下100亿美元，倘若出现较高的物价水平，这个数字也相应提高[3]。在下一个10年里留下的数字还要大很多，可用来创办新社会服务事业，或者对现有的社会服务事业进行改进的资金。

（3）就是现在在政府财政和管理领域里，我们上述"没有恶劣的管理失当"让我们深刻地感到特别生动。由于在这个领域里，我们的确有过真正低劣的

1　对于进行高水平生产的经济制度来说，10%~12%的折旧率并不过分高。8%~10%的"新"投资肯定是充裕的；按照大部分预测者的看法是太多了。

2　就眼前目的来说，区分国家用于商品和劳务的支出和用于"公共事业"的开支是没有必要的。不过能够大致上假定，这300亿美元中以250亿美元用于前者，50亿美元用于后者。应该看到，这些支出中没有列入1950年老兵的年金和其福利开支，这部分支出是应该分开处理的。

3　一般来说，不能认为政府收入能与物价水平成比例变化。不过我们的目的只在于得到粗略的概念，我们能够用这个方法来简化假设。

管理失当。

根据目前的原则和当前的做法，要从2000亿美元国民生产总值水平上筹集400亿美元，又要对经济机器不造成伤害是不现实的。而300亿美元或者在1928年物价水平上相当于300亿美元的任何数字可以满足上面提到的需要也是不实际的，只有整个国家行政机关实行合理化，消灭了双轨或三轨活动——例如，我们在所得税事例中一定要提到的一个例子——才有实现的可能。所谓双轨和三轨指的是联邦机构与联邦、州和地方机构的重叠，缺少有效的协调和明确的各自责任。在联邦方面主要因为没有组织严密的"部"，却存在许多半独立的"部门"或"委员会"，以及很多别的产生浪费和阻碍提高效率的根源，不过最重要的是存在花费1亿美元就足够的地方喜欢花10亿美元那样的浪费风气。如今的事态预示政府管理财政金融和工业凶多吉少，实际上，事态本身就是很多非"经济保皇党人"[1]反对这个事态的正当而充足的理由。

事情还不仅如此。节约这个词如今变得多么不得人心！在某种意义上说，节约对一个穷国非常必要，对富国就不很必要，换句话说，浪费在穷国形成匮乏的威胁而在富国则没有。

不过从另一个意义上说，节约——真正的节约而不是官僚机构和议会那种虚伪的节约（它们在非常乐意节省几个便士的同时乱花几十亿美元）——在富国有效利用其财富和在穷国保证人民温饱上两者一样必要[2]。这点不仅适用于政府行政机构的费用。

对种种不同福利支出的基金的使用也同样适用。当然最恰当的例子是支付给个人的失业救济金，除非就业的和失业的工人的行为像俄国那样在政府的控制之下，为支持失业者基金的节约使用，无可避免地意味着失业者得到的救济金必然大大低于他能希望得到的工资。例如，美国劳工流动统计数字表明，这个国家里正常有许多支付给半自愿和非半自愿失业的救济，救济金负担因为宽松的失业救济金管理或者因为它相对于工资的高比率，必定不断加重，必将破坏达到2000亿美元目标的可能性。

为了把这个可能性证明是合理的，还有另一个条件一定要做到，即"政治活动"和官僚机构一定不能阻碍我们达到这个目标。

最明显不过的是，当工资、价格、利息等这些经济有机体最重要的"作用参

1　指新政拥护者。

2　与此针锋相对的理论将在下文第五节讨论。

数"被转移到政治领域，并在那里按照政治比赛的需要而运作，或者有时更加严重，依据一些计划者的主观意念而运作时，一定不可能根据原先设计那样发挥作用。

有三个例子必然可以说明这个道理。第一，当前实际的劳工形势，假如继续下去，其本身完全可以阻止向2000亿美元国民生产总值的目标发展，更别说超过这个目标。造成这种情况的唯一原因是这种形势形成的工资率；企业家计划的混乱和就业工人的无组织，也一样重要。这些状况不仅阻碍产量的可能的扩大，并且让就业低于原先可能达到的水平，因为它们让每个人感觉尽可能少雇工人才对他们有利——产生一种"逃避雇佣工人"的倾向[1]。

第二，无论读者认为价格控制有什么好处，这个办法实施至今被证明是对产量扩大起妨碍作用的另一个障碍。我听说斯大林主义政权对人们批评它的官僚主义进行鼓励。显然我们并没有这么做。我愿遵循现行的礼节，直率地承认很多有才能的人在价格管理局内做出了特别好的服务，很多才能略逊的人尽其努力；同时我愿控制存在于我内心的对它至今为止取得成就的怀疑，尤其是由于它最显著的失败与它未加控制的环境有关。不过的确应该承认，起码在当前和以后，除非意图逼迫私营企业屈服，否则鼓励工资率增加的政策加上价格控制对于促进产量扩大是不合理和有害的。我们应该承认，因为价格管理机构能够特别有效地"控制"一些没有什么政治力量的生产者的价格，不能同样地管理政治力量较大的生产者的价格，假如打乱了相对价格体制，降低了这个体制的经济效率；我们还应该承认，并非固定价格本身造成所有损害，"津贴"高成本生产者和"榨取"低

1　能够看到，产量的增加和就业的增加不能当作同义语。实际上在一些限度内，减少雇佣而不减少产量或者增加雇佣而不增加产量是可能的。之所以在当代文献中，经常把产量和雇佣说成是按比例变化的原因，能够从凯恩斯理论体系的一个根本特征中找到。这个体系假定工业设备的数量和质量保持不变，各生产要素的结合不能有重大的变化，因此这个体系被限于论述十分短期的因果关系。如果事情的确这样（在最短期内事情接近如此），那么产量和雇佣当然是一起变化的，尽管一般说来，变化并不成比例。

还可以看到，我们的论点表示，货币工资率的变化能够引起就业人数向相反方向变化。我相信，实际上，美国货币工资率的高水平始终是美国人失业的重要原因，特别是在20世纪30年代，假如高工资政策持续下去，今后还能够期望有一样的后果。这个命题与凯恩斯的正统经济理论及一些别的经济学家的主张有矛盾，在这里还不能证实。所以，就我们现在的目的来说，幸运的是，假如只谈到1950年不及以后的发展，一个较弱的命题可以解决这个矛盾，它必将赢得已逝的凯恩斯勋爵的同意：在今后4年内，在大概会在美国盛行的条件下，除非物价有另外的增加起抵消作用，否则较高的工资率必将对产量跟就业起相反的影响，对就业的影响要比对产量的影响还要大。

成本生产者的办法奖励了低效率，也和前者同等重要[1]。

像如今这么受舆论强烈支持的官僚机构对工业自治——自行组织、自行调节、相互合作——的顽固敌视是走向有序进步的第三个障碍，从而也是向可能解决很多经济周期政策问题，最后还有解决社会主义政权过渡问题发展的第三个障碍。官僚机构的发言人都没有否认说，这个看法没有丝毫根据，因为实业家的联合行动只有含有"勾结性抑制"的意思时才成为非法并被起诉。不过就算对流行做法的这个解释能够接受，对什么是形成"勾结性抑制"或是一般性反社会行为的官方理论也能够接受[2]，下面的三点还是正确的：（a）"抑制"这个概念包含很多在价格与产量政策方面进行工业合作的意图，甚至这种合作的确能发挥特别需要的职能；（b）那种比较难分是非的问题和那些具有抑制成分但不构成协议主要点的问题，不一定被很多人公正地加以考虑，他们中有的对商业问题的性质不够熟悉，有的激烈反对这个制度或者起码反对这个制度中的"大企业"部分；（c）永远存在由于违法受检举的威胁，而违法行为与不违法商业行为总是不容易区分的，这就可能对商业行为产生谁也不愿施加的影响。

最后一点说明从来没有得到应有注意的劳工纠纷、价格管理局纠纷和"反托拉斯"纠纷的一个侧面，那就是企业家和管理人员的筋疲力尽，实业家不停地被迫离开他的事业正道，不仅一定要面对天天变样的法制规则，并且一定要被"召唤"去这个或那个委员会，再也没有解决技术问题和业务问题的精力。十个经济学家中没有一个认识实业家这个特定的"人的要素"毕竟就是个人的机体——尽管所有明白事理的人不可能不会（例如）把1945年工业生产中的机体力量指数的相对可怜的表现跟这个人的要素联系起来作为很多原因之一，这就充分暴露了经

---

1 我并不假装知道，总统否决第一个价格管理法，并在一个月后通过一个法案规定快速取消管理，由此造成的混乱局面最后有什么结果。但是，由于我打算坚持，从价格管理局的真实作用看，它必定堵住走向有效和平经济的道路，再由于那场混乱局面的可能结果必然是保持价格管理必要性的正面证据，我一定要请读者考虑两件事。第一，主张废除价格管理的论点并不是主张当没有人愿意它取消或者看来打算取消它的时候就听任它消失，不打算用过渡办法替代它。第二，假如价格管理局为本身的失败做出反应，它报复地猛打那些由于其不受欢迎而并非有哪种理直气壮的理由挑选出来的靶子，由此产生的后果与取消价格管理本身完全无关。对于通货膨胀问题请看下文第四节。

2 但是实际上，这些理论是无法被接受的。它们确实有不少做法是每个人都同意一定要由法律系统宣布为非法。不过在这些做法之外，另外有很多做法，法律精神只是对其采取由社会通行偏见教导它的态度。很多事例的重要根源是歧视。甚至大部分有能力的经济学家在分析某个事例的全部长期后果时都会碰到非常多的困难。假如正义只受示威"运动"的支配，按照一般法律口号或流行口号去执行，那么反歧视态度含有的健全思想要素可能消失殆尽。旨在体谅形式上非法歧视对全部有关各方都有利益那种案件的本意良好的有选择的检举方法——凡学过基本经济学课程的人都知道，或者应该知道这种案件——那时或许会增加最气人的专横作风。说我们可以指出补救这种事态的方法，仅仅是随便说说而已。

济学家的机械态度和他们远离"实际生活"。事情还不仅如此。管理企业的成功
在当前条件下绝大部分依赖应对劳工领袖、政治家和国家官员的能力，而不是凭
借经营能力——这个词的正确含义。所以，除了有条件雇佣各种专家的最大企业
外，占有企业的领导位置的常常是"向官方行贿或疏通者"和"处理麻烦事情的
老手"，而不是"管理生产的里手"。

　　或许读者会觉得，执行这一切现象所表明的路线的政策是不会成功的。它
必定会在正义愤怒的风暴中毁灭，在毁灭的岩石上或别的形式的抵抗下失败或垮
掉，所以，2000亿美元的目标本身比白日梦好不了多少。但是，事实并非完全这
样。一方面，美国的经济机器强大，完全可以经得起我们知道的一些浪费和不合
理现象，包括某种能够避免的失业和为个人自由所付出的代价。另一方面，政治
家和公众近来表现出某些"苏醒过来"的迹象。我们一定不可忘记本书多次强调
的人性可锻性。新政的实验和战争时期的实验或许不是结论性的，因为工业资
产阶级从不期望这些条件会保持下去。但它们也许起到了某种"教育"作用。这
样，对现有税制作相对很小的调整也许就是全部所需要的，就算不能达到最高效
率，也能达到适当程度的效率[1]。另一方面，相对很小地增加法律保护（也许能用

---

　　[1] 比如（我仅仅从一组可能的方法中举一个例子），以下措施或许就够了。（a）取消以股息付出的
那一部分公司利润的双重征税。鉴于英国的做法，很不容易证明"正义愤怒风暴"是对的。我们的做法是德
国做法，对这种做法的纯属形式的论证出自德国经济学家阿道夫·瓦格纳（1835—1917）。（b）允许从应
征税收中扣除用来投资的个人收入部分。我个人同意欧文·费雪教授的意见，储蓄那部分应该扣除，尤其鉴
于通货膨胀的危险。不过为了避免凯恩斯主义者的怀疑，我自己仅说投资部分。技术上的困难并不严重，起
码是能够克服的。（c）采取几个办法中合用的一种，以便把这一时期的各种损失全部扣除。（d）销售税或
营业税的国有化、系统化和扩展。这点应该投俄国崇拜者之所好，不致引起他们的恼羞成怒。实际上，像
俄国那样的税率，即质量最好的面粉每磅31分（1940年莫斯科），不过由于卢布数折合美元数不容易确定，
所以改用按零售价计算：土豆征税62%，食糖征税73%，食盐征税80%。（见P. 亨塞尔，《苏联财政》，
载于《财政杂志》第1号，1946年）在俄国那样极端贫困的人口中，这样的销售税确实是可怕的惩罚，不过
在像美国那样富裕的国家，采用适度的税率，销售税是极好而根本无害的国家财政工具，尤其适合专门有利
于低收入群众的财政目的。这种税能够集50亿美元或60亿美元而不致让所有人感到负担沉重。不过由于州
政府和地方政府因销售税国有化引起的收入损失一定要给予补偿（当然，说这种税是"新引进"的税，严格
说来是不正确的），加上对现有货物税一定要做某些调整，因此联邦国库净收入估计不能超过20亿或30亿美
元，这样，销售税加上特种货物税总数或许达到90亿到100亿美元光景。（e）为了照顾妻子和孩子，把遗产
税国有化并大幅度往下调整，这样做的原因是，现行立法以没收超过中等数字的遗产为手段，作为消灭资本
主义事物秩序的一个最基本要素。无论是谁以非经济理由赞成这种没收，按照他的立场，倡导这方面的宪法
修正是天经地义的，不管是谁以已逝凯恩斯勋爵在《就业、利息和货币通论》第373页提出的经济学论点，
或者由此引申出来的理由，赞成这种没收是非常错误的。
　　我们对怎样满足政治上受到影响的利益集团的问题并不关心。不过实际上至今大部分出自实业家团体的
有关税收改革的建议无疑是温和的，这些建议尽管跟我们的论述无关，它们看来表明，实业阶级所受的教育
多么有效。

恰当制定工业法规做到这点）有可能去掉实业家工作日中遭到专横干预而产生的烦恼的毒刺或威胁，而管理机构一直增加的经验和工作人员的更好训练可能做好其他的一切[1]。另外，不久以前，有一定证据表明美国乐意接受像国家复兴法案那样的立法。对于劳工形势，或许从下面事实能够得到一些慰藉，那就是按照深谋远虑路线所制定的政策，不仅不需放弃大部分人认为是新政中社会改革重大成就的任何一个项目，并且为进一步前进提供经济基础。尤其需要注意的是，年工资制度只有以做最大坏事的方式来引进、管理和供给资金时，它才对我们达到目标的机会构成威胁。就其本身来说，它是一个完全可能的命题[2]。

就算这样，要期望这些必要的调整都可以实现，或者甚至希望国家的政治条件可以产生承担这么严肃而无私、为口号丑化的、充满细节困难的、肯定没人感谢的工作的意志，是要有充足乐观精神的。特别多的人会喜欢从这个任务中浮现而出的美国，不过他们仇恨承担这个任务的人。

（4）过渡的问题我们还没有提到。这些问题实际上只有下述这方面和我们的主题有关：过渡困难所产生的局势和导致采取的手段很可能半永久性地阻止产量的扩大，并让我们对"可能性的估计"全都落空。通货膨胀的危险是一种最严重，也是最明显的情况。20年批发价格指数大约是1914年的2.3倍。价格上升发生在一场战争努力之后，而那次战争努力不仅在商品和劳务消耗上远比最近这次战争努力数量少、时间短，并且每单位商品和劳务支出也比较小心负责。如今需求量之大是当时所不能相比的。而税收优惠为投资者永远保持众多战时公债提供充分动机。当前的情况是，调整后的存款总额（不包括银行相互间存款、美国政府存款和在途未收存款）和银行外通货总额在1950年4月份达到1740亿美元（1929年6月为551.7亿美元，1939年6月为609亿美元），还没有说到公众持有的政府债

1　我这里注意到一点，它对很多其他的主题比对在讨论的主题更为重要。良好的官僚机构是慢慢成长的，不是随意创造的。美国的官僚机构表现出一定程度快速成长的失调，这种情况让暂时的减政政策不仅符合公众利益，也符合其自身的利益。不谈别的，华盛顿官僚机构至今还没有发现自己的位置。它的个人成员再三希望有自己的纲领，感觉自己是改革家，不跟他们的领导人商量就与众议员、参议员及别的机构的成员进行谈判。某种想法会突然取得让人非相信不可的力量，不过没有人知道这个想法的来源。这种方式的前景是混乱和失败的。

2　为了说明这一点，让我们稍微回忆一下近期的历史。20世纪30年代早期的新政人物，采取嘲笑改革对复旧这个口号的做法。这种嘲笑证明他们完全理解口号中的真理成分。实际上，就政治口号来说，这个口号是非常公正的。不过应该懂得，所指的是实行"改革"的粗暴而不负责任的方式，不是指它所宣称的目的。如今我们处于类似的地位，不幸的是，对资本主义经济过程的伤害，对某些人来说正是他们最喜欢的改革的特色。没有这种伤害的改革对他们基本上没有吸引力。在他们眼中，改革使用了保证资本主义取得成功的政策是最糟糕的。

券有多少会变成现金用于还债以外的别的用途。所有明白事理的人应该能对这些在特定环境下意味着什么形成自己的意见，特别是鉴于政府鼓励或默许随意而普遍地要求较高的货币工资率——由于通货膨胀通过工资清单到来[1]。这位明白事理者在宣扬"不存在通货膨胀"的作家[2]和看到猖狂通货膨胀迫在眉睫的作家之间会发觉很容易做出判断。为了提出跟我们的论证有关的一个论点，并在面对不可能在这里让人满意地讨论这个问题的情形下，让我仅只是为了让事情明确起见，提出我的见解：在我看来把1950年的价格水平定为大约高过1928年数字的50%是有可能的（这段时间中间有几次突破这个水平）；在我看来，在这个范围内让价格水平运动作为调整的工具是合适的；在我看来，人们对一般价格的这种程度的增加的恐惧和对以后几年价格从这个水平下降的恐惧是被极度地夸大了。不过为了让价格无可避免的增加保持在那个限度之内，一定要实施几个措施，这些措施全都特别不受欢迎，为让它们达到预期效果，需要有着我还没有遇到过的丰富经验和才能，其中有几个措施将在某种程度上降低产量扩大的速度；所有人知道假如不干预生产，对人构成威胁的通货膨胀就不能阻止。现在从另一方面说，假如什么都不做，只成立另一个价格管理局，甚至按照激进派所持的理论，向没有受通货膨胀威胁的收入课重税，同时不管后果地提高工资率，那么非常可能出现一种局势，这时，华盛顿政府或许义无反顾地依靠蠢笨而蛮横的手段，如采取货币贬值、"冻结"存款、实行"直接控制"、惩罚"投机暴利者"和"垄断者"或别的替罪羊，同时谨慎地不侵犯农民的利益。这一切会破坏先前的计划，从而把我们带到（不是2000亿美元的目标）某种半生不熟社会主义的边缘。有这种可能。当然还有别的各种可能。

（5）还要注意如何保证有充分的消费这一对很多经济学家来说的战后典型的问题。至今，我们确实看到很多理由，让我们怀疑所规定的目标——1928年美元价格水准的2000亿美元的国民生产总值——到1950年是否能实际达到。不过所有原因都建立在对经济过程以外的障碍或许会阻碍实现目标途径的可能性上。不管怎样，经济过程本身可完成那个目标的力量已经让很多经济学家产生怀疑，他们中的大部分人（不是全部）写过有关政治信念和科学信念的文章。我们想用停

---

1 读者会愉悦地看到，这句话是凯恩斯主义的意见，因此应得到华盛顿经济学家的同意。

2 在这些作家中间我们一定要把那些战后需求的预言家包含进去，他们预言，紧接着政府大多数战时需求终止，必定会出现一次经济衰退和广泛失业，同时呼吁政府实行进一步的赤字开支。对于这些（短期）预言，见E.希夫发表在即将出版的《经济统计评论》上的文章。相应的长期预测，会在下文第五节讨论。

滞主义者这个非常流行的名词称呼他们。

停滞主义理论适宜的典型是由已逝凯恩斯勋爵提出来的。读者只需研究一两项最近几年出现的对战后需求的估计，就能让自己非常熟悉这个理论应用于当前事例的情形[1]。这些估计的作者在估计1950年潜在生产量的数字上跟我们是一致的，也就是跟我们一样巨大，以致为了简单起见，我们能够继续主张2000亿美元的国民生产总值。甚至他们比我们还乐观，因为他们不坚持一定需要一个对资本主义成功有利的环境条件[2]，原因是他们不谋而合地假定，当前的政治、行政和劳工的实际状况是不会改变的。另外，我对他们提出的失业必定减到最小的估计或对他们统计方法的有效性表示异议，并不再坚持反对，我还接受他们做出国民净收入和可支配收入（个人支付税和强制性非税支出后的收入总数）数字能够达到的各种假设。为了确切起见，让我们假设这笔可支配收入合计大概为1500亿美元，而公司没有分配的利润数约为60亿美元[3]。

所谓的战后需求就是指预计私人家庭在消费品上（不计新住宅）的花费总数，它当时是这样得到的：按照战前时期（1923—1940）的数据，计算每人在这些消费品上的支出和每人的可支配收入（两者均按生活费用指数调整），算出两者之间的平均关系，再把这个关系应用到1500亿美元的可支配收入上去[4]。假如这个计算方法得到的总数为1300亿美元，那么剩余200亿美元的数量是储蓄，或者，假如我们在此数上面加上公司没有分配的利润，储蓄就是260亿美元。这个论点一般继续去探查这笔储蓄总额可能的出路即投资机会（新住宅建设、存货、工厂和设备的增加、国外投资），并得出结论或者提出意见认为，这些投资机会不可能吸收1950年完全就业水平下国民收入中人们想要储蓄的那样多的数字，起码没有政府帮助不可能全部吸收。所以，政府的国内支出或政府强制"国外投资"的行动是必要的。不过后来另一个建议被人们所喜爱。由于在当前条件下，

1　最重要战后需求的估计已由A. G. 哈特著文批判地分析，刊载在1945年9月《美国经济评论》上，文章标题是《模型制作和财政政策》。因此没有进一步提出参考书目的必要。

2　我承认，我有时弄不清楚他们是不是知道这种说法所包含的对私人企业的非常高的赞赏。

3　这些数字跟一个战后需求估计者提出的数字相接近。这些数字不是我的，它们与我们在第2节中据以推理的实验数字也不符合。把这些数字应用到过去时期的程序——当然此时假设被事实取代——（见1946年4月的《联邦储备委员会公报》第436页。）不过应该看到，第一，这些数字指的是当前美元；第二，数量众多的"净个人储蓄"不能证明"正常"时期的储蓄百分率，就算1937年、1938年、1939年和1940年的数字也不该没有批判地加以接受，特别是不应不参照商业部通过的储蓄定义而加以接受。

4　事实上，这个程序比这里所说的多少复杂些。使用的回归方程式包括一种倾向要素，也就是要考虑这段时间关系的可能变化。另外，对延迟需求和流动收入积累的影响也要考虑。不过为了集中讨论突出的要点，我们对这些情况就略而不谈了。

主张政府赤字开支的所有人明显有被人取笑的危险，华盛顿的经济学家已经转变方向推荐平衡预算了，他们要求在特别高水平税收上平衡的预算，税收采取高累进率，用来消灭高收入，而这正是对储蓄构成威胁的主要原因。由于高收入获得者才有储蓄。因此这样做跟"在现代社会里，失业的最终原因是收入不平等"的口号相符合。

由此可知，我们期待可以解决很多经济和社会问题的高水平的国民收入，其本身反而成为全部问题中最严重的问题。由于高收入意味着高储蓄，又由于这些储蓄不能被投资支出全部抵消，经济就不可能保持在收入和就业的高水平上——除非财政政策硬把水平保持在那里——假如真的能达到这个高水平。应该看到，这种理论可以得到（起码部分得到）舆论的支持，尤其是实业界舆论的支持。没有比下面这个观点更普通了，那就是只要我们可以引导人们"全部用光他们的收入"，或者只要我们可以"得到足够的消费者需求"，所有问题就都可以解决，一切都能顺利。之所以跟所有政治纲领（包括政府支出或收入平均化）显然没有利害关系的聪明人士对这一点仍感到关心，这是一个有兴趣的问题。这个国家的推销员心理加上战前20年的经验，就是我为这个正在讨论的理论没有被一笑置之的惊人事实所能提供的所有解释。

那些对这个理论反对的人没有看到这一点，他们争辩说，国民生产总值和由此产生的国民收入要比估计者假定的数字小，而投资机会事实上比估计者设想的数字大，估计者估计前者时是这样的乐观，而在估计后者时却是这样的悲观。这些议论及类似的议论或许包含很多真理。尤其是能够着重指出，1830年时没有人预见到或者可以预见铁路时代的资本需要或者50年后电气时代的资本需要。不过决定性论点比全部这些简单得多。这个理论建立在这样的假设上，即根据不变的心理学规律，这个心理学规律[1]，个人储蓄与有没有投资机会无关。显然这是不正常的情况。在正常情况下，人们储蓄希望得到金钱的回报或某种"投资利益"的服务。不仅是大量的个人储蓄，而且事实上所有的工商业储蓄（形成总储蓄的大部分）都是带有特定投资目的去储蓄的。一般来说，投资的决定总是先于储蓄

1　一个社会的消费支出C（由此产生的社会愿意储蓄）是由国民收入Y决定的，它们的规律是，当Y增加为 ΔY 时，C增加为 $\Delta C < \Delta Y$ 或者 $\Delta C / \Delta Y < 1$。这是被称为消费函数的真正凯恩斯假设。但凯恩斯本人偶尔使用他的追随者常常使用的更强有力的假定，即随着收入的增加，储蓄的百分比也增加。现在我们仅关心那个真正的假设。不过应该看到，称它为心理学规律是名词的误用。在经济学中，心理学规律充其量仅仅是让人怀疑的顾客。不过正在讨论的命题跟另一个命题相比，更少一些被称为心理学规律的资格，另一个命题是，在我们一片接一片地吃面包时，我们对面包的需求是逐渐减少的。

决定，投资的行动也往往先于储蓄决定。甚至在一个人不带有特定投资目的而进行储蓄的那样的情况下，在他做出投资决定前的时间延误，让他受到延误时间内报酬损失的惩罚。看来能够由此推定，第一，只有人们看到投资机会，他们才会正常储蓄，在消失投资机会的情况下，储蓄也很可能消失；第二，每当我们看到人们表现"宁愿保存现金和存款"的意愿时，也就是说他们仅有储蓄愿望而没有投资愿望——一种窖藏的愿望——一定要用特别的理由来解释，不能求助于专门设想出来的心理学规律。

这样的特别的理由是存在的。其中有一个理由在周期性经济萧条的最低点——大致上平均10年中的1年——有非常大的重要性。当周围事物漆黑一团，人们无论做什么，能够预期的都只是损失。那时候他们肯定拒绝用现有储蓄去投资（甚至拒绝用他们先前事业结束时收回的资金作再投资），或者他们将延迟投资，从而在价格进一步下跌中获利。与此同时，因为人们预期他们的经营收入即将受损，或者即将失业因此减少收入，储蓄的数额不仅不会减少反会增加。这是萧条机制里的一个重要因素，而政府的赤字开支的确是一项最明显的打破这种"恶性循环"的手段。不管怎样，不能以此为据，为所有"过度储蓄"理论辩护，由于这个理论的出现只能是经济萧条的后果，因此不能用它来解释其本身。但是它产生了凯恩斯心理学规律的心理学解释。1929—1932年的大萧条和之后的缓慢复苏依然留在每个人的思想里。心理学规律连同以此为依据的窖藏理论几乎就是那个经验的概括[1]。

所以，在我们下面的总命题中，萧条引起的窖藏不是真正的例外：储蓄决定依靠投资决定，并是投资决定的先决条件，尽管反过来说是不正确的，由于很明显，银行贷款能够为投资提供资金，在这样的情况下，与个人储蓄就没有关系[2]。除表面上的例外也有真正的例外。不过两者都不重要。真正例外的例子是，窖藏

1　人们希望把上面的论点稍做变动，加上一些战时因素，就可以不用求助于人性中本有的对窖藏不能满足的渴望这个假设来解释人们为什么会在战时囤积流动财产。

2　不管怎样，我们的命题没有像不熟悉1936年凯恩斯勋爵《通论》出版以来所进行的讨论的读者看来那样简单。我们的命题很像是但绝不是重复"古典理论"（杜尔哥、A. 斯密、J. S. 穆勒）的一个古老定理，不能用能够满足古典理论的推理来支持这个命题。为了全面地证实它，需要冗长而乏味的论证，做这样的论证非常让人沮丧，因为它不会产生很多有趣的结果；另外只会毁掉20世纪30年代辛苦建立起来的共识。不过因为篇幅有限，让我们不能进一步对它详细探讨。但是有一点一定要提一提，以免产生自然会发生的让人遗憾的误解。尽管我们的命题表明，停滞理论不能以储蓄这个要素为基础，尽管，我们能够说在这个意义上不存在储蓄问题来表达这个意思，但是这并不等于说在其他意义上不存在储蓄问题。问题是存在的。大部分问题集中表现为这种情况，即以购买有价证券方式的个人储蓄用于偿还企业在扩充工厂与设备时向银行借的债务。但是这是另一回事了。

的目的在于积聚所有人知道只有在印度、中国和埃及曾经广泛有过的大量财富，以及暂时性的出于习惯的储蓄，这种习惯和别的所有习惯一样，只要形成或许存在的时间比理论解释得通的时间还长[1]。表面例外的例子（跟我们提出的萧条——窖藏的事例相类似）如为准备一项非常巨大投资的资金而存储，这是一个可能有，但明显不重要的例子；或者为了预防发生意外事件，预备老年使用等目的而进行储蓄，这种储蓄即使除了安全感之外就算没有机会获取"报酬"也还是会进行的[2]。

所以，假如停滞主义者的忧郁是唯一让我们烦恼的事情，我们就不用为达到2000亿美元的国民生产总值担心了。假如证明206亿美元这个数字超过了依照让边际储蓄者满意的利润率进行新投资的数额，那么人们只会很高兴他们不会把多余的部分花掉。我们不用担心怎样促使他们"全部用掉他们的收入"，也不用担心公司和个人储蓄的出路。尤其是，我们不应认为强制国外投资是必要的，在当前的条件下提倡国外投资仅只是试图把一笔事实上的战争赔偿硬加在这个国家身上，让它接受时感到舒心罢了[3]。

另一方面，在这样的范围内，我们应该同意政府赤字开支的鼓吹者：每当有"累积的下降过程"的危险时（无论因为经济周期机制所本有的原因或因为任何其他原因），也就是说，每当A对生产的限制导致B对生产的限制这样的扩散

---

1 在资产阶级生活方式中，特别是在清教徒生活方式中扎根深厚的长久的储蓄习惯看来是很重要的。不过让那些习惯显得不合理的投资机会的消失，在没有外部条件的影响下，是一个缓慢的过程，在这个过程中有时间进行调整与适应。希望断言已经成为不合理的长久的储蓄习惯依然是经济形势中一个要素的华盛顿经济学家因而面临不值得羡慕的抉择：他们不得不承认20世纪30年代是萧条——窖藏时期，这就等于向长期停滞理论投降；或者承认投资的吸引力非常突然地受外部因素的干预而下降，这个要素不是别的，而是他们自己支持的各种政策。假如他们承认后者，我当然不反对。

2 这些事例不重要的原因主要依据两个事实：第一，这些积累如今正消耗殆尽（尽管，因为持续变动的国民收入和人口的年龄分布，增加和减少在寻常情况下不是正好平衡的）；第二，只要存在由货币利息吸引的储蓄，在总"供应"中出现不是因利息吸引的储蓄并不证明有趋向过度储蓄的倾向。这个原因不需强调就能明白。不过事实上，因为看到现代条件下保险事业的发展大大降低了为不测事件一定要进行储蓄的数量，如为老年准备和为妻子儿女需要而存储那种正常意味着存储"财产"的储蓄（当然这笔数字不是藏着不投资），加强了这个理由的分量；如今这种准备能够用从"消费中撙节"出等于保险费金额来实现。因此，最近25年中保险的增加表明，其趋势刚刚和停滞主义者所写的著作所指出的方向正好背道而驰。

3 我从来没有说过或者暗示过，不可能有让美国人民出于道德或政治原因做出重大牺牲的事实。不过这个事实一定要坦率地按照道德或政治的理由，而不是依据不可信的经济状况否定这些牺牲的现实意义。建议把过多储蓄能够有用地投向显然没有希望收回（不必说赢利）的渠道是更加险恶的，因为本来其任务是反对这种政策的阶级将欣然接受它：由于在政府作保的体制下，个人企业家所冒的风险基本没有。他对国家损失的关心即使有一点也是极小的——特别是有人告诉他这种损失是由于保证就业的缘故，事实上是国家的收益。

遍及整个经济的形势威胁要出现时，这时价格在先前下降的基础上进一步下跌，失业在先前的基础上进一步扩大，政府赤字开支将停止这种"恶性循环"，因此，假如我们有意忽略所有其他应该考虑的因素，正好把其称为有效的补救办法[1]。制造紧急危机的政策是我们真正要反对的，而不是紧急情况出现时能够产生收入的政府开支，在危机中这种开支必须付出不可。

（6）不过不幸的是，假如它预测会实际发生怎样的问题，我们的结论与停滞主义者的结论没有特别大的出入，这是读者能够预料的。尽管从人们的储蓄嗜好来说，没有什么可怕的，不过从其他的因素说，有众多的可怕之处。工人骚动、价格控制、烦人的行政措施和不合理的税收完全能够让收入和就业产生正像停滞主义理论所证实的结果，或许真的产生政府赤字支出必须产生不可的形势。我们甚至可以看到很像过度储蓄的现象，就是人们对他们投资决定不愿执行的情况。我们始终在讨论一种可能性。我们已经发觉，在经济过程本身中没有固有的原因阻止这种可能性的实现。我们也看到在经济过程之外有各种原因会起阻碍作用。另外，我不装作懂得真实结果将是什么。无论它是什么，它将是社会形势中占支配地位的要素，不仅美国这样，全世界都是如此，但是只有此后半个世纪左右是这样。本书详尽论述的长期预测不受影响。

第三节　俄国的帝国主义和共产主义

俄国对她的盟国的胜利是跟我们预测有关的另一个因素。这个胜利和美国的经济成功不同，它不但是一种可能性，眼下还是既成事实。从并不强大的地位出发——在这个地位上，按照所有一般政治比赛的规律，俄罗斯或许必须接受她的盟国认为适当施加的所有条件，并在新的国际秩序中处于不特别重要的位置——她上升到远远超过沙皇统治下她曾经达到过的强大地位，虽然人们可能设想，英国和美国曾经希望或曾经争取过不让这种情况出现。而且最高成就——她的政治系统所特有的方法让她能够扩展她的真实力量超出她正式征服的地域，同时让她的权力范围看起来比实际小得多，因此那些在危险关头她所做的让逃跑主义者和绥靖主义者满意的假装的让步，就算没有为她带来事实上的收益（如有时

1　这就是之所以默里法案的先前形式（不只是它通过时的形式）就单纯经济上考虑来说是无可指摘的原因。在所有情况下，全盘谴责产生收入的政府开支都是能够理解的，在很多人看来是理由充分的，他们认为，只要允许使用这种工具，让各种不负责任的立法与行政手段出笼的大门就敞开了。不过从纯经济理由上说，不能赞成这种指责。

事实表明），却从不包含真正的牺牲[1]。如果读者回忆起1939年以来美国政府制定政策的包括民主、免于恐惧和匮乏的自由、小国独立自主等目标，他必定能理解如今发生的事情等于俄国战胜她的两个主要盟国，能够希望得到差不多彻底的投降。

首先要对为什么产生这个结果加以解释。我担忧那些只认识非个人因素（或许还加上机会因素）的历史分析家无法做好这个工作。非个人或客观因素都对俄国不利。甚至其庞大的军队也不是众多人口和富裕经济的产物，而是一个人工作的结果，此人强大得完全能够让人民安于贫困和顺从，可以把不发达和有缺陷的工业设施的力量集中到军事目的上来。不过这还不够。那些对运气与天才如何纠结在一起从来不懂的人们，在以伟大胜利结束的一长串事件中，当然只注意幸运的机会。但这一连串事件包含同样多或者更让人绝望的形势，在这些形势中布尔什维克政权有过很多次毁灭的机会。政治天才的含义显然在于十分完美地利用有利可能性和消除不利可能性的才能，不过在事后，肤浅的观察家仅仅看到前者而看不到后者。察看从与德国达成"谅解"这一惊人杰作所引起的一系列事件，我们看到一位大师的手笔。斯大林的确从来没有遇到能力能够与他匹敌的人。不过只会加强历史哲学的正确性，即历史为领导人的才能——在这个特殊事例中为领导个人的才能——留下充足的发挥余地。一个独裁者在对外政策问题上不受那些会分散民主政治领导人注意力的需要考虑事情的牵制是现实主义分析能为"非个人理论"所做的唯一让步[2]。

第二，尽管我们通过对各种细节发展的注意，能够懂得这种难以置信的形势是怎样出现的，不过这并不能帮助我们懂得现在世界准备如何应对出现在所有人眼前的形势。这个问题最终要看美国的态度。由于欧洲大陆的一些国家正处于衰弱、饥饿，并毫无保护地随时有被俄国打击的可能，当然不能指望它们作有意义的抵抗。西班牙是真正独立于俄国的唯一欧洲大陆国家，俄国对她的政策让我们

1　比如，答应处于全部控制下的国家（如波兰）用虚假的独立（我们坚持把她当作独立国家），增加了俄国在国际机构中所能够支配的选票，也增加了俄国政府能够收到的津贴和贷款；假如俄国率直地并吞波兰，她就不会像目前这样强大。

2　有些读者会看到，此刻我们正接触到历史社会学家之间，也是历史学家之间的一个长期争论不停的问题。所以，有必要声明，我不宣扬"英雄崇拜"或者赞成"（个别）人创造历史"这些口号。本书论点中包含的方法论不外乎这些：在解释种种事件的历史过程时，我们使用众多系统的资料，在这些资料中有各国的气候、土地的丰度、幅员的大小等，还有那里人口短期内不变的品质。因为人口的品质并不单独决定政治人员的品质，而后者也不单独地决定领导人的品质，这两者一定要分开排列。换句话说，在特定形势中，掌舵人物的头脑和神经，正如一个国家铁矿中铁的含量和这个国家是否有钼和钒一样，都是客观事实。

大部分人深有感触。差不多一样独立的法国其国内的共产党是所有共产党中最强大的俄国卫戍部队[1]。对于英国，众多迹象表明，如果她有能力做决定，1941年以来事态发展的整个进程早就大不一样了，任何能从政治上看问题的英国人都带着厌恶与担忧的心情注视当前的局势。但是她依然不采取强硬路线，这只能是因为这样的事实，即假如她这么做事，她将冒可怕的风险，冒单枪匹马跟俄国作战的风险。尽管美国很可能跟她站在一起，不过这是不确定的。为什么？

对于一位从另一个"世界"来的观察家来说，非常明显的事情是，从荣誉和利益考虑，美国不能容忍这样的一种局势，在这个局势里大部分人在我们看来是基本人权的东西被剥夺了，在这个局势里有比战争更残酷和更非法的行为要加以制止，在这个局势里巨大的权力和威望集中在象征否定基本原则的政府的手中，而这些原则在美国大部分人心目中是至高无上的。要美国人民担负牺牲去进行一场让数百万无辜妇孺经受无限恐怖的战争，而主要结果是把全部独裁者中最强大的独裁者从两军包围中除掉，那当然是不值得的。但这必然是一件半途而废比不做还要坏的事情。并且来做的另一半不但可能而且非常容易完成，因为日本投降之后，美国的军事力量和技术（不必说她的经济力量）保证了她独一无二的优势。

不过，假如来自另一个世界的观察家对这些道理进行争论，我们不得不回应他，指出他不懂政治社会学。在斯大林主义俄国，外交政策依然是沙皇统治时的外交政策。在美国，外交政策就是国内政治。确实有一个由华盛顿总统忠告传下来的传统。但是它本质上是孤立主义的。它没有玩所有其他外交政策复杂游戏的传统和机关。在受到宣传的猛烈刺激时，美国会采取或接受干预海外事务的积极活动的路线。但是她会很快对之感到厌烦，而现在她已经厌烦了，包括对现代战争的恐怖的厌烦，对牺牲、税收、兵役的厌烦，对官僚机构规章的厌烦，以及

---

[1] 这个事实特别有趣。或许有些美国人相信，法国人会以欢喜和感激的心情对他们的解放进行欢呼，同时他们会马上一心一意于重建一个民主法兰西的任务。而实际上，我们发觉莱昂·布鲁姆委婉地描写为病后休养期身心俱疲的实情，或者用平实的英语说，全都不愿运用民主方法。一共有共和人民运动（天主教和戴高乐主义的党）、正规的社会党和共产党三个政党，它们大致上有相等的党员，三者都没有力量按照民主原则产生有效的政府。跟我们有关的有三点：第一，事实上根本不存在"自由主义"团体；第二，不存在美国政治家能够一心一意与之合作的团体；第三点最重要，共产党有强大力量。很显然，共产党的强大不能用有人数众多的法国人改信共产主义原理来解释。其中很多人从理论意义上说完全不是共产主义者。那些理论上不信共产主义的人是特定的共产党员，也就是说，他们是因为对国家局势的看法才成为共产党人的。这代表着他们只是亲俄国。他们把俄国看作是"我们时代的伟大事实"，看作跟法国有真正利害关系的强国（重建美元是另一回事）是法国一定要依靠的强国，为了获得再生，在未来反对英国和美国的斗争中，法国必须依附的强国，所以很清楚，斗争将成为世界革命形式的斗争，很多问题就从这一点上展开，但是我为不可能对这些问题深入讨论而感到遗憾，因深信我的读者不会相信这个论点而稍感安慰。

对战争口号和世界政府的理想的厌烦，所以她特别渴望回到她习惯的生活方式。在没有立刻受到攻击危险的时候，所有力图促使她进一步加紧努力的企图，对于所有希望这么做的政党或压力集团是十分失策的政治行动，所有政党或集团看来都不带有这种希望。那些痛恨德国或国社党政权的人如今满足了。他们使用他们过去经常指责为逃跑主义的相同论点来支持对俄政策，这个政策在希特勒德国时代经常被批评为绥靖政策。假如我们遍查形成美国政治模式的利益集团名单，我们发现它们（尽管因为不同原因）全都赞成绥靖政策。农民对此不太关心。有组织的工人或许受到，也或许没有受到真正亲俄派的严重影响，工会或者一些工会会积极阻止对俄开战，这个看法或许是正确的，也或许不正确。对这个问题我们不必讨论（一般讨论时不是毫不在乎地否定就是毫不在乎地肯定），因为目前在政治家看来与形势关系最大的事实是，没有人会怀疑，1940年拥护战争的工人现在鲜明地反对战争。但是让人最感兴趣的观察结果是，工商阶级也有着相同的观点，尽管它们的态度在感情和意图上肯定不是亲俄的，不过在后果上实际是亲俄的。激进的知识分子喜欢说资产阶级带有想把苏维埃共和国置于死地的企图。他们肯定会把对俄战争描绘成大资产阶级向社会主义发动的战争，再没有比这种说法更不现实的了。工商阶级一样厌倦战争口号，厌倦税收与控制。对俄作战将堵住眼前对工商业有利的趋势，代表着更重的税收和更严的控制。它将让工人处于更强有力的地位。另外，它不仅将打乱国内工商业的生产与贸易，并且将失去非常诱人的工商业发展前景。同时苏俄或许成为特别巨大的雇主。她从不曾拖延付款。很多资产阶级反社会主义信念正在被这个事实破坏。这就是资产阶级的思想方法——就算见到绞刑架上的套索时还始终这样认为。不过要想把这个不愉悦的景象掩饰过去是很容易的。任凭俄国再吞噬一两个国家。那有什么关系呢？让她充分得到她需要供应的所有物品，她就会不再愁眉不展了。20年后，俄国人会跟我们完全一样地爱好民主与和平，他们所想所感也和我们相同。另外，到那时斯大林也已经逝去了[1]。

再重复一遍，本书的目的不是引导读者得到确切而实际的结论，而是提出让读者获取自己实际结论有用的一个分析见解。另外，在由机会决定的问题和易受新的想象不到的因素侵入的问题中，预测不可能比先知预言更有意义，所以不可能有科学依据。相信读者可以完全理解这一点，我现在仍旧要以总结我们这部分论点的方式，采用一个显得合理的结论，不过我的目的仅是确定我们的看法，换句话说，我们打算要做的恰好就是本书一般地有关伟大社会主义主题始终在做的事情。我们正在推断一些观察得到的趋势。

一些我们已经看到的事实说明，除非斯大林会犯他一生中的第一次错误，否则在今后很多年内不会有战争，俄国将没有干扰地开发她的资源，重建她的经济，建立起全世界前所未有的无论是在绝对上还是在相对上都最为强大的战争机器。前面插入的"除非……"，我想它限制而并没消灭这个结论的实际价值，那就是一次赤裸裸的侵略行动（它是那样的赤裸裸，甚至志同道合的人也不容易把它解释成全属正当的"防御"），显然会在任何瞬间突然爆发战争。不过要防止这个可能性一定要具备下列条件：第一，斯大林政权的外交政策必须以谨慎容忍为最突出的特性；第二，这个政权在容忍中能得到种种好处；第三，在达到帝国主义成就的顶峰上，这个政权可以在出现真正危险信号，或面对"更强硬语调"时，做到容忍并放弃前哨阵地，就像它近来只能做的那样[2]。不过在10年重建时期之后，这个看法将会改变很多。战争机器准备完毕能够使用，此时要想不用它越

1　最后几句话都是摘引来的。它们是这么有揭露性和有价值，显然由于它们不是别人提出问题的答复，由被访问者做这样的承认的。它们是不自觉的言论，是说话人不知道自己在暴露心理活动时说出来的，更准确地说，它们是他试图为自己找理由的符合逻辑的潜意识里的态度。除了含义天真能够分开来理解的第三句外，整段话（或者说非常相似的话）人们听到过不止一次。差不多每一次都有人指出他态度的不合理（包括这个态度与1939—1941年态度之间的矛盾），不过从来没有任何逻辑上的像样的回答或反应，有的仅是表现出好脾气的烦恼或表现出看来接受批评的绝望的姿态，不过又带有这样的但书："有什么好处呢？"

从本节前面提到的一个观点来看，不管怎样我一定要加上一句话：实际上在第四次逃避现实中有些重要事情可说，要是真是像我认为的一样，那些俄国领导人的能力在辑的民族中特别少见，那么看来大自然的行动在适当时候能解决很多问题。假如承认这个论点有相当道理，那么还应该说，从这个论点能够引出太多东西。在一些方面，一个有高超能力的敌人的确要比一个能力较差的敌人容易对付。另外，尽管要建立标准石油公司的确需要一流的天才，不过一旦公司建立后并不需要天才去管理它们。俄罗斯世纪只要开始，它可能沿着它自己的方向前进。

2　应该看到（为了说明这个论点的有力）这三件事实都没有在1939年德国的事例中出现。有些读者在有关第三件事实上，起码依据慕尼黑会议以后盛行的形势否定这一点。不过这仅是由于我们对德国野心的态度与现在对俄国野心的态度大不一样。从政治角度来看，决定性的一点是，德国当时没有完全恢复她的国土，而斯大林政权只要在外国领土的取舍上做出妥协，这件事做起来要容易很多。另外，正文中提到的"更强硬的语调"仅是用来防止更多的侵占罢了。

发困难。并且，除了英国信奉布尔什维克主义，还得舍弃她的所有传统立场，否则仅仅存在的那个独立的岛屿国家可能被证明是俄国独裁政权所不能容忍的，就像她被拿破仑独裁政权所不能容忍一样——反过来说也一样。对这个事实的理解当然是丘吉尔警告的实质，也是已经开始的军备竞赛的理论依据。

不过为了对所有的这一切进行正确评价，另一件事情一定要记在心里。在和平时期和在可能就要发生战争的时期，特别是在没有战争但充斥着战争威胁的中间情形下，全世界共产主义团体和政党对俄国外交政策自然有最大的重要性[1]。最终，官方的斯大林主义近来恢复宣传资本主义和社会主义日益接近的斗争这一迫在眉睫的世界革命，以及只要资本主义还存在就不可能有持久和平等就不足为怪了。更加重要的是，了解像这样的口号尽管从俄国观点看来是有用或必要的，不过它扭曲了俄国帝国主义[2]这个实际问题，除了第五纵队需加考虑外，它们跟社会主义没有丝毫关系。俄国的麻烦不在于她是社会主义，而在于她是俄国。如果把俄国问题和社会主义问题混淆在一起就是误解了世界的社会形势。俄国问题只在两个方面与社会主义问题有关系。第一，共产主义团体和非共产主义团体中亲俄派的存在，形势的结果必然倾向于让工人政治活动激进化。也不总是这样，比如，法国共产党人曾投票反对两个重要的社会化法案。不过总的说来，假如唯一目的在于瓦解资本主义国家，形势的必然结果肯定会出现。第二，在战争情况下，我们将得到战争的社会和政治后果，这是现代条件下所有战争都有的，就算是一场想象的社会主义国家和想象的资本主义国家之间的战争，也是一样的。

1　就要探讨的这个论点的目的来说，很幸运没有必要去解答在美国的共产主义第五纵队事实上有怎样强大的问题，不管怎样它要比所有统计数字显示的或所有工人团体发言人正式宣布的强大得多，肯定不可忽视。对这个问题的讨论和亲俄态度对战争努力效率的或许影响的讨论，我想基本毫无价值，这不仅由于出现很多有偏见的夸大或缩小的言辞，而且因为参加讨论的人没能把问题界线划分清楚。有人的态度在我们看来事实上是亲俄的，不过他在感情上和意图上不是亲俄的。有人是共产党人，实际上却不是亲俄的。全部这些变异一定要仔细地加以区别，只要战争实际开始，某些态度和一个人的行为并没有关系。

2　帝国主义一词是整个通俗政治理论中最被误用的名词之一，有必要确定这个词在这里使用的含义。不过为了我们有限的目的，像30年前出版的专题著作里试图做到的那样分析帝国主义现象是没有必要的，也没有必要采用一个适合于细致分析的定义。只要使用下面这个定义就足够了，尽管我认为它特别不充分：帝国主义是一种政策，它是为了把一个政府的违背非同民族意志的统治扩展到这些民族集团。这就是俄国所做的，在战前如蒙古国和芬兰的情况，在战时和战后有其他很多情况。其要点是这个政策没有素有的限度。行动时与所说的动机无关。